Friedrich Schleiermacher
Kritische Gesamtausgabe
I. Abt. Band 8

Friedrich Daniel Ernst
Schleiermacher

Kritische Gesamtausgabe

Im Auftrag
der Berlin-Brandenburgischen Akademie der Wissenschaften
und der Akademie der Wissenschaften zu Göttingen

herausgegeben von
Hermann Fischer
und
Ulrich Barth, Konrad Cramer,
Günter Meckenstock, Kurt-Victor Selge

Erste Abteilung
Schriften und Entwürfe
Band 8

Walter de Gruyter · Berlin · New York
2001

Friedrich Daniel Ernst

Schleiermacher

Exegetische Schriften

Herausgegeben von
Hermann Patsch und Dirk Schmid

Walter de Gruyter · Berlin · New York
2001

♾ Gedruckt auf säurefreiem Papier,
das die US-ANSI-Norm über Haltbarkeit erfüllt.

Die Deutsche Bibliothek — *CIP-Einheitsaufnahme*

Schleiermacher, Friedrich:
Kritische Gesamtausgabe / Friedrich Daniel Ernst Schleiermacher. Im Auftr. der Berlin-Brandenburgischen Akademie der Wissenschaften und der Akademie der Wissenschaften zu Göttingen
hrsg. von Hermann Fischer .... — Berlin ; New York : de Gruyter

Abt. 1., Schriften und Entwürfe

Bd. 8. Exegetische Schriften / hrsg. von Hermann Patsch und
Dirk Schmid. — 2001
    ISBN 3-11-016893-6

Printed in Germany
Umschlaggestaltung: Rudolf Hübler, Berlin
Satz: Readymade Buchsatz, Berlin
Druck: Gerike GmbH, Berlin
Buchbinderische Verarbeitung: Lüderitz & Bauer GmbH, Berlin

Inhaltsverzeichnis

Einleitung der Bandherausgeber

Der vorliegende Band „Exegetische Schriften" enthält die Monographie Friedrich Daniel Ernst Schleiermachers „Ueber die Schriften des Lukas ein kritischer Versuch. Erster Theil" aus dem Jahr 1817, die bisher unbekannte Einleitung in den geplanten zweiten Teil, die Monographie über die Apostelgeschichte, sowie zwei wissenschaftliche Aufsätze – „Ueber Kolosser 1,15-20" und „Ueber die Zeugnisse des Papias von unsern beiden ersten Evangelien" –, die beide 1832 in den „Theologische[n] Studien und Kritiken" erschienen sind.[1] Neben der noch in Halle entstandenen Monographie „Ueber den sogenannten ersten Brief des Paulos an den Timotheos. Ein kritisches Sendschreiben an J.C. Gaß" (1807)[2] sind damit alle exegetischen Werke des Berliner Theologieprofessors erfaßt, die dieser zu seinen Lebzeiten zum Druck befördert hat. Diese sind allesamt 1836 in den „Sämmtliche[n] Werken", die nach dem Tode Schleiermachers ab 1834 erschienen, wiederabgedruckt worden.[3] Die für diese umfassende Werkausgabe geplante Herausgabe der neutestamentlich-exegetischen Vorlesungen aus dem literarischen Nachlaß sind nur für die „Einleitung ins Neue Testament" (1845) und „Das Leben Jesu" (1864) zustandegekommen[4], die Bände zu den Evangelien des Matthäus und Johannes, den Katholischen Briefen und dem Brief an die Hebräer, die Friedrich Lücke herausgeben sollte, zu den Paulinischen Briefen, die Friedrich Bleek, und zu den Schriften des Lukas, die Carl Lachmann übernommen hatte, sind nicht mehr publiziert worden.[5] Ob sie in der Abteilung II der KGA erscheinen

---

[1] Die Monographie über das Lukas-Evangelium und die Einleitung in die geplante Monographie über die Apostelgeschichte wurden von Hermann Patsch bearbeitet; die Edition der zwei Aufsätze besorgte Dirk Schmid. – Zitatnachweise und Belegverweise ohne Angabe des Autors beziehen sich auf Friedrich Schleiermacher. Zu den abgekürzten Titeln vgl. das Literaturverzeichnis.

[2] Kritische Gesamtausgabe, Bd. I/5, Schriften aus der Hallenser Zeit 1804-1807, ed. Hermann Patsch, Berlin/New York 1995, S. 153-242

[3] SW I/2: Zur Theologie, Zweiter Band, 1836

[4] SW I/6; I/8

[5] Vgl. Hans-Joachim Birkner: Die Kritische Schleiermacher-Ausgabe zusammen mit ihren Vorläufern vorgestellt, in: Schleiermacher-Studien. Eingeleitet und hg. v. Hermann Fischer. SchlA 16, Berlin/New York 1996, S. 309-335, hier S. 309-315

*können, wird die Zukunft zeigen. Sie würden neben den im Druck erschie-
nenen Werken belegen, wie sehr Schleiermacher in seinem akademischen
Wirken neben und trotz aller anderen Tätigkeit bis ans Ende seines Lebens
vor allem Neutestamentler war.*

I. Historische Einführung

1. Über die Schriften des Lukas. Erster Teil

Zur Ostermesse 1817 erschien im Verlag des Berliner Verlegers und Buch-
händlers Georg Andreas Reimer (1776-1842) die Monographie „Ueber die
Schriften des Lukas ein kritischer Versuch von Dr. Fr. Schleiermacher,
d.G.G.o.o. Lehrer an der Universität zu Berlin. Erster Theil". Die Unter-
zeile nennt den Verfasser – in zeitgenössisch gängiger Abkürzung – „der
Gottes Gelahrtheit ordentlichen oeffentlichen Lehrer", womit der Leser
betont darauf hingewiesen wird, daß Schleiermacher seit 1810 Professor
an der Theologischen Fakultät der neugegründeten Universität der Haupt-
stadt Preußens ist. Das Werk umfaßt 302 Druckseiten. Diesen gehen eine
Dedikationsseite „An Herrn Dr. De Wette." voraus und ein persönlich
gehaltenes Dedikationsschreiben (S. [V]-[X]), das mit „Berlin, den 5ten
April 1817" unterschrieben ist – das war Karsamstag –, sowie eine eigens
paginierte Vorrede (S. XI-XVI), „Geschrieben in den Ostertagen 1817".
Die Seiten des Hauptteiles sind bis zur Seite 288 mit 35 Zeilen bedruckt, ab
Seite 289 – d.h. mit Beginn des letzten Bogens – bis zum Schluß mit 34
Zeilen. Die Oktavseiten haben einen Satzspiegel von 15x8 cm. Die 19
Bogen des Haupttextes sind durch Großbuchstaben (A bis T) gezählt; die
Dedikation und die Vorrede – die samt Titelblatt genau einen Bogen aus-
machen – sind als letztes gesetzt worden.

    Das Manuskript oder Korrekturbögen des Druckes sind nicht erhal-
ten. Die Auflagenhöhe ist unbekannt. Der Preis betrug 1 1/2 Reichsthaler.[6]
Schleiermacher erhielt am 18.12.1818 von seinem Verleger 100,– Reichsthaler Honorar, d.h. pro Bogen 5 Reichsthaler, was dem Honorar für seine
übrigen Schriften entspricht.[7]

    Die Monographie entstand als Ergebnis jahrelanger Beschäftigung mit
dem lukanischen Korpus in den Vorlesungen an der Berliner Universität.
Der Untertitel „Erster Theil" zeigt, daß ihr ein zweiter Band über die Apo-

---

[6] Wilhelm David Fuhrmann: Handbuch der theologischen Literatur oder Anleitung zur theologischen Bücherkenntniß, Bd. II/1, Leipzig 1819, S. 286

[7] Vgl. Günter Meckenstock: Schleiermachers Bibliothek. Bearbeitung des faksimilierten Rauchschen Auktionskatalogs und der Hauptbücher des Verlages G.
   Reimer. SchlA 10, Berlin/New York 1993, S. 343

stelgeschichte des Lukas folgen sollte, wozu es aber wegen des kirchen-
politischen Engagements Schleiermachers und vor allem wegen der seit
1819 begonnenen Dogmatik „Der Christliche Glaube" (1821/22) nicht
mehr kam. Bereits für das erste Semester der neugegründeten Universität
im Wintersemester 1810/11 hieß es in den Ankündigungen für die Theo-
logische Fakultät deutsch und lateinisch: „Die Schriften des Lukas erklärt
Herr Prof. Schleiermacher fünf Stunden wöchentlich" bzw. „Lucae scripta
quinis p[er] h[ebdomadam] horis interpretabitur", d.h. die Vorlesung, die
vor 18 Zuhörern vom 29.10.1810 bis zum 22.3.1811 gehalten wurde,
umfaßte das Evangelium und die Acta Apostolorum.[8] *Diese Kombination*
galt für das Wintersemester 1813/14 ausdrücklich[9]*, wobei Schleiermacher*
aber offensichtlich die Apostelgeschichte nicht mehr bewältigte und des-
halb das Kolleg im Sommersemester 1814 nachholte.[10] *Im Wintersemester*
1815/16 behandelte er in der neutestamentlich-exegetischen Abteilung des
theologischen Seminars, die er leitete, Lukas unter patristischem Aspekt,
nämlich in seinem Verhältnis zum Evangelium des Marcion.[11] *Auch im*

---

[8]   *Andreas Arndt/Wolfgang Virmond: Schleiermachers Briefwechsel (Verzeichnis)*
      nebst einer Liste seiner Vorlesungen. SchlA 11, Berlin/New York 1992, S. 295-
      330, hier S. 305. Vgl. noch Wolfgang Virmond: Schleiermachers Vorlesungen in
      thematischer Folge. In: New Athenaeum-Neues Athenaeum Vol. III, 1992, 127-
      151, wo S. 145-151 die Vorlesungen zur Exegese des Neuen Testaments zusam-
      mengestellt sind. – Den offiziellen exegetischen Vorlesungen an der Universität
      ging im Sommer 1810 eine halb-private über die Apostelgeschichte voraus, be-
      reits im Universitätsgebäude, dreistündig, beginnend am 13.6.1810, mit unbe-
      kanntem Ende (Arndt/Virmond S. 305). Am 1. September hatte Schleiermacher
      erst 13 Kapitel erklärt und, nach einer Reise, bis zur Eröffnung der Universität
      nur noch drei Wochen Zeit. „Wie das werden wird, sehe ich noch nicht ab."
      (Brief an Gaß vom 1. September 1810. In: Fr. Schleiermacher's Briefwechsel mit
      J. Chr. Gaß. Mit einer biographischen Vorrede hg. v. Dr.W. Gaß, Berlin 1852,
      S. 78)

[9]   *Arndt/Virmond S. 309. Die Vorlesung wurde vor 11 Zuhörern vierstündig vom*
      1.11.1813-23.3.1814 gehalten.

[10] *„Die Apostelgeschichte und die Briefe an die Thessalonicher erklärt derselbe*
      [Herr Prof. Dr. Schleiermacher] wöchentlich viermal" (Arndt/Virmond S. 310).
      Das Kolleg wurde vor 16 Hörern vom 20.4.1814-16.7.1814 gehalten.

[11] *In Schleiermachers „Bericht über die Neutestamentische Abtheilung der philolo-*
      gischen Klasse des Seminars im Winter 1815/16" heißt es, mit Datum 24.04.
      1816: „Meine Absicht war in diesem Winter Neutestamentische und patristische
      Lesung unmittelbar zu verbinden damit der Zusammenhang der Beschäftigun-
      gen weniger durch zu große Mannigfaltigkeit unterbrochen wurde. Ich wählte
      hiezu das 4te Buch des Tertullian adversus Marcionem und verband damit eine
      kritische Betrachtung des Lucas und seines Verhältnisses zum Evangelium des
      Marcion. Allein da ich glaubte die Einleitung in das ganze Werk voran schicken
      zu müssen, und bei der Schwierigkeit des Schriftstellers bin ich so weit nicht

*Wintersemester 1816/17 kündigte er beide Schriften des Lukas gemeinsam
an, vorsichtshalber gleich fünfstündig.*[12] *Dennoch mußte die Apostelgeschichte im Sommersemester 1817 einzeln angezeigt werden, weil der Stoff
doch zu umfangreich war.*[13] *Zwischenzeitlich war freilich die Monographie
zum Lukas-Evangelium erschienen, und die Vorlesung sollte sichtlich die
versprochene Fortsetzung fördern. (Vermutlich ist in dieser Zeit die unten
edierte Einleitung in die Apostelgeschichte entstanden.)*[14] *Dieses Ziel darf
man auch für die Kollegs im Sommersemester 1822 und im Wintersemester
1825/26 folgern, die nur mehr die Apostelgeschichte umfaßten; zuletzt
kündigt der Lektionskatalog im Sommersemester 1833 die „Geschichte
der Apostel" an.*[15] *Wer wissen wollte, wie Schleiermacher das Lukas-Evangelium deutete, konnte die Monographie lesen, zu der ihr Verfasser sich in
seiner „Einleitung ins neue Testament" im Sommersemester 1829 und
Wintersemester 1831/32 und in den berühmten Vorlesungen über das Leben Jesu bzw. die Leidensgeschichte nur ergänzend äußerte, ohne sich zu
größeren Änderungen veranlaßt zu sehen.*[16]

---

    *gekommen als ich hoffte und denke im bevorstehenden Semester fortzufahren."
(Universitätsarchiv der Humboldt-Universität, Signatur Theologische Fakultät
43, Blatt 77r – Hinweis W. Virmond)*

[12] *Arndt/Virmond S. 312. Die Vorlesung vom 28.10.1816-21.3.1817 hörten 35
Studenten.*

[13] *Arndt/Virmond S. 312*

[14] *S. unten S. 181-193*

[15] *Im Sommersemester 1822 las Schleiermacher vom 22.4.-16.8.1822 vierstündig
vor 59 Hörern; laut Tagebuch endete die Vorlesung „mit der 71t. Stunde"
(Arndt/Virmond S. 317). Im Wintersemester 1825/26 dauerte die fünfstündige
Vorlesung vor 74 Hörern vom 25.10.1825-10.3.1826; das Tagebuch meldet am
10.3.1826: „Exegese geschlossen mit 83 Stunden" (Arndt/Virmond S. 321). Im
Sommersemester 1833 schließlich las Schleiermacher fünfmal wöchentlich vom
29.4.-5.8.1833, wobei Angaben zur Hörerzahl nicht gemacht werden können;
laut Tagebuch schloß die Vorlesung mit der 65. Stunde (Arndt/Virmond S. 329).*

[16] *„Einleitung ins N[eue] T[estament]" las Schleiermacher im Sommersemester
1829 fünfstündig vor 156 Hörern, im Wintersemester 1831/32 vor 103 Hörern
(Arndt/Virmond S. 325f.328), „Leben Jesu" gleichfalls fünfstündig im Wintersemester 1819/20 vor 137 Hörern, im Sommersemester 1821 vor 65, Sommersemester 1823 vor 58, Wintersemester 1829/30 vor 251, 1832 vor 199 Hörern,
wobei die Vorlesung des Wintersemesters 1829/30 mit 92 Stunden die umfänglichste war (Arndt/Virmond S. 315f.319.325f.328). In der Einleitungs-Vorle-
sung stellt Schleiermacher seine unveränderte Hypothese mit Hinweis auf die
Lukas-Monographie dar (SW I/8: Einleitung ins neue Testament. Aus Schleiermacher's handschriftlichem Nachlasse und nachgeschriebenen Vorlesungen, mit
einer Vorrede von Dr. Friedrich Lücke, hg. v. G. Wolde. Berlin 1845, S. 233);
lediglich beim Markus-Evangelium, dem er doch eine gewisse Selbständigkeit
zubilligen muß, bekennt er eine gewachsene Unsicherheit (S. 312ff).*

Die Entstehungsgeschichte des Werkes läßt sich aus den brieflichen Äußerungen ablesen, auch wenn der eigentliche „Keimentschluß" – um mit Schleiermacher selbst zu sprechen[17] *– nicht überliefert ist. In einem Brief an seinen Freund Joachim Christian Gaß (1766-1831) vom Ende des Jahres 1810 berichtet Schleiermacher über das Lukas-Kolleg des Wintersemesters: „Mit dem Lukas geht es mir recht gut. Wenn ich ihn noch ein Paar mal durcharbeite, so denke ich kritisch ganz auf's reine mit ihm zu kommen, und dadurch wird, meine ich, ein großes Licht über den Kanon aufgehn."*[18] *Darf man in diese Zeilen bereits Publikationspläne hineinlesen? Sie verraten, daß Schleiermacher auf dem Weg zu einer eigenen Theorie der Abhängigkeits- und Entstehungsverhältnisse der Evangelien ist, auch wenn er noch keine Namen der zeitgenössischen Exegeten auf diesem Felde nennt, und das ist immer ein Hinweis auf zukünftige Werke. Das wird deutlich bei dem Bericht über die Vorlesung des Wintersemesters 1813/14, als wegen des Befreiungskrieges gegen Napoleon die Universität nur wenige Vorlesungen, dazu vor sehr wenigen Zuhörern, anbieten konnte: „Ich lese nur zwei Collegia, ein exegetisches über den Lukas, wobei ich so viel Vorarbeit als möglich zu Papier fertige, um daraus mit Leichtigkeit meine kritischen Versuche über den Lukas zusammensezen zu können."*[19] *Im Sommer 1815 klagt er, nicht an seine „Arbeit über den Lukas" zu kommen: „[…] ich sehe die Zeit nicht ab"*[20]. *Aber neben der Vorlesung im Wintersemester 1816/ 17 kann das Werk endlich seine Druckfassung erlangen. „Außerdem wird jezt an meinem kritischen Versuch über den Lukas gedruckt, den ich neben dem Collegio ausarbeite, so daß er zu Ostern unfehlbar erscheinen muß", heißt es zu Ende des Jahres 1816 in einem Brief an Gaß*[21]. *Ganz entsprechend lautet es zu Beginn des neuen Jahres 1817: „Nächstdem wird jezt von mir ein kritischer Versuch über den Lucas gedruckt, den ich aber nur so neben dem Collegio ausarbeite, und der also auch erst sachte gegen Ostern fertig wird."*[22] *Beide Briefe bezeugen die auch sonst vielfach belegte Arbeitsweise Schleiermachers, parallel zu der Vorlesung die Ergebnisse seiner Exegese für den Druck auszuformulieren. Der Druck begann diesen*

---

[17] *Vgl. Hermeneutik. Nach den Handschriften neu herausgegeben und eingeleitet von Heinz Kimmerle, Heidelberg 1959, S. 165*

[18] *Brief vom 29. Dezember 1810 (Briefwechsel mit Gaß S. 87)*

[19] *Brief vom 18. Dezember 1813 (Briefwechsel mit Gaß S. 114). Das erwähnte zweite Kolleg ist, vor 9 Hörern, die Vorlesung über „Die Grundsätze der Erziehungskunst" (Arndt/Virmond S. 309), bei dem Schleiermacher gleichfalls sofort Aufzeichnungen zum Zwecke späterer Publikation macht.*

[20] *Brief an August Twesten vom 5. Juli 1815 (D. August Twesten nach Tagebüchern und Briefen, ed. C. F. Georg Heinrici, Berlin 1889, S. 264)*

[21] *Brief vom 29. Dezember 1816 (Briefwechsel mit Gaß S. 128)*

[22] *Brief an Ludwig Gottfried Blanc vom 4. Januar 1817 (Briefe 4, 214)*

Zeugnissen zufolge, ehe das gesamte Manuskript fertig war, was Schleier-
macher unter gehörigen Zugzwang gesetzt haben muß. Mit dem Ende der
Vorlesung am 21. März 1817[23] *muß auch der Schluß des Werkes gewonnen*
gewesen sein, so daß nach dem Satz der Bögen des Haupttextes die Wid-
mung an seinen Fakultätskollegen Wilhelm Martin Leberecht de Wette
(1780-1849) am 5. April und die Vorrede „in den Ostertagen 1817" – also
ab dem 6. April – geschrieben werden konnten. Die Zueignung ließ Schleier-
macher von Friedrich Lücke (1791-1855) prüfen.[24] *Wie geplant, erschien*
das Buch zur Ostermesse[25]*, also Anfang Mai 1817. Das „mit großem Fleiß"*
vom Autor angelegte Druckfehlerverzeichnis blieb ungedruckt.[26]

Das erste Selbstzeugnis Schleiermachers kurz nach der Veröffentlichung,
in einem Brief an August Twesten (1789-1876) vom 11. Mai 1817, erläutert
sehr eindrücklich den biographischen und wissenschaftsgeschichtlichen
Zusammenhang des Werkes, der textintern so nicht zu erkennen ist. Vor
allem die Dedikation für de Wette[27] *erscheint jetzt in einem klaren Licht:*

---

[23] *Das Datum nach dem Tagebuch Schleiermachers (Arndt/Virmond S. 312).*

[24] *Schleiermacher an Lücke, Brief ohne Datum (April 1817): „Unter dem streng-*
sten Siegel der Verschwiegenheit theile ich Ihnen diese Zueignung mit, damit Sie
mir sagen ob Sie etwas darin finden was unsern Freund verlegen oder ihm
unangenehm sein könnte. Sie müssen mir aber die Liebe thun sie gleich durch-
zulaufen, und mit Ihrem Gutachten meinem Knaben wieder mitzugeben." (Alf
Christophersen: Friedrich Lücke (1791-1855). Neutestamentliche Hermeneutik
und Exegese im Zusammenhang mit seinem Leben und Werk. Teil 2: Dokumen-
te und Briefe. Berlin/New York 1999, S. 216)

[25] *Vgl. Wichmann von Meding: Bibliographie der Schriften Schleiermachers nebst*
einer Zusammenstellung und Datierung seiner gedruckten Predigten. SchlA 9,
Berlin/New York 1992, S. 52

[26] *Vgl. Schleiermacher an G. Reimer, Brief vom 6. Mai 1817: „Der Lukas ist nun*
zwar glüklich vom Stapel aber es ist doch ein Unglük dabei passirt woran ich
eigentlich Schuld bin. Ich hatte mir nemlich mit großem Fleiß ein Drukfehler-
verzeichniß angelegt aber das war in der Stadt, und die lezten Correcturen kamen
mir so schnell über den Hals, daß ich nicht daran dachte, und so ist es ungedrukt
geblieben." (Krakau) Das handschriftliche Verzeichnis ist nicht erhalten.

[27] *Martin Wilhelm Leberecht de Wette, Sohn einer Pfarrersfamilie, verbrachte sei-*
ne Jugend in Weimar und Jena; in Jena studierte er ab 1800 Philosophie und
Theologie. Seine Lehrer in der biblischen Exegese waren J.J. Griesbach, H.E.G.
Paulus und J.Ph. Gabler. Durch Werke zur Pentateuch-Kritik früh berühmt,
lehrte er ab 1807 in Heidelberg, wo er sich philosophisch Jakob Friedrich Fries
(1773-1843) anschloß, und wurde 1810 nach Berlin berufen. Ob Schleiermacher
die Berufung betrieb, wie de Wette meinte (vgl. seinen Brief vom 24. Juli 1810,
Briefe 4,179), ist unbekannt, zumal das persönliche Verhältnis zunächst ge-
spannt blieb und sich erst durch die Widmung der Lukas-Schrift grundlegend
änderte. Nach der Entlassung aus dem Lehramt 1819 erwies sich die Freund-
schaft Schleiermachers unter anderem darin, daß er Geld für den mittellosen
Freund sammelte. Sein Einsatz für die Rücknahme der Entlassung unter Beru-

„Nun lese ich im [vergangenen] Winter den Lukas und wollte diese Gelegen-
heit, die mir wohl erst in drei Jahren wieder gekommen wäre, nicht vorbei
gehen lassen, ohne auf die bequemste Weise neben dem Collegium meine
Ansicht für den Druck nieder zu schreiben. Das habe ich denn gethan, und
vor kurzem ist endlich das Büchlein vom Stapel gelaufen. [...] Vielleicht
wundern Sie sich auch über die Zueignung an de Wette. Allein es reißt jetzt
eine solche Furcht ein vor abweichenden Ansichten und ein so abergläubi-
sches Buchstabenwesen, und gegen de Wette besonders haben sich Mar-
heineke und wohl auch Neander auf eine so unbrüderliche Weise benom-
men, daß ich es für Pflicht hielt, mich hiervon öffentlich loszusagen und
einen anderen Gesichtspunkt aufzustellen, wozu ich dies für die schicklichste
Gelegenheit hielt. Eine Cabinettsordre, von der man spricht „der König
habe mit Schmerz vernommen, daß auf hiesiger und anderen Universitäten
Irrlehren verbreitet würden und der Minister solle die Irrlehrer fördersamst
removiren" ist noch dazu gekommen. Doch war die Sache schon vorher bei
mir beschlossen. Ob Ihnen nun die Art und Weise, wie ich meinen Zweck
habe zu erreichen gesucht, gefallen wird, das wünschte ich gern recht bald
zu hören. Auch in der Vorrede werden Sie noch einige Hiebe nach derselben
Seite hin finden. Es ist die höchste Zeit, daß man sich vor den Riß stellt. Alle
denen es um kirchliche und theologische Freiheit zu thun ist, fangen an zu
zittern; aber niemand will Hand anlegen. So muß ich Armer, dem Gott Muth
gegeben hat, denn schon die Kastanien aus dem Feuer holen. Die Pfote
werde ich mir dabei schon noch tüchtig verbrennen, und ich sehe im vollen
Ernst noch harten Stürmen entgegen und kann Gott unter diesen Umstän-
den nicht genug dafür danken, daß ich auch eine muthige Frau habe. Daß
übrigens dieses Buch über den Lukas schlecht geschrieben ist, brauchen Sie
mir nicht erst zu sagen, ich weiß es leider. Aber bei solchen Sachen gehört
wirklich Zeit dazu, sie gut zu schreiben, und die hatte ich nicht. Die Freunde
der Sache mögen sich durchschlagen so gut sie können [...]."[28] Sieht man
über den Bescheidenheitstopos hinweg, wird deutlich, daß Schleiermacher
mit der Widmung an de Wette die Spannungen mit seinen Fakultätskollegen
Philipp Marheineke (1780-1846) und August Neander (1789-1850) an-
spricht und zugleich der Öffentlichkeit wie dem preußischen Königshof

---

fung auf die theologische Lehrfreiheit blieb erfolglos (vgl. Max Lenz: Zur Ent-
lassung de Wettes, in: Philotesia. Paul Kleinert zum LXX. Geburtstag. Darge-
bracht von Adolf Harnack [u.a.], Berlin 1907, S. 337-388). 1822 wurde de
Wette Theologieprofessor in Basel. Zum Briefwechsel vgl. Arndt/Virmond:
Schleiermachers Briefwechsel S. 267f sowie die Quellensammlung bei Ernst
Staehelin: Dewettiana. Forschungen und Texte zu Wilhelm Martin Leberecht de
Wettes Leben und Werk, Basel 1956.
[28] *Twesten nach Tagebüchern und Briefen S. 290f. Twesten antwortete erst am 30.*
Juli 1817 (S. 293-299).

gegenüber die Freiheit der historisch-theologischen Wissenschaft verficht.
Der „Erguß" über Wahrheit und Irrtum in der Widmung, „mehr für Andere
als für Sie"[29]*, spricht zumindest auch die „unbrüderlichen" Kollegen an,*
und zwar auf dem Hintergrund der historischen Arbeiten de Wettes vor
allem zum Alten Testament. Hier gehört de Wette, wie bekannt, zu den
Begründern der historisch-kritischen Wissenschaftsschule, und sehr bewußt
und solidarisch stellt sich Schleiermacher mit seiner exegetischen neutesta-
mentlichen Monographie in diese Tradition. Dazu mußte er sich schon auf-
grund seiner Schrift über den 1. Timotheus-Brief verpflichtet fühlen. Mit
dem Begriff „Kezerei" in der „Vorrede"[30] *zitiert er indirekt und klug ver-*
schlüsselt den Vorwurf der Irrlehre aus der von ihm angeführten Kabi-
nettsordre Friedrich Wilhelms III. Diese Ordre, von der Schleiermacher
über persönliche Beziehungen von hoher Stelle gehört haben muß, war am
11. März 1817 – also vor der Abfassung der Vorrede – ergangen und stellte
in der Tat eine hohe Gefahr für die theologische Fakultät, insbesondere für
de Wette, dar. Aufgrund einer studentischen Denunziation über „Irrlehren"
an der Berliner Fakultät hatte der König das Innenministerium aufgefordert,
den Lehrstuhl, der Irrlehren verbreite, anderweitig zu besetzen, und zwar
unter der Maßgabe, daß der Professor die Grundwahrheiten der christlichen
Religion nicht in Zweifel ziehe.[31] *Erst auf diesem Hintergrund versteht man*
das Bild vom „Riß" und der Notwendigkeit, die „Kastanien" aus dem „Feu-

---

[29] *Unten S. 6*

[30] *Unten S. 8*

[31] *Die Kabinettsordre des Königs an den Innenminister Kaspar Friedrich Freiherr*
von Schuckmann hat folgenden Wortlaut: „Ich entnehme aus der beyliegenden
Vorstellung des Studiosus der Theologie Friedrich Krause hieselbst, daß von den
Lehrstühlen der theologischen Facultät bey der hiesigen Universität Irrlehren
ausgehen, die nicht geduldet werden können. Ich will zwar die Gewißens- und
Denkfreyheit des Einzelnen auf keine Weise beschränken, eben so wenig aber
auch gestatten, daß, auf theologischen Lehrstühlen, die Grundwahrheiten der
Christlichen Religion, welche allgemein als solche anerkannt, und dadurch als
ausgemacht festgestellt sind, bezweifelt werden, und mache es Ihnen daher zur
Pflicht, darauf zu halten und darüber zu wachen, damit derjenige theologische
Lehrstuhl, von welchem Irrlehren verbreitet werden, anderweit besetzt werde;
da es unerläßliche Bedingung ist, daß nur derjenige Theologe ihn einnehmen
kann, der die Grundwahrheiten der Christlichen Religion bey seinen Vorträgen
nicht in Zweifel zieht. Berlin den 11.ten März 1817. Friedrich Wilhelm" (Gehei-
mes Staatsarchiv Preußischer Kulturbesitz Berlin-Dahlem, HA I, Rep. 76, V a,
Sekt. 1, Tit 7, Bd 1 – Hinweis Wolfgang Virmond). Der Zorn des Königs aus
Anlaß dieser Denunziation, der bald darauf eine weitere mit Namensnennung de
Wettes folgte, wurde durch ein Gutachten des Bischofs Fr. Sam. Gottfr. Sack
und eine kluge Stellungnahme von Schuckmanns vorläufig besänftigt. Aber de
Wettes Name war dem König als verdächtig bekannt geworden, was zur Vorge-
schichte der Entlassung im Jahr 1819 gehört.

er" *zu holen: Schleiermacher fühlt sich selbst angegriffen. Mag die Widmung an de Wette auch schon vorher beschlossen gewesen sein – was in jedem Fall überrascht, denn das beiderseitige Verhältnis war bis dahin eher gespannt –, so sorgte der konkrete Anlaß für eine besonders sorgfältige Formulierung des Vorwortes während der Ostertage, als die Folgen der Kabinettsordre noch nicht abzusehen waren. Insgesamt wird Schleiermacher an die sich verstärkenden pietistischen Strömungen in der preußischen Kirche und ihre theologischen Sprecher, nicht an die genannten Fakultätskollegen gedacht haben, wenn er abwehrend schreibt, daß „selbst Theologen jetzt anfangen die kritische Bearbeitung der heiligen Bücher in üblen Ruf zu bringen, als ob sie dem göttlichen Ansehen der Schrift schadete; und die einfache Wahrheit, die hier statt alles andern gelten sollte, daß der reinste einfältigste Glaube und die schärfste Prüfung eins und dasselbe sind, [...] immer noch von Vielen nicht verstanden wird"[32]. Das war seine Erfahrung auch mit der Rezeption der Timotheus-Schrift gewesen[33], und hier fürchtete er für die Freiheit der Theologie. So erklären sich die Widmung und die Vorrede neben dem konkreten Anlaß aus der wissenschaftsgeschichtlichen, fakultätsinternen und vor allem (kirchen)politischen Situation.*

In einem Brief an Ludwig Gottfried Blanc (1781-1866) vom Ende des gleichen Monats äußert sich Schleiermacher ähnlich: „Was ich von De Wette halte, das werden Sie wol am besten aus meiner Zueignung vor dem Lucas sehen. Er ist freilich sehr neologisch, aber er ist ein ernster gründlicher wahrheitsliebender Mann, dessen Untersuchungen zu wirklichen Resultaten führen werden, und der vielleicht auch für sich selbst noch einmal zu einer andern Ansicht kommt. Da er so mannigfaltig verlästert und verklatscht wird: so habe ich es für meinen Beruf gehalten auch hier den Handschuh aufzunehmen. Sie werden denke ich auch daraus sehen, daß das Herz noch frisch ist. Deshalb aber thut es immer wohl von den Freunden Liebe und Treue zu vernehmen; denn das erhält eben frisch. [...] Daß es schlecht geschrieben ist, weiß ich; aber über die Sache möchte ich gern Ihre Meinung hören, sobald Sie sich hinein und durchgearbeitet haben."[34]

---

[32] *Unten S. 8*

[33] *Vgl. Hermann Patsch: Die Angst vor dem Deuteropaulinismus. Die Rezeption des „kritischen Sendschreibens" Friedrich Schleiermachers über den 1. Timotheusbrief im ersten Jahrfünft, in: Zeitschrift für Theologie und Kirche 88, 1991, S. 451-477. De Wette war, wie Schleiermacher bald erfuhr, der erste der wenigen positiven Rezensenten. Vgl. auch KGA I/5, S. C-CXXIII.*

[34] *Brief vom 26. Mai 1817 (Briefe 4,217f). Das noch im Juni 1817 geforderte „Wort über den Lucas" (Briefe 4,219) hat Blanc nicht geliefert. – Auch Karl Gustav von Brinckmann antwortete nicht auf Schleiermachers Bitte um ein Urteil: „Es ist der Anfang, meine Ansicht über die Evangelien mitzutheilen, und ich wüßte gern Deine Meinung wenigstens über die Art von Kritik die da geübt ist." (Brief vom 31. Dezember 1818, Briefe 4,242)*

Dem Freund Joachim Christian Gaß nennt er zugleich die wissenschaftli-
chen Gegner unter den Neutestamentlern, über die er mit seiner Arbeit zu
obsiegen hofft: „Zustimmung erwarte ich für jezt nicht viel, aber in der
Folge mehr. Ueber die leichtsinnige und oberflächliche Manier von Eich-
horn und Paulus soll, denke ich, diese Behandlung bald siegen."[35] *Schleier-*
macher spielt hier auf die „Einleitung in das Neue Testament" von Johann
Gottfried Eichhorn (1752-1827) an, in der dieser unter Rückgriff auf Les-
sing die damals herrschende Theorie des „Urevangeliums" entwickelt hat-
te[36]*, und auf den „Philologisch-kritische[n] und historische[n] Commentar*
über die drey Evangelien" von Heinrich Eberhard Gottlob Paulus (1768-
1851)[37]*. (Den dritten Gesprächspartner – Johann Leonhard Hug [1765-*
1846] und dessen „Einleitung in die Schriften des Neuen Testaments" –
nennt er an dieser wegwerfend formulierenden Stelle nicht.) Das Thema

---

[35] *Brief vom 5. Juli 1817 (Briefwechsel mit Gaß S. 140)*

[36] *Johann Gottfried Eichhorn: Einleitung in das neue Testament. [Zweites Titel-*
blatt: Einleitung zum Neuen Testament] Erster Band, Leipzig 1804; Zweyter
Band, Leipzig 1810. Schleiermacher besaß die Werke selbst (vgl. Meckenstock:
Schleiermachers Bibliothek S. 177 Nr. 582). Eichhorn, ab 1755 Professor für
orientalische Sprachen in Jena, ab 1788 Professor der Philosophie in Göttingen,
gilt neben J.S. Semler als der eigentliche Begründer der neueren Wissenschafts-
gattung einer historisch-kritischen Einleitung in die Hl. Schrift.

[37] *H.E.G. Paulus: Philologisch-kritischer und historischer Kommentar über die*
drey Evangelien, in welchem der griechische Text, nach einer Recognition der
Varianten, Interpunctionen und Abschnitte, durch Einleitungen, Inhaltsanzeigen
und ununterbrochene Scholien als Grundlage der Geschichte des Urchristen-
tums synoptisch und chronologisch bearbeitet ist. Theil 1-3, Lübeck 1800-1802
[Zweite Titelseite: Philologisch-kritischer und historischer Kommentar über das
neue Testament. Die drey ersten Evangelien]; Zusätze und verbessernde Ände-
rungen aus der zweyten, durchaus verbesserten, Ausgabe der drey ersten Theile
des philologisch-kritischen und historischen Commentars über das neue Testa-
ment für die Besitzer der ersten Ausgabe zum besonderen Abdruck befördert,
Lübeck 1808 [auch Leipzig 1812, wo mit gleicher Datumsangabe zugleich eine
„zweyte, durchaus verbesserte Ausgabe" erschien.] Schleiermacher besaß wäh-
rend der Abfassung der Lukas-Schrift diese Werke vielleicht nicht selbst oder sie
kamen nicht zur Versteigerung (vgl. Meckenstock: Schleiermachers Bibliothek
S. 242 Nr. 1439). Welche Ausgaben er benutzte, ist nicht festzustellen. Wenn
Schleiermacher am 14.1.1805 an Reimer schreibt: „Ich bitte Dich [...] auch den
vierten Band von Paulus Commentar nicht zu vergessen." (SN 761/1, Blatt 11),
so ist wohl der „Vierte Theil" mit der Auslegung des Johannes-Evangeliums
gemeint (Lübeck 1804). Diese Notiz spricht für persönlichen Besitz. – Paulus
war ab 1789 Professor für orientalische Sprachen, ab 1793 für Theologie in
Jena, ab 1803 in Würzburg – wohin er auch Schleiermacher zu ziehen versuchte
(vgl. Arndt/Virmond: Schleiermachers Briefwechsel S. 172; Wilhelm Dilthey:
Leben Schleiermachers. I. Band. Zweite Aufl. hg. v. Hermann Mulert, Berlin/
Leipzig 1922, S. 697-711) –, schließlich von 1811-1833 in Heidelberg.

der Widmung ist ihm aber auch hier ansprechenswert: „Vielleicht wunderst Du Dich auch über die Zueignung: allein es schien mir nothwendig, dem einseitigen, störrigen Buchstabenwesen, was wieder einreißen will, entgegen zu treten und auch etwas zu thun gegen die persönliche Behandlung, die de Wette widerfahren ist. So ist mir denn dieses recht aus dem Herzen gekommen, und ich denke, wer es mißverstehn und mich als einen Partisan von de Wette ansehn kann, muß sehr befangen sein."[38]

Die persönliche Fürsprache Schleiermachers für de Wette hat Friedrich Lücke in seinem Nachruf auf de Wette aus dem Jahr 1850 ganz entsprechend erläutert. Lücke berichtet aus der Erinnerung, daß es im Vorfeld des Reformationsjubiläums Kreisen der höheren Gesellschaft am Hofe gelungen sei, die Ansicht geltend zu machen, von den rationalistisch geprägten theologischen Fakultäten sei eine Neubelebung des gläubigen und kirchlichen Sinnes unter den angehenden Theologen nicht zu erwarten, so daß eine „Purification" insbesondere der Berliner Fakultät, namentlich auf die Person de Wettes als eines „unchristlichen Theologen" bezogen, zu fürchten gewesen sei. „Als Schleiermacher aus sehr guter Quelle von der bevorstehenden, wenigstens möglichen Gefahr hörte, hielt er es für Pflicht des Berufs und der Freundschaft, dem allezeit von ihm hochgeschätzten, jetzt auch näher befreundeten Collegen öffentlich seine wesentliche Uebereinstimmung mit ihm und seine Zuversicht zu dessen christlicher Gesinnung und Strebsamkeit zu bezeugen und dadurch das öffentliche Urtheil über ihn zu berichtigen. Er glaubte, dieß am schicklichsten durch die Dedication seines kritischen Versuchs über das Evangelium des Lukas an de Wette thun zu können."*[39]

De Wette, der von seiner Gefährdung nichts wußte, war von der Widmung verständlicherweise überrascht, zumal sein Verhältnis zu Schleiermacher die Jahre über keineswegs ohne Spannungen gewesen war. An den befreundeten Philosophen Jakob Friedrich Fries schreibt er: „Von meinem Frieden mit Schleiermacher und dessen Dedication an mich wirst Du gehört haben. Wir wollen sogar eine kritische Zeitschrift für Theologie herausgeben. Indessen drückt mich dabei etwas was Du Dir wol selbst denken kannst; ich muß es aber unterdrücken, weil es für meine hiesige Wirksamkeit zu wichtig ist mit Schleiermacher in Frieden zu sein."*[40] Als es im kom-

---

[38] *Briefwechsel mit Gaß S. 140*

[39] *Friedrich Lücke: Zur freundschaftlichen Erinnerung an D. Wilhelm Martin Leberecht de Wette, in: Theologische Studien und Kritiken 23, 1850, S. 497-535, hier S. 520. Lücke berichtet im weiteren davon, daß Schleiermacher ihm die Dedikation vor dem Druck zur Prüfung übersandt habe. Vgl. oben Anm. 24.*

[40] *Ernst Ludwig Theodor Henke: Jakob Friedrich Fries. Aus seinem handschriftlichen Nachlasse dargestellt, Leipzig 1867, S. 359, Brief vom 19. Juli 1817. Aus den Briefen der früheren Zeit geht das gespannte Verhältnis, das der Brief noch*

menden Jahr zu einer zweiten Auflage seines „Lehrbuch[s] der christlichen Dogmatik" kommt, widmet er sie dem „verehrte[n] Freund und Amtsgenosse[n]" mit einer ausführlichen Zuschrift.[41] *Er bekennt sich darin nicht nur als fleißigen Hörer der „unvergleichlichen Predigten" Schleiermachers, sondern auch dazu, in der „Hauptsache" mit ihm einig zu sein: „Wenn wir in der wissenschaftlichen Vermittelung der Einen Wahrheit und vielleicht in einzelnen historischen Ansichten von einander abgehen: so wünsche ich so wenig, daß dieß anders sey, daß ich es vielmehr für nothwendig und der Sache der Wahrheit förderlich halte. Mir scheint es nämlich, und gewiß auch Ihnen, die wichtigste Aufgabe für unsere neuere Theologie zu seyn, die eine christliche Wahrheit, in der alle Christen übereinstimmen müssen, nicht nur über alle Zweifel zu erheben, sondern auch, damit dieß eben geschehen könne, von eigenthümlichen Ansichtsweisen unabhängig aufzufassen. Man hat aus blindem Eifer Manches als wesentlich dargestellt, was nur zur Verständigungsweise einer gewissen Zeit und Bildungsstufe gehörte, und dadurch den Zweifel in die Theologie eingeführt: wir aber müssen die christliche Freyheit von solchen Menschensatzungen entbinden, und sie dadurch nur williger machen, sich dem göttlichen Gesetze Christi zu unterwerfen."*[42] *An diesem Werk neben und mit Schleiermacher arbeiten zu können, sieht de Wette als eine der glücklichsten Fügungen seines Lebens an.*

Die Reaktionen der Freunde sind überwiegend positiv ausgefallen, oft mit besonderer Beziehung auf die Widmung. Henriette Herz schreibt von der „schönen feinen Zueignung an de Wette"[43]. *Auch Gaß äußert sich entsprechend: „Die Einleitung hat mir sehr gefallen, auch die Zueignung an de Wette, und ich habe darin Deinen Sinn erkannt."*[44] *Später weissagt er*

---

erkennen läßt, deutlich hervor. Am 17. Dezember 1817 heißt es dann aber: „Dieser Mann wird mir überhaupt alle Tage liebenswerther, und ich halte ihn gar nicht für so entfernt von uns als es nach seiner Methode scheint." (S. 360) – Bei der geplanten gemeinsamen Zeitschrift handelt es sich um die „Theologische Zeitschrift", die von 1819-1822 von Schleiermacher, de Wette und Friedrich Lücke herausgegeben wurde.

[41] *Wilhelm Martin Leberecht de Wette: Lehrbuch der christlichen Dogmatik, in ihrer historischen Entwickelung dargestellt. Erster Theil. Die biblische Dogmatik enthaltend. Zweyte verbesserte Auflage. Berlin 1818, unpag. S.[V-VIII]. Der Widmungsbrief „An Herrn Doctor Schleiermacher." trägt das Datum „Berlin den 1ten May 1818".*

[42] *S.[VI-VIII]. Lücke meint, de Wette habe durch die Predigten Schleiermachers eine Wandlung zum „Positiven" erlebt (Zur freundschaftlichen Erinnerung an de Wette S. 519f).*

[43] *Brief an Twesten vom 13. Juli 1817 (Georg Heinrici: Briefe von Henriette Herz an August Twesten [1814-1827], in: Zeitschrift für Bücherfreunde N.F. 4, 1914, S. 301-316.333-347, hier S. 337f)*

[44] *Brief vom 4. August 1817 (Briefwechsel mit Gaß S. 144)*

dem Verfasser, seine Ansicht der Entstehung der Evangelien werde unbe-
denklich die herrschende werden und die Widmung an de Wette von guten
Folgen sein.[45] *C.K.J. von Bunsen (1791-1860) schreibt an Lücke: „Die*
Vorrede ist herrlich und mit weiser christlicher Freiheit und Kühnheit ge-
schrieben."[46] *Twesten hält durch Schleiermachers Schrift Eichhorn und*
Hug für überwunden, auch wenn er sich in die „Annahme so kleiner, ab-
gesondert und schriftlich vorhandener Stücke noch nicht recht finden kann.
[...] Die Dedication an de Wette hat mir ausnehmend gefallen. Daß diesel-
be Ihnen nöthig scheinen konnte, um die wissenschaftliche Freiheit zu
vertheidigen, hat mich geschmerzt. Ist es möglich, daß diese bei Ihnen in
Gefahr geräth!?"[47] *Nur Karl Heinrich Sack (1790-1875) hat, wie Schleier-*
macher seiner Freundin Herz mitteilt, aus Gründen der Orthodoxie an der
Zueignung Anstoß genommen.[48]

Das Versprechen eines zweiten Teiles über die Apostelgeschichte im
Titel und im letzten Satz des Werkes hat Schleiermacher nicht mehr einlö-
sen können. Über die Formulierung einer Einleitung – die unten ediert wird
– ist er nicht hinausgekommen, auch wenn ihn das Projekt bis zu seinem
Tode beschäftigt hat. Die zeitgenössischen Rezipienten der Lukas-Schrift
konnten erkennen, daß er die Apostelgeschichte methodisch wie das Lu-
kas-Evangelium behandeln wollte. Daß es aber umgekehrt die Apostelge-
schichte war, die ihn auf seine Lukas-Hypothese gebracht hat, erfährt man
erst aus der unveröffentlicht gebliebenen Einleitung.

Wissenschaftsgeschichtliche Bedeutung

Die entscheidende methodische Richtung gibt Schleiermacher seiner Mo-
nographie in ihrer „Einleitung", in der er die Rechtfertigung liefert für die
Notwendigkeit einer exegetischen Untersuchung eines einzelnen Evangeli-
sten. Er gewinnt sie durch Konfrontation der Entstehungs- und Abhängig-

---

[45] *Brief vom 12. März/9. April 1818 (ebd. S. 145f)*
[46] *Brief an Friedrich Lücke vom 1. Juli 1818. In: Christian Carl Josias Freiherr von*
Bunsen. Aus seinen Briefen und nach eigener Erinnerung geschildert von seiner
Witwe. Deutsche Ausgabe, durch neue Mittheilungen vermehrt von Friedrich
Nippold. 1. Bd. Leipzig 1868, S. 151. Später äußert sich Bunsen sehr viel kriti-
scher: „Seine [Schleiermachers] Anordnung des Plato ist ein Meisterwerk, aller-
dings auch mit ganz anderer Anstrengung und Liebe geschrieben, als der arme
Lucas erhalten hat." (Brief an Lücke vom 15. Juni 1835, ebd. S. 439)
[47] *Brief vom 30. Juli 1817 (Twesten nach Tagebüchern und Briefen S. 294f – die*
Wörter „kleiner" und „schriftlich" sind unterstrichen.)
[48] *Brief an Henriette Herz, o.D. (Ende Juli 1817): „Der jüngste [Sack] hat bedeu-*
tenden Anstoß genommen an meiner Zueignung an Dewette." (Hans Lands-
berg: Henriette Herz. Ihr Leben und ihre Zeit. Weimar 1913, S. 417)

keitstheorien von Johann Gottfried Eichhorn und Johann Leonhard Hug[49].
*Hug hatte in seiner „Einleitung in die Schriften des Neuen Testaments" der
Urevangeliumshypothese von Eichhorn die Hypothese entgegengesetzt,
Matthäus sei das älteste Evangelium, aus dem Markus abschreibe, von
denen beiden dann Lukas abhänge.*[50] *Beide – sagt Schleiermacher nun –
würden sich gegenseitig sehr glücklich und siegreich bekämpfen, und folglich sieht er sich als den triumphierenden Dritten, der seine Schlüsse aus
den von den Vorgängern nicht zu lösenden Problemem zieht. Denn wenn
die Abhängigkeitstheorie über die Urevangeliumshypothese siege wie umgekehrt jene über diese, weil sie jeweils die Schwächen der anderen Seite
herausarbeite, müssen beide Ansätze falsch sein. Die Geschichte der ersten
christlichen Geschichtsschreibung müsse man sich vielmehr so vorstellen,
daß – mit zunehmendem Abstand von Palästina und dem drohenden Aus-
sterben der ersten Generation der Augenzeugen – einzelne Sammlungen,
größere und kleinere, einfache und aus mehreren zusammengesetzte, etwa
mit Wundergeschichten, Reden, Passions- und Ostererzählungen, entstanden seien, die der Sachlage nach auf Augenzeugen zurückgehen müßten.
Aus diesen Sammlungen könne man sich die Evangelien entstanden denken, ohne daß man auf ein Urevangelium zurückgreifen müßte. (Soweit
schließt Schleiermacher sich, ohne das eigens zu sagen, Heinrich Eberhard
Gottlob Paulus an, der mit seinem dreibändigen Synoptiker-Kommentar in
allen exegetischen Einzelheiten sein hauptsächlicher Gesprächspartner ist.)*
  *Die Notwendigkeit der Untersuchung eines einzelnen Evangeliums
erklärt sich dann so, daß – ehe man die „komparative" Methode des synoptischen Vergleichs anwende – zuallererst und vorläufig „einseitig" in den
einzelnen Evangelien nach den Merkmalen ihrer Zusammensetzung gesucht werden müsse, um zu entscheiden, ob das Buch mittelbar oder unmittelbar und durch welche Art der Bearbeitung aus früheren Aufzeichnungen
entstanden sein könne. Diese Arbeit müsse für alle drei Evangelien geleistet
werden, ehe eine synoptische Komparation erfolgen kann. Das ist Schleiermachers wissenschaftstheoretischer Ansatz, der ihn zu der Ausarbeitung
veranlaßte. Die Kritik der drei synoptischen Evangelien müsse einzeln abgeschlossen sein, ehe der Vergleich sinnvoll sei. Und so will er gar kein*

---

[49] *Hug war ab 1793 bis zu seinem Tode Professor für orientalische Philosophie
   und alt- und neutestamentliche Exegese in Freiburg. Er gilt als der wichtigste
   katholische Exeget seiner Zeit, der das Gespräch mit der protestantischen Forschung suchte und sich an ihren Debatten (z.B. um David Friedrich Strauß)
   beteiligte. Persönliche Beziehungen zu Schleiermacher, der ihn in seinen Werken
   mit ausgesuchter Höflichkeit behandelt, sind nicht überliefert.*
[50] *Johann Leonhard Hug: Einleitung in die Schriften des Neuen Testaments.
   Zweyter Theil, Tübingen 1808 (von Schleiermacher 1811 erstanden, vgl.
   Meckenstock: Schleiermachers Bibliothek S. 204 Nr. 951)*

allgemeines Resultat über alle Evangelien anstreben, wie es alle genannten
Vorgänger auf der Suche nach Abhängigkeiten getan haben, sondern die-
sem einen Evangelisten Lukas auf die Spur kommen, und zwar mehr im
Blick auf die Apostelgeschichte des gleichen Autors als auf die beiden an-
deren Synoptiker. – Daß Schleiermacher (wie auch H.E.G. Paulus) bei dem
unvermeidlichen synoptischen Vergleich der lukanischen Texte ohne wei-
tere Diskussion die sog. Griesbach-Hypothese voraussetzt, dergemäß Mar-
kus ein Auszug aus Matthäus und Lukas sei, läßt er gelegentlich erken-
nen.[51] Andere vermutlich benutzte exegetische Literatur ist ihm nicht
wichtig geworden; er erwähnt lediglich – in absprechendem Ton – eine
Monographie des Tübinger Supranaturalisten Gottlob Christian Storr
(1746-1805).[52]
  Schleiermachers Ansatz ist als „Fragmenten- oder Diegesenhypothese"
in die Forschungsgeschichte eingegangen.[53] Er hat freilich den Begriff
„Diegese" in seiner Monographie nirgends als Terminus Technicus ge-
braucht, sondern wie H.E.G. Paulus von Apomnemoneumata, Aufsätzen

---

[51] *Vgl. unten S. 56. 88. 96. 100f. 137. 140. 142f. 163. Johann Jakob Griesbach*
  (1745-1812), seit 1775 Exeget in Jena, Bahnbrecher der neutestamentlichen
  Textkritik, hatte seine Hypothese zuerst 1789 und 1790 in zwei Jenaer Program-
  men entwickelt und 1794 erweitert veröffentlicht: Commentatio qua Marci
  Evangelium totum e Matthaei et Lucae commentariis decerptum esse monstratur,
  scripta nomine Academiae Jenensis, (1789.1790.) jam recognita multisque
  augmentis locupletata, in: Commentationes Theologicae, edd. J.C. Velthusen,
  C.T. Kuinoel, G.A. Ruperti, Vol. I, Leipzig 1794, p. 368-434. Diese Ausgabe
  besaß Schleiermacher (vgl. Meckenstock: Schleiermachers Bibliothek S. 166
  Nr. 457). Neuausgabe und englische Übersetzung in: J.J. Griesbach: Synoptic
  and text-critical studies 1776-1976. Edited by Bernard Orchard and Thomas
  R.W. Longstaff. Studiorum Novi Testamenti Societas. Monograph Series 34,
  Cambridge 1978, p. 74-102. 103-135. 201-213.
[52] *Vgl. unten S. 120. Die von Gottlob Christian Storr: Ueber den Zwek der evan-*
  gelischen Geschichte und der Briefe Johannis. Zweite verbesserte Auflage, Tü-
  bingen 1810 in wenigen Bemerkungen entwickelte These von der Priorität des
  Mk (S. 274. 294) ist Schleiermacher nicht wichtig geworden, wohl weil er sie
  von Griesbach als widerlegt ansah. – Das in seiner Bibliothek befindliche Hand-
  buch der Einleitung in die Schriften des Neuen Testamentes von Heinrich Karl
  Alexander Haenlein, Bd. III, 2. Aufl. Erlangen 1809 (vgl. Meckenstock: Schleier-
  machers Bibliothek S. 195) wird nirgendwo erwähnt. Da dieses Werk die neue-
  ren Darstellungen zur Einleitungswissenschaft in der Vorrede nur erwähnt, die
  Auseinandersetzung mit ihnen aber auf die nächste – dann nie erschienene –
  Auflage verschiebt, konnte Schleiermacher das das zeitgenössische Niveau ver-
  fehlende Buch nicht gebrauchen.
[53] *Vgl. Werner Georg Kümmel: Das Neue Testament. Geschichte der Erforschung*
  seiner Probleme, Freiburg/München 1958, S. 99f sowie dessen Einleitung in das
  Neue Testament, Heidelberg 1983, S. 20.

oder Sammlungen gesprochen, womit er in sich geschlossene, auf Augen-
zeugen zurückgehende Einzelerzählungen meinte.[54] *Diese versucht er mit*
literarkritischer Methode gegeneinander abzugrenzen, indem er nach er-
zählerischen Formeln und Fugen sucht, die die ursprünglich selbständigen
Stücke erkennen lassen. Diese Stücke müssen nach ihrer Authentizität be-
fragt werden, während der Evangelist als bloßer „Sammler und Ordner
schon vorhandener Schriften, die er unverändert durch seine Hand gehen
läßt", seine Verdienste darin habe, „fast lauter vorzüglich ächte und gute
Stükke" aufgenommen zu haben.[55] *Diese Stücke gewinnt Schleiermacher*
aus vier „Hauptmassen", in die ihm das gesamte Evangelium zerfällt. Es
sind dies Lk 1+2; 3,1-9,50; 9,51-19,48 und 20,1-24,53. Lk 1,5-80 erklärt
er für eine ursprünglich selbständige Geschichtserzählung, die von Lukas
unverändert an den Anfang des Evangeliums gestellt worden sei und über-
wiegend Dichtung enthalte. Lk 2 teilt er in drei Stücke auf, die er historisch
unterschiedlich gewichtet und auf jeden Fall für mit der Vorgeschichte in
Mt 1f nicht vereinbar hält. In Lk 3-9 scheidet Schleiermacher sieben an
Schlußformeln kenntliche Einheiten, die z.T. schon selbst zusammenge-
setzt sind und sich gelegentlich mit Ortstraditionen verbinden lassen. Den
Reisebericht ab 9,51 läßt er bis 19,48 gehen; er hält ihn — wie andere
Exegeten vor ihm — für eine selbständige, von Lukas geschlossen übernom-
mene Schrift, die freilich selbst aus 14 Einzelstücken zusammengestellt sei.
Lk 20-24 fertigt Schleiermacher verhältnismäßig kurz ab. Hier sieht er drei
ursprünglich selbständige Einheiten miteinander verbunden.

Grundsätzlich sieht Schleiermacher also Lukas nicht als selbständig
formulierenden Theologen, sondern als Sammler und Ordner vorgefunde-
ner Einzeltraditionen, die er unverändert weitergebe. Abhängig sei der Evan-
gelist folglich von „Referenten", von denen diese Einzelstücke stammen und
deren Augenzeugenschaft jeweils erwogen werden muß, mit positivem oder
negativem Ergebnis. Vielfach erklärt Schleiermacher die Traditionen für
„Poesie", die Lukas für Historie genommen habe. Überwiegend verteidigt
er aber, zum Teil kräftig psychologisierend, die Historizität der „guten Stük-
ke". Die Konzentration auf den einzelnen Evangelisten, die seinerzeit in der
Synoptikerexegese ganz unüblich war, befreit ihn bei diesem Ansatz zwar
von der Problemem der Benutzungs- oder Urevangeliumshypothese, gegen
die er angetreten ist, führt ihn aber noch nicht dazu, Lukas als eigenständi-
gen Schriftsteller und das heißt als Theologen anzusehen. Dazu bedarf es

---

[54] Vgl. Johannes Conradi: *Schleiermachers Arbeit auf dem Gebiete der neutesta-*
mentlichen Einleitungswissenschaft, Niederlösnitz-Dresden 1907, S. 52f, der lediglich einen Beleg für „Diegese" in SW I/8, S. 88 nachweist. Hilger Weisweiler:
Schleiermachers Arbeiten zum Neuen Testament, Diss. theol. Bonn 1972, S. 66f
schlägt statt „Diegesenhypothese" den Begriff „Memorabilienhypothese" vor.

[55] Unten S. 180

ersichtlich der Zwei-Quellen-Theorie, die damals noch nicht ausgearbeitet war. Ob Schleiermacher die in seinem Brief an Gaß angekündigte Untersuchung der Sprache zu einer genaueren Erfassung des dritten Evangelisten als Schriftsteller gebracht hätte, muß offenbleiben. Hier hätte die in seiner Untersuchung zum ersten Timotheusbrief bewiesene linguistische Virtuosität zu ungeahnten Überraschungen führen können.

Durch seine Hypothese, die die Schwächen der Vorgänger deutlich machen, aber nicht heilen kann, hat Schleiermacher geholfen, den Weg zur dann siegreichen Zwei-Quellen-Theorie und in der Folge zur Frage nach dem historischen Jesus vorzubereiten. Insofern stellt seine exegetische Monographie eine Zwischenstufe dar, über die die fernere Diskussion hinweggegangen ist. Nicht überholt ist die Verteidigung der freien Forschung, die er unüberbietbar in der Widmung an de Wette und in der Vorrede des Buches ausgesprochen hat.

Zeitgenössische Rezeption

a) Rezensionen

Gleich im Erscheinungsjahr der Monographie Schleiermachers gab es kritische Besprechungen in wissenschaftlichen Rezensionsorganen. Da diese durchweg respektvoll, aber ablehnend ausfielen, blieb die Anzahl der Auseinandersetzungen beschränkt; offenbar schien schon zu Anfang alles gesagt zu sein.[56] Auffällig ist, daß die großen Rezensionsorgane das Werk nicht besprachen: die „Göttingische[n] gelehrte[n] Anzeigen", die „Heidelberger Jahrbücher für Litteratur", das „Archiv für die Theologie und ihre neueste Literatur", die „Jenaische Allgemeine Literatur-Zeitung" (wobei in diesem Fall die Meidung zu ihrer Rezensionspolitik gehörte[57]), auch nicht das von Erlangen aus betreute „Kritische[] Journal der neuesten theologischen Literatur"[58]. Ob und in welcher Weise Schleiermacher von den Rezensionen Kenntnis erhielt und ob er sich dazu äußerte, ist nicht überliefert.

---

[56] *Vgl. die kleine Sammlung bei Fuhrmann: Handbuch der theologischen Literatur oder Anleitung zur theologischen Bücherkenntniß S. 286f, die sich nicht vergrößern ließ.*

[57] *Vgl. Hermann Patsch: Schleiermachers Briefwechsel mit Eichstädt, in: Zeitschrift für Neuere Theologiegeschichte/Journal for the History of Modern Theology 2, 1995, S. 255-302, hier S. 255-266: Einleitung des Herausgebers: „Treffliche Beyträge" in „großentheils sehr schlechter Gesellschaft". Schleiermacher und die Rezensionspolitik der Jenaischen Allgemeinen Literatur-Zeitung.*

[58] *Die Zeitschrift, von 1813-1822 hg. von Leonhard Bertholdt (1774-1822), Theologieprofessor und Universitätsprediger in Erlangen, hat Schleiermacher bezogen (vgl. Meckenstock: Schleiermachers Bibliothek S. 215 Nr. 1088). Der Herausgeber, als Exeget hervorgetreten, hat sich in seinem Journal recht spät*

*Das gute Beipiel eines respektvollen Referates und einer kritischen
Auseinandersetzung lieferte im November 1817 eine anonyme Rezension
in der „Allgemeinen Literatur-Zeitung" (Halle).*[59] *Die Einleitung zeigt die
grundsätzliche Wertschätzung des Autors, der jeden Rezensenten in die
argumentative Pflicht nimmt: „Der schriftstellerische Ruf des Vfs. läßt über
jeden Gegenstand, den er bearbeitet, nur etwas Eigenthümliches, und durch
Geist und Scharfsinn Ausgezeichnetes erwarten, und so ist auch diese über
das Evangelium des Lucas sich verbreitende Schrift voll neuer, eben so
scharfsinnig aufgefundener als vertheidigter, Ansichten. Sie verdient daher
in Hinsicht der hier gelieferten Untersuchungen sowohl über die Entstehung
des Ganzen, als über den Sinn und den historischen Werth der einzelnen
Abschnitte des Evangeliums die volle Aufmerksamkeit denkender Bibelfor-
scher."*[60] *Der Rezensent greift in der Folge keine exegetischen Einzelheiten
an, die er grundsätzlich für lehrreich und bedenkenswert hält, sondern die
traditionsgeschichtliche Grundvoraussetzung. Er nimmt Schleiermacher
nicht ab, daß es in der Urchristenheit zunächst kein Bedürfnis danach gegeben habe, einzelne Begebenheiten Christi zu sammeln und zu fixieren, da
es vor allem auf den Geist und die Lehre Christi angekommen sei. „[...] die
Apostel waren nicht so abstracte Menschen, daß sie den Geist Jesu, der sie
in einzelnen Handlungen und bildlichen Reden ergriffen hatte, sogleich von
diesen bestimmten Formen hätten ausscheiden sollen. Und hätten sie es
vermocht, so mußten sie es doch leicht bemerken, daß der Geist Jesu am
sichersten auch Andern in denselben Formen mitgetheilt werde, worin sie
selbst ihn empfangen hatten, und daß der verständlichste und ergreifendste
Unterricht in der Lehre Jesu durch Erzählung der Handlungen und Reden
Jesu gegeben werde."*[61] *Die jüngere Generation der Christen konnte in
ihrem Wunsch nach Nachrichten nicht durch einzelne bruchstückhafte
Sammlungen befriedigt werden, sondern nur durch den Rückgriff auf das
Ganze des Lebens Jesu.*

*Der Rezensent ficht also die These der Überlieferungsbedingungen der
Erzählkomplexe an, obgleich er dem Verfahren zustimmt, daß im Vergleich der Evangelien die einzelnen Erzählungen zunächst in ihrem größeren Zusammenhang geprüft werden müssen, um ihr Verhältnis zu voraus-
liegenden Sammlungen zu klären. Freilich hält er die Kriterien, nach denen*

---

*mit der Timotheus-Schrift ausführlich auseinandergesetzt (Bd. VIII, 1819, S. 113-
128.225-263.337-378, Bd. IX, 1819, S. 1-26: Vertheidigung der Aechtheit der
drei paulinischen Pastoralbriefe gegen Eichhorn und Schleiermacher), hat aber
keiner einzigen Rezension eines Werkes Schleiermachers Raum gegeben. Das gilt
auch für die Nachfolge-Zeitschrift „Neues kritisches Journal der theologischen
Literatur", hg. v. Georg Benedict Winer und J. G. Veit Engelhardt 1824-1830.*
[59] *ALZ (Halle) 1817, Bd. III, Nr. 283, Sp. 593-600 (ohne Unterschrift)*
[60] *Sp. 593*
[61] *Sp. 595*

das Lukas-Evangelium in so viele Erzählungen und Sammlungen zerschnitten wird – also etwa die angeblichen Schlußformeln –, für nicht genügend. Hier plädiert der Rezensent für die Traditionsbedingungen der kleinen Einheiten: „Es ist nämlich unläugbar, daß der ganzen hebräischen Historiographie wegen des Mangels an Pragmatismus und periodischer Schreibart eine gewisse aphoristische Manier eigen ist, die nach Maaßgabe der Materialien bald mehr bald weniger deutlich hervortritt. Aus dem Leben Jesu hoben sich von selbst einzelne Begebenheiten als vorzüglich merkwürdig hervor, und der Augenschein lehrt, daß sich unsere Evangelisten auf sie beschränkt haben. Mögen diese also zu ihren Materialien gekommen seyn, wie sie wollen; es waren nur einzelne Erzählungen, größtentheils ohne alle innere Verbindung. Verstanden sie die Kunst nicht, das Einzelne im Vortrage gehörig mit einander zu verbinden, so mußten ihre Biographieen das Ansehen gewinnen, wie die Evangelien es jetzt haben, das Ansehen einer kunstlosen Verbindung einzelner Erzählungen, zwischen welche hin und wieder allgemeinere Bemerkungen die größern Zwischenzeiten betreffend eingeschoben sind."[62] Auf Schleiermachers Weg könnte das Verhältnis der Evangelien untereinander nicht überzeugend geklärt werden, die Übereinstimmungen wie Unterschiede würden so nicht begeiflich. Wenn also die Grundhypothese – mit in die Zukunft weisenden Ansichten zur Geschichte der synoptischen Tradition – abgelehnt wird, so sieht der Rezensent doch der angekündigten Fortsetzung über die Apostelgeschichte „mit Vergnügen"[63] entgegen.

Wilhelm David Fuhrmann (1764-1838), der in seinem bibliographischen „Handbuch der theologischen Literatur" 1819 eine (ablehnende) Kurzrezension der Schleiermacherschen Monographie liefert, schreibt diese nachweislich aus der soeben referierten Rezension ab.[64] (Man darf daraus aber wohl nicht schließen, daß er der Rezensent in der „Allgemeinen Literatur-Zeitung" gewesen ist.[65])

Ein selbständiges gründliches Urteil auf der Basis einer offenen Urevangeliumshypothese verrät auch die gleichfalls anonyme Rezension, die im November 1817 in der „Leipziger Literatur-Zeitung" erschien.[66]

---

[62] *Sp. 599*

[63] *Sp. 600*

[64] *Fuhrmann: Handbuch der theologischen Literatur S. 286f. Der Wortlaut ist – ohne Kennzeichnung – aus Sp. 596, 598, 600 der ALZ (Halle) gewonnen.*

[65] *Wilhelm David Fuhrmann war, wie an seinen sehr zahlreichen Publikationen ersichtlich ist, kein Neutestamentler, also für Schleiermachers Hypothese nicht sachkundig genug. Vgl. Allgemeine Deutsche Biographie, Bd. 8, 1878, S. 190f (Wagenmann).*

[66] *LLZ Nr. 284, Am 7. des November. 1817, Sp. 2265-2272 (ohne Unterschrift), in der Rubrik „Biblische Kritik und Exegese."*

Der Rezensent referiert Schleiermachers Auseinandersetzung mit Hug und Eichhorn und seine Grundthese, daß unabhängig von dem synoptischen Vergleich die einzelnen Evangelien aus der Aneinanderfügung kleinerer Sammlungen erklärt werden müßten, zweifelt aber an dem Erfolg. Die Annahme einzelner Aufzeichnungen könnten ihre gegenseitige Übereinstimmung nicht erklären, und außerhalb Jerusalems seien größere abgeschlossene Sammlungen, die normativ wurden und so den Evangelien zu Grunde gelegt wurden, kaum denkbar. „[...] ist es nicht einfacher, eine noch in Jerusalem vor der Zerstreuung aufgesetzte Urschrift, die als Grundlage zur mündlichen und schriftlichen Belehrung dienen konnte anzunehmen, als mehrere Erzählungen zum Theil auf einzelnen, leicht verloren gehenden, Blättern und daraus gemachte kleinere Sammlungen, und aus diesen entstandene grössere, und aus diesen entsprungene Bücher. Schwierigkeiten und Dunkelheiten werden überall und bey jeder Ansicht bleiben, es kömmt der Kritik nur darauf an, wo sie die wenigsten findet. Die, welche ein Urevangelium annehmen, haben zum Theil nur darin vorzüglich gefehlt, dass sie den folgenden Bearbeitern desselben, von Gottes Geiste beseelten Schriftstellern, zu wenig Freyheit dabei zugestanden haben."[67] Nach diesem grundsätzlichen Einwand wird beim referierenden Durchgang durch das Buch Schleiermachers Skepsis in Bezug auf die Vereinbarkeit der Vorgeschichten bei Lukas und Matthäus nicht geteilt, auch sonst hält der Rezensent manche Deutung für nicht erwiesen. Abschließend faßt er zusammen, daß Schleiermachers Schluß auf einzelne und abgesonderte Quellen oftmals zu „rasch" erfolge und er die Evangelisten mit eigentlichen Historikern verwechsle, daß die gefundenen Widersprüche sich vielfach beheben ließen und insgesamt der Verfasser seine Hypothese von vornherein voraussetze und parteilich ohne Rücksicht auf andersartige Beobachtungen durchführe. „[Wir] müssen gestehen, dass seiner Hypothese innere und äussere Wahrscheinlichkeit zu fehlen scheint; wir können es uns nicht erklären, wie eine solche Menge fragmentarischer, und zwar aufgeschriebener Erzählungen entstehen, verbreitet, und auf die angegebene Art gesammlet werden konnte."[68] Trotz der klaren Stellungnahme ist ein Rückschluß auf den Rezensenten nicht möglich.

Die umfänglichste und gründlichste Besprechung erschien im gleichen November 1817 in den von Ludwig Wachler (1767-1838) herausgegebenen „Neue[n] Theologische[n] Annalen", und zwar anläßlich einer Doppelrezension.[69] Der anonyme Rezensent spiegelt die Monographie des „durch

---

[67] Sp. 2267
[68] Sp. 2271
[69] Neue Theologische Annalen. 1817. Herausgegeben von D. Ludwig Wachler, in Breslau. Zweiter Band. Frankfurt/M 1817, S. 927-985 (ohne Unterschrift). Das zweite besprochene Werk ist Christoph Gotthelf Gersdorf: Beiträge zur Sprach-

tief- und scharfsinnige Schriften längst berühmten philosophischen und
theologischen Kritiker[s]" mit den „Beiträge[n] zur Sprach-Characteristik
der Schriftsteller des Neuen Testaments" eines unbekannten Landpredigers,
Christoph Gotthelf Gersdorf (1763-1834), und meint, daß dessen seman-
tisch-lexikalische Beobachtungen Schleiermachers literarkritische Scheidun-
gen widerlegen. Dabei lobt er die Werke als zu dem Bedeutendsten gehörig,
was die letzten Jahrzehnte auf dem Gebiet der gelehrten Theologie hervor-
gebracht hätten, und spricht von den beiden Vefassern als „ungleichen,
kritischen Zwillingsbrüder[n]". [70] *Der Rezensent hält Schleiermachers Buch*
für verfehlt, weil er den Evangelisten nur als Sammler und Ordner ansehe
und ihm keine besonderen Spracheigentümlichkeiten zugestehe. Bei den
neutestamentlichen Schriftstellern müsse man, um ihre Besonderheit zu
erkennen, mehr auf ihre äußere Art und Gewohnheit als auf den schlüssi-
gen inneren Ideengang sehen. Die Forderung nach strenger Konsequenz,
nach geschlossenem geordnetem Denken entspringe Schleiermachers eige-
ner Individualität, die er in die lukanische Schrift zurücktrage. Sprachlich
sei das Evangelium einheitlich, und der Rezensent traut sich zu, „durch
Nachweisung der deutlichsten und bestimmtesten Eigenthümlichkeiten des
Lukas im Ausdruck die Einerleiheit des Verfassers an jeder Stelle des Bu-
ches [...] darzuthun." [71] *Bei grundsätzlicher Zustimmung zur Entstehungs-*
theorie Schleiermachers kann der Rezensent nicht glauben, daß Lukas alles
Material ohne alle Abänderung ihres Inhaltes und ihrer Form zusammen-
getragen und nur seinen Namen hergegeben habe. Hier hat er bei allem
Respekt eine „gänzlich abweichende Ueberzeugung" [72]. *So erhebt er beim*
Durchgang durch das Buch den grundsätzlichen Vorwurf, daß der Verfas-
ser bei den Einzelstücken keine Sprachuntersuchung durchgeführt und deren
Eigentümlichkeit deshalb nicht nachgewiesen habe. Wenn sich aber zeigen
ließe, daß überall im Evangelium derselbe Sprachcharakter zum Ausdruck
komme, wäre das der Beweis, „daß das Buch wie es jetzt aussieht, in
sämmtlichen Abschnitten von einem und demselben Verfasser, nicht abge-
schrieben, sondern – wenn auch in andern Hinsichten keineswegs unab-
hängig – frei zusammengeschrieben sey." [73] *Also müsse man für die frag-*
mentarische Art einen anderen Grund suchen. Gerade in Kap. 1 und 2
zeige sich die „Individualität" des Lukas deutlich, und auch in der Folge

---

Characteristik der Schriftsteller des Neuen Testaments. Eine Sammlung meist
neuer Bemerkungen. Erster Theil. Leipzig 1816. Schleiermacher hatte das Buch
im Januar 1817 erworben; die „Neue[n] Theologische[n] Annalen" von 1817
bezog er über Reimer (vgl. Meckenstock: Schleiermachers Bibliothek S. 189,
235f).
[70] *S. 928. Vgl. zu Schleiermacher speziell S. 933-938, 964-985.*
[71] *S. 936*
[72] *S. 968*
[73] *S. 970*

sieht der Rezensent immer wieder „deutliche Spuren von Lukas Hand"[74].
*Aus den linguistischen Beobachtungen im Gesamt des Evangeliums ergibt
sich ihm der „Erweis, daß ein und derselbige Schriftsteller, wie vollständig
ihm auch vielleicht der Stoff seiner Darstellungen gegeben gewesen seyn
möge, doch, was die Darstellung selbst betrifft, vom Anfang bis zu Ende
f r e i t h ä t i g gewaltet habe."*[75] *Mit diesen Einwänden und Hinweisen hat
der Rezensent, der im übrigen dem versprochenen zweiten Teil über die
Apostelgeschichte mit „gespannter Erwartung" entgegensieht, auf künftige Forschungsansätze vorausgewiesen.*[76] *Am Ende dieser insgesamt gründ-
lichsten Besprechung überhaupt, bei der die Unaufgelöstheit der Anonymi-
tät besonders bedauerlich ist, liefert der Rezensent ein – freilich nicht
vollständiges – Verzeichnis der Druckversehen, das an Stelle des von
Schleiermacher hergestellten, aber nicht erhaltenen Fehlerverzeichnisses
genutzt werden könnte.*

*Als letzte Rezension des Jahres 1817 muß die sehr kurze Sammel-
besprechung eines Unbekannten im „Magazin für christliche Prediger"
erwähnt werden, in der der Verfasser nach einem Kurzreferat weniger Einzelheiten sein Urteil auf das Erscheinen des zweiten Teiles des „kritischen
Versuches" verschiebt.*[77]

*Von gleichfalls entschiedener Ablehnung geprägt ist die ebenfalls an-
onyme Rezension, die schon gar nichts mehr Neues sagen kann, im ersten
Band der von Johann Friedrich Röhr (1777-1848) herausgegebenen „Neueste[n] Predigerliteratur" 1818.*[78] *Der Rezensent hält das Werk des „ausgezeichneten Schriftsteller[s]" grundsätzlich für „verunglückt"*[79]. *Daß Lukas
sein Werk aus lauter fremden Denkschriften gesammelt und zusammenge-*

---

[74] S. 970

[75] S. 984

[76] *Wenn Schleiermacher in seinem Brief an Gaß vom 5. Juli 1817 ein „drittes Heft"
ankündigt, in dem er untersuchen werde, „wie viel oder wenig sich aus der
Sprache über die Entstehung der Bücher entscheiden ließe" (Briefwechsel mit
Gaß S. 140), so ist das wohl bereits ein Echo auf die Lektüre des Buches von
Gersdorf. Zu der – mit Gewißheit anzunehmenden – Lektüre der Rezension gibt
es keine Reaktion. Gaß, der in den „Neue[n] Theologische[n] Annalen" rezensiert hat (ebd. S. 144, 153), äußert sich nicht.*

[77] *Magazin für christliche Prediger. Hg. v. Christoph Friedrich Ammon. Bd. II/1,
Hannover/Leipzig 1817, S. 259 (252-297: Kritische Uebersicht der neuesten
theologischen Literatur, hier 255-260: Exegese) (ohne Unterschrift). Daß Ammon, der den größten Teil seiner Zeitschrift selbst schrieb, auch alle – meist sehr
kurzen – Rezensionen aus allen Gebieten der Theologie verfaßte, ist nicht ausgeschlossen.*

[78] *Neueste Predigerliteratur. Hg. v. M. Johann Friedrich Röhr. Erster Band, erstes
Quartalheft, Zeitz 1818, S. 61-69 (ohne Unterschrift)*

[79] S. 61

setzt habe, sei mit Lk 1,1-4 nicht zu begründen und widerspreche Apg 1,1.
„Was [...] die allgemeine Gestalt und, so zu sagen, die eigenthümliche
Physiognomie des Evangeliums betrifft, so verräth sich zwar wohl hie und
da, vorzüglich sogleich am Anfange herein, der Einfluß von Vorgänge[r]n,
welche mehr hellenistischer waren, als dieser Nachfolger, auf des Letztern
Sprache; aber eine so mannigfaltige Verschiedenheit des Styls, als Hrn.
Schl's Hypothese von wohl zwanzigerlei besondern Denkschriften mit höch-
ster Wahrscheinlichkeit erwarten ließ, hat weder er selbst nur erwähnt,
geschweige denn nachgewiesen, noch wird dieselbe ein unpartheiischer
Leser dieser, im Ganzen genommen, sich überall gleichbleibenden, evan-
gelistischen Berichterstattung auffinden können."[80] *Die Schlußformeln*
könnten durchaus von Lukas selbst stammen. Daß Lukas sein Material
unverändert bloß zusammengestellt haben solle, sei wundersam und bei
antiken Schriftstellern beispiellos, wie überhaupt das Vorhandensein ver-
schiedener Erzählungen aus dem Leben Jesu sehr unwahrscheinlich sei. Bei
aller Bewunderung für Schleiermachers Scharfsinn, besonders in der Aus-
einandersetzung mit Hug und Eichhorn, hält der strenge Rezensent die
Auslegung für „hermeneutisch nicht nur grundlos sondern falsch"[81]*, was*
die aufmerksame Erwartung des angekündigten zweiten Teils zur Apostel-
geschichte und die Zustimmung zur Verteidigung der Freiheit kritischer
Bearbeitung der Bibel in der Vorrede nicht ausschließt.

b) Auseinandersetzungen

Zuletzt muß noch etwas zu den Autoren gesagt werden, die Schleiermacher
in seiner Monographie kritisch hat widerlegen wollen. Ob der am meisten
beigezogene H.E.G. Paulus das Buch rezensiert hat, ist unbekannt. Es ist
aber überliefert, daß Paulus es genau gelesen hat, wie Striche und Notizen
in seinem Exemplar verraten.[82] *Eichhorn hat sich in der zweiten Auflage*
seiner „Einleitung" zu Schleiermacher nicht geäußert, obwohl er die neuere

---

[80] *S. 64f*

[81] *S. 69*

[82] *Vgl. Christoph Burchard: H.E.G. Paulus in Heidelberg 1811-1851, in: Semper*
apertus. Sechshundert Jahre Ruprecht-Karls-Universität Heidelberg 1386-1986.
Band II: Das neunzehnte Jahrhundert 1793-1918. Hg. v. Wilhelm Doerr (u.a.).
Berlin/Heidelberg/New York/Tokyo 1985, S. 222-297, hier S. 239. (Der Autor
listet keine Rezensionen auf; eine vollständige Bibliographie, die auch diese um-
faßte, gibt es nicht.) In seinem Sammelband Theologisch-Exegetisches Conserva-
torium oder Auswahl aufbewahrungswerther Aufsätze und zerstreuter Bemer-
kungen über die alt- und neutestamentlichen Religionsurkunden, Heidelberg 1822
ist Paulus auf Schleiermacher nicht eingegangen. Da Paulus regelmäßig in den
Heidelberger „Literarische[n] Jahrbücher[n]" rezensierte, ist das Fehlen auffällig.

Sekundärliteratur sonst genau beachtet hat.[83] *Hug allerdings hat in der*
Vorrede zur zweiten Auflage seiner „Einleitung" (mit Datum Dezember
1820) Schleiermacher seinen Respekt nicht versagt: „Im 2ten Theile war
ich es dem Ruhme des geistreichen Uebersetzers der Werke Platons schul-
dig, den kritischen Versuch über Lukas in den Kreis meiner Forschungen zu
ziehen. Allein dieses Werk hat das Eigene, daß es ganz auf exegetischen
Gründen beruht, und nur durch einen fortlaufenden Commentar, d.i. wie-
der durch ein eigenes Werk gewürdigt, oder widerlegt werden kann."[84] *Er*
hat dann aber nur Schleiermachers Skepsis in Bezug auf die Vereinbarkeit
von Matthäus 1-2 und Lukas 1-2 apologetisch zurückgewiesen.[85]

 Gleichzeitig mit den Rezensionen meldete sich ein alter wissenschaft-
licher Gegner zu Wort, nämlich Heinrich Ludwig Planck, der bereits 1808
die Timotheus-Schrift in einer Monographie angegriffen hatte.[86] *Er tat dies*
zunächst in einer deutschsprachigen gedruckten Vorlesungs-Ankündigung
„Ueber Offenbarung und Inspiration", die sich mit Schleiermachers Be-
merkungen über die Tätigkeit des heiligen Geistes bei der Abfassung der
heiligen Schriften in der „Vorrede" befaßt[87], *1819 dann in einem anony-*
men lateinischen Osterprogramm der Göttinger Universität mit dem Titel:
Quaedam de recentissima Lucae Evangelii analysi critica, quam Venerabilis
Schleiermacher proposuit.[88] *Von diesem Programm hatte Lücke den ange-*
griffenen Autor bereits vor dem Druck in Kenntnis gesetzt: „In Göttingen

---

[83] *Johann Gottfried Eichhorn: Einleitung in das Neue Testament. Erster Band, 2.*
  verb. Ausgabe, Leipzig 1820

[84] *Ich zitiere die „Vorrede zur zweyten Auflage" nach Johann Leonhard Hug:*
  Einleitung in die Schriften des Neuen Testaments. Erster Theil. Dritte verbesser-
  te und vermehrte Auflage. Stuttgart/Tübingen 1826, S. V-VIII, hier S. VII. –
  Das Schriftenverzeichnis Hugs (vgl. Gerald Müller: Johann Leonhard Hug (1765-
  1846). Seine Zeit, sein Leben und seine Bedeutung für die neutestamentliche
  Wissenschaft. Erlanger Studien 85. Erlangen 1990, S. 259-265) enthält keine
  Rezension der Schrift Schleiermachers.

[85] *Johann Leonhard Hug: Einleitung in die Schriften des Neuen Testaments.*
  Zweyter Theil. Dritte verbesserte und vermehrte Auflage. Stuttgart/Tübingen
  1826, S. 265-282: Von den zwey ersten Kapiteln des Matthäus

[86] *Vgl. dazu KGA I/5, S. CXIV-CXVII.*

[87] *Ueber Offenbarung und Inspiration mit Beziehung auf Herrn Doktor Schleier-*
  macher's neue Ansichten über Inspiration. Als Ankündigung seiner Vorlesungen
  über Dogmatik für nächsten Winter von Dr. Heinrich Plank [sic]. Göttingen 1817

[88] *Vgl. das Faksimile des Titelblattes in: Friedrich Schleiermacher zum 150. Todes-*
  tag. Handschriften und Drucke. Bearbeitet v. Andreas Arndt und Wolfgang
  Virmond. Berlin 1984, S. 78. Das Programm ist mit Namensnennung Plancks
  wiederabgedruckt worden unter dem Titel Observationes quaedam de Lucae
  Evangelii analysi critica, ab Venerabili Schleiermachero proposita, in: E.F.C.
  Rosenmueller, G.H.L. Fuldner, J.V.D. Maurer (edd.): Commentationes Theo-
  logicae. I/1, Leipzig 1825, S. 253-271. Vgl. noch I/2, Leipzig 1826, S. 316.

sprach ich den jungen Planck, der Ihnen mit vieler Liebe zugethan ist, aber gegen Ihren Lukas in einem Lat. Festprogramm aufgetreten ist, das zu meinem Bedauern noch nicht fertig war. Er will nur die beiden ersten Kapitel des Lukas angreifen. Nach Allem, was ich hörte, wird es nicht viel verfangen, und nur Einzelnes bekämpfen. Es scheint aber, als sollten Sie mit Pl. in einem steten Duell begriffen seyn."[89] In der erstgenannten „Ankündigung" wirken die Bemerkungen zu Schleiermacher als angeklebt, um die zuvor entwickelten allgemeinen Überlegungen am brandneuen Beispiel zu verdeutlichen. Planck unterscheidet zwischen je eigener Inspiration, die an die Individualität des Erfahrenden gebunden bleibe, und der mittelbaren Belehrung über diese Erfahrung. Da Jesu Lehre nicht nach eigener, sondern in fremder Überlieferung vorliege, könne Schleiermachers Trennung in die Tätigkeit des göttlichen Geistes in den unmittelbaren Zeugen der Begebenheiten und Reden Christi und in den Sammlern und Ordnern[90] nicht überzeugen. Schon in der ersten Inspiration sei Gottes Geist „nach der individuellen Verschiedenheit vom persönlichen Ich [...] auch nothwendig in verschiedenen Formen und Gestaltungen" hervorgetreten; dazu komme, daß keine Inspiration über die Person des Empfängers hinaus für andere eine unmittelbare Wirkung ausübe. So bleibe das Geschäft des Sammelns eine menschliche, profane Tätigkeit; Aneignung von fremdem Wissen sei keine Inspiration. Der Gottesgeist zeige sich im Aufnehmen, im Glauben, in der „Einführung ins religiöse Gemüth".[91] Aber Planck hatte weder Schleiermachers taktisches Verfahren verstanden, der durch die Unterscheidung in der Tätigkeit des heiligen Geistes – von Inspiration und Offenbarung spricht er nicht – die Möglichkeit der kritischen Untersuchung der „heiligen Bücher" retten wollte, noch hatte er den Vereinigungsbegriff „Geist des Christenthums" als „leitende[s] Princip" des Sammelns und Ordnens genügend beachtet, mit dem ein theologisches Band zwischen Augenzeugenschaft und Überlieferung geknüpft wurde. In dem Osterprogramm verteidigt Planck die Einheit und Historizität der ersten beiden Kapitel des Lukas-Evangeliums. Weder kann er anerkennen, daß sie sich in einzelne voneinander unabhängige Stücke teilen lassen, noch kann er sie als vielfach poetische Schöpfungen ansehen, die man nicht historisch befragen dürfe. Dem widerspricht er aus inneren und äußeren Gründen, bei allem

---

[89] *Brief vom 10. April 1819 (Christophersen: Lücke 2, S. 228). Vgl. auch Friedrich Lücke: Zum Andenken an Dr. Heinrich Ludwig Planck, weil. ordentlichen Professor der Theologie zu Göttingen. Eine biographische Mittheilung. Göttingen im November 1831. In: Dr. Gottlieb Jacob Planck. Ein biographischer Versuch. Nebst einem erneuerten, hie und da verbesserten Abdruck einer biographischen Mittheilung über Dr. Heinrich Ludwig Planck, Göttingen 1835, S. 155-168.*
[90] *Vgl. unten S. 8f*
[91] *Ueber Offenbarung und Inspiration S. 40-48, Zitate S. 43, 48*

*Respekt dem „Vir doctissimus" gegenüber. Er endet so: „Poëseos studium,
ut aliis populis sic et Judaeis, praeclare in usum cuiuscunque, quod sanctum
fuit, adhibebatur, et ad cognoscendum religionis argumentum, et ad vitae
humanae, eiusque historiae rationem declarandam. Quocirca haud poësi,
ut a Viro doct. factum est, sed sensui tantum religioso attribuere licet, si
eventum quendam narrasse auctorem videmus, quem ad notitias certas, de
eo traditas, in mente excoluit; cuiusque connexum internum sacro studio
divinare ingressus est."*[92]

c) Übersetzung

*Während die Beschäftigung mit der Schleiermacherschen Monographie in
Deutschland allmählich zurückging und anderen Fragestellungen der
Synoptikerforschung Raum machte, kam es erstaunlicherweise in England
zu einer ganz eigenen Rezeption. Diese hing zusammen mit einer englischen
Übersetzung, die 1825 ohne Namensnennung des Übersetzers in London
veröffentlicht wurde: „A Critical Essay on the Gospel of St. Luke by Dr.
Frederick Schleiermacher with an introduction by the translator containing
an account of the controversy respecting the origin of the three first gospels
since Bishop Marsh's dissertation".*[93] *Der Übersetzer war, wie bald allge-*

---

[92] *Observationes quaedam de Lucae Evangelii analysi critica, ab Venerabili
Schleiermachero proposita, in: Rosenmueller u.a., (wie oben Anm. 88), Commentationes Theologicae I/1, S. 270f („Wie andere Völker so haben sich auch
die Juden vorzüglich im Interesse ihrer als heilig angesehenen Traditionen immer
wieder der Dichtkunst bedient, und zwar sowohl um religiöse Inhalte zu erfassen
als auch um den Sinn des Menschenlebens und dessen Geschichte zu erhellen.
Deshalb darf man es doch wohl nicht, wie es der gelehrte Verfasser getan hat, in
erster Linie der Dichtkunst, sondern vielmehr dem religiösen Gefühl als solchem
zuschreiben, wenn wir sehen, daß ein Autor von einem bestimmten Ereignis
erzählt, das er gemäß den sicheren Erkenntnissen, die ihm darüber überliefert
sind, geistig ausgeschmückt hat und dessen tiefere Bedeutung er in seinem heiligen Eifer zu ahnen begonnen hat." [Übersetzung: Thomas von Stieglitz])*

[93] *Ich entnehme den genauen Titel, den der Nachdruck von Tice nicht wiedergibt,
von Julius Rieger: Schleiermachers Englandreise, in: Jahrbuch für Berlin-Brandenburgische Kirchengeschichte 49, 1974, S. 67-90, hier S. 87 Anm. 12. Diesem
verdanke ich auch die biographischen Angaben. Vgl. Terrence N. Tice: Appendix. Thirlwall, Hare, and Schleiermacher's Reception in Britain, in: Friedrich
Schleiermacher, Luke. A Critical Study. Translation, with an Introduction by
Connop Thirlwall. With further Essays, Emendations and Other Apparatus,
Schleiermacher: Studies and Translations 13, Lewiston/Queenston/Lampeter
1993, p. 333-343. Tice zitiert den wichtigen Briefwechsel mit Julius Hare aus
der Entstehungszeit der Übersetzung. Es zeigt sich, daß Thirlwall auch Schleiermachers Timotheus-Schrift kannte (p. 339).*

mein bekannt war, Connop Thirlwall (1797-1875). Dieser hatte in Cambridge studiert und war ein außerordentlich sprachbegabter Philologe und Theologe; auf einer Europareise hatte er Frankreich, Italien und die Schweiz bereist, hatte sich in Rom mit C.K.J. von Bunsen befreundet, der sich – wie oben zitiert – nachweislich mit Schleiermachers Lukas-Schrift befasst hatte. Ob er von diesem oder erst später von seinem Freund Julius Charles Hare (1795-1855) auf Schleiermacher hingewiesen wurde, muß offen bleiben. Mit letzterem, der seit 1823 in Bonn wohnte – wo ihn Schleiermacher 1827 vor seiner Englandreise kennenlernte[94] –, übersetzte er B.G. Niebuhrs „Römische Geschichte". Hare regte ihn auch zu Übersetzungen einiger Novellen von Ludwig Tieck an und eben auch der Schrift Schleiermachers. Warum gerade dieser, ist unbekannt; vermutlich – man kann das im Umkehrschluß aus der verheerenden Rezeption folgern – weil Thirlwall die deutsche historisch-kritische Forschung zum Neuen Testament in England bekannt machen wollte. Die damaligen Rechtsverhältnisse erforderten es nicht, daß der Autor oder der Verleger um Erlaubnis gefragt wurden; Schleiermacher erhielt auch kein Belegexemplar. Dennoch hatte er bald von dieser Übersetzung gehört. Er schrieb Reimer am 4. Oktober 1826 auf die Leipziger Herbstmesse: „Sind Engländer in Leipzig und Du kan[n]st mir die englische Uebersezung meiner Schrift über den Lucas (den Titel weiß ich nicht genauer) verschaffen: so thust Du mir einen Gefallen."[95] Reimer konnte dieser Bitte erst im Juli 1827 nachkommen.[96]

Thirlwall war außerordentlich sachkundig; er hatte sich zum Zwecke der Übersetzung vollständig in die deutsche Forschungslage eingearbeitet, wie er in seiner 154-seitigen „Introduction by the Translator" beweist. Diese Einleitung ist noch immer lehrreich zu lesen, weil ihr Autor die Diskussion in Deutschland mit der in England verbindet, für die im Titel bereits der Hinweis auf „Bishop Marsh's dissertation" steht. Herbert Marsh (1759-1839) hatte seiner Übersetzung der 4. Auflage von Johann David Michaelis' „Einleitung in die göttlichen Schriften des Neuen Bundes" (1788) in vier Bänden 1793-1801, 2d ed. in sechs Bänden 1802, „notes, explanatory and supplemental" sowie „A dissertation on the Origin and Composition of Our First Three Gospels" hinzugefügt[97], die ihrerseits sofort

---

[94] *Dies ist der „Mr. H.", von dem Schleiermacher in seinem Brief vom 2. September 1828 an seine Frau schreibt: „Der Mann sprach deutsch besser als ich englisch, war sehr durchdrungen von den Vorzügen der deutschen Litteratur und gab mir mehrere gute Adressen, unter andren auch an meinen Uebersezer Mr. Thirlwall." (Briefe 2,437; Meisner 2,350 – beide Drucke schreiben „Thirlwell")*

[95] *SN 761/1, Blatt 106*

[96] *Vgl. Meckenstock: Schleiermachers Bibliothek S. 262 Nr. 1705, mit Hinweis auf das Reimersche Hauptbuch vom 5. Juli 1827*

[97] *Die bibliographischen Angaben verdanke ich der Ausgabe von Tice p. 350f.*

(1803) durch die Übersetzung Rosenmüllers in der deutschen Forschung rezipiert wurde.[98] *Darüber hinaus aber führt Thirlwall den englischspra- chigen Leser in die deutsche Forschungsdebatte ein, stellt ihm die Urevan- geliumshypothese Eichhorns ebenso vor wie die Benutzungshypothese von Hug und den von Schleiermacher immer wieder befragten Kommentar von H.E.G. Paulus. Er referiert auch die weitergegangene Diskussion und weist in „Notes of the Translator" auf Anspielungen und Versehen Schleier- machers sowie auf die Diskussion mit ihm durch Hug in dessen zweiter Auflage der „Einleitung" hin. Die Bibelstellenangaben sind durchweg ge- prüft und gegebenenfalls verbessert, so daß die Übersetzung auch einen textkritischen Wert erhält. Lediglich die Widmung an de Wette ist als für den englischen Leser unwichtig ausgelassen. Das alles macht einen ausge- zeichneten Eindruck, und es ist sehr verständlich, daß Schleiermacher be- gierig darauf war, auf seiner Englandreise im September 1828 Thirlwall kennenzulernen. Das Bedürfnis war beidseitig; Thirlwall kam am 14. Sep- tember eigens nach London, um Schleiermacher zu treffen, und begleitete diesen nach Cambridge.*[99] *Das Schicksal der Übersetzung in England frei- lich war so, daß Schleiermacher aufgrund dieses Buches für lange Zeit als Neologe und Rationalist galt und darum in seinem theologischen Anliegen und seinen systematisch-theologischen Werken nicht wahrgenommen (und übersetzt) werden konnte.*[100]

Nachdrucke

Schleiermachers „Ueber die Schriften des Lukas (,) ein kritischer Versuch" wurde 1836 in die „Erste Abtheilung. Zur Theologie" der „Sämmtliche[n] Werke" aufgenommen.[101] *Dort sind die gröbsten Druckfehler getilgt, auch wenn insgesamt die Ausgabe keinen kritischen Anspruch erheben darf. Der Seitenrand verbucht die Paginierung des Erstdrucks. Nach 1990 wurde der Druck von 1817 in einer Mikrofiche-Ausgabe der Hauptwerke Schleier-*

---

[98]   *Herbert Marsh: Abhandlung über die Entstehung und Abfassung unserer ersten drey kanonischen Evangelien, in: Anmerkungen und Zusätze zu Joh. David Michaelis Einleitung in die Göttlichen Schriften des Neuen Bundes. Aus dem Englischen ins Deutsche übersetzt von Ernst Friedrich Karl Rosenmüller, Zweyter Theil, Göttingen 1803, S. 135-331*

[99]   *Vgl. Rieger: Schleiermachers Englandreise S. 76-79. In einem Empfehlungsbrief vom 20. Dez. 1833, auf den Schleiermacher nicht mehr antworten konnte, hofft Thirlwall auf ein Wiedersehen und das baldige Erscheinen der Fortsetzung der Lukas-Schrift, auch wenn er sich für die Übersetzung nicht mehr verbürgen möchte (S. 89f).*

[100]   *Vgl. Ieuan Ellis: Schleiermacher in Britain, in: Scottish Journal of Theology 33, 1980, p. 417-452; Tice: Appendix p. 339f*

[101]   *SW I/2, S. I-XVI.1-220*

machers der Forschung zur Verfügung gestellt.[102] *Die englische Überset-*
zung von Thirlwall wurde 1993 von Terrence N. Tice im Faksimile-Druck
neu herausgegeben und mit wichtigen wissenschaftlichen Untersuchungen
und Zusätzen versehen, die das Buch auch für den gegenwärtigen Benutzer
handbar machen.[103]

2. Einleitung in den geplanten zweiten Teil über die Schriften des Lukas
(Über die Apostelgeschichte)

Im Nachlaß Schleiermachers hat sich eine Handschift ohne Überschrift
erhalten, die sich als Einleitung in die geplante und versprochene Monogra-
phie über die Apostelgeschichte erkennen läßt. Sachlich entspricht sie ge-
nau dem mit „Einleitung" übertitelten Teil zu Anfang der Lukas-Monogra-
phie[104]*, so daß diese Bezeichnung hier mit Recht eingesetzt werden kann.*
Es handelt sich um fünf Blätter im Quartformat; der Text beginnt auf Blatt
1 rechts und umfaßt insgesamt 8 1/2 Spalten. Aus Rücksicht auf den künf-
tigen Drucker blieb jeweils etwa ein Drittel der Seite frei; der freie Platz ist
aber mehrfach für Anmerkungen bzw. Einfügungen genutzt worden. Die
erste Seite ist mit 34 Zeilen noch mit großzügigem Abstand und gut lesba-
rer Buchstabengröße beschrieben; im weiteren Verlauf aber vergrößert sich
allmählich die Zeilenmenge bis auf 67 (S. 6) und 65 Zeilen (S. 8), mit ent-
sprechender Verkleinerung der Schrift. Die Handschrift trägt jetzt die Sig-
natur BBAW, SN 12.[105]

---

[102] *Bibliothek der Deutschen Literatur. Mikrofiche-Gesamtausgabe nach den An-*
gaben des Taschengoedeke. München o.J. (1990 ff)
[103] *Luke. A Critical Study. Translation, with an Introduction by Connop Thirlwall.*
With further Essays, Emendations and Other Apparatus by Terrence N. Tice,
Schleiermacher: Studies and Translations 13, Lewiston/Queenston/Lampeter
1993 [p. III-VI: Preface, 1-25: Editor's Introduction, 321-331: Thirlwall's
Translation and Current Emendations – u.a. Übersetzung der Dedikation an de
Wette sowie Changes in the Translation –, 333-343: Appendix Thirlwall, Hare,
and Schleiermacher's Reception in Britain, 345-360: Selected Bibliography,
361-363: Analytical Index of Luke Passages with References to Sermons and
the „Life of Jesus" Lectures, 365-372: Index of Authors, Index of Names,
Places, and Subjects. Das ursprüngliche Textblatt ist nicht faksimiliert.]
[104] *Vgl. unten S. 11-21*
[105] *Das Manuskript enthält ein Vorblatt in Schreibmaschinenschrift mit der archi-*
varischen Bemerkung: „Eigh. Ms. zur Entstehung der Apostelgeschichte. [Ohne
Überschrift]. Text beg. auf Bl 1r: „Wenn nun durch eine genauere Betrachtung
wahrscheinlich geworden ist ...". o.D. 5 Bl-4°", wobei die Fehllesung „Wenn"
am Rand handschriftlich durch „Wem" verbessert ist. Auch die Bezifferung der
Seiten mit 1 bis 9 stammt von einem Archivar.

Die Einleitung in die Apostelgeschichte setzt, wie der Text sogleich zu
Anfang deutlich erkennen läßt, den Abschluß der Lukas-Monographie
voraus, nicht aber unbedingt den bereits erfolgten Druck. Damit ist ein
terminus post quem gewonnen: April 1817. Im Sommersemester 1817 las,
wie schon angeführt, Schleiermacher zum ersten Mal ausschließlich über
die Apostelgeschichte. Das Vorlesungsverzeichnis hatte angekündigt: „Die
Apostelgeschichte erklärt Herr Prof. Dr. Schleiermacher in fünf wöchent-
lichen Stunden von 8-9 Uhr.", im lateinischen Lektionskatalog hieß es:
„Acta Apostolorum interpretabitur quinq. hor. VIII-IX."[106] Die Vorlesung
dauerte vom 21. April bis zum 13. August. Da Vorrede und Zueignung der
Lukas-Schrift Anfang April geschrieben waren, wäre die unmittelbar darauf folgende Abfassung der neuen Einleitung in die Apostelgeschichte durchaus denkbar. Man kann spekulieren: zwischen diesem Zeitraum (Ostern)
und dem Beginn der Vorlesung. Ein direktes biographisches Zeugnis gibt
es dafür nicht, aber da Schleiermacher den zweiten Band wie unmittelbar
folgend angekündigt hatte und die brieflichen Äußerungen ganz entsprechend lauten, spricht die Wahrscheinlichkeit für den Sommer 1817. An
Gaß schrieb Schleiermacher am 5. Juli 1817: „Ich will jezt, so bald ich
kann, an die Bearbeitung der Apostelgeschichte gehen und wünsche sehr,
[…] sie vor Anfang des nächsten Semesters zu vollenden."[107] Da die „Bearbeitung" der Einleitung folgen müßte, könnte diese bereits fertig gestellt
sein. Völlige Sicherheit ist nicht zu erreichen; theoretisch sind auch die
Zeiten der Kollegs im Sommersemester 1822 und im Wintersemester 1825/
26 möglich. (Ganz unwahrscheinlich ist die Vorlesung zur „Geschichte der
Apostel" im Sommersemester 1833.[108]) Ohne eine bereits formulierte Einleitung im Rücken hätte Schleiermacher auch wohl kaum, wie er es in dem
soeben zitierten Brief an Gaß tut, bereits auf einen dritten Band zur Sprache des Lukas vorausblicken können: „Dann soll noch ein drittes Heft
folgen, welches besonders untersuchen wird, wie viel oder wenig sich aus

---

[106] Arndt/Virmond: Schleiermachers Briefwechsel S. 312. Das Kolleg zählte 32
    Hörer. Die von Johannes Conradi in seiner Leipziger Dissertation (Schleier-
    machers Arbeit auf dem Gebiete der neutestamentlichen Einleitungswissenschaft
    S. 60-71) referierte Nachschrift der Vorlesung von Friedrich Bleek (1793-1859)
    ist nicht mehr erhalten.

[107] Briefwechsel mit Gaß S. 140

[108] Es ist ausgeschlossen, daß Schleiermacher sich bei so spätem Entstehen nicht
    auf de Wettes 1826 erschienene Einleitung ins Neue Testament bezogen hätte
    (Lehrbuch der historisch kritischen Einleitung in die Bibel Alten und Neuen
    Testaments. Bd. 2: Lehrbuch der historisch kritischen Einleitung in die kanoni-
    schen Bücher des Neuen Testaments. Berlin 1826, hier § 115), wie er es in
    seiner Einleitungsvorlesung von 1829 bzw. 1831/32 getan hat (Einleitung ins
    neue Testament, SW I/8, S. 376-379).

der Sprache über die Entstehung der Bücher entscheiden ließe; und das zusammen wird nun wol mein Hauptwerk in der biblischen Kritik bleiben."[109] *Aber schon im Sommer 1818 resignierte er wegen Arbeitsüberlastung:* „[...] *nicht einmal den zweiten Theil vom Lukas werde ich zu Stande bringen.*"[110] *„Bei mir pausiert alles; die laufenden Geschäfte nehmen mich so hin, daß ich vergeblich von einer Woche zur andern gewartet habe an meine Apostelgeschichte zu kommen.*"[111] *Dabei blieb es, mochte auch Friedrich Lücke die Einlösung des öffentlich gegebenen Versprechens immer wieder anmahnen:* „*Was macht die Apostelgeschichte?*"[112] „*Wann kommt Ihr 2t Theil v[om] Lukas? Ich habe ihn bey m[einer] Vorlesung über die Apostelgeschichte sehr vermißt [...]*".[113] *Bald hören auch diese Spuren auf; Schleiermacher war auf zu vielen Feldern beschäftigt. Doch er vergaß nicht, daß er zur Apostelgeschichte Besonderes zu sagen hatte – die Einleitungsvorlesung zeigt deutlich seinen Originalitätsanspruch*[114]. *Noch auf dem Totenbett legte er seinem künftigen Nachlaßverwalter Ludwig Jonas (1797-1859) ans Herz,* „*meine Ansichten über die Apostelgeschichte des Lukas zusammenzustellen und in Druck zu geben*"[115]. *Zu den Materialien, an die Schleiermacher dabei gedacht hat, muß auch die in seinen Unterlagen ruhende* „*Einleitung*" *gezählt werden.*

Vorerst ist es dabei geblieben, daß Schleiermacher lediglich über Hörer und Schüler auf die Acta-Forschung gewirkt hat, ohne daß diese Tatsache immer gehörig deutlich wurde. Eugen Alexis Schwanbeck drückte das 1847 respektvoll so aus: „*Als der wahre Begründer einer tieferen Kritik der Quellen der Apostelgeschichte muß Schleiermacher bezeichnet werden, obgleich es dem großen Todten nicht vergönnt gewesen ist, seine Ansicht über die Acta auch nur mit einem Worte in die Literatur einzuführen. Sie hat dessenungeachtet nicht verfehlen können, sich eine Menge von Vertre-*

---

[109] *Brief an Gaß vom 5. Juli 1817 (Briefwechsel mit Gaß S. 140)*

[110] *Brief an Bekker vom 16. Mai 1818 (Briefwechsel Friedrich Schleiermachers mit August Boeckh und Immanuel Bekker. 1806-1820. Mitteilungen aus dem Litteraturarchive in Berlin. NF 11. Berlin 1916, S. 85)*

[111] *Brief an Ludwig Gottfried Blanc vom 20. Juni 1818 (Briefe 4,237)*

[112] *Brief vom 21. November 1818 (Christophersen: Lücke 2, S. 225)*

[113] *Brief vom 26. März 1822 (ebd. S. 272)*

[114] *Vgl. SW I/8, S. 344-379. Zur Rekonstruktion vgl. Conradi: Schleiermachers Arbeit auf dem Gebiete der neutestamentlichen Einleitungswissenschaft S. 60-71.*

[115] *Arndt/Virmond: Schleiermachers Briefwechsel S. 32 Anm. 22 (aus Ludwig Jonas' Aufzeichnungen über die letzten Lebenstage Schleiermachers). Vgl. auch Hans-Friedrich Traulsen: Aus Schleiermachers letzten Tagen (25. Januar bis 12. Februar 1834), in: Zeitschrift für Kirchengeschichte 102, 1991, S. 372-385, hier S. 377.*

tern zu erwerben."[116] *Bei dieser indirekten Einflußnahme mußte es bleiben, weil Carl Lachmann (1793-1851) die für die „Sämmtlichen Werke" übernommene Aufgabe einer Drucklegung nicht ausgeführt hat.*

Wissenschaftsgeschichtliche Bedeutung

Methodisch geht Schleiermacher in seiner Einleitung genau so vor wie in der Lukas-Monographie. Indem er auch hier Eichhorn und Hug als die führenden Exegeten in ihrer Fragestellung dialektisch miteinander spiegelt, gewinnt und rechtfertigt er seinen eigenen Ansatz.[117] *Er forscht, ehe er nach der historischen Glaubwürdigkeit fragt, literaturwissenschaftlich nach dem Kompositionsprinzip des Werkes. Und nachdem er weder – wie Hug – finden kann, daß die Apostelgeschichte nur die Nachricht von den Folgen und Wirkungen des Lebens Jesu nach dessen Tod schildern wolle, weil dabei zu vieles ungesagt bliebe, und auch nicht – wie Eichhorn – eine Geschichte der Missionen zu erkennen vermag, weil dabei zu viele Lücken blieben, schließt er aus der Unverhältnismäßigkeit der einzelnen Teile darauf, daß der Verfasser von Anfang an keinen geschichtlichen Faden, keine „Idee" verfolgt habe, also gar kein zusammenhängendes Geschichtsbuch habe schreiben wollen, sondern lediglich – wie in seinem Evangelium – eine Sammlung von ursprünglich von einander unabhängigen Erzählungen habe aneinander reihen wollen. Daß er dabei bemüht gewesen sei, möglichst sprechende und authentische Stücke zu erhalten, ist Schleiermacher so wichtig wie bei der Analyse des Lukas-Evangeliums.*

---

[116] *Eugen Alexis Schwanbeck: Ueber die Quellen der Schriften des Lukas. Ein kritischer Versuch. Erster Band: Ueber die Quellen der Apostelgeschichte. Darmstadt 1847, S. 93. Vgl. S. 152 Anm. 2: „Schleiermacher's Vorlesungen über die Apostelgeschichte warten noch immer vergeblich darauf, dem Druck übergeben zu werden; so daß man kaum weiß, in wie weit man die Untersuchungen seiner Zuhörer als die seinigen oder mit den seinigen übereinstimmend ansehen soll. Anfangs hatte es gar den Anschein, als ob man seine Ansicht ausbeuten wolle, ohne ihn zu nennen."*

[117] *Vgl. Johann Gottfried Eichhorn: Einleitung in das neue Testament. Zweyter Band, Leipzig 1810, S. 1-98; Johann Leonhard Hug: Einleitung in die Schriften des Neuen Testaments. Zweyter Theil, Tübingen 1808, S. 201-213. Den Apg-Kommentar von Heinrichs hat Schleiermacher, wie die Einfügung am Rand zeigt, erst nachträglich konsultiert (Johannes Heinrich Heinrichs: Acta Apostolorum. Novum Testamentum Graece perpetua annotatione illustratum. Editionis Koppianae Vol. III/1,2, Göttingen 1809,1812). Heinrichs (1765-1850) war kein Universitätsgelehrter, sondern Superintendent; er referiert die ihm genau bekannte wissenschaftliche Literatur in den Prolegomena (Bd. 1, S. 1-78, S. 275 Nachtrag zu Hug).*

Die Bedeutung der Einleitung Schleiermachers in seine geplante Mono-graphie über die Apostelgeschichte erwächst aus ihrem Zusammenhang mit der Untersuchung des Lukas-Evangeliums. Die überraschende Aus-kunft des Autors, die Arbeit an der Apostelgeschichte habe ihm den Weg zum Lukas-Evangelium gewiesen, erklärt, wieso er die übliche Synoptiker-Betrachtung verließ und vor der Klärung der Beziehung der synoptischen Evangelien zueinander den Aufbau und die quellenmäßige Zusammenset-zung des einen Evangeliums erforschen wollte. Er kam von dem Doppel-werk her, und das ermöglichte ihm eine neue, so vorher nicht übliche Fra-gestellung. Dieser Ansatz war nur für Lukas möglich, nur hier war diese Chance gegeben. Daß es fruchtbar ist, verschiedene Werke desselben Autors miteinander zu vergleichen, hatte Schleiermacher mit bleibenden Ergebnis-sen am paulinischen Corpus und am Werkkomplex Platons gezeigt; hier hatte er seine besondere Begabung bewiesen. Das reizte ihn offenbar auch an Lukas. Doch hier hat er nicht mehr zeigen können, wie beide Werke sich gegenseitig in der Art ihres Aufbaus und der Methode ihres Traditions-bezugs stützen und erläutern, da er den zweiten Band seiner Untersuchung nicht mehr schrieb. Daß Lukas ein wirklicher „Autor" war, also ein selb-ständiger Theologe mit eigenem Profil, hat er – von Platon und Paulus herkommend – nicht erwartet.

3. Über Kolosser 1, 15-20

Schleiermachers exegetischer Aufsatz „Ueber Koloss. 1, 15-20" erscheint in „Theologische Studien und Kritiken. Eine Zeitschrift für das gesammte Gebiet der Theologie, in Verbindung mit D. Gieseler, D. Lücke und D. Nitzsch, herausgegeben von D. C. Ullmann und D. F. W. C. Umbreit, Professoren an den Universitäten zu Halle und Heidelberg. Jahrgang 1832 drittes Heft. Hamburg bei Friedrich Perthes. 1832", auf den Seiten 497-537. Die volle Druckseite umfaßt normalerweise 35 Textzeilen, je nach Anzahl der Anmerkungen kann diese Zahl zwischen 32 und 40 Zeilen schwanken. Der Satzspiegel beträgt etwa 8,6 cm in der Breite und 15,4 cm in der Höhe. Das Druckmanuskript scheint nicht erhalten zu sein.[118]
Die Beziehung Schleiermachers zu den ‚Theologischen Studien und Kritiken', dem bedeutenden Organ der sogenannten Vermittlungstheologie, ist von Anfang an sehr eng gewesen.[119] Zu allen auf dem Titelblatt genann-

---

[118] *Jedenfalls findet es sich weder im Schleiermacher-Nachlaß der Berlin-Branden-burgischen Akademie der Wissenschaften in Berlin noch im Nachlaß Friedrich Perthes im Staatsarchiv der Freien und Hansestadt Hamburg.*
[119] *Der Mitherausgeber Friedrich Lücke hat in seinen „Erinnerungen an Dr. Fr. Schleiermacher" (in: Theologische Studien und Kritiken 7, 1834, S. 745-813),*

ten Personen, auch zum Verleger Friedrich Christoph Perthes[120]*, lassen sich irgendgeartete Kontakte Schleiermachers feststellen, die sich freilich im Fall von Johann Karl Ludwig Gieseler*[121] *und Friedrich Wilhelm Carl Umbreit*[122] *weitgehend auf deren herausgeberische Tätigkeiten bei den ‚Theologischen Studien und Kritiken' beschränkt haben dürften. Engere, teils theologische, teils sogar freundschaftliche Beziehungen Schleiermachers gab es hingegen zu Carl Immanuel Nitzsch*[123]*, vor allem aber zu Carl Christian Ull-*

---

einer Art ausführlich geratenen Nachrufs auf den 1834 Verstorbenen, geradezu davon gesprochen, die ‚Theologischen Studien und Kritiken' seien „recht eigentlich" aus Schleiermachers „Geiste [...] geboren" (S. 745).

[120] *F.C. Perthes, am 21. April 1772 in Rudolstadt geboren, am 18. Mai 1843 in Gotha gestorben, Buchhändler und Verleger seit 1796 in Hamburg und seit 1822 in Gotha, unterhielt als Schwiegersohn des Matthias Claudius Beziehungen zu den frommen Kreisen der Grafen Reventlow in Emkendorf (Holstein) und der Fürstin Gallitzin in Münster und war 1814 an der Gründung der Hamburgisch-Altonaischen Bibelgesellschaft beteiligt (vgl. Eberhard Hermann Pältz: Perthes, Friedrich Christoph, in: Die Religion in Geschichte und Gegenwart, 3. Auflage, Bd. 5, Sp. 236). Zu Schleiermachers brieflichen Kontakten mit Perthes vgl. Arndt/Virmond: Schleiermachers Briefwechsel, S. 173, und KGA I/10, S. LXIX-LXXIV. LXXXIX. XCVf.*

[121] *J.K.L. Gieseler, geboren am 3. März 1792 in Petershagen bei Minden, gestorben am 8. Juli 1854 in Göttingen, war dort seit 1831 als ordentlicher Professor der Theologie tätig, nachdem er zuvor seit 1819 in derselben Funktion in Bonn gelehrt und dabei die Bekanntschaft Lückes gemacht hatte (vgl. Gottlieb Nathanael Bonwetsch: Gieseler, Johann Karl Ludwig, in: Realencyclopädie für protestantische Theologie und Kirche, 3. Auflage, Bd. 6, S. 663f.). Schleiermacher hat Gieselers „Historisch-critischer Versuch über die Entstehung und die frühesten Schicksale der schriftlichen Evangelien" (vgl. SB 784) und sein mehrbändiges „Lehrbuch der Kirchengeschichte", jedenfalls in Teilen (vgl. SB 785), besessen. Erhalten ist ferner ein Brief Schleiermachers an Gieseler vom 6. Oktober 1832 (vgl. Arndt/Virmond: Schleiermachers Briefwechsel, S. 131).*

[122] *F.W.C. Umbreit, am 11. April 1795 in Sonneborn bei Gotha geboren und am 26. April 1860 in Heidelberg gestorben, war dort seit 1823 ordentlicher Professor für Orientalische Philologie an der Philosophischen Fakultät, ehe er 1829 auf den Alttestamentlichen Lehrstuhl der Theologischen Fakultät wechselte (vgl. Adolf Kamphausen: Umbreit, Friedrich Wilhelm Karl, in: Realencyclopädie für protestantische Theologie und Kirche, 3. Auflage, Bd. 20, S. 225-228). Schleiermachers Kontakt zu ihm scheint sich auf einen einzigen Brief vom 30. August 1828 (vgl. Arndt/Virmond: Schleiermachers Briefwechsel, S. 261), den er im Zusammenhang mit seinem „Ersten Sendschreiben an Lücke" geschrieben hat, und einen nicht erhaltenen Antwortbrief Umbreits, den Schleiermacher am 5. Januar 1829 erhielt, zu beschränken (vgl. KGA I/10, S. LXXf.). Umbreit unterhielt freilich gute Beziehungen zu seinem Heidelberger Fakultätskollegen und Schleiermachers Freund Ullmann.*

[123] *C.I. Nitzsch, den 21. September 1787 in Borna geboren und am 21. August 1868 in Berlin gestorben, war seit 1822 Theologieprofessor in Bonn, wo ihn*

mann[124] *und zu (Gottfried Christian) Friedrich Lücke*[125]. *Noch vor Erscheinen des ersten Heftes der ‚Theologischen Studien und Kritiken‘ im Jahr 1828*

eine enge Zusammenarbeit mit Lücke verband, bevor er dann 1847 nach Berlin wechselte; ihm war 1817, anläßlich des Reformationsjubiläums, von der Theologischen Fakultät der Berliner Universität der Titel eines Doctor theologiae honoris causa verliehen worden, und zwar unter dem Dekanat Schleiermachers. Nitzsch teilte dessen Kampf gegen die vom preußischen König aufgezwungene neue Agende und für die Union von Lutheranern und Reformierten im Rheinland (vgl. Friedrich Nitzsch: Nitzsch, Karl Immanuel, in: Realencyclopädie für protestantische Theologie und Kirche, 3. Auflage, Bd. 14, S. 128-136). Gemeinsam mit Nitzsch ging Schleiermacher literarisch gegen Delbrücks Angriff auf die protestantische Lehrfreiheit vor (vgl. Ueber das Ansehen der heiligen Schrift und ihr Verhältniß zur Glaubensregel in der protestantischen und in der alten Kirche. Drei theologische Sendschreiben an Herrn Professor D. Delbrück in Beziehung auf dessen Streitschrift: Phil. Melanchthon, der Glaubenslehrer, von D. K.H. Sack, D. C.I. Nitzsch und D. F. Lücke. Nebst einer brieflichen Zugabe des Herrn D. Schleiermacher über die ihn betreffenden Stellen der Streitschrift, Bonn 1827). Nitzschs „System der christlichen Lehre“ von 1829 (SB 1381) befand sich in Schleiermachers Bibliothek. Ein Briefwechsel zwischen beiden ist nicht erhalten.

[124] C.C. Ullmann, geboren am 15. März 1796 in Epfenbach bei Heidelberg und am 12. Januar 1865 in Karlsruhe verstorben, war von 1829 bis 1836 ordentlicher Professor der Theologie in Halle, vorher und nachher in Heidelberg, später als Prälat und Direktor des Badischen Oberkirchenrates in höchsten kirchlichen Ämtern (vgl. Willibald Beyschlag: Ullmann, Karl, in: Realencyclopädie für protestantische Theologie und Kirche, 3. Auflage, Bd. 20, S. 204-211). Schleiermacher hat Ullmanns Arbeiten über „Gregorius von Nazianz“ (SB 2041), „Ueber die Sündlosigkeit Jesu“ (SB 2043) und die exegetische Studie über den 2. Petrusbrief (SB 2044) besessen. Ullmanns „Theologisches Bedenken aus Veranlassung des Angriffs der Evangelischen Kirchenzeitung auf den hallischen Rationalismus“ von 1830 (SB 2042) ergreift im sog. Hallischen Theologenstreit ebenso Partei für die Freiheit von Forschung und Lehre wie Schleiermachers Sendschreiben „An die Herren D.D.D. von Cölln und D. Schulz“. Die relativ geringe Anzahl der erhaltenen Briefe (vgl. Arndt/Virmond: Schleiermachers Briefwechsel, S. 260f) dürfte kaum das Maß der gegenseitigen Wertschätzung und Anteilnahme zwischen Schleiermacher und Ullmann angemessen widerspiegeln. Schleiermacher hat Ullmann ausdrücklich zu seinen Freunden gezählt und mit ihm beispielsweise im Jahre 1830 eine Reise in den Harz unternommen (vgl. KGA I/10, S. XCIII).

[125] G.C.F. Lücke, am 24. August 1791 in Egeln bei Magdeburg geboren und am 14. Februar 1855 in Göttingen gestorben, wo er seit 1827 als Professor für Theologie gewirkt hatte, nachdem er zuvor seit 1816 Privatdozent in Berlin und seit 1818 ordentlicher Professor in Bonn gewesen war (vgl. Ferdinand Sander: Lücke, Gottfried Christan Friedrich, in: Realencyclopädie für protestantische Theologie und Kirche, 3. Auflage, Bd. 11, S. 674-679), hat von 1819 bis 1822 die „Theologische Zeitschrift“ mit Schleiermacher und de Wette zusammen herausgegeben. Er ist ferner der Adressat der beiden ‚Sendschreiben‘ Schleiermachers über seine

zeigt sich Schleiermacher über das Projekt informiert[126] *und dokumentiert seine Anteilnahme an dem Schicksal dieser Zeitschrift in seinem Brief an Friedrich Lücke, der soeben einen Ruf von Bonn nach Göttingen erhalten hat: „Göttingen thut eine neue Epoche im theologischen Studium Noth. Gott gebe daß Sie sie mit rechtem Segen eröffnen! Ich schließe in diesen Wunsch das neue Journal mit ein welches vielleicht durch diese Verpflanzung eine noch größere Bedeutung bekommt."*[127] *Schließlich hat Schleiermacher auch schon vor dem Kolosser-Aufsatz mehrfach in den ‚Theologischen Studien und Kritiken' veröffentlicht: Im zweiten Jahrgang 1829 erschienen im zweiten bzw. dritten Heft seine beiden Sendschreiben an Lücke über seine Glaubenslehre*[128]; *1831 wurde im ersten Heft „An die Herren D.D. von Cölln und D. Schulz. Ein Sendschreiben von Dr. Fr. Schleiermacher"*[129] *gedruckt.*

Schleiermacher hat den Kolosserbrief fünfmal, stets gemeinsam mit anderen kleineren Briefen des Neuen Testaments, im Rahmen exegetischer Vorlesungen behandelt[130], *das letzte Mal im Sommersemester 1832. Als diese Vorlesung begann, am 14. Mai 1832*[131], *war Schleiermachers exegetische Studie über Kol. 1, 15-20 allerdings schon fertig. Wann er sie zu schreiben begonnen hat, wissen wir nicht. Einzelne Aspekte der Exegese von Kol 1, 15-20 haben ihn aber nachweislich schon längere Zeit beschäftigt.*[132]

Glaubenslehre gewesen (vgl. KGA I/10, S. LXIX-LXXIV). Schleiermacher hat alle größeren wissenschaftlichen Werke Lückes, die noch zu seinen Lebzeiten erschienen sind, in seiner Bibliothek besessen (vgl. SB 62. 262. 867. 1179. 1180-1184. 1650). Auch die 34 erhaltenen Briefe dokumentieren den regen Austausch zwischen den beiden Theologen. Zu ihrem Verhältnis insgesamt vgl. Christophersen: Lücke 1, S. 127-132. 136-146. 151-157, Liste und Edition des Briefwechsels finden sich Bd. 2, S. 204-207 und S. 208-336.

[126] *Zur Entstehung der Zeitschrift vgl. Christophersen: Lücke 1, S. 179-191*

[127] *Briefe 4, S. 387; Christophersen: Lücke 2, S. 308*

[128] *Ediert in KGA I/10, S. 309-335. 337-394*

[129] *Ediert in KGA I/10, S. 397-426*

[130] *Wintersemester 1811/12, 1815/16, 1818/19, 1824/25 und Sommersemester 1832 – Vgl. Arndt/Virmond: Schleiermachers Briefwechsel, S. 306. 311. 314. 320. 328*

[131] *Vgl. Arndt/Virmond: Schleiermachers Briefwechsel, S. 328*

[132] *Daß die Schöpfungsmittlerschaft Christi in Kol 1, 15-17 nur im Sinne einer casua finalis zu verstehen sei, formuliert Schleiermacher – mit ausdrücklichem Bezug auf die Kolosserstelle – in seiner ‚Glaubenslehre' bereits 1822 (vgl. CG¹ § 119 Zusaz 3; KGA I/7.2, S. 63) und wiederholt es in der Zweitauflage 1831 annähernd wörtlich (vgl. CG² § 99 Zusaz, Bd. 2, S. 88); ganz ähnlich auch CG¹ § 180,1; KGA I/7.2, S. 339 = CG² § 164,1, Bd. 2, S. 478. Eine Rolle spielt in der ‚Glaubenslehre' auch die Frage, ob Kol 1, 16 angelologische Aussagen*

Im Sommersemester 1829 und im Wintersemester 1831/32 liest er Einleitung in das Neue Testament.[133] *An Bleek schreibt er unter dem 23. April 1830, also wohl im Rückblick auf die Sommervorlesung von 1829: „Von meiner neutestamentischen Einleitung wird Ihnen der Ueberbringer erzählen können was Sie wissen wollen. Gern hätte ich ein und das andere davon in die Studien [und Kritiken] gegeben, aber die liebe Dogmatik ließ mich nicht dazu kommen."*[134] *Daß sich unter dem einen oder anderen auch eine Spezialstudie zu den wenigen Versen des ersten Kolosserkapitels befunden haben sollte, scheint mir aber eher unwahrscheinlich; denn wenn wir der Ausgabe der Neutestamentlichen Einleitungsvorlesung in den Sämmtlichen Werken*[135] *trauen dürfen, die vor allem auf Mit- bzw. Nachschriften der Vorlesung von 1831/32 basiert*[136], *sind dort keinerlei detaillierte Auslassungen zum ersten Kapitel des Kolosserbriefes zu finden, ja die einleitungswissenschaftlichen Ausführungen zum ganzen Brief sind insgesamt ausgesprochen schmal*[137]; *hingegen läßt sich die briefliche Äußerung gegenüber Bleek gut auf das Thema des späteren Papiasaufsatzes*[138] *beziehen.*[139]

Im selben Jahr 1830, nämlich am 22. August, schreibt Schleiermacher an Ullmann: „Ich bin im Begriff heute über Acht Tage mit meiner Frau und ein paar Kindern zu verreisen [...]. Gleich nach meiner Rückkunft, das heißt aber freilich erst im Oktober, will ich mich an eine kleine exegetische Arbeit geben, der Sie eine beliebige Stelle in den Studien anzuweisen die Güte haben werden. Denn ich weiß noch nicht recht, ob sie groß genug ausfallen wird um unter den Abhandlungen zu stehen. Ich seze voraus, daß bis dahin das Lachmannische Testament auch erschienen sein wird."[140] *Ob*

---

enthält oder nicht (vgl. CG² § 42,2, Bd. 1, S. 194f; ähnlich schon eine Marginalie zu CG¹, KGA I/7.3, S. 142). Schließlich hat Schleiermacher bereits 1807 in seinem ‚Ueber den sogenannten ersten Brief des Paulos an den Timotheos' die Deutung vertreten, Kol 1, 20 handele nicht von einer Vermittlung zwischen Gott und den Menschen (vgl. KGA I/5, S. 220).

[133] Vgl. Arndt/Virmond: Schleiermachers Briefwechsel, S. 325. 328
[134] Briefe 4, S. 397 – Mit ‚der lieben Dogmatik' ist Schleiermachers Arbeit an der Zweitauflage der Glaubenslehre gemeint, deren erster Band 1830 erschienen ist.
[135] SW I/8
[136] Vgl. die editorischen Erläuterungen Woldes SW I/8, S. XVf
[137] Vgl. SW I/8, S. 131f. 134. 161f – An der ersten Stelle wird Kol gemeinsam mit Eph, Phil, Phlm und 2 Tim, an der dritten Stelle gemeinsam mit Phlm verhandelt.
[138] Unten S. 229-254
[139] Vgl. unten S. LI
[140] Zwei ungedruckte Briefe Schleiermachers, ed. H. Stephan, in: Theologische Studien und Kritiken 92 (1919), S. 168-171, hier S. 169

Schleiermacher hier tatsächlich schon an die Abhandlung zu Kol 1 gedacht hat, ist ungewiß. Dafür spricht vielleicht, daß Schleiermacher an einer Stelle des gedruckten Textes in der Tat auf Lachmanns Ausgabe des Neuen Testaments ausdrücklich[141], *an einer weiteren Stelle vermutlich*[142] *Bezug nimmt. Dafür spricht vielleicht auch, daß Schleiermacher nicht lange vor dem Brief an Ullmann vom 22. August zwei Predigten über Kol 1 gehalten hat, nämlich am 25. Juli über die Verse 13-18 und am 8. August über die Verse 18-23.*[143] *Die beiden Predigten nehmen nun Hauptgedanken des gedruckten Aufsatzes derart schon vorweg*[144], *daß man sich gut vorstellen kann, Schleiermacher sei im Zuge der Predigtarbeit auf die Idee gekommen, dies zu einer förmlichen exegetischen Studie auszuarbeiten. Wenn dies zutreffen sollte, müßte man gleichwohl annehmen, daß es nicht sofort nach der Reise Schleiermachers im Oktober 1830 zum Arbeitsbeginn gekommen ist. Denn daß die Studie, obwohl sie mit ihren etwa 40 Druckseiten schließlich doch Abhandlungslänge erhalten hat, ihn annähernd anderthalb Jahre in Anspruch genommen haben sollte, ist ganz unwahrscheinlich. Es bleibt also dabei: Wir wissen nicht wirklich, wann Schleiermacher mit der Niederschrift begonnen hat.*

Über das Ende der Ausarbeitung sind wir besser informiert. Unter dem 18. Februar 1832 notiert Schleiermacher in seinen Tageskalender[145]: *„Die Abhandl[ung]. üb[er] Kol. 1, 15-20 an Ullmann.“ Der Brief Schleiermachers, der die Manuskriptsendung begleitet, ist auf den 17. Februar datiert. In ihm heißt es: „Hier erscheine ich wieder einmal, mein verehrter Herr Professor, mit einem Vorschlag zu einem kleinen Beitrag für Ihre Studien. Ich nenne es nur einen Vorschlag, weil ich Sie gar nicht in Verle-*

---

[141] *Vgl. unten S. 212,24*

[142] *Vgl. unten S. 197,6f*

[143] *Die beiden Predigten sind abgedruckt SW II/6, S. 232-243. 244-255; der Text geht auf Nachschriften zurück. Die Predigten (P 296. 297) sind Bestandteil einer durchgehenden Homilie zum gesamten Kolosserbrief, die Schleiermacher vom 13. Juni 1830 bis zum 17. Juli 1831 gehalten hat (vgl. Meding: Bibliographie Schleiermacher, S. 293-295).*

[144] *Die Hauptpunkte sind: 1. Schleiermacher weist auf die strenge Parallelität der Verse 15-18a und 18b-19 hin (vgl. SW II/6, S. 245); 2. alle Aussagen von Kol 1, 15-20 müssen von dem einen und ganzen Christus, dem Erlöser, gelten (vgl. S. 237); 3. entsprechend kann dieser Christus keinen Anteil an der Erschaffung der Welt haben (vgl. S. 238), und macht der Ausdruck Erstgeborener vor aller Kreatur (V. 15b) keine Zeitangabe, sondern bezeichnet die besondere Würde des Erlösers (vgl. S. 237); 4. versteht Schleiermacher das griechische* κτίζειν *(V. 16a) nicht als Bezeichnung für das primordiale Erschaffen der Welt (vgl. S. 239); 5. bedeutet Versöhnung (V. 19f) hier die Versöhnung von Juden und Heiden (vgl. S. 245f).*

[145] *SN 452*

*genheit sezen will, wenn es vielleicht nicht in Ihrem Plan liegt, eine so
detaillirte Anatomie aufzunehmen. Es ist mir auch ausführlicher gerathen
als ich beabsichtigte; aber wie die Anlage einmal gemacht ist, wüßte ich
nun nicht, was ich streichen sollte ohne es umzuarbeiten. Erscheint Ihnen
der Aufsatz also nicht annehmlich: so schicken Sie mir ihn bis auf weiteres
zurück; vielleicht findet sich doch einmal Zeit ihm eine andere Form zu
geben!"*[146] Ullmann antwortet am 1. März aus Halle; den Eingang dieses
Briefes notiert Schleiermacher in seinem Tageskalender unter dem 2. März.
Ullmann bedankt sich für die exegetische Abhandlung und schreibt dann
weiter: *„Der Aufsatz kam zur gelegensten Zeit, da eben der Druck des 3ten
Heftes von 1832 beginnen sollte; es konnte also folglich damit der Anfang
gemacht werden. Ich habe ihn deßhalb ohne allen Verzug an Perthes gesendet und mir den Genuß des Lesens in der ohnedieß angenehmeren gedruckten Form vorbehalten. Über die Aufnahme einer so detaillierten Anatomie,
wie Sie es nennen, konnte wohl keine Frage seyn. Ein Detail, in welches Sie
eingehen, ist nie zu geringe, und eine so wichtige inhaltliche Stelle, wie die
von Ihnen behandelte, kann wohl auch die gemäße Zerlegung erfordern u.
verlangen. Gewiß haben Sie auch nach Vollendung des Geschäftes nicht,
wie so manche theologische Anatomie, blos Leichen übrig gelassen, sondern die getrennten Glieder wieder zu einem schönen Ganzen belebt."*[147]
Am 14. März 1832 gehen die Korrekturbogen bei Schleiermacher ein, die
er am 18. März wieder zurückschickt, und zwar direkt an den Verleger
Perthes.[148]

Schleiermachers Aufsatz über Kol 1, 15-20 markiert forschungs-
geschichtlich einen Anfang: Schleiermacher scheint der erste überhaupt
gewesen zu sein, der diesem Text eine eigenständige Abhandlung gewidmet
hat; und er dürfte der erste gewesen sein, der auf den streng parallen Aufbau des Textes, *„die entschiedene Zweigliedrigkeit"*[149], hingewiesen hat.
Seitdem gehört der Text zu den klassischen Themen der Kolosserexegese,
auch wenn die Forschung den Auffassungen Schleiermachers weitestge-
hend nicht gefolgt ist und bald ganz andere Wege beschritten hat.[150]

---

[146] *Zwei Briefe,* S. 169f

[147] *SN 410, S. 1 – Eine Kopie dieses bisher unveröffentlichten Briefes Ullmanns
vom 1. März 1832 wurde mir freundlicherweise von Wolfgang Virmond zugänglich gemacht.*

[148] *Vgl. die Notiz in Schleiermachers Tageskalender (SN 452) unter dem 18. März:
„An Perthes die am 14ten eingegang[enen] Correcturbogen zurück."*

[149] *Unten S. 201,38*

[150] *Zur Forschungsgeschichte seit Schleiermacher vgl. Hans Jakob Gabathuler:
Jesus Christus Haupt der Kirche – Haupt der Welt. Der Christushymnus Colosser
1, 15-20 in der theologischen Forschung der letzten 130 Jahre, Abhandlungen
zur Theologie des Alten und Neuen Testaments 45, Zürich 1965; außerdem
Weisweiler: Schleiermachers Arbeiten, S. 59-61*

Ungeteilte Zustimmung für seine Auslegung von Kol 1, 15-20 hat Schleiermacher zu seinen Lebzeiten nicht gefunden. Daß sein Auslegungsversuch „von gar keinem dogmatischen Interesse [...], sondern von einem rein hermeneutischen" ausgehe[151], scheint es vor allem zu sein, was ihm die frühe Rezeption nicht abnimmt. Auch seine Freunde und Schüler haben sich offensichtlich auffällig zurückgehalten mit kommentierenden Reaktionen. Private briefliche Äußerungen konnten im Zuge der Editionsarbeit nicht nachgewiesen werden. Von zwei kleinen, inhaltlich unbedeutenden Ausnahmen abgesehen, haben sie sich öffentlich erst nach Schleiermachers Tod dazu geäußert.

Die erste Ausnahme bildet einen ganz besonderen Fall früher Wirkungsgeschichte. Sie findet sich gleich in dem Heft der ‚Theologischen Studien und Kritiken‘, in dem Schleiermachers Kolosserabhandlung erscheint. Darin nämlich wird an späterer Stelle, auf den Seiten 840 bis 850, unter der Rubrik „Gedanken und Bemerkungen" ein kurzer Aufsatz mit dem Titel „Bemerkungen über die Irrlehrer zu Colossä" von Dr. Schneckenburger[152] veröffentlicht, der – aus verständlichen Gründen – mit keinem Wort auf Schleiermacher eingeht. Hingegen aber hat Karl Ullmann als Herausgeber eine Fußnote zu Schneckenburgers Titel gesetzt, die, wenn man so will, einen Kleinbeitrag zur Rezeptionsgeschichte von Schleiermachers Studie darstellt. Er, Ullmann, heißt es da, habe umso weniger Bedenken getragen, die Ausführung Schneckenburgers in die ‚Theologischen Studien und Kritiken‘ aufzunehmen, da sie „Veranlassung gibt, über das mögliche oder wirkliche Vorhandenseyn von Engeltheorieen unter den Colossern eine prüfende Vergleichung anzustellen mit dem, was Herr Dr. Schleiermacher in seiner so scharfsinnigen und inhaltreichen Abhandlung über Coloss. 1, 15-20. in dieser Beziehung aufgestellt hat".[153]

Die zweite Ausnahme stammt von Friedrich Lücke: Im darauffolgenden Jahrgang 1833 der ‚Theologischen Studien und Kritiken‘ hat er in seiner „Uebersicht der neutestamentlich exegetischen Litteratur von Neujahr 1831 bis Ende 1832"[154] auf „Schleiermachers Erklärung von Kol. 1, 15-20"[155] lediglich kommentarlos hingewiesen; das entsprach dem üblichen Verfahren, wie innerhalb eines solchen Literaturberichts in den ‚Theo-

---

[151] *Unten S. 200,11f*

[152] *Vermutlich handelt es sich um Matthias Schneckenburger (1804-1848), der in den zwanziger Jahren auch in Berlin studiert hatte.*

[153] *Matthias Schneckenburger: Bemerkungen über die Irrlehrer zu Colossä, in: Theologische Studien und Kritiken 5, 1832, S. 840-850, hier S. 841 – Ullmann verweist ausdrücklich auf die Seiten 508 und 512-514 (vermutlich unten 205,9-206,1; 209,1-210,5) in Schleiermachers Aufsatz.*

[154] *Friedrich Lücke: Uebersicht der neutestamentlich exegetischen Litteratur von Neujahr 1831 bis Ende 1832, in: Theologische Studien und Kritiken 6, 1833, S. 479-544*

logischen Studien und Kritiken' auf Veröffentlichungen aus der eigenen Zeitschrift Bezug genommen wurde.

Ein Jahr später, bereits nach Schleiermachers Tod, geht Lücke in seinem ausführlichen Nachruf in den ,Theologischen Studien und Kritiken'[156] *etwas genauer auf den Kolosseraufsatz ein: „Schleiermacher gehört zu denen, welche weit mehr eigenthümlich auffassen, als sich hingeben, den Schriftsteller mehr zu sich herüberziehen, als sich von ihm ziehen lassen. [...] Aber eben seine mächtige Eigenthümlichkeit, die sich Allem aufprägte, was in seinen Kreis trat, hinderte ihn, in die neutestamentlichen Schriftsteller mit der Hingebung, der Selbstvergessenheit einzugehen, welche nothwendig ist, um den fremden Sinn und die fremde Form ohne alle Verletzung rein wiederzugeben. Unter den neutestam[en]t[lichen]. Schriftstellern stand seiner Eigenthümlichkeit keiner näher, als Paulus; er liebte ihn von allen am meisten. Eben deßhalb hat er das Verständniß desselben wohl am meisten gefördert. Aber wie es der Liebe kräftiger Menschen leicht begegnet, unvermerkt verwandelt Schleiermacher den Apostel in sich; er läßt ihn eben so streng dialektisch denken, als künstlerisch schreiben; und indem er in Paulus mehr sich selbst, als den Paulus in sich sieht, begegnet es ihm, daß er bei allem Scharfsinne und der fast zauberischen Gewalt seiner exegetischen Argumentation und Darstellung, z.B. Col. 1, 15-20., mehr sich auslegt, als den Apostel. Dieß kann uns aber durchaus nicht abhalten, sein Verdienst um die exegetische Theologie um so höher anzuschlagen, da er selbst da, wo er kraft der Uebermacht seines eigenthümlichen Geistes irrte, mehr wissenschaftliches Leben und Streben in der Exegese anzuregen vermochte, als hundert Andere, welche aus Mangel an Geist und Eigenthümlichkeit nicht einmal zu irren vermögen.“*[157]

In der Sache ähnlich äußert sich auch Georg Rudolf Wilhelm Böhmer[158] *nach dem Tod seines Lehrers: Schleiermachers Abhandlung sei „ein glänzender Beweis der eminenten dialectischen Gewandtheit des Verfassers, obschon sie manche Resultate exegetischer Forschung enthält, welchen der Unbefangene seinen Beifall versagen muß.“*[159]

Was Freunde und Schüler mehr oder weniger deutlich erst nach seinem Tod sagen, äußern andere unverhohlen vorher. Noch im Jahr 1832

---

[155] S. 525
[156] Vgl. Lücke: Erinnerungen, S. 745-813
[157] S. 771
[158] Böhmer (5. März 1800 – 25. November 1863) studierte ab 1819 in Berlin u. a. bei Schleiermacher und wurde dort 1823 Privatdozent. Seit 1832 war er Professor für Theologie in Schleiermachers Geburtsstadt Breslau.
[159] Wilhelm Böhmer: Theologische Auslegung des paulinischen Sendschreibens an die Colosser, Breslau 1835, S. 48 – Auf Böhmers Isagoge in Epistolam a Paulo Apostolo ad Colossenses datam theologica, historica, critica (Berlin 1829) geht Schleiermacher in seiner Abhandlung ein (unten 198,29).

erscheint im Vierten Heft der „Tübinger Zeitschrift für Theologie"[160] eine
„Beurtheilung der von dem Herrn Dr. Schleiermacher in den theologischen
Studien und Kritiken Jahrgang 1832, Heft 3. S. 497ff. aufgestellten Erklä-
rung von Kolosser 1, 15-20. Von Dr. Friedrich August Holzhausen in
Göttingen"[161]. Die Besprechung ist ablehnend, dabei aber im Ton durch-
aus freundlich, was gleich ihr Beginn belegt: „Die Stelle Kolosser 1, 15-20.
gehört unter die erhabensten, inhaltsreichsten und schwierigsten des Neu-
en Testaments, mancherlei Erklärungen sind über ihren Sinn versucht
worden, aber keine davon befriediget, und es ist daher desto willkomme-
ner, daß sich ein Mann von dem anerkannten Verdienste, als Herr Dr.
Schleiermacher, mit derselben besonders beschäftiget hat."[162] An diese
Eröffnung schließt sich eine präzise und ausgesprochen gelungene Zusam-
menfassung von Schleiermachers Auslegung der einzelnen Verse an[163], die
allerdings mit keinem Wort darauf eingeht, daß Schleiermacher die strenge
Zweigliedrigkeit zum exegetischen Schlüssel des Textes macht. Holzhausens
Resümee und zugleich der Kern seiner negativen Kritik lautet: „Man wird
den Scharfsinn, welcher sich sowohl in der Auffindung, als in der Durch-
führung der [...] dargelegten Erklärung kund giebt, gern anerkennen, des-
ungeachtet kann aber doch nicht geläugnet werden, daß sie dem Inhalte
des Kolosserbriefes eben so wenig angemessen ist, als sie überhaupt ein
apostolisches Gepräge an sich trägt."[164] Es folgt dann zunächst eine Reihe
von exegetischen Bemängelungen an Schleiermachers Deutung einzelner
Verse[165], ehe Holzhausen kurz seine eigene Interpretation vorträgt[166], die,
ohne sich an irgendeiner Stelle von Schleiermachers kritischen Einwänden
beeindruckt zu zeigen, den Text als Aussage einer doppelten „Offenbarung
Gottes durch den Sohn", nämlich einmal „als den Schöpfer der vernünfti-
gen Kreatur", sodann „als den Erlöser derselben"[167], versteht.
    Ebenfalls in der „Tübinger Zeitschrift für Theologie" veröffentlicht ein
Jahr später, 1833, Johann Ernst Osiander[168] eine zweiteilige Studie „Ueber

---

[160] *Friedrich August Holzhausen: Beurtheilung der von dem Herrn Dr. Schleier-*
    macher in den theologischen Studien und Kritiken Jahrgang 1832, Heft 3. S.
    497ff. aufgestellten Erklärung von Kolosser 1, 15-20, in: Tübinger Zeitschrift
    für Theologie 1832, Viertes Heft, S. 236-243
[161] *Holzhausens Lebensdaten konnten nicht ermittelt werden.*
[162] *Holzhausen: Beurtheilung, S. 236*
[163] *Vgl. S. 236-238*
[164] *S. 238f*
[165] *Vgl. S. 239*
[166] *Vgl. S. 239-243*
[167] *S. 241*
[168] *Osiander (23. Juni 1792 – 3. April 1870) war zu der Zeit, seit 1824, Professor*
    am Seminar in Maulbronn.

Col. 1, 15-20.", deren erster Teil[169] die Titelergänzung „mit Rücksicht auf
die Abhandlung v[on]. D. Schleiermacher" trägt, während deren zweiter
Teil[170] darauf verzichtet und nur den Untertitel „Ein exegetisch-dogmatischer Versuch" wiederholt. Osianders Studie ist in ihrem ersten Teil über
weite Strecken ein detaillierter exegetischer Widerlegungsversuch der Auslegung Schleiermachers. Hinter diesem Auslegungsstreit aber steht die Auseinandersetzung um das Verständnis christlich-theologischer Dogmatik und
deren Verhältnis zur Bibel. Osiander stellt an Schleiermachers Dogmatik die
„überwiegende Subjektivität ihrer Prinzipien und ihres Verfahrens" heraus;
demgegenüber sieht er selbst die Aufgabe des Dogmatikers darin, „auf der
Basis der Bibel" die „Philosophie der Bibel, d.h. die Dogmatik im wahren
Sinne des Worts" zu erbauen.[171] „Dieselben Vorzüge nun und dieselben
Mängel, welche die Schleiermachersche Behandlungsweise der Dogmatik
charakterisirt, verbergen sich auch hier in der Exegese nicht; dieselbe feine
Beobachtung und sinnreiche Combination der Theile und ihrer Beziehungen, dieselbe vorherrschende Hinsicht auf das Werk der Erlösung als Mittelpunkt des Christenthums; – aber auch dieselbe allzukunstreiche und fast
konstruirende Behandlung des Schrifttextes und dieselbe Veränderung und
Beschränkung der Schriftbegriffe nach eigener Theorie."[172] Am Ende seiner
exegetischen Auseinandersetzung im Detail resümiert Osiander dann: „Und
so hat sich uns denn bei aller von Schleiermacher bevorworteten Reinheit
der hermeneutischen Untersuchung von dogmatischem Interesse, doch in
mehrfacher Verwandschaft der entwickelten Ideen und Resultate mit seinem dogmatischen Systeme eine Beschränkung des Göttlichen in der Würde, Wirksamkeit und Geschichte Christi hier gezeigt, welche mit der Lehre
der Schrift überhaupt und mit diesem ihrem leuchtenden Punkt in unserer
Stelle sich nimmer verträgt und die Real- und Worterklärung der letzteren
gleich sehr gegen sich hat, weit abstehend von der auch als hehre und frucht-
bare Auslegungsregel zumal dieser Stelle anwendbaren goldenen Vorschrift
in unserm Briefe τὰ ἄνω φρονεῖτε, μὴ τὰ ἐπὶ τῆς γῆς (Col. 3, 2.)."[173]

---

[169] Vgl. Johann Ernst Osiander: Ueber Col. 1, 15-20. mit Rücksicht auf die Abhandlung v. D. Schleiermacher; ein exegetisch-dogmatischer Versuch, in: Tübinger Zeitschrift für Theologie 1833, Heft 1, S. 104-125

[170] Vgl. Johann Ernst Osiander: Ueber Col. 1, 15-20. Ein exegetisch-dogmatischer
Versuch, in: Tübinger Zeitschrift für Theologie 1833, Heft 2, S. 129-167 –
Während der erste Teil ausschließlich der Auseinandersetzung mit Schleiermachers Auffassung des Textes dient, trägt Osiander in diesem zweiten Teil
seine eigene Deutung von Kol 1, 15-20 vor; hier erscheint Schleiermacher lediglich noch in einer Reihe von Anmerkungen, in denen es aber gar nicht mehr um
Kol 1, 15-20, sondern um Schleiermachers ‚Glaubenslehre' geht.

[171] Osiander: Ueber Col. [Teil 1], S. 104

[172] S. 105

[173] S. 125

*Schleiermachers Kolosserstudie ist seit ihrer Erstausgabe in den ‚Theo-
logischen Studien und Kritiken' nur ein einziges Mal wieder gedruckt worden, nämlich im Rahmen der Sämmtlichen Werken (Erste Abtheilung: Zur
Theologie, Zweiter Band, Berlin 1836, S. 321-360). 1998 erschien eine von
Esther D. Reed und Alan Braley besorgte englische Übersetzung.*[174]

4. Über die Zeugnisse des Papias von unsern beiden ersten Evangelien

*Schleiermachers exegetischer Aufsatz „Ueber die Zeugnisse des Papias von
unsern beiden ersten Evangelien" erscheint in „Theologische Studien und
Kritiken. Eine Zeitschrift für das gesammte Gebiet der Theologie, in Verbindung mit D. Gieseler, D. Lücke und D. Nitzsch, herausgegeben von
D. C. Ullmann und D. F. W. C. Umbreit, Professoren an den Universitäten
zu Halle und Heidelberg. Jahrgang 1832 viertes Heft. Hamburg bei Friedrich Perthes. 1832", auf den Seiten 735-768. Es ist dies Schleiermachers
fünfter und letzter Beitrag, den er für die ‚Theologischen Studien und Kritiken', diesem wissenschaftlichen Organ der sog. Vermittlungstheologie, geliefert hat.*[175]

*Die volle Druckseite umfaßt normalerweise 35 Textzeilen, je nach
Anzahl der Anmerkungen kann die Zeilenzahl zwischen 33 und 40 schwan-
ken. Der Satzspiegel beträgt etwa 8,6 cm in der Breite und 15,4 cm in der
Höhe. Das Druckmanuskript scheint nicht erhalten zu sein.*[176]

*In einem Zeitraum von 17 Tagen schreibt Schleiermacher seinen ‚Papias'
zwischen dem 6. und dem 17. April 1832 nieder.*[177] *Die Idee zu diesem
Aufsatz reicht aber vermutlich weiter zurück. Erstmals greifbar wird sie*

---

[174] *On Colossians 1:15-20, in: Schleiermacher on Workings of the Knowing Mind.
New Translations, Resources, and Understandings, edited by R.D. Richardson,
New Athenaeum/Neues Athenaeum 5, Lewiston/Queenston/Lampeter 1998,
S. 48-80*

[175] *Zu Schleiermachers Beziehungen zu der Zeitschrift und ihren Herausgebern vgl.
oben S. XXXIX-XLII. In seinem vermutlich letzten erhaltenen Brief an Friedrich
Perthes, vom 15. Februar 1833 (Staatsarchiv der Freien und Hansestadt Hamburg, Friedrich Perthes Nachlaß I, Mappe 19a, Bl. 119-120), erwägt Schleiermacher die Möglichkeiten weiterer Veröffentlichungen in den ‚Theologischen
Studien und Kritiken': „Könnte ich nur bald wieder dazu kommen Ihnen etwas
für die Studien zu senden. Es macht mir Freude solche kleine Theologica auszuarbeiten, und Stoff habe ich in Menge gesammelt, aber es fehlt mir die Muße, und
ich kann wenig mehr als aus der Hand in den Mund leben." (119v-120r)*

[176] *Jedenfalls findet es sich weder im Schleiermacher-Nachlaß der Berlin-Branden-
burgischen Akademie der Wissenschaften in Berlin noch im Nachlaß Friedrich
Perthes im Staatsarchiv der Freien und Hansestadt Hamburg.*

[177] *Vgl. unten die entsprechenden Einträge in Schleiermachers Tageskalender (SN
452)*

*vielleicht im Zusammenhang mit Schleiermachers erster Einleitungsvorlesung
in das Neue Testament, die im Sommersemester 1829 stattgefunden hat; im
Rückblick darauf schreibt er am 23. April 1830 an Friedrich Bleek: „Von
meiner neutestamentischen Einleitung wird Ihnen der Ueberbringer erzählen können was Sie wissen wollen. Gern hätte ich ein und das andere davon
in die Studien gegeben, aber die liebe Dogmatik ließ mich nicht dazu kommen."*[178] *Anders als bei dem Aufsatz über den Kolosserbrief*[179], *läßt sich hier
ein begründeter Zusammenhang mit dem ‚Papias‘ herstellen. Denn erstens
gehört der Gegenstand dieser exegetischen Studie zu den klassischen Ein-
leitungsthemen zu den synoptischen Evangelien; und zweitens weist Schleiermachers Einleitungsvorlesung eine verhältnismäßig breite Darstellung und
Diskussion der Zeugnisse des Papias über Mk und Mt auf.*[180] *Die Einleitungsvorlesung aus dem Wintersemster 1831/32 mag dann dem Papiasprojekt
Gelegenheit gegeben haben, sich erneut in Erinnerung zu rufen. Jedenfalls
faßt Schleiermacher unmittelbar nach Abschluß der Kolosserabhandlung in
dem Brief vom 17. Februar 1832, mit dem er das Kolossermanuskript an
den Herausgeber Ullmann schickt, bereits die nächste Arbeit für die ‚Theologischen Studien und Kritiken‘ ins Auge: „Vielleicht komme ich bald wieder
mit einem kleinen Aufsaz; denn ich zweifle, daß ich so bald werde können
an ein größeres Werk gehen."*[181] *Ullmann geht in seinem Antwortschreiben
vom 1. März 1832 auch darauf kurz ein: „Ihr Versprechen, uns bald wieder
mit einem Aufsatz für die Studien zu erfreuen, hat mich mit schöner Hoff-
nung erfüllt, und ist auch ein verstärkter Beweis, daß Sie die Zeitschrift
fortwährend Ihrer Theilnahme werth halten."*[182]

*Es vergehen noch genau sieben Wochen, bis Schleiermacher sein Vor-
haben in die Tat umsetzt. Für Freitag, den 6. April 1832, dokumentiert er
den Arbeitsbeginn: „Papias angef[angen]." notiert er in seinem Tageskalender*[183]. *Dort findet sich des weiteren für Montag, den 9. April, der
kurze Hinweis „Am Papias." Unter Dienstag, dem 17. April, heißt es dann
schon: „Den Papias durchgesehen." In der Rubrik, in der Schleiermacher
die postalischen Ein- und Ausgänge in seinem Tageskalender verzeichnet,
notiert er noch für denselben Tag: „An Ullmann mit dem Papias." Aus dem
Begleitbrief an Ullmann geht hervor, daß Schleiermacher in der Tat unter*

---

[178] *Briefe 4, S. 397 – Mit ‚der lieben Dogmatik‘ ist Schleiermachers Arbeit an der
Zweitauflage der Glaubenslehre gemeint, deren erster Band 1830 erschienen
ist.*

[179] *Vgl. oben S. XLIII*

[180] *Vgl. SW I/8, S. 240-250 – Die Ausgabe beruht allerdings vornehmlich auf
Nachschriften der Vorlesung aus dem Wintersemster 1831/32 (vgl. S. XVf)*

[181] *Zwei Briefe, S. 171*

[182] *SN 410, S. 3*

[183] *SN 452*

*einem gewissen Zeitdruck gearbeitet hat: „Ich weiß wol, daß Sie den Aufsaz
liegen lassen müssen bis zum vierten Heft; aber ich wollte ihn gern los sein
er liegt mir hier nur im Wege, und möchte hernach doch noch einmal
angesehen sein⌊wollen⌉, wozu ich gar keine Zeit habe; denn sobald ich von
einer kleinen Ausflucht auf die ich mich am zweiten Ostertage begeben will
zurükkomme muß ich mich mit ganz andern Dingen beschäftigen.“*[184]

Am Sonntag, den 17. Juni, erhält Schleiermacher vom Verleger Perthes
die Korrekturbogen[185] und schickt sie bereits am nächsten Tag wieder zurück[186].

Schleiermachers Papiasaufsatz ist neben der Lukasschrift von 1817
sein zweiter zu Lebzeiten im Druck erschienener Beitrag zur Frage nach der
Entstehung der neutestamentlichen Evangelien. Darin unterzieht Schleiermacher die bei Eusebius aufbewahrten Fragmente des phrygischen Bischofs
Papias aus dem 2. Jh. n. Chr. einer kritischen Interpretation, die zugleich
wichtige Durchblicke auf Schleiermachers Evangelientheorie gestattet.[187]
Obwohl der Aufsatz damit eine der strittigen Hauptfragen der neutestamentlichen Wissenschaft berührt, fällt seine unmittelbare Rezeptionsgeschichte eher dürftig aus.

In den ,Theologischen Studien und Kritiken' geht Friedrich Lücke in
seiner „Uebersicht der neutestamentlich exegetischen Litteratur von Neujahr 1831 bis Ende 1832"[188] auch auf Schleimachers ,Papias' ein[189]. Dabei
ist sich Lücke der Besonderheit seines Vorgehens bewußt, denn für gewöhnlich wird in einem solchen Literaturbericht auf die Veröffentlichungen in der eigenen Zeitschrift nur kommentarlos hingewiesen: „In der Regel
werde ich die exegetischen Abhandlungen in unserer Zeitschrift nur an
ihrem Orte anzeigen. Ich mache aber hier eine Ausnahme, um dem verehr-
ten Freunde meine Bedenklichkeiten gegen seine Ansicht mitzutheilen."[190]

---

[184] *Unveröffentlichter Brief Schleiermachers an Karl Ullmann vom 17. April 1832,
Universitätsbibliothek Heidelberg (HS 2808), S. 1 – Eine Kopie des Briefes
wurde mir freundlicherweise von Wolfgang Virmond zugänglich gemacht.*

[185] *Vgl. die Notiz im Tageskalender (SN 452) unter dem 17. Juni: „Von Perthes mit
Correcturbogen."*

[186] *Vgl. die Notiz im Tageskalender (SN 452) unter dem 18. Juni: „An Perthes die
Correcturen".*

[187] *Zum zeitgenössischen forschungsgeschichtlichen Problemhorizont des Aufsatzes vgl. Werner Georg Kümmel: Das Neue Testament. Geschichte der Erforschung seiner Probleme, 2. Aufl., Orbis Academicus III/3, Freiburg/München
1970, S. 88-104; Emanuel Hirsch: Geschichte der neuern evangelischen Theologie, 3. Aufl., Gütersloh 1964, Bd. 5, S. 51-53; Conradi: Schleiermachers
Arbeit, S. 32f; Weisweiler: Schleiermachers Arbeiten, S. 96-104*

[188] *Lücke: Übersicht*

[189] *Vgl. S. 499-503*

[190] *S. 500 Anm.*

Lückes Bedenken beziehen sich ausdrücklich nicht auf die von Schleier-
macher vorgetragene Theorie zur Entstehung der drei synoptischen Evan-
gelien; damit sei er „im Allgemeinen völlig einverstanden"[191]*. Die Einwän-*
de bewegen sich ganz im Bereich der Detailinterpretation der dem Papias
zugeschriebenen Fragmente. Sie laufen darauf hinaus, die These Schleier-
machers zu entkräften, daß bei Papias gar nicht die uns vorliegenden Evan-
gelien nach Matthäus bzw. Markus gemeint sein könnten.[192]

In „Allgemeines Repetorium für die theologische Literatur und kirch-
liche Statistik" erscheint im September 1833 anonym eine immerhin drei-
einhalb Druckseiten starke Besprechung von Schleiermachers Papias-
aufsatz.[193] *„Der Wolf des Lucas macht sich auch über Matthäus und Marcus*
her.", heißt es einleitend.[194] *Dem folgt dann aber ein getreues und kluges*
Referat der Schleiermacherschen Ausführungen, dem sich nur wenige kri-
tische Bemerkungen anschließen: Der Rezensent sei „im Wesentlichen mit
dem hier vorgezeichneten Gange der Kritik übereinstimmend"; es dürfe
allerdings „wohl ganz unmöglich seyn", die den kanonischen Evangelien
zugrundeliegende „Urschrift, namentlich bei Marcus" auszuscheiden; vor
allem aber stehe Schleiermachers Verhältnisbestimmung von Matthäus- und
Hebräerevangelium in Spannung mit der „fast einstimmige[n] Tradition".[195]
So präferiert der Rezensent ein solches genetisches Verhältnis, nach dem
das Matthäusevangelium aus dem Hebräerevangelium entstanden ist.[196]

Diese Kritik trifft sich mit der, die auch Matthias Schneckenburger
1834 in seiner Monographie „Ueber den Ursprung des ersten kanonischen
Evangeliums"[197] *formuliert hat. Schneckenburgers Gesamtthese zur Ent-*
stehung des Matthäusevangeliums lautet: Aus der dem kanonischen Evan-
gelium zugrundeliegenden Spruchsammlung wird unter Anreicherung aus
judenchristlicher Tradition die Urform des Hebräerevangeliums, aus der
sich dann parallel das kanonische Mt einerseits und das Hebräerevangelium
entwickeln.[198] *Schneckenburger notiert Schleiermachers Papiasaufsatz aus-*

---

[191] *S. 500*
[192] *Vgl. zu Mt S. 500-502, zu Mk S. 502f; vgl. außerdem Weisweiler: Schleier-*
machers Arbeiten, S. 100f
[193] *Vgl. Allgemeines Repertorium für die theologische Literatur und kirchliche*
Statistik, hg. v. G.F.H. Rheinwald, Berlin 1833, Bd. 2, Nr. 14 [6. September],
S. 209-212
[194] *S. 209*
[195] *S. 212*
[196] *Vgl. S. 211*
[197] *Matthias Schneckenburger: Ueber den Ursprung des ersten kanonischen Evan-*
geliums, Studien der evangelischen Geistlichkeit Wirtembergs 6, Heft 1, Stutt-
gart 1834, S. 3-171
[198] *Vgl. die schematische Darstellung am Ende der Untersuchung, S. 171*

drücklich unter den Arbeiten, mit denen er sich in seiner eigenen Untersuchung auseinandersetzt.[199] Zustimmung findet Schleiermacher mit seiner
Auffassung, daß es sich bei der Bezeichnung Evangelium nach Matthäus
sozusagen um einen Familiennamen handelt, unter den dann z.b. das kanonische Matthäusevengelium ebenso fällt wie das Hebräerevangelium.[200]
Freilich kann Schneckenburger Schleiermacher nicht völlig folgen: „Die
Schleiermacher'sche Ansicht selbst aber würde unbedingte Zustimmung
verdienen, wenn nicht die fast allgemeine Tradition der kirchlichen Schriftsteller, und zwar solcher, welche das Hebräer-Evangelium kannten, zu
bestimmt gegen ein solches Coordinations-Verhältniss des kanonischen und
des hebräischen Evangeliums spräche, und für ihre Angabe eben sowohl
die Vergleichung der noch übrigen Bruchstücke von diesem mit jenem, als
der Umstand zeugte, dass unsere kanonische Schrift theils für sich, theils
zusammen gehalten mit jenen einen ganz anderen Eindruck macht, als den
einer zufälligen oder planlos willkürlichen Ergänzung."[201] Schneckenburgers eigene These besagt demgegenüber, daß das Matthäus- aus dem
Hebräerevangelium (in einer Urform) entstanden sei.[202] Gegen Schleiermacher behauptet Schneckenburger ferner, daß sich die Ähnlichkeiten
zwischen Matthäus- und Hebräerevangelium nicht nur auf die Reden Jesu
bezieht, sondern ebenso auch auf die erzählenden Partien.[203] Zustimmung
hingegen findet Schleiermacher dann wieder mit seiner These, daß dem
Matthäusevangelium ursprünglich eine „Sprüchesammlung" zugrunde-
gelegen habe, die verschiedene ausweitende Bearbeitungen erfahren habe,
und daß dieses Bearbeiten eben der ursprüngliche Sinn des griechischen
hermeneuein in der Papiasnotiz des Euseb sei; die „Beweise hiefür" seien
von Schleiermacher „sehr einleuchtend gemacht worden".[204]

    Der Papiasaufsatz Schleiermachers ist seit seinem Erstdruck in den
‚Theologischen Studien und Kritiken' nur noch ein einziges Mal wieder
veröffentlicht worden, nämlich in den Sämmtlichen Werken (Erste Abtheilung: Zur Theologie, Zweiter Band, Berlin 1836, S. 361-392).

---

[199] Vgl. S. 5 Anm.
[200] Vgl. S. 102-104; auch S. 73f Anm.
[201] S. 103f; ähnlich noch mal S. 115f Anm.**, S. 149f Anm.*
[202] Vgl. z.B. S. 138
[203] Vgl. S. 123; auch S. 149f Anm.*
[204] S. 165

II. Editorischer Bericht

Für den vorliegenden Band „Exegetische Schriften" (KGA I/8) gelten die allgemeinen editorischen Grundsätze für die Erste Abteilung[205] und – im Hinblick auf Schleiermachers Manuskript zur Apostelgeschichte – die editorischen Grundsätze für die Edition von Handschriften Schleiermachers[206]. Im übrigen gelten für die Edition der einzelnen Schriften noch folgende Regelungen:

1. Über die Schriften des Lukas. Erster Teil

Da sich ein Manuskript oder Druckfahnen nicht erhalten haben, bildet der Druck von 1817 die Textgrundlage. Die Seitenzahlen dieser Ausgabe sind am rechten Seitenrand recte, die des Nachdruckes in den „Sämmtlichen Werken" (Erste Abtheilung. Zur Theologie, Zweiter Band, Berlin 1836, S. I-XVI.1-220) kursiv angegeben. Orthographie und Interpunktion wurden beibehalten, soweit nicht offensichtliche Druckfehler vorliegen; das gilt auch für Schwankungen in der Schreibweise und Zeichensetzung innerhalb des Werkes. So wechseln etwa kurz hintereinander „wohl" und „wol"[207] oder „Brodt", „Brot", „Brod"[208]. Die Toleranzbreite schwankender Rechtschreibung im zeitgenössischen Druckwesen, die eher auf inkonsequente Setzer/Korrektoren zurückgehen wird als auf den Autor, mußte als Zeitdokument bewahrt bleiben. Da Schleiermachers Druckfehlerverzeichnis nicht erhalten ist[209], schlossen sich grundlegende Eingriffe aus. Offenkundige Druckfehler und Versehen werden im Text korrigiert und im textkritischen Apparat nachgewiesen. Verdruckte u/n sind stillschweigend verbessert. Ohne weiteren Hinweis sind die Akzentversehen in den griechischen Zitaten verbessert. Der Gravis als Akzent auf der letzten Silbe eines griechischen Wortes ist als zeittypisch stehengelassen worden; die Ligaturen wurden aufgelöst. Erwähnenswert ist noch, daß Schleiermacher indirekte Rede zu Beginn mit einem Großbuchstaben kennzeichnet[210].

Dem textkritischen Apparat folgt ein Sachapparat, der möglichst umfassend die Angaben bzw. Anspielungen des Textes für eine wissenschaftliche Kommentierung erschließen möchte. Das sind neben zeitgenössischen Exegeten vor allem Bibelstellen, deren Angabe sich Schleiermacher

---

[205] *Vgl. KGA I/1, S. IX-XIII*
[206] *Vgl. KGA I/1, S. XIII-XVI*
[207] *Unten S. 173,28.30*
[208] *Unten S. 169,20.31.32*
[209] *Vgl. oben S. XII*
[210] *Vgl. unten S. 145,34*

vielfach ersparte, da er einen Leser „mit dem aufgeschlagenen Lukas zur Seite"[211] voraussetzte.

2. Über die Apostelgeschichte: Einleitung

Die Seitenbezifferung des Manuskripts wird am Rand recte wiedergegeben. Besonderheiten der Handschrift wie Überschreibungen oder Randein-fügungen sind im textkritischen Apparat nachgewiesen. Diesem folgt ein Sachapparat, dessen Nachweis der Anspielungen den Text erst lesbar und verstehbar macht.[212]

3. und 4. Über Kolosser 1,15-20 und Über die Zeugnisse des Papias

Die Textedition der beiden Aufsätze folgt dem Originaldruck, der freilich kaum den tatsächlichen Zeichenbestand der verlorengegangenen hand-schriftlichen Druckvorlage Schleiermachers wiedergeben dürfte: Die fast durchgängige ck- und tz-Schreibung im Originaldruck sind nur die deut-lichsten Indizien dafür, daß bei der Drucklegung, vermutlich vom Setzer, normierend in den Text eingegriffen wurde.[213]

Auf dem rechten Seitenrand werden neben den Seitenzahlen der Ori-ginalausgabe auch die Seitenzahlen aus den „Sämmtlichen Werken" (I/2, S. 321-360 bzw. S. 361-392) kursiv mitgeteilt.

Den allgemeinen editorischen Grundsätzen für die Erste Abteilung entsprechend werden im Sachapparat Zitate, Paraphrasen und Anspielun-gen parallel in der von Schleiermacher (wahrscheinlich) benutzten und in einer heute gebräuchlichen Ausgabe nachgewiesen. Weichen beide Ausga-ben im Wortlaut voneinander ab, wird der Parallelnachweis in der heute gebräuchlichen Ausgabe durch die Formel „vgl." eingeleitet; von dieser Regelung ausgenommen sind lediglich Abweichungen in der Zeichenset-zung, sofern sie inhaltlich ohne Belang sind. Bei der Angabe von Buch-, Kapitel- oder Abschnittszählung griechischer und lateinischer Autoren werden, unabhängig vom Usus der benutzten Quelle, vereinheitlicht römi-

---

[211] Unten S. 8,3

[212] Vgl. unten S. 188

[213] *In welchem Ausmaß dies vermutlich geschah, davon kann man sich ein Bild machen, wenn man den textkritischen Apparat zu Schleiermachers Zweitem Sendschreiben an Lücke studiert, das 1829 ebenfalls in den ‚Theologischen Studien und Kritiken' erschienen ist und zu dem sich die handschriftliche Druck-vorlage erhalten hat (vgl. Theologisch-dogmatische Abhandlungen und Gelegen-heitsschriften, hg. v. Hans-Friedrich Traulsen unter Mitwirkung von Martin Ohst, KGA I/10, Berlin/New York 1990, S. 337-394).*

sche Zahlen für die Buch-, arabische Ziffern für die Kapitel- und Abschnitts-
angabe verwendet.

* * *

*Bei der bibliographischen Recherche und der Beschaffung von Büchern
erfuhren wir mannigfaltige Unterstützung. Wir sagen unsern herzlichen
Dank: Herrn Dipl.-Bibl. Rolf Langfeldt (Kiel); den Mitarbeiterinnen und
Mitarbeitern der Universitätsbibliothek Kiel, insbesondere Frau Gundula
Haß; Herrn Dipl.-Bibl. Jörg Fiedler (Kloster Loccum); Frau Dipl.-Bibl.
Gudrun Leidig (Predigerseminar Celle). Ein besonderer Dank gilt Herrn
Dr. Wolfgang Virmond von der Schleiermacher-Forschungsstelle Berlin,
der uns bislang noch unveröffentlichtes Material zur Verfügung stellte.
Frau Elisabeth Blumrich (damals Göttingen) lieferte einige wertvolle Infor-
mationen; ihr sei herzlich dafür gedankt. Ferner bedanken wir uns für die
tatkräftige Unterstützung, die uns die Mitarbeiter der Schleiermacher-
Forschungsstelle Kiel, insbesondere Herr Stefan Mann und Herr Dr. Matthias Wolfes, gewährt haben. Last not least ist es der Direktor der Kieler
Forschungsstelle, Herr Prof. Dr. Dr. Günter Meckenstock, dem wir an
dieser Stelle unseren allerherzlichsten Dank sagen: Er hat unsere editori-
sche Arbeit, ganz besonders in ihrer letzten Phase, auf vielfältige Weise –
als ebenso kompetenter wie kritischer Leser, als reitender Bücherbote, als
Vermittler, als Ratgeber – unterstützt.*

*Unsere Familien haben es dankenswerterweise ertragen, daß wir Zeit
und Mühe in diesen Band der Werke Schleiermachers steckten.*

München und Celle, im August 2001   Hermann Patsch
                                                        Dirk Schmid

Ueber

die

Schriften des Lukas

ein

kritischer Versuch

von

Dr. Fr. Schleiermacher,

d. G. G. o. o. Lehrer an der Universität zu Berlin.

———

Erster Theil

———

Berlin,
bei G. Reimer, 1817.

---

7 *Abk. für* der Gottes Gelahrtheit ordentlicher oeffentlicher

Ueber

die

Schriften des Lukas

ein

kritischer Versuch

von

Dr. Fr. Schleiermacher,

d. G. G. o. o. Lehrer an der Universität zu Berlin.

Erster Theil

Berlin,
bei G. Reimer, 1817.

An

Herrn Dr. De Wette.

Hoffentlich werden Sie mein theurer Mitarbeiter und Amtsgenosse es mir [V]
nicht verargen, daß ich Ihnen dieses Büchlein zuschreibe, ohne Sie deshalb
um Erlaubniß gefragt zu haben. Theils ist ja doch die Ueberraschung etwas
in solchen Kleinigkeiten, theils wollte ich Ihnen nicht schon einmal vorher
5 sagen und dann jezt wieder, daß es mich dränge eine öffentliche Bezeugung
der innigen Achtung, von der ich gegen Sie erfüllt bin, hinzustellen, einer
Achtung die nicht nur Ihre gründliche und ausgesuchte Gelehrsamkeit zum
Gegenstande hat oder Ihren musterhaften Eifer als Lehrer, sondern vornehmlich Ihren reinen herrlichen Wahrheitssinn und Ihren ernsten und
10 strengen theologischen Charakter, einer Achtung, welche weit entfernt ist
den mindesten Abbruch zu leiden, durch die wohl von uns beiden selbst
eben so gut als von Andern anerkannte Verschiedenheit unserer Ansichten,
auch über | die wichtigsten Gegenstände unserer Wissenschaft und unseres [VI]
Berufs. Wer in dieser Erklärung eine sträfliche Gleichgültigkeit, einen ver- VIII
15 werflichen Indifferentismus sieht, dem will ich seinen Eifer nicht beneiden.
Es giebt eine allgemeine Wahrheit an der alle Menschen ihr Theil haben,
weil Gott kein Vater der Lügen ist, und an der auch keiner dem andern
seinen Antheil abspricht ohne ihn zugleich des Wahnsinns zu zeihen. Es
giebt eine andere Wahrheit, welche alle mehr in die Tiefen des Bewußtseins
20 eingetauchte Menschen haben, und auch so lange sie sich in dieser Tiefe
befinden gar wohl einsehen, daß sie in Allen unfehlbar dieselbe ist; nur
wenn sie aus der Tiefe wieder auftauchen, täuschen sie sich gar leicht, und
meinen, ein Anderer habe wohl statt der Wahrheit den entgegengesezten
Irrthum. Und so giebt es noch eine besondere Wahrheit, welche alle diejen-
25 nigen bedürfen, die in | die Welt des Christenthums eingewachsen sind, [VII]
oder es kann ihnen in derselben nicht wohl sein. Und von diesen haben wir
auch Alle, eben so gewiß als Gott kein mißgünstiger Schöpfer der Unglükk-
seligkeit sein kann, unser Theil, und keiner sollte das dem Andern absprechen, wenn er ihn nicht eben so des Wahnsinns wegen anklagen will oder
bedauern. Wenn nun doch fast keiner sie wieder erkennt in der Art und
Einkleidung des Andern, wenn fast jeder von Vielen glaubt, sie ständen ihr

---

1 *Wilhelm Martin Leberecht De Wette (1780-1849) war seit 1810 (bis 1819) Theologie-*
professor in Berlin. 12 *De Wette war Lutheraner, sein systematisch-theologisches Den-*
ken geprägt durch die Philosophie seines Freundes Jakob Friedrich Fries (1773-1843). 17
Vgl. Joh 8,44

feindlich entgegen: woher kommt das, als weil er entweder selbst diese
Wahrheit noch nicht entkleidet genug angeschaut hat, oder weil er nicht so
in Liebe zu den Andern entbrennt, daß es ihn drängt, sie sich ganz zu
entkleiden. Wenn mir nun dieses menschliche mit Jemanden begegnet, und
mir, weil seine Art und Einkleidung bestimmt und streng der einen Seite des   5
Irrthums entgegensteht, dann vorkömmt, er | möge wol die Seite der Wahr-
heit, der jener Irrthum am nächsten liegt und am ähnlichsten sieht, gar
nicht sehen und haben: so schäme ich mich dessen, und entkleide mir ihn.
Und finde ich dann gründliche Forschung, ernsten Wahrheitssinn, reines
sittliches Gefühl: so tröste ich mich, und denke, gesezt auch er sieht jetzt   10
diese Seite der Wahrheit nicht, was wird er auch für sie thun und wie sie
vertheidigen, wenn das Blatt sich wendet, er auf diese seine Aufmerksamkeit richtet, und ihm die Nothwendigkeit klar wird gegen den entgegengesezten Irrthum aufzutreten. Das ist mein Glaube, und zwar grade mein
christlicher Glaube, daß ich fest überzeugt bin ein reines und ernstes Bestre-   15
ben vornehmlich über die heiligen Gegenstände des Glaubens sich verbrei-
tend müsse mit dem glüklichsten Erfolg gekrönt werden; und das ist meine
christliche Liebe, daß ich in Jedem, den ich zu achten gedrungen bin, auch
das Gute | und Schöne aufsuche und wirklich sehe, was sich in diesem
Augenblikke auch nicht äußert, und sich vielleicht noch nicht ganz ent-   20
wikkelt hat. Wer aber einen andern Glauben hat und eine andere Liebe,
dem will ich sie nicht beneiden. Doch verzeihen Sie mir diesen Erguß, der
mehr für Andere ist als für Sie.

Nächstdem nun, daß Sie diese Zueignung selbst günstig aufnehmen
mögen, wünsche ich freilich auch, daß, was ich Ihnen zueigne, Ihnen nicht   25
ganz gleichgültig sein möge. Und schon in dieser Hinsicht wäre es wol
klüger gewesen, ich hätte Ihnen das Büchlein vorher theilweise vorgelegt,
um zu hören, wie Sie darüber denken, noch mehr aber wol deshalb, damit
ich nicht scheine einen gerechten Richter bestechen oder einen strengen
Tadler zurükhalten zu wollen, indem ich es Ihnen besonders empfehle.   30
Aber bestechen soll meine Zueig|nung Sie auf keine Weise, auch Ihr Tadel
soll mir lieb sein und nüzlich werden. Daher reut es mich auch nicht, daß
ich mich über Ihren Beifall, ohne jene Probe zu machen, in guter Zuversicht
erhalten habe. Und ganz wird diese doch nicht ein angenehmer Wahn gewesen sein; sondern ich denke, wenn Ihnen auch die Untersuchung im   35
Ganzen gar nicht oder wenigstens nicht gleich einleuchtet, wird es doch
einzelnes geben, was Ihnen gefällt.

Berlin, den 5ten April 1817.

F. Schleiermacher.   40

Wenn ich diese Arbeit einen Versuch nenne: so wünsche ich nicht, daß
dieses so gedeutet werde, als ob ich selbst etwa ungewiß wäre über die
Richtigkeit der Voraussezungen, worauf das ganze gebaut ist, oder über die
Zwekkmäßigkeit der Methode, welche ich befolgt habe. Vielmehr habe ich
von beiden allerdings diejenige feste Ueberzeugung, welche jeder haben
soll, der ohne gewissenlos zu handeln mit seiner Meinung öffentlich auftritt. Was die Anwendung im einzelnen betrifft: so habe ich es dem Leser
auf alle Weise erleichtert zu unterscheiden, wo ich sie mehr und wo ich sie
minder für sicher und fest begründet halte; und auch das ist unerläßlich für
den, welcher die Wahrheit sucht, und weit entfernt zu überreden nur will,
daß andere Sachkundige sie mit ihm suchen. Da es aber schwer ist sich aus
angewöhnten Vorstellungen herauszusezen, und viele angesehene Männer,
die sich ernsthaft mit diesen Dingen beschäftigen, nur angewöhnte Vorstel-
lungen, eigene oder fremde zu haben pflegen: so bin ich | weit entfernt viel
Glauben zu erwarten noch weniger allgemeinen zu fordern. Vielmehr soll
es mir genügen, wenn die unbefangenen kritischen Geister unter den Theologen, welche sich keine Vorstellungen angewöhnen, sondern jede allgemeine Ansicht in jedem einzelnen Falle neu hervorbringen, und welche also
das Gefühl von den Schwierigkeiten, die allen bis jezt bekannten Ansichten
ankleben, noch nicht verloren haben, der hier aufgestellten oder vielmehr
nur weiter durchgeführten Erklärungsweise – denn für neu kann ich sie ja
allen ihren Elementen nach nicht ausgeben wollen – einen Plaz neben den
übrigen Hypothesen anweisen, um sie allmählig weiter durchzuprüfen; da
denn bei fortgeseztem Gebrauch das wahre sich allmählig ergeben wird.
Was ich mir aber vorzüglich verbitten möchte, das sind die weiteren Schlüsse von dem hier aufgestellten auf anderes; ich meine vornehmlich auf meine
Ansicht von den Büchern des Matthäus und Markus, von der natürlich
hier, wo beide nur Stellenweise mit dem Lukas verglichen werden, nur die
eine Seite hervortreten kann, die ich eben vorläufig bitten möchte nicht für
das Ganze zu halten, welches ich, wenn es die Umstände vergönnen, nach
Beendigung der gegenwärtigen Arbeit mittheilen werde. Weshalb ich diese
aber nur einen Versuch nenne, das ist das Unkünstlerische der Zusammensezung und die Nachläßigkeit im Ausdrukk. Beides hängt mit der
Entstehungsart dieser Arbeit zusammen, und ich hatte nur die Wahl sie
ent|weder so zu liefern, oder ihre Ausführung auf eine noch sehr unbe-
stimmte Zeit auszusezen; daher denn ihre Umarbeitung in eine voll-
kommnere und anmuthigere Gestalt für die zweite Hand aufbehalten bleiben mag. Auch für den zweiten Theil, der sich auf ähnliche Art mit der

---

32 *Ist nicht geschehen.*

Apostelgeschichte beschäftigen wird, weiß ich in dieser Hinsicht nichts
besseres zu versprechen. Eine andere Unbequemlichkeit aber, daß man
nämlich dies Büchlein nicht anders als mit dem aufgeschlagenen Lukas zur
Seite, und nachdem man sich den Abschnitt, von dem jedesmal die Rede ist,
ganz zu eigen gemacht, lesen kann, diese konnte ich dem Leser auf keine   5
Weise ersparen. Es ist mir auch um so lieber, daß dies nicht anging, da es
das beste Mittel ist die ungehörigen Leser abzuwehren, die mit der Urspra-
che und überhaupt mit theologischen Dingen nicht Bescheid wissend, doch
meinen, es gehöre zu ihrer Frömmigkeit in solchen Werken herumzu-
schnuppern, ob sie etwa Kezerei darin finden können. Denn diese fangen   10
an, besonders auch unter uns, sich sehr zu mehren, hohe und niedere,
gelehrte und ungelehrte, und ohne Nuz und Frommen mancherlei Aergerniß
anzurichten und die Gewissen zu verwirren. Abhalten kann man sie freilich
nicht, aber es ist doch heilsam, wenn sich ihnen das Gefühl recht aufdringt,
daß sie das nicht verstehen, worüber sie reden; denn sie führen dann doch   15
ihre Strafe in ihrem Gewissen mit sich, und so wird die Gerechtigkeit an

XIV   ihnen geübt, die ich wenigstens nicht gern auf | eine andere Weise an ihnen
üben möchte. Da aber selbst Theologen jezt anfangen die kritische Bearbeitung der heiligen Bücher in üblen Ruf zu bringen, als ob sie dem göttlichen
Ansehen der Schrift schadete, und die einfache Wahrheit, die hier statt alles   20

XIV   andern gelten sollte, daß der reinste einfältigste Glaube und die schärfste
Prüfung eins und dasselbe sind, weil doch niemand, der göttliches glauben
will, Täuschungen, alte oder neue, fremde oder eigene, soll glauben wollen,
da diese immer noch von Vielen nicht verstanden wird: so kann ich mich
nicht enthalten ein Paar Worte über diese Sache für die einmal schon befan-   25
genen Gemüther zu sagen, natürlich nicht im Allgemeinen, sondern nur in
Beziehung auf den hier behandelten Schriftsteller. Wenn man die Thätigkeit des heiligen Geistes bei Abfassung der heiligen Schriften für eine
specifische, von seinem Wirken in der Kirche überhaupt und von seiner
allgemeinen Thätigkeit in den Jüngern Christi verschiedene hält: so ist man   30
immer in besonderer Verlegenheit auf der einen Seite zu bestimmen, worin
sie bei den historischen Schriften bestanden habe, auf der andern Seite, auf
was für Subjekte man sie beschränken solle. Durch die hier aufgestellte
Ansicht wird diese Einwirkung geteilt, und das ist der ganze Unterschied
zwischen ihr und der gewöhnlichen in dieser Hinsicht. Es ist zuerst die   35
Thätigkeit des göttlichen Geistes in denen, welche Zeugen der Begebenheiten waren und die Reden Christi hörten und wiedergaben, durch welche sie

XV   näm|lich alles aus dem richtigen Gesichtspunkt auffassen, und auf eine
solche Art wiedergeben, daß die Wahrheit der Sache selbst nicht zu verfehlen ist, wenn man nur diejenige Aufmerksamkeit anwendet, die man vor-   40
züglich auf alles was in einem höheren Sinne dem göttlichen Geiste zugeschrieben wird, wenden soll. Von dieser Thätigkeit nun bin ich bemüht

XV   gewesen die Spuren aufzusuchen und fleißiger nachzuweisen als gewöhn-

lich geschieht. Zweitens die Thätigkeit des Geistes in dem, welcher sammelte und ordnete. Denn wenn ich auch das Resultat auf Rechnung menschli-
cher Forschung und Auswahl schreibe: so meine ich doch damit nicht ein
kunstmäßiges kritisches Verfahren, welches jenen Zeiten und Menschen
fremd war, sondern das leitende Princip dabei konnte immer kein anderes
sein als der Geist des Christenthums, der sein eigenes Werk erkannte. Wenn
nun aber der Sammler unseres Evangelii ein solcher ist, von welchem zweifelhaft scheinen kann, ob ihm, da er nicht in die Zahl der Zwölf gehört,
eine außerordentliche Einwirkung des Geistes beigelegt werden darf: so ist
ja auf jede Weise besser für ihn gesorgt, wenn er nur als Sammler und
Ordner erscheint, nicht als Verfasser, und wenn wir die erste und größte
Hälfte der außerordentlichen Thätigkeit nicht in ihm, sondern nur in denen
suchen dürfen, welche in unmittelbarer Verbindung mit dem Erlöser standen, auf welche also von ihm immerfort Wirkungen des göttlichen Geistes
ausgingen, und zwar zu einer Zeit, wo das ordentliche und außer|ordentliche XVI
noch nicht kann geschieden werden, und welchen verheißen war, daß der
Geist ihnen was Christi war verklären und sie in alle Wahrheit leiten werde.
Und so scheint mir auf jede Weise das Ansehn unseres Schriftstellers nicht
zu verlieren sondern zu gewinnen, wenn man sein Werk auf frühere Werke
ursprünglicher und geistbegabter Augenzeugen des geschehenen zurükführt.

Erst nachdem diese Arbeit ziemlich vollendet war, ist mir eine verstän- XVI
dige und interessante Abhandlung ähnlichen Inhalts[1] zu Gesicht gekommen. Sie trifft in manchen Voraussezungen mit mir zusammen; über den
einen von den Punkten, wo wir anfangen auseinander zu gehn, habe ich
mich am Schluß beiläufig erklärt. Ein anderer ist der, daß der Verfasser zu
früh dem Wort εὐαγγέλιον den Sinn beilegt, daß es geordnete Sammlung
von Nachrichten aus dem Leben Jesu bedeutet; eine Verwirrung zu der
freilich die alten kirchlichen Schriftsteller selbst viel Anlaß geben. In diesem
Sinne aber hat Paulus niemals von seinem Evangelium reden können, und

---

[1] Ueber die Entstehung und die frühesten Schiksale der schriftlichen Evangelien
von Gieseler in Keil und Tzschirner Analekten, III. Bd. 1. St.

---

17 Vgl. Joh 16,13   23 *Gieseler behauptet, die Evangelien seien zunächst mündlich überliefert und auswendig gelernt worden. Das kommt Schleiermachers Hypothese entgegen.*   25 *S.
179*   26 *Vgl. Gieseler S. 66-72, mit Berufung auf Irenäus*   29 *Gegen Gieseler S. 72f. Vgl.
etwa Röm 1,1.9.16 u.ö.*   31 *Analekten für das Studium der exegetischen und systematischen
Theologie. Hg.v. Carl August Gottlieb Keil und Heinrich Gottlieb Tzschirner. Dritten Bandes
Erstes Stück, Leipzig 1816, hier S. 31-87: Ueber die Entstehung und die frühesten Schicksale
der schriftlichen Evangelien. Von J.C.L. Gieseler, Oberlehrer am Waisenhause zu Halle. Der
Aufsatz ist wegen der „nicht ungünstigen Beurtheilungen" wieder abgedruckt (als erster Teil)
in: Johann Carl Ludwig Gieseler: Historisch-kritischer Versuch über die Entstehung und die
frühesten Schicksale der schriftlichen Evangelien. Leipzig 1818 (von Schleiermacher 1819 erstanden).*

in diesem kann ich auch kein irgend unterschiednes Evangelium der Beschneidung und der Vorhaut anerkennen. Was nun weiter hieraus folgt,
und wie auch übrigens sich diese Ansicht zu der meinigen verhält, überlasse
ich dem aufmerksamen Leser selbst zu finden.

Geschrieben in den Ostertagen 1817.   5

——————— |

1f *Diese Begrifflichkeit, die keinen biblischen Anhalt hat, bei Gieseler S. 73-77.*   **5** *6. und*
7. April

Unter den vielen bereits aufgestellten Ansichten von dem Verhältniß unserer drei übereinstimmenden Evangelien zu einander, sind neuerlich die
beiden, daß jeder spätere Evangelist den früheren benuzt habe, und das alle
unabhängig von einander aus einer gemeinschaftlichen Quelle geschöpft
haben, jene von Hug diese von ihrem Erfinder Eichhorn mit dem meisten
Aufwande von Fleiß und Genauigkeit vertheidigt worden. Beide gelehrte
und scharfsinnige Männer bestreiten sich gegenseitig sehr glüklich und siegreich. Allerdings läßt sich manches mit Grund erinnern gegen die Eichhornischen Widerlegungen der Annahme, daß ein Evangelist den andern
benuzt habe. Aber wenn man auch streicht, was zuviel beweiset oder zuviel
unerweisliches voraus sezt, und das gilt von gar vielem, was Eichhorn zu
sehr ins Einzelne ausführt: so wird doch immer einleuchtend genug, daß
sich diese Annahme nicht folgerecht durch unsere Bücher durchführen läßt,
und daß nicht nur jeder anderen Voraussezung, welcher Evangelist den
andern benuzt habe – wie denn jede mögliche ihre Vertheidiger gefunden
hat – immer auch bedeutende Umstände im Wege stehn, sondern das auch,
wie Hug die Hypothese nä|her bestimmt hat, troz aller scharfsinnigen Be-   2

---

2 *Eine übersichtliche Zusammenstellung der zu Schleiermachers Zeit vorherrschenden An-*
sichten über Prioritäten und Abhängigkeiten gibt Gieseler: Historisch-kritischer Versuch S. 30-
52, hier S. 30: 1. Matthäus-Hypothese: a) Markus schöpft aus Mt, Lukas aus Mt und Mk
[Hug'sche Hypothese]; b) Lk schöpft aus Mt, Mk aus beiden. 2. Markus-Hypothese: Mt und
Lk schöpfen aus Mk [Storr'sche Hypothese]. 3. Lukas-Hypothese: a) Mt schöpft aus Lk, Mk
aus Mt und Lk; b) Mk schöpft aus Lk, Mt aus Mk und Lk. Setzt man vorsynoptische Quellen
voraus, kann man scheiden zwischen einer oder mehreren, mündlicher oder schriftlicher,
griechischer oder hebräisch-aramäischer Überlieferung, wobei noch mehrere Übersetzungen
möglich sind. Die Urevangeliums-Hypothese [J.G.Eichhorn] setzt mehrere Rezensionen und
Übersetzungen eines „syrochaldäischen" Urevangeliums voraus.   **6** *Johann Leonhard Hug:*
Einleitung in die Schriften des Neuen Testaments. Zweyter Theil, Tübingen 1808 (von Schleier-
macher 1811 erstanden). Nach Hug ist Mt das älteste Evangelium, aus dem Mk abschreibt (§
24), von denen beiden dann Lk abhängt (§ 35f). „Matthäus ist ein Originalschriftsteller,
wozu er als Augenzeuge der Vorfälle, als Freund des Lehrers, von dem er schreibt, und als
Depositär der künftigen Entwürfe desselben geeigenschaftet ist; seine Schrift trat zuerst ans
Licht. Seinen Endabsichten gemäß, war er um die Abfolge der Thatsachen der Zeitreihe nach
unbesorgt, und obschon er sie nicht überall bey Seite setzte, so faßte er doch oft vorsetzlich
gewisse Vorträge und Thaten unter Einen Anblick zusammen, wie er sie zu seinem besonde-
ren Zwecke am schicklichsten fand. Daraus entstand öfters eine Sachordnung, welche sonst
nicht die Ordnung der Geschichte ist. [...] Matthäus ist eine historische Deduction; Markus
ist Geschichte." (S. 93)   **6** *Johann Gottfried Eichhorn: Einleitung in das Neue Testament.*
Erster Band. Leipzig 1804. Als „Erfinder" gilt Eichhorn, da er seine These zuerst entwickelt
hat in seinem Aufsatz: Ueber die drey ersten Evangelien. Einige Beyträge zu ihrer künftigen
kritischen Behandlung. In: Eichhorn's Allgemeine Bibliothek der biblischen Litteratur. Des
fünften Bandes Fünftes Stück. Leipzig 1794, S. 761-934; Des fünften Bandes Sechstes Stück.
Leipzig 1794, S. 937-996. Vgl. den eigenen Hinweis Einleitung I, S. 148 Anm.   **10** *Vgl.*
Eichhorn: Einleitung I §§ 36-44

mühungen des gelehrten Mannes kein wahrscheinliches Gesez aufzufin-
2 den ist über die Art, wie der spätere Evangelist den früheren an einigen
Stellen wörtlich ohne Zusäze und Abkürzungen wiederholt, an andern ab-
kürzt, und dann wieder manches ausläßt, oder ihm widerspricht, ohne zur
Beruhigung der Leser, die er doch anderwärts an seinen Vorgänger verwei- 5
sen soll, irgend eine Andeutung über den Grund des Widerspruchs zu geben. – Eben so möchte ich nicht überall in alles einstimmen, was Hug der
Eichhornschen Annahme eines Urevangeliums entgegenstellt; aber im Ganzen sollte es ihm wol gelungen sein, allen noch Unbefangenen die Sache
unwahrscheinlich zu machen. Gleich den Hauptpunkt faßt er gewiß sehr 10
gut an, daß nemlich das Bedürfniß eines solchen Urevangeliums gar nicht
da war, daß in den ersten Zeiten – und aus den ersten Zeiten müßte doch
die Schrift sein, welche solches Ansehen erworben und so fruchtbar an
Zusäzen und Ueberarbeitungen und neuen Gestaltungen geworden war –
bei der Verkündigung des Christenthums auf die einzelnen Umstände im 15
Leben Christi wenig oder keine besondere Rüksicht genommen wurde, und
noch weniger nöthig sein konnte sich zu einigen, welche Umstände man
zum Grunde legen wollte und welche nicht, ja daß grade dasjenige, worauf
gewiß bei der Verkündigung des Christenthums zurükgegangen worden,
daß nemlich Jesus der Sohn Davids und daß er auferstanden sei, im Evan- 20
3 gelium theils ganz fehlt, theils sehr | dürftig behandelt ist. Manches andere
gegen diese Annahme, was Hug nur sehr flüchtig berührt, wird bedeutender, wenn man es näher betrachtet und länger festhält. Eichhorn scheint
zwar den eigentlichen Concipienten des Urevangeliums nur für einen Schüler der Apostel zu halten, allein da es den ersten Missionaren des Christen- 25
thums soll mitgegeben worden sein und zwar zur Beglaubigung ihres Un-

---

8 *Vgl. Hug: Einleitung II §§ 18-20*   **11** *Vgl. Hug: Einleitung II § 20*   **24f** *Das spricht
Eichhorn in der 1. Auflage 1804 nur an einer Stelle deutlich aus: „Kein Apostel hat das
Urevangelium niedergeschrieben, sondern einer ihrer Gehülfen" (S. 411), sonst drückt er sich
vorsichtiger aus (S. 3-5, 142). Vgl. aber in der 2. Ausgabe 1820 (§ 46a): „Ueber den Verfasser
des Urevangeliums läßt sich nur die verneinende Bestimmung festsetzen, daß er kein Apostel
war. Einer der beständigen Gefährten Jesus würde gleich anfangs die Begebenheiten chrono-
logisch-richtiger gestellt, und Matthäus nicht in die Nothwendigkeit versetzt haben, den
ganzen ersten Theil desselben nach der Zeitrechnung neu zu ordnen". „Natürlicher ist es
daher, das Urevangelium auf einen Unbekannten, aber wohl unterrichteten Schüler der Apostel, der Uebung im Schreiben hatte, vermuthend zurück zu führen." „[...] selbst die Apostel,
denen es nicht um den Ruhm der Schriftstellerey zu thun war, konnten kein Bedenken tragen,
ihn zur Grundlage eigener Werke über das Leben Jesus zu machen, wie Matthäus und gewissermaßen auch Johannes gethan haben." (S. 176)*   **26** *Vgl. Eichhorn: „Sollte das Christenthum nicht in dem engen Raume seines Ursitzes, Jerusalem und Palästina, eingeschlossen
bleiben, so mußten Unterlehrer und apostolische Gehülfen seine Verkündiger werden, die
nicht durch das Gewicht ihres eigenen Zeugnisses sondern durch die Berufung auf das Zeugnis der Apostel das Leben Jesus beglaubigen konnten. Daher mußte beyden Theilen, den
Aposteln wie ihren Gehülfen, etwas Schriftliches über die Hauptmomente des Lebens Jesus,*

terrichts, so schreibt er ihm doch offenbar apostolische Autorität zu; es
muß unter Anleitung der Apostel verfaßt und von ihnen gebilligt worden
sein. Wie stimmt nun damit, daß der Verfasser unseres Matthäus, den Eichhorn für einen Augenzeugen und also wol für den Apostel dieses Namens
5 hält, an der Ordnung etwas auszusezen gefunden? Warum hat er nicht   3
seine Ausstellungen zur rechten Zeit gemacht vor der Ausgabe, und gesorgt, daß diese Schrift, auf deren Zusammenhang im Ganzen ein so großer
Werth sollte gelegt werden, auch in den einzelnen Theilen in einer tadello-
sen Ordnung erschiene? Doch dieses will ich nicht festhalten, da ich den
10 Hauptsaz selbst von dem Verfasser unseres Matthäus keineswges unter-
schreiben möchte. Aber wenn das Urevangelium den ersten Missionaren zu
ihrer Beglaubigung ist mitgegeben worden: so müssen diese und ihre ächten
Nachfolger um so vorsichtiger für ächte eben so wenig vermehrte als verstümmelte Abschriften gesorgt haben, als wir sehr zeitig die Klagen über
15 falsche Brüder und eingeschlichene unbefugte Verkündiger antreffen, von
denen sie sich, wenn einmal ein solches Beglaubigungsmittel | existirte   4
durch nichts sicherer unterscheiden konnten. Findet man hierin Schwierigkeit, da ja doch das Urevangelium um so leichter je kleiner es war konnte
abgeschrieben werden: so fällt diese ganz auf die Voraussezung zurück,
20 daß es zur Beglaubigung mitgegeben ward. Daß also das ächte Urevangelium
unter der Fülle von Uebersezungen und Vermehrungen sich so zeitig sollte
verloren haben, das läßt sich unter diesen Umständen schwerlich denken;
indem auch viele Einzelne den Sinn mußten gehabt haben, lieber das wenn
gleich dürftigere Urevangelium zu besizen, weil es von den Aposteln be-
25 glaubigt war, als die nicht so beglaubigten Vermehrungen. Wollen wir aber
lieber dem Urevangelium die apostolische Autorität absprechen und somit
auch den Zwekk, daß es zum allgemeinen Leitfaden und zur Beglaubigung

---

*die dem Unterricht zur Unterlage dienten, am Herzen liegen: jenen, den Aposteln, damit die
Unterlehrer wüßten, woran sie sich zu halten hätten; diesen, den apostolischen Gehülfen, um
auf ihren Missionsreisen ihrem Unterricht desto mehr Glauben zu verschaffen. Wahrscheinlich lag hierin die erste Veranlassung zu einer kurzen schriftlichen Darstellung der wichtigsten
Puncte des Lebens Jesus." (Einleitung I, S. 3)*   4 *Vgl. Eichhorn: „Matthäus aber als Zeuge
wußte, daß sich an ihrer [sc. Markus und Lukas] Anordnung einiges tadeln lasse, und stellte
ihre eigenen Sectionen nach der ihm bekannten Zeitordnung, und nach dem besonderen
Gesichtspunkt, daß Kapernaum und die Küste des Galiläischen Meers, (wie schon Jesaias
vorausgesagt habe) das Centrum seiner Thaten eine Zeitlang gewesen sey." (Einleitung I,
S. 166)*   15 *Vgl. 2.Kor 11,26; Gal 2,4*   18 *Vgl. Eichhorn: „Ein solcher Entwurf vom
Leben Jesus [...] wird aber nichts Entbehrliches, sondern nur die Theile des Lebens Jesus
enthalten haben, welche in den ersten Zeiten des Christenthums beym Unterricht für
nothwendig und wesentlich zur Begründung des christlichen Glaubens angesehen wurden;
mithin nichts als eine kurze Darstellung dessen, was von der Taufe Johannes bis auf die
Auferstehung Jesus und die Entrückung desselben von seinen Jüngern Merkwürdiges vorgefallen ist." (Einleitung I, S. 4)*

dienen sollte: so verwandeln wir es in ein bloßes Privatunternehmen eines
apostolischen Schülers: und dann läßt sich weder denken, wie Ein solches
so ausschließend Grundlage aller andern Arbeiten dieser Art geworden ist,
da der Gedanke eine Nachricht von dem Leben Jesu zu verfassen sehr
vielen in verschiedenen Gegenden fast zugleich kommen konnte und muß-   5
te, noch weniger wie grade eine so magere Erzählung den fast gleichzeitigen
4   wenigstens zum Theil gewiß reicheren so allgemein den Preis abgewonnen;
– es müßte denn sein, daß jeder dasjenige, woran er am wenigsten hatte,
vorgezogen habe, damit er desto mehr hinzuthun könne. Ueberhaupt aber
5   wenn einer nach den Eichhornschen Vorschriften zu | Werke gehend sich   10
das Urevangelium zusammensezt, wird es ein ganz wunderliches und
unverhältnißmäßiges Ding wegen großer Ausführlichkeit einiger und unbe-
greiflicher Magerkeit anderer Stellen. Will man um dem abzuhelfen alles
Ausführliche erst späteren Bereicherungen zuschreiben: so bleibt fast nur
eine tabellarische Uebersicht übrig, welche, wenn wir sie als eine apostoli-   15
sche Vorschrift für den Unterricht ansehn, nur die Absicht haben konnte
andere Begebenheiten aus dem Leben Jesu als Basis des Unterrichtes grade-
hin auszuschließen; wozu sich kein Grund einsehn läßt. Sehn wir sie aus
irgend einem andern Gesichtspunkt an: so konnte sie sich immer nur auf
ausführlichere Nachrichten beziehen; und ihr Hauptzwekk müßte dann die   20
Anordnung und Folge der Begebenheiten gewesen sein. Aber theils wäre
diese Sorgfalt um so weniger im Geist jener Zeit gewesen als weder für die
Erbauung der Christen noch für die Verbreitung des Christenthums ein
Werth hierauf gelegt werden konnte; theils soll ja nach Eichhorn selbst
diese Ordnung und Folge im Urevangelium nicht einmal authentisch gewe-   25
sen sein. Wenn man sich nun die Entstehungsart des Urevangeliums selbst,
wie es nach dieser Annahme gewesen sein soll, nicht zur lebendigen Anschauung bringen kann: so findet man gewiß dieselbe Schwierigkeit bei der
Ableitung unserer Evangelien aus dem Urevangelium.

   Nicht nur wenn man annimmt, daß das Evangelium des Johannes   30
6   später geschrieben sein soll als die andern drei und doch von dem | Apostel,
kann man kaum zusammendenken, daß so frühzeitig als nach dieser Voraussezung unsere drei müßten geschrieben worden sein schon alle jene Uebersezungen und bereicherte Exemplare sollten vorhanden und in Umlauf
gewesen sein. Denn auch darauf will ich nicht bestehn, weil mir jenes Ver-   35
hältniß des Johannes ebenfalls unwahrscheinlich ist. Sondern ich meines
5   Theils habe um die Eichhornische Entstehung unserer drei Evangelienbücher
aus dem Urevangelium nicht zu begreifen, schon vollkommen genug daran,
daß ich mir denken soll unsere guten Evangelisten von vier fünf sechs auf-

---

15 *Vgl. Eichhorn: Einleitung I, S. 148-154: Umfang des Urevangeliums (42 Abschnitte)*
24 *Vgl. zu S. 12f*

geschlagenen Rollen und Büchern in verschiedenen Zungen noch dazu umgeben, abwechselnd aus einem ins andere schauend und zusammen- schreibend. Denn ich meine mich in einer deutschen Bücherfabrik des acht- zehnten oder neunzehnten Jahrhunderts zu befinden nicht in jener Urzeit
5 des Christenthums; und wenn ich mich jener Aehnlichkeit wegen vielleicht weniger wundere, daß sich dem gelehrten Manne bei seiner Hypothese dieses wohlbekannte Bild untergeschoben hat, so kann ich doch auch nur um so weniger glauben, daß sich die Sache wirklich so verhalten habe.

Wenn ich nun frage, an welchem Punkte hat wol ein solcher Mann
10 angefangen zu irren, daß er auf eine so wunderliche und, sobald man sie zu einer lebendigen Anschauung bringen will, so unhaltbare Vorstellung ge- kommen ist: so finde ich den Anfang in einem nicht gehörig begründeten Dilemma, und die Fortsezung in einer für einen Kritiker meines | Erachtens 7 nicht genug vorsichtigen Formel. Zuerst nämlich – warum soll die Harmo-
15 nie der drei Evangelisten nicht anders zu erklären sein, als daß sie entweder einander benuzt oder aus einer gemeinschaftlichen Quelle geschöpft? Kom- men doch hernach gleich selbst mehrere gemeinschaftliche Quellen zum Vorschein; warum bleibt man nicht von vorn herein bei der Mehrheit stehn, wie angesehene Forscher, die man nicht zu bereitwillig verlassen sollte,
20 dabei stehen geblieben sind? Denn dieser oft wiederkehrende Wechsel von gemeinschaftlichen und eigenthümlichen Geschichtstheilen deutet doch an sich auf nichts anderes als auf mehrere früher vorhandene Quellen, welche die Evangelisten theils mit einander gemein gehabt haben theils nicht, und jede Abweichung in der Ordnung des gemeinschaftlichen macht das zum
25 Grunde liegen Einer über das Ganze sich erstrekkenden Urschrift, an wel- cher bei der großen Dürftigkeit des Inhalts die Ordnung grade die Haupt- sache gewesen sein müßte, unwahrscheinlich. Wie aber, wenn gleich nur 6 Quellen über einzelnes ursprünglich vorhanden waren, dennoch so häufig auch die Anordnung übereinstimmen kann, darüber lassen sich wol vielfäl-
30 tige Erklärungen im voraus als möglich denken; und wer annimmt, daß unsere Evangelien zum Theil von Augenzeugen, die Jesum beständig beglei- tet, zum Theil von späteren verfaßt sind, zu denen aber noch unmittelbare Traditionen von solchen Augenzeugen kommen konnten, der bedarf keiner weitern Erklärung, und die Annahme eines Urevange|liums wird ihm völlig 8
35 überflüssig. – Nimmt man aber auch ein solches an: so ist gewiß die nähere

---

34 Erklärung] Erhlärung

---

1 *Eichhorn nimmt vier Rezensionen des aramäischen Urevangeliums an, davon auch in hebräischer Sprache, sowie drei griechische Übersetzungen, die die Evangelisten unabhängig voneinander nutzten.* 7 *Vgl. Eichhorn: Einleitung I, S. 173*

Ausmittelung desselben nach der Formel: „das allen drei Evangelien gemeinschaftliche und in dem gemeinschaftlichen wieder den kürzesten Ausdruk
zusammenzustellen" eine wie mir scheint nicht sehr kritische Maaßregel.
Denn wenn man an die frühere und größere Anzahl von Evangelienbüchern
denkt und diese Maaßregel auf jede Trilogie derselben anwenden könnte: 5
würde dann nicht gewiß jedesmal unser Urevangelium anders ausfallen?
Denken wir uns aber den Fall, wir hätten noch alle diese Bücher, und
wollten mit allen zusammen genommen so zu Werke gehn: würden wir
nicht ganz gewiß ein noch weit dürftigeres Urevangelium erhalten? Die
ganze Wiederherstellung desselben beruht also bei diesem Verfahren ledig-   10
lich darauf, daß uns grade diese drei Evangelienbücher übrig geblieben
sind. Gewiß durch bloßes Auslöschen aus einigen andern abgeleiteten Schriften eine verloren gegangene, die jenen zum Grunde gelegen haben soll,
unter solchen Verhältnissen ohne alle bestimmte Spur von Anführungen
oder Verwebungen herstellen zu wollen ist ein unausführbares Unterneh-   15
men, das also auch den Treflichsten, der sich daran wagen will, zu Schanden
machen muß. Dies alles zusammen genommen muß, glaube ich jeden
allmählig von dieser Hypothese abwendig machen, die auf keine Weise zu
einer in sich zusammenhängenden Anschauung zu bringen ist.

9   Fragen wir nun aber weiter, was wir | denn an die Stelle dieser beiden   20
7 Erklärungen sezen wollen, und ob es einen sichreren Weg gebe auszufinden,
was wahrscheinlich vor unsern Evangelien ihnen zum Grunde liegendes
vorhanden gewesen: so scheint mir der sicherere Weg der, daß man die
Untersuchung zuerst nicht von dem einen Ende allein anfange, sondern von
beiden. Nämlich man muß nicht nur die Evangelien darauf ansehn, was wol   25
vor ihnen da gewesen sein könne und müsse, vermöge dessen sie so geworden sind, wie wir sie haben: sondern man muß auch fragen, wie wol nach
Lage der Sachen, nach Zeit und Umständen die christliche Geschichtschreibung sich entwikkelt hat, und muß, was diese Betrachtung ergiebt, mit den
Ergebnissen von jener vergleichen und eins durch das andere bewähren.   30
     Gehn wir zunächst auf die Beantwortung dieser Frage aus: so ergiebt
schon das bisher gesagte, daß wir ein Urevangelium in dem Eichhornischen
Sinne nicht wahrscheinlich finden können. Nämlich nicht wahrscheinlich,
daß die erste schriftliche Aufzeichnung vom Leben Jesu gewesen sei Eine in
ihrer Art einzige und eben darum allem folgenden zum Grunde liegende   35
höchst ungleichförmige oder durchaus dürftige aber über die Haupt-
begebenheiten im öffentlichen Leben Jesu im Zusammenhange sich erstrek-
kende Erzählung. Vielmehr stellen wir die Frage so: Was haben wir uns
wahrscheinlich früher zu denken Eine zusammenhängende aber magere
Erzählung oder viele aber ausführliche Aufzeichnungen über einzelne Bege-   40

---

1 *Vgl. Eichhorn: Einleitung I, S. 172*

benheiten? so können wir nicht | anders als für das lezte entscheiden. Für   10
die erste Verkündigung des Christenthums waren schriftliche Nachrichten
vom Leben Christi kein Bedürfniß, und wenn Petrus fordert[2], daß ein neu
zu erwählender Apostel ein Begleiter Christi gewesen sein müsse von seiner
5 Taufe an bis zu seiner Himmelfahrt: so ist das zuerst buchstäblich überhaupt nicht zu verstehen, dann aber auch nicht deshalb gefordert worden,
damit er die Begebenheiten richtig erzählen möge, sondern weil man sicherer war, daß er den Geist Christi in sich genommen und seine Lehre richtig
gefaßt habe. Denn auf die einzelnen auch wunderbaren Begebenheiten be- 8
10 rief man sich nicht; das einzelne bewies nichts, im allgemeinen aber waren
sie bekannt genug unter den Juden und Judengenossen. Eine Urchristologie
hingegen könnte man in einem ähnlichen Sinne sagen, habe es allerdings
gegeben, nemlich einen gemeinschaftlichen Typus des Erweises der höheren Würde Jesu mit Bezug auf alttestamentische Stellen, nur schriftlich
15 aufgezeichnet war freilich auch diese nicht. In Beziehung aber auf diese
verwahrt sich Paulus dagegen, daß er sie nicht von den Aposteln oder
irgend von Menschen empfangen habe. Wenn hingegen ein erster Verkündiger des Evangeliums von Erzählung des einzelnen im Leben Jesu ausgehn
mußte: wie sollte es Paulus wol angefangen haben, seine Gleichheit mit den
20 andern Aposteln zu behaupten? Soll er vor|gegeben haben, der Herr habe   11
ihm in einer Erscheinung auch sein ganzes irdisches Leben offenbart? Auch
dieser Umstand macht ein Urevangelium als nothwendigen Apparat der
ersten Verkündiger und als Werk irgend einer Uebereinkunft sehr unwahrscheinlich. Wenn also zum Behuf der Verkündigung des Evangeliums schrift-
25 liche Nachrichten dieser Art nicht nothwendig waren, also die Apostel und
die ersten thätigen Jünger kein hierin gegründetes Bedürfniß hatten sich mit
schriftlicher Aufzeichnung zu befassen: so ist auch, da wir in der That nicht
glauben dürfen, daß sie Muße und Neigung hatten zu dem überflüssigen,
sondern wir sie reichlich beschäftigt denken müssen mit dem unmittelbar
30 zu ihrem Beruf gehörigen, und im Dienste des Herrn immer ziemlich hart
gedrängt von ungünstigen Umständen, auf keine Weise wahrscheinlich,
daß die christliche Geschichtschreibung, in welcher Gestalt es auch sei, aus
freiem Triebe von ihnen ausgegangen ist. Sondern wir müssen etwas tiefer
hinabsteigend wol sagen, die erste Quelle derselben sei gewesen das billige

---

35 [2] In einer Rede die aber nach Eichhorn erst Lukas gemacht haben soll.

---

3 *Vgl. Apg 1,21f*   **16** *Vgl. Gal 1,12; 2,2*   **35** *Apg 1,16-22. Vgl. Johann Gottfried Eichhorn: Einleitung in das Neue Testament. Zweyter Band. Leipzig 1810, S. 37: „Ein spä-terer Schriftsteller, wahrscheinlich Lukas selbst, hat wohl erst die Rede nach den allgemeinen Materialien, welche ihm die Ueberlieferung gegeben hatte, ausgearbeitet, und sich von dem Versehen beschleichen lassen, etwas Späteres in allzufrühe Zeiten zu verlegen.“*

und natürliche Verlangen solcher, die an Jesum gläubig geworden ohne ihn
selbst gekannt zu haben. Diese gewiß wollten gern etwas näheres von seinem Leben erfahren, um doch soviel als möglich ihren älteren und glük-
licheren Brüdern sich gleich stellen zu können. In den öffentlichen Ver-
sammlungen der Christen wurde dies Verlangen aber wol nur sehr zufällig
und sparsam gestillt, wenn sich etwa ein Lehrer auf allgemein denkwürdige
Aussprüche Christi bezog, die nur mit | ihrer Veranlassung konnten erzählt
werden; reichlicheres und ausführlicher konnten sie nur im vertrauten
Umgang auf ausdrückliches Befragen erfahren. Und so wurde viel einzelnes
erzählt und vernommen, das meiste wol ohne aufgeschrieben zu werden;
aber gewiß wol wurde auch sehr bald manches aufgeschrieben theils von
den Erzählern selbst, wie etwa jeder in den Fall kam, über eine einzelne
Begebenheit von der er vorzüglich gut Auskunft geben konnte vielfach
befragt zu werden; denn dann wurde das Schreiben eine Bequemlichkeit
und Zeitersparung. Noch mehr aber wurde gewiß aufgeschrieben von den
Forschenden, zumal von solchen, die den Erzählern nicht immer nahe blieben, und gern selbst wieder das Erforschte Vielen mittheilen wollten, die
vielleicht nie einen Augenzeugen benuzen konnten. So sind einzelne Begebenheiten aufgezeichnet worden und einzelne Reden. Schwerlich wol ist
gegen diese wahrscheinliche Erzählung jezt noch der Einwand zu besorgen,
die ersten Verkündiger sowol als Liebhaber des Christenthums seien in
einem solchen Abgrund von Unbildung versunken gewesen, daß man nur
äußerst wenige solchen Aufschreibens fähige unter ihnen annehmen dürfe.
Nicht einmal über das Behalten und Wiedergeben der Reden finde ich nöthig
mich auf diesen Einwurf einzulassen. Denn wenn auch vielleicht diese Fer-
tigkeit unter den Juden an sich geringer war als unter den Hellenen: so
wurde auf der andern Seite die Sache durch die parabolische und gnomische
Lehrart, und durch die beständigen An|spielungen und Berufungen auf die
allbekannten Theile der heiligen Schriften bedeutend erleichtert. Solche
Aufzeichnungen sind gewiß anfänglich am sparsamsten gewesen unter den
in Palästina angesessenen Christen und gleich mehr in die Ferne gegangen,
wohin die lautere mündliche Ueberlieferung sparsamer floß. Häufiger aber
sind sie überall entstanden und eifriger gesucht worden, als die große Masse
der ursprünglichen Begleiter und Freunde Christi durch Verfolgungen zerstreut wurde, und noch mehr als diese erste Generation des Christenthums
anfing auszusterben. Schon früher indeß müßte es wunderlich zugegangen
sein, wenn die forschenden Aufzeichner immer nur einzelnes abgesondert
sollten besessen haben; vielmehr sind gewiß schon sie und noch mehr ihre
nächsten schriftlichen Abnehmer auch Sammler geworden, jeder nach seiner besondern Neigung. Und so sammelte vielleicht wol der eine nur
Wundergeschichten, der andere nur Reden, einem dritten waren vielleicht
ausschließend die lezten Tage Christi wichtig oder auch die Auftritte der
Auferstehung. Andere ohne so bestimmte Vorliebe sammelten alles was

ihnen nur aus guter Quelle zu Theil werden konnte. Daß aber, seien es die
ersten Aufzeichnungen oder die Sammlungen derselben, sollten darauf ausgegangen sein gewisse einzelne Tage im Leben Jesu vom Morgen bis Abend
zu umfassen, ist mir an sich eben so unwahrscheinlich als die dafür aufge-
5 zeigten Spuren mir unzulänglich erscheinen. Diese könnten aber weit mehr
Gewicht haben und die Sache würde mir im|mer sehr bedenklich bleiben   14
wegen des ganz wunderlichen Ansehns, welches das Leben Jesu bekommt,
wenn man einen so grellen Abstich annimmt zwischen einigen großen Tagen, in denen sich alles bis zur höchsten Unwahrscheinlichkeit häuft und
10 großen fast leeren Zwischenräumen zwischen diesen. Denn wenn man annimmt, diese in unsern Evangelien leere Zeiträume wären jenen Tagen auch
ähnlich gewesen, nur daß wir der Nachrichten entbehrten: so verpflanzt
man nur dieselbe Unwahrscheinlichkeit aus dem Leben Jesu in die Schiksale
der Tradition von demselben. – Solche Sammlungen also konnten schon
15 viel vorhanden sein, größere und kleinere, einfache und aus mehrern
zusammengesezte, nicht nur ehe eine von ihnen ein öffentliches Ansehn
erlangte, ich meine, sei es auch nur in einzelnen Gemeinen gewesen, als
heilige Schrift zum Grunde der öffentlichen Vorträge gelegt wurde, sondern auch ehe noch eine davon ein ordentliches Buch hätte vorstellen wol-
20 len mit Anfang und Schluß. Denn nur wer eine frohe Ueberzeugung haben   11
konnte, durch fleißiges Forschen einen seltenen Reichthum einzelner Erzählungen aus allen Theilen wenigstens des öffentlichen Lebens Christi
zusammengebracht zu haben, und dabei nicht hoffen durfte, ihn noch bedeutend vermehren zu können, wird seine Sammlung in ein solches Ge-
25 wand gebracht und sie dadurch abgeschlossen haben. Niemand aber wird
wol glauben, daß andere als so abgeschlossene Sammlungen ein öffentli-
ches Ansehn erlangen konnten. |
So weit kann man von diesem Punkt aus die wahrscheinliche Ge-   15
schichte der christlichen Geschichtschreibung fortführen, und diese hat auch
30 schon früheren Ansichten der drei Evangelienbücher (man sehe Paulus
introductio, auf die er auch in seinem Commentar wieder verweiset) im
Ganzen zum Grunde gelegen. Nachdem aber späterhin die Hypothese vom

---

1 seien] sei

---

3 *Um die Herausarbeitung solcher Tage hat sich vor allem H.E.G. Paulus in seinem umfang-*
reichen Kommentar bemüht. 8 *Abstich: Kontrast, Gegensatz (vgl. Jacob Grimm und*
Wilhelm Grimm: Deutsches Wörterbuch, Erster Band, Leipzig 1854, Sp.131 – mit Belegen
von Wieland, Schiller und Tieck) 30 *Heinrich Eberhard Gottlob Paulus: Introductionis in*
Novum Testamentum. Capita selectiora, Jena 1799; ders.: Philologisch-kritischer und histo-
rischer Kommentar über die drey ersten Evangelien, Theil 1-3, Lübeck 1800-1802 bzw. 2.
Ausgabe Leipzig 1812 (von Schleiermacher erst 1819 gekauft). Der Hinweis auf das frühere
Werk: Kommentar I, 1800, S. XI.

Urevangelien ausgebildet worden und Eingang gefunden, muß man freilich
noch genauer zu Werke gehn; und noch besonders die Frage aufwerfen:
Wenn es auch Evangelienbücher, das heißt abgeschlossene Sammlungen
kirchlichen Gebrauchs gegeben hat, die bloß aus solchen Sammlungen unmittelbar entstanden sind: können auch unsere drei auf diese Art erklärt   5
werden, oder nöthigt uns nicht ihre große Uebereinstimmung auch in der
Anordnung dennoch zu einer von jenen Hypothesen zurükzukehren und
anzunehmen entweder, daß einer dem andern nachgegangen sei, oder daß
sie einer ihnen anderwärts gegebenen Anordnung gleichmäßig gefolgt sind,
welcher Typus der Ordnung doch etwas schriftlich verfaßtes müßte gewe-   10
sen sein, wenn er auch jünger wäre als jene Erzählungen und Sammlungen,
und erst zwischen diese und die Evangelien fiele, wenn er auch vielleicht
nur um die sehr verschiedenen Sammlungen auf einander zurükführen zu
können, wenn und von wem es sei, richtig oder unrichtig aufgestellt worden, und also weder seines Alters noch seiner Bestimmung wegen den   15
Namen eines Urevangeliums verdiente. |

16; 12   Um diese Frage zu entscheiden, ist aber gewiß nicht hinreichend, womit
man sich in der lezten Zeit fast ausschließend begnügt hat, die einzelnen
Abschnitte der drei Evangelien, wie sie gemeinschaftlich sind oder eigenthümlich, mit einander zu vergleichen. Denn durch diese Vergleichung wird   20
die Aufmerksamkeit mehr oder weniger abgezogen von der Art wie die
einzelnen Erzählungen in jedem Evangelium selbst mit einander verbunden
und an einander gereiht sind, und man verdekt sich also vielleicht mehr als
die Hälfte der Sache, vielleicht die besten und sichersten Anzeigen, woraus
man die Entstehungsart dieser Bücher noch entwikkeln könnte. Hat man   25
nun bisher fast einseitig die comparative Ansicht verfolgt: so scheine es fast
nothwendig zur Förderung der Sache, daß man fürs erste eben so einseitig
die andere Hälfte nachbringe, und aus der Betrachtung eines jeden dieser
drei Bücher für sich, indem man darauf achtet, wie und nach welcher Regel
oder aus welchen Gesichtspunkten die einzelnen Begebenheiten mit einan-   30
der verbunden sind, und hiebei auf das wahrscheinlich frühere Vorhandensein einzelner Erzählungen und Sammlungen Rüksicht nimmt, so zuförderst
zu entscheiden suche, ob das Buch mittelbar oder unmittelbar und durch
was für eine Art von Bearbeitung aus solchen früheren Aufzeichnungen
entstanden sein kann oder nicht. Die Ergebnisse dieser Bemühung aber darf   35
man freilich für sich noch nicht als vollkommen entscheidend ansehn; son-
17   dern nachdem man alle drei Evangelien auf diese Weise | betrachtet hat,
muß man dann noch zusehen, ob auch ihr Verhältniß unter einander diesen
Ergebnissen nicht widerspricht, muß feststellen, ob irgend Eine Voraussezung um dieses Verhältniß zu begreifen nothwendig müsse gemacht wer-   40
den, oder wie viele und was für welche möglich seien, und wenn mehrere
möglich sind, muß man ein ausmerzendes und annäherndes Verfahren so
leise als möglich fortschreitend und immer nur das mindest mögliche nach-

gebend so lange fortsezen, bis Eine Voraussezung allein stehen geblieben ist, und alle Bedenken, die auch von dieser aus noch entstehen und irgend aufgenommen zu werden verdienen, möglichst beseitiget sind, und also ein in allen Beziehungen befriedigendes Resultat gefunden ist.

5   Diese ganze Arbeit haben diejenigen zu leisten, welche die Kritik unserer drei Bücher aufs reine bringen wollen frei von allen mehr aufs gerathewohl erdachten als auf einem regelmäßigen Wege gefundenen Hypothesen. Zu dem ersten Theil dieser Untersuchung aber in Bezug auf das Evangelium des Lukas kann hoffentlich die folgende Betrachtung einen 10 desto unbefangenern Beitrag geben, als sie gar nicht ein allgemeines Resultat über alle Evangelien im Auge hat, sondern nur diesem Schriftsteller auf die Spur zu kommen trachtet, mehr um das Verhältniß seines ersten Buches zu dem zweiten als um das seines Evangelii zu den andern beiden auszumitteln.

——————— |

Allgemeine Betrachtung

des ersten Buches oder des Evangeliums.

Wenn wir den Eingang, der sich als Zueignungsschrift allenfalls ganz absondern läßt, vorläufig bei Seite stellen, ob er gleich nicht als gemeinschaftlich für beide Bücher angesehen werden kann: so unterscheiden wir, mag man dies auch vorläufig für ganz willkührlich halten, vier verschiedene Hauptmassen, in welche das Ganze zerfällt. Die erste enthält die Nachrichten von dem Zeitraume vor dem öffentlichen Leben Jesu, und umfaßt die ersten beiden Kapitel. Die zweite besteht aus vielen theils enger theils loser mit einander in Verbindung gesezten Nachrichten von Thaten und Reden Jesu, mit Ausnahme dessen, was sich auf seine Taufe durch Johannes bezieht, ohne genaue Zeitbestimmungen, und mit derselben Ausnahme größtentheils aus Kapernaum oder der Umgegend oder wenigstens mit Beziehung auf den Aufenthalt Jesu an jenem Ort. Sie erstrekkt sich bis IX, 50. Die dritte enthält ähnliche Erzählungen, die aber größtentheils in Beziehung stehn mit einer Reise Christi nach Jerusalem; ihr Ende wollen wir für jezt noch nicht genauer bestimmen. Die lezte endlich beschäftiget sich auf eine größtentheils mehr zusammenhängende Art mit den lezten Tagen Christi, seinem Leiden und Tod und seiner Auferstehung und Himmelfahrt. | Diese vorläufige Eintheilung wird vielleicht um so eher vorläufige Nachsicht finden, als sie auch mit den verschiedenen Verhältnissen unseres Evangeliums zu den andern beiden im Großen zusammentrifft. Denn die erste Masse hat wenigstens dem Inhalt nach Lukas mit Matthäus gemein, mit Markus aber nicht; die zweite mit wenigen Ausnahmen nicht nur dem Inhalt sondern großentheils auch der Darstellung nach mit beiden. Die dritte Masse enthält mit unbedeutenden und zum Theil zweifelhaften Ausnahmen dem Lukas eigenthümliche Begebenheiten und Reden; wie denn auch dieser Theil, wenn ich ihn gleich nicht grade mit XVIII, 14. schließen möchte, schon von Andern für eine eigene Schrift ist gehalten worden, die Lukas vorgefunden und seinem Evangelium einverleibt habe. Die vierte ist wieder dem Inhalte nach, nicht aber in demselben Maaß als die zweite auch in der Darstellung, allen dreien gemein mit Ausnahme jedoch des größten Theils der Auferstehungsgeschichten.

Wir betrachten nun diese Theile einzeln mit Rüksicht auf die verschiedenen möglichen Entstehungsarten des Ganzen.

---

14 IX, 50] IX, 49

---

3 *Lk 1,1-4*   **29** *Vgl. Eichhorn: Einleitung I, S. 373. 600f*

Erste Masse. Kap. I und II.

Unverkennbar ist von vorne herein die große Verschiedenheit des Stils
zwischen dem Eingang und diesem Abschnitt, indem man aus einem ganz
leidlichen und wohlgebauten ja zierlich sein wollenden Griechisch in die
härtesten hebraisirenden Wendungen hineinplumpt, so daß man schwer
5 daran geht bei|des derselben Hand zuzuschreiben, und schon hieraus ge-   20
neigt werden möchte anzunehmen, dies sei eine Erzählung, die Lukas schon
vorgefunden und ungeändert an die Spize seines Evangeliums gestellt, wie
schon Viele zugeben, daß er weiterhin auch unverändert jene einzelne Schrift
10 eingerükt habe. Allein dies wäre mindestens unvorsichtig genug. Denn man
kann denken, Lukas habe allenfalls eine mässige Periode von wenig Inhalt
in gutem Griechisch schreiben können, wenn er aber fortlaufend erzählen   16
sollte und mehr Athem brauchte, sei er doch genöthiget gewesen, zu der
geläufigeren hebraisirenden Schreibart zurükzukehren. Ja man könnte so-
15 gar denken, wie wir solche Zueignungen wol einer zierlicheren Hand zu
schreiben übergeben, habe er auch die seinige von einem Andern zierlicher
abfassen lassen. Oder man könnte auch sagen, die bessere griechische
Schreibart sei die des Lukas, aber er werde zum Hebraisiren verführt, wo
er Aramäisches noch dazu mit alttestamentischen Anführungen durch-
20 spiktes wiedergeben solle, wobei er ohnedies zu der gewöhnlichen Uebersezung seine Zuflucht nehmen mußte.
Dieses also möge nichts entscheiden. Allein wenn man das Ende des
ersten Kapitels mit dem Anfange des zweiten vergleicht: so kann man kaum
zweifelhaft bleiben, daß von V. 5. bis zu Ende des Kapitels ursprünglich ein
25 für sich bestehendes Ganzes gewesen ist. Zuerst nämlich der 80ste Vers ist
eine unverkennbare Schlußformel. Denn dies sei hier ein für allemal als
Grundsaz aufgestellt, der | wol leicht, versteht sich mit der Befugniß Aus-   21
nahmen davon zuzugeben, wenn sie besonders begründet sind, von Jedem
wird anerkannt werden, daß eine fortlaufende Erzählung vom Einzelnen
30 nicht ins allgemeine zurükgeht, außer wenn sie den Gegenstand ganz verläßt. Eine einzelne Begebenheit hingegen für sich erzählt bietet keinen
befriedigenden Schluß dar, außer wo die Kunstform streng abschließt. Das
fühlt jeder und fügt etwas allgemeines hinzu, wie jede Liebeserzählung im
Volkston sich nicht begnügt mit der Heirath zu schließen, sondern dann
35 noch hinzufügt, daß das Paar viele Jahre mit Nachkommenschaft gesegnet
vergnügt gelebt habe. Wo aber von demselben Gegenstand weiter gehandelt und einzelnes an einzelnes gereiht wird, da ist ein solches Zurükgehn
ins allgemeine völlig außer seiner Stelle und kann keinem nicht ganz unver-

---

9 Vgl. *Paulus: Kommentar I, S. 5*   **15** *zierlicher: angemessener, besser (vgl. KGA I/5,*
S. 166)

ständigen Erzähler in den Sinn kommen. In der Folge wird dieses bei vielen
einzelnen Erzählungen von Christo, auf welche gleich wieder einzelnes folgt,
17 anzuwenden sein. Und hier ist im wesentlichen derselbe Fall, und die Worte
„Und das Kind wuchs und ward stark am Geist" bezeichnen ganz bestimmt
das Ende einer Erzählung. Man könnte freilich sagen, es werde gleich im 5
Verfolg nicht weiter von Johannes gehandelt, der Gegenstand werde also
verlassen, und bei dieser Gelegenheit sei die Nachricht von seinem weiteren
Ergehen nicht am unrechten Plaz. Allein man muß bedenken, daß schon im
vorigen die Geburt Christi mit der Geburt Johannes in Verbindung ge-
22 bracht | war, und daß der Zusammenhang durch diese Einschiebung nur 10
gestört würde. Hierzu kommt noch zweitens, daß wenn im zweiten Kapitel
derselbe Erzähler fortführe, auch manches anders sein müßte. Ich will darauf kein großes Gewicht legen, daß ja schon im vorigen die Geburt Christi
nach ihrem Zeitverhältniß zu der des Johannes ganz genau bestimmt war,
und daß also eine genauere Zeitbestimmung hier nicht an ihrem Plaz war, 15
sondern eher oben zur Ergänzung des unangenehm unbestimmten „in den
Tagen Herodes". Da sollte der Verfasser, wenn er derselbe ist, hinzugefügt
haben, „kurz vor der Schazung". Dieses wie gesagt will ich nicht sehr fest
halten, weil man sagen könnte, die Schazung – möge nun die Angabe richtig sein oder unrichtig, denn darauf komme es hier nicht an – werde hier 20
gar nicht als Zeitbestimmung erwähnt, wenn gleich beiläufig näher bestimmt werde, welche gemeint sei, sondern nur um die Reise des Joseph
nach Bethlehem und Christi Geburt dort zu erklären. Allein das ist für mich
in Verbindung mit dem vorigen Punkt entscheidend, daß hier noch einmal
Josefs und Marias Wohnen in Nazaret und noch einmal Josefs Abstam- 25
mung von David erzählt wird, gar nicht als ob wir das schon wüßten. Wer
so wiederholt hätte, der hätte uns auch gewiß eine Hindeutung auf die
Botschaft des Engels nicht geschenkt. Daß der Ausdruk ἐν ταῖς ἡμέραις
ἐκείναις hiegegen nichts beweiset, und keine bestimmte Beziehung auf das
vorige in sich schließt, bedarf wol schwerlich einer besondern Ausführung, 30
23; 18 zumal unmittelbar hin|ter jener Schlußformel und dem Gesang des Zacha-
rias, und bei der genauen Bestimmtheit im vorigen, die eher erwarten ließ
„im sechsten Monat aber nach jenen Tagen"!
    So sondert sich uns demnach gleich das erste Kapitel ab als eine Schrift,
die ursprünglich für sich bestanden hat. Betrachten wir sie nun als solche 35
etwas näher: so können wir uns des Gedanken nicht erwehren, daß sie
ursprünglich mehr ein kleines dichterisches Werk als eine eigentliche
Geschichtserzählung gewesen sei. Im engsten Sinne wird das leztere ohne-

---

31f Zacharias] Johannes *Kj (auch SW; engl. Übersetzung 24)*

8f *Lk 1,39-56*   **17** *Lk 1,5*   **20** *Lk 2,2*

dies wol niemand annehmen und behaupten wollen, der Engel Gabriel
habe in so streng jüdischen Formeln und in großentheils alttestamentischen
Ausdrükken die Ankunft des Messias verkündigt, und der Wechselgesang
zwischen Elisabet und Maria sei wirklich so gehalten worden, und Zacharias habe wirklich in dem Augenblik, wo er die Sprache wieder erhalten, sie
auch zu diesem Lobgesang benuzt, ohne durch die Freude und das Wunder
der Versammlung gestört zu werden, wodurch doch der Erzähler selbst
sich unterbrechen läßt. Also das müßte man auf jeden Fall annehmen, daß
der Verfasser von dem seinigen hinzugethan, und die Geschichtserzählung
durch die lyrischen Ausbrüche seiner Muse bereichert habe. Aber auch in
dem geschichtlichen selbst ist vieles, was sich weigert als buchstäbliche
Erzählung verstanden zu werden. Zuerst hängt die ganze Zeitbestimmung
von dem Umstande ab, den der Verfasser gern anbringen wollte, daß das
Kind unter dem Herzen der Elisabet sich der eintre|tenden Maria freudig   24
entgegen bewegt habe. Darum muß diese ihren Besuch aufschieben bis
nach dem fünften Monat, und um in dem Ganzen ja keine Lükke zu lassen,
kommt auch eben deswegen der Engel nicht eher zu ihr; aber gleich nach
seiner Verkündigung macht sie sich auf, und bleibt, auch sehr unwahrscheinlich wegen ihrer bevorstehenden Heimführung, drei Monat bei der
Muhme, damit an ihre Rükkehr sich auch gleich die Geburt des Johannes
anschließen könne! Aehnlich ist auch dieses, daß Zacharias des Unglaubens
wegen bestraft wird mit der Stummheit im Gegensatz gegen die Maria,
welche die göttliche Kraft zu Lobgesängen begeistert, daß er aber, ohn-   *19*
erachtet sein Unglaube längst aufgehört haben mußte, die Sprache doch
nicht eher wieder erhält als in dem Augenblik, wo er durch die Bestätigung
des Namens auch die Aussage des Engels von der Bestimmung seines Sohnes feierlich anerkennt. Nimmt man hiezu noch die ganze Gruppirung, der
Engel kommt zu Zacharias und verkündigt den lezten Profeten des alten
Bundes im Tempel, derselbe hernach zu Maria und verkündiget die Ankunft des Messias in dem verachteten Nazaret, Maria und Elisabet werden
zusammengeführt, die Lösung des ganzen Knotens durch die Wiederherstellung des Zacharias und sein Lobgesang machen den Beschluß: so
tritt ganz von selbst ein liebenswürdiges kleines Kunstwerk entgegen, das
ganz in der Art und Weise mehrerer jüdischer Dichtungen, die wir noch
unter unsern apokryphischen Schriften finden, von einem Christen aus der |
veredelten judaisirenden Schule wol ursprünglich aramäisch verfaßt wor-   25
den, und von dessen ganzem Stil die ältere strenge Kunstschule der christlichen Malerei ein getreues Abbild darstellt. Aber so poetisch es auch angelegt ist, mußte es doch verkannt werden, nachdem es späterhin mit dem
folgenden in Verbindung kam, und so immer weiter in das historische hin-
eingezogen wurde. Will man nach der Absicht desselben oder vielmehr
nach dem Gesichtspunkt fragen, den der Verfasser gehabt: so möchte ich
sagen, es gehöre in die Zeit, wo es noch reine nicht zum Christenthum

übergetretene Schüler des Johannes gab, und sollte diese herüberlokken, indem es auf Thatsachen und auf weit verbreiteter Tradition ruhend in der Beziehung des Johannes auf Christum seine eigentliche höchste Bestimmung angab, selbst aber noch von der Wiederkunft Christi eine zugleich äußerliche Verherrlichung des Volkes erwartete. Denn so wenig ich hier 　5 buchstäbliche Geschichtserzählung sehen und mit Paulus alles aus Familienurkunden geschöpft halten kann, so wenig möchte ich auch alles für ersonnen erklären; nur daß der Dichter, wie es ihm immer freisteht, das entferntere zusammengerükkt und das schwankende der Ueberlieferung in
20 festen Bildern bestimmt hat. Ist es nun so: so ist nicht nur die immer vergeb- 　10 liche Arbeit das Wunderbare erklären zu wollen, hier noch vorzüglich unerfreulich und leer, wenn man die Erscheinungen aus Extasen, zu denen gar keine Veranlassung ist, zumal die Erzählung voraus sezt als ob es nicht
26 unerhört und ungewöhnlich | wäre, im Tempel Erscheinungen zu haben, und das Stummwerden des Zacharias aus einem Anfall von Schlagfluß 　15 erklären will, mit dem er auf der Stelle frisch und übrigens gesund nach Hause geht; sondern auch manche andere Angaben möchte ich lieber aus dem Bedürfniß des Dichters erklären, und nicht wagen sie als geschichtlich aufzustellen. Dahin gehört zuerst, daß Johannes ein Spätgeborner ist, welches offenbar nur nach der Analogie mit mehrern Heroen des hebräischen 　20 Alterthums gedichtet ist. Dann auch das Alterverhältniß zwischen Johannes und Christus und eben so die Verwandtschaft der Maria mit der Elisabet, welche ohnedies schwer zu vereinigen ist mit der anderweitigen Behauptung des Johannes, daß er Christum vor seiner Taufe nicht gekannt habe. Diese Verwandtschaft kann vielleicht der Dichter schon angenommen ha- 　25 ben bloß um den Besuch der Maria bei der Elisabet zu begründen; vielleicht auch, da Elisabet aus den Töchtern Aaron war, und Maria ihre Blutsfreundin also aus demselben Stamm zu denken ist, hatte auch er schon den Gedanken den hohenpriesterlichen König des Volkes auch dadurch zu bezeichnen, daß er ihm die königliche Abstammung von der einen Seite und 　30 die priesterliche von der andern zutheilte, welche Ansicht man auch noch späterhin wiederfindet, nur daß sie in apokryphische Schriften und unter Häretiker zurükgetreten ist. Freilich steht wunderlich genug neben dieser

---

6 Paulus: *„Dieser sehr hebraizierende Aufsatz, vermuthlich eine unter der Verwandtschaft Johannes des Täufers zuerst aufgezeichnete und circulierende Familiennachricht [...]"* (Kommentar I, S. 5); vgl. S. 11: *„Familienaufsatz"*. **12** Vgl. *Paulus: Kommentar I, S. 14-18* **15** Übertreibung von *Paulus: Kommentar I, S. 19,33.* Vgl. auch *Paulus: Zusätze und verbessernde Änderungen aus der zweyten, durchaus verbesserten, Ausgabe der drey ersten Theile des philologisch-kritischen und historischen Commentars über das neue Testament für die Besitzer der ersten Ausgabe zum besondern Abdruck befördert. Lübeck 1808, S. 42.* **20** Isaak (Gen 17,17), Simson (Richter 13,2f), Samuel (1 Sam 1,2.20) **22** Lk 1,36 **24** Lk 7,18f **26** Lk 1,39-56 **27** Lk 1,5 **30** Lk 2,4 **32** Solche bespricht *Paulus: Zusätze S. 81-89 (zu Mt 1-2)*

Voraussezung, die sich mit einer natürlichen Empfängniß begnügt, auch
die Hindeutung auf die außernatürliche Empfäng|niß Christi hier; aber   27
doch ist leztere bei weitem nicht so bestimmt hingestellt, und wird es nur
durch die Frage der Maria, welche die Verkündigung des Engels ohnedies
5   etwas unnatürlich unterbricht, vielleicht nur um den Engel nicht zu lange
reden zu lassen.

Gehn wir nun weiter, so scheint auch alles übrige zu dieser Masse   21
gehörige in ähnliche einzelne Erzählungen zu zerfallen. Denn wir finden
ähnliche Schlußformeln wie I, 80 auch nach der Erscheinung der Hirten II,
10 18 bis 20. nach der Darstellung im Tempel II, 40. und nach der Begebenheit
in Jerusalem II, 52. Nur v. 21, der die Nachricht von der Beschneidung Jesu
enthält, tritt dazwischen, und scheint uns sogar zu nöthigen, die gefaßte
Ansicht ganz aufzugeben und zu der zurükzukehren, daß alles in einem
fortlaufenden Zusammenhang geschrieben worden. Denn er kann ur-
15 sprünglich zu keiner von den beiden Erzählungen gehört haben, zwischen
denen er steht, indem er weder ein Ende für die eine bildet noch einen
Anfang für die andere. Dabei aber beruft er sich offenbar auf unsere erste
Erzählung, und will also auch diese in den fortlaufenden Zusammenhang
hineinziehen. Allein wenn unser erster Verfasser hier forterzählte, der sich,
20 als Geschichtschreiber angesehen, doch auf jeden Fall Erweiterungen für
erlaubt gehalten haben muß: so würde schwerlich die Beschneidung Christi
so ganz kurz abgekommen sein gegen die des Johannes, sondern er würde
in Ermangelung einzelner Nachrichten wenigstens das gewisse und noth-
wendige etwas umständlicher vorgetragen ha|ben. Von demselben hätte ich   28
25 auch erwartet, daß er nach seiner genauen Art zu rechnen die Lükke aus-
gefüllt, und nach v. 21 so würde geschrieben haben, „Und Josef und Maria
blieben in Bethlehem bis die Tage ihrer Reinigung kamen." Auch hätte wol
nicht leicht jemand in fortlaufender Erzählung griechisch schreibend so
kurz hintereinander zweimal mit derselben Formel angefangen καὶ ὅτε
30 ἐκλήσθησαν αἱ ἡμέραι. Daher bietet sich sehr leicht eine andere Ansicht dar,
nemlich daß dieser Vers von demjenigen eingefügt worden, der zuerst diese
einzelnen Stükke zu einem Ganzen zusammenschrieb. Da er sie offenbar
aus einem geschichtlichen Standpunkt aneinanderreihete, so fehlte ihm
zwischen dem ersten Tage und dem drei und dreißigsten der achte, von dem
35 er wissen konnte, daß nothwendig an ihm die Beschneidung mußte vollzo-
gen worden sein. Er schaltete also diese Begebenheit an der rechten Stelle   22
ein; aber mit der größten Gewissenhaftigkeit begnügte er sich nur das
nothwendige zu sagen, und ohne etwas von dem seinigen hinzuzuthun,
nimmt er die Formel aus der vor ihm liegenden Erzählung, die gleich folgen
40 sollte, und beruft sich nur auf die in dem vorigen von dem Engel gegebene

---

4 *Lk 1,34*   17f *Lk 1,31*   22 *Lk 1,59-66*

Vorschrift, auch dies, sei es ihm bewußt oder unbewußt, in sehr behut-
samen Ausdrükken. So erklärt sich unstreitig am besten der eigenthümliche
Charakter dieser Notiz und ihr Verhältniß zu allem vorigen und folgenden.
Ob aber derjenige der vorzüglich hiedurch dieser Reihe einzelner Erzählun-
gen den Charakter einer fortlaufenden Her|aushebung der wichtigsten   5
Punkte aus dem ersten Abschnitt des Lebens Jesu, und zum Theil gewiß
gegen ihre ursprüngliche Bestimmung, gegeben, erst der Verfasser oder
Anordner, wie man ihn lieber nennen will, unseres ganzen Evangeliums
gewesen, oder ob dieser sie schon so verbunden vorfand, dies lassen wir für
jezt wenigstens lieber unentschieden, und können nur sagen, daß wir die   10
reine griechische Hand des Einganges in dieser Einschaltung nicht wieder
finden, und daher lieber glauben möchten, diese erste Zusammenfassung
habe einen andern früheren Urheber.

  Betrachten wir nun zunächst die hier mitgetheilte Nachricht von der
Geburt Jesu und was sich dabei ereignet II, 1-20, so kann sie sehr wohl eine   15
für sich bestehende Erzählung gewesen sein. Denn die Hauptsache dabei ist
offenbar die Erscheinung, welche gleichzeitig mit der Geburt Jesu den
Bethlehemitischen Hirten wurde, und diese eignet sich gar sehr dazu, für
sich erzählt und aus der mündlichen Erzählung früher oder später auch
schriftlich verzeichnet worden zu sein, wenn wir das Ganze geschichtlich   20
nehmen. Dasselbe gilt, wenn man es wie die erste Erzählung mehr für dichterisch ansehn will. Denn auch so steht die Darstellung eines göttlichen
Zeichens bei der Geburt des Messias leicht für sich allein. Diese Ansicht
möchte ich hier indeß nicht wagen vorzuziehn, und am wenigsten behaupten, dies Stükk sei eine Fortsezung des vorigen. Denn es war hier eben so   25
viel Gelegenheit sich in lyrischen Ergießungen auszubrei|ten sowol in der
Person der Engel, als auch, wie nach v. 20. die Hirten umkehren δοξάζοντες
καὶ αἰνοῦντες τὸν θεόν, in der Person dieser Hirten. Diese Gelegenheit ist
aber unbenuzt geblieben, und so können wir weder denselben Verfasser
erkennen, noch auch überhaupt ein vorherrschendes dichterisches Geprä-   30
ge, indem dieses nothwendig mehr lyrisches herbeigeführt hätte. Hier müssen wir also wenigstens die Hauptsache auf eine geschichtliche Ueberlieferung zurükführen. Dabei entsteht aber, wenn ein genaues Urtheil
begründet werden soll, zuerst die Frage, aus welcher Quelle die Erzählung
geschöpft sein mag. Denn zweie lassen sich deren denken, Joseph und Maria   35
auf der einen Seite, die Hirten auf der andern. Von Joseph besonders ist
nicht nöthig etwas zu sagen; theils ist von ihm keine Spur mehr bei dem
öffentlichen Leben Jesu, und es ist also ganz ungewiß, wie bald er vom
Schauplaz verschwunden ist, theils wäre es auch zur Sache ganz einerlei, ob
die Erzählung von ihm oder von Maria ausgegangen, und wir bleiben also   40
nur bei der lezteren stehn. Von ihr wird zwar v. 19. gesagt, sie habe alle
diese Worte in ihrem Herzen bewahrt, und dies könnte man leicht als eine
Berufung auf sie verstehen. Allein diese Worte stehen schon in der Schluß-

formel. Man denke sich den mündlichen Erzähler oder den schriftlichen
Verzeichner, hatte er zum Schluß von der Wirkung geredet, welche die
Thatsache bei der Nachbarschaft hervorbrachte, der sie erzählt wurde: so
lag es zu nahe und war fast nothwendig, auch etwas von ihrer Wirkung auf
5 die Maria zu sa|gen. Dies also ist von so gut als keiner Bedeutung. An sich   31
betrachtet aber sieht die Erzählung gar nicht aus, als wäre sie von den
Eltern des Erlösers gekommen. Denn eine solche würde nach v. 7. ohne die
Scene zu verändern, so fortgefahren sein, „In der Nacht aber – oder am
andern Morgen frühe – entstand plözlich ein Getümmel von Hirten, wel-
10 che in die Herberge kamen und fragten, ob etwa in diesem Hause am   24
vorigen Tage ein Kind geboren worden und in der Krippe liege, und man
bejahete es und führte sie herein, und sie erzählten, wie ihnen Engel erschienen seien", und so fort. Und dann würde diese Erzählung ausführlicher
mitgetheilt haben, wie nun die Hirten sich gegen das Kind und seine Eltern
15 geäußert, und was die herzulaufende Menge unter sich geredet. Denn dies
war den Eltern Jesu das unmittelbar wahrgenommene also auch in der
Erinnerung lebhafteste; und eben hiernach bestimmt sich, worüber jede
nicht künstliche Erzählung sich ausführlich verbreitet, und was sie nur kurz
berührt. Vielmehr wird nach eben diesem Maaßstab überwiegend wahr-
20 scheinlich, daß die Erzählung, wie wir sie hier haben, auf die Hirten als ihre
erste Quelle muß zurükgeführt werden. Denn was ihnen das wichtigste war
und das unmittelbarste, nemlich die nächtliche Erscheinung auf dem Felde,
dies allein ist ausführlich behandelt. Was sie in Bethlehem fanden und
thaten, das war für sie nur die Bestätigung und die Verbreitung von jenem;
25 und grade in diesem Licht und mit dieser Verkürzung tritt es auch hier auf
in der Erzäh|lung. Dieses also als das wahrscheinliche angenommen geht   32
freilich aus unserer Stelle selbst hervor, daß die Hirten damals was ihnen
begegnet erzählt, und daß so die Sache in der Gegend von Bethlehem bekannt worden. Gewiß aber hat damals niemand etwas darüber aufgezeich-
30 net, und schwerlich hat sich auch die Sache weit verbreitet, oder in der
Gegend selbst die Kunde davon sich lange erhalten. Vorzeichen können ein
großes Aufsehn machen und die Gemüther in eine starke Bewegung sezen
für den Augenblick: je weiter aber das, worauf sie deuten, noch hinaus
gesetzt ist, um desto eher ermüdet die Geduld der Menschen daran, und sie
35 verlassen sich bald auf das αὐτὸ δείξει; und je weniger angesehen die ersten
Urheber sind, je weniger in der allgemeinen Berührung die Oertlichkeit, um
desto weniger Verbreitungskraft hat die Begebenheit im Raum. Es ist höchst
unwahrscheinlich, daß die Nachricht von dieser Erscheinung damals auch
nur nach Jerusalem gelangt ist, und daß zu der Zeit als Christus öffentlich
40 auftrat und Aufmerksamkeit erregte, diese sowol als die folgende ist ver-   25
breitet gewesen. Sonst hätte der Bethlehemitische Kindermord nicht erfol-

---

41 *Mt* 2,16-18

gen können, oder – wenn ihn jemand nicht als Thatsache annehmen will –
auch nicht einmal erdichtet werden; und sonst wäre es fast wunderbar, daß
man in unsern Evangelien gar keine Spur davon findet, daß der Ruf Jesu
unter dem Volk und das Gerücht, daß er der Messias sei, sich zum Theil
auch auf seine Beglaubigung durch solche Vorzeichen gegründet habe. Also   5
werden wir annehmen | müssen, daß diese Geschichte erst seit dem schon
begründeten Ruf Jesu durch Erinnerungen Einzelner aus dem Schutt der
Vergessenheit ist hervorgezogen worden, und wahrscheinlich also erst nach
seinem Tode sich weiter verbreitet hat. Daß sie aber weder eine aus nichts
zusammengeballte Luftblase ist, noch ein absichtliches Machwerk, um auch   10
durch solche Vorzeichen Jesum zu heben, dafür bürgt eben die Leichtigkeit,
welche die Christen der dortigen Gegend hatten, die Maria, die nothwendig
darum wissen mußte, oder diejenigen Jünger, mit denen sie am meisten
gelebt hatte, über die Sache zu befragen. Zweierlei geht aus dieser Ansicht
unmittelbar hervor. Zuerst, wenn wir uns die Thatsache wegen des wun-   15
derbaren, was darin liegt, als eine besondere Veranstaltung der göttlichen
Vorsehung denken wollen: so dürfen wir den Zwekk derselben nicht in der
zweiten Wirkung suchen, welche sie, daß ich mich so ausdrükke, seit ihrer
Auferstehung hervorbrachte – denn damals bedurfte es für den Glauben an
Jesum solcher Reizmittel und solcher Stüzen nicht mehr – sondern nur in   20
der unmittelbaren auf die Hirten selbst. Diese waren gewiß von den unstreitig in Bethlehem besonders lebhaften messianischen Erwartungen
durchdrungen, und einer oder der andere besonders fromme hatte sich
vielleicht eben wie Symeon ein Zeichen erbeten von der Ankunft des Messias. Dieses ward ihnen, wie die Geschichte lehrt; und in dieser in so grossen 25
Zeiten nicht seltenen Befriedigung auch einzelner Sehnsucht liegt das
merkwürdige | und göttliche. Aber es wäre wunderlich, wenn wir ausmit-
teln wollten, worin das Zeichen bestanden, und was besonders die δόξα
κυρίου gewesen. Und noch wunderlicher kommt es mir vor, wenn bei dieser
Untersuchung mit besonderer Wichtigkeit das Zeugniß eines Reisenden   30
beigebracht wird, der in Palästina wirklich Irrlichter gesehn hat, grosse
Irrlichter, die sich bald theilten bald wieder in Eins zusammenzogen. Denn
je häufiger solche Erscheinungen dort vorkommen, um desto mehr mußten
besonders die Hirten, gewohnt den ganzen Sommer im Freien zu übernach-
ten, mit ihnen befreundet sein, und konnten sie nicht leicht für ein himm-   35
lisches Zeichen auf einen einzelnen Fall gerichtet ansehen. Und eben so
wunderlich, wenn man sich nicht anders zu helfen weiß, als Maria habe an
einem fremden Ort unter einer Menge Unbekannter nichts eiliger gehabt,
als mit der Entdekkung hervorzutreten, sie werde jezt den Messias gebären;
und dieses zwar habe ihr nicht einmal so viel eingetragen, daß sie nicht   40

---

24 *Lk 2,26*   **28** *Lk 2,9*   **30** *Vgl. Paulus: Zusätze S. 105f Anm.*

nöthig gehabt, das Kind in den Stall oder in die Krippe zu legen, aber der
Hirte des Hauses sei hievon so begeistert worden, daß er nun das Irrlicht
getrost auf den Messias gedeutet. Das ist mir, wie Sokrates sagt, eine uner-
freuliche Geschiklichkeit, die so genau erklären will, zumal bei einer Erzählung, die wir offenbar nicht aus der ersten Hand haben. Es ist eben, wie
wenn einer auf der andern Seite behaupten wollte, wir hätten hier, wo kein
Gedicht sein soll, doch gewiß buchstäblich die eigensten Worte der Engel.
Wer könnte | nicht im Gegentheil sehr leicht denken, diese eigensten Worte   35
waren längst, ehe unsere Erzählung aufgeschrieben wurde, verloren gegangen, und man hätte sie auf die natürlichste Weise ersezt durch solche, womit
die Christen sich vorzüglich bei dem gemeinschaftlichen Andenken an die
Geburt Jesu zu begrüssen pflegten. Wer in solchen Dingen alles glatt und
rein deuten will, geht eben so fehl, als wer ängstlich am Buchstaben klebt.
Mit Freiheit wollen sie behandelt werden, wie sie entstanden sind; das
zufällige soll man vom wesentlichen scheiden, lezteres dann aber auch klar
und fest halten. – Das zweite ist dieses. Wenn unser Aufsaz aus einer späteren mündlichen Erzählung dieser Hirtenerscheinung entstanden ist: so
haben wir gar nicht Ursach zu glauben, daß auch das geschichtliche in den   27
7 ersten Versen aus dieser mündlichen Erzählung geflossen sei. Diese hat
wahrscheinlich begonnen „In der Nacht, nachdem Jesus geboren war,
wachten in jener Gegend die Hirten!" Die jezige Einleitung in ihrer größeren Ausführlichkeit ist nur auf Rechnung des ersten Schreibers zu sezen, der
von der Vorausezung ausgehend, daß Josef und Maria eigentlich in Nazaret
wohnten, sich nun auch eine Erklärung entweder geben ließ oder vielleicht
auch sich selbst gab, doch bleibt mir das erste wahrscheinlicher, wie es
gekommen, daß Jesus in Bethlehem geboren worden. Da ward ihm eine
Verzeichnung genannt, und obgleich nur eine priesterliche gemeint war,
verwechselte er, vielleicht kein palästinischer Jude, diese mit einer größe-
ren | bekannteren aber späteren Begebenheit, der Schazung durch Quirinus.   36
Eine frühere römische Verzeichnung anzunehmen, bleibt bei den Verhältnissen, in denen Herodes der große stand, ein wunderlicher und sehr
unwahrscheinlicher Gedanke, und noch wunderlicher, daß mit einer solchen eine priesterliche Verzeichnung sollte verbunden worden sein. Denn
wenn die leztere durchaus jeden an seinen Stammort reisen lassen mußte:
so konnte verständigerweise jene nur in dem Hauptort jedes Distrikts für
dessen Einwohner vollbracht werden, und beide mußten sich also häufig,
wie auch mit Josef der Fall gewesen wäre, durchkreuzen. Weil nun diese
Einleitung nur so entstanden ist, kann sie uns auch über die Geburt Christi
selbst nichts lehren, als was der Schreiber aus der eigentlichen Erzählung

---

3 *Anspielung ungeklärt (Schleiermacher gebraucht diese Formulierung in seiner Platon-Über-*
setzung nicht) **21** *Lk 2,1-7*

wußte. Aber gewiß dürfen wir uns auch weder anmaßen, sie zu einer chronologischen Bestimmung zu gebrauchen, noch uns auflegen, die chronologischen Schwierigkeiten darin zu lösen, was eben deshalb, weil es schon an
den nothwendigsten Bedingungen dazu fehlt, auch noch niemand nur einigermaßen gelungen ist.   5

Was wir II, 22-40 von der Darstellung des Kindes im Tempel, die mit
dem Reinigungsopfer der Mutter verbunden wurde, lesen, scheint auch
ursprünglich ohne Zusammenhang mit dem vorigen erzählt und auf-
28   gezeichnet zu sein; denn am Ende wird vom Umkehren nach Nazaret geredet, als ob die Eltern auch von dort her nach Jerusalem gekommen wären,   10
37   ohne den bisherigen Aufent|halt in Bethlehem auch nur mit einem Wort zu
erwähnen, was doch so leicht und natürlich gewesen wäre. Diesen Aufenthalt also ignorirt unsere Erzählung. Nur möchte ich deshalb das Wundern
der Maria über die Aeusserungen des Symeon nicht so verstehen, als ob die
Erzählung voraussetze, sie selbst wisse noch gar nicht, wer ihr Sohn sei.   15
Denn gewiß nicht als das einzige Zeichen, was ihr geworden, sondern nur
als eines aus mehreren kann diese Begebenheit erzählt worden sein. Und sie
trägt, ohnerachtet des Wunderbaren, das auch ihr nicht fehlt, ein rein geschichtliches Gepräge. Denn zu natürlich um gedichtet zu sein ist dieses,
wie Symeon, der wahrscheinlich auch voll Messianischer Erwartungen sich   20
ein Zeichen erbeten hatte, als ihm ein solches, wir wissen nicht wie, geworden war, zuerst nur für sich selbst und ohne von den Eltern Notiz zu nehmen, in eine begeisterte Rede ausbricht, und erst, als er ihre Verwunderung
merkt, sich an sie wendet. Und wer sollte auch, wenn man annehmen wollte, auch dies sei ursprünglich eine dichterische und symbolische Darstel-   25
lung gewesen, für diese neben dem Symeon die Hanna erdichtet haben, die
gar nicht einmal dichterisch benutzt ist? und noch dazu mit dieser Genauigkeit in ihrer Personalität, wogegen die Hauptperson weit nachlässiger
bezeichnet ist? Diese Spur führt uns gleich weiter, und giebt nicht undeutlich zu erkennen, daß auch diese Erzählung nicht von Maria oder Josef   30
herzuleiten ist, denen Hanna und Symeon gleich fremd waren, sondern von
38   einem, der sie mittelbar | oder unmittelbar aus dem Munde der so genau
beschriebenen Hanna hatte. Und auch von dieser Begebenheit gilt, wie von
der vorigen, daß sie gewiß zwischen der Kindheit Jesu und seinem öffentlichen Auftreten ist vergessen worden, und erst später wieder hervorgezo-   35
gen. Aufsehn mußte sie im ersten Augenblick erregen, und zwar nicht wenig,
da wir uns den Symeon, wollen wir auch bescheiden bleiben und nicht
29   mehr wissen, doch als einen bekannten und angesehenen Mann denken
müssen. Aber die Aussicht auf das, was ein eben geborenes Kind einst in der

---

2f *Vgl. Paulus: Kommentar I, S. 83-88; Zusätze S. 102-104, der alle Schwierigkeiten mit einer
Konjektur lösen möchte.*   **13** *Lk 2,33*   **26** *Lk 2,36-38*

Reife seines Lebens sein und leisten sollte, war zu weit, um, zumal in einer
so unruhigen Zeit wo ein Stoß auf den andern folgte, fortwährend Aufmerksamkeit zu finden. Daher auch Symeon, der von der ersten Erzählerin
dieses Auftrittes nur genannt zu werden brauchte, in der Feder unseres
Verfassers schon als ein unbekannter erscheint, den er nur durch die aus
der Sache selbst hervorgehenden Eigenschaften bezeichnet. Ein absichtliches Verschweigen der unter sich verstandenen Messiasfreunde kann ich
mir nicht denken. Davon würde sich hier wol in v. 38 eine leise Andeutung
finden.

Daß das lezte Stükk dieser Masse, der erste Tempelbesuch Jesu, mit
dem vorigen auch nicht in Einem Zusammenhange ursprünglich hingeschrieben worden, geht aus mancherlei Zeichen hervor. V. 40, den Einige
ganz wunderlicherweise als den Anfang dieses lezten Stükkes ansehn gegen
alle Analogie mit I, 80 und II, 52, ist eine reine | Schlußformel. Als Uebergang
angesehn bindet er nicht genug; sondern es würde etwa heißen nach der
Rükkehr nach Nazaret, „Und hier blieb nun das Kind wachsend und zu-
nehmend bis es 12 Jahr alt" u. s. w. So etwas wäre wirklich ein Uebergang;
das Ruhenbleiben im Allgemeinen, was wir in unserm Verse finden, kann
nur einen Schluß andeuten, eben wie I, 80 und II, 52. Auch zeichnet sich
diese Erzählung aus durch eine mehr periodische und überhaupt mehr
gräcisirende Structur, welcher Vorzug sich nur verliert in dem Dialog zwischen Maria und Jesus, wo der Concipient sich vielleicht verpflichtet hielt,
möglichst wörtlich zu referiren. Denn übrigens scheint ihrem Stile nach die
Erzählung nicht aus dem Aramäischen übersezt, sondern gleich griechisch
abgefaßt worden zu sein. Sie kann aber offenbar nur auf Maria zurükgeführt
werden. Denn von der Reisegesellschaft wird sonst niemand mit umgekehrt
sein nach Jerusalem, und von der Versammlung in der Tempelschule kann
die Erzählung aus denselben Gründen nicht herrühren, aus denen wir die
Erzählung von der Erscheinung der Hirten auch nicht von Josef und Maria
ableiten konnten. Und wie die Worte πάντα τὰ ῥήματα ταῦτα hier (v. 51.)
offenbar eine griechischere Bedeutung haben, als oben v. 19, denn hier
heißen sie bestimmt die Worte, die zwischen ihr und dem Knaben gewech-
selt wurden: so soll hier verbürgt werden, daß diese genau wiedergegeben
worden. In diesem Gespräch, das, wenn man es nicht recht genau faßt –
wie sich nemlich Jesus zunächst nur außer | Schuld sezen will wegen des
langen Suchens, wie es aber mit seinem Zurükbleiben zugegangen, wol
hernach wird erzählt haben – eine räthselhafte Gleichgültigkeit Jesu zu
verrathen scheint, liegt auch eine sichere Bürgschaft, daß nicht etwa die

39

30

40

---

29 Hirten] Hirten,

---

12 *Vgl. z.B. Paulus: Kommentar I, S. 157*   **21** *Lk 2,48f*

ganze Geschichte erdichtet ist, um auch etwas merkwürdiges von Jesu zu
haben aus diesem Zeitpunkt, wo ihm zuerst die Heiligthümer des Tempels
und des Gesezes aufgeschlossen wurden. Aber eine Frage nach diesem Zeitpunkt kann allerdings die erste Veranlassung gegeben haben, daß Maria
diese kleine Begebenheit erzählte, die ihr, wie man deutlich sieht, vorzüg-   5
lich wegen des lernbegierigen Aufenthaltes Jesu im Tempel und wegen der
Worte ὅτι ἐν τοῖς τοῦ πατρός μου δεῖ εἶναί με eindrüklich geblieben war.
Denselben Standpunkt hat auch unser schriftlicher Verfasser, der eben
deshalb die einleitenden Umstände etwas sorglos zusammenfaßt, und sich
auch hiedurch von dem Verfasser der vorigen Erzählung unterscheidet.   10
Denn weit mehr hätte es hier zur Sache gehört, zu sagen, daß es Sitte war,
den zwölfjährigen Knaben in den Tempel einzuführen, als dort Noth that
die Opfer zu beschreiben, welche bei der Reinerklärung gebracht werden
mußten. Nach allem diesem denke ich nicht, daß man dennoch aus dem
αὐτοῦ v. 41 oder aus der Aehnlichkeit zwischen v. 41 und v. 19, oder v. 52   15
und v. 40 auf Einen ursprünglichen Verfasser alles bisherigen wird schließen wollen. Denn in jenes αὐτοῦ kann sich der Name sehr leicht verwandelt
41   haben durch den, der diese Erzäh|lung zu den vorigen hinzuschrieb; ja
sogar dem ersten Concipienten eines solchen einzelnen Blattes kann es
31   angehört haben. Bestimmter scheint freilich die Aehnlichkeit des v. 53 mit   20
40 und I, 80 auf eine Kenntniß jener früheren Stellen hinzudeuten, und
machen wahrscheinlich, daß diese Schlußformel erst von dem herrühre, der
unsere Erzählung den vorhergehenden zugeschrieben hat. Zweifelhaft aber
muß bleiben, ob dieser der Sammler des bisherigen gewesen ist, was die
reinere Gräcität, die wir in dem die übrige Sammlung bindenden v. 21 ganz   25
vermissen, fast unwahrscheinlich macht. Da diese aber in der ganzen Erzählung der Hauptsache nach herrscht und mehr als irgend etwas bisher
vorgekommenes an den Eingang erinnert: so könnte man vermuthen, der
Sammler und Ordner des Ganzen sei zugleich der erste schriftliche Concipient dieses lezten Stükes, das er nach Anleitung einer mittelbar oder   30
unmittelbar von Maria herrührenden mündlichen Erzählung den früheren
Nachrichten von der Kindheit Jesu, die er schon gesammelt vorfand, angehängt hat, so daß wir hier zum erstenmal seit den Eingangsworten seine
eigne Hand wieder hätten. Doch dies bleibt eine nicht fester zu begründen-
de Vermuthung.   35
So demnach, durch wahrscheinlich allmähliges Anreihen mehrerer
einzeln unabhängig von einander aufgezeichneten Erzählungen an ein ursprünglich gar nicht als Geschichtserzählung, sondern als Gedicht abgefaß-
tes Stük ist diesen Anzeigen zufolge die erste Masse unseres Evangeliums
42   entstanden. | Vergleichen wir sie nun ganz unbefangen mit der ähnlichen   40

---

7 *Lk* 2,49

bei Matthäus: so haben wir zwei parallellaufende Reihen von Erzählungen, parallel laufend in dem engeren Sinne, daß sie keinen einzigen Punkt, das heißt hier keine ganze Thatsache, mit einander gemein haben, aber auch so, daß sie sich nicht etwa ergänzen, sondern vielmehr daß die zusammengehörigen Glieder beider Reihen einander fast vollkommen ausschließen: daher denn, wenn in irgend einem Punkt die Erzählung des einen Evangelisten richtig ist, die des andern, was denselben Zeitpunkt betrifft, nicht richtig sein kann. Nämlich zuerst, ist unsere Verkündigungsgeschichte wahr: so lassen sich des Josefs Zweifel und ihre Entscheidung bei Matthäus nicht denken. Denn wenn man sich auch das unwahrscheinliche gefallen lassen will, Maria sei unmittelbar nach der Verkündigung zur Elisabet gereiset, ohne dem Josef vorher etwas zu sagen, und dieser habe unterdeß von ihrer Schwangerschaft und der Engelverkündigung aus der dritten Hand erfahren: so muß doch in Maria, ehe sie sich über diesen wichtigen Punkt mit Josef verständiget, eine Unsicherheit gewesen sein, die man aber ihren Reden bei der Elisabet nicht nur nicht anmerkt, sondern bei der es ihr auch ohne die größte Gleichgültigkeit gegen ihren Verlobten unmöglich müßte gewesen sein, drei Monate dort zuzubringen. Und was hatte Josef für eine Nothwendigkeit, diese Sache bei sich zu entscheiden, ehe er Maria gesprochen? zumal wenn, wie Paulus annimmt, Maria und also wol auch | er schon vorher Nachricht gehabt von der Erscheinung des Zacharias. Erzählte ihm nun aber Maria von ihrer Aufnahme bei Elisabet und von der augenscheinlichen Verbindung beider Erscheinungen: so mußte er glauben, auch ohne daß ein Engel erschien. Nimmt man hingegen die Erzählung des Lukas weg, und betrachtet die bei Matthäus allein: so hat sie nichts unwahrscheinliches in sich. Jener Aufsaz also bei Lukas und dieser bei Matthäus, der aber unrichtig zum Unterschiede von jenem ein Nazaretanischer genannt wird, da auch Maria nach Lukas in Nazaret wohnt, wollen nicht zusammenstimmen, wenn man die Sachen historisch und psychologisch betrachtet. Zweitens stimmen auch nicht recht die beiden Erzählungen bei Lukas von den Bethlehemitischen Hirten und von der Darstellung im Tempel mit jenen beiden bei Matthäus von der Anbetung der Morgenländer und dem Bethlehemitischen Kindermord. Denn die Morgenländer müssen vor der Darstellung Jesu in Bethlehem gewesen sein, weil Lukas nicht nur nach dieser unmittelbar die Eltern mit dem Kinde nach Nazaret zurükkehren läßt, sondern auch, wie die ganze Sache bei ihm dargestellt wird, nicht der mindeste Grund sich denken läßt zu einem neuen verlängerten Aufenthalt

---

1 *Mt 1,18-2,23*   **9** *Mt 1,19*   **10** *So die Darstellung bei Paulus: Kommentar I, S. 65*   **20** *Kommentar I, S. 66*   **27** *Paulus: Kommentar I, S. 65 spricht für Mt von einem „Nazarethanischen Familienaufsatz".*   **28** *Lk 2,4.39*   **32** *Mt 2,1-12*   **33** *Mt 2,16-18*   **35** *Lk 2,39*

in dem fremden Bethlehem. Weder ein Arbeiten in Bethlehem noch eine
Absicht sich in Bethlehem niederzulassen ist in der Erzählung bei Lukas
gegründet, ja nicht einmal mit ihr verträglich, und man zerstört ihre ganze
Anschaulichkeit, wenn man ihr andichtet, es sei nur ausgelassen, daß | Joseph noch einmal nach Bethlehem zurükgekehrt sei. Andern ist dies zu
verzeihen; aber wer so pragmatisirt wie Paulus, der sollte so leicht hierüber
nicht hinweggegangen sein. Die Sache ist wol sehr klar, wenn man zusammennimmt, wie Josef bloß der Schazung wegen nach Bethlehem gegangen,
wie schlecht sich die Wöchnerin dort befand, und wie ungern sie sich die
zwiefache Reisebeschwerde werden gemacht haben. Waren aber die Morgenländer vorher hingekommen: so war auch gewiß, nahe wie Bethlehem
bei Jerusalem war, eine Kunde hingekommen, wie Herodes nach dem Geburtsort des Messias gefragt, und wie auf diese Anweisung die Morgenländer ihn gefunden. Ja noch mehr, die Morgenländer mußten auch in
Bethlehem den Traum haben, der sie vor Jerusalem warnte, und es ist viel
wahrscheinlicher, daß sie ihn erzählt, als daß sie ihn verheimlicht haben.
Hätte nun nicht Josef bei dem bekannten Charakter des Herodes aus diesen
Umständen Verdacht schöpfen müssen, und die ganz unnüze Reise nach
Jerusalem unterlassen? Die Flucht nach Egypten also hängt freilich sehr
natürlich mit der Ankunft der Morgenländer zusammen und mit dem dadurch erregten Aufsehn, wie auch Paulus sehr gut auseinandersezt: aber die
Reise nach Jerusalem besteht damit nicht. Der Bethlehemitische Kindermord ist aber auf jeden Fall eine in dieser Beziehung, auch die wildeste
Grausamkeit bei Herodes vorausgesezt, nicht recht begreifliche Begebenheit. Denn wieviel wohlfeiler konnte er seinen Zwekk erreichen, und wie |
sehr mußte er besorgen, ihn ohnerachtet des grausamen Befehls zur Zeit
der Schazung ohne genauere Nachforschung dennoch zu verfehlen; wie
leicht mußte es ihm werden, zu erfahren, wohin in dem kleinen Bethlehem
die Fremden ihre kostbaren Geschenke gebracht, und also auch, daß das
Kind nicht mehr da war. Eine ganz leere Wuth also sollte er zwar ausgelassen, dagegen aber gar nichts überlegtes gethan haben, um den gefährlichen
Knaben selbst zu treffen, wovon er doch, selbst wenn dieser nach Egypten

---

9 schlecht] schleeht

---

1 *Paulus gibt zu, Lk 2,39 lasse nicht erkennen, daß die Eltern Jesu noch einmal nach Bethlehem zurückgekehrt seien, meint dies aber wegen Mt 2,21 folgern zu müssen. „Wie viele [...]
Gründe aber konnte Joseph haben, noch einmal nach B. zu gehen; vielleicht dort eine Arbeit
zu vollenden? oder von Zacharias und Elisabeth sich zu verabschieden? etc. oder würklich
dort zu bleiben?" (Kommentar I, S. 111). Vgl. zu Mt 2,21: „Zu Bethlehem wünschte er
wahrscheinl[ich] seinen messianischen Pflegesohn zu erziehen, weil es Davidsstadt war und
man dort am ehesten den Davidsohn, Messias, suchen konnte." (S. 151)* **18f** *Vgl. Lk
2,22-39* **21** *Vgl. Kommentar I, S. 111f*

geflohen war, sehr viel Hofnung haben mußte, daß es gelingen werde. Endlich ruhen beide Reihen von Erzählungen jede auf einer ganz andern Ueberlieferung, wie niemand, der jede für sich unbefangen betrachtet, verkennen kann. Lukas nemlich sezt überall voraus, Josef und Maria haben
5 vor der Geburt Jesu, die nur zufällig in Bethlehem erfolgte, schon in Nazaret gewohnt. Matthäus hingegen weiß von einer zufälligen Ursache des Geborenwerdens in Bethlehem nichts, sezt aber ganz deutlich voraus, daß Josef, wenn nicht besondere Umstande dazwischen getreten wären, nach der Flucht würde nach Judäa zurükgegangen sein, und nimmt also offenbar
10 an, daß er dort und nicht in Galiläa wohnhaft gewesen. Alle Vereinigungen dieser beiden entgegengesezten Angaben scheinen nur eine künstliche Quälerei, zu der man sich ohne Noth nicht herablassen, oder vielmehr überhaupt lieber nicht erklären muß als so. Wie also nun? Sollen wir im Ganzen die eine von diesen beiden Reihen für wahr erklären und die andere für | falsch,   46
15 oder wie sollen wir uns helfen? Zu einer solchen Entscheidung mit Einem Streich dürfen wir uns schon desfalls nicht mehr berechtigt halten, weil wir in unserer Reihe bei Lukas einiges gefunden haben, was, mehr dichterisch dargestellt als geschichtlich, im Streite gleich nachgiebt, anderes aber auch, was deutliche Zeichen einer absichtslosen und unverfälschten Ueber-
20 lieferung an sich tragend nicht nachgeben will. Wir müssen daher theilen und jedes einzeln betrachten. Zuerst also werden wir sagen, unsere Verkündigungsgeschichte kann keinen Anspruch darauf machen, als Geschichte gegen die Erzählung des Matthäus von den Bedenklichkeiten des Josef und wie sie gehoben worden, aufzutreten; sondern wir werden nur mit der
25 Erzählung des Matthäus zu vergleichen haben die traditionelle Grundlage unseres Gedichtes, nemlich daß bei Maria auf eine außerordentliche Weise noch vor der Geburt Jesu Erwartungen, daß sie den Sohn Gottes gebären werde, erregt worden sind. Dieses aber vereinigt sich mit der Erzählung des Matthäus sehr leicht. Maria konnte sogar, wie billig vorauszusezen ist,
30 dem Josef erzählt haben, was ihre Erwartung begründete, und dieser, wie   35
liebend und vertrauend, wie fromm und auf den Messias hoffend wir ihn auch denken mögen, kann dennoch, wenn jene Erwartungen nur durch minder deutliche noch nicht in so bestimmte Verbindung mit wirklichen Begebenheiten getretene Zeichen begründet waren, bald mehr bald minder
35 gläubig, je näher ihm aber die Nothwendigkeit trat, sich völlig zu entschei|den, um desto mehr sich auf die zweifelnde Seite geneigt haben. Wir   47
können dann um desto unbesorgter die Erzählung bei Matthäus in der weisen Unbestimmtheit lassen, in der sie sich hält; der traditionelle Grund unseres Verkündigungsgedichtes weiset alle frevelnden Deutungen zurükk,
40 womit gemeine Hände den heiligen Schleier beschmuzen wollen, den sie

21f *Lk 1,26-38*   **23** *Mt 1,18-25*

nicht lüften können. Und grade so weit sollen wir nur in diesen Untersuchungen kommen. Was nun weiter den zweiten Moment betrifft: so müssen wir darauf beharren, daß unsere Erzählungen von der Geburt Jesu und
von seiner Darstellung im Tempel in der Hauptsache ein rein geschichtliches Gepräge tragen; ist es aber wol mit denen des Matthäus eben so? Hat   5
nicht die Erzählung von den Magiern in ihrem innersten Grunde einen ganz
symbolischen Charakter, daß sie nemlich eben dadurch, daß Jesus sogleich
auch von Heiden anerkannt worden, dem Christenthume sein Recht, sich
über das Judenthum hinaus zu erstrekken, geltend machen, und dadurch,
daß der König der Juden eben auf diese Veranlassung den neugebornen   10
Messias verfolgt, die Verwerfung des besonders über den Antheil, der den
Heiden gewährt wurde, erbitterten Volkes ahnden lassen will? Daher auch
die Verwebung dieser Erzählung mit herbeigezogenen alttestamentischen
Stellen. Und so konnte mit dieser symbolischen Erzählung, deren Ursprung
wol in den östlichen Grenzen von Palästina am besten zu suchen ist, eine   15
wirkliche Thatsache, denn rein erdichtet ist jener Kindermord wol schwer-
48   lich, in künstliche | Verbindung gebracht sein. Hier also würde Matthäus,
als dichterisches mit aufgenommen habend, zurüktreten, und Lukas das
36   geschichtliche Feld behaupten. Kann es die Glaubwürdigkeit beider Evangelisten etwa vermindern, daß jeder etwas nicht rein geschichtliches in sein   20
Geschichtsbuch aufgenommen? Gewiß nicht bei dem billigen Beurtheiler,
welcher bedenkt, theils daß alles dieses immer nur im Vorhofe des eigentlichen Gegenstandes liegt, denn der war nur das öffentliche Leben Jesu,
theils wie Dichtung und Geschichte auch in den heiligen Büchern, die unsere Verfasser am meisten vor Augen hatten, und mit denen sie und die   25
Zeitgenossen, von denen sie ihre Nachrichten nahmen und für die sie schrieben, am meisten genährt waren, nirgend ganz gesondert sind, und sie also
den sondernden Sinn, der uns eigen ist, weder haben konnten noch bedurften, theils endlich, wie weit dennoch ihr reines Gefühl sie überall entfernt
gehalten hat von der Abentheuerlichkeit und Fabelhaftigkeit verschollener   30
Evangelien, deren Sammler oder Verfasser von dem verworrenen Geiste
des rabbinischen Judenthums beseelt waren. Dieser Gegensaz erhält unsere
kanonischen Evangelisten in ihrem gerechten Ansehn, und zeigt uns den
Geist, in dem sie gehandelt haben, in seiner Würde und Heiligkeit. Und so
kann die prüfende Untersuchung des Einzelnen, wie sie uns geziemt, unge-   35
stört ihren Gang gehen. – Doch es ist übrig, noch ein Wort zu sagen über
die verschiedene zum Grunde liegende Vorstellung von dem Wohnort der
49   Eltern Jesu, ein Punkt, | über den es schwer bleiben wird aufs reine zu
kommen. Die Aussage bei Lukas, daß Josef und Maria eigentlich immer
nur in Nazaret gewohnt, liegt theils in dem poetischen Stükk theils in den   40

---

3 *Lk 2,1-40*   6 *Mt 2,1-12*

Schlußformeln, in denen nie die Genauigkeit der Erzählung selbst ist; und man kann sie daher nur als eine sehr allgemeine Voraussezung ansehen. Die Aussage des Matthäus, daß sie vorher in Judäa gewohnt, ist nur bestimmt vorhanden in Verbindung mit dem wahrscheinlich nicht geschichtlichen Theil der Erzählung, und also vielleicht nur entstanden aus der Voraussezung, daß, da Christus in Bethlehem geboren worden, auch wahrscheinlich seine Eltern da gewohnt haben. Dem aber widerspricht die Hirtengeschichte bei Lukas, welche gradezu aussagt, daß da, wo Jesus geboren worden, seine Eltern nicht gewohnt haben. Um den Lukas auf des Matthäus Seite zu ziehen müßte man annehmen, daß diese Geschichte durch sehr viele Hände gegangen sei und mancherlei Zusäze erfahren habe, was nicht sehr wahrscheinlich ist; um den Matthäus auf Lukas Seite zu ziehen, müßte man annehmen, daß seine Erzählung, die überhaupt schon etwas gelehrtes hat durch ihre Citationen, auch am Ende auf eine gelehrte Weise – denn es gehörte schon eine besondere Reflexion dazu, dieses zu finden, daß Josef mit Recht vom Philippos weniger besorgen durfte, als vom Archelaos – die fälschlich vorausgesezte späte Wanderung nach Galiläa erklären will. Die Wahl bleibe frei, denn ein drittes weiß ich für jezt nicht aufzustellen. |

Zweite Masse III, 1-IX, 50. 50

Hier finden wir von vorne herein einen genauen Zusammenhang bis IV, 15. Dann aber auch eine Schlußformel so bestimmt als eine der bisherigen, und die sich gänzlich weigert als Uebergang von einem Gegenstande zum andern, wie dergleichen auch in fortlaufender Erzählung vorkommen müssen, angesehen zu werden. Wer das Leben Christi im Zusammenhang beschreiben und also, soviel er konnte, von solchen Begebenheiten erzählen wollte, auf welchen der Ruf Christi sich gründete: wie konnte der hier schon von seinem Rufe reden, und dadurch nur den falschen Gedanken veranlassen, als ob er wissentlich einen ganzen Zeitraum übersprungen hätte? Ja nicht einmal als Uebergang zu der unmittelbar folgenden Erzählung von dem Vorfall in der Synagoge zu Nazaret lassen sich v. 14 und 15 erklären. Bei diesem Vorfall erscheint freilich Jesus schon als berühmt, aber nicht nur das, sondern er beruft sich eben so deutlich auf Wunder, die er

---

19 IX, 50] IX, 49

---

16 *Philippos war von 4 v. bis 34 n. Tetrarch der Gebiete im nördlichsten Ostjordanland, Archelaos von 4 v. bis 6 n. Ethnarch über Judäa-Samarien. D.h. Schleiermacher hätte Herodes Antipas nennen müssen, der von 4 v. bis 39 n. Tetrarch von Galiläa war (wie schon der engl. Übersetzer Thirlwall bemerkte p. 317). – Von Archelaos und Herodes Antipas handelt Paulus: Kommentar I, S. 151f.*

verrichtet. Wären also v. 14 und 15 zugesezt worden um die Lage anzudeuten, in der Jesus sich schon befand, als er in Nazaret auftrat: so würde nicht
bloß von seinem Ruhm als Lehrer, sondern auch von seinen Wundern die
Rede gewesen sein. Wie die Worte jezt lauten, können sie nur von einem
herrühren, der hier seine Erzählung von dem Anfang des öffentlichen Lebens Jesu beschloß, ohne etwas weiteres hinzufügen zu wollen. Natürlich
schließt der so, von dieser Zeit an habe | Jesus in seinem Vaterlande öffent-
lich gelehrt und sei berühmt worden. In diesem von dem folgenden ganz
abgeschnittenen Stükke nun sind auf eine wie es scheint nicht weiter trenn-
bare Weise vereiniget die Nachricht von der Taufe Christi, sein Geschlechts-
register und die Versuchungsgeschichte. Auffallend aber ist, daß auch hier,
wie bei Matthäus, ursprünglich die lezte mit der ersten zusammenhängt.
Denn nicht nur das Umkehren vom Jordan, IV, 1, bezieht sich auf III, 3,
sondern auch der Ausdrukk, daß Jesus voll gewesen des heiligen Geistes,
auf das Herabsteigen des Geistes auf ihn III, 22; und man kann IV, 1
unmittelbar an III, 22 anknüpfen, so daß die Genealogie zwischen beiden
nur gleichsam mit Gewalt eingeklemmt zu sein scheint. Aus dieser Einklem-
mung erklärt sich auch am besten die beschwerliche und vieldeutige Kürze
des v. 23, die den Auslegern so viel zu schaffen macht. Freilich läßt sich eine
gewisse Verwandtschaft des Geschlechtsregisters mit den beiden andern
Gegenständen nicht verkennen, so daß sie wol könnten ursprünglich zusammen verbunden gewesen sein. Denn die Davidische Abstammung Christi war eben sowol ein Beweis seiner Messianischen Würde, als das Zeugniß
Johannis und das göttliche bei der Taufe und als sein Sieg über den Teufel.
Aber grade das beweisende in der Genealogie ist dadurch verstekt, daß sie
bis auf Adam hinaufgeführt ist, und auch die beiden andern Erzählungen
scheinen nicht als Beweise für die höhere Würde Jesu mit einander verbun-
den gewesen zu sein, sondern als den Anfang | des Lehramtes Jesu bezeich-
nend, wie man aus der Schlußformel ganz deutlich sieht, in welche Absicht
auch das ἀρχόμενος v. 23 nach der Meinung der besten Ausleger eingeht.
Und das ist auch ganz natürlich. Daß die Taufe Jesu als Einweihung zu
seinem öffentlichen Leben allgemein angesehen ward, wissen wir auch aus
der Apostelgeschichte; und wenn die Versuchung Jesu faktisch genommen
wurde, so mußte man sie um so mehr in dieselbe Zeit sezen, als leicht
auszumitteln war, daß seitdem Christus einige Jünger als beständige Begleiter um sich versammelt hatte, dergleichen nicht vorgefallen sei. Leicht verband sich mit dieser Notiz noch eine symbolische Vorstellung, wie etwa,
daß Christus sich durch diesen Sieg über den bösen Geist erst das Recht
erworben ihn auch hernach überall zu verfolgen und zu vertreiben. Und so
wäre leicht begreiflich, wie man diese beiden Momente als den Anfang des

---

30 *Vgl. die Diskussion bei Paulus: Kommentar I, S. 175-177; Zusätze S. 139*   **33** *Apg 1,22*

öffentlichen Auftretens Jesu bezeichnend mit einander verband, woher sie
denn bei Matthäus und Markus eben sowol als hier unmittelbar auf einander folgen. Wie ist es nun mit dem Einklemmen des Geschlechtsregisters
zugegangen, und wem ist dieses zuzuschreiben? Unbedenklich schreibe ich
es Lukas, d. h. dem Ordner des Ganzen zu, und nehme an, er habe diese
Genealogie einzeln überkommen, habe früher nicht eine leichte Gelegenheit gefunden, sie einzurükken, und ihr nun aus Noth, auch nicht auf die
leichteste Weise, den einzigen Ort angewiesen, der noch übrig war. Denn
vor die erste Masse konnte er sie nicht stellen, | da er dann hätte rükwärts   53
gehen müssen von Jesus zu Zacharias. Innerhalb derselben wäre die
schiklichste Stelle sie einzuschieben gewesen nach II, 7 oder nach II, 20;
allein er scheint ungern daran gegangen zu sein, auseinander zu sprengen,
was er schon gebunden fand. Hinter die erste Masse II, 40 konnte er sie
freilich auch stellen; allein da diese mit der Rükkehr nach Nazaret schloß,
und seine nächste Erzählung mit der Reise von Nazaret nach Jerusalem
anfing: so ließ er natürlich diese folgen, und legte die Genealogie noch
zurük. Hinter dieser Erzählung hätte sie aber ganz fremd und schlecht
gestanden, und es blieb ihm also nichts übrig, als nun doch sie zwischen
etwas schon verbundenes einzuschieben, wobei er daher lieber die Fuge
etwas scharf durchblikken läßt, als daß er mehr als höchst nothwendig von
seinem eigenen hinzugethan hätte. Was beiläufig gesagt die Genealogie   40
selbst betrifft, so ist die leichteste Annahme offenbar die, daß Eli und Jakob
Halbbrüder gewesen, und der Fall einer Leviratsehe eingetreten sei. Nur
muß man einen Schritt weiter gehend sagen, die eine Genealogie also sei die
der jüngern Brüder Josefs, die ein minder kundiger, welcher diesen Umstand entweder nicht wußte oder nicht beherzigte, irgendwoher sich verschafft hatte, und nun glaubte die Genealogie Josefs selbst zu besizen; ein
Vorwurf, welchen wir immerhin auf unserm Evangelisten, der ja vielleicht
gar kein geborner Jude war, noch lieber als auf einem seiner Vordermänner
können ruhen lassen. |

Ist also das Eintreten des Geschlechtsregisters an diesem Orte so er-   54
klärt, und vergleichen wir nun die Nachricht von der Taufe und die
Versuchungsgeschichte, wie wir beides hier, und wie wir es bei Matthäus
finden: so zeigt sich freilich eine bedeutende Verschiedenheit beider Texte,
die es fast unmöglich macht, beide für eine und dieselbe etwa nur verschieden übersezte Erzählung zu halten; und hierüber muß man sich allerdings
wundern, eben weil doch beide Begebenheiten auf dieselbe Weise aneinan-
dergereiht sind, und auch wieder in vielem so genau zusammenstimmen.
Am leichtesten allerdings kann man sich das Verhältniß der Versuchungs-

---

15 *Lk 4,16-30*   **22** *Lk 3,23/Mt 3,16. Vgl. die Überlegung bei Paulus: Kommentar I,*
S. 177f   **33** *Mt 3,13-17; 4,1-11*

geschichte erklären. Die Sache anlangend, so kann ich sie weder als Ekstase ansehn, denn es fehlt an allen Beispielen ekstatischer Zustände in der Geschichte Christi, noch als eine äußere Darstellung dessen was innerlich in Christo vorgegangen. Denn wenn er auch nur auf die flüchtigste Weise solche Gedanken gehegt, so ist er nicht Christus mehr, und diese Erklärung 5 erscheint mir als der ärgste neoterische Frevel, der gegen seine Person begangen worden. Wenn man sie nun als eine Thatsache eben so wenig kann gelten lassen: so bleibt wol das natürlichste, sie, wie auch andere schon gethan, als eine Parabel anzusehn. Drei Hauptmaximen Christi für sich und für die, welche durch ihn mit außerordentlichen Kräften ausgerüstet 10 sein Reich fördern sollten, sind darin ausgedrükt: die erste, kein Wunder zu thun zum eignen Vortheil selbst unter den dringendsten Umständen, die an|dere, nie in Hofnung auf den außerordentlichen göttlichen Beistand etwas zu unternehmen, was, wie das Herablassen von der Zinne des Tempels, weil es in dem natürlichen Gang der Dinge nicht liegt, nur aben- 15 theuerlich sein würde; endlich die dritte, niemals, auch nicht wenn der größte Vortheil unmittelbar dadurch zu erreichen wäre, sich in eine Gemeinschaft mit den Bösen oder gar in eine Abhängigkeit von den Bösen einzulassen; und stärker konnte Christus sich nicht gegen jede entgegengesezte Handlungsweise erklären, als wenn er sie dem Satan zuschrieb. Daß 20 wir hier ein solches Compendium messianischer und apostolischer Weisheit finden, und daß grade die Entwiklung der satanischen Gedanken am meisten herausgehoben ist, die Beantwortung derselben dagegen zurüktritt, macht diese Ansicht sehr wahrscheinlich. In einem solchen Sinn also hat Christus seinen Jüngern diese Parabel vorgetragen; denn daß einer der 25 Apostel sie in demselben Sinne sollte erfunden haben, ist schon minder wahrscheinlich. Leicht aber konnte sie schon in der zweiten und dritten Hand geschichtlich verstanden werden, eben so leicht aber auch ohnerachtet dieser Umdeutung im wesentlichen übrigens unverändert durch sehr viele Hände gehn. Die Folge der Versuchungen, wie Matthäus sie angiebt, ist die 30 richtigste, wenn man auf die Bedeutung der Parabel sieht; die Umstellung derselben im Lukas scheint mehr auf die Einkleidung berechnet; denn sie kann erklärt werden aus der Ueberlegung, wie unwahrscheinlich es sei, daß | Christus mit dem Teufel erst solle aus der Wüste nach Jerusalem gegangen sein und von da wieder ins hohe Gebirge, da dieses und die Wüste 35 eher nahe bei einander zu denken ist. Alle Abweichungen des Lukas vom

---

1 *Paulus referiert zustimmend die „Hypothese von einer traumartigen Vision oder Ekstase Jesu" (Kommentar I, S. 245).*   **3** *Vgl. Paulus: „Das Ganze vielmehr ist in sich vollendet und zusammenhängend, wenn die Erzä[h]lung von Anfang bis ans Ende Erzä[h]lung eines innern Erfolgs in Jesus ist." (Kommentar I, S. 245) Vgl. S. 245-251, wo der „Zustand des halben Bewußtseins", der „traumartige Zustand" (247), der „schlafartige Zwischenzustand" (248) ausgemalt wird.*   **6** *neoterisch: neuerungssüchtig*

Matthäus hängen mit dieser Umstellung zusammen: so wie der Kern aller Uebereinstimmungen der Dialog zwischen Christo und dem Teufel ist, der sich auch natürlich am meisten unverfälscht erhalten mußte. Wir haben also hier eine Umarbeitung, die man indeß nicht glüklich nennen kann, da sie auf etwas der ersten Erfindung ganz fremdes ausgeht. Im Markus nun ist der Kern ganz verschwunden, und nur die Schale übrig geblieben, mit einem abentheuerlichen Zuge vermehrt, indem er, man sieht gar nicht ein warum, Christum in die Gesellschaft wilder Thiere bringt, die in den sogenannten Wüsten Palästinas doch nicht können in Haufen einheimisch gewesen sein. Daß aber diese Parabel einmal geschichtlich verstanden immer in Verbindung mit der Taufe Christi erzählt wurde, geht recht aus Markus hervor, der grade nur deshalb scheint die Sache nicht ganz übergangen zu haben, und ist überhaupt, da Christus sie wahrscheinlich selbst in diesen Zeitpunkt gelegt hatte, sehr natürlich, auch ohne Urevangelium. Vielmehr ist nicht zu begreifen, wie, nach Eichhorn, grade das wenige, was Markus über diese Sache sagt, sollte ins Urevangelium aufgenommen worden sein, recht um der Willkühr ein höchst bedenkliches Spiel zu eröfnen in Ausmalung dieser Versuchungen Christi.– Wie nun die Versuchungsgeschichte über|arbeitet ist bei Lukas, so ist es auch wol die Nachricht von der Taufe Christi. Die Verschiedenheit der Person, in der die himmlische Stimme redet, ist zwar leicht zu erklären als verschiedene Uebersezung aus dem Aramäischen, worin keine Person ausgedrükt war, sondern wol nur stand, „Siehe da mein geliebter Sohn!" Aber der Zusaz ἐν σωματικῷ εἴδει ist doch hineingearbeitet bei Lukas, wahrscheinlich um dieses Herabsteigen des Geistes zu unterscheiden von denjenigen Ereignissen, die öfter bei der Taufe der Christen vorkamen, und als Zeichen der Besiznahme des Geistes angesehen wurden. Hier nemlich schloß man die Anwesenheit des Geistes grade aus den lauten und begeisterten Aeußerungen christlicher Gesinnung; dort aber betete Christus, auch ein Zusaz unserer Erzählung, und da dies wol nur in der Stille geschah, konnte auch das Herabsteigen des Geistes nur wahrgenommen worden sein durch das Gesicht. Dagegen fehlt in unserer Erzählung das bei Matthäus vor der Taufe hergehende Gespräch Johannis mit Jesu, und indem das göttliche Zeichen zur Hauptsache gemacht, das Getauftwerden Christi selbst nur in der indirecten Rede vorgetragen ist, zeigt das ganze einen sehr verschiedenen Charakter. Und man muß gestehen, wie die Verbindung der Taufe und der Versuchung aus den angeführten Gründen uns gar nicht nöthiget ein Urevangelium anzunehmen: so werden vielmehr bei Voraussezung eines solchen grade diese Abweichun-

---

5 *Mk 1,12f*   **15** *„Wahrscheinlich aber war die Nachricht davon ganz kurz und enthielt wohl nur das Wenige, was wir im Markus jetzt noch lesen." (Einleitung I, S. 206)*   **20** *Lk 3,22 – Mk 1,11 – Mt 3,17*   **22** *Vgl. Eichhorn: Einleitung I, S. 202*   **29** *Lk 3,21*   **32** *Mt 3,14f*   **37** *Vgl. Eichhorn: Einleitung I, S. 205f*

gen der einen Erzählung von der andern nur schwer zu begreifen. Um nun
58 auch hier, | wiewol nur beiläufig, etwas über die Sache selbst zu sagen: so
kann auch wol dieses göttliche Zeichen nicht in der Gegenwart einer großen Volksmenge vorgefallen sein. Denn die Spuren von der großen Wirkung, die ein solches hervorgebracht haben müßte, fehlen ganz. Christus   5
mußte schon getauft sein, als die Gesandtschaft des hohen Rathes an Johannes kam, das lehrt der Zusammenhang der Johanneischen Erzählung so
deutlich, daß ich mich nur wundern kann, wie man das Gegentheil annehmen konnte. Also hätte Johannes nicht den Messias als zwar schon vorhanden aber ganz unbekannt schildern können, wenn er auf eine so öffentliche   10
Weise wäre proclamirt worden, und würde auch nicht am folgenden Tage
zu seinen Schülern von diesem Zeichen haben reden können, als von etwas,
das offenbar nur ihm begegnet war. War also Johannes bei der Taufe mit
Jesu allein: so müssen auch alle Erzählungen hievon aus der seinigen her-
vorgegangen sein. Diese aber, wie sie uns sein Schüler Johannes Zebedäi   15
mittheilt, weiß von keiner himmlischen Stimme; sondern nur das Herabsteigen des Geistes ward dem Täufer nach einer ihm gewordenen Verheißung zum göttlichen Zeugniß, daß dieses der Messias sei. Auch kann er
nicht vor diesem Zeichen Jesum haben abhalten wollen sich taufen zu lassen, da er versichert, ihn vorher nicht gekannt zu haben. Wodurch aber und   20
auf welche Weise Johannes wahrgenommen, daß der Geist auf Jesu ruhe,
sagt er uns nicht, und da beide allein waren, können ihm gar wohl auch
59 Reden | Jesu hievon das Zeichen gewesen sein. Hier haben wir also in bei-
den Evangelien bei Matthäus und Lukas überarbeitete und von dem einzigen Bericht, der zum Grunde gelegen haben kann, etwas abweichende Er-   25
44 zählungen. Sowol das übereinstimmende als das abweichende in beiden
erklärt sich sehr leicht aus dem sinnlichen Bilde, das sich einprägen mußte,
wenn man die Johanneische Erzählung vereinzelt und vielleicht nicht immer ganz gleich vorgetragen hörte, ohne daß an eine eigentliche Verfäl-
schung, die man, wem es auch sei, irgend zur Last legen könnte, auch nur   30
zu denken wäre. Nur das Gespräch bei Matthäus verrät eine von der Ein-
falt abweichende vermeintlich verbessernde Willkühr. Die strenge Ausmittelung der äußern Thatsache aus diesen verschiedenen Erzählungen war kein
Bedürfniß jener Zeit und jener Hörer, sondern ziemt nur uns, dem kritischen Zeitalter, dem eben deshalb die ursprüngliche Erzählung neben den   35
abgeleiteten übrig blieb. – Endlich ist uns von diesem Stükk noch übrig der

---

7 *Joh 1,19-37*   15 *Daß Johannes der Evangelist Schüler Johannes des Täufers gewesen sei,
lehrt J.G. Eichhorn: Einleitung in das neue Testament. Zweyter Band, Leipzig 1810, S. 102f.
So auch Gottlob Christian Storr: „Ohne Zweifel war der ungenannte Johannis-Jünger unser
Evangelist selbst." (Ueber den Zwek der evangelischen Geschichte und der Briefe Johannis.
2. verb. Aufl. Tübingen 1810, S. 13) (Von Schleiermacher 1820 erstanden.)*   16 *Joh
1,32f*   19 *Mt 3,14*   20 *Joh 1,33*

vor der eigentlichen Erzählung von der Taufe Jesu hergehende Bericht von
Johannes dem Täufer selbst. Ueber diesen ergiebt sich aus der Vergleichung
des Matthäus und Lukas auf das bestimmteste, daß beiden Berichten Ein
Aufsaz zum Grunde liegt, der ohne besondere Rüksicht auf das Verhältniß
5 des Johannes zu Jesu und ohne von der Taufe Christi Nachricht zu geben,
also auch wahrscheinlich nicht von einem Christen verfaßt, Denkwürdig-
keiten aus dem öffentlichen Leben des Johannes enthielt, und mit seinem |
öffentlichen Auftritt anhebend, mit seiner Gefangennehmung schließend, 60
erst seine Person und Lebensweise beschreibend, dann den allgemeinen
10 Typus seiner messianischen Lehre verzeichnend, dann deren Anwendung
auf verschiedene Volksklassen gnomisch ausführend und zulezt sein Verhältniß zur Priesterschaft und zum Herodes darstellend, ein wohlgeordnetes
und abgeschlossenes geschichtliches Ganze war, desgleichen wir mit Ausnahme des Johanneischen Evangeliums über Jesum keines haben, wie denn
15 auch leichter war solche Denkwürdigkeiten über Johannes zu schreiben,
dessen öffentliche Erscheinung sowol kürzer war als auch besonders weit
einfacher. Dieser Aufsaz nun ist im Matthäus und Lukas auf verschiedene
Weise epitomirt; aber, sehr glüklich für uns, so daß beide einander ergänzen, sogar aus dem Matthäus ein kleines Versehen bei Lukas sich berichti-
20 gen läßt, und aus beiden zusammen das Ganze wenigstens seiner Anlage 45
nach, wiewol es auch von sehr großem Umfange nicht füglich gewesen sein
kann, so wie ich es eben beschrieben, leicht zu construiren ist. Daß in
diesem Aufsaz der Taufe Jesu nicht erwähnt war, erhellt deutlich theils aus
Lukas, in dem dann auch wol der Taufe vor der Gefangennehmung würde
25 erwähnt worden sein, theils aus Matthäus, der offenbar auch einen ganz
neuen Ansaz nimmt, wo er anfängt von der Taufe zu erzählen. Daß aber
dieser ganz geschichtliche Aufsaz sollte ein Ganzes ausgemacht haben mit
jenem poetisirenden, der den Anfang unseres Evangeliums bildet, bloß
we|gen ἐν ταῖς ἐρήμοις I, 80 und ἐν τῇ ἐρήμῳ III, 2. dies ist eine Ansicht, die 61
30 ich mit Paulus nicht theilen kann; sondern jene Worte sind eben nur daraus
zu erklären, daß allgemein bekannt war, Johannes sei zuerst in der Wüste
öffentlich aufgetreten. Soll uns aber etwa diese Entdekkung nöthigen zu
einem Urevangelium unsere Zuflucht zu nehmen? Will man sagen, daß bei
Matthäus und Lukas Taufe und Versuchung verbunden worden, könne
35 man sich gefallen lassen, denn das liege in der Sache; aber daß auch beide
eine ausführliche Nachricht über Johannes den Täufer vorausschikken,

---

1 *Mt 3,7-10; Lk 3,7-9*   **4** *Daß Mt und Lk aus derselben „Urerzählung" exzerpiert hätten,
die sich aus beiden rekonstruieren lasse, ist die These von Paulus (Kommentar I, S. 181-
184).*   **19** *Vermutlich die Präzisierung von „Menge" (Lk 3,7) durch „Pharisäer und
Sadduzäer" bei Mt (3,7). Vgl. Paulus: Kommentar I, S. 183.*   **30** *Vgl. Kommentar I, S. 182*
33 *Wie Eichhorn: Einleitung I § 58, der den „Urtext" aber vor allem aus Mk herstellt
(S. 189f)*

weise deutlich auf eine solche gemeinschaftlich leitende Quelle hin? Ich
denke nicht, daß man das sagen wird, wenn man bedenkt, wie nothwendig
eine Einleitung dieser Art war zu einer Zeit, wo das Andenken des Johannes
im Allgemeinen schon nicht mehr ganz hell war, und wo man überdies
anfing Nachrichten von Jesu für solche seiner Verehrer zu sammeln, die   5
über seinen Vorläufer sonst woher wenig oder nichts wissen konnten, wie
erwünscht es daher sein mußte, einen solchen Aufsaz über diesen zu finden,
aus dem jeder nehmen konnte, was ihm am meisten zusagte. Auf solche
Weise also erhielt Lukas, als er Nachrichten suchte vom Anfang des Lehr-
amtes Jesu, diese drei Abschnitte, den Auszug aus den Denkwürdigkeiten   10
des Johannes, die Nachricht von der Taufe Christi und die Versuchungsgeschichte zwar in einer etwas andern Abfassung wie Matthäus, aber doch

62; 46 in demselben Zusammenhang. – Wenn er nun aber diese drei | Abschnitte
schon verbunden fand, wie ich vornemlich deshalb vorausseze, weil ich
glauben muß, daß die Genealogie, gezwungen wie sie dasteht, erst nach-   15
dem jene Erzählungen schon verbunden waren, dazwischen geschoben
worden, und ich sie doch nicht für eine später als das Ganze gebildet worden entstandene Interpolation halten kann: so kommt Lukas um den Ruhm
der III, 1 enthaltenen chronologischen Bestimmung, den er so lange besessen, und den man ihm als Beweis eines besseren Begriffs von Geschicht-   20
schreibung so hoch anzurechnen pflegt. Ich glaube ihm aber einen Dienst
zu thun, wenn ich ihn von diesem Ruhm vielmehr befreie. Denn warlich
diese Zeitbestimmung war sehr verdienstlich und wohl angebracht in einem Aufsaz über den Johannes; aber ist es eben sehr löblich in einer Le-
bensgeschichte Christi genauer anzugeben, wann Johannes öffentlich auf-   25
getreten, als wann Christus angefangen zu lehren, oder wann er geboren
worden? und soll es sehr gerühmt werden, daß Lukas seine Zeitbestimmungen unzusammenhängend und unzwekkmäßig an drei verschiedene
Orte vertheilt habe? Rührte diese Bestimmung von ihm her, und wäre sein
Verdienst: so würden wir sie bei der Genealogie finden, und er würde hin-   30
ter seiner Nachricht von der Taufe Christi geschrieben haben, Ταῦτα δὲ
ἐγένετο ἐν ἔτει etc. ὄντος τοῦ Ἰησοῦ ὡσεὶ ἐτῶν etc., wobei wir freilich um
vieles besser gefahren wären. Nun aber ist er es eben nicht, von dem diese
Bestimmung herrührt, sondern ein früherer, der von jenen andern Anga-

63 ben | nichts wußte, und darum kann sie hier nicht genauer sein, und sich   35
nicht besser gestellt finden.

Die unmittelbar IV, 16-30 folgende Erzählung hat unfehlbar dieselbe
Begebenheit zum Gegenstand, welche Matthäus XIII, 54-58 etwas anders
berichtet. Denn wäre die unsrige früher: so konnten die Nazaretaner bei
einer zweiten Erscheinung Christi wol nicht mehr fragen, πόθεν τούτῳ ἡ   40

---

40 Mt 13,54

σοφία αὕτη, worauf doch eigentlich alles bei Matthäus beruht. Ist die bei
Matthäus die frühere: so konnte Jesus bei seinem zweiten Auftreten nicht
mehr sagen, Heute ist diese Schrift erfüllt, ohne hiebei und in seiner weiteren Verantwortung, auf seine frühere Anwesenheit sich so zu beziehen, daß
5 unsere Erzählung bei ihrer großen Lebendigkeit die Spuren davon an sich
tragen müßte. Auch hier also sind zwei ursprünglich verschiedene Erzählungen derselben Thatsache; aber ein ganz wunderliches haltungsloses Ding
würde eine dritte urevangelische werden, die nur das gemeinschaftliche von
beiden enthielte, denn sie müßte ganz ohne Schluß einhergehn. Zu vereini-
10 gen sind übrigens beide wol nur dadurch, wenn man annimmt, die des
Matthäus gehe zurükk auf eine unvollständige nur gelegentliche Erwähnung der Sache, und der Schluß sei ein Zusaz einer späteren Hand, welche
erst aus jener Erwähnung eine eigene Erzählung machte, und den tumul-
tuarischen Ausgang, bei dem es jedoch auf das Leben Jesu gar nicht ab-
15 gesehen gewesen zu sein scheint, nicht erwähnt findend, einen sehr natür-
lichen aber | unbestimmten hinzufügte. Für unsre Erzählung hingegen ist
grade dieser Ausgang, und wie es sich aus dem anfänglichen Beifall und
Erstaunen so wendete, die Hauptsache. Sie ist höchst lebendig, zugleich
aber sehr frei vorgetragen, und Hebraismen sind darin fast nur auf die Rede
20 Christi beschränkt, so daß ich nicht glauben kann, daß sie aus dem
Aramäischen übersezt, sondern nur etwa, daß sie nach einer aramäischen
mündlichen Erzählung eines Augenzeugen griechisch niedergeschrieben
worden. Ob von Lukas selbst mag ich nicht entscheiden. Daß er aber die
Erzählung hieher gestellt, ist gewiß, wie auch sonst schon bemerkt worden,
25 deshalb geschehen, weil er diese Begebenheit für den Grund hielt, warum
Jesus seinen Aufenthalt nicht in Nazaret sondern in Kapernaum genommen. Mit Unrecht offenbar. Denn die Erzählung sezt grade einen längern
Aufenthalt in Kapernaum voraus und nicht etwa nur einige Tage, und eine
längere Abwesenheit von Nazaret auch. Das muß jeder fühlen, der sich
30 dem Eindrukk der Erzählung unbefangen hingiebt; es nicht gefühlt zu haben kann man aber dem Lukas verzeihen, der grade nach einem solchen
Grunde suchte, und daß er dieses that, muß man loben, so daß selbst dieses
Versehen im Ganzen mehr für ihn spricht als wider ihn. Doch läßt sich auch
denken, daß vielleicht nicht ohne dieses bemerkt zu haben, Lukas dennoch
35 durch die Art, wie sich ihm das folgende darbot, veranlaßt worden ist,
dieser einzelnen Erzählung lieber ihre Stelle | hier anzuweisen, als verbun-
denes zu trennen, oder sie zu spät anzubringen.
  Es folgen nemlich jezt eine Menge von einzelnen Erzählungen, alle
entweder offenbar aus Kapernaum, oder wenigstens allen Anzeigen nach
40 von dort und der Gegend her, IV, 31-44; V, 1-11, 12-16, 17-26, 27-39; VI,

Marginal line numbers and references:
47 (line 2)
64 (line 16)
48 (line 33)
65 (line 36)

---

3 *Lk 4,21*   24 *Vgl. Eichhorn: Einleitung I, S. 214f*

1-11, 12-16, 17-49; VII, 1-10. Als ursprünglich einzelne Erzählungen geben sie sich zu erkennen theils durch ihre Schlußformeln und das öftere in
einer fortlaufenden Erzählung ganz überflüssige und kaum zu begreifende
Wiederkehren der Formeln von dem sich ausbreitenden Ruf Christi; theils
auch durch ihre abgebrochenen auf gar keine Verbindung mit etwas frühe-   5
rem Anspruch machenden Anfänge. Es unterscheiden sich aber die ersten
von den lezten ganz auffallend dadurch, daß die ersten lediglich Berichte
von Wunderthaten Jesu enthalten, und alles Reden und Lehren Jesu ganz in
den Hintergrund tritt, oder nur etwa als Veranlassung erwähnt wird; in den
lezten hingegen sind Reden Christi, entweder zusammenhängende Reden   10
oder Gespräche oder kurze treffende Antworten die Hauptsache, und das
Wunderthätige, wo es vorkommt, wird nur als Veranlassung erwähnt.
Hiemit hängt ein anderer Unterschied zusammen, daß nemlich bei den
lezteren fast gar nicht jene ins allgemeine zurükkehrenden Schlußformeln
gefunden werden. Ganz natürlich: denn eine Rede hat ihren Schluß in sich,   15
und niemand verlangt nach etwas mehrerem, und eben so ist ein Gespräch
mit einer schlagenden Antwort völlig abgeschlossen. Diese Bemerkung über |
das Aehnliche in dem aufeinander folgenden, über die gleiche Lokalität
und den Mangel an Zusammenhang führt ganz von selbst auf den Gedanken von zwei Sammlern, die von verschiedenen Gesichtspunkten ausge-   20
hend sich Nachrichten über Jesum aus der Gegend seines gewöhnlichen
Wohnortes verschafft haben, deren einer nemlich nur nach merkwürdigen
Handlungen, der andere nur nach merkwürdigen Reden Jesu gesucht hat;
sei es nun, daß sie sich selbst dorthin begaben, oder daß sie anderwärts
Gelegenheit hatten, dortige Einwohner aus jener Zeit zu befragen. Beide   25
Sammlungen sind dem Lukas zu Handen gekommen, und er theilt sie unmittelbar hinter einander mit; vielleicht auch waren sie schon früher durch
Vermittlung der Erzählung von dem Gelähmten, die ziemlich das Gleichge-
wicht hält zwischen beiden Charakteren, in Eine verbunden worden. Denn
dergleichen wird sich wol niemand anmaßen wollen bestimmt zu entschei-   30
den. Gehen wir zu dem einzelnen: so wird freilich manche Schwierigkeit
entstehen, aber sich auch heben lassen, und manche Bestätigung wird noch
hinzukommen.
      Der Anfang der ersten Erzählung IV, 31 ist so beschaffen, daß man ihn
durch ein bloßes Komma an das Ende der vorigen anschließen kann. Denn   35
man lieset ohne Anstoß αὐτὸς δὲ διελθὼν διὰ μέσου αὐτῶν ἐπορεύετο καὶ
κατῆλθεν εἰς Καπερναούμ, und nach Γαλιλάιας ein Punkt sezen; ja man muß

---

1 12-16, 17-49; VII, 1-10] VI, 12-13-VII, 10   37 und nach] *Kj SW* und kann nach
37 Punkt] *Neutrum zeitgenössisch möglich (vgl. J.C. Adelung: Grammatisch-kritisches Wör-*
terbuch der Hochdeutschen Mundart III, 2. Aufl., 1798, Sp. 1178)

---

28 *Lk* 5,17-26

fast so lesen, weil ἐπορεύετο für sich allein einen gar schlechten Schluß
macht. Dies mag Lukas selbst be|wirkt haben, es sei nun, daß er zuerst die   67
vorige Erzählung schriftlich verfaßt, und so den Anfang der folgenden hin-
einverschmolzen hat, oder daß er sich nur hier ausnahmsweise, eben weil er
5   aus bestimmten Gründen der vorigen Erzählung grade diesen Plaz anweiset,
erlaubet habe Ende der einen und Anfang der andern ein weniges umzuän-
dern, oder daß gradezu v. 31 und 32 noch Schluß der vorigen Erzählung ist.
v. 37 sieht allerdings auch einer Schlußformel ähnlich, und man könnte
Lust haben das folgende abzusondern, wenn es nicht auf eine zu bestimmte
10   Weise angeknüpft wäre, so daß man die Heilung im Hause des Petrus mit
dieser auf einen Tag legen, oder wenigstens annehmen muß, daß der Erzähler es so vorgetragen, worin eher freilich einer, der sabbathlich Jesum in der
Synagoge hörte, und sich nur bestimmt erinnerte, diese Heilung sei nach
dem Ausgang aus der Synagoge geschehen, leicht irren konnte. Daß nun
15   aber noch an demselben Abend eine Menge Kranker vor Jesum gebracht   *50*
worden, das muß Wunder nehmen, wenn er damals in Kapernaum wohnte,
und also täglich zugänglich war. Es erklärt sich nur aus seiner am nächsten
Morgen erfolgten Abreise, welche also bestimmt und bekannt muß gewesen sein, ohne welche Voraussezung man auch den 42sten Vers nicht be-
20   greift. Denn daß Christus des Morgens in eine einsame Gegend spaziret,
konnte für sich kein Nachströmen und Zurükhalten veranlassen. Bei Markus I, 36, 37 scheint auch Simon mit den andern Vertrauten Jesum zu
suchen, allein das ist | nur Undeutlichkeit oder Mißverstand. Jesus war   68
vorangegangen, die Jünger gehn nach, wohl wissend, wo er war – wiewol
25   des Markus Referent sich dieses Verhältniß vielleicht nicht deutlich gedacht hat – und Simon unterrichtet nur Jesum von dem Andrängen und
den Wünschen des Volkes. Matthäus, VIII, 14–17, verschweigt die Abreise
ganz, wodurch die gehäuften Heilungen, die er auch erwähnt, völlig unverständlich werden. Wenn er hingegen diese Begebenheit unmittelbar an eine
30   andere anzuknüpfen scheint, von welcher er bestimmt erzählt, daß sie beim
Eintritt in Kapernaum vorgefallen: so ist das wol höchst unwahrscheinlich,
und man muß lieber, wie das so oft bei ihm auch mit τότε und ähnlichen
Formeln der Fall ist, die Worte καὶ ἐλθὼν ὁ Ἰησοῦς εἰς τὴν οἰκίαν Πέτρου als
einen ganz abgebrochenen Anfang ansehn, der keinen Zusammenhang mit
35   dem vorigen beweiset. Uebrigens bringt zwar jeder von der Heilung der
Schwiegermutter des Petrus irgend einen einzelnen Umstand bei, die sich
auch alle sehr wohl vereinigen lassen, und alle drei Erzählungen scheinen
also auf Augenzeugen zurükgeführt werden zu müssen, doch aber darf man

---

1 ἐπορεύετο] ἐπορεύτο

---

10 *Lk 4,38-39*   **15** *Lk 4,40-41*   **33** *Mt 8,14*

nicht schließen, daß diese grade zur Hausgesellschaft Christi gehört haben:
sondern sich nur erinnern, daß Jesus gewiß jedesmal aus der Synagoge von
den Angesehensten unter seinen Beifallgebenden Zuhörern ist nach Hause
begleitet worden. Aber wenn in Gegenwart dieser Begleiter, die es eben
erzählt haben müssen, die Heilung vorgefallen ist: so wird gar sehr unwahr-   5
69; 51   scheinlich, daß | der rasche Mann Petrus der Schwiegermutter, die ja wol
eben im Paroxysmus lag, weil man sonst die Heilung nicht hätte bemerken
können, vorher sollte erzählt haben, was sich in der Synagoge so eben
begeben. Auch war das um so weniger nöthig, als Jesus damals schon länger in Kapernaum gelehrt, und also auch schon manchen geheilt hatte.   10
Denn mitten aus einem solchen Leben heraus erzählen Markus und Lukas
die Sache. Ich bemerke nur noch, wenn wir uns in diesem Theile seines
Buches den Lukas als eigentlichen Schriftsteller denken, wie wunderlich
und fast unverzeihlich wäre es dann, einen Mann wie Simon, der im ganzen
Leben Jesu eine solche Rolle spielt, so wie es hier geschieht, gleichsam ganz   15
ohne Sang und Klang zum ersten male in das Buch einzuführen! wie viel
besser sind dann Matthäus und Markus, welche die folgende Geschichte
voranstellen. Und wie wäre es möglich, daß Lukas sie beide sollte vor sich
gehabt, und doch selbst so geschrieben haben! Eher sollte man umgekehrt
glauben, er habe jenen zum warnenden Beispiele gedient! Dasselbe gilt   20
wenn Lukas ein Urevangelium als zusammenhängende Grundlage vor sich
gehabt. Ganz anders aber, wenn er auch hier nur ein vorgefundenes
mittheilt. Denn wer einzeln diese Geschichte einem erzählte oder aufschrieb,
der sonst her wissen mußte, wer Petrus war, konnte keinen Beruf haben,
ihn ordentlich einzuführen und vorzustellen.   25
Was die zweite Erzählung V, 1-11 berichtet, kann unmöglich nach
70   jener Heilung | der Schwiegermutter des Petrus vorgegangen sein, sondern
nothwendig früher; auch kann diese Erzählung nicht ursprünglich mit der
vorigen zusammengehangen haben. Lezteres nicht, weil mit dem allgemeinen, daß Jesus nun in andern Synagogen Galiläas gepredigt habe, sein   30
Kommen an den See gar nicht in Verbindung gesezt, und weil von Petrus
gar nicht geredet wird, wie von einem, von dem schon eben vorher die Rede
war. Auch ist es an sich schon sehr wunderlich was Paulus thut, das ἐν τῷ

---

6 Vgl. Paulus: „*Die Gegenwart, Theilnahme, Berührung und ein gewisses Sprechen gegen das
Fieber (Luk. 4,39) von dem heiligen Mann, – vor welchem, wie der rasche Mann, Petrus, ihr
ohne Zweifel zuvörderst erzählt hatte, so eben in der Synagoge ein Dämon gewichen war –
befreyen sie schnell von ihrem Uebel.*" (Kommentar I, S. 287)   **11** Mk 1,29-31   **17** Mt
4,18-22; Mk 1,16-20   **17** Lk 5,1-11   **30** Lk 4,44   **33** Paulus (Kommentar I, S. 284-
290) fügt zwar gemäß Mk/Mt die Geschehnisse in Kapernaum mit der Jüngerberufung zusammen und malt diese mit Lk 5,1-11 aus (S. 288f), leitet dieses „Fragment" aber aus einem
Apomnemoneuma ab, „das mit dem vorherbenuzten nicht zusamenhieng. Denn dieses (4,44.)
rückt schon weiter hinaus in die Reise durch Galiläa, welche erst nach dem ηκολουτησαν
αυτου des 5,11 erfolgte." (S. 316)

τὸν ὄχλον ἐπικεῖσθαι αὐτῷ – καὶ αὐτὸς ἦν ἑστὼς παρὰ τὴν λίμνην Γεννησαρέτ
mit dem vorigen καὶ ἦν κηρύσσων ἐν ταῖς συναγωγαῖς τῆς Γαλιλαίας in   52
Verbindung zu bringen, und hieraus Schlüsse über die Folge der Begebenheiten zu ziehen. Hingen diese beiden Stellen zusammen: so fehlte of-
5   fenbar ein mit wenigen Worten herzustellendes Zwischenglied, das also
nicht leicht jemand würde ausgelassen haben, daß nemlich Jesus nicht nur
in den Synagogen gelehrt, sondern daß das Volk ihm auch, wenn er von
einem Ort zum andern ging, nachgeströmt sei um sich belehren zu lassen.
Ueberhaupt aber wird dieses Nachströmen und Sammeln des Volkes in der
10 Darstellung von Paulus gleichsam etwas beständiges gar nicht an besondere Veranlassungen gebundenes ganz wunderbar und dem unbefangenen
Beobachter höchst unwahrscheinlich. – Ersteres, daß nemlich die Begebenheit am See früher muß erfolgt sein als die im Hause des Petrus, sollte
eigentlich keines Beweises bedürfen: aber auch angesehene Männer haben
15 sich die Sache so gedacht. Wie? | wenn unser Erzähler voraussezte, damals   71
habe schon ein näheres Verhältniß zwischen Jesus und Petrus bestanden,
konnte er so schreiben, εἶδε δύο πλοῖα – καὶ οἱ ἁλιεῖς – ἐμβὰς δὲ εἰς ἕν ὃ ἦν τοῦ
Σίμωνος? Hätte er nicht sagen müssen, „Da Jesus vom Volk gedrängt war,
freute er sich, grade des Petrus Schiff zu sehen, und stieg hinein, und rief
20 dem Petrus, der eben die Neze wusch, er solle abstoßen"? Klingt nicht was
unsre Erzählung giebt, völlig fremd? Nicht so zwar, daß nicht Petrus sollte
Jesum gekannt haben, wenn auch nur von der Synagoge aus; aber so doch
daß er ihn gewiß damals noch nicht näher angegangen ist. Doch man könnte sagen, dies komme lediglich auf Rechnung unseres Erzählers, der viel-
25 leicht, der Menge angehörend die Christus eben lehrte, von seinem längst
bestehenden Verhältniß zu diesen Fischern nichts gewußt. Aber Petrus
selbst, wie erscheint uns der unter dieser Voraussezung? Nachdem Jesus
einem profetischen Dämon geboten, nimmt Simon den Wunderthäter ganz
ruhig mit nach Hause, und auch die Heilung der Schwiegermutter bringt
30 ihn nicht aus seiner Gemüthsruhe; nun aber die vielen Fische kommen nach
langer vergeblicher Mühe, und wo er sie am wenigsten erwartet hatte, nun   53
glaubt er auf einmal die Nähe des heiligen Mannes nicht aushalten zu
können? Dieser Simon wäre wol nie der rechte Petrus geworden um die
Kirche auf ihn zu bauen! Sondern gewiß ist diese Begebenheit älter; nur der
35 Sammler, dessen Werk uns Lukas hier wieder unverändert giebt, und der
auf das Wunder|bare allein bedacht, um die natürliche Anordnung der   72

---

10 Vgl. *Paulus: „Da Jesus am Morgen nicht mehr in der Stadt ist und die Entfernung die
Begierde nach ihm vermehrt, so suchen und finden ihn die zurückgebliebenen Freunde, weil
auch er gerade in der Nähe von ihren Arbeitern ist nebst einigen andern, und bringen die
Nachricht, daß wohl noch mehrere, ihn suchend, nachkommen könnten." (Kommentar I,
S. 28)* **14** Vgl. *Storr: Ueber den Zwek der evangelischen Geschichte S. 311f* **17f** *Lk
5,2f*

Nachrichten, die er sammelt, weniger bekümmert ist, hat dieses später erfahren, und wie er es erfahren, dem andern angereiht. Matth. IV, 18-22
und Markus I, 16-20 erzählen dasselbe. Beide offenbar vorzüglich von dem
Gesichtspunkt aus, daß dieses die Art gewesen, wie Petrus und seine Genossen Jesu Jünger geworden. Ob dieses eine verbreitete Ueberlieferung war,   5
oder ob sie es aus dem δεῦτε ὀπίσω μου und dem ἠκολούθησαν αὐτῷ geschlossen, und ob mit Recht, ist eine um so schwierigere Untersuchung, als
sich das genauere Verhältniß doch erst allmählig gebildet. Daß Petrus hier
einen Eindrukk bekommt, den er nur bekommen konnte, wenn dies das
erste Zeichen war, was er von Jesu sah, und daß sich von diesem aus ein   10
neues Band zwischen beiden knüpft, scheint klar. Dabei besteht aber sehr
wohl, daß Petrus schon früher kann aufmerksam auf Jesum gewesen sein,
ihn auch schon gesprochen haben, wie aus Johannes allerdings hervorgeht.
Nur muß man auch in Joh. I, 40-42 nicht mehr hineinlegen, als darin liegt,
und nicht vergessen, daß unsere, die umständlichste und genaueste unter   15
diesen drei Erzählungen, des Andreas, der in Judäa Jesu näher gestanden zu
haben scheint als Petrus, bei dieser Gelegenheit gar nicht erwähnt. Und ich
möchte ihn nicht als einen willkommenen Zusaz aus Matthäus und Markus aufnehmen; sondern eher glauben, daß sie aus ihrem Gesichtspunkt
gemeint haben, es müsse so sein, daß auch jene beiden apostolischen Brü-   20
73   der zugleich be|rufen worden, wie Johannes und Jakobus. Denn daß die
Erzählungen des Matthäus und Markus entweder ursprünglich flüchtiger
aufgenommen waren, oder im Durchgang durch mehrere Hände verdun-
54   kelt worden sind, sieht man auch daraus, daß bei ihnen die Söhne des
Zebedaios mit dem andern Brüderpaar gar nicht zusammenhängen, also   25
die wunderbare Berufung gar eine zwiefache ist. Zu verwundern ist sich
darüber nicht. Denn auf wie verschiedene Weise bald deutlicher und genauer bald wieder nicht können nicht die drei Jünger diese ihnen gewiß
immer merkwürdig gebliebene Begebenheit erzählt haben!

Die dritte Erzählung vom Aussäzigen läßt den Ort ganz unbestimmt.   30
Matthäus sezt sie nicht in eine Stadt, sondern unterwegens von dem Ort der
Bergpredigt nach Kapernaum. Man könnte daraus vermuthen, daß unser
ἐν τῷ εἶναι αὐτὸν ἐν μιᾷ τῶν πόλεων nur eine unrichtige Auffassung wäre für
„nachdem er in einer andern Stadt gewesen". Uebrigens ist die Erzählung
des Matthäus mit der unsrigen nur recht in dem entscheidenden Moment   35
fast wörtlich zusammenstimmend, was bei einer so einfachen Begebenheit
gewiß nicht zu verwundern ist. Im übrigen verhalten sie sich wie es ver-

---

6 *Mt 4,19f; Mk 1,17f*   **13** *Joh 1,35-42. Auf die Tradition aus dem Johannes-Evangelium
beruft sich Paulus: Kommentar I, S. 285f, ohne die Jesu sonst unerwarteter Ruf zum Apostel-
amt „unbegreiflich" wäre (S. 290).*   **17** *Mt 4,18; Mk 1,16*   **24** *Mt 4,21f; Mk 1,19f*   **30**
Lk 5,12-16; Mt 8,1-4; Mk 1,40-45   **33** *Lk 5,12*

schiedenen Erzählungen derselben Begebenheit geziemt; und da im Matthäus die Sache im unmittelbaren Zusammenhang mit der Bergpredigt und
mit der dort folgenden Geschichte beim Eintritt in Kapernaum erzählt wird,
so war für ihn zu einem solchen Schluß wie bei uns gar keine Gelegen|heit. 74
Dieser Schluß hat übrigens ganz den gewöhnlichen Charakter, nur das lezte
fällt sehr wunderlich auf, und man könnte lieber denken, es rühre von dem
Sammler her als von dem ursprünglichen Erzähler, indem es die ganze
Weise und das Verhältniß Jesu nicht rein ausdrükt. Ist nun die erste Sammlung, wie man vermuthen kann, hier zu Ende: so ist es um so wahrscheinlicher, daß der Sammler den Schluß auf diese Weise ausgeschmükt hat.
Gehn wir aber mit diesem Eindrukk zu der Erzählung des Markus: so
scheint es, er habe sich aus diesem Schluß etwas anderes gemacht. Er bringt
das vermehrte Gerücht von Jesu in Verbindung mit der Uebertretung seines
Gebotes zu schweigen, und indem er hievon die Folge darstellt, Jesus nemlich
sei nun so belagert worden von hülfsbegierigen, daß er nicht mehr habe 55
ruhig in irgend eine Stadt hineingehn können, sondern habe sich deshalb in
die wüsten Gegenden hin entfernt, und doch sei alles Volk ihm zugeströmt:
so liegt darin nicht undeutlich die Erklärung, Jesus habe vorzüglich um
nicht so bestürmt zu werden, jenes Verbot gegeben. Durch diese Veränderung bekommt die Geschichte ein fast apokryphisches Ansehn; und wenn
wir auf der einen Seite freilich sagen müssen, es sei eben deshalb lehrreich,
daß wir die Erzählung bei Markus auch haben, so ist auf der andern Seite
auch wahr, daß die Vergleichung um so weniger günstig für ihn ausfällt, als
seine Zusäze öfters so auf Ueberladung ausgehn. Weshalb er aber ganz
gegen seine sonstige Gewohnheit grade diese Geschichte auch verbin|dungs- 75
los erzählt, gehört nicht zu unserer Untersuchung.
    Die folgende Erzählung vom Gichtbrüchigen, V, 17-26 möchte ich,
ohnerachtet auch eine wunderbare Heilung ihr Gegenstand ist, und sie
noch gewissermaßen eine ähnliche Schlußformel hat wie die bisherigen,
doch als die erste der andern Sammlung ansehen. Denn die Haltung des
Wunderbaren darin gleicht weit mehr der nachherigen Erzählung von der
vertrokneten Hand als den früheren vom Aussäzigen und von dem dämo-
nisch wahrsagenden; der Dialog und die Behandlung der Gegner ist bei
weitem das hervortretende. Dafür spricht auch, wenn man dies vorläufig in
Betrachtung ziehen will, daß auch Matthäus diese Erzählung mit dem verbindet, was bei unserm Schriftsteller folgt, nicht aber mit dem, was bei uns
vorangeht. Unser Schriftsteller bestimmt weder Zeit noch Ort, was bei der
Art wie wir uns diese Sammlungen entstanden denken, sehr natürlich ist.

---

27 17-26] 18-25

10 *Mk 1,45*   32 *Lk 6,6-11*   33 *Lk 4,33-37; 5,12-16*   35 *Mt 9,1-8*

Matthäus bestimmt als Ort Kapernaum, wie auch sehr natürlich. Denn wo
konnten anders Schriftgelehrte aus verschiedenen Gegenden in der Absicht
Jesum zu hören zusammentreffen? Als Zeit bestimmt er die Rükkehr von
der Reise auf das östliche Ufer. Markus, der in der Anordnung unserer
Sammlung folgt, kann dieses nicht; aber er greift doch von Matthäus die   5
Rükkehr auf, und erklärt sich daraus den außerordentlichen Zusammen-
fluß von Menschen, wobei er aber eben deshalb sehr verständig die aus
76; 56 mehreren Gegenden hergekommenen Pharisäer übergeht. Diese | konnten
aber wol von einer kurzen Abwesenheit Christi außer der gewöhnlichen
Zeit der Reisen nichts wissend dennoch da sein. Aber die ungewöhnliche   10
und fast tumultuarische Bemühung um einen einheimischen Kranken, bei
dessen Uebel der Verzug keine Gefahr haben konnte, erklärt sich doch fast
nur, wenn man annimmt, wovon keine Nachricht etwas sagt, man habe
Ursache gehabt zu glauben, Christus werde sich diesesmal bald wieder
entfernen, das heißt, wenn eine Festreise nahe bevorstand. Ohne einen sol-   15
chen triftigen Grund würde sich wol niemand den zerstörenden Rumor in
seinem Hause haben gefallen lassen. Mit beiden Voraussezungen stimmt
aber das folgende große und also offenbar vorherbereitete Gastmahl
schlecht zusammen, und auch dies bestätigt die Annahme, daß diese Erzählung mit der folgenden nicht ursprünglich zusammengehangen hat; son-   20
dern nur durch den unverkennbaren Gesichtspunkt des Sammlers sind beide
verbunden worden, ihre Ordnung aber an sich völlig zufällig. Eben dies
bestätigt auch die folgende Erzählung selbst.

Denn was diese Geschichte mit dem Zöllner, V, 27-39, betrifft, so sind
offenbar die Gespräche Christi mit den Pharisäern die Hauptsache; diese   25
waren aber nicht verständlich ohne die Thatsache, daß Jesus mit seinen
Jüngern bei dem Zöllner gespeiset hatte. Da nun aber die Schriftgelehrten,
um diesen Streit anzufangen, schwerlich werden draußen gewartet haben,
bis das glänzende Gastmahl zu Ende war; denn Christus und seine Jünger |
77   blieben ihnen ja sicher genug zur gewöhnlichen Zeit öffentlicher Verhand-   30
lungen am folgenden Tage: so sind auch diese Gespräche schwerlich unmittelbar auf das Gastmahl gefolgt. Wäre also dennoch diese Geschichte im
fortlaufenden Faden mit jener erzählt: so würden wir entweder so angeknüpft finden, „Dennoch wollten sie gleich nach diesem wieder seine Jünger darüber zur Rede stellen, daß er am vorigen Tage mit ihnen bei einem   35
Zöllner mit vielen andern Zöllnern und Sündern gespeiset" oder so „Von
57   hier aber ging er zu einem großen Gastmahl, das ihm ein Zöllner gab, und
davon nahmen hernach die Schriftgelehrten eine neue Gelegenheit". Unseres aber klingt ganz wie eine einzelne Erzählung, welche die Umstände, die
nothwendig bekannt sein müssen, voranschikt ohne sich um einen sonsti-

---

4 Mk 2,1-12

gen Zusammenhang zu bekümmern. Das καὶ μετὰ ταῦτα ist eine viel zu
unbestimmte Formel, als daß man die Absicht irgend einer festen Beziehung auf das vorige darin suchen könnte. Markus II, 13 eben so ordnend
constituirt doch eigentlich auch keine Verbindung mit dem vorigen, nur
5   sein wunderlich oft wiederholtes πάλιν erzwingt den Schein davon, und er
kann sich nicht enthalten die Geschichte doch an irgend etwas anzuknüpfen.
Darum hängt er sich an die Notiz, daß die Zollstätte draußen am See lag,
und läßt nun Christum dort hinausgehn und lehren, was an sich unwahrscheinlich ist, da ihm in Kapernaum Synagoge, Markt und wie wir schon
10   gesehen haben, auch Privathäuser Gelegenheit genug darboten. Am wenig-
sten aber | war wol die Nähe einer großen Zollstätte, wo ein ganz verschie-   78
denes und störendes Treiben sich immerfort bewegte, ein schiklicher Lehr-
plaz. Diese Verbindung ist also nur der zusammenhängenderen Form zu
Liebe gemacht, auf die Markus ausgeht. Und so hat auch des Matthäus
15   παράγων ἐκεῖθεν keinen größeren Gehalt als andere ähnliche Formeln bei
ihm zu haben pflegen[3]. Was man hingegen ganz gern könnte aus Matth.
und Mark. nehmen wollen, ist die einfache Art, wie bei ihnen das ἀκολούθει
μοι auf das unmittelbar folgende ἀνακεῖσθαι bezogen werden kann, ohne
jenes καταλιπὼν πάντα, welches der Sache in unsrer Erzählung ein gar
20   auffallendes Ansehn giebt. Nur daß bei beiden die Thatsache, das große
Gastmahl, gar nicht sinnlich klar heraustritt, sondern die Gäste wie unge-
laden sich zusammenfinden. Und so müssen wir doch wieder unserm Erzähler den Vorzug der unmittelbaren Anschaulichkeit eines Augenzeugen   58
zuerkennen, und haben nur die Wahl, ob wir das ἀκολούθει μοι von der
25   Berufung zur Jüngerschaft verstehen, das καταλιπὼν πάντα als kurze Zusammenfassung weniger buchstäblich nehmen, und das Mahl als später aus
Freude über diese Berufung veranstaltet ansehn, oder ob wir annehmen
wollen, Christus habe nur auf dem Rükwege nach der Stadt seinen Gastge-
ber abgerufen, der dann natürlich schon bereit ge|wesen nun mitzugehn.   79
30   Schwerlich kann man sich dann bedenken, das erste zu wählen; denn das
lezte würde kaum mit erwähnt worden sein, sondern unser Erzähler unmittelbar angefangen haben, Καὶ μετὰ ταῦτα τελώνης τις ὀνόματι Λευῒς ἐποίησεν

---

[3] Wenn μετέβη ἐκεῖθεν gewöhnlich von Reisen in die Ferne gebraucht wurde, was
für einen bestimmtern Sinn soll dann wol unser παράγων ἐκεῖθεν haben? ich
35   glaube schwerlich, daß man einen finden wird.

---

4 Verbindung] Verbinbindung

---

1 *Lk 5,27*   5 *Mk 2,1.13; 3,1.20; 4,1 u.ö.*   14 *Mt 9,9*   17f *Mt 9,9f; Mk 2,14f*   19
Lk 5,28   23 *Das ist gegen Paulus: Kommentar I, S. 405f gesagt, der Matthäus (= Levi) für
den Augenzeugen erklärte. (So auch Paulus: Zusätze S. 221f)*   33 *Mt 11,1; vgl. 12,9; 15,29*

αὐτῷ δοχὴν μεγάλην ἐν τῇ οἰκίᾳ αὐτοῦ. Auch darin zeigt sich die Erzählung
des Matthäus als minder unmittelbar, daß er die ganze Begebenheit zer-
pflükt, indem er uns Johannes Jünger neben den Pharisäern herbeiführt.
Hierin erkennt gewiß jeder Unbefangene im Vergleich mit unserer Erzählung
die verwirrende Umgestaltung einer zweiten Hand, die sich nicht recht zu
erklären wußte, wie doch die Pharisäer dazu gekommen sich auf die Schüler des Täufers zu berufen. Sie hielten es aber offenbar für einen guten
Fund, daß sie einige äußere Aehnlichkeiten dieser mit sich selbst aufgreifen,
und sie so gleichsam sich aneignen konnten, und glaubten sich berechtigt,
Jesu dies Beispiel vorzuhalten, da wol bekannt genug war, daß er selbst die
Taufe Johannis angenommen hatte, und daß mehrere von den vertrautesten Schülern des Täufers zu ihm übergegangen waren. Von Johannes
Schülern selbst aber wäre die Frage fast einfältig aufgestellt gewesen. Markus aber scheint auch hier beide Erzählungen vor sich gehabt, und sich
zweifelhaft zwischen ihnen durchgewunden zu haben. Noch möchte ich
unsre Erzählung rechtfertigen über den lezten Zusaz v. 39, daß er nicht
braucht anderwärts hergenommen und nur von einer ungeschikten zweiten
Hand hier angefügt zu sein. Denn er streitet nicht | so sehr mit der Art, wie
die vorigen ähnlichen Bilder angewendet werden, um alle Vermischung des
neuen Geistes mit dem alten und mit den alten Formen zu verbieten. Der
alte Wein nämlich wird zwar überall vorgezogen, eben wie die alten bekannten Gewohnheiten, indeß dürfen wir doch hier, wo von gemeinem
Tischwein, der doch immer nur wenige Jahre alt wird, und in einem nicht
sonderlichen Weinlande die Rede ist, nicht an unsere hohe Schäzung alter
köstlicher Weine im Vergleich mit jungen und rohen denken. Sondern
vorgezogen wird zwar der alte Wein, das hindert aber nicht, daß ein jünge-
rer Jahrgang nicht doch könnte edler und von größerer Kraft sein; und das
eben meinte Jesus von seiner Lehre und seinem Geist. Und so ist es ein
mildernder Zusaz, gleichsam er wolle es ihnen nicht verdenken, daß sie
diesen jungen Wein noch nicht möchten, sondern wie gewöhnlich den alten
für besser hielten; der Werth des jungen wolle herausgeschmekkt sein, und
das werde sich bei ihnen erst allmählig finden.

Die beiden Streitigkeiten mit Pharisäern VI, 1-11 über die ausgerauften
Aehren und über die geheilte Hand sind in der ursprünglichen hier zum
Grunde liegenden Erzählung schon mit einander verbunden gewesen, wie
man aus dem offenbar auf v. 1 sich beziehenden ἐν ἑτέρῳ σαββάτῳ sieht,
der Gleichheit des Inhaltes wegen, mit ausdrüklicher Bemerkung, daß nicht
beides an demselben Tage geschehen. Und das ist auch überwiegend wahr-

---

20f Der alte] Deralte　　**33** VI, 1-11] V, 1-11

---

3 *Mt 9,14*　　**13f** *Mk 2,18-22*

scheinlich. Denn wie könnten dieselben Pharisäer noch in der frischen Er-
innerung | wie er seine Jünger wegen des Aehrenessens gerechtfertigt, auch   81
nur im mindesten gezweifelt haben, ob er auch heilen würde am Sabbath!
Doch scheint Matthäus diese Gleichzeitigkeit anzunehmen, indem er XII, 9
5   sagt Καὶ μεταβὰς ἐκεῖθεν ἦλθεν εἰς τὴν συναγωγὴν αὐτῶν. Allein dieses μεταβὰς
ἐκεῖθεν bezieht sich aber auch schlecht genug auf ἐπορεύθη διὰ τῶν σπορίμων, wie
denn überhaupt auch hier seine Erzählung weniger den unmittelbaren
Augenzeugen verräth. Man vergleiche nur bei uns v. 8, wie Jesus den Kran-
ken, der wahrscheinlich am Eingang der Synagoge bettelnd saß, aufstehen
10   und mitten vorgehen heißt, und v. 10 das mimische περιβλεψάμενος πάντας   60
αὐτούς, dergleichen Matthäus nichts aufzuweisen hat. Auch unser Schluß,
der nur die leidenschaftliche Rathlosigkeit der Pharisäer beschreibt, hat
etwas ansprechenderes, als der des Matthäus, welcher mehr auf einen be-
stimmten Anschlag deutet. Denn schwerlich war die Pharisäische Parthei in
15   Kapernaum für sich im Stande einen solchen zu fassen und zu verfolgen.
Noch unwahrscheinlicher ist der Zusaz bei Markus III, 6, daß sie sich bei
dieser Gelegenheit mit der Herodianischen Parthei gegen Jesum verbunden.
So überladet er auch wieder v. 5 was unser Augenzeuge sehr einfach hin-
stellt. – Das Gespräch in den Feldern giebt unser Referent nicht vollständig,
20   bezeichnet aber auch durch die Formel καὶ ἔλεγεν αὐτοῖς v. 5 deutlich ge-
nug, daß er nach dem Hauptargument nur den Schluß beibringe.

    Endlich ist das lezte in dieser Sammlung eine in dieselbe aufgenomme-
ne Nach|schrift der auch vor Kapernaum gehaltenen unter dem Namen der   82
Bergpredigt bekannten großen Rede. Die Erzählung von der Heilung des
25   Knechtes in Kapernaum ist dieser Aufzeichnung wol ursprünglich ange-
hängt gewesen, da sie sich fast unmittelbar darauf, wie wir aus Matthäus
diesmal deutlich genug sehen, zugetragen hat, und der Zuhörer, welcher
hernach die Rede aufgezeichnet, auch den Verlauf dieser Sache beobachtet
zu haben scheint. Auch die Schlußlosigkeit dieser Erzählung spricht dafür,
30   daß sie nicht für sich ursprünglich bestanden, sondern nur einem größeren
Ganzen als unbedeutender Anhang hinzugefügt worden. – Ueber den Her-
gang bei dieser Rede sagt uns unsere Erzählung mehr als Matthäus, der sie
ohne alle Einleitung einführt; allein die Art, wie man dieses mehrere fast
durchgehend ausgelegt hat, scheint mir nicht die richtige. Zuerst, daß Jesus
35   die Nacht auf dem Berge zugebracht im Gebet, was jedoch buchstäblich
auch Niemand gewußt haben kann, ist mit der Begebenheit selbst wol
unmittelbar in keine Verbindung zu sezen. Das sehr auffallende daran ver-

---

6 *Mt 12,1*   11 *Lk 6,11*   13 *Mt 12,14*   24 *Lk 6,12-49*   25 *Lk 7,1-10*   26 *Mt 8,5-13*   34f *Lk 6,12*   37 *Gegen Paulus:* „Außerhalb Kapernaum nach einer im Gebet *durchwachten Nacht, folglich nach andächtiger Überlegung, wä[h]lt J. aus den ihn begleiten- den Anhängern Zwölfe aus, denen er die Bestimmung, als Mitarbeiter unter das Volk sie auszusenden, vorhersagt und welche also von da an hierzu besonders sich vorzubereiten und seine nähere Vorbereitung zu benuzen, aufgefordert waren.“ (Kommentar I, S. 457)*

liert sich, wenn man den Fingerzeig bei Matthäus nicht übersieht, daß
Christus erst nach der Rede nach Kapernaum hineinging, wahrscheinlich
61 also nicht von dort, sondern anderwärts hergekommen war. Und am leichtesten offenbar denkt man sich den Vorgang bei der Rükkehr von einer
Festreise, wo eine zwiefache Menge ihn umgab, auf der einen Seite die   5
Karavane mit welcher er gereist war, der sich manches auch unterwegens
83 wol zuge|sellt hatte, und die er nun um den gelegentlichen Unterhaltungen
auf der Reise die Krone aufzusezen, im Begriff sich nach seinem Wohnort
zurükzubegeben, noch mit einem ausführlicheren Abschiedsvortrag entlassen wollte. Diese zahlreiche Gesellschaft hatte vielleicht die Herbergen so   10
angefüllt, daß sie Jesu zu geräuschvoll geworden waren, und er vorzog bei
der guten Jahreszeit und in der bekannten Gegend die lezte Nacht im Freien
zuzubringen, und so bestieg er den Berg. Seine Ankunft aber ward überall,
wo die Gesellschaft übernachtete, bekannt; und wenn einige eilfertige vielleicht noch am späten Abend bis Kapernaum hineingegangen waren, auch   15
dort, und daher fand sich denn auf der andern Seite eine zweite Menge
zusammen, theils hülfsbedürftige, die nun schon lange seiner geharrt hatten, theils Anhänger und Bewunderer, die ihm aus Kapernaum entgegen
kamen. Auf diese Weise erklärt sich ein mehr als gewöhnlicher Zulauf, der
eben unsern Erzähler veranlaßte, was auch er vielleicht bei einer andern   20
Rede nicht würde gethan haben, uns das ganze sinnliche Bild vor Augen zu
stellen, wie Christus im Begriff vom Berge herabzusteigen, als er das unerwartet große Gedränge ansichtig ward, sich erst die Jünger heranrief, und
als auch von diesen schon eine große Menge entgegenströmte, die zwölf zu
seiner näheren Umgebung zusammenholt, so mit ihnen bis an den sanfteren   25
Abhang heruntersteigt, nun zuerst die zahlreichen Kranken und Leidenden
behandelt und entläßt, und dann seine den Festreisenden, die bisher seine
84 Zuhörer | gewesen waren, zugedachte Abschiedsrede beginnt. Dieses sinn-
liche Bild recht zu vergegenwärtigen ist offenbar die Absicht der ganzen
Einleitung. Wie kommt man dazu sie ganz gegen diese Absicht anzusehen   30
als die Nachricht von einem Ereigniß, welches an sich für die Lebensge-
62 schichte Christi viel wichtiger ist als diese oder jede andere einzelne Rede,
nemlich von der Auswahl und Einsezung der zwölf in ihr specifisch bestimmtes Verhältniß zu Christo? Die Worte ἐκλεξάμενος ἐξ αὐτῶν δώδεκα οὓς καὶ
ἀποστόλους ὠνόμασε berechtigen dazu wol gar nicht. ἐκλέξασθαι muß seine   35
nähere Bestimmung erst aus dem Zusammenhang erhalten. Aber der ist
dieser Meinung gar nicht günstig, denn durch ihn wird offenbar das
ἐκλεξάμενος von dem ὠνόμασε getrennt, und lezteres in einen ganz andern

---

1 *Mt 8,5*   **26** *Lk 6,17-19*   **33** *Lk 6,12-16; Mt 10,1-4; Mk 3,13-19*   **34** *Lk 6,13.*
Schleiermacher konjiziert – vielleicht unbewußt – die nicht überlieferte Form ἐξ αὐτῶν *statt*
ἀπ᾽ αὐτῶν.

Moment gesezt, sei es nun, daß man überseze, die er auch vorher schon
Apostel genannt hatte, oder die er auch nachher Apostel nannte. Sollte
beides verbunden gedacht werden, so müßte es heißen, ἐκλεξάμενος δώδεκα
καὶ ὀνομάσας αὐτοὺς ἀποστόλους. Statt dessen steht das ἐκλεξάμενος mit
dem καταβάς so genau verbunden zwischen das προσεφώνησε und das ἔστη
eingeklemmt, daß es unmöglich einen großen feierlichen und sehr bedeutenden Akt ausdrükken kann. Würde der hier in einer freigebigen Beschreibung, wo die Kürze nicht regiert, in eine Participialwendung sein verwiesen
worden? Standen die Heilungen, denen dieses nicht widerfährt, in einer
soviel näheren Verbindung mit der Rede ? Dies wird niemand behaupten,
auch wer, wie ich gern von | mir gestehe, nicht finden kann, daß die Rede
eine vorzügliche Beziehung auf künftige Lehrer hat, sondern daß sie an eine
große Gesellschaft gerichtet scheint, denen das sonst schon gehörte zusammengefaßt und ans Herz gelegt wird, um sie völlig zu entscheiden. Kurz so
viel scheint, wenn man jene Worte in ihrem richtigen Verhältniß unter sich
und zu der ganzen Beschreibung, in welche sie verflochten sind, betrachtet,
ganz unverkennbar, daß, gesezt auch Christus habe damals wirklich die
Zwölfe ausgewählt und eingesezt, unser Erzähler davon nichts gewußt,
und es uns mit diesen Worten nicht hat kund thun gewollt. Aber aus Markus wissen wir etwa, daß Christus wirklich bei dieser Gelegenheit die zwölf
ernannt? Denn was er III, 13 berichtet, ist doch wol dasselbe was unsere
Einleitung erzählt? Ganz gewiß! nur daß es auch aus unserer Erzählung
genommen ist, und daß wir nur sagen müssen, Markus sei also wahrscheinlich der erste, der sie so mißverstanden. Man betrachte nur, wie wenig
Haltung sein ganzer Bericht von III, 7 – nach unserer Erzählung von der
verdorrten Hand – bis III, 19 überhaupt hat. Christus zieht sich zurük, man
weiß nicht warum, und da ihm dennoch eine große Menge Volkes folgt,
man kann in diesem Zusammenhange durchaus nicht errathen weshalb
doch so zudringlich und eilig: so ergreift er nicht etwa, da ihm auf diese
Weise doch nicht gelang sich vor den Anschlägen der Pharisäer und
Herodianer zu schüzen, nun das natürlichste Mittel sich wegzubegeben
oder nach Hause zu gehn, da denn | jeder auch allmählig nach Hause wür-
de gegangen sein, oder das Volk von sich zu lassen; sondern er läßt sich ein
Schiff bereit halten ἵνα μὴ θλίβωσιν αὐτόν, was man kaum anders verstehen
kann, als damit er in jedem Augenblik wegfahren könne, wenn es ihm zu
arg würde, um also durch diese Drohung das Volk einigermaßen im Zaum
zu halten. So heilt er eine große Menge, und dann steigt er auf den Berg,
ruft da zu sich, welche er wollte, so daß man glauben muß, er habe auch

---

26 III, 19] III, 20

---

5 *Lk 6,17 – Lk 6,13 – Lk 6,17*   34 *Mk 3,9*   37 *Mk 3,13*

viele gerufen und ohne weiteres wieder zurükgeschikt, und sondert sich so
zwölfe aus zu seiner beständigen Gesellschaft und seinem besondern Dienst.
Dann geht er ruhig nach Hause, hat, man weiß auch nicht weshalb, Ungele-
genheit mit den Seinigen, und wird, auch ohne alle Veranlassung, von den
Schriftgelehrten beschuldigt, er habe den Teufel. Dieser Faden von Ereig-   5
nissen ist durchaus unverständlich, und so kann es mit einer Auswahl und
Einsezung der Zwölf, wenn eine solche je stattgehabt hat, gewiß nicht zugegangen sein. Wie es aber mit der Erzählung des Markus zugegangen ist,
was unsern Punkt betrifft, denn das spätere gehört nicht hieher, das ist
leicht zu sehn. Er war bis hieher dem Lukas gefolgt, nicht daß ich behaup-   10
ten wollte mit Griesbach, er habe unsern ganzen Lukas vor sich gehabt,
aber diese Sammlung hatte er höchst wahrscheinlich vor sich. Nun kommt
er an die Rede; solche Reden mitzutheilen war jezt, worin ich ganz mit
64 Griesbach übereinstimme, noch nicht in seinem Plan, wahrscheinlich weil
87 er noch nicht übersehen | konnte, wie viel Raum ihm die Begebenheiten   15
übrig lassen würden. Aber die Einleitung zu unserer Rede war ihm sehr
willkommen; er wünschte natürlich, wie er denn besonders nach einem
geschichtlichen Zusammenhange strebt, eine Nachricht von der Berufung
der zwölf, und verstand unsere Einleitung so. Allein indeß kam ihm nun
dieses nach dem Anschlag der Pharisäer und Herodianer, den er eingeleitet   20
hat, zu schnell; er legte also erst die allgemeine Notiz, die bei Matthäus auf
jene Geschichte folgt XII, 15 zum Grunde mit Weglassung der alttestamentischen Citation, erweitert sie dagegen, und verpflanzt das Schiff hieher, ob
vielleicht aus dem, was er bei Matthäus vor der Bergpredigt fand, und
selbst schon früher beigebracht hat oder von anderwärts, mag ich nicht   25
entscheiden; aber aus irgend einer ursprünglichen Nachricht rührt dieses
gewiß nicht her[4]. Wenn übrigens die Worte unserer Erzählung οὓς καὶ
ἀποστόλους ὠνόμασε genau zu nehmen sind, so daß Christus selbst sich
dieser Benennung bedient hat, was ich jedoch nicht verfechten möchte, so
glaube ich wenigstens nicht, daß sie von ihm zuerst ausgegangen ist, son-   30

---

[4] Fast eben so erklärt Griesbach das Verfahren des Markus.

---

3 *Mk 3,20-22*   **11** *Johann Jakob Griesbach (1745-1812) begründete die These, Mk sei
sowohl von Mt als auch von Lk abhängig – hatte also den ganzen Lukas vor sich –, zuerst
1789 und 1790 in zwei Jenaer Programmen: Marci Evangelium totum e Matthaei et Lucae
commentariis decerptum esse monstratur. Schleiermacher besaß den ergänzten Nachdruck,
der sich ausführlich mit der Markus-Hypothese von G.C. Storr auseinandersetzt (vgl. dessen
Ueber den Zwek der evangelischen Geschichte S. 274, 294) aus: Iohannes Casparus Velthusen,
Christianus Theophil. Kuinoel, Georgius Alexander Ruperti: Commentationes theologicae.
Vol.I, Leipzig 1794, S. 368-434. Vgl. Eichhorn: Einleitung I, S. 375 und die Auseinandersetzung § 93; Hug: Einleitung II, S. 125-127.*   **14** *Nach Griesbach hat Mk im Bestreben, ein
kürzeres Evangelium herzustellen, die umfänglichen Reden ausgelassen.*   **20** *Mk 3,6*   **23**
Mt 12,18-21; Mk 3,9   **24** *Mt 4,21f*   **25** *Mk 1,19f*   **27f** *Lk 6,13*   **31** *Vgl. Commen-*

dern daß sie sich unter seinen Freunden allmählig festgestellt hat. Denn sonst würde dieser Name wol schwerlich hernach auf andere ausgedehnt worden sein, und außer Paulus, dem seine außerordentliche Berufung ein Recht | darauf geben konnte, auch Barnabas ihn offenbar ganz in demsel- 88
5 ben Sinne geführt haben. Oder um es kurz zu sagen, da uns alle bestimmten Nachrichten darüber fehlen: so glaube ich auch gar nicht, daß es je eine feierliche Berufung und Einsezung aller zwölf Apostel gegeben hat, und ein späterer Nachrichtensammler, der an Ort und Stelle hiernach gefragt hätte, würde also schwerlich irgendwo eine andere Antwort erhalten haben, als
10 daß so etwas niemals vorgefallen, sondern daß sich das besondre Verhältniß der Zwölf allmählig von selbst so gestaltet habe. Und diese Antwort geben uns bis auf Markus alle Evangelien durch ihr Schweigen. Ist die Sache nicht 65 aber auch an sich so am wahrscheinlichsten? Denn hing es nicht gar sehr auch von äußern Umständen ab, ob jemand in dieses Verhältniß eingehn
15 konnte? Und wenn Christus durch einen Akt seiner Willkühr diese Zwölf berufen, wird man je eine Christodizee darüber befriedigend zu Stande bringen, daß doch zu bald nach seinem Tode, als daß sie nicht auch schon seine unmittelbare Schüler sollten gewesen sein, ausgezeichnetere Männer aufgestanden, als offenbar manche unter den Zwölf gewesen sind? und
20 darüber, wie denn doch Christus den Judas habe selbst wählen und auf die Weise über seine Seele schalten können, eine Schwierigkeit, welche sich weit leichter löset, wenn keine besondere Berufung von seiner Seite grade nöthig war? Unter diesen Umständen sehe ich auch gar nicht, warum man sich abmühen soll, alles mögliche und einiges höchst unwahrscheinli|che 89
25 versuchend, um nur nachzuweisen, wie Judas Jakobi und Lebbaios ge- nannt Thaddaios eine Person sein können. Wenn weder Lukas noch Mat- thäus von der Berufung der Apostel reden, sondern nur jeder bei einer andern Gelegenheit die Zwölf aufzählt, also von einem andern Zeitpunkt redet: kann denn nicht eine Veränderung vorgefallen, der eine von beiden
30 gestorben, oder durch unabänderliche Verhältnisse abgerufen worden sein, und der andere seine Stelle eingenommen haben? Dürfen wir, wie unsere Evangelien beschaffen sind, dennoch sagen, wenn so etwas geschehen wäre, müßten wir es nothwendig in ihnen finden? Oder müßte etwa nothwendig Petrus dies um seinen Antrag zu begründen erwähnt haben, als er zur Wahl
35 eines Nachfolgers an die Stelle des Judas einlud? Gewiß wird auch das

---

tatio qua Marci Evangelium totum e Matthaei et Lucae commentariis decerptum esse monstratur, ed. Velthusen/Kuinoel/Ruperti: Commentationes theologicae Vol.I, 1794, 372- 389, z.St. 375f/ ed. Orchard/Longsteff: J.J.Griesbach: Synoptic and text-critical studies 1776- 1976, Cambridge 1978, p.79.203f **3** *Röm 1.1; Gal 1,15 u.ö.* **4** *Apg 14,4.14* **25** *Lk 6,16; Mt 10,3 („genannt Thaddaios" gemäß der Textkonstitution bei Griesbach). Vgl. zu den Nachweisen das Referat bei Paulus: Kommentar I, S. 461-467; Zusätze 239-242.* **34f** *Apg 1,15-26*

niemand behaupten wollen. – Was die Rede selbst betrifft, so ist offenbar und eingestanden, daß hier ein anderes ἀπομνημόνευμα von derselben zum Grunde liegt als bei Matthäus. Unser Referent scheint theils einen ungün- stigeren Plaz zum Hören gehabt, daher nicht alles vernommen und hie und da den Zusammenhang verloren zu haben; theils mag er später zum Auf- zeichnen gekommen sein, als ihm schon manches entfallen war; theils mag er seine Aufzeichnung zunächst für einen gemacht haben, von dem er glaub- te, es könne ihm manches unverständlich und unbedeutend sein, wie einem Heidenchristen wol die Polemik gegen die Pharisäer. Theils kann auch ihm begegnet sein, manches analoge unwissentlich aus andern Reden Christi einzu|schalten; ja einiges, und namentlich glaube ich dieses von den Wehe, hat er wol vom eigenen zugesezt, um eine Lükke, die er fühlte und nicht mehr zu ergänzen wußte, auszufüllen. Der unschuldigste dem unsicheren sich ganz von selbst darbietende Einschub, den man wegen der genauen Beziehung jedes οὐαὶ auf einen μακαρισμὸς nicht einmal eine Verfälschung nennen kann. Daß sie eingeschoben sind, zeigt eben diese genaue Ent- sprechung, und noch besonders das lezte Wehe, welches eine ganz uner- weisliche Thatsache voraussezt. Das unmittelbar folgende ἀλλ᾽ ὑμῖν λέγω weiset, wie auch Andere schon bemerkt haben, deutlich genug auf den unterbrochenen Zusammenhang hin. Weiter ins Einzelne zu gehen gehört nicht hieher. Im Ganzen sind offenbar die mit Matthäus zusammentreffen- den Theile nicht verworfen, sondern in gleicher Folge, welches mit der Identität des Anfanges und des Schlusses zusammengenommen die Identi- tät der aufgezeichneten Rede selbst unwidersprechlich beweiset. Auch kann die Vergleichung sehr gute Dienste leisten, um zu bestimmen, was in Mat- thäus Aufzeichnung von anderwärts her eingeschoben, und wie weit vom Schlusse rükwärts wieder in die Rede selbst eingelenkt ist. Der Gedanke aber, daß Lukas seinen Auszug aus dieser Rede aus einer Gnomologie, das heißt doch aus einer vermischten Sammlung von Sprüchen und Reden Christi genommen, scheint mir ganz unstatthaft, wenigstens durch gar nichts

---

1 *Lk 6,20-49*   **11** *Lk 6,24-26*   **19** *Vgl. Paulus: Kommentar I, S. 614f.622*   **28** *Der Begriff „Gnomologie" für den lukanischen Reisebericht scheint von Herbert Marsh zu stam- men (vgl. dessen Abhandlung über die Entstehung und Abfassung unserer ersten drey kano- nischen Evangelien. In: Herbert Marsh's Anmerkungen und Zusätze zu Joh. David Michaelis Einleitung in die Göttlichen Schriften des Neuen Bundes. Aus dem Englischen ins Deutsche übersetzt von Ernst Friedrich Karl Rosenmüller. Zweyter Theil. Göttingen 1803, S. 135-331, hier S. 323ff), der hier eine Matthäus wie Lukas vorausliegende Sammlung von Vorschriften, Gleichnissen und Reden annahm (S. 290), welcher Lukas die Gestalt einer Erzählung gegeben habe. Ob Schleiermacher die Arbeit von Marsh kannte, ist nicht überliefert. (Vermutlich wird ihn die Auseinandersetzung bei Eichhorn: Einleitung I, S. 356-367 ohne weitere Nachprü- fung überzeugt haben.) Der Begriff wird auch von Alois Gratz: Neuer Versuch, die Entste- hung der drey Evangelien zu erklären. Tübingen 1812, S. 61 (S. 141ff. 149ff) benutzt, der sich auf Marsh beruft. Schleiermacher kaufte das Buch erst 1819; eine sonstige Benutzung von Gratz ist nicht belegt.*

unterstüzt. Denn wenn, ich will nicht sagen jede, sondern nur die et|was   91
ausführlicheren Reden in einer solchen Sammlung einen so sinnlich darstel-
lenden Eingang hatten: so konnte der Sammlung der Name einer Blumen-
lese von Sprüchen nicht mehr zukommen. Sondern entweder Lukas hat
5 diesen Aufsaz einzeln gefunden, aber dann würde er ihn, eben weil er die
erste namentliche Erwähnung aller Apostel enthält, wol früher gestellt   67
haben; oder, was also das wahrscheinlichste bleibt, der Aufsaz hat schon
vor Lukas zu unserer zweiten Kapernaitischen Sammlung gehört. – Die
Erzählung von dem Knecht des Centurio war ihm wahrscheinlich ange-
10 hängt, weil die Sache sich unmittelbar nach der Rede zutrug. Durch das
ἀκούσας δὲ περὶ τοῦ Ἰησοῦ, was man ohne die größte Unwahrscheinlichkeit
nicht ganz allgemein verstehen kann, was also auf das vorige εἰσῆλθεν εἰς
Καπερναούμ bezogen werden muß, welches dem Erzähler, wie ich wahrscheinlich zu machen gesucht habe, als Rükkehr von einer Reise vorschweb-
15 te, giebt sich dieser ursprüngliche Zusammenhang genugsam zu erkennen.
Matthäus stellt freilich auf eine nicht abzuweisende Art zwischen die Rede
und diese Heilung noch die des Aussäzigen, welche bei uns bereits in der
ersten Sammlung mitgetheilt ist. Allein eben deshalb kann ja diese Geschichte nicht etwa grade Lukas, sondern schon wer beide Sammlungen
20 zuerst zusammenschrieb, in der zweiten ausgelassen haben, wenn auch unser
ursprünglicher Referent ihrer hier erwähnt hatte. Doch da sich von einer
solchen Auslassung in VII, 1 u. 2 gar keine Spur findet, und die Stelle also
besser über|arbeitet sein müßte, als sich vermuthen läßt: so wird mir wahr-   92
scheinlich, daß unser ursprünglicher Referent ihrer gar nicht erwähnt hat.
25 Wie leicht konnte auch beim Hineingehn nach Kapernaum diese in wenig
Augenblikken abgemachte Sache einem unter der Menge entgehn, der dennoch, wie ein solcher Haufe ja beweglich ist, die zweite Begebenheit genauer erzählen konnte. Nemlich wenn wir auch hier Matthäus und Lukas
vergleichen: so finde wenigstens ich in der Erzählung bei Lukas wiederum
30 mehr die Kennzeichen eines wohlunterrichteten Augenzeugen. Die Haupt-
differenzen sind doch die, daß bei Lukas der Knecht sterbend ist, bei Matthäus nur ein übelgeplagter Nervenkranker, und daß bei Matthäus der
Centurio selbst erscheint, der bei Lukas Abgesandte und zwar zu zwei
verschiedenen Malen an Jesum schikt. Denn daß sich bei Matthäus Jesus in
35 Bewunderung des Glaubens dieses Mannes ausführlicher vergleichend und   68
drohend ausläßt, konnte der Referent bei Lukas dafür übergangen haben.
Nun ist aber gewiß, daß bei einem παραλυτικὸς, wie sehr er auch δεινῶς
βασανιζόμενος möge gewesen sein, doch keine Gefahr beim Verzuge war,
und also auch eine solche Eilfertigkeit, welche Christum, der eben wenig-

---

9 *Lk 7,1-10*   **11** *Lk 7,3*   **13** *Lk 7,1*   **17** *Mt 8,5-13 – Mt 8,1-4*   **17** *Lk 5,12-16*
35 *Mt 8,10*   **37** *Mt 8,6*

stens von einer ermüdenden Rede zurükkam, gleich beim Eingang in die
Stadt aufhält und gleichsam in Beschlag nimmt, weniger zu erklären ist.
Denn aufgehalten wurde er doch immer und mußte das Gesuch anhören,
wozu der Augenblick in dem Gedränge einer großen Volksbegleitung
keinesweges günstig war, wenn auch | die Sache selbst mit einem Wort   5
abgemacht werden konnte. War also der Kranke nur ein Gelähmter oder
Gichtbrüchiger: so würde eben dieser bescheidene Mann wol gewartet
haben, bis Jesus ruhig in seiner Wohnung gewesen wäre. Die zwiefache
Gesandtschaft aber ist etwas, was nicht leicht erdacht wird, wie auch die
meisten Ausleger gefühlt haben. Nur möchte ich die Aenderung bei Mat-   10
thäus nicht grade dem Bestreben abzukürzen zuschreiben. Denn er theilt ja
die Reden ausführlich genug mit: sondern ich möchte eher sagen, wie der
Referent des Lukas den Aussäzigen versäumt, so habe Matthäus dieses
versäumt und erzählte nur aus der zweiten Hand, und das Abweichende,
sei nicht Abkürzung, sondern ein sehr leicht begreiflicher Mißverstand. Die   15
große in den Hauptstellen fast wörtliche Uebereinstimmung in den Reden
ist demohnerachtet nicht zu verwundern, zumal die Rede des Hauptmanns
etwas sehr charakteristisches hat, und das kurze Wort Christi οὐδὲ ἐν τῷ
Ἰσραὴλ sehr scharf und eindringlich ist.

Indem wir nun am Ende dieser beiden Sammlungen, denn so nenne ich   20
sie getrost, angekommen sind, wird es wohl gethan sein, einen Augenblick
still zu halten, und noch einmal im Ganzen unser Evangelium mit dem des
Matthäus und Markus zu vergleichen, um zu sehen, ob wol in diesem
ganzen Abschnitt die Uebereinstimmung so groß sei und von solcher Art,
daß wir um sie zu erklären entweder ein Urevangelium voraussezen, oder   25
eine Abhängigkeit des einen Evangelisten vom an|dern annehmen müssen.
Sehen wir hiebei zuerst auf Matthäus, so kann wol keines von beiden nöthig
scheinen. Denn wenn Lukas den Matthäus vor sich gehabt hätte, und nach
ihm gearbeitet: so würde er die Geschichte vom Aussäzigen anders gestellt
haben, und nicht über den Ort ungewiß gewesen sein, welches Eine, mir   30
wenigstens, hier statt alles andern gilt. Eben so wenn Matthäus den Lukas
vor sich gehabt, hätte er nicht umhin gekonnt die Heilung der Schwiegermutter des Petrus und die vielen unmittelbar darauf folgenden Heilungen
mit einer Abreise Jesu aus Kapernaum in Verbindung zu bringen. Denn
welcher Geschichtschreiber eine Nachricht vor sich hat, wodurch eine   35
Thatsache näher bestimmt und mehr aufgehellt wird, der wird nicht das
unvollkommnere mittheilen, wobei sie dunkel bleibt. Solche Umstände
entscheiden hier, was Abweichung oder Uebereinstimmung in einzelnen
Ausdrükken niemals entscheiden kann. Matthäus hat aus demselben Grunde auch nicht die erste unserer beiden Sammlungen gekannt. Aber auch die   40

---

11 *So Paulus: Kommentar I, S. 644; Zusätze S. 287*   **18** *Lk 7,9*

zweite kann er wol so nicht gekannt haben, theils weil er seine Relation von
der Bergrede durch den Eingang derselben bei Lukas, der auch ihm sehr
willkommen hätte sein müssen, nicht ergänzt hat, theils weil er nichts in
derselben Ordnung vorträgt, ausgenommen daß auch bei ihm IX, 2-17 der
Zöllner und sein Gastmahl auf die Heilung des Gichtbrüchigen folgen, und
auch bei ihm das Aehrenlesen und die Heilung der troknen Hand, XII, 1-14
verbunden worden. Lezteres, da wir auch bei | Lukas beides als Eine ur- 95
sprüngliche Erzählung ansehn mußten, beweiset nichts in Ansehung der
Sammlung, wohl aber, wie auch die große Uebereinstimmung im einzelnen,
daß bei Matthäus dieselbe Erzählung zum Grunde liegt, er aber mit den
Verbindungsformeln auch innerhalb einer und der selben mehrere Begebenheiten umfassenden Erzählung frei umgeht, und das ἐν ἑτέρῳ σαββάτῳ
in das μεταβὰς ἐκεῖθεν ἦλθεν εἰς τὴν συναγωγὴν αὐτῶν verwandelt hat. Denn
schwerlich hat man, das oben schon bemerkte abgerechnet, vor der Synago-
genzeit einen Spaziergang durch das Feld gemacht auf dem man so hungrig 70
geworden, wie er doch sagt. Was aber die erste Uebereinstimmung betrifft:
so ist sie bei den mancherlei Abweichungen in der Erzählung vom Zöllner
um so merkwürdiger als das παράγων ἐκεῖθεν diese Geschichte mit der
vorigen auf eine so schwankende Weise verbindet, daß man kaum zu schließen wagt, beides sei unmittelbar nach einander vorgefallen. Matthäus läßt
bei der Geschichte mit dem Gichtbrüchigen die Oertlichkeit ganz unbestimmt, und scheint sie nicht zu kennen, und nur auf diese unbestimmte
Lokalität kann sich das παράγων ἐκεῖθεν beziehen, welches wunderlich wird,
wenn man jene Geschichte mit Lukas in die Synagoge versezt. Wer nun
aber nicht weiß, wo eines vorgefallen, woher sollte der wissen, daß etwas
anderes an einem bestimmten Ort sich unmittelbar nach jenem ereignet
habe? Da aber beide Erzählungen bei Matthäus ungenauer sind, und also
einen Durchgang durch mehrere Hände verrathen: so kön|nen sie dennoch 96
mittelbar aus unserer Sammlung abstammen, vielleicht als diese nur erst
die beiden Erzählungen, denn es sind ja ihre ersten, enthielt. Auf keinen Fall
ist ein Grund vorhanden wegen dieser einzelnen Uebereinstimmungen ein
Urevangelium anzunehmen, da Matthäus alles andere, was in unsern Sammlungen enthalten ist, weit genug auseinanderlegt, und in ganz andern Ver-
bindungen erzählt. Was hingegen den Markus betrifft: so würde selbst die
Annahme eines Urevangeliums für sich noch nicht hinreichen, und es bleibt
wol die natürlichste Annahme, daß er unsere beiden Sammlungen schon
verbunden vor Augen gehabt, indem er mit der einzigen Ausnahme des
Fischzuges Petri alles in derselbigen Folge stellt, und das abweichende sowol

---

12 *Lk 6,6*   **13** *Mt 12,9*   **15** *Mt 12,1*   **18** *Mt 9,9*   **24** *In Lk 5,17 steht davon direkt
nichts. Paulus spricht bei Lk von einem „Consessus von Landrabbinen" (Kommentar I,
S. 403).*   **32** *Vgl. Eichhorn: Einleitung I, S. 149, 227-235*   **38** *Lk 5,1-11*

in den Verbindungsformeln als in der Erzählung selbst sich theils aus dem
eigenthümlichen Charakter seiner Art die Materialien zu verarbeiten, theils
daraus erklärt, daß er bei einzelnen Begebenheiten auch die im Matthäus
verarbeiteten Nachrichten – um nicht gradezu zu sagen, unsern Matthäus
selbst – vor Augen hatte. Aus diesem oder diesen hatte er hinter seiner   5

71 kurzen Erwähnung der Versuchung, I, 14-20 nach seiner Weise überarbeitet eingerükt, was wir etwas anders Matth. IV, 12-22 lesen. Da er nun aber
auf die große Rede stieß, welche einzurükken außer seinem Plane lag: so
schiebt er nun die beiden Sammlungen auch nach seiner Weise, über welche
schon beim einzelnen das nöthige gesagt worden, überarbeitet ein; wieviel   10

97 historische Sicherheit er aber darüber gehabt, daß diese Sammlun|gen ganz
oder größtentheils Begebenheiten enthalten, die früher vorgefallen, als das
was er später beibringt, das möchte ich keinesweges entscheiden, sondern
glauben, daß darin viel Gutdünken vorgewaltet. Den Fischzug indeß mußte
er auslassen, weil er deutlich sah, daß er diese Begebenheit schon theilweise   15
aus der andern Quelle beigebracht, und die große Rede am Schluß ließ er
ebenfalls aus[5], nahm nur den willkommnen Eingang mit, und übersah
wahrscheinlich, sie hinter der Rede nicht vermuthend, die Erzählung von
der Heilung des Knechtes, die er sonst wohl würde benutzt haben. Sind nun
diese Voraussezungen gegründet: so erhellt von selbst, daß in diesem gan-   20
zen Abschnitt Lukas und Markus durchaus keine chronologische Sicherheit für das einzelne geben, sondern es können einzelne Begebenheiten aus
der ersten Sammlung später vorgefallen sein als einzelne aus der zweiten; es
können ferner in jeder Sammlung Ereignisse aus ganz verschiedenen
Aufenthaltszeiten Jesu in Kapernaum verbunden, und daher vielleicht so-   25
gar einzelne Begebenheiten dieser Sammlungen spätere sein, als manches
was erst im folgenden erzählt wird. Ob aber für die gleichen Vorfälle,
welche Matthäus anders stellt und verbindet, in ihm mehr chronologische
Sicherheit liegt, darüber kann hier nichts allgemeines gesagt werden. |

98 Das noch übrige dieser zweiten Hauptmasse, welche im Ganzen den   30
72 drei Evangelien gemein ist, theilt sich uns nun folgendermaßen durch Stellen, welche sich deutlich genug als Anfangsformeln einzelner früher für sich
bestandener Erzählungen zu erkennen geben. VII, 11-50 kann nicht getrennt

---

[5] Nemlich ich glaube nicht, daß er sie deswegen ausgelassen, weil er sonst seinen
   Lesern zuviel jüdisches hätte erklären müssen, sondern weil er überhaupt in   35
   dieser ersten Hälfte seiner Schrift keine ausführlichen Reden aufnehmen wollte.

---

33 VII, 11-50] VII, 12-50

---

8 *Mt 5-7 (Bergpredigt)*   **16** *Mk 1,16-20*   **17** *Mk 3,13/Mt 5,1*   **33** *Es ist im Folgenden*
stets von Lk die Rede.

werden; VIII, 1 geht eine neue Erzählung an, VIII, 22 eine andere, IX, 1 eine
dritte, welche bis IX, 45 fortgeht; 46-50 ist ein kleiner Anhang, und mit 51
geht die dritte Hauptmasse an. Ich bemerke hierüber nur im allgemeinen,
daß ich nicht begreife, wie diese Anfänge zum Theil haben so verkannt
werden können, daß einige scharfsinnige Ausleger die Stelle VIII, 1-3 als
Ende einer Denkschrift bezeichnen. Wenn bloß zum Schluß gesagt worden
wäre, Jesus sei hiernächst auf Reisen gegangen, wie wäre wol in eine solche
Schlußbemerkung die genaue Bezeichnung der Reisegesellschaft gekommen?
und geht nicht καὶ τῶν κατὰ πόλιν ἐπιπορευομένων πρὸς αὐτὸν v. 4 offenbar
auf das καὶ αὐτὸς διώδευε κατὰ πόλιν καὶ κώμεν v. 1. zurükk? und wie hat man
übersehen können, daß grade auf diese damals Jesum unmittelbar umgeben-
de Gesellschaft die Worte οὗτοι εἰσι μήτηρ μου καὶ ἀδελφοί μου bezogen
werden sollen, wodurch erst der ganze Aufsaz seine Rundung und Haltung
bekommt? Wogegen man offenbar sieht, v. 22 ist nicht mehr in der Identität
mit jener Erzählung. Denn wer hier schreibt καὶ οἱ μαθηταὶ αὐτοῦ, der weiß
von der vorher beschriebenen Reisegesellschaft nichts, sonst hätte er entwe-
der im allgemeinen gesagt οἱ μετ᾽ αὐτοῦ oder ein | Wort darüber verloren, 99
daß man bei dieser Wasserreise die Frauen zurükgelassen habe. Jene in der
That wunderliche Annahme, daß VIII, 1-3 ein Schluß sei, ist wol nur aus der
Formel ἐν τῷ καθεξῆς entstanden, welche ohnedieß der vorigen Denkschrift
gar nicht zugerechnet werden kann, weil diese selbst das Gastmahl ohne alle
Zeitbestimmung an die Nachricht von der Gesandtschaft des Johannes anknüpft. Sondern diese Formel dürfen wir wol endlich einmal dem Anordner
des Ganzen zuschreiben, welcher wahrscheinlich nur fand Καὶ ἐγένετο ὅτι
αὐτὸς διώδευε, indem er aber der Erzählung ihre Stelle anwies, sei es nach 73
seiner Ueberzeugung oder nach eingezogenen Nachrichten darüber, daß
diese Reise später erfolgt sei als die Sendung des Johannes, nun, um dieses
sein Urtheil auch auszudrükken, jene Formel einschob.

Dasselbe urtheile ich auch von derselben Formel ἐν τῷ ἑξῆς, mit welcher VII, 11 das erste Stükk, welches wir nun näher betrachten wollen,
beginnt. Denn ich lese hier ἐν τῷ ἑξῆς, wiewol Griesbach auch in seiner
lezten Ausgabe der gemeinen Leseart treu geblieben ist. Schon die Zeugen
scheinen mir ein bedeutendes Uebergewicht zu geben, welches jedoch hier
der Ort nicht ist auseinander zu sezen, hiezu aber kommt noch die Aehnlichkeit mit VIII, 1, wogegen wir IX, 37 bei der Formel ἐν τῇ ἑξῆς auch
ἡμέρᾳ einstimmig ausgedrükt finden. Ein vorzügliches Uebergewicht indeß
giebt die Sache selbst. Denn da wir aus Matthäus wissen, daß die unmittel-

---

12 *Lk* 8,21   **20** *Lk* 8,1   **31f** *Schleiermacher hatte 1816 die Ausgabe von 1796 gekauft
(SB 258). Die Schmuck-Ausgabe von 1804 besaß er vermutlich nicht. Es könnte auch die
Synopse von 1809 gemeint sein, die in seinem Besitz nicht nachgewiesen ist.* **32** *Vgl.
Griesbach: NT 1825 zu 7,11 ἐν τῇ mit Anm. „Al. τῷ"*

100   bar vorhergehende Geschichte, die Heilung | des Knechtes bei einem neuen
      Eintritt in Kapernaum erfolgt ist: so wird es höchst unwahrscheinlich, daß
      Christus seinen und mehrerer Apostel Wohnort, wo es mancherlei mußte
      zu beschikken geben, schon am folgenden Tage wieder sollte verlassen
      haben, und auf dem Wege nach Jerusalem begriffen sein. Also diesen   5
      Ausdrukk ἐν τῷ ἑξῆς, mit welchem die einzelne Erzählung nicht beginnen
      konnte, schreiben wir dem Ordner zu, der hier dieser ihre Stelle anwies.
      Das ganze Stükk enthält drei Abschnitte, die Erwekkung des Jünglings, die
      Gesandtschaft des Johannes und das Gastmahl des Pharisäers, deren Ver-
      bindung zu einem Ganzen räthselhaft scheinen kann. Zwar zwischen den   10
      ersten beiden könnte man einen Zusammenhang angegeben glauben, in-
      dem die Gesandtschaft gegründet zu sein scheint auf das was Johannes von
      Jesu hörte, welches denn mehrere Ausleger besonders auf diese Auf-
      erwekkungsgeschichte beziehen, die bis in Judäa hinein, an dessen Grenzen
      Johannes gefangen gesessen, verbreitet wurde. Allein dies ist sehr unwahr-   15
      scheinlich. Die erste Erzählung hat ganz den Charakter von einem Augen-
      zeugen herzurühren; wenn dieser nun auch Jesum noch weiter begleitete,
 74   und auch noch Augenzeuge der folgenden Begebenheit war: so konnte er
      doch nicht leicht einen Grund haben diese Gesandten, die unter jener
      Voraussezung doch gewiß erst ein paar Wochen nachher ankamen, in de-   20
      nen sich auch mehreres merkwürdige muß zugetragen haben, grade auf
101   jene einzelne Geschichte zu beziehen. Und dann hatte er | doch auch diese
      einzelne Beziehung nicht durch die Worte περὶ πάντων τούτων ausdrükken
      dürfen. Sollen wir etwa nun dieser Formel so viel Gewicht einräumen,
      unsere ganze Ansicht zu zerstören, und sollen sagen, das περὶ πάντων τούτων   25
      beziehe sich auf alles, was bisher wunderbares von Christo erzählt worden:
      so würde auch das nicht einmal ausreichen, da das Wunderbare in unserm
      Evangelium so sehr zerstreut und mit anderm vermischt steht, und wir
      beim Zurükgehn fast unmittelbar auf die große Rede und keinesweges auf
      Wundergeschichten stoßen. Also kommen wir doch zulezt darauf zurükk,   30
      daß diese Formel nur ein anderer Ausdrukk ist für das Matthäische ἀκούσας
      τὰ ἔργα τοῦ Χριστοῦ, und damit verlieren wir wieder völlig die bestimmte
      Verbindung mit der vorigen Geschichte. Das Gastmahl aber wird an die
      Gesandtschaft auf eine ganz einfache Weise angereiht ohne bestimmte
      Absonderung oder bestimmte Verbindung. Aber eine Beziehung aller drei   35
      Abschnitte auf einander ist leicht zu finden. Die Gesandtschaft des Johan-
      nes ist offenbar der Kern, um den sich die andern beiden Erzählungen
      herumlegen. Der Referent läßt es sich sehr angelegen sein, die Worte Chri-
      sti an die Johannesjünger auf das zu beziehen, was Christus eben unmittel-
      bar that. So stellt er uns den 21sten Vers hin, in welchem er die Blinden   40

1f *Mt 8,5*   **8** *Lk 7,11-17.18-35.36-50*   **23** *Lk 7,18*   **31f** *Mt 11,2*

noch besonders heraushebt. Nun aber konnte er nicht auf gleiche Weise
sagen, daß Christus damals auch viele Todte erwekkt habe; und so konnte
dies leicht der Bewegungsgrund werden, jene Geschichte, wenn der Refe-
rent im | Besiz derselben war, voranzustellen, um die Sache doch im allge- 102
meinen zu bewahrheiten. Eben so konnte auch dem, der diese Erzählung
von der Gesandtschaft aufnahm, oder einem der sie sich aneignete, kein
anderes Beispiel davon bekannt sein, daß Jesus sich in einem näheren Sinne 75
als φίλος ἁμαρτωλῶν bewiesen habe, und dies Veranlassung geben, die
folgende Geschichte anzuhängen, damit man sehe, worauf sich der Vorwurf gründe, den Christus seinen Gegnern in den Mund legt. Das erste
konnte auch wol der Fall unseres Ordners sein, in dessen gesammten Materialien sich ja nirgends eine andere Auferwekkungsgeschichte findet; und
so konnte vielleicht erst er, um doch dem νεκροὶ ἐγείρονται sein Recht zu
geben, die Geschichte von Nain die er einzeln besaß, hieher stellen. Dann
sind die Worte καὶ ἀπήγγειλαν der ursprüngliche Anfang der Erzählung
von der Gesandschaft gewesen, wie sie einer nur an allgemeine Erinnerungen, die ihm und jedem muthmaßlichen Leser zu Gebote standen, etwas
unbeholfen anknüpfte. Und eben dieser Erzähler hätte dann, aus demselben Grunde, aus welchem der 21ste Vers entstand, die Geschichte von der
Salbung auf dem pharisäischen Gastmahl angehängt, die sich ja fast unmittelbar an das φίλοι τελωνῶν καὶ ἁμαρτωλῶν anschließt. Welches man auch
vorziehe, eine andere als solche Verbindung läßt sich zwischen diesen drei
Abschnitten kaum denken, und also ist auch hier kein Zeitzusammenhang
zu suchen. Aber jede dieser drei einzelnen Erzählungen ist zu merkwürdig
auch in Absicht des Verhältnisses unseres | Evangeliums zu den andern, als 103
daß wir nicht noch etwas bei ihnen verweilen sollten.

Zuerst nemlich bei der Geschichte der Auferwekkung des Jünglings
von Nain ist dieses das merkwürdigste, daß sie in keinem andern Evangelisten steht. Bei der Sparsamkeit der Todtenerwekkungsgeschichten, bei
der starken Beweiskraft, welche diese haben mußten vor allen andern Wunderthaten, wenn wir uns denken die ersten Verkündiger des Christenthums
sich verabredend über eine Auswahl von Zügen aus seinem Leben, welche
bei der Verkündigung als Beweis der Messianischen Würde Jesu sollten
gebraucht werden, müßten wir es unbegreiflich finden, daß nicht diese
Geschichte und die von Lazarus vorzüglich in das Urevangelium sollten
aufgenommen worden sein, zumal die von der Tochter des Jairus aufgenommen war, aus welcher dann die Gegner des Christenthums, wenn sie 76

---

15 ἀπήγγειλαν] ἐπήγγειλαν

---

8 *Lk 7,34*   **13** *Lk 7,22*   **15** *Lk 7,18*   **21** *Lk 7,34*   **27** *Lk 7,11-17*   **35** *Joh 11,1-45*   **36** *Lk 8,49-56; Mk 5,35-43; Mt 9,18-26*

doch hörten, die Christen rühmten sich, ihr Jesus habe noch andere Todte
auferwekt, leicht argumentiren konnten, es werde mit diesen nicht mehr
auf sich gehabt haben, als mit jener, von welcher Jesus ja selbst ganz deutlich gesagt habe, sie sei nicht todt, sondern schlafe nur. Oder sollen wir
sagen, die vertrauten Jünger hätten unsere Geschichte deswegen vernach-   5
läßigt, weil Jesus selbst gar nichts daraus gemacht, indem sich hier nur ein
falscher Ruhm von ihm verbreitet, da er nicht einmal die Wiederkehr des
Lebens bewirkt, sondern nur daß es schon wiedergekehrt sei, zuerst entdekt
104   habe? Mit dieser höchsten Unwahrscheinlichkeit, welche in|nerhalb des
ganzen Gebiets des Natürlichen gar keine feste Stelle finden kann, sondern   10
von jedem Schlage, von welcher Seite man ihn auch führe, getroffen immer
wieder hinaus muß, wollen wir uns doch lieber im Ernst nicht befassen.
Also das Fehlen dieser Geschichte und der von Lazarus in unsern Evangelien ist nicht gut zu erklären, wenn man sich als gemeinschaftliche erste
Grundlage derselben etwas von den Aposteln gemeinschaftlich zu jenem   15
amtlichen Zwekk verfaßtes, oder auch nur veranlaßtes und gebilligtes denkt;
ja auch abgesehen vom Urevangelio und auf unsere Voraussezung uns be-
schränkend bleibt diese Erscheinung schwer begreiflich, wenn wir annehmen, die vertrautesten Jünger Jesu hätten auch vorzüglich zuerst die einzelnen Begebenheiten entweder selbst aufgezeichnet, oder wenigstens zum   20
Behuf der schriftlichen Aufzeichnung ausführlich erzählt. Denn von der
Auferwekkung des Lazarus ist offenbar genug aus Johannes, daß die Sache
keinem der zwölfe fremd sein konnte, und auch bei unserer Erzählung wäre
es ganz unbegründet und höchst gezwungen, wenn man sagen wollte: οἱ
μαθηταὶ αὐτοῦ ἱκανοὶ wären alles Schüler einer entfernteren Ordnung, und   25
Jesus damals von den zwölf getrennt gewesen; vielmehr hätte diese Voraussezung alle Wahrscheinlichkeit gegen sich. Sondern die Auslassung dieser
Begebenheiten erscheint nur dann nicht unerwartet und vielmehr natürlich,
77   wenn wir annehmen, die ersten schriftlichen Nachrichten seien entstanden
105   durch die Bestrebungen und auf das An|dringen solcher, welche, mit Christo   30
selbst persönlich unbekannt und nicht mehr in demselben Sinne seine Zeitgenossen, ausführliche Nachrichten suchten, und die Stimme der mündlichen Ueberlieferung durch die Schrift zu befestigen trachteten, ehe sie etwa
verhallte. Denn diese wagten theils weniger sich an die mit dem größeren
Werke der unmittelbaren Verkündigung und Ausbreitung des Christen-   35
thums emsig beschäftigten Apostel zu wenden, als nur in einzelnen Fällen
bei ganz besonderer Veranlassung; sondern nur Freunde und Zuhörer der
zweiten Ordnung suchten sie sich auf: theils wendeten sie sich am meisten
natürlich an diejenigen Oerter, wo sie die reichste Erndte hoffen konnten,
das heißt nach Kapernaum und nach Jerusalem. Aber am lezteren Orte war   40

4f *Vermutlich Anspielung auf Paulus: Kommentar I, S. 658f*   **24f** *Lk 7,11 (wie Griesbach,
mit textkritischem Apparat)*

das neueste natürlich am meisten im Andenken, und daher sind die gemeinschaftlichen Massen der drei Evangelien vorzüglich nur Begebenheiten aus
den verschiedenen Aufenthaltszeiten in Kapernaum und aus dem lezten
Aufenthalt in Jerusalem. Was sich an andern Orten zugetragen hatte, konnte
5 nicht so leicht Gemeingut werden, vielmehr anstatt uns zu wundern, daß
wir es nicht bei allen finden, müssen wir uns nur freuen, wenn jeder glüklich
genug gewesen ist, einiges dergleichen aufzubewahren. Und dasselbe sollen
wir nun auch von dieser Auferwekkungsgeschichte rühmen.

Was die Gesandtschaft der beiden Jünger des Johannes betrifft: so ist
10 für den hier aufgefaßten Standpunkt die interessanteste Frage die, ob unse-
re Erzählung und die bei Mat|thäus ursprünglich verschieden sind, oder auf   106
eine und dieselbe zurükzuführen? Denn die Beantwortung der Frage hat
auf die Ansicht der ganzen Sache nicht geringen Einfluß. Nemlich wenn wir
hier zwei ganz von einander unabhängige Erzählungen derselben Be-
15 gebenheit vor uns haben: so können wir kaum anders als sowol die Anrede
der Abgesandten, als auch die Antwort Jesu für buchstäblich wiedergegeben halten. Allein die Uebereinstimmung in den Reden ist hier so groß, kein
Gedanke übergangen oder anders gewendet, ausgenommen da wo unsere
Erzählung etwas einschaltet und hernach wo sie abbricht, daß zwei so ganz   78
20 übereinstimmende Abfassungen höchst unwahrscheinlich sind. Ist dieses,
so ist unsere Erzählung offenbar eine Ueberarbeitung der bei Matthäus
reiner gebliebenen ursprünglichen. Indem unser Autor die ganze Begebenheit recht sinnlich vortragen will, fügt er hinzu v. 20, wie die Abgesandten
ankommen und ihren Auftrag ausrichten. Dann um die Worte Christi zu
25 begründen erzählt er v. 21, wie dieser eben im Heilen wäre begriffen gewesen, und man muß schließen, daß ihm aus eigener Kenntniß oder aus andern Erzählungen nicht viel bekannt worden, daß Jesus auch sonst Blinde
sehend gemacht, weil er diesen Punkt besonders heraushebt. Eben so um
die lezten Worte Christi von v. 31 an deutlich zu machen, erzählt er v.
30 29-30 wie die verschiedenen Klassen des Volkes sich gegen Johannes und
seine Lehre gestellt. Denn diese beiden Verse auch als Rede Christi anzuse-
hen, da sie so ganz im To|ne vom vorigen und folgenden abweichen, kann   107
ich mich nicht entschließen. Die entgegengesezte Ansicht, daß unsere Erzählung die ursprüngliche sei, die bei Matthäus hingegen in der Darstellung
35 abgekürzt, ist deshalb unwahrscheinlich, weil dann unser Erzähler gewiß
mit v. 21 angefangen haben würde. Ein unmittelbarer Augenzeuge wird
nicht leicht die ganze Scene, die den Grund bildet, auf welchem die einzelne
Begebenheit sich heraushebt, nur parenthetisch vortragen. Da nun das

---

38 parenthetisch] paranthetisch

9 *Lk 7,18-23; Mt 11,2-6*

Motiv der Darstellungsweise in unserer Erzählung, und das der Verknüpfung der vorigen Geschichte mit dieser ganz dasselbe ist: so ist wol auch beides überhaupt eines und dasselbe gewesen, nemlich wer die Geschichte so umgearbeitet, hat uns auch die vorige vorangestellt und die folgende angeknüpft. Aber der Ordner des Ganzen ist es nicht gewesen; denn er hätte sich statt v. 29 und 30 so zu schreiben, als ob er uns von den Verhältnissen des Johannes noch gar nichts gesagt hätte, auf den früheren Aufsaz berufen. Nun aber kann man weiter fragen, Wenn v. 21 nur zu der Erweiterung unseres Referenten gehört, der die Worte Jesu ἃ εἴδετε καὶ ἠκούσατε auf die augenblikliche Gegenwart bezog: ist dann Jesus damals wirklich im Heilen begriffen gewesen? oder ist dies gar nicht nöthig, wie denn Matthäus nichts davon sagt, und hat sich Jesus nur auf das berufen, was sie jederzeit sehen und wovon sie überall in seiner Nähe hören konnten? Hieran knüpft sich aber noch eine andere Frage, nemlich wenn auch nur dieses gemeint ist, konnte doch | Jesus ohne eine ihm gar nicht angemessene und ganz fremde Ruhmredigkeit dies νεκροὶ ἐγείρονται aussprechen, wenn es im eigentlich Sinne soll verstanden werden, und wenn wir nicht annehmen wollen, sehr viele Auferwekkungsgeschichten seien vorgefallen, von denen uns gar nichts bekannt worden? Das leztere ist um so unwahrscheinlicher, da auch in den bei Matthäus und Markus so häufigen allgemein zusammenfassenden Relationen, worin sie allerlei Arten von Krankheiten und dämonischen Uebeln nahmhaft machen, das Todtenerwekken nirgend mit aufgeführt ist. Daraus wird allerdings wahrscheinlich, daß diese Worte im uneigentlichen Sinne vom geistigen Tode zu nehmen sind, wie Jesus sie unstreitig oft gebraucht hat, um so mehr als die in den Worten τυφλοὶ ἀναβλέπουσι und πτωχοὶ εὐαγγελίζονται von Andern schon bemerkte unserm Referenten aber entgangene Anspielung auf Jes. 61, 1, auch diesen Worten einen uneigentlichen Sinn zuschreibt. Nicht als ob πτωχοὶ grade die Armen am Geist sein müßten: sondern diejenigen, welche nicht im Stande sind in dem gesezlichen Sinne zu glänzen, die πτωχοὶ κατὰ νόμον καὶ κατὰ παράδοσιν. Diese nehmen die Botschaft an von der ein anderes Maaß des geistigen Werthes einführenden βασιλεία τοῦ θεοῦ. Soll Christus aber fast unerträglich häufend auch das χωλοὶ περιπατοῦσι, λεπροὶ καθαρίζονται und κωφοὶ ἀκούουσι im uneigentlichen Sinne gesagt haben? Das gewiß nicht, sondern entweder sind dieses erweiternde Zusäze schon des ursprünglichen Erzählers vielleicht, auch an die Stelle einiges | vergessenen von ihm gesezt; oder Christus hat mit dem eigentlichen angefangen auf seine äußere Wirksamkeit hinweisend, und ist hernach übergegangen auf die auch schon

---

7 *Lk 3,1-22*   **9** *Lk 7,22*   **16** *Lk 7,22; Mt 11,5*   **26** *Die Anspielung auf Jes 61,1 kann nur für die zweite Phrase gelten. „von Andern": sc. Exegeten. (Zur ersten Phrase vgl. Jes 29,18)*

erfolgte Wirkung in den Gemüthern, welches beides sich aber dem Erzähler   *80*
ineinander geschoben. Eben so mögen auch die Worte der Abgesandten
durch Abkürzung in ein etwas falsches Licht gerükt sein. Denn Johannes
selbst kann unmöglich an der Messianität Jesu gezweifelt haben, und konn-
5   te auch sein oft wiederholtes Zeugniß nicht dadurch compromittiren, daß
er zweifelnden Schülern auftrug, ihre Zweifel in seinem Namen vorzutra-
gen. Doch ist hier noch ein anderes Bedenken. Wenn nemlich die Sache
vorging, als Johannes im Gefängniß war: so ist kaum zu glauben, daß die
beiden Jünger im strengsten Sinne von Johannes können abgesendet gewe-
10 sen sein. Denn die Erzählung des Josephus läßt keinen Zweifel, daß Furcht
vor Unruhen entweder die wahre Ursach war, warum Herodes den Johannes gefangen sezen ließ, oder wenigstens der Vorwand dazu, dem er also
doch gemäß handeln mußte, und unter diesen Umständen ist nicht zu glauben, daß seine Schüler freien Zutritt zu ihm gehabt haben werden. Allein da
15 dies leicht von Matthäus eingerükt sein kann seiner ersten gewiß zu frühen
Erwähnung von Johannis Gefangenschaft zu Liebe, und da Christus den
Jüngern eine Antwort für ihren Meister gradezu mitgiebt: so will ich lieber
glauben, sie seien wirklich von ihm abgesandt gewesen, und er damals noch
frei. Wie denn auch die Art wie | Jesus hernach zum Volke über Johannes   *110*
20 redet, nicht wahrscheinlich macht, daß dieser damals schon gefangen gewesen. Wenn wir dann dem gemäß das ἢ ἄλλον προσδοκῶμεν etwas um-
deuten, und sie vielleicht gesagt haben, „Du bist doch der da kommen soll,
und da Du ohnehin so große Dinge thust, worauf sollen wir noch warten,
und soll nicht gleich Johannes mit seiner ganzen Autorität allen, die sich
25 von ihm haben taufen lassen, durch uns befehlen, Dir als dem Messias zu
gehorchen und Deiner Winke gewärtig zu sein": so verschwindet der wunderliche Schein, als ob grade die wunderbaren Thaten Jesu bei Johannes
und den Seinigen Zweifel erregt hätten; und offenbar wird dann auch derjenige Theil in der Rede Jesu, welcher bildlich ist, die Hauptsache. Denn in
30 diesem erklärt er, der bisherige Gang der Sache sei der rechte, und sie solle   *81*
ohne eine andere Einmischung so fortgehen. Ob aber die bei Matthäus sich
noch anknüpfenden Reden XI, 20 bis 24 oder gar bis 30 hieher gehören,
will ich nicht entscheiden. Daß sie in unserer Ueberarbeitung fehlen,
beweiset nichts dagegen, aber das τότε v. 20 und das ἐν ἐκείνῳ τῷ καιρῷ v.
35 25 auch gewiß nichts dafür, und andere Umstände machen wahrscheinlicher, daß dies spätere der Aehnlichkeit des Inhaltes wegen, wie so häufig
bei Matthäus, hieher gestellte Reden sind.
     Das dritte Stükk unseres Abschnittes, die Erzählung von dem pharisäi-
schen Gastmahl, lohnt es doch wol, noch einmal darauf anzusehn, ob die

---

5 *Mk 1,7f; Mt 3,11-14*   8 *Lk 3,20; Mt 11,2*   10 *Antiquitates XVIII,116-119 (Schleiermachers Ausgaben s. SB 1002, 1003: Köln 1691 bzw. Leipzig 1782-85)*   16 *Mt 11,2 (vgl.
14,3)*   19 *Lk 7,24-35; Mt 11,7-19*   21 *Lk 7,19; Mt 11,3*   38 *Lk 7,36-50*

111 Begebenheit dieselbe ist oder ei|ne andere, als welche Matth. XXVI, 6-13,
Marc. XIV, 3-9 und Joh. XII, 1-8 erzählt wird. Soll bei einer Erzählung wie
die unsrige, die sich um die Lokalität gar nicht kümmert, der ganz beiläu-
fige Ausdrukk ἐν τῇ πόλει, der eben nur wie alles hier einen Erzähler verräth,
der die Sache aus der zweiten Hand und nur beiläufig erfahren hat, nun   5
gleich beweisen, dies könne nicht in Bethanien geschehen sein? Ist es an sich
wahrscheinlich, daß Christus zu zwei verschiedenen Malen, beides auf einem Gastmahl, wo der Wirth Simon hieß, von einer Frau soll gesalbt worden sein, und zwar da keine verschiedene Angabe von Ort und Zeit zur
Annahme einer solchen Wiederholung nöthigt? Ist es wahrscheinlich, wenn   10
Christus bei einer früheren Gelegenheit die Handlung so entschieden
vertheidigt hat, daß die Jünger sie zum zweitenmal so entschieden sollten
getadelt haben ? Ist es nicht viel natürlicher anzunehmen, daß unsere Erzählung nur aus einem andern Gesichtspunkt gefaßt ist, weshalb denn hier
die Reden Christi mit dem Pharisäer mitgetheilt sind, der Tadel aber, den   15
die Jünger gleichzeitig mögen ausgestoßen haben, nicht? Matthäus hingegen bringt die Sache offenbar in Verbindung mit der Verrätherei des Judas,
und übergeht deshalb jene Gespräche. Johannes scheint fast beide Erzählungen vor sich gehabt zu haben, indem er sie aber nur berichtigen will, hat
82   er auch keine Ursache, die Rede Christi an die Pharisäer anzuführen; er   20
vertheidigt nur die andern Jünger, daß sie an dem Tadel des Judas nicht
112 Theil genommen, und die Frau, | daß sie keine Sünderin in dem gemeinen
Sinne des Wortes gewesen. Und in der That hat das auch Simon nicht
gesagt, der Referent hat es nur geschlossen aus der Art wie Jesus die unaus-
gesprochenen Gedanken seines Gastfreundes berüksichtiget, und wie er   25
hernach gegen die Frau selbst in eine Verkündung der Vergebung ihrer
Sünden endigt. Denken wir uns nun bei Lesung unserer Erzählung das
hinweg, was nur Urtheil des Erzählers ist: so können wir eben so leicht
denken, Simon habe nur Aergerniß genommen an der ausnehmenden Ver-
ehrung, welche seinem Gast bewiesen wurde, da er selbst ihn nur, weil er   30
es Anstands halber nicht gut vermeiden konnte, scheint geladen zu haben.
Und eben so folgt aus den Worten Christi gar nicht, daß die Frau eine
Sünderin im gemeinen Sinne des Wortes gewesen; denn Jesus sagt ja nur,
ihre Handlung entspringe aus einer Fülle wahrer verehrungsvoller Anhänglichkeit. War sie nun, wie Johannes uns lehrt, die Schwester des Lazarus,   35
eine schon seit längerer Zeit mit Christo verbundene: so konnte sehr wohl
Christus in einer uns ganz unbekannten besondern Beziehung die Worte

---

1 XXVI] 26

---

4 *Lk 7,37*   **6** *Bethanien Mk 14,3; Mt 26,6; Joh 12,1 diff Lk*   **35** *Joh 12,2f*

ἀφέωνταί σοι αἱ ἁμαρτίαι zu ihr sagen, die unverständlich, aber auch für die meisten Anwesenden, denen Maria bekannt genug war, ganz unverdächtig, doch hernach zu diesem Mißverstand Anlaß geben konnten, wenn einer die Geschichte einem erzählte, von dem er glaubte, es könne ihm nicht bedeu-
5   tend sein zu wissen, wer diese Frau gewesen. Und grade ein solcher scheint sie uns hier mit dieser natürlichen, freilich | aber doch nicht ganz richtigen   *113* Ergänzung wieder gegeben zu haben. Da aber dies nun grade dieselbe Auslegungs- und Ergänzungsweise ist, welche auch die vorige Geschichte von der Gesandtschaft des Johannes hier erfahren: so bestätigt sich auch
10   dadurch, daß beide in ihrer jezigen Gestalt aus derselben Feder geflossen, und höchst wahrscheinlich auf Veranlassung des φίλος ἁμαρτωλῶν an ein- ander gereiht worden sind. Eine auffallende Aehnlichkeit der Manier zeigt   *83* sich auch darin, daß hier v. 38 eben so aus den Worten Jesu in v. 44 gemacht ist, wie oben v. 21 aus v. 22, und eben so hat der Referent sich aus
15   v. 47 u. 48 die Gedanken des Simon v. 39 gemacht. Und ist wol wahr- scheinlich, daß ein angesehener Pharisäer bei einem großen Gastmahl sollte einer am ganzen Ort mit Recht übel berüchtigten Person den Zutritt in das Speisezimmer verstattet haben? Ist nun dieses, daß die Frau in unserer Er- zählung eine solche Sünderin gewesen, nur eine falsche Annahme eines
20   späteren Referenten[6]: so hindert auch nichts mehr, daß sie die Schwester des Lazarus gewesen sein kann. Wir bedürfen vielmehr für das ganze Factum grade einer solchen Annahme, daß die Person, die so etwas unterneh|men   *114* und ausführen konnte, ohne weder auf eine kränkende Art abgewiesen und entfernt zu werden, noch auch ganz abentheuerlich und lächerlich zu er-
25   scheinen, auf der einen Seite ein Recht haben mußte, da und in der Nähe der Gäste zu sein, auf der andern aber auch in einem bekannten Verhältniß mit Christo stehen. Und um so unwahrscheinlicher wird noch, daß eine ähnliche Geschichte sich zweimal habe zutragen können. Eine Erzählung aus der zweiten Hand scheint übrigens die bei Matthäus auch zu sein, wenn
30   man nicht annehmen will, es sei eine Art von allgemeiner Verabredung gewesen, bis auf einen gewissen Zeitpunkt von dem, was die Familie des Lazarus betrifft, zu schweigen. Und so wird uns zugleich dieses eines der

---

6   Eine nicht besser begründete Schlußfolge aus den Worten Christi ᾧ δὲ ὀλίγον ἀφίεται, ὀλίγον ἀγαπᾷ scheint mir die Vermuthung von Paulus, daß Jesus diesen
35   Pharisäer von einem geringeren körperlichen Uebel geheilt; wiewol man von unserer Annahme aus noch mit vieler Wahrscheinlichkeit hinzufügen könnte, es sei eine leichtere Art des Aussazes gewesen, weil in den andern Erzählungen der Wirth Σίμων ὁ λεπρός heißt.

---

1 *Lk 7,48*   11 *Lk 7,34; Mt 11,19*   33 *Lk 7,47*   34 *Vgl. Kommentar I, S. 727*   38
Mk 14,3; Mt 26,6

merkwürdigsten und lehrreichsten Beispiele von der Art, wie wirklich bei
Johannes Berichtigungen der andern Evangelisten vorkommen; nur folgt
84 für unsern schon nicht, daß Johannes deshalb den ganzen Lukas müßte vor
sich gehabt haben, sondern nur diesen kleinen Aufsaz braucht er gekannt
zu haben. – Endlich möchte ich aus unserer Erzählung auch noch den Be- 5
weis führen, daß wenn es ein Urevangelium gegeben hat, dieses dem Ordner unseres Buches wenigstens als solches unbekannt geblieben ist, wodurch denn doch, um nicht mehr zu sagen, die Eichhornische Construction
desselben unzulässig würde. Nemlich gesezt auch, die Erzählung bei Matthäus ist auch aus der zweiten Hand, so sind doch die Worte Christi bei ihm 10
115 XXVI, 13 gewiß ächt. Schon würde sie keiner erdichtet haben, als | etwa
ein Freund der Bethanischen Familie, und der hätte dann gewiß den Namen
der Frau nicht verschwiegen; aber gewiß hätte auch niemand aus der ächten apostolischen Schule gewagt, solche Worte zu erdichten. Hat nun Christus diese gesprochen: so enthalten sie die bestimmteste Anweisung, diesen 15
Zug aus der Geschichte Christi vor allen andern in eine solche Schrift aufzunehmen. Im Urevangelium also muß diese Geschichte gestanden haben:
und kann man sich denken, die Worte Christi hätten gefehlt, welche ihr
eben diesen Plaz sicherten? Und würde dann Lukas wol angestanden haben, hielt er auch die Geschichte, wie sie hier dargestellt ist, mit jener für 20
dieselbige, noch diese auffallenden Worte Christi mit aufzunehmen, die er
ohne viel zu ändern, eben so leicht an dem Schluß der Rede Christi an den
Pharisäer oder auch am Schluß der ganzen Erzählung hinter dem πορεύου
εἰς εἰρήνην anknüpfen konnte? Ich halte dies für einen so guten Beweis, als
er sich in solchen Sachen nur führen läßt, davon daß unser Lukas weder das 25
Urevangelium noch auch unsern Matthäus oder unsern Markus gekannt
und vor sich gehabt hat.

Weshalb die folgende Erzählung VIII, 1-21 als ein eignes Ganze angesehen werden muß, mit dem das nachherige nicht mehr kann ursprünglich
zusammengehangen haben, ist bereits auseinander gesezt; sie bietet aber 30
ebenfalls noch einiges merkwürdige dar. Ohnstreitig war von dieser Reise
mehr zu erzählen, wie denn auch das συνιόντων δὲ ὄχλων πολλῶν ohne
116; 85 Zeitbestimmung angeknüpft wird | und nur so gefaßt werden kann, „Als
nun einmal auf dieser Reise viel Volk zusammengeströmt war". Man sieht
also schon hieraus, daß die anfänglichen einzelnen Erzählungen nicht immer gewisse Tage zum Gegenstande hatten oder sonst bestimmte Zeiträu- 35
me, sondern daß oft aus einer Menge auch merkwürdiger Begebenheiten
einzelnes in irgend einer Absicht herausgenommen und aufgezeichnet ward
ohne des andern zu erwähnen. Die Absicht unserer Erzählung kann, wenn

---

2 *Bezug auf Hug:* Einleitung II, *S. 149-151, wo aus dieser Perikope erschlossen wird, Joh
habe alle drei Synoptiker gekannt.*   **23** *Lk 7,50*   **32** *Lk 8,4 (von Schleiermacher grammatisch verändert)*

man Anfang und Schluß gegen einander hält, nicht zweifelhaft bleiben; es
ist die Verherrlichung jener Jesum begleitenden und ihm dienenden Gesellschaft und gewiß auch der namentlich erwähnten Frauen, theils in der
Vergleichung mit seinen leiblichen Verwandten, denen er sie als geistige
5 Verwandte vorzog, theils in der Anwendung des Gleichnisses vom Säemann, der an ihnen das gute Land gefunden, welches das gehörte Wort
behält und Frucht bringt. Da dieses die einzige Abzwekkung ist: so werden
natürlich auch allerlei einzelne Umstände, die Lokalität und dergleichen
übergangen; und manches könnte sogar zwischen das Gleichniß und seine
10 Erklärung getreten sein, ohne daß unser Erzähler Veranlassung gehabt
haben würde es zu erwähnen. Dies bestätigt sich, wenn wir hier Matthäus
und Markus vergleichen. Beide nehmlich, Matth. XII, 46-50, Markus III,
31-35 erzählen die Jesu Verwandten betreffende Antwort unmittelbar nach
jener bei Lukas später erzählten Heilung eines Dämonischen, wobei Jesus
15 von einigen beschuldiget ward, er vertreibe die Teufel durch den Teufel,
von andern aber um ein | Zeichen gebeten; bei beiden Evangelisten aber   117
folgt unmittelbar hierauf das Gleichniß vom Säemann, und Matthäus fügt es
mit der bestimmten Formel an, ἐν ἐκείνῃ τῇ ἡμέρᾳ. Nimmt man nun hinzu,
daß eben dieser Erzähler, welchem Markus, wiewol mit Weglassung der
20 Tagesbestimmung, hier lediglich folgt, das Gleichniß am See erzählen läßt,
dort aber Jesus gewiß keine so besondere Unterhaltung mit seinen Jüngern
haben konnte, wie die, worin er ihnen das Gleichniß erklärt, und daß Matthäus die Verwandten Jesu mit den Worten anmelden läßt, εἱστήκεισαν ἔξω   86
woraus man schließen muß, daß er sich damals im Hause befunden: so
25 muß man wol um beide Erzählungen zu vereinigen von den beiden Punkten
ausgehn, daß unsere Erzählung gar dem nicht widerspricht, es könne die
Heilung des Dämonischen mit den dadurch veranlaßten Reden an demselben Tag vorgefallen sein; daß aber zugleich jene Antwort Jesu ihre rechte
Klarheit und Würde erst erhält durch die Beziehung auf das Gleichniß, in
30 welche sie in unserer Erzählung offenbar gestellt ist. Matthäus Erzählung
also trägt wahrscheinlich die Parabel zu spät vor, weil ihm jene Heilungsgeschichte und die damit verbundenen Reden zunächst im Sinne liegen.
Daß ihm demohnerachtet die Parabel noch einfällt und er sie nachträgt,
erklärt sich wol am leichtesten, wenn man annimmt, daß erst auf jene
35 Antwort Jesu, und als das Volk, zu dem er damals noch redete, sich verloren hatte, die Erklärung der Parabel gefolgt ist. Unser Erzähler hingegen,
muß man annehmen, habe | nicht nur die Begebenheiten, die seinem Zwekk   118
fremd waren, ausgelassen, und die Veränderung der Lokalität als etwas

---

5f *Lk 8,4-8.11-15*   14 *Mt 12,22f; Lk 11,14. Die Heilung fehlt bei Mk.*   15 *Mt 12,24;*
Mk 3,22; Lk 11,15   16 *Lk 11,16*   17 *Mt 13,1-9; Mk 4,1-9*   18 *Mt 13,1 (geänderte*
Satzstellung)   23 *Mt 12,46*

unwesentliches um so mehr übergangen, als er überhaupt den Ort nicht
angegeben, sondern er habe auch die Erklärung des Gleichnisses vorweggenommen, damit er mit der Antwort Jesu schließen könnte, und diese doch
jedem Leser völlig verständlich wäre, welches man seiner Absicht höchst
angemessen finden muß. Wir denken uns also am besten Jesum in den   5
Morgenstunden an den See hinausgehend und dort – unter andern natürlich
und im Verlauf einer größeren Rede – das Gleichniß vom Säemann vortra-
gend. Hineingehend in den uns ganz unbekannten Ort, denn auf einer
Reise und nicht in Kapernaum muß sich die Sache nothwendig zugetragen
haben, wird ihm der blinde, wenn wir dies nach Matthäus annehmen wol-   10
len, und stumme Dämonische gebracht; er heilt ihn, und nun entsteht unter
der begleitenden Menge auf der einen Seite der Wunsch nach einem himmlischen Zeichen auf der andern die Vermuthung einer höllischen Kraft, die
87   Jesus besize, woraus man fast schließen möchte, es sei ein Ort gewesen, der
zum ersten Mal die Erfahrung von seiner wunderthätigen Kraft gemacht.   15
Jesus redet hierüber, theils seinen Weg in der Stadt fortsezend, theils schon
in dem zu seiner Aufnahme bestimmten Hause. Indem er noch redet, werden ihm seine Verwandten gemeldet, und er ertheilt, noch erfüllt von der
Rede, die er am See gehalten, die Antwort, welche die Spize unserer Erzäh-
119 lung ist, und welche auch unser Erzähler allein | ganz richtig aufgefaßt hat.   20
Demnächst nun verläuft sich das Volk, vielleicht noch schneller durch eben
diese Nachricht bewogen; Jesus findet sich mit seinen Jüngern allein, und
deutet ihnen auf ihr Befragen die Parabel. Auf diese Art stimmt alles sehr
gut zusammen; und ich glaube nicht, daß man bei Erwägung aller Umstände anstehen kann, diesen Zusammenhang natürlicher zu finden als den,   25
welchen Paulus aufstellt. Aber offenbar erklärt sich das Verhältniß beider
Erzählungen weder aus einem Urevangelium, noch daraus daß Lukas den
Matthäus vor sich gehabt oder umgekehrt. Der Vortrag sowol als die Deutung des Gleichnisses haben in Lukas und Matthäus nicht mehr Uebereinstimmung, als bei einem sich so leicht und sinnlich einprägenden Bilde   30
auch zwei von einander ganz unabhängige Referenten leicht geben konnten; und die verschiedene Anordnung der einzelnen Begebenheiten deutet
auch keinesweges auf eine ursprünglich gemeinschaftliche Quelle. Vielmehr
muß jedem einleuchten, daß wir unsre Erzählung mit ihrer merkwürdigen
Notiz von den dienenden Frauen irgend einem nicht auszumittelnden   35

---

6 *Das ist gegen H.E.G. Paulus (Kommentar über das neue Testament. Zweiter Theil, Lübeck
1801, S. 192) gesagt, der die „Abendzeit" annimmt.* **26** *Paulus geht von der Reihenfolge
des Mt aus und fügt die übrigen Überlieferungen so ein, daß alles an einem Tage geschehen
sein kann (Kommentar II, S. 10-16). Er bezieht sich dabei kritisch-zustimmend auf Johann
David Michaelis (Einleitung in die göttlichen Schriften des Neuen Bundes. Zweiter Theil,
Göttingen 1788, S. 923-929), der aber eher Mk und Lk folgt und eine vollständige Harmo-
nisierung für vorerst unmöglich erklärt.* **27** *So Eichhorn: Einleitung I, S. 248ff* **35** *Lk
8,1-3*

Privatverhältniß verdanken. Auch bei Matthäus möchte ich die Absicht die Begebenheiten eines Tages zusammenzustellen läugnen; sondern die Absicht war auf den Theil des Tages gerichtet, der grade in unserer Erzählung nicht berüksichtiget ist. Das Gleichniß fiel ihm erst hernach ein, und an
5 dasselbe schließen sich nach seiner Weise mehrere an, die gewiß nicht zugleich sind vorgetragen worden. Dies scheint mir ganz | deutlich aus XIII, 120
31 hervorzugehn, wo Jesus nun erst das Volk entläßt und ins Haus geht. Aber gewiß konnte Jesus, was auch Paulus sagt, nicht in Gegenwart des 88 Volkes den Jüngern die Parabel vom Säemann auf die Weise erklären; also
10 war dies gewiß ein anderes Entlassen nach einer andern Versammlung des Volkes. Wie denn auch sowol das χωρὶς παραβολῆς οὐκ ἐλάλει αὐτοῖς, welches Paulus ziemlich gekünstelt erklärt, mit der damit verbundenen Citation einen Mißverstand der vorher mitgetheilten Worte Christi und eine zweite Hand, sei es nun die des Ordners oder eine frühere, unverkennbar verräth,
15 als auch der Schluß dieser ganzen Gleichnißsammlung v. 51-52 sehr fremd klingt. Daher kann ich auch der Formel Matth. XIII, 53 Καὶ ἐγένετο, ὅτε ἐτέλεσεν ὁ Ἰησοῦς τὰς παραβολὰς ταύτας, μετῆρεν ἐκεῖθεν nicht soviel Autorität zugestehen, daß ich glaubte, das dort folgende stände noch in unmittelbarem Zusammenhang mit dem bisherigen. Vielmehr ist dieser gewiß
20 schon bei v. 24 aufgehoben. Sonst wäre es ganz bequem zu sagen, Jesus habe keinesweges seine Verwandten damals so vernachläßiget, wie seine Antwort vermuthen ließe, sondern er sei wirklich fast unmittelbar darauf nach Nazaret gegangen, wo sich aber bald zugetragen, was uns Lukas schon früher berichtet hat. Dieses, wie gesagt, wäre für den Augenblikk
25 bequem genug; allein es könnte sich leicht in der Folge strafen, und ich möchte daher nicht wagen, auf einen so schwachen Grund etwas zu bauen, zumal im vorigen bei Matthäus kein Ort bezeichnet war, und also das ἐκεῖθεν | nichts bestimmtes hat, worauf es sich bezöge. Hinge aber die Er- 121 zählung genau zusammen: so mußte dieser Erzähler auch wissen, wo das
30 vorige sich zugetragen, und würde es, da er hier den Ort angiebt, entweder oben oder an dieser Stelle ebenfalls erwähnt haben. Wie sollten wir uns auch durchfinden zwischen Matthäus und Markus, wenn lezterer gleiche Ansprüche macht, und noch an demselben Tage IV, 35 die Schifffahrt folgen läßt? In dem wunderlichen Zusaz des Markus aber III, 21 – denn wun-
35 derlich bleibt er immer, man verstehe ihn und mildere ihn wie man wolle –

---

5 Mt 13,24-30.31-32.33.44-46.47-50   **8** Vgl. Paulus: „[...] die Jünger ungeachtet der Anwesenheit des Volkes J[esum] welcher im Schiffgen war, für sich etwas fragen konnten, was nicht jedermann hörte, auch eine besondere Belehrung, auf der Stelle erhielten." (Kommentar II, S. 14)   **11** Mt 13,34   **12** Paulus: „,Er mischte gerne manches bildliche ein'; nicht gerade immer ganze Erzä[h]lungen, wie hier. παραβολη ist viel allgemeiner als Parabel." (Kommentar II, S. 233)   **12** Mt 13,35 (Ps 77,2)   **28** Mt 13,53   **35** Michaelis deutet auf eine beabsichtigte „Art von häuslicher Haft" (Einleitung II, S. 927), auf „Vorsorge" (S.

möchte ich gar keinen Aufschluß suchen über das Verhältniß, welches zu
der Zeit stattgehabt zwischen Jesu und seinen Verwandten. Auch möchte
ich dabei keine Petrinische Mittheilung voraussezen, die wol etwas bestimmter würde ausgefallen sein, oder gar nicht stattgefunden haben, wenn wirklich auch die Mutter Jesu sich hätte brauchen lassen vor seinen Feinden.   5
Sondern gewiß gehört dieser Zusaz zu jenen Häufungen und Uebertrei-
bungen, die dem Markus sowol in den Eingängen einzelner Begebenheiten
als in den allgemeinen Darstellungen, die er bisweilen als Lükkenbüßer
einflicht, so sehr gewöhnlich sind. Und vielleicht wird dieses erst recht
deutlich, wenn man versucht sich zu erklären, wie Markus dazu gekom-   10
men, hier die Heilung des Dämonischen auszulassen, welche übereinstimmend nach Matthäus und Lukas die erste Veranlassung gab zu der Rede,
daß Jesus selbst den Teufel habe. Doch dies würde uns hier zu weit abfüh-
ren. |

Daß v. 22 als Anfang einer neuen Erzählung angesehen werden muß,   15
und nicht im Zusammenhang mit dem vorigen kann niedergeschrieben
worden sein, ist bereits angezeigt. Selbst die Formel ἐν μιᾷ τῶν ἡμερῶν
beweiset dieses. Nothwendig nämlich müßte eine gestanden haben, welche,
ob dieses noch während jener Reise mit der so bestimmt beschriebenen
Gesellschaft geschehen sei, entweder bestimmt bejahte oder bestimmt ver-   20
neinte. Vielleicht aber bedarf die Bestimmung des andern Endpunktes noch
näher gerechtfertigt zu werden. Man könnte nemlich fragen, da hier drei
Begebenheiten erzählt werden, wovon noch dazu die beiden ersten eine
bestimmtere Schlußformel haben als die lezte, warum sieht man nicht entweder den Rest dieses Kapitels an als drei ursprünglich verschiedene Erzäh-   25
lungen, oder schließt auch den Anfang des folgenden noch mit in denselben
Zusammenhang ein? Dieser mögliche Einwurf gibt mir eine erwünschte
Gelegenheit genauer auseinander zu sezen, wie ich es mit den Schlußformeln meine, und in welchen Fällen sie das Ende eines ursprünglich einzelnen Aufsazes bezeichnen, in welchen aber wieder nicht. Die Beschreibung   30
des Eindruks v. 25, den die Beschwichtigung des Ungewitters machte, ist
allerdings ein Zurükgehn ins allgemeine aus dem einzelnen, und bezeichnet
auch in sofern das Ende dieser einzelnen Begebenheit. Allein da im folgenden das vorige offenbar wieder aufgenommen, und das Anlanden am
Gadarenischen Ufer als Fortsezung derselben Fahrt beschrieben wird, in-

---

20f verneinte] vereinte *Kj (auch SW)*

1412). *Paulus hält den Vorwurf des Wahnsinns durch die „Brüder" unter Berufung auf Joh
7,5 nicht für wahrscheinlich und schließt auf eine „dritte heimtückische Stimme" (Kommentar II, S. 132f).*   **3** *Die traditionelle These, daß Mk seine Informationen durch Petrus
erhalten habe, hat Hug: Einleitung II, §§ 13ff. 31 verteidigt, ohne freilich auf Mk 3,21
einzugehen.*   **17** *Oben S. 67*   **23** *Lk 8,22-25.26-39.40-56*

dem das ἀντιπέραν v. 26 sich unläugbar auf das εἰς τὸ | πέραν v. 22 bezieht: 123
so ist jene Beschreibung nur eine partielle Schlußformel, nach welcher derselbe Aufsaz zu einer neuen Begebenheit übergeht. Dasselbe gilt von dem
Ende der zweiten Geschichte; denn daß der geheilte den Befehl Jesu befolg-
5 te, ist eine den unmittelbaren Zusammenhang unterbrechende Beschreibung eines späteren Verfolgs, womit ohne Zweifel die Erzählung, wenn
diese Begebenheit allein wäre erzählt worden, auch abschließen würde.
Allein im folgenden wird das vorige wieder aufgenommen; denn das ἐν τῷ
ὑποστρέψαι, v. 40 bezieht sich offenbar auf das αὐτὸς δὲ – – ὑπέστρεψεν v.
10 37. Also diese drei Geschichten sind in einer und derselben Erzählung ursprünglich verknüpft gewesen; und es kann sich zwar noch manches auf
derselben Fahrt zugetragen haben, aber gewiß nichts was unser Referent,
der ganz als Augenzeuge zu reden scheint, mit belebt, und was ihm geschie-
nen hätte einen Plaz neben dem hier erzählten zu verdienen. Ich kann daher
15 beiläufig gesagt auch nicht glauben, daß nach der Rükkunft auf die
galiläische Seite irgend eine andere Heilung oder sonst eine wichtige Begebenheit, wie das Gastmahl bei dem Zöllner, der Wiederbelebung des zwölfjährigen Mädchens vorangegangen sei; denn die Worte ἦσαν γὰρ πάντες
προσδοκῶντες αὐτόν· καὶ ἰδοὺ κ. τ. λ. verrathen zu deutlich, daß dieses das
20 erste bemerkenswerthe gewesen. Mir wenigstens scheint dieses ein festerer
Stüzpunkt als die dem Anscheine nach freilich sehr bestimmte Formel ταῦτα
αὐτοῦ λαλοῦντος αὐτοῖς bei Matth. IX, 18, der indeß auch | die bestimm- 124
testen dieser Art nicht selten mißbraucht. Und einen solchen Mißbrauch
hier ebenfalls anzunehmen bin ich um so geneigter, da das ἐγερθείς v.19 die
25 ganz unzuläßige Vorstellung in sich zu schließen scheint, daß die Reden mit 91
den Pharisäern, die auch Lukas oben V, 30-39 erzählt hat, auf dem Gastmahl selbst wären gehalten worden. – Daß aber die ursprüngliche Erzählung, mit der wir es hier zu thun haben, nicht weiter reicht als bis zum Ende
unseres Kapitel, schließe ich am meisten daraus, weil in der folgenden Er-
30 zählung eben wie in der vorigen alles auf das genaueste verbunden ist, theils
durch innere Beziehungen, theils, wo diese fehlen, durch genaue Zeitbestimmung, wie IX, 28 u. 37. Wären also beide Erzählungen ein ursprüngliches Ganze: so würde unstreitig nach demselben Gesez auch das Συγ-
καλεσάμενος δὲ τοὺς δώδεκα entweder durch eine bestimmte Beziehung auf
35 das vorhergehende, wie in dem bisherigen der Fall war, oder durch eine
Zeitangabe, wie im folgenden geschieht, besser gebunden sein; das ungebundene Eintreten verräth unter diesen Umständen ganz deutlich eine Fuge.
Was nun die Erzählung selbst von VIII, 22-56 betrifft: so verräth sie
von Anfang bis zu Ende durch ungezwungene Ausführlichkeit und unmit-
40 telbare Anschaulichkeit den Augenzeugen: aber doch sezt sie uns über die

---

4 *Lk 8,39*　　**17** *Lk 5,29-32; Mt 9,10-13*　　**17** *Lk 8,41f.49-56*　　**18** *Lk 8,40*　　**24** *Mt 9,19*　　**32** *Lk 9,28.37*　　**33f** *Lk 9,1*

Absicht dieser Fahrt Jesu mit den Seinigen auf das östliche Ufer des Sees
nicht ins Klare. Nur einer, der bloß die Ereignisse auf dieser Fahrt ohne
allen weiteren Zusammenhang erzählen | wollte, konnte das ganz umgehn;
ein Lebensbeschreiber und so auch ein Bereicherer eines schon vorhandenen Urevangeliums, durch welches ein Faden durchging, der also auch
festgehalten werden muß, würde es wenn auch nur ganz leicht angedeutet
haben. Schließen sollte man indeß aus unserer Erzählung fast, Jesus habe
diesmal keine besondere Absicht gehabt. Wollte er eine Verkündigungsreise
anstellen, und war dazu einmal mit den Seinigen gerüstet: warum sollte er
sich durch die abweisenden Bitten der Leute aus der Umgegend von
Gadara – denn nur von diesen redet unsere Erzählung, und auch nur diese
konnten in so kurzer Zeit zusammenkommen, wenn Christus, wie höchst
wahrscheinlich ist, fast in der Mitte des Sees an der nördlichen Gränze des
Gadarenischen Gebietes gelandet war – warum sollte er sich durch diese
von allen weiteren Versuchen auf dem östlichen Ufer haben abwendig
machen lassen, da er nicht einmal von ihrer Aufnahme auf die in der Stadt
selbst schließen durfte, und ihm außerdem der Weg sowol nördlich als
südlich offen stand? Denn daß er einem schlimmen Zeichen soviel Gewalt
sollte eingeräumt haben, dürfen wir wol auf keine Weise glauben. Auch die
Absicht sich vor dem Volk zu retten, welche ihm Matthäus VIII, 18 unter-
legt, ist nicht wahrscheinlich; denn er würde dann wol nicht an derselben
Stelle, wie doch offenbar scheint, daß er von Kapernaum ausgefahren, und
auch dorthin wieder zurükgekehrt ist, gelandet sein, sondern um sich auf
länger dem Volk zu entzie|hen sich anders wohin gewendet haben. Am
leichtesten begreift sich vielmehr die ganze Sache, wenn man sich vorstellt,
die Jünger seien eigentlich im Fahrzeug auf das Fischen ausgegangen, Jesus
habe sie begleitet – denn warum sollte er auch immer diese Zeit verloren
haben für ihre Belehrung und für seine ganze Wirkung auf sie? – und erst
auf der Fahrt, was sich mit unserer Erzählung sehr leicht vereinigt, sei ihm
der Gedanke gekommen das jenseitige Ufer zu begrüßen. So versteht man,
warum ohne alle weitere Ueberlegung, fast als ob es in der Natur der Sache
läge, und sich von selbst verstände, der Rükweg sogleich angetreten wird,
als etwa das Fahrzeug nach überstandenem Sturme dazu im Stande war.
Daß das Volk auf die Anzeige anderer vorangeeilter Fahrzeuge sich versammelte und wartete um Christum zu empfangen, ist wol daher zu erklären, daß es vom Ufer her Zeuge der Gefahr gewesen war, in welcher sich

---

*5 Anspielung auf Eichhorn: „Am nächsten hält sich Matthäus an die ursprüngliche Gestalt
des Textes [sc. des Urevangeliums]: denn er ist am kürzesten und unvollständigsten. Schon
etwas reicher hat ihn Lukas; am allerreichsten Markus; aber beyde enthalten einen solchen
Text, daß man noch deutlich sieht, wie sich ein gemeinschaftlicher Faden, an den nur im
Markus und Lukas mehreres angereiht worden, durch alle Erzählungen hindurch zieht."*
(Einleitung I, S. 258)   **10** *Lk 8,37*   **34** *Lk 8,40*

das Schiff befunden hatte. – Ist nun die Reise so absichtslos gewesen: so
stehen auch die beiden Geschichten, die Matthäus VIII, 19-22 bei der Ab-
fahrt erzählt nicht an ihrer Stelle. Und es ist auch wol an sich selbst wahrscheinlich, daß sie nicht hieher gehören. Denn wenn Jesus so dringend
mehrere nicht zu seiner gewöhnlichen Begleitung gehörige Personen zum
Mitreisen aufgefordert hätte: so würde er um so weniger seinen Vorsaz
leicht aufgegeben haben, und wol nicht ohne einen ernsthafteren Versuch
zurükgekehrt sein. Allerdings bedarf indeß unsere Erzählung auch frem-   93
der | Personen auf dem Schiffe. Denn wenn auch den Jüngern die Gewalt,   127
welche Jesus auf die Elemente ausübte, etwas ganz neues war, und ihnen
noch wunderbarer erschien als sein heilendes Vermögen: so können sie
doch nicht mehr gefragt haben τίς ἄρα οὗτός ἐστιν; sondern höchstens nur
τί ἄρα τοῦτο, ὅτι κ. τ. λ. Fremde aber haben wir schon von selbst auf dem
Schiff, wenn wir glauben, daß es auf den Fischfang ausgegangen ist, an
allerlei dazu nothwendigen helfenden und dienenden Personen, die ja wol
nicht immer dieselbigen bleiben, sondern häufig wechseln. Denn daß die
Begebenheit von so früh her sein sollte, aus einer Zeit, wo auch der
vertrauteren Jünger Begriffe von Jesu noch nicht fest und unwandelbar
bestimmt waren, wird niemand glauben. Vielmehr daß der wüthende Dämonische, der so wenig unter Menschen war, und so selten lange zu Hause
aushielt, Jesum, wenn er ihn auch von der Gesellschaft hatte nennen hören,
gleich υἱὲ θεοῦ τοῦ ὑψίστου anredet, beweiset deutlich, daß auch auf dem
rechten Ufer die Meinung, Jesus sei der Messias, schon häufig mußte gehört
worden sein. Gar wunderlich aber ist es, daß Paulus diese Begebenheit um
deswillen gern so früh als möglich ansezen will, weil Jesus hier noch viel
Umstände mit dem Dämonischen mache, und also gleichsam die unreinen
Geister noch nicht so daran gewöhnt sein mußten von ihm vertrieben zu
werden. Denn eine nähere Betrachtung zeigt vielmehr ganz das Gegentheil.
Nach der Erzählung des Matthäus sezt ja, ehe Jesus irgend etwas gesagt,
der Dämonische | voraus, daß Jesus die Geister austreiben will, die ihn   128
bewohnen, und bietet im Namen derselben Bedingungen an. Und betrachten wir unsere Erzählung genauer: so sagt sie im Grunde dasselbe. Oder wie
sollte es zugegangen sein, daß erst die Anrede des Dämonischen dasteht,
und daß Christus den Teufeln schon befohlen auszufahren, nur erzählend
nachgetragen wird, wenn unser Berichterstatter einen jener Anrede vorangegangenen Befehl Jesu selbst mit angehört? Sollen wir auch glauben, wenn
Jesus wirklich vorher schon ein Gebot gegeben, daß die Geister sich noch   94
werden lange besonnen, und wie Kinder die nicht Lust haben zu gehorchen,

---

12 *Lk* 8,25   **19f** *Lk* 8,27f   **24** *Vgl. Paulus: „Eine nicht undeutliche innere Spur, daß
diese Geschichte eine der frühesten in ihrer Art gewesen sey, ist die Umständlichkeit in der
Behandlung des Dämonischen." (Kommentar I, S. 327)*   **29** *Mt* 8,28-34

noch Vorschläge gemacht haben? Wol gewiß nicht! Sondern mir ist ganz deutlich, daß der Saz: παρήγγειλε γὰρ τῷ πνεύματι τῷ ἀκαθάρτῳ ἐξελθεῖν ἀπὸ τοῦ ἀνθρώπου eine sehr wahrscheinliche freilich aber doch diesesmal nicht richtige Ergänzung unseres Berichterstatters ist, der vielleicht beim Schiff beschäftigt und etwas zurükgeblieben, eben bei dieser Anrede hin- 5 zukam, und nun glaubte, der Befehl Jesu müsse schon vorangegangen sein. – Haben wir nun, um von unserer Abschweifung zurükzukehren, bei dieser Fahrt auf jeden Fall außer den näheren Jüngern noch andere Leute auf dem Schiffe: so entsteht uns sehr natürlich die Frage, zu welcher von beiden Klassen unser Zeuge gehört habe. Das eben angeführte beweiset wol 10 keinesweges, daß es keiner von den Jüngern könne gewesen sein. Denn sie waren ja Eigner des Schiffes, und einer mußte also das nöthige für dasselbe 129 anordnen. Viel|mehr wenn wir die Beschreibung von dem nun zu den Fü- ßen Jesu liegenden Geheilten betrachten: so erkennen wir wol einen, der ebenfalls da saß und an der Sache einen sehr nahen Antheil nahm, also 15 einen von der unmittelbaren Umgebung Jesu. Und gehen wir erst zu der lezten Begebenheit, der Wiederbelebung des Mädchens, und bemerken, mit welcher unverkürzten Genauigkeit und unverändertem Tone hier auch die Umstände erzählt werden, die, vorausgesezt nemlich was, wie ich hoffe, jeder bei reiflicher Ueberlegung zugeben wird, daß das εἰσελθεῖν v. 51 – 20 welches Markus V, 37 nicht recht verstanden zu haben scheint, denn auf der Straße konnte ein solches Verbot wol von keiner Wirksamkeit sein, auch von keinem Nuzen, da doch immer von allen Seiten das Volk einem Hause zuströmt, worin es ein Gepränge giebt – und das ἐκβαλών v. 54 beides von dem Gemach worin die Kranke lag zu verstehen ist, und daß 25 unter den πάντας diejenigen nicht mit begriffen sein können, welche Jesus selbst mit hinein genommen hatte, die, sage ich, unter dieser Voraussezung 95 nur Petrus, Johannes oder Jakobus unmittelbar wissen konnten: so können wir wol kaum anders als unsern ganzen Bericht entweder gradezu auf einen von diesen dreien zurükzuführen, oder wenigstens anzunehmen, die Erzäh- 30 lung sei, wenn auch von einem andern, doch auch aus der unmittelbaren Umgebung, der eben deshalb Jesum auch bis an das Haus des Jairus beglei- tet, und die genaueren Umstände, die ihm von nun an entgehen mußten, 130 sich von einem von jenen dreien habe er|zählen lassen. Doch bleibt mir jenes wahrscheinlicher; wiewol ich nicht behaupten will, daß einer von 35 ihnen geschrieben hat, sondern nur erzählt, daß aber die Erzählung sehr unmittelbar als noch alles frisch und lebendig war, ist schriftlich aufgefaßt worden. Sehen wir uns hingegen auf dieselbe Frage, von welcher Klasse der Zeuge gewesen, die Erzählung bei Matthäus an: so werden wir geneigt sein, sie einem von der andern Klasse zuzuschreiben. Denn schon dieses, daß der 40

---

2 *Lk 8,29*   **24** *Lk 8,54 (gemäß Griesbach)*   **39** *Mt 8,23-27.28-34*

Sturm verhältnißmäßig viel ausführlicher erzählt ist als die Begebenheit am
Ufer, daß hier die Beschreibung des wüthenden nach seiner Heilung, sein
Wunsch und Jesu Antwort ganz fehlt; schon dieses sieht sehr aus nach
einem, der gar nicht in die Nähe Jesu kam, sondern beim Schiff zu bleiben
angewiesen war. Die an sich schon unwahrscheinliche Abänderung, daß
hier von zwei Dämonischen geredet wird, da wüthende doch nicht leicht
genaue Freundschaft und Gesellschaft unter sich errichten, könnte man
freilich auch anders erklären wollen, da noch andere Fälle solcher Verdop-
pelung bei Matthäus vorkommen; allein sie läßt sich doch auch hinreichend hieraus erklären. Es fehlt nemlich bei Matthäus ganz der Umstand,
daß der wüthende seine Teufel Legion nennt; wenn dieser dem Berichterstatter nicht war erzählt worden, so konnte er auch nicht wissen, daß der
Kranke glaubte mehrere Teufel zu beherbergen, wenn nun aber doch dessen übrige im Namen der Geister gegebene Antworten und geäußerte
Wünsche ihm buchstäblich | wiedergegeben wurden: so konnte er leicht
hernach im Wiedererzählen oder Aufschreiben bei der mehrfachen Zahl
anstoßen, und sich daraus die Vermuthung bilden, es seien dort mehrere
solcher Kranken beisammen gewesen. Hat nun die Erzählung bei Matthäus
einen solchen ersten Urheber: so blieb der auch, als man bei Kapernaum
landete, beim Schiffe, und konnte also nichts weiter hieher gehöriges berichten als, da die Rükfahrt ganz günstig und leicht war, Καὶ ἐμβὰς εἰς τὸ
πλοῖον διεπέρασε καὶ ἦλθεν εἰς τὴν ἰδίαν πόλιν. Die Erzählung aber von der
Wiederbelebung der Tochter des Jairus hat Matthäus von einer andern
Hand, aber wie man an den Abkürzungen am Ende sieht, und an der Un-
genauigkeit am Anfang, auch nicht aus einer so unmittelbaren als die unsrige. Nemlich das ἀπέθνησκε v. 42 kann nicht heißen, sie war gestorben,
sondern nur, sie war sterbend, lag in lezten Zügen, und so will der Vater,
vielleicht als ἀρχισυνάγωγος im Ganzen Christo nicht geneigt, noch das
lezte versuchen, diesen zu Hülfe zu rufen. Und dieses allein halte ich für das
richtige. Das ἐτελεύτησε aber bei Matthäus, welches freilich heißen müßte,
sie war gestorben, ist entweder Mißverstand oder Abkürzung, indem die
Nachricht von dem nun wirklich erfolgten Tode, welche erst einer von den
Leuten des Jairus nach der Begebenheit mit dem blutflüssigen Weibe bringt,
auch bei Matthäus weggelassen ist. Die Art wie Paulus diese zweite Botschaft damit vereinigen will, daß dennoch, schon als Jairus Jesum aufsuch-
te, das Mädchen für todt sei gehalten | worden, ist ungenügend und unna-
türlich. Hatte Jairus die Zuversicht, und hatte er diese zu Hause geäußert,
Jesus könne auch das todte Kind wol auferwekken: so war es gewiß sehr
überflüssig und unangemessen, ihm die Nachricht entgegen zu senden, die

21 *Mt 9,1*　　**23** *Mt 9,18-26*　　**26** *Lk 8,42*　　**28** *Lk 8,49*　　**30** *Mt 9,18*　　**34** *Paulus:*
„Der Vater spricht nehmlich, wie er und alle in seinem Hause dachten." (Kommentar I,
S. 422)

Todtenproben seien nun auch alle vergeblich gewesen, und er möge also
Jesum nicht bemühen. Aber war denn zu diesem Glauben, daß Jesus durch
Handauflegen auch Todte erwekken könne, ein hinreichender Grund, da
die Geschichte von Nain, gesezt auch sie sei älter, im übrigen Galiläa gar
nicht sehr bekannt scheint geworden zu sein, und von einem andern frühe-   5
ren Beispiele sich nirgends Spuren finden? Würde nicht eben deshalb Jairus
97 wol irgend etwas gesagt haben um seinen Glauben und seine Zumuthung
zu rechtfertigen? und gesezt auch, dies sei uns verschwiegen worden, weil
vielleicht Christus kein besonderes Beifall gebendes Wort darüber verloren,
würde dann Jesus nöthig gehabt haben, nach der zweiten Botschaft den   10
Glauben des Jairus zu bestärken? Vielmehr stimmt alles damit zusammen,
daß Jairus das Mädchen nur als sterbend angekündigt, und daß Jesus in
den näheren Angaben des Mannes einen Grund gefunden, auch der zweiten
Botschaft nicht sogleich zu glauben. Eine solche Aenderung nun, wie diese
bei Matthäus, würde sich ein Augenzeuge schwerlich erlaubt haben; son-   15
dern sie verräth deutlich genug einen späteren Nacherzähler, welcher die
allgemeine Ueberzeugung theilend, das Kind sei todt gewesen, als es Jesus
133 zum Leben zurükgerufen, das frühere | für minder wichtig hielt, und also
den Unterschied zwischen jenen beiden Momenten übersah, oder auch der
Kürze wegen wegließ, was ein unmittelbarer Berichterstatter nicht leicht   20
würde gethan haben, weil das daraus entstehende Bild eines Mannes, der
eine Todtenerwekkung forderte, ihm viel zu fremd sein mußte. v. 56 ist
Schlußformel, und das Verbot Christi wol nur ganz allgemein zu verstehen
von seinen Aeußerungen bei dem Dank der Eltern. Denn das Bekanntwer-
den der Begebenheit war doch gewiß unmöglich zu verhindern: da der   25
Mann selbst bekannt und angesehen war, und er Jesum in einer so großen
Umgebung gefunden hatte.

Daß und warum IX, 1 als Anfang einer neuen Erzählung angesehen
werden muß, ist bereits gesagt. Gegen den ununterbrochenen ursprünglichen Zusammenhang derselben bis wenigstens v. 45 könnte man wol nur   30
in der ersten Hälfte einige Zweifel erheben, welche aber leicht genug zu
beseitigen sind. Das ὑποστρέψαντες v. 10 bezieht sich offenbar auf das
ἐξερχόμενοι δὲ διήρχοντο in v. 6, und mag nun Jesus einen besondern Grund
gehabt haben, mit ihnen sich in die Einsamkeit zu begeben, oder mag er es
gethan haben um desto ruhiger sich ihre Berichte vervollständigen zu las-   35
98 sen, und über ihre Sendung weiter mit ihnen zu reden; in beiden Fällen
müssen wir das ὑπεχώρησε κατ᾽ ἰδίαν unmittelbar an ihre Rükkehr anknüpfen. Denn auch im ersten Fall, wenn eine dringende Ursach vorhanden war,
warum sollte er seine Entfernung aussezen, und dadurch nur die gründliche
134 Bespre|chung mit seinen Jüngern, die so sehr fruchtbar sein mußte, abkür-   40

---

4 *Lk 7,11-17*   **22** *Lk 8,56*   **29** *Oben S. 81*   **37** *Lk 9,10*

zen und übereilen? Also ist das διηγήσαντο nur der Jünger allgemeiner
vorläufiger Bericht, und die Frage v. 18 τίνα με λέγουσιν εἶναι gehört mit zu
Christi auf diesen vorläufigen Bericht an sie ergangenen weiteren Erkundigungen. Dadurch wird klar, daß die Geschichte von der Speisung des gegen
5 die Erwartung Jesu dennoch zugeströmten Volkes nicht eine selbstständige
Erzählung ist, sondern nur die nothwendige Erwähnung eines unwillkommen dazwischen getretenen Umstandes. Und hieraus erklärt sich dann
weiter auch das v. 7-10 wie es auf den ersten Anblikk scheint ganz lose und
den Zusammenhang zerstörend eingeschobene. Nemlich die Nachricht,
10 welche die Jünger unterweges erhalten von der rege gewordenen Aufmerksamkeit des Herodes auf Jesum, und von seinem gewiß nicht erfreulichen
Wunsch ihn zu sehen, scheint sie vorzüglich zu einer vielleicht schnelleren
Rükkehr bewogen zu haben, und ist dann auch gewiß das erste gewesen,
womit sie Jesu entgegenkamen, so daß es eine gar nicht unwahrscheinliche
15 Vermuthung wäre, daß dieser Bericht Jesum bewogen, sich auf einige Zeit
und zwar so wenig als möglich beobachtet in ein anderes Gebiet zu begeben, wenn nicht jene Speisung eine Handlung wäre, welche die Aufmerksamkeit der Beamten des Herodes ganz besonders rege machen, und sie zu
besorglichen Berichten veranlassen mußte, und wenn wir Ursach hätten,
20 einen längeren Aufenthalt Jesu in den nördlichen und östlichen Gegenden
um diese Zeit anzuneh|men. Daher es doch wahrscheinlicher bleibt, daß 135
das Zurükziehen nur ein ungestörtes längeres Zusammensein mit den
längere Zeit vermißten vertrauteren Freunden zur Absicht hatte. Wie dem
aber auch sei, so schließt sich offenbar diese Frage Jesu, für wen die Leute
25 ihn hielten, jener vorläufigen Erzählung an, daß das Gerücht von ihm bis zu 99
Herodes erschollen sei, und dieser sich über die von Jesu umhergehenden
Meinungen bedenklich geäußert habe. Dies erhellt noch mehr aus der voll-
kommenen Uebereinstimmung der Antwort, welche die Jünger ihrem Meister ertheilen, mit den Urtheilen, welche dem Herodes zu Ohren gekom-
30 men, so daß die ähnlichen Ausdrükke v. 7 u. 8 nur eine Anticipation von
diesen sind. Dies alles erwogen bleibt mir wenigstens kein Zweifel übrig
gegen den Zusammenhang dieser Frage Jesu mit der Rükkehr der ausgesandt gewesenen Jünger. Was hätte denn auch diese Frage für einen Sinn,
wenn sie sich nicht bezieht auf ein länger fortgesetztes und weiter ausgebrei-
35 tetes gesellies Verkehr der Jünger mit allerlei Menschen, welches Jesus
nicht getheilt hatte, und worüber sie auch nicht täglich mit ihm hatten
reden können? Eben weil dieser Zusammenhang bei Matthäus ganz aufgehoben ist, steht die Frage bei ihm so wunderbar und unverständlich da.

---

35 Verkehr] *Neutrum und Maskulinum zeitgenössisch geläufig*

---

1 *Lk 9,10*   **4** *Lk 9,10-17*   **24** *Lk 9,18*   **37** *Mt 16,13*

Man könnte zwar auf den ersten Anblikk durch den Ausdrukk οἱ ὄχλοι verleitet werden, die Frage auf den gespeisten Volkshaufen zu beziehen, indem auch nur der jedesmal zusammengelaufene Volkshaufe, nicht οἱ ἄνθρωποι die Leute überhaupt, ὄχλοι | genannt werden können. Aber was die Apostel auf ihrer Mission vor sich hatten, waren auch jedesmal sich um sie versammelnde Volkshaufen; und somit ist unser Ausdrukk hier vielleicht eine richtigere Uebersezung oder Abkürzung der eigentlichen Frage Christi als der unbestimmtere Ausdrukk οἱ ἄνθρωποι bei Matthäus XVI, 13. Auch verräth die Antwort der Jünger nicht, daß sie Jesu Frage auf den gespeisten Volkshaufen bezogen hätten. Dieser müßte ihnen denn ganz anders erschienen sein als dem Johannes, welcher seiner Erzählung zu Folge von der Stimmung desselben den Eindrukk bekommen hatte, daß bei weitem die Mehrheit bereit gewesen sei, Jesum, was ja den Glauben an seine Messianische Würde in dem Augenblick wenigstens vorausezt, zum Könige auszurufen, wie denn Johannes dies auch für den Grund seiner schleunigen Zurükziehung hält. Dennoch muß diese Beziehung der Frage Christi auf die Gespeiseten, so sehr sie auch dem Johannes widerstreitet, doch wol zum Grunde liegen bei der Hugschen Hypothese, daß hier in allen unsern Handschriften des Lukas mehreres andere und zulezt die zweite Speisungsgeschichte eben wegen ihrer Aehnlichkeit mit der ersten ausgefallen sei. Das heißt freilich die Gültigkeit des kritischen Kanons vom ὁμοιοτέλευτον weit über ihre natürlichen Grenzen ausdehnen, indem eine Abirrung des Auges in dieser Ausdehnung nicht statt finden kann, als durch den wunderbarsten Zufall im Umschlagen eines oder mehrerer Blätter; und auch sonst glaube ich nicht leicht, daß jemand dieser sehr | wenig begründeten Voraussezung des scharfsinnigen Mannes beitreten werde. Nur weil auch bei Matthäus die Frage Christi dem Zusammenhang mit der Aussendung der Jünger weit enträkt an die zweite Speisung angeknüpft wird, und man von hier aus die Integrität unserer Erzählung könnte bestreiten wollen, muß ich beiläufig sagen, daß ich mich nicht entschließen kann, an die zweite Speisung zu glauben, sondern der Meinung bin, sie sei nur in den Matthäus und aus ihm in den Markus gekommen, weil jenem von derselben Thatsache zwei verschiedene Erzählungen vorlagen. Dieses aus den Stellen im Matthäus selbst nachzuweisen, gehört nicht hieher.[7] Ich bemerke

---

[7] Ein ehemaliges Mitglied des theologischen Seminars an unserer Universität hat

---

1 *Lk 9,18*   4 *So Mt 16,13 – Lk 9,11f.16*   11 *Joh 6,1-13*   15 *Joh 6,14f*   18 *Hug: „Lukas verbindet nun, was bey den andern Evangelisten erst auf die spätere Speisung der Viertausende folgt, [...] schon mit dem Wunder der Fünftausende, Luk. IX.12. und 18. Wir haben demnach hier ein Homoioteleuton, woraus diese Erscheinung erklärbar ist. Daß dieser Geschichtstheil sehr frühe herausgefallen ist, läßt sich daraus abnehmen, daß er sich nicht in einem einzigen Exemplare erhalten hat.“ (Einleitung II, S. 118f)*   27 *Mt 16,13*   31 *Mk 8,1-10; Mt 15,32-39*

nur das eine. Welche von den Geschichten man auch voranstelle: so ist
nicht zu begreifen, wie zum zweitenmal bei ähnlicher Gelegenheit, wenn
vom Speisen des Volkes die Rede gewesen, die Jünger ihres geringen
Vorrathes willen verlegen sein konnten, und wie sie nicht gleich Jesu zuge-
rufen haben, Mache es doch eben so wie damals. Muß man nun schon
hiedurch geneigt gemacht sein, nur Eine solche Speisung anzunehmen, und
hat demnach Matthäus zwei Erzählungen von dieser gehabt, eine kürzere
und eine ausführlichere: so war, wie wir deutlich sehen, die erste ange-
knüpft an eine Zurükziehung Jesu | wegen der Aufmerksamkeit Herodis
auf ihn, wobei dann die Nachricht eingeschaltet war von der Enthauptung
des Johannes; an die zweite aber war angeknüpft die Frage Jesu nach der
Meinung der Leute, nur daß noch ein kleines auf die Speisung sich bezie-
hendes Mißverständniß einer Aeußerung Jesu dazwischen erzählt ist, und
auf diese Frage folgt dann mit einer fast gleichen Zeitbestimmung die Geschichte von der sogenannten Verklärung auf dem Berge. So daß wir dann
völlig denselben Zusammenhang beim Matthäus antreffen wie bei unserm
Evangelisten, und also die Verbindung, in welcher unsere Erzählung die
Sachen aufstellt, gegen die scheinbare Verschiedenheit bei Matthäus völlig
gerettet werden kann. Denn auch die Angabe der Oertlichkeit ist genauer
betrachtet nur scheinbar verschieden. Bei Matthäus erster Nachricht von
der Speisung ist gar kein Ort bezeichnet, wir sehen höchstens, ehe er εἰς
ἔρημον τόπον κατ᾽ ἰδίαν sich zurückzog, war er in der Gegend des Sees,
indem gesagt wird ἀνεχώρησεν ἐκεῖθεν ἐν πλοίῳ, was doch nicht mehr auf
Nazaret, den lezten bestimmt genannten Ort, gehen kann. Die zweite Nachricht sezt die Speisung ebenfalls nur unbestimmt, indem Jesus aus der Gegend von Tyros und Sidon kommend vorgestellt wird, an den Galiläischen
See, und sagt er sei hernach übergeschifft in die Gegend von Magdala; die
Frage aber, für wen die Leute Jesum hielten, wird bei Matthäus in die

101
138

dieses in einer bei demselben handschriftlich befindlichen Abhandlung auf eine
Weise gethan, die gar wol die Grundlage einer weiteren Bearbeitung dieses Gegenstandes werden könnte.

7 gehabt] gebabt

9 *Mt 14,1f*   10 *Mt 14,3-12*   11 *Mt 16,13*   12 *Mt 16,5-12*   14 *Mt 17,1-8*   21f *Mt 14,13*   26f *Mt 15,29*   27 *Mt 15,39 (Griesbach; Nestle-Aland: Magadan)*   29 *Über diese Abhandlung zu den Speisungsgeschichten bei Matthäus, die sich nicht erhalten hat, gibt es eine Notiz in Schleiermachers „Bericht über die Neutestamentische Abtheilung der philologischen Klasse des Seminars im Winter 1815/16" vom 24.04.1816, unter Bezug auf Friedrich Heinrich Samuel Kumme (oder Kummer) aus Pommern: „Kumme de Matthaei narratione duplici XIV, 14-34 et XV, 29-39. Sucht durch Vergleichung dieser Erzählungen unter sich und mit der Johanneischen [Joh 6, 1-13] zu beweisen daß sie nur von Einer Begebenheit handeln. Eine sehr lobenswerthe Arbeit bis auf den Styl." (Universitätsarchiv der Humboldt-Universität, Signatur Theologische Fakultät 43, Blatt 77v).*

139

102

140

103

Gegend von Caesarea Philippi gesezt. Dies alles vereinigt sich sehr gut, indem das unbestimmte bei Matthäus ohne Zwang in das be|stimmte unserer Erzählung hineinpaßt, und das unbestimmte der unsrigen sich sehr gut in das bestimmte bei Matthäus fügt. Denn unsere Erzählung, die von ihrem ersten Anfangspunkt an nur aufnimmt was in ihren Gesichtskreis hineingehört, kann vieles in der Zwischenzeit vorgefallene auslassen, und so behauptet sie auch gar nicht, daß die Frage Jesu noch an demselben Ort ergangen sei, wo die Speisung vorgefallen. Vielmehr kann, nachdem einmal diese Störung vorgekommen, mancher Tag vergangen sein, ehe Jesus so καταμόνας mit seinen Vertrauten gewesen, um die gewünschten Gespräche über ihre Sendung mit Muße fortsezen zu können. Daher kann dies eben auch in der Nähe von Caesarea geschehen sein, wenn anders dieser Ausdrukk εἰς τὰ μέρη Καισαρείας bei Matthäus genau zu nehmen ist, und nicht etwa nur von dem Standpunkt seines Referenten aus sehr im allgemeinen die Richtung bezeichnen soll, in der Jesus sich eben befunden. Von der Verklärungsgeschichte aber bezeichnet Matthäus eben so wenig den Ort als unser Erzähler. Nicht schwerer einigt sich unsere Erzählung mit Johannes, der die Speisungsgeschichte nur durch ein unbestimmtes μετὰ ταῦτα VI, 1 an eine Rükkehr Christi aus Jerusalem nach Galiläa anknüpft, ohne einen Ort zu bestimmen. Vielmehr kommt seine Nachricht uns darin sehr zu Hülfe, daß sie ziemlich anschaulich macht wie Jesus an diesem Tage nicht mehr so lange um ruhiges Gespräch zu pflegen mit seinen Jüngern kann allein gewesen sein, und auch am folgenden nicht, wo er mit ihnen, | vielleicht mehr durch Wind und Wetter gezwungen als absichtlich, in Kapernaum war, und nichts hindert uns, gleich nach dieser Lehrrede an diesem Sabbat Jesum wenn es sein muß in die Gegend von Caesarea aufbrechend zu denken. Denn das καὶ περιεπάτει ὁ Ἰησοῦς μετὰ ταῦτα ἐν τῇ Γαλιλαίᾳ läßt vollkommen Raum zu dieser und mancher andern Reise in andere Gegenden. – Wenn wir also nicht Ursach haben, den Zusammenhang, in welchem sich die Theile unserer Erzählung darstellen, in Zweifel zu ziehn: so entsteht die Frage, welches ist denn der Gesichtspunkt, aus welchem die verschiedenen durch mehrere Tage und viel zwischen eintretendes sowol während der Reise der Apostel als auch hernach nicht minder merkwürdiges getrennten Begebenheiten in dieser Erzählung zusammengestellt sind? Ich glaube es wird kein anderer zu finden sein, als die ersten aber nun auch von mehreren Seiten schnell hinter einander folgenden Andeutungen des Endes, welches Jesum erwartete. Zuerst deutete darauf die argwöhnische Aufmerksamkeit des Herodes, welche nun auch in Galiläa, wo Christus sonst ziemlich ungestört gewesen war, keine rechte Ruhe mehr erwarten

5

10

15

20

25

30

35

---

1 *Mt 16,13*   **7** *Lk 9,18*   **13** *Mt 16,13*   **25** *Joh 6,17*   **27** *Joh 7,1*   **38** *Lk 9,7f; Mt 14,1f; Mk 6,14-16*

ließ. Dachten sich die Jünger Christi geräuschloses Hinüberziehen auf das
östliche Ufer in Verbindung hiemit: so konnte ihnen auch die Speisung des
aus Galiläa dem Erlöser nachgefolgten Volkes als ein Abschiedsmahl
erscheinen. Stärker tritt nun Christi eigene Erklärung hervor, die auch
5 Matthäus aus einer andern Erzählung fast mit denselben Worten | und mit   141
der ausdrüklichen Bemerkung mittheilt, damals habe Christus zuerst von
seinen bevorstehenden Leiden geredet. Die Verklärungsgeschichte hat dieselbe Abzwekkung; denn das einzige, was die Jünger von dem Gespräch
Christi mit den andern beiden bestimmt gehört zu haben versichern, war
10 eben, daß auch die Rede war von der Art, wie Jesus in Jerusalem seinen
Beruf erfüllen würde. So auch von der Heilungsgeschichte am folgenden
Tage ist das die Spize, daß Christus, was noch bei keiner ähnlichen Gelegenheit gemeldet ist, ohnerachtet er auch sonst schon nicht immer sonder-
lich zufrieden war mit ähnlichen Beifallsbezeugungen der Menge, diesmal
15 ausdrüklich sagt, daß ohnerachtet dieser Bewunderungen und Lobpreisun-
gen sie ihn doch im Stich lassen würden. Daß aber von diesen einzelnen
Begebenheiten auch das mit erzählt ist, was hiemit nicht grade in unmittelbarer Verbindung steht, wird wol niemand als Einwurf gegen diese ganze
Ansicht geltend machen wollen. Denn alle einzelnen Begebenheiten wurden
20 ja auch an sich um so merkwürdiger, als das Ende Jesu näher trat, und als
sie selbst irgendwie diese Annäherung bezeichneten. Man könnte daher
sagen, die ganze Erzählung sei ursprünglich eine ausführliche Antwort gewesen auf die Frage, wann und auf welche Art wol die Jünger die erste
Ahnung bekommen hätten von dem traurigen Ausgang, den die Sache Jesu
25 in Jerusalem nehmen würde. Fragen konnte man freilich hiernach wol nur
einen von den zwölfen, oder von den wenigen, welche etwa noch außer | 142; 104
ihnen damals schon zur beständigen Begleitung Christi gehörten, und einer
von diesen, meine ich eben auch, könnte wol mit dieser Erzählung geantwortet haben. Nur möchte ich nicht etwa behaupten, es müßte grade einer
30 von denen gewesen sein, welche dem wunderbar gehaltenen und unerklär-
lichen Ereigniß auf dem Berge beigewohnt haben. Unser Bericht von diesem
Auftritt klingt zwar sehr authentisch, manche bedeutende Umstände sind
darin noch gar nicht verwischt, welche bei Matthäus schon ganz fehlen,
und ich möchte behaupten, er sei ganz so, wie einer von den dreien, sobald
35 sie es für erlaubt hielten, die Sache erzählt habe. Nur das eine will ich mir
freigestellt haben, ob der erzählende selbst es als gewisses aufgestellt, daß
die beiden gesehenen Männer Moses und Elias waren, und ob er also in
den, wie es scheint, noch halb träumenden Gedanken des Petrus eingegangen, oder ob nur unser Referent dies aus der erzählten Aeußerung des

7 Mt 16,21-23   **7** Lk 9,28-36   **11** Lk 9,37-43   **31** Lk 9,28-36; Mt 17,1-8; Mk
9,2-8

Petrus geschlossen. Wahrscheinlicher bleibt mir wenigstens das lezte. Haben die drei späterhin diese Begebenheit ihren nächsten Genossen erzählt: so mußten diese sich wol sehr leicht erinnern, wann Jesus mit den dreien sie verlassen und auf dem Berge übernachtet, wenn ihnen auch nur die Heilung ins Gedächtniß gerufen wurde, die damit so unmittelbar zusammenhing; und so ist es sehr natürlich, daß eine Begebenheit, welcher unser Referent nicht selbst beiwohnte, doch gleich andern in dieser Erzählung in ihrem Zeitverhältniß zu den übrigen genau bestimmt ist, | zumal sich auch jedem gewiß sehr genau eingeprägt haben wird, wann Jesus sich zuerst über sein Leiden geäußert hatte. – Und so dürfen wir daraus, daß alles dies nur von einem der nächsten Begleiter Jesu in diesem Zusammenhang kann dargestellt worden sein, wol folgern, daß auch über diese Dinge unser Evangelist sich einen vorzüglich guten Bericht hat zu verschaffen gewußt, welches auch die Vergleichung mit Matthäus überall bestätigt. Daß die Anweisung an die ausgesendeten Jünger hier nur sehr ins kurze gezogen sein konnte, und nicht so ausführlich als sie uns Matth. X mitgetheilt wird, ist in der ganz andern Abzwekkung unserer Erzählung begründet. Aber überdies enthält jene ausführlichere nicht nur manches, was wol bei dieser Gelegenheit nicht ist gesagt worden, sondern wir würden auch ohne unsre Erzählung gar nicht wissen, was wir daraus machen sollten, indem zwar bei Matthäus gesagt wird, Jesus sei, nachdem er diese Anweisung ertheilt, umher gegangen und habe gelehrt, was ganz ohne seine gewöhnliche Begleitung nicht einmal wahrscheinlich ist; was aber die Ausgesendeten gethan, und was aus ihnen geworden, und wann sie wieder zu Jesu gekommen, darüber läßt uns Matthäus ganz in Unwissenheit, so daß alles folgende dadurch dunkel und unbestimmt wird, weil man das öftere ἐν ἐκείνῳ τῷ καιρῷ am leichtesten auch XII, 1 noch, auf die Abwesenheit der zwölf bezieht, und also weiß man nicht, ob nicht die Gesandtschaft Johannis Jesum ohne seine Jünger gefunden hat, und möchte glauben, sie wä|ren es gar nicht gewesen, die er wegen des Aehrenessens vertheidigen mußte. Eben so kommt die Notiz von Herodes Aeußerungen über Jesum, man weiß nicht woher, ohne allen Zusammenhang, der durch die eingeschaltete Nachricht von des Johannes Enthauptung nur noch mehr unterbrochen wird, so daß man sich kaum besinnt, daß die Worte XIV, 13 καὶ ἀκούσας ὁ Ἰησοῦς nicht füglich auf diese Parenthese gehn können, sondern nur auf jene erste Notiz, wodurch sie veranlaßt worden war. Die erste Speisungsgeschichte XIV, 15-21 hat mit der unsrigen unläugbar eine große Verwandtschaft; doch aber sind der Abweichungen zu viele, als daß man sie etwa nur auf das Uebersezen

---

4 *Lk 9,37-43 parr* **14** *Lk 10,1-12* **16** *Mt 10,5-42* **22** *Mt 11,1* **26** *Mt 11,25; 12,1; 14,1* **28** *Mt 11,2-6* **30** *Mt 12,1-8* **31** *Mt 14,1f* **32f** *Mt 14,3-12* **35** *Mt 14,1f* **37** *Lk 9,12-17*

schieben möchte; sondern ich würde eher glauben, daß diese Nachricht
und die vorangehende Notiz von Herodes mittelbar aus der von Lukas
aufgenommenen Erzählung abstamme. Durch Herausreißen aus dem ursprünglichen Zusammenhang und durch Einschieben der Nachricht von
5 Johannes Enthauptung könnte ohngefähr so die erste gelitten haben, durch
Abkürzung die zweite, wie sich auch ein auf das wunderbare darin gelegter
stärkerer Nachdrukk bei Matthäus zeigt als bei Lukas. Allein die offenbar
noch mit dieser Erzählung zusammenhängende Nachricht von dem was   *106*
sich auf der Rükkehr ereignet, zeigt, daß auch die Speisungsgeschichte auf
10 eine andere ursprüngliche Erzählung zurükzuführen ist, und man sieht auch
hieraus, wie groß, auch ohne gemeinschaftliche Quelle, die Uebereinstim-
stimmung zweier einfachen Erzählungen von einem ein|fachen Vorgange   *145*
sein kann. Dort also war das von Herodes – wobei wol erst eine spätere
Hand die Nachricht von Johannis Tode ganz parenthetisch eingefügt hat –
15 nur vorangeschikt als Veranlassung zu der Zurükziehung Christi in die
Wüste, und also auch zu der Speisung des Volkes dort, und mit der Ankunft im Lande Gennesaret schloß die Erzählung. Die zweite Erzählung
von der Speisung bei Matthäus XV, 29 scheint aber auf jeden Fall durch
mehrere Hände gegangen und dabei mannichfaltig verunstaltet zu sein,
20 wenn man auch zugeben wollte, daß die Thatsache eine andere sei. Denn
daß Christus sich auf den Berg hinsezt, gleichsam damit dort die Kranken
sollen zu ihm gebracht werden, und auch die krummfüßigen sich hinauf-
schleppen, das klingt nicht wie die Erzählung eines Augenzeugen. Eben so
wenig kann man sich zurechtlegen, daß das Volk drei Tage lang bei Jesu in
25 der Wüste geblieben, besonders auch da von Lehren gar nicht die Rede ist,
sondern nur von Heilen. Christus nämlich konnte wol, zumal wenn eine
Vermuthung da war, er werde sich aus der Gegend ganz oder auf lange Zeit
wegbegeben, so reichlich von Kranken heimgesucht werden, daß er drei
Tage den Ort nicht verlassen konnte, aber jeder Geheilte dagegen wird sich
30 doch baldmöglichst nach Hause begeben haben, und es werden nur immer
andere gekommen sein. Auch die zwölf Körbe unserer Erzählung sind weit
natürlicher als die sieben hier. Denn wenn auch die Apostel nicht sämmtlich
sich mit Sammeln beschäftigten, so sammelte man | doch natürlich in alle   *146*
vorhandene Körbe, um das Geschäft, da es sehr spät war, zu beschleunigen,
35 und so wurde höchst wahrscheinlich in zwölf Körbe gesammelt; hier aber
richtet sich die Zahl der Körbe sehr gekünstelt nach der Zahl der Brodte.
Die Erzählung bei Matthäus XVI, 13-28 wie Christus seine Jünger fragt,   *107*
was die Leute von ihm sagten, unterscheidet sich von der unsrigen ebenfalls
merklich genug durch die eingeflochtenen besonderen Gespräche Christi

---

15f *Mt 14,13; Mk 6,32* **16** *Mt 14,15-21* **21** *Mt 15,29-31* **24** *Mt 15,32; Mk
8,2* **31** *Lk 9,17* **32** *Mt 15,37; Mk 8,8* **38** *Lk 9,18-27* **39** *Mt 16,16-19*

mit Petro. Aber sollte Christus so gleichsam in einem Athem erst dem Petrus die Schlüssel des Himmelreichs übergeben, und dann ihn einen Satan genannt haben, dem das göttliche gar nicht am Herzen liege? Das wird niemand leicht glauben, aber auch wol nicht deshalb bei ἀπὸ τότε ἤρξατο v. 21 den Zusammenhang mit dem vorigen aufheben wollen, indem sich nicht einsehn läßt, wie Matthäus von dieser Zeit an die Erwähnungen Christi von seinem Leiden datiren können, wenn Christus nicht damals gleich davon geredet. Sondern durch die Vergleichung mit unserer Erzählung wird wol überwiegend wahrscheinlich, daß jene feierliche Erhebung des Petrus bei dieser Gelegenheit nicht gesprochen worden, wohl aber bleibt Raum für den Tadel Christi; denn wo unsere Erzählung v. 23, ohnerachtet Jesus auch vorher zu allen Jüngern gesprochen, doch gleichsam von neuem anhebt, ἔλεγε δὲ πρὸς πάντας, da schalte man dieses einzelne Gespräch mit Petrus zuvor ein, welches unser Referent, theils weil es in seinen Zusammenhang nicht gehörte, theils aus andern Grün|den oder auch zufällig kann ausgelassen haben. Offenbar aber hat durch die Einschiebung des ersten der ganze Auftritt bei Matthäus an Zusammenhang und Haltung verloren. Daß nun auch Matthäus an diesen Auftritt die Verklärungsgeschichte knüpft, und zwar ganz mit derselben Zeitbestimmung – denn Sechs Tage und Acht Tage kann ganz dasselbe bedeuten, wenn man die Grenztage verschieden zählt, und das ὡσεὶ bei Lukas drükt gerade die Unsicherheit der Bestimmung aus – beweiset freilich, daß auch seine Erzählung ursprünglich auf einen der beständigen Begleiter Christi zurükzuführen ist, und dann kann beides, jene Frage Christi und diese Begebenheit, fast auch nur aus demselben Gesichtspunkt wie bei Lukas zu Einer Erzählung verbunden worden sein. Und wer wollte sich auch darüber wundern, daß jene so höchst natürliche Frage öfter und von mehreren ist vorgelegt worden, und daß dann die eine Antwort den Faden etwas höher hinauf anknüpft, eine andere ihn etwas kürzer faßt? Nur daß dieser Gesichtspunkt offenbar bei Matthäus gar nicht so klar heraustritt, sondern mehr verwischt ist, bringt schon auf den Gedanken, daß der Bericht in seinem Evangelium bereits durch mehrere Hände gegangen war. Dasselbe bestätiget auch die Art, wie bei ihm die Verklärungsgeschichte vorgetragen wird. Denn wenn man auch sagen wollte, schon einer von den beständigen Begleitern Christi, der sie unmittelbar aus dem Munde eines der drei gehabt, könnte sie sich wol ins wunderbare hineingespielt, und so manches wenn auch | unabsichtlich verändert haben: so stand ein solcher den dreien, die, wie wir sehn, auch hier höchst offen und einfach zu Werke gingen, zu nahe, um sich ihren Berichtigungen entziehen zu können; und die gar nicht unbedeutenden Ver-

---

2 *Mt 16,23; Mk 8,33*   **13** *Lk 9,23*   **18** *Mt 17,1-8*   **19** *Mt 17,1 – Lk 9,28*

änderungen hier sind also höchst wahrscheinlich nur einer zweiten Hand
zuzuschreiben. Nemlich zuerst scheint es bei Matthäus, wo von dem
προσεύξασθαι auf dem Berge gar nicht die Rede ist, als ob Jesus die drei
Jünger nur hingeführt hätte, um Zeugen dieses wunderbaren Auftrittes zu
5 sein. Ferner ist der schlaftrunkene Zustand der drei Jünger gar nicht erwähnt, und indem man sie also ganz besonnen und gegenwärtig denken
muß, dennoch aber von dem Inhalt der Gespräche jener beiden erschienenen mit Jesu nichts erwähnt wird, erkennt man die ausschließende Richtung des Berichterstatters auf das wunderbare. Darum erscheint auch die
10 Behauptung, die beiden seien Moses und Elias gewesen, hier weit zuversichtlicher als bei Lukas, wo jeder aufmerksame Leser leicht sieht, sie habe
ihren Grund nur in den halbschlaftrunkenen Aeußerungen des Petrus. Dem
sezt noch die Krone auf, daß hier von dem διαχωρίζεσθαι der Männer, ehe
die Wolke sich erhebt, gar nicht die Rede ist, und sie also wie zu verschwin-
15 den scheinen; und daß Jesus den Jüngern verbietet nichts von dem Gesicht
zu sagen. Wäre dieses die getreue und unverfälschte Erzählung eines Augenzeugen, niemals hätte jemand jene Umstände, die bei Lukas die Sache   *109*
dem natürlichen und begreiflichen so viel näher bringen, hineindich|ten   *149*
können, das offenbar wäre ganz gegen den Geist jener Zeiten. Daher halte
20 ich auch das Gebot Christi nur für eine falsche Auslegung des sehr natürlichen freiwilligen Stillschweigens der Jünger. Denn dem reinen Gefühl
scheint ganz nothwendig, daß wenn Christus ein solches Verbot gab, er
ohne deshalb ihnen alles sagen zu müssen, was er ihnen vielleicht nicht
sagen sollte, doch den Petrus über die von ihm geäußerte Vermuthung,
25 wenn sie falsch war, enttäuschen mußte, indem er sonst die Verbreitung
dieser falschen Darstellung der Sache für eine spätere Zeit gradezu genehm-
migt hätte. War aber seine Vermuthung richtig, waren Moses und Elias
erschienen, was doch nicht um Jesu, sondern nur um der Jünger willen zur
Befestigung ihres Glaubens hätte veranstaltet werden können; wozu das
30 Verbot? Brauchten die andern Jünger minder als diese einer solchen Bestätigung? War hingegen ihr Stillschweigen freiwillig aus Ehrfurcht vor dem
ihnen dunklen Ereigniß, worüber sich Jesus nicht weiter schien einlassen zu
wollen: so werden sie am wenigsten ihn selbst mit einer solchen Frage über
den Elias angeredet haben, die noch dazu, um hieher zu gehören, ganz
35 anders müßte gefaßt sein. Auch dieses ist also wahrscheinlich nur wegen
der Aehnlichkeit hier angebracht worden. Eben so ist auch in der Heilung
des epileptischen Kranken bei Matthäus eine Umgestaltung ins aben-
theuerliche zu bemerken. In der Erzählung des Lukas nemlich bleibt es

---

3 προσεύξασθαι] προσευξεσθαι

---

3 *Lk 9,28*   **13** *Lk 9,33*   **15** *Mt 17,9*   **36** *Mt 17,14-21; Lk 9,37-43*

150 zweifelhaft, ob die Jünger einen Versuch gemacht den Geist auszu|treiben, oder ob sie nur, weil sie jezt nicht mit einem besondern Auftrage von Jesu ausgesandt waren, und er selbst ganz in der Nähe, glaubten zu einem solchen Unternehmen nicht befugt zu sein, wie wir denn nirgends erwähnt finden, daß sie mit ihm zugleich geheilt und Geister ausgetrieben. Bei Matthäus hingegen wird aus ihrer Frage an Jesus ganz klar, daß sie es versucht und nicht vermocht haben, und dann stimmt doch wieder nicht recht in sich zusammen die Antwort Christi. Denn gehörte hiezu besonders Fasten

110 und Beten, wie Jesus denn eben selbst vom Berge kam, wo er gebetet hatte und vielleicht auch den Umständen gemäß gefastet, und waren die Jünger in dem Augenblikk nicht in dem Fall, oder wußten auch nicht, daß dieses besonders dazu gehöre: so konnten sie nicht verdienen, daß er ihnen den Vorwurf mache, es habe ihnen nur am Glauben – wie man auch hier das Wort nehmen wolle – gefehlt. Also hier scheint irgendwie, was nicht zusammengehört, verbunden worden zu sein; denn die Art wie Paulus dies alles vereinigt, werden wol Viele mit mir nicht nur an sich zu gekünstelt finden, sondern auch die Ansicht der Begebenheiten dieser Art, worauf seine Erklärung sich gründet, so dürftig und schon deshalb unzuläßig. Und die Verwirrung, welche ich hier bei Matthäus besorge, ist um so übler als weder aus ihm noch aus Lukas erhellt, worauf die frühere harte Anrede Christi ὢ γενεὰ ἄπιστος καὶ διεστραμμένη eigentlich geht, und deshalb der Zusatz bei

151 Matthäus wegen des Wortes ἀπιστία leicht dahin führen konnte, auch je|ne Anrede auf die Apostel zu beziehen, was gewiß unrecht wäre. Hier nun ist höchst wahrscheinlich einer von den seltenen Fällen, wo Markus einen Aufschluß giebt. Der nennt uns unter dem ὄχλος auch Schriftgelehrte, welche eben mit den Jüngern disputirten, wahrscheinlich also aus ihrer Weigerung oder ihrem Unvermögen den Kranken zu heilen nachtheilige Folgerungen zogen. Denn daß hiemit der Streit zusammenhing, erhellt deutlich daraus, daß auf Jesu Frage, worüber man stritte, der Vater mit seiner Angelegenheit hervortrat. Diese Schriftgelehrten also und was von dem ὄχλος sich auf ihre Seite schlug, sind die γενεὰ ἄπιστος καὶ διεστραμμένη, eben weil

---

8 *Mt 17,21 (Griesbach)* 15 *Vgl. Paulus: Kommentar II, 568-575. Paulus erklärt das Mißlingen aus der Verunsicherung der zurückgebliebenen „nicht entschlossensten" Apostel – das „Kleeblatt seiner vertrautesten und thätigsten Schüler, Petrus, Jakobus und Johannes" hielt sich ja gerade bei Jesus auf – durch die Zweifel weckenden Gespräche mit den Rabbinen (Mk 9,14) und durch die Schilderung der furchtbaren Übel, zumal bei dem kranken Knaben das Wissen von der Übermacht des Messias über die bösen Geister noch nicht vorausgesetzt werden konnte. Die „schwachmütige Vertrauenslosigkeit" aller wird durch Jesu „hohe Mi[e]ne" beseitigt (S. 573). Das dadurch geweckte Vertrauen des Vaters auf den Messias habe auf den geliebten Sohn zurückgewirkt, so daß durch Jesu gebieterisches Fordern eine „Gemütserschütterung" des Epileptikers und somit eine Genesung erfolgt sei. 20f Mt 17,17; Lk 9,41 22 Mt 17,20 (Griesbach) 24 Mk 9,14-29. Auch Paulus schließt darauf, daß Mk – der Mt und Lk gelesen habe – zusätzliche Erkundigungen eingezogen und eine Erzählung von Augenzeugen benutzt habe (vgl. Kommentar II, S. 569).*

sie nur auf solche Wirkungen ihren Glauben gründen wollten; und die Jünger dürfen wir wol davon frei sprechen, mit unter dieser Benennung begriffen zu sein. Matthäus also hat entweder auch hier einen minder zuverläßigen Referenten gehabt, oder vielleicht auch nur durch seine Ge-
5 wohnheit verwandtes anzuhängen die Sache verdunkelt.

Was unser Evangelist IX, 46-50 anfügt, gehört wol nicht mehr der *111* vorigen Erzählung an, da es in den Gesichtspunkt derselben nicht zu fassen ist. Man müßte denn annehmen, es habe sich ziemlich unmittelbar nach der lezten Heilung zugetragen, und sei eben so anhangsweise hier erzählt wie
10 die Heilung des Centurionischen Knechtes als Anhang zur Bergpredigt. Matthäus erzählt dasselbe XVIII, 1 flgd.; aber die Unterschiede sind auch hier sehr bedeutend. Die Frage klingt zuerst bei Matth. gar nicht wie Rangstreit oder Wettei|fer, sondern wie eine Frage nach dem Maaße, wonach in *152* dem Reiche Gottes der Werth jedes einzelnen Gliedes bestimmt werden
15 solle. Dagegen bei Lukas die Jünger gar keine Frage an Christum richten, sie streiten sich auch nicht, wie bei Markus IX, 33 flgd. und verstummen aus Schrekken als Christus sie fragt worüber, sondern sie hegen nur Gedanken, die Jesus merkt, aber diese Gedanken sind Wetteifer. Ueber die Einerleiheit der Thatsache kann man demohnerachtet keinen Zweifel erheben; denn
20 eine solche Handlung, wie das symbolische Hinstellen eines Kindes, wiederholt sich nicht leicht. Aber schwerlich, wenn die Apostel nur eine Frage von so ganz allgemeinem Inhalt an Jesum gerichtet hätten, würde späterhin jemand etwas den Aposteln minder zur Ehre gereichendes daraus gemacht haben. Sehr leicht aber ist zu denken, daß ein Erzähler eben dieses schonen-
25 der und eben deshalb unbestimmter ausgedrükt habe, wie dies bei Matthäus wirklich der Fall ist. Warum er dann nicht lieber die Sache ganz verschwiegen, ist offenbar, nemlich um die Antworten Jesu nicht verloren gehen zu lassen. Aber freilich haben auch diese durch die unbestimmte Haltung des ganzen Grundes an Kraft und Schärfe sehr verloren. Unserer Erzählung
30 sieht man offenbar an, Jesus will alle Gedanken eines solchen Vorzuges mit der Wurzel ausrotten, indem er lehrt, es könne einer vielleicht nur Gelegenheit finden, das kleinste und unbedeutendste zu thun, und könne dennoch das größte haben und eben so groß sein wie jeder andere, wenn dabei nur die gleiche | Lebendigkeit des Glaubens und der gleiche Eifer für seine Sache *153; 112*
35 zum Grunde gelegen. Dies tritt bei Matthäus keinesweges deutlich heraus, und wie er auch hier viel verwandtes aber in andern Beziehungen gesprochenes offenbar hinzufügt, wird es nur schwerer auch für das erste einen festen Gesichtspunkt zu fassen. Ob nun eben diese Anhänge den Matthäus abgehalten, den lezten Theil unserer Erzählung, nemlich die Anrede des

---

6 *Lk 9,46-48.49f*   **9** *Lk 9,37-43*   **10** *Lk 7,1-10*   **12** *Mt 18,1-5*   **35** *Mt 18,3f*
39 *Lk 9,49-50; Mk 9,38-41*

Johannes und Jesu Antwort darauf, noch nachzuholen, oder ob er ihm
gefehlt, mag ich nicht entscheiden; aber dies ist die zweite nicht unwesent-
liche Verschiedenheit. Wenn man nemlich nicht annehmen will, diese beiden lezten Verse hingen mit dem vorigen wieder nicht zusammen, was an
sich schon sehr unwahrscheinlich wegen des ἀποκριθεὶς[8] aber eigentlich un-   5
möglich ist: so muß auch die Anrede des Johannes sich auf die eben
mitgetheilten Aeußerungen Jesu bezogen haben. Oder sollen wir glauben,
Johannes sei so wenig bei der Sache, so wenig aufmerksam auf die Reden
Jesu gewesen und so wenig ergriffen von dieser bedeutenden Handlung,
daß er nun mit etwas ganz fremdem dazwischen gekommen sei? Auch sieht   10
man ja die Beziehung deutlich genug in den Worten ἐπὶ τῷ ὀνόματί σου, und
Johannes, allerdings vielleicht in den Sinn der Worte Jesu nicht tief genug

154   einge|hend, will sagen, er und seine Genossen hätten dieses, etwas was es
auch sei im Namen Jesu zu thun, so wenig für die große Hauptsache gehalten, daß sie wol eher einem dieses gewehrt, der nicht zu ihrer Gesellschaft   15
gehörte, innerhalb welcher eben die Rede war von einem Vorzuge des einen
vor dem andern. Und eben dieses beweiset wol deutlich die obige Behauptung, daß im Matthäus auch hier viel nicht an dieser Stelle gesagtes beige-
fügt ist, und daß Christus die symbolische Handlung diesmal nur mit wenigen Worten begleitet hat, wie er sich denn auch auf Johannis Aeußerung   20

113   nicht genauer einläßt. Und ist es nicht auch natürlicher und menschlich
edler, daß er nicht grade das unwillkommne und störende in den Gedanken
der Jünger, worüber sie, wie es leiser gedacht war, auch nur einer leisen
Zurechtweisung bedurften, zur Veranlassung ausgeführter Reden sich gerei-
chen ließ, sondern kurz und schnell darüber wegging? Auch von diesem   25
Vorgang also, scheint es, giebt uns nur die einfache und unvermischte Erzählung bei unserm Evangelisten das rechte Bild.

Ehe wir aber diesen lezten Theil unserer zweiten Masse verlassen und
zur dritten übergehen, haben wir uns noch zwei Fragen zu beantworten.
Die erste legt uns unsere eigene Voraussezung auf. Wenn nemlich auch   30
dieses Stükk nicht ursprünglich als ein Ganzes abgefaßt ist, sondern aus
mehreren von einander nichts wissenden einzelnen Erzählungen besteht:
hat Lukas nicht diese etwan auch schon gesammelt gefunden? oder wenn |

155   er sie einzeln vorfand, nach welchem Gesez ist er bei der Anordnung der-

---

[8] Denn wenn dieses gleich bei weitem nicht immer Antwort ist: so steht es doch   35
gewiß nie abgerissen, sondern ist immer Anknüpfung an etwas im vorigen mittelbar oder unmittelbar angegebenes.

---

4 *Nach Paulus sind die beiden Verse „ganz etwas für sich bestehendes; eine Erzä[h]lung,
welche mit jenem Vorzugsstreit nichts gemein hat, sondern nach ihm einzeln und abgesondert
steht" (Kommentar II, S. 632).*   **5** *Lk 9,49*   **11** *Lk 9,48f*   **18** *Mt 18,3f*   **32** *Nämlich Lk 7,11-50; 8,1-21.22-56; 9,1-45(-50)*

selben zu Werke gegangen? Daß er sie schon verbunden vorfand, haben wir gar keine Ursache zu vermuthen; denn es läßt sich kein Gesichtspunkt auffinden, aus welchem ein auf etwas bestimmtes gerichteter Sammler sie sollte vereinigt haben. Zwar könnten die ersten beiden noch immer zu der
5 zweiten Sammlung gehört haben: denn Reden Christi sind bei weitem die Hauptsache darin. Allein theils fehlt ihnen die gleiche Lokalität, theils haben sie unverkennbar einen andern Charakter, und außerdem steht noch der ersten jene Auferwekkungsgeschichte voran, von der nicht zu glauben ist, daß bei seiner übrigen Verfahrungsweise der Ordner des Ganzen sie
10 sollte zwischen zwei Stükke einer schon verbundenen Sammlung eingeklemmt haben, wozu er nicht denselben Grund gehabt haben konnte als bei der Genealogie. So daß auch dieses sehr unwahrscheinlich wird, und wir wol dabei stehen bleiben müssen, diese Erzählungen als Materialien anzusehn, welche dem Lukas einzeln zur Hand gewesen sind, und also nur der
15 Versuch bleibt, ob wir das Gesez finden können, wonach er sie geordnet hat. Wenn wir nun einen Blikk auf das folgende werfen, und bemerken, daß dieses von der lezten Reise Christi aus Galiläa nach Jerusalem handelt: *114* so müssen wir gestehen, hat der Ordner unseres Ganzen gegründete Ursache gehabt, diesem nächsten Stükk seine Stelle so anzuweisen, so mußte er
20 auch wol unsere lezte Erzählung, wo Christus anfängt von seinem Leiden zu reden, jener vor|anstellen, weil dort überall deutlich genug die Ueber- *156* zeugung von seinem bevorstehenden Ende in seinen Reden, in seinen Anweisungen an die Jünger, in seiner Verwünschung der nun für immer von ihm verlassenen galiläischen Städte durchblikkt. Die ersten beiden Er-
25 zählungen scheint er, denn soviel ist wol der Formel ἐξῆς und καθεξῆς zu trauen, nach Zeitbestimmungen, die er erkundiget, eingetragen zu haben, und so findet die dritte von der Schiffahrt ihre Stelle ganz von selbst. Was für Erkundigungen aber eigentlich bei Anordnung jener ersten Stükke ihn geleitet, darüber könnte man zweifelhaft sein. Indeß da er offenbar die
30 einzelnen Schriften, die er vorfand, wenn sie auch mehrere Begebenheiten ohne Bestimmung ihres Zeitverhältnisses zusammenfaßten, jede als ein unzertrennliches Ganze betrachtet hat: so ist wol das natürlichste anzunehmen, daß er sich nach dem Anfang einer jeden gerichtet. Er wird also gefragt haben, ob jene Reise mit den Frauen später erfolgt als die Aufer-
35 wekkung zu Nain, und hat deshalb jenes ganze Stükk vorangeschikt. Wahrscheinlich ist dies, weil so häufig auch ganze Bücher nach dem Anfang benannt wurden; und vielleicht würde seine Ordnung ganz entgegengesezt ausgefallen sein, wenn er sich nach dem Ende gerichtet, oder, wie Ende der einen und Anfang der andern sich gegen einander verhielt,

---

4 *Lk 7,11-50; 8,1-21*   **8** *Lk 7,11-17*   **12** *Lk 3,23-38*   **17** *Lk 9,51-18,14*   **20** *Lk 9,1-45*   **25** *Lk 7,11 – Lk 8,1*   **27** *Lk 8,22-25(-56)*   **34** *Lk 8,1-3*   **35** *Lk 7,11-17*

erkundet hätte. Auf jeden Fall aber, denke ich, haben wir nun schon Anleitung genug um zu beurtheilen, wie er die Aufgabe, welche er sich im Ein-

157 gang gestellt, καθεξῆς γράψαι eigentlich verstanden. | Nemlich wie er an
seinen Materialien nichts geändert, mehr hebraisirendes und reiner griechi-
sches gelassen wie es war, End- und Anfangsformeln in der Regel nicht   5
verschmolzen: so hat er auch nur so weit, als es ohne sie zu zerstükkeln
geschehn konnte, eine der Zeitfolge angemessene Anordnung beobachtet. –

115 Die andere Frage ist die, ob etwa in diesen Begebenheiten eine solche
Uebereinstimmung in der Anordnung unter den drei Evangelisten statt fände, daß wir entweder auf ein Urevangelium oder auf eine Abhängigkeit des   10
einen Evangelisten vom andern zurükkgeführt würden. Das Urevangelium
wird wol wegen großer Verschiedenheit zwischen Lukas und Matthäus
wenig Schuz auch in diesem Theile finden, sowol in dem Inhalt der Erzählungen, als, wie z. B. Matthäus Erzählung von den Besessenen bei den
Gadarenern, und andere, von denen es bereits bemerkt ist, schwerlich auf   15
eine Quelle mit denen des Lukas zu bringen sind. Noch mehr aber in der
Anordnung, indem hier offenbare Widersprüche vorkommen, welche nicht
möglich gewesen wären, wenn die Verfasser unserer Evangelien ein von
den Aposteln auch nur gebilligtes Urevangelium anerkannt hätten. Das
einzige auffallende ist die gleiche Folge der – bei Matthäus freilich zwei-   20
ten – Speisung, der Frage für wen Christus gehalten werde, der Verklärung
und damit zusammenhängenden Heilung. Allein dies ist nach dem obigen
nur für Eins zu rechnen, und kann zumal bei Erwägung der oben angegebenen Umstände als Eines gegen Vier schwerlich das Verhältnis der Wage

158 um|kehren. Eben so wenig könnte auch wol hier Lukas den Matthäus oder   25
umgekehrt benutzt haben, ohne daß die Widersprüche sowol in den Sachen,
wie bei dem Besessenen und beim Jairus, als in der Anordnung wie, um nur
Ein Beispiel anzuführen, in der Geschichte mit den Verwandten Jesu hätten
zur Sprache kommen müssen. So scheint auch Markus nicht unsern ganzen
Lukas vor sich gehabt zu haben, sondern ich muß glauben, die erste und   30
zweite von unsern vier Erzählungen haben ihm gefehlt und nur die dritte
und vierte hat er gehabt; und zwar von der vierten glaube ich es auch nur,
weil er wie Lukas die Aussendung der zwölf ebenfalls der Erwähnung von
der Kenntniß, die Herodes von Jesu genommen, voranschikt; hier aber
verläßt er gleich den Lukas und kehrt zum Matthäus zurükk.   35

---

3 *Lk 1,3*   11 *Eichhorn muß an den behandelten Stellen seine Urevangeliumshypothese
immer wieder durch zwischengeschaltete griechische Übersetzungen ergänzen. (Einleitung I,
§ 58)*   14 *Mt 8,28-34*   27 *Lk 8,26-39; Mt 8,28-34 – Lk 8,40-56; Mt 9,18-26*   28 *Lk
8,19-21; Mt 12,46-50*   29 *Modifikation der Griesbach-Hypothese, dergemäß Mk die vollständigen Evangelien des Lk und Mt vor sich gehabt hatte.*   33 *Lk 9,1-6.7-9;Mk 6,6-
13.14-16*   35 *Mk 6,17-20; Mt 14,3-12*

Dritte Masse IX, 51-XIX, 48.   *116*

Die meisten neueren Kritiker, welche mit IX, 51 eine eigene Denkschrift angehn lassen, die Lukas, wie sie war, seinem Buch einverleibt habe, nennen diese eine Gnomologie und endigen sie mit XVIII,14. Beides scheint
5   mir nicht ganz richtig. Denn für eine Gnomologie enthält sie zuviel faktisches und stellt zu wenig das ähnliche zusammen, sondern scheint doch, was innerhalb eines bestimmten Zeitraums sich zugetragen hat und geredet worden ist, also auch wol wie es aufeinander gefolgt ist, zu enthalten. Eben so wenig kann ich XVIII, 14 eine Spur eines Schlusses oder unmittelbar
10   darauf eines neuen Anfanges entdekken. Daß Lukas nach|dem er von IX,   *159*
51 an fast nur mitgetheilt, was wir sonst nirgends finden, hier zuerst wieder mit den andern Evangelisten zusammentrifft, kann wol nichts entscheiden. Denn Markus ist zu abhängig und untergeordnet um in dieser Hinsicht besonders in Betracht zu kommen; was aber den Matthäus betrifft, so steht
15   theils auch vor dieser Stelle manches, was sich bei ihm findet, theils fehlt ihm auch von dem bald folgenden manches nicht unbedeutende. Geht man nun diesen unbegründeten Grenzpunkt vorbei, und sieht sich weiterhin nach etwas um, was wie ein Schluß aussieht: so findet man nicht eher als am Ende des neunzehnten Kapitels, da aber auch eine ganz bestimmte
20   Schlußformel. Denn das lezte dort ist der Einzug Jesu in Jerusalem; unmittelbar darauf wird einzelnes aus seinem dortigen Aufenthalt erzählt, und zwischen beides tritt v. 47 u. 48 die allgemeine Schilderung dieser Zeit, wie er täglich im Tempel gelehrt, wie das Volk ihm angehangen, und wie die Priester ihn zu verderben gesucht. Vergleicht man nun diesen Endpunkt mit
25   dem Anfang: so scheinen beide einander auf das genaueste zu entsprechen. Der Anfang ist der Aufbruch nach Jerusalem zum Leiden und Tode, das Ende ist der lezte Einzug daselbst vor dem Pascha; und so ist der erste natürliche Gedanke der sich darbietet, daß der ganze Aufsaz ein Bericht ist von einem der Jesum auf dieser lezten Reise begleitet, über alles was sich   *117*
30   ihm merkwürdiges auf derselben zugetragen. Vieles bestätigt auch offenbar diese Vermuthung. Der Bericht bezeichnet zwar von vorne herein | nicht so   *160*
wie gegen das Ende die Fortschritte der Reise von Ort zu Ort, er ist überhaupt zum größten Theil nicht zusammenhängend, sondern hebt nur einzelnes heraus; aber eben indem von einer einzelnen Begebenheit zur andern

---

2 *Vgl. Eichhorn: „[...] Bereichert durch Nachträge aus andern Denkschriften, besonders durch die Einschaltung einer ganzen Schrift, welche das Merkwürdigste von Jesus letzter Reise nach Jerusalem enthielt." (Einleitung I, S. 373)*   **5** *Zum Begriff Gnomologie für Lk 9,51-18,14 vgl. S. 62.*   **19** *Lk 19,48*   **20** *Lk 19,28-38*   **33** *Vgl. Hug: „[...] keine zusammenhangende Geschichte, sondern einzelne Theile und Bruchstücke, [...] Fragmente" (Einleitung II, S. 121)*

in den leichtesten Anknüpfungsformeln εἶπε δέ, ἔλεγε δὲ καί, ἐρωτηθεὶς δὲ ἀπεκρίθη und ähnlichen fortgeschritten wird, und fast keine einzelne Begebenheit gleich den früheren Erzählungen einen ins allgemeine zurükgehenden Schluß hat, so fehlt alle Veranlassung zu glauben, das einzelne habe ursprünglich für sich bestanden. Und da die meisten Begebenheiten theils offenbar als unterweges vorgefallen erzählt werden, theils durch ihren Inhalt eben dieses sehr wahrscheinlich wird: so bekommt man statt dessen die Vorstellung eines fragmentarischen vielleicht erst später aufgezeichneten und deshalb auch wahrscheinlich in der Zeitfolge nicht überall gleich genauen Reisetagebuchs. Nur tritt dieser Vorstellung sogleich der Umstand in den Weg, daß der Anfang offenbar einen Aufbruch aus Galiläa erzählt. Denn wenn Christus damals aus Judäa oder von jenseits des Jordans aufgebrochen wäre: so könnten seine Boten nicht in einem samaritanischen Flekken ihm haben Herberge bereiten wollen, und es war weder Zeit noch Raum, siebzig Jünger voranzuschikken; auch finden wir ihn offenbar XIII, 31 in Galiläa und XVII, 11 an der Grenze von Galiläa und Samarien. Aus Galiläa ist aber, wie wir durch Johannes wissen, Christus nicht gekommen, als er seinen lezten Einzug in Jerusalem hielt; er war nach
161 seinem vorlezten Aufenthalt in der Haupt|stadt nicht wieder nach Galiläa zurükgekehrt, sondern hatte sich theils in Peräa theils in Judäa aufgehalten, und so kam er zum lezten Paschafest. Es ist aber eben dieser lezte Einzug, den das neunzehnte Kapitel erzählt. Anfang und Ende reden also nicht von derselben Reise; also ist auch das Ganze nicht Ein ursprünglich zusammenhängender Reisebericht. Denn gesezt auch, man wollte den Bericht einem
118 zuschreiben, der Jesum aus Galiläa nach Jerusalem, und von da nach Judäa und wieder nach Jerusalem begleitet hatte: so könnten sich dem doch beide Reisen nicht so ineinander verwirrt haben; und selbst wenn er von dem Aufenthalt in Jerusalem nichts zu erzählen hatte, würde er doch dafür gesorgt haben, irgendwie seinen Lesern diese beiden Reisen auseinander zu halten, um ihnen nicht muthwillig Schwierigkeiten zu erregen, die ihn selbst verdächtig machen müßten. Die Vorstellung also von Einem zusammengehörigen Reisebericht eines Begleiters Jesu müssen wir freilich aufgeben; aber unmöglich ganz den Gedanken eines Reiseberichts, denn der bleibt gleich deutlich in Anfang und Ende dieser ganzen Masse und in vielen über alles dazwischenliegende fast gleichmäßig verbreiteten Spuren begründet. Was bleibt also übrig, als daß wir sagen, es hat einer der nicht wußte, daß

---

2 fortgeschritten] fortgechritten

---

1 *Lk 12,13.22; 15,11; 17,1.22; 18,9 – 12,54; 16,1 – 17,20 (dort ἐπερωτηθείς). Schleiermacher kürzt ab.* 14 *Lk 9,52* 15 *Lk 10,1* 17 *Joh 12,1.12* 19 *Joh 7,10-10,39* 20 *Joh 10,40 – Joh 11,7.54* 22 *Lk 19,28-40*

zwischen jenen Aufbruch aus Galiläa und diesen Einzug in Jerusalem noch
ein Aufenthalt in Jerusalem falle, Berichte von beiden Reisen zusammengefügt; denn dadurch allein scheint sich das Räthsel auf eine mit dem Cha-
rakter der ganzen Masse und zugleich mit den | Nachrichten des Johannes   162
5   übereinstimmende Weise zu lösen. Und dies findet gleich eine Bestätigung
darin, daß der lezte Theil, dem Bericht von der zweiten Reise angehörig,
einen andern Charakter zeigt als der erste, indem er genauer gebunden ist,
und weit strenger geographisch fortschreitet. Ein solches Aneinander-
schweissen wäre freilich fast unmöglich wenigstens sehr gewaltsam gewe-
10   sen, wenn der erste Reisebericht ein sehr bestimmtes Ende gehabt hätte, so
daß er Jesum bis nach oder bis ganz in die Nähe von Jerusalem ausdrüklich
führte, und der andere einen sehr bestimmten Anfang, so daß er Jesum
ausdrüklich aus Peräa oder einer bestimmten Gegend von Judäa aufbre-
chend beschrieb. Ist aber dies, wie ja sehr möglich, nicht gewesen: so kann
15   ein solcher Sammler entweder zwei unvollständige Berichte unmittelbar
verbunden, oder auch noch einzelne Erzählungen von Vorfällen, die er
Grund hatte in dieselbe Reise zu sezen, dazwischen geschoben haben, wenn   119
er sich erlaubt hat ihnen ausführlichere Anfangs- und Schlußformeln abzu-
schneiden. Nun könnte aber gleich einer sagen, wenn dem so ist, warum
20   soll diese Masse als eine eigene Schrift angesehen werden? warum soll nicht
der Ordner unseres Ganzen, der nicht ein palästinensischer Jude sehr leicht
von jenem Aufenthalt Jesu zur Tempelweihe nichts gewußt haben kann,
diese Zusammenschiebung einzelner Reiseberichte und Erzählungen selbst
gemacht haben? Dieses aber möchte ich verneinen; denn gesezt auch der
25   erste Bericht hat nicht bestimmt mit seiner Ankunft in Jeru|salem geschlos-   163
sen, und der Anfang des zweiten nicht bestimmt den Ort des Aufbruchs
genannt: so muß doch etwas weggeschnitten sein bei der Zusammensezung,
und dies streitet ganz mit dem Verfahren, welches wir den Lukas bisher mit
seinen Materialien haben beobachten sehn, und welches er selbst unläugbar
30   auch hier beobachtet, indem er den Schluß des zweiten Berichts stehen läßt,
den er eben so gut hätte wegschneiden müssen, um auf dieselbe Weise auch
diesen Bericht mit den folgenden Erzählungen aus Jerusalem zusammenzu-
fügen. Und noch öfter hätte er seine gewohnte Art und Weise verlezen
müssen, in dem Falle daß mehr als zwei ursprüngliche Reiseerzählungen
35   hier in Ein Ganzes gearbeitet sind. Also auf jeden Fall müssen wir diese
Bearbeitung einer früheren Hand zuschreiben und annehmen, der Ordner
unseres Ganzen habe diese Masse bereits als Eines gefunden, und dann hat
er ihr auch natürlich keinen andern als diesen Plaz in seinem Buch anweisen
können. Dieses als das wahrscheinlichste vorausgesezt liegt uns die Aufga-
40   be ob zu versuchen, ob wir die von diesem Sammler künstlicher als von den

---

22 *Joh* 10,22

früheren verstekten Fugen dennoch auffinden können. Die Stelle XVIII,
31-34 kann sehr wahrscheinlich als die Anrede angesehen werden, womit
Jesus die Jünger an seinem lezten Aufenthaltsort, sei es nun die Gegend von
Ephrem gewesen oder ein anderer, zum Aufbruch nach Jerusalem um sich
versammelte, und dann könnte hier, so daß der Sammler nur wenig wegge- 5
schnitten zu haben brauchte, der Anfang des zweiten Berichtes gesezt
wer|den; wie denn auch mit der freilich etwas unbestimmten Angabe des
Johannes sehr gut zusammenstimmt, daß Jericho der erste merkwürdige
Ort auf dieser lezten Reise war. Und bei einer ganz ähnlichen Stelle muß
man auch in Matthäus XX, 17 den Anfang der lezten Reise sezen. Offenbar 10
aber reicht unser erster Reisebericht nicht in ununterbrochenem Zusammenhang bis hieher. Denn alsdann würden wir XVII, 11 nicht lesen Καὶ
ἐγένετο ἐν τῷ πορεύεσθαι αὐτὸν εἰς Ἰερουσαλήμ, καὶ αὐτὸς διήρχετο διὰ μέσου
Σαμαρείας καὶ Γαλιλαίας, sondern wol bloß καὶ διήρχετο oder καὶ ἐγένετο ὅτι
διήρχετο, denn die Reise nach Jerusalem war ja für einen solchen Bericht 15
ein für allemal angekündigt. Auch wundert man sich, wenn in einem solchen zusammenhangenden Reisebericht Christus nun erst an die Grenzen
von Galiläa und Samaria – denn dies ist doch wol der wahre Sinn der
Formel διὰ μέσου Σαμαρείας καὶ Γαλιλαίας – gebracht ist, wie wenig reich-
haltig dann der lezte Theil der Reise müsse gewesen sein, und vermuthet 20
hier eher eine einzelne Erzählung, deren Anfang nur der Sammler nicht
wegschnitt, weil hier allerdings die Gegend erwähnt werden mußte. Diese
Vermuthung gewinnt noch etwas durch das folgende Segnen der Kinder
XVIII, 15, welches in so großem Gedränge, daß die Jünger abwehren wollten, nicht zu erwarten ist in einer von Jesu so oft besuchten Gegend, wie der 25
Weg durch Galiläa nach Samarien war, wie denn auch Matthäus und
Markus es, sei es nun nach Peräa oder nach Judäa, auf jeden Fall in eine
Gegend, wo Jesus ein seltener Gast war, zu se|zen scheinen. Wird also
überwiegend wahrscheinlich, daß hier nicht nur zwei Berichte, sondern
mehrere Reiseerzählungen von beiden lezten Reisen her zusammenge- 30
schmolzen sind: so müssen wir nun weiter fragen, wie weit geht denn wol
die ursprüngliche erste mit IX, 51 anfangende Erzählung? Hier findet man
sich nun auf eine wunderliche Art getheilt. Nämlich XIII, 22 ist offenbar
eine Schlußformel, denn als Eingangsformel der folgenden Erzählung kann
diese Worte wol niemand ansehn wollen. Kurz vorher v. 17 hat auch einen 35
ähnlichen Charakter, und man könnte beide als zusammengehörig ansehn,
und daß nur schon im Begriff zu schließen dem Erzähler noch etwas damals
gesagtes einfiel, was er zwischen einschob, wie denn die sehr ins kurze

---

4 *Joh 11,54 (Griesbach: NT 1804: Ephraim, im Apparat: Ephrem) (s. S. 140)*   **8** *Joh 10,40*
– Lk 18,35   **19** *Vgl. Paulus: Kommentar II, S. 369, 780*   **26f** *Mt 19,13-15; Mk 10,13-*
16

gefaßten Gleichnisse v. 18-21 wol zu wenig sind für eine eigene Denkschrift. Sehen nun nicht diese Worte Καὶ διεπορεύετο κατὰ πόλεις καὶ κώμας διδάσκων καὶ πορείαν ποιούμενος εἰς Ἱερουσαλήμ genau aus wie die lezten Worte eines Erzählers, der bis zu einem gewissen Punkt in Jesu Gesellschaft
5 gereiset war, und was sich bis dahin merkwürdiges ereignet berichtet hat, nun aber in seinen eigenen Angelegenheiten Veranlassung findet entweder zurückzubleiben, oder, denn dies kann ebenfalls in den Worten liegen, voranzueilen, weil Christi gemächliches durch Städte und Flekken Hin- und Herziehen, um die Erfolge der vorangesendeten Jünger zu beobachten
10 und zu benuzen, ihn später, als er für sich wünschen mußte, das Ziel der Reise hätte erreichen lassen, der also nun mit den Worten abbricht | „Und 166 auf dieselbe Art sezte nun Jesus immer lehrend in Städten und Flekken unterwegens verweilend seine Reise nach Jerusalem fort." Könnten wir nun dieses mit Gewißheit annehmen: so hätten wir eine Bürgschaft, daß
15 alles zwischen IX, 51 und XIII, 22 erzählte wirklich auf dieser Reise und dann auch wol ziemlich in derselben Ordnung vorgefallen wäre. Hiegegen aber erhebt sich ein mächtiger Zweifel schon viel weiter vorne aus X, 38-42. Jeder nemlich wird sich mit Recht sträuben diese Martha und Maria für andere Personen zu halten als für die uns aus Joh. XI unter denselben
20 Namen bekannten Schwestern des Lazarus. Sind sie nun dieselben: so kann wol ein Begleiter Jesu schwerlich einen solchen Gedächtnißfehler begangen haben, etwas, was sich in Bethanien ereignet, so zu erzählen, als ob es bald am Anfang der Reise von Galiläa nach Jerusalem geschehen wäre. Man könnte wol nur helfen durch die Annahme, eine spätere Hand habe dieses
25 hinzugefügt; allein auch hiezu zeigt sich in dem vorigen gar keine Veranlas- 122 sung. Oder wenn man sagen wollte, der Erzähler sei verleitet worden, weil er die ohne Zweifel erst in der Nähe von Jerusalem erfolgte Rükkunft der Siebzig Jünger vorweggenommen, auch dieses, was um dieselbe Zeit ge- schehen war, gleich mit zu erzählen: so müßte man das theils auch auf die
30 vorige Erzählung X, 25-37 ausdehnen, wo dieses noch unwahrscheinlicher wird, theils ist es schon an und für sich eine sehr dürftige Auskunft, die ich ohne große Noth nicht ergreifen möchte. Will man nun dieses gelten las- sen: | so bleiben freilich die Worte XIII, 22 immer ein Schluß, nur nicht des 167 ganzen IX, 51 beginnenden Berichtes, sondern einer einzelnen Erzählung,
35 deren Anfang, wenn wir ihn nicht geradezu XIII, 10 sezen wollen, uns durch das Verfahren des Sammlers verborgen ist. Wir dürfen dann die erste Erzählung nicht weiter als von IX, 51 bis X, 24 gehen lassen, und müssen von allem folgenden dahin gestellt sein lassen, oder nur nach den in dem

---

2f *Lk* 13,22   **19** *Joh* 11,1   **27** *Lk* 10,17. Vgl. *Paulus: „Die Zurückkunft der 70 Missionäre wird anticipiert, um die Materie zu vollenden. Wie viel später mochte sie gefallen seyn!" (Kommentar II, S. 697)*

Inhalt selbst liegenden Gründen beurtheilen, ob der Sammler es mit Recht
in diese Reihe gestellt haben mag oder nicht. Denn das dürfen wir ihm nun
eben wegen jener Bethanischen Geschichte nicht zutrauen, daß er genaue
Erkundigungen über alles einzelne angestellt hat. Wiewol ich nun nicht
schlechthin entscheiden möchte, wird es doch immer sicherer sein, vorläu-   5
fig wenigstens dieser lezten Voraussezung zu folgen, und nach ihr den Werth
dieser Reisesammlung, welche Lukas eingerükkt, zu beurtheilen.

Gehn wir nun auf IX, 51 zurükk: so müssen wir sagen bis X, 24 haben
wir gewiß eine ursprünglich zusammenhängende Erzählung. Denn wenn
man auch IX, 57 gleich wieder für einen neuen Anfang halten wollte: so   10
bezieht sich doch das ἑτέρους ἑβδομήκοντα X, 1 zu offenbar auf das
ἀπέστειλεν ἀγγέλους πρὸ προσώπου αὐτοῦ IX, 52 und auch die in der
ganzen Erzählung herrschende Anrede κύριε statt des vorigen ἐπιστάτα
oder διδάσκαλε tritt gleich IX, 54 ein. Endigt aber die Erzählung mit dem
123   was Jesus bei der Rükkehr der Siebenzig sagte: so giebt sie uns zwar den   15
168   An|fang seiner lezten Abreise aus Galiläa, aber sie verbindet damit unmit-
telbar etwas, was erst sehr spät und wol nur kurz vor der Ankunft in
Jerusalem erfolgt sein kann, nemlich die Rükkehr der Siebzig, und man
muß also das gemeinschaftliche in dieser Sendung und in den früher erzählten Umständen, nemlich den eigenthümlichen Charakter den diese Reise an   20
sich trug, die besondern Anstalten die Jesus dazu machte als den eigentlichen Gegenstand der Erzählung ansehn. Die ersten Boten scheinen nur den
Auftrag gehabt zu haben, Jesu und seiner Gesellschaft Ankunft anzukündi-
gen und Aufnahme zu besorgen, und mögen deshalb wol vor der wirklichen Abreise Jesu ausgesendet worden sein; aber ich möchte nicht entschei-   25
den, ob sie auch vorher zurükkamen, oder ob ihre Rükkunft ebenfalls nur
vorweggenommen ist. Das erste war selbst in dem Fall nicht nöthig, wenn
der Erfolg den sie in Samarien haben würden über die Wahl der Straße
entscheiden sollte, die Jesus ziehn wollte; sondern nur an der Grenze von
Samarien brauchten sie wieder mit ihm zusammenzutreffen. Auch die Ge-   30
schichte XVII, 11 flgd. kann wirklich hierher gehören, und Christus doch
hernach nicht eigentlich durch Samarien gereiset, sondern über den Jordan
gegangen sein. Doch ist auch möglich jene Nachricht sage nichts weiter, als
daß nur eine einzelne Samaritanische Ortschaft eine Aufnahme verweigert
habe. Die folgenden Züge von Einzelnen zur Begleitung eingeladenen oder   35
sich anbietenden, in Ansehung derer schon oben bemerkt ist, daß Matthäus

---

4 über] üer

---

3 *Lk 10,38 mit Joh 11,1*   13 *Lk 5,5; 8,24.45; 9,33.49*   14 *Lk 9,38*   15 *Lk 10,18-
24*   34 *Lk 9,52f*   35 *Lk 9,57-62*   36 *Mt 8,19-22. Oben S. 83*

sie wol ge|wiß an unrechter Stelle eingeschoben, passen hieher sehr gut. Sie   169
sezen theils eine allgemeine, theils persönliche Aufforderungen Jesu voraus,
daß man sich auf dieser Reise, auf der sich auf jeden Fall die Stimmung
Galiläas gründlich und entscheidend sollte zu erkennen geben, an ihn an-
5   schließen mochte. Daher werden diese Züge, gesezt auch einer oder der
andere sei erst später her, sehr schiklich hier beim Aufbruch zusammengestellt, und eben von dem Aufbruch möchte ich das πορευομένων αὐτῶν
verstehen. Das ὅπου ἂν ἀπέρχῃ bezieht man wol am natürlichsten auf die   124
verschiedenen Straßen die Jesus reisen konnte; denn nicht jedem konnte
10   das unter allen Umständen gleich gelten. Natürlich muß man sich unter
diesen Aufgeforderten nicht Fremde oder Gleichgültige denken, sondern
fleißige und dafür bekannte, nur nicht seiner beständigen Gesellschaft gehörige Zuhörer Jesu. – Das Μετὰ δὲ ταῦτα X, 1. möchte ich dem gemäß
nicht sowol übersezen „nach diesem," denn es wäre eine wunderliche
15   Maaßregel gewesen, erst weiterhin auf dieser Reise die Siebzig zu versen-
den, sondern ich überseze es „außerdem," nämlich zugleich mit dieser
Aufforderung und jener ersten Aussendung. Auch die Verwünschung über
Bethsaida und Kapernaum, wohin Christus nun nicht wieder zurükkehren
wollte, und wo er verhältnißmäßig so wenig ausgerichtet hatte, stieß er wol
20   am natürlichsten aus, als er zum leztenmal seinen bisherigen Wohnsiz in
Galiläa verließ, nicht bei Gelegenheit der Botschaft des Johannes – s. Matth.
XI, 20-24, | – wo sie auf jeden Fall nur sehr bedingt hätte können angespro-   170
chen werden. Auch die Aeußerung Christi v. 21-24 steht in der unmittel-
barsten Beziehung auf den Bericht der Siebzig, die natürlich erzählten von
25   der Anhänglichkeit der Geringen und von der widrigen Stimmung der Angesehenen; so daß das Ganze sehr wol in sich zusammenhängt, und durch
diesen Zusammenhang vollkommen beglaubigt ist.
     Das Καὶ ἰδοὺ v. 25 giebt freilich dem folgenden das Ansehn, als habe
es sich eben ereignet als Christus die Siebzig wieder bei sich empfing. Allein
30   da dies sehr unwahrscheinlich ist, wenn wir nicht das ganz unglaubliche
annehmen wollen, daß sie so zeitig wären ausgesandt worden, daß sie bald
nach dem Aufbruch Christi wieder zurük sein konnten: so müssen wir
entweder annehmen, dies knüpfe unabhängig von der anticipirten Rükkunft
der Siebzig an den Aufbruch selbst an, und habe sich unmittelbar nach
35   demselben ereignet, oder wir müssen hier nur das erste Beispiel erkennen,
wie rein und vorsichtig der Sammler um alles besser zu verbinden die eigentliche Anfangsformel weggeschnitten hat. Uebrigens aber schikt sich die   125
Frage des νομικός sehr gut auf eine Reise, wo Christus ausdrüklich vor sich

---

23 21-24] 31-34   **28** 25] 35

---

17 *Lk 10,13.15*   **38** *Lk 10,25*

hergeschikt hatte, um mit deutlicher Beziehung auf sich selbst die Annäherung des Reiches Gottes zu verkündigen. Und zu viel wäre es gefolgert,
wenn man sagen wollte, da Jesus die Scene seiner Parabel auf die Straße
von Jerusalem nach Jericho verlege, so müsse er sie auch in dieser Gegend
erzählt | haben. Sondern gesezt auch Christus wäre eben dieses Weges
gereiset, so hätte er doch, wenn man in dieser Gegend etwa seit Men-
schengedenken nichts von Räubern gehört hätte, die Geschichte anderwärts hin verlegen müssen. Und so könnte er auch in Galiläa oder Samaria
reisend sie doch von jener Gegend erzählt haben, wenn sie etwa wegen
Räubereien vorzüglich berüchtigt war. Wunderlich aber ist es, wenn man
nicht allgemein anerkennt, wie genau sich die Parabel auf die eigentliche
Frage des νομικὸς bezieht; wie deutlich sie ausspricht, daß jeder in dem
Maaß Nächster sei, als die Gesinnungen in ihm sind, welche die Bande der
Liebe unter den Menschen knüpfen, und in dem Maaße nicht als die
entgegengesezten, und wie das ποίει ὁμοίως v. 37 sich auf das τοῦτο ποίει
v. 28 bezieht und sagen will, In diesem Sinne also gehe hin und liebe deinen
Nächsten.

Von der folgenden kleinen Begebenheit X, 38-42 hat der Sammler
nicht nöthig gehabt die Anfangsformel, die gewiß nicht ausführlicher und
bestimmter lautete, zu löschen; und da sie auf einer Reise sich ereignet hat,
so sieht man, wie sehr er gereizt sein konnte sie seiner Sammlung einzuver-
leiben. Daß sie nicht hieher gehöre, ist ihm gewiß unbekannt gewesen, wie
denn diese Geschichte ihres gefälligen parabolischen Inhaltes wegen gewiß
vielfach ohne nähere Bestimmung von Zeit von Ort und Personen ist weiter
erzählt worden.

Was wir XI, 1-13 lesen, giebt sich nicht so bestimmt dafür aus
unterwegens vorgefallen zu sein, wenn nicht der Sammler uns die|ser Notiz
beraubt hat. Allein sehr wahrscheinlich ist es wol an sich selbst, wenn wir
das ὡς ἐπαύσατο genau nehmen, und dabei, welches doch wol das natürlichste ist, an die gewöhnlichen Gebetszeiten denken. Wir haben keinen
Grund zu glauben, daß Jesus diese versäumt habe, da unter den Vorwürfen
seiner Gegner dies niemals vorkommt, aber gewiß wird er dann auch in
Kapernaum, oder wo er sich sonst aufhielt, das Gebet an dem gemeinschaftlich dazu bestimmten Ort verrichtet haben. Dann fand er sich also in
zahlreicher Umgebung, und die Jünger konnten nicht leicht gleich wenn er
aufhörte, Gelegenheit nehmen ihn um eine Formel zu bitten, die sie zugleich wol als einen kurzen Inbegriff seiner religiösen Ansichten, dann aber
auch als etwas seiner Schule eigenthümliches und außer derselben unbe-
kanntes wünschten. Auf der Reise hingegen mußte es sich sehr leicht treffen, daß sie ihn zur Gebetszeit für sich allein haben konnten. Nur wird man

---

3 *Lk 10,30-35*   **29** *Lk 11,1*

sich diese Bitte nicht gern so spät erst auf der lezten Reise von Galiläa aus denken wollen. Aber die Art wie Paulus unsern Bericht über die Entstehung des Gebetes Jesu mit dem Vorkommen desselben bei Matthäus in der Bergrede zu vereinigen sucht, will mir, und ich hoffe den meisten, nicht zusagen. Unter solchen Umständen, wie damals die Jünger Christo auf den Berg entgegengingen, das Gedränge des Christum erwartenden Volks hinter sich und zunächst die vielen Kranken die geheilt sein wollten, wird eine solche Bitte ihnen schwerlich eingefallen sein: und noch viel weniger, wenn damals erst die | Wahl der Zwölf bevorstand. Was für eine andre Antwort 173 konnten sie da wol erwarten, als daß ihr Meister sie auf eine günstigere Gelegenheit vertrösten würde? Und wie wenig hätte er wol ihre Wünsche erfüllt, wenn er hernach diese Formel der großen höchst gemischten Menge vortrug? Ja wie wenig natürlich und angemessen erscheint dies überhaupt näher betrachtet; so daß ich nicht zweifle, auch dies Gebet sei in der Bergrede nur eingeschoben worden von einem, der die bloße Formel besaß ohne die Nachricht, wo und wann sie zuerst mitgetheilt worden. Die hier angegebene Veranlassung ist aber sehr natürlich, und daher auch wohl unsere kürzere Redaction des Gebets selbst für die ursprüngliche zu halten, welche 127 Einsicht natürlich dem kirchlichen Gebrauch der längeren keinen Eintrag thun soll. – Auch kann ich mich nicht überzeugen, daß die fernere Rede Christi XI, 5-13 nicht hieher gehöre, sondern anderwärts gesprochen sei. Was davon bei Matthäus VII, 7-11 gefunden wird, ist dort offenbar von allem Zusammenhang entblößt. Auch hier deutet freilich das κἀγὼ ὑμῖν λέγω v. 9 auf eine Lükke, und auch die Formel καὶ εἶπε πρὸς αὐτοὺς v. 5 verbürgt keinesweges, daß die folgenden Worte Christi sich unmittelbar an das Unser Vater anschlossen; vielmehr ist wohl zu glauben, daß Jesus vorher manche nähere Erläuterung über das aufgestellte Gebet gegeben, welche nicht aufgezeichnet worden, bis er auf diese leicht im Gedächtniß zu behaltende Parabel kam, und eben so hernach wieder. Demohnerachtet aber ist die Bezie|hung beider Stellen auf das Gebet des Herrn seinem Hauptinhalt nach nicht zu verkennen. Wen das anthropopathische nicht in der reinen Auffassung des Gedankens stört, dem enthält die Parabel v. 5-8 gewiß eine herrliche Aufmunterung zur Beharrlichkeit und zur Zuversicht im Gebet und in allen thätigen Bestrebungen für das Reich Gottes, wie jeder sie im einzelnen nach besserer Ueberzeugung verfolgen kann. Eben so die zweite Stelle v. 9-13, so vieler Erklärung sie aus dem Zusammenhange wie bei Matthäus herausgerissen bedarf, wenn sie nicht soll mißverstanden

---

2 *Paulus verknüpft das Gebet Jesu vor der Berufung der Zwölf Lk 6,12 mit der Frage eines „Lehrjüngers", die Jesus Mt 6,5-13 beantwortet habe (vgl. Kommentar I, S. 554f). Vgl. noch Kommentar II, S. 366.* 3 *Mt 6,9-13* 21 *Paulus deutet den Abschnitt auf ein Jahr nach der Bergpredigt (vgl. Kommentar II, S. 725).* 23f *Lk 11,9* 37 *Mt 7,7-11*

werden, so gern und leicht nimmt man, wenn an keine andere Gegenstände
des Forderns und Bittens gedacht wird als an die im Gebet des Herrn aufgestellten, die Versicherung hin, daß Gott gewiß in Beziehung auf sein
Reich statt des wirklich unentbehrlichen nicht das unbrauchbare und vergebliche, und statt des wünschenswerthen das verderbliche verfügen wer-   5
de. Und wieviel Sicherheit für das Allgemeine, eben soviel Anleitung liegt
auch darin zur Beschränkung allzu zuversichtlicher Erwartungen für mehr
ins Einzelne gehende Wünsche. Daher auch auf das einige nothwendige das
πνεῦμα ἅγιον, auf welches auch alle Bitten im Unser Vater deuten, alles
128   zurükgeht. Diese Hinweisung aber mußte, weil die Rede aus ihrem Zusam-   10
menhang herausgerissen war, bei Matthäus verloren gehn, und ein vieldeu-
tiger Ausdrukk an die Stelle treten.

175   Die folgende Erzählung von XI, 14 an ist so gar nicht bestimmt an das
vorige geknüpft | und zugleich so wenig eingeleitet, daß von ihr zuerst sehr
anschaulich wird, wie der Sammler um den Schein eines Zusammenhanges   15
hervorzubringen die Anfangsformel der einzelnen Erzählungen abgeschnitten. Vergleichen wir aber unsere Erzählung mit der von derselben Begebenheit bei Matthäus XII, 22-45: so ist bei den bedeutenden Verschiedenheiten
der Vorzug wieder auf Seiten unserer Erzählung. Zuerst tritt bei uns durch
v. 15 u. 16 gleich ganz bestimmt hervor, daß auf Veranlassung dieser Hei-   20
lung auf der einen Seite die Beschuldigung gemacht wurde, sie geschähe
selbst durch dämonische Kraft, auf der andern das Verlangen geäußert ein
himmlisches Zeichen zu sehen d. h. etwas wunderbares freilich, aber was
Jesus nicht selbst verrichtete, und was also ein reines Zeugniß für ihn able-
gen konnte, indem man nur einem solchen Zeichen, nicht aber Handlungen   25
von denen Jesus selbst hernach zugiebt, daß auch Andere sie verrichten
können, seine messianische Würde glauben könne. Bei Matthäus wird nur
jene Beschuldigung gleich mit erzählt, und die Bitte um ein Zeichen v. 38
tritt ohne bestimmten Zusammenhang mit dem vorigen auf und deshalb
auch unverständlich genug. Ferner von dem Spruch an, wer nicht mit mir   30
ist, der ist wider mich, irrt Matthäus auf Gegenstände ab, welche der Veranlassung ganz fremd sind. Denn schon die ῥῆσις von der Lästerung des
πνεῦμα im Gegensaz gegen die Lästerung des Sohnes ist aus diesem Zusammenhang nicht leicht begreiflich, noch weniger aber was bei ihm v. 33 bis
176   37 folgt. Dagegen bringt er das | hier aus der Acht gelassene von der Rükkehr   35
des ausgetriebenen bösen Geistes erst später hinter der Antwort an die,
welche ein Zeichen begehrten, bei, wo es ebenfalls keinen rechten Plaz hat,
und ihm fehlen dafür die Bilder von Licht und Auge ganz, welche bei uns
die zweite Rede beschließen, und von denen ich nicht sagen möchte, daß sie

---

9 *Lk 11,13*   **12** *Mt 7,11*   **28** *Mt 12,38*   **30** *Mt 12,30*   **32** *Das Wort fehlt im NT.*
Vgl. Mt 12,36: ῥῆμα   **33** *Mt 12,31f*   **35** *Mt 12,43-45 – Lk 11,24-26*   **38** *Lk 11,33-*
36 – vgl. Mt 5,15; 6,22f

nicht hieher gehörten. Die Veranlassung ist eine ähnliche, als bei der wir 129
ähnliches VIII, 16 fanden, hier ist es aber anders gewendet, und daß ähnliche Bilder öfters, aber eben mit andern Wendungen von Christo sind
gebraucht worden, steht wol aus mehreren Beispielen fest. Eben so ist in
unserer Erzählung auch der Zusammenhang der ersten Rede Christi so
vollkommen deutlich, daß ich mich nicht einmal gern dazu verstehen möchte
zu glauben, unser Referent habe die Stelle von der Sünde wider den heiligen
Geist ausgelassen, weil ihm etwa die Sache undeutlich geblieben. Vielmehr
erhält der allgemeine Ausspruch Ὁ μὴ ὢν μετ’ ἐμοῦ, κατ’ ἐμοῦ ἐστιν einen
rechten bestimmten Sinn erst durch die Art, wie er zwischen die beiden
Bilder 21.22 und 24-26 gestellt ist, daß nemlich nur aus einer vollkommen
geistigen Besiegung des Satans auch eine sichere und bleibende Austreibung
desselben aus seinen einzelnen Besizungen hervorgehen könne; wer aber an
jener keinen Theil nehme, wie die jüdischen Beschwörer dies denn nicht
thaten, der schade auch in dieser Hinsicht mehr als er nuze. Ferner in der
zweiten Rede Christi ist die Art wie bei Matthäus v. 40 die Anführung des
Jonas verstanden wird dem Zusammenhang und der | Anwendung, die 177
doch auch dort davon gemacht wird, gar nicht angemessen, und wenn man
dies nicht für eine spätere Interpolation halten will, wozu keine gegründete
Veranlassung gegeben wird: so muß man es für eine eigene und falsche
Auslegung halten, die der Referent den Worten Christi beigemischt, natürlich ohne sich dessen bewußt zu sein, und das ist bei einer schon abge-
stumpften und verworrenen Erinnerung leicht möglich. Zu den bereits
beigebrachten Zeichen davon, daß sich der Referent des Matthäus in einem
solchen Zustande befunden, kommt auch noch dieses hinzu, daß ihm zwischen den beiden Reden Christi die kleine Zwischenhandlung fehlt, die
Lukas erzählt, die bewundernde Ausrufung einer Frau aus dem Haufen
und Jesu Antwort darauf. So etwas erdenkt sich nicht leicht jemand, und
schiebt auch keiner anderwärts her in einen schon organisirten Zusammenhang der Darstellung mitten ein. Dagegen gehört eine frische und lebendige 130
Erinnerung dazu um solche kleine den größeren Zusammenhang eigentlich
störende Umstände an Ort und Stelle mit zu erwähnen. Und so haben wir
vielleicht oben auch dem Matthäus zuviel Ehre erwiesen, als wir uns be-
mühten die Art, wie er die Anmeldung der Anverwandten Jesu unmittelbar
auf diese Erzählung folgen läßt mit der Art, wie sie bei Lukas VIII, 19-21
gestellt ist, zu vereinbaren. Denn vielleicht hat ihn auch hier sein Gedächtniß
nur getäuscht. Ja die Veranlassung zu einem solchen Irrthum läßt sich so-

---

2 VIII, 16] XIII, 16   37 Veranlassung] Veranlaslung

---

7 *Mt 12,31f/Mk 3,28f*   9 *Lk 11,23*   16 *ab Lk 11,29*   16 *Mt 12,40*   27 *Lk 11,27f*   33 *Vgl. S. 77 zu Mt 12,46-50*

178   gar nachweisen. Nemlich in unserer Erzäh|lung folgt die Ausrufung der
Frau μακαρία ἡ κοιλία u. s. w. nach dem Bilde von der Rükkehr des bösen
Geistes am Ende der ersten Rede. Bei Matthäus beschließt dieses Bild auch
schon durch eine Gedächtnißverirrung die zweite Rede an die Zeichen-
forderer. Und wie wäre es, wenn er nun die Ausrufung der Frau und die   5
Anmeldung der Verwandten mit einander verwechselt hätte, weil ihm nämlich zunächst die Antwort Christi vorschwebte, die in beiden Fällen so sehr
ähnlich ist? – Alsdann dürfen wir auch um so weniger Anstand nehmen,
theils diese Begebenheit in die lezte Reise von Galiläa zu versezen, ohne
weder bejahen noch verneinen zu müssen, daß diese auch dieselbe gewesen,   10
deren VIII, 1 Erwähnung geschieht, theils auch was von XI, 37 an folgt als
zu einer und derselben ursprünglichen Erzählung gehörig, und also in einem so unmittelbaren Zusammenhang mit dem vorigen uns gefallen zu
lassen, wie die Worte ἐν δὲ τῷ λαλῆσαι ausdrükken. Und anders können wir
auch aller Analogie nach nicht. Denn wenn unser Sammler Verbindungs-   15
formeln erdichtete: so würde er vor XI, 1 und XI, 14 wol auch welche
erdichtet haben. Durch das bloße Abschneiden einer Anfangsformel kann
aber dieser Schein nicht entstanden sein; er müßte sonst gerade eine Rede
Christi weggelassen haben, was, da er mehrere Reden ohne alle Hinsicht
auf einen bestimmten Inhalt mit aufgenommen hat, gar nicht wahrscheinlich   20
ist. Wie nun von der vorigen Begebenheit die Aeußerungen über die wun-
179; 131   derbare Heilung Christi wahrschein|lich machen, daß sie nicht an einem
gewöhnlichen Aufenthaltsort Christi vorgefallen, sondern eher an einem
Orte, wo er dergleichen noch nicht verrichtet, also am liebsten unterwegens:
so wird auch von dieser wahrscheinlich, daß es eine Reisebegebenheit ist,   25
indem es an sich wol nicht gewöhnlich war, zum ἄριστον Fremde einzula-
den, wenn aber Christus irgendwo nur durchging, die Sache sich sehr gut
denken läßt. Denn daß ἄριστον auch wäre für die gewöhnliche spätere
Hauptmahlzeit gebraucht worden, wird wol schwerlich auch für diesen
Dialekt so nachzuweisen sein, daß man sich bei unserer Stelle darauf beru-   30
fen könnte, in der gar nichts auf diesen unrichtigen Gebrauch hindeutet.
Vielmehr wenn es eine ordentliche Abendmahlzeit gewesen wäre: so würde
Christus schwerlich das Waschen vernachläßigt haben, denn das wäre ein
absichtlicher Verstoß gegen die Sitte gewesen, der Christo gar nicht ähnlich
sieht. Da nun unten v. 53 der gewöhnliche Text doch höchst wahrscheinlich   35
vollkommen richtig ist, und der Zusaz καὶ ἐξελθόντος αὐτοῦ ἐκεῖθεν nur von
einem sehr aufmerksamen Zuhörer herrührt, dem nicht entging, daß unmittelbar darauf XII, 1 Christus unter einer großen Menge Volks vorkommt,

---

2 *Lk 11,27*   3 *Mt 12,43-45*   6 *Mt 12,46-50*   14 *Lk 11,37*   28 *Lk 11,38*   36
Griesbach: NT 1825 Apparat: „Al. κἀκεῖθεν ἐξελθόντος ἐξ αὐτοῦ" *(fehlt Apparat 1804)*

und doch seines Aufbruchs vom Mahle gar nicht gedacht ist: so entsteht um
so mehr die Frage, gehört das folgende von XII, 1 auch noch derselben
Erzählung an, oder schließt diese mit dem Ende des Kapitels? Allerdings
könnte man v. 53 und 54 als eine allgemeine Beschreibung | der durch diese
Reden Christi entstandenen oder verstärkten Stimmung und also als Schlußformel ansehn. Allein theils deutet doch der Ausdrukk λέγοντος αὐτοῦ ...
ἤρξαντο auf etwas an Ort und Stelle unmittelbar erfolgtes, was nur, eben
weil es verworren und hastig durcheinander ging, unser Referent nicht
anders als in den allgemeinsten Zügen wiedergeben konnte; theils auch
bezieht sich die Rede Christi XII, 1-12 an die Jünger so sehr auf beides, auf
die feindselige Stimmung der Pharisäer und Schriftgelehrten und auf ihre
durch die Einladung und gastfreie Behandlung Christi bewiesene Heuchelei, daß wirklich gar keine Veranlassung da ist, das ἐν οἷς nur für eine
erkünstelte Verbindung anzusehn; vielmehr verliert die folgende Rede an
Verständlichkeit und Haltung, wenn wir sie aus diesem Zusammenhang
herausreißen. Auf diese Art wird wol sehr deutlich, daß eben die Heftigkeit
des Streites jenes große Gedränge veranlaßt habe, welches Jesum, wie es
scheint, von den Zudringlichkeiten der Pharisäer für diesmal befreite, und
ihn in Stand sezte, ruhig wieder mit seinen Jüngern zu reden. Nur sind wir
dann sehr verlegen, wohin wir das Ende des Gastmals sezen wollen, und
müssen uns wundern, dessen mit keinem Wort erwähnt zu finden. Die
natürlichste Lösung der Schwierigkeit ist hier wol die, daß alle diese gegen
die Pharisäer und Gesezausleger gerichteten Reden Christi nicht auf sondern nach dem Frühstükk sind gesprochen worden, als man sich schon
wieder draußen befand, und vom Volk wieder konnte | beobachtet werden.
Ist dem aber so, so muß man sagen, das Gastmahl ist in unserer Erzählung
gar nicht beschrieben, sondern nur des Zusammenhanges wegen erwähnt;
und es wird wahrscheinlich, daß auf demselben alles still und friedlich
hergegangen, und daß der Pharisäer auch mit seiner Verwunderung oder
vielmehr seinem Vorwurf über das unterlassene Waschen erst nach aufge-
hobener Mahlzeit im Gespräch, und als schon verschiedene Meinungen
sich zeigten, herausgerükt sei, und so Christum zu jenen Reden veranlaßt
habe. Dies ist auch wol das natürlichste, wenn man die ganze Thatsache
von Seiten der Gewohnheit und Sitte ansieht. Eben so wenig ist aber auch
XII, 12 als das Ende der Erzählung anzusehen. Denn nachdem Christus
zuerst auf die Bitte selbst geantwortet, und dann auf Veranlassung derselben zum versammelten Volke – denn nur auf ὄχλος kann das αὐτοῦς bezogen werden, gesprochen, redet er hernach von v. 22 zu den Jüngern wieder
auf eine solche Weise, daß zwar zunächst seine Ermahnungen sich auch an
die Warnung vor der πλεονεξία anschließen, wie vorher an die vor der

---

6 *Lk 11,53 (Griesbach)*   **13** *Lk 12,1*   **37** *Lk 12,13.15*   **40** *Lk 12,15*

Heuchelei, hernach aber der herrschende Gedankengang wieder aufgenommen, Furchtlosigkeit im Beruf, und Furcht vor dem welcher Rechenschaft
133 fordern kann, empfohlen wird. Wir können also alles von XI, 14 bis XII, 53
als ein zusammenhängendes Ganze ansehen, worin wir in mehreren einzelnen Zügen auch das Reisen erkennen. Denn auch die Bitte XII, 13, Jesus   5
182 möge die Erbtheilung beschleunigen helfen, verräth eine | solche Aehnlichkeit mit den IX, 57-62 erzählten Zügen, daß man am leichtesten auch
die ergangene Aufforderung sich an Jesum anzuschließen, als die Veranlassung zu einer solchen sonst in der That nicht leicht zu erklärenden Bitte
ansieht. Das Rükkehren von dieser Unterbrechung grade so ohne einzelnes   10
fortzusezen oder irgendwo genau wieder anzuknüpfen, recht wie man es
sich denken muß, wenn im freien Gedankenerguß eine herrschende Richtung einmal genommen ist, dieses ist weder zu erkünsteln noch durch ein
zufälliges Aneinanderreihen ähnlicher Reden und Vorgänge zu erreichen,
und eine ziemlich sichere Bürgschaft für die Einheit und Treue dieser   15
Ueberlieferung. Dieses bestätigt sich auch fest überall durch Vergleichung
der ähnlichen Stellen bei Matthäus. Was wir bei uns XI, 39 lesen, war
offenbar das nächste, was Jesus auf den Vorwurf wegen des unterlassenen
Waschens erwiedern konnte, paßt also genau in diesen Zusammenhang;
wogegen in der großen antipharisäischen Rede bei Matth. XXIII, 25 es sich   20
nicht nur nach so viel härtern Vorwürfen matt ausnimmt, sondern auch
nur wie ein abhanden gekommener Zusaz zu v. 14 aussieht, und doch auch
neben diesem nichts neueres oder größeres sagen würde. Auch der zweite
Vorwurf bei uns XI, 42 ist von dem Mahle hergenommen, wo sich wol
dergleichen Kräuter immer fanden, und steht hier offenbar natürlicher als   25
dort, Matth. XXIII, 23. Besonders aber ist zu bemerken, daß im Matthäus
183 auch bei diesen Beschuldigungen, obgleich die Schriftgelehrten | auch von
der Sadducäischen nicht so auf Kleinigkeiten erpichten Sekte waren, doch
überall γραμματεῖς καὶ φαρισαῖοι steht, hier aber sie nur gegen die Pharisäer
gerichtet sind; und erst hernach als der νομικός – auf den übrigens, wenn er   30
ein Sadducäer gewesen wäre, als solchen v. 46 nicht gepaßt hätte – die lezte
134 Beschuldigung wegen der Rangsucht auch auf seine Genossenschaft zieht,
werden besondere Verwünschungen auch über die Gesezausleger hinzugefügt. Dieses, und die ganze Art wie das Dazwischentreten eben dieses νομικός
den Reden Christi eine neue Wendung giebt, verglichen mit der Art wie bei   35

---

20 XXIII, 25] XIII, 25

---

1 *Lk 12,1*   2 *Lk 12,5*   18 *Lk 11,38*   22 *Mt 23,14. In der Ausgabe von Griesbach:*
NT 1803 ist die Reihenfolge von V. 13.14 vertauscht, so daß V.13 wie ein „Zusaz zu V.14
aussieht". Vgl. zu S. 115. Griesbach: NT 1825 im Apparat zu V.13: „Vs.13. al. post Vs. 14.
collocant (G.), al. plane omittunt et ad marginem rejiciunt."   29 *Lk 11,37.39.42.*
43   30 *Lk 11,47*

Matthäus Beschuldigungen die mehr den Schriftgelehrten gelten, und solche die ausschließend auf die Pharisäer sich passen, durcheinander geworfen sind, dies zusammen entscheidet wol unwidersprechlich dafür, daß was wir hier XI, 37-52 lesen, und was schwerlich zweimal auf eine so ganz
5 übereinstimmende Weise kann vorgetragen worden sein, von Christus ursprünglich bei dieser Veranlassung und in dem hier aufgestellten Zusammenhang ist gesagt worden, und daß Matthäus, der von der Thatsache keine Kenntniß hatte, die einzelnen Aussprüche in eine andere gegen die Schriftgelehrten gehaltene Rede verwebt, und so aus beiden ein nicht eben
10 wol und streng verständlich geordnetes Ganze gemacht hat. Denn der ersten Beschuldigung von äußerer Reinlichkeit, durch welche innere Schlechtigkeit soll beseitigt werden, fehlt bei Matth. die rechte Spize, die ihr bei uns der wol nur ironisch zu verste|hende v. 41 aufsezt, wogegen Matth. XXIII, 184
26 nur klingt wie ein von anderer Hand hinzugefügter Schluß, ganz nach
15 der Analogie des Endes von v. 23, bei uns XI, 42. Das Bild von den geschmükten Gräbern Matth. XXIII, 27 kann scheinen ein anderes zu sein als das unsrige von den verborgenen Gräbern XI, 44; aber eben so leicht kann man auch denken, es sei aus einer dunkeln Erinnerung an das unsrige entstanden, und zu einer bildlichen Wiederholung des unmittelbar vorher-
20 gehenden umgearbeitet worden. Und das vom Bauen der Profetengräber wird, indem es Matthäus unmittelbar mit jenem verbindet, auch noch unverständlicher, da man es bei uns in unmittelbarer Beziehung auf das antiprofetische Ueberschäzen der Aeußerlichkeiten des Gesezes gar leicht versteht, wenn nur das Factum vorausgesezt wird, daß die Gesezausleger
25 zu besonderer Sorgfalt für die Erhaltung profetischer Denkmäler verbunden waren, und wenn man sich nur entschließt, wie es doch eigentlich sein 135 muß, v. 48 Ἆρα zu schreiben, welcher Frage dann die folgende Citation als Warnung hinzugefügt ist, daß sie bald eben so wie ihre Väter die von Gott gesendeten Profeten verfolgen würden. So hat auch XI, 52 bei uns eine weit
30 bestimmtere Beziehung als derselbe Ausspruch bei Matth. XXIII, 13, wo vorher gar nicht von der βασιλεία τῶν οὐρανῶν die Rede war. Vorzüglich aber bemerke man noch dieses, daß bei uns Christus von Anfang an als der Angegriffene erscheint, bei Matthäus hingegen, man beginne nun mit XXIII, 1 oder mit XXII, | 41, tritt er selbst völlig angreifend auf. Die zweite Rede 185
35 XII, 1-12 entwikkelt sich ganz aus dem vorigen, wie schon bemerkt. Auf-

---

30 XXIII, 13] XXIII, 14

---

11 *Mt 23,25f*   20 *Mt 23,29*   22 *Lk 11,47*   27 *Schleiermachers Konjektur hat kein Vorbild in den Textausgaben.*   30 *OD Matth. XXIII,14 (nach der Ausgabe von Griesbach: NT 1803, wo die Reihenfolge von V.13 und 14 vertauscht ist, nicht aber die Versbezifferung. Vgl. zu S. 114.*

gereizt durch das zulezt immer stärker im Gegensaz gegen die gastliche
Einladung und Behandlung feindselige Betragen der Pharisäer und Schriftgelehrten vergegenwärtigt sich Jesu ihre Heuchelei als der ihr ganzes Wesen
und Leben durchdringende Sauerteig, und daß davon gar nichts in dem
Wesen und der Weise seiner Jünger sein möge, ist der eine Punkt. Veran-　5
laßt, schon ehe das lezte auflauernde und hämische Streiten v. 52. 53 sich
entwikkelte, zu Andeutungen wenigstens die den Jüngern nicht entgehen
konnten, von den Uebeln, die den Seinigen von eben diesen Gegnern bevor-
ständen, konnte er fürchten, seine Jünger möchten durch das eben vorge-
fallene nur besorglicher gemacht werden, wie es wol ihnen gelingen werde　10
sich mit diesen Gegnern aus dem Handel zu ziehn; und sie hierüber zu
beruhigen und auch so zur freimüthigsten Zuversicht aufzufordern, ist der
andere Punkt. Aus diesen beiden erklärt sich alles, und man muß es hier
natürlicher finden und in besserem Zusammenhange als in jener allgemeinen Anweisung an die Jünger bei Matth. X., 26-33, in der alles ziemlich　15
durcheinander geworfen zu sein scheint, und die sich zwar auf eine Aussendung der Zwölf beziehen will, aber ohne daß diese Behauptung durch eine
irgend ausgeführte Thatsache unterstüzt wird. Auch von dem freilich sehr
schwierigen Ausspruch XII, 10 möchte ich behaupten, er gehöre noch |
186; 136　　eher in diese Verbindung als dahin wo Matth. XII, 31. 32 ihn uns aufbe-　20
wahrt hat. Denn dort war das πνεῦμα θεοῦ vorgekommen als die göttliche
Kraft, durch welche Christus die unreinen Geister austrieb; und ich sehe
nicht recht ein, wie man grade in dieser Bedeutung die Lästerung gegen den
Sohn – wobei man dort eben auch an die Behauptung vorzüglich denken
müßte, daß er selbst den Teufel habe – von der Lästerung gegen den Geist　25
unterscheiden und beide gewissermaßen entgegensezen könnte. Hier hingegen ist das πνεῦμα ἅγιον die göttliche Kraft, welche dereinst die Jünger in
Verkündigung und Vertheidigung des Evangeliums begeistern und leiten
soll; und der Gegensaz kann so aufgefaßt werden, Wenn jemand jezt sich
gegen den Sohn auflehnt, von dem können noch die Folgen seiner Sünde　30
genommen werden, wer aber in Zukunft auch die schneller und gewaltiger
wirkende Kraft des Geistes lästert, für den ist nichts übrig gelassen was ihn
retten könnte. Und so war dies eine hieher sich sehr schikkende und die
Jünger ermuthigende Rede. Dagegen in den Zusammenhang bei Matth.
kann zwar sein v. 31 passen, sein v. 32 aber niemals, sondern dieser scheint　35
nur von hier dorthin gekommen zu sein. Uebrigens aber kann auch diese
ganze Rede wol nur gehalten sein zu einer Zeit, wo Jesus sein Leiden schon
verkündiget hatte, und wo ihm dasselbe nahe bevorstand. Von der lezten

---

6 52. 53] 53. 54

22 *Mt 12,28*　　**27** *Lk 12,10f*　　**34** *Mt 12,31f*

Rede an die Jünger XII, 22-53 ist bereits bemerkt, wie sie zunächst ebenfalls an die unmittelbare Veranlassung anknüpfend doch wieder in den | aus der ganzen Stimmung Christi hervorgehenden Gedankengang zurükkehrt. Dieses Zurükkehren scheint sich am bestimmtesten in v. 32 auszusprechen, der daher auch, wiewol ohne einen scharfen Abschnitt zu machen, etwas abgebrochen eintritt. Es muß übrigens dem Gefühl des Lesers überlassen bleiben nach diesen Andeutungen die Einheit in diesem Abschnitt aufzufassen, und sich lebhaft vorzustellen, wie dieses in Einem Zuge kann gesprochen sein. Wobei ja allerdings sich von selbst versteht, daß wir keine wörtliche Nachschrift vor uns haben, sondern eine aus der Erinnerung, in der manches einzelne ausfüllende verloren gegangen, manches weiter ausführende auch wol wissentlich weggelassen und nur der Hauptinhalt angegeben ist. Wenigstens wird wol nicht leicht jemand glauben, daß die Ermahnung 22-31, die hier die unmittelbarste Anwendung ist, welche Christus in Bezug auf das vorhergesagte von dem eben vorgegangenen auf die Jünger machen konnte, in unsere Stelle aus der Bergrede Matth. VI, 25-34 gekommen. Dort schließt sie sich dem vorhergehenden nicht recht an, und das folgende hängt gar nicht damit zusammen. Man kann der fast wörtlichen Uebereinstimmung nach nicht glauben, daß Christus dieses bei zwei verschiedenen Gelegenheiten gesprochen, und es bleibt also nur übrig, daß ein ἀπομνημόνευμα von dieser Ermahnung in die Bergrede bei Matth. gerathen, nur daß was wir bei Lukas erst XII, 33. 34 lesen, dort schon 19-21, denn schwerlich ist auch dies bei der großen Aehn|lichkeit als eine andere Rede anzusehen, vorangestellt, und 22-24 etwas ähnliches anderwärts her zwischen geschoben, und daß vielleicht in 33 und 34 noch etwas bei andrer Gelegenheit und in anderem Zusammenhang gesagtes mit verwebt ist. Auch was wir bei Lukas XII, 35-48 lesen und bei Matthäus XXIV, 42-51 finden, wiewol abgekürzt und unvollständig, ist bei uns aus dem Zusammenhang zu erklären, bei Matthäus ist es nur eingezwängt, so daß auch diese Vergleichung für die Ursprünglichkeit und Integrität unsers Berichtes sehr deutlich spricht. Denn das Gleichniß von den zehn Jungfrauen bei Matth. XXV, 1 flgd., schließt sich dem vorigen XXIV, 36-42 ganz enge an, die Ermahnung zur Wachsamkeit aber an die Jünger steht ganz fremd dazwischen. Und besonders unerklärlich noch kommt nach den allgemeinen Sprüchen 42 und 44 hier die Frage v. 45 τίς ἄρα ἐστίν κ.τ.λ. Diese wird bei uns Lukas XII, 42 aus der unmittelbar vorhergehenden Frage des Petrus v. 41, ob das Gleichniß von den Knechten nur zu ihnen den nächsten

187

137

188

---

23 19-21] 19-22   **28** 42-51] 42-50   **32** XXIV, 36-42] XXIII, 36-42

---

1 *Oben S. 113f*   **21** *Es handelt sich um kein Wort der ntl. Gräzität, sondern um einen (von Justin stammenden) Fachbegriff der zeitgenössischen Exegese, bes. bei H.E.G. Paulus.*   **33** *Mt 24,45-51*

vertrautesten Schülern gesagt sei, und also auch nur ihnen die Belohnungen für die Wachsamkeit verheißen oder auch andern, vollkommen begreiflich.

138 Christus nämlich antwortet hierauf nur ausweichend. Es gebe allerdings einen Unterschied zwischen bloßen Dienern und solchen, welche über die Andern gesezt wären; aber nur vorzügliche Treue und Verständigkeit gebe 5 darauf einen Anspruch. Und weil Christus dieses v. 45 und 46 auch durch

189 den Gegensaz ausführt, was nemlich erfolge, | wenn der Hausherr sich in einer solchen Wahl geirrt und sein Vertrauen übel ausgeschlagen: so veranlaßt ihn dieses auch zu dem vorher v. 36-38 vorgetragenen Gleichniß noch in v. 47 und 48 den Gegensaz hinzuzufügen. Denn offenbar ist ἐκεῖνος ὁ 10 δοῦλος und ὁ μὴ γνοὺς v. 48 nicht der über die andern gesezte Knecht, der freilich v. 45 auch ὁ δοῦλος ἐκεῖνος heißt, sondern es sind, wie der Zusammenhang deutlich ergiebt οἱ δοῦλοι ἐκεῖνοι v. 37, die alles nöthige für den zurükkehrenden Hausherrn in Bereitschaft halten und ihm aufmachen sollen. Und indem Christus sagt, daß unter diesen Knechten auch solche wä- 15 ren, die keine bestimmten Befehle von ihrem Herrn empfangen hätten – ὁ μὴ γνοὺς – so giebt er sehr deutlich zu verstehen, daß jenes Gleichniß nicht auf die Zwölf allein, sondern in einem weitern Umfang anzuwenden sei. Auch dies ist eine Art des Zusammenhanges, welche deutlich beweiset, daß wir hier einen ursprünglichen und treuen Bericht vor uns haben; denn weder 20 eine zufällige Aneinanderreihung noch eine kunstreichere Zusammenstellung ähnlicher Aussprüche könnte je solche Beziehungen hervorbringen. Nur v. 39 scheint allerdings in unsern Zusammenhang gar nicht hinein zu gehören; denn v. 40 hat mit diesem Bilde nichts zu schaffen, sondern schließt sich unmittelbar an v. 38 an; und ich kann nicht umhin anzunehmen, daß 25 dieses Bild seiner bloß äußern Aehnlichkeit wegen hier eingeschoben ist, und seine Stelle einer spätern Hand verdankt. Doch bei dem gänzlichen

190 Mangel | eines Zeugnisses aus Handschriften wage ich nicht zu behaupten eine spätere als die Anordnung unsers ganzen Evangeliums, so daß es aus Matthäus könnte übertragen sein, sondern nur eine spätere als die des 30

139 ursprünglichen Referenten, so daß der Ordner des Ganzen diesen Zusaz schon gefunden habe. Merkwürdig aber bleibt immer, daß die Uebereinstimmung des Matthäus mit unserer Stelle gerade bei diesem fremden Zusaz, Matth. XXIV, 43, anfängt, und daß das Bild sich eher auf das bei Matth. früher 36-41 vorgetragene beziehen läßt, nur daß dann die γενεὰ der 35 οἰκοδεσπότης würde, und Gott der κλέπτης. Doch hierüber zu urtheilen, wäre immer nicht dieses Ortes. Was wir endlich Lukas XII, 49-53 lesen, hat abgekürzt, so freilich daß das feinste fehlt, übrigens aber wenig verändert

---

37 49-53] 49-52

10f *Lk 12,47*   **35f** *Mt 24,34.43*

Matthäus in der Instruction an die Zwölf X, 34.35. Aber auch dieses scheint
dort den Zusammenhang mehr zu stören als hinein zu gehören; denn v. 37
schließt sich, ohne des vorigen zu bedürfen, ganz leicht an v. 33 an. Und das
Zarteste aus dieser Stelle mußte bei Matthäus fehlen. Denn in so früher
5 Zeit konnte Christus nicht sagen, das Feuer sei wirklich schon entzündet,
und sich nicht äußern über seine Beklemmung bis zur eintretenden Entscheidung. – Wiewol sich nun der Zusammenhang nur bis hieher unmittelbar nachweisen läßt: so ist doch sehr wahrscheinlich, daß auch das folgende noch unter denselben Umständen gesprochen ist. Denn es ist gerade
10 die natürlichste Entschuldigung, welche die Menschen hintennach für | ei- 191
nen solchen διαμερισμός anzubringen pflegen, daß sie eben nicht alle die
Zeichen der Zeit gleich gut verstanden hätten. Diese nun benimmt ihnen
Christus im voraus, indem er zeigt, die Zeichen der Zeit seien eben so
deutlich wie die unverkennbarsten Naturzeichen. Und dann fügt er noch
15 hinzu, daß in Beziehung auf seine Person auch ohne alle Zeichen das innere
Gefühl ihnen noch in dem lezten Augenblikk der Entscheidung sagen müsse, was sie ihm schuldig wären. So daß ich auf keine Weise diese lezten
Verse als etwas von anderwärts her verirrtes ansehen möchte, wie denn
auch das ἀφ' ἑαυτῶν κρίνειν v. 57 sich ganz bestimmt auf das τὸν καιρὸν
20 δοκιμάζειν v. 56 bezieht und den Gegensaz dazu bildet. – Auch das nächste
noch XIII, 1-9 ist keine gegründete Ursach von dem bisherigen ursprünglich getrennt zu denken. Auch müßte das ἐν αὐτῷ τῷ καιρῷ eine rein ge- 140
machte Verknüpfung sein, wozu wir doch noch kein Beispiel gefunden
haben. Auch schließt sich die Art wie Christus den Vorfall behandelt, sei-
25 nem ganzen Tone nach sehr genau dem bisherigen an, und doch nicht auf
eine so äußerliche Weise, daß man glauben könnte, es hätte nur der
Aehnlichkeit wegen seinen Plaz hier gefunden.
      Ein anderes ist es mit der folgenden Erzählung XIII, 10-22, die einen
ähnlichen Anfang hat wie XI, 14, vielleicht auch einen von dem Sammler
30 verkürzten, der ausdrükklich aussagte, Christus sei auf der Reise gewesen,
wie der Schluß ihn uns weiter reisend darstellt. Dann heißt es ἐν μιᾷ τῶν
συναγωγῶν of|fenbar nur eben so viel als ἐν μιᾷ τῶν πόλεων ἐν τῇ συναγωγῇ, 192
und nöthigt uns gar nicht die Geschichte in einen Ort zu verlegen, wo
mehrere Synagogen waren, so wenig als ἐν τοῖς σάββασι auf einen längern
35 Aufenthalt deutet. Auch die Worte des Archisynagogen v. 14 beweisen
dieses keinesweges, da er scheinen wollte auf Jesum keine Rüksicht zu
nehmen, und seine eigentliche Absicht auch so verständlich war, daß er die
Einwendung, an den andern Tagen würde Jesus nicht da sein, nicht besorgen durfte. Wie er denn diese ganze artig sein sollende Form aus der Luft
40 griff, da niemand gekommen war um sich heilen zu lassen, sondern Chri-

---

5 *Lk 12,49*   **11** *Lk 12,51*   **22** *Lk 13,1*   **31f** *Lk 13,10*

stus die absichtslos da stehende Frau selbst zu sich gerufen hatte. Ich sehe
aber v. 10-22 als ein ursprüngliches Ganze an, ohne mich durch die Schlußformel v. 17 irre machen zu lassen. Diese sollte vielleicht den kleinen Aufsaz
beschließen, aber der Referent fügte noch 18-21 einige kurze Erinnerungen
von dem, was Jesus in der Synagoge gelehrt hatte, hinzu, und schließt dann   5
mit Christi Abreise. Denn daß diese Gleichnisse so mit der Erzählung zusammenhängen, wollen wir Storrn, der freilich sonst in dergleichen Dingen
wol keine große Autorität ist, um so mehr glauben, als wir von einem so
kleinen ursprünglichen Ganzen als dieses v. 18-21 sein würde, in unserm
Evangelium noch keine sichere Spur gefunden haben. So ist also die früher   10
141 schon bemerkte Schlußformel v. 22 wahrscheinlich nur das Ende der v. 10
angefangenen einzelnen Erzählung, und die ganze auf den lezten Aufbruch
193 Jesu aus Galiläa be|gründete Sammlung bestände demnach von IX, 51 bis
hieher aus sechs einzelnen Erzählungen IX, 51-X, 24; X, 25-37; X, 38-42;
XI, 1-13; XI, 14-XIII, 9 und XIII, 10-22.   15
      Daß hier XIII, 23 eine neue und ursprünglich mit dem vorigen nicht
zusammenhängige Erzählung angeht, muß wol jedem einleuchten, denn als
Uebergang zu einem neuen Gegenstande in einem und demselben Bericht
kann man v. 22 wol nicht leicht ansehn, weil doch gar kein Bestimmungs-
punkt für das folgende darin enthalten ist. Besonders aber der welcher v. 18   20
entweder etwas ganz neues so stillschweigend anknüpfte, oder doch die
Beziehung desselben mit dem vorigen so gar nicht heraushob, der kann
nicht unmittelbar darauf und zu etwas ganz ähnlichem einen verhältnismäßig so weitläuftigen Uebergang gemacht haben; sondern nur Schluß kann
diese Formel bei ihm gewesen sein. Der Anfang wird auch hier von unserm   25
Sammler weggeschnitten sein, wenn man nicht annehmen will, daß viele
solche Denkschriften ἀκέφαλα gewesen, was man aber wol nur von kürzern
oder von solchen, die gleich beim Aufzeichnen für eine größere Sammlung
bestimmt wurden, kann wahrscheinlich finden. Die Frage des Unbekannten, wenn sie nicht eine unmittelbare bestimmte Veranlassung hatte, die   30
uns nicht mit überliefert ist, wird schon ihrem Inhalt nach am leichtesten in
diese Reise gesezt, wo Jesus verkündigende und auffordernde Boten vor
sich her sandte, und jeder den geringen Erfolg derselben wahrnehmen konn-
194 te. Und auch nur in Bezug auf die | angekündigte baldige Entscheidung
konnte Christus ohne weiteres antworten, Jeder dränge sich nur aus aller   35
Macht durch den engen Eingang hindurch, so lange er noch offen ist. Für
den Gegensaz des großen immer offnen zum Verderben führenden Thores,
mit dem in der Bergrede bei Matth. VII, 13. 14 dieser Spruch ausgeschmükt

---

13 bestände] bestände,

---

6 *Lk 13,22*   **7** *Vermutlich Bezug auf G.C. Storr: Über den Zwek der evangelischen Ge-*
schichte S. 320f.339f   **36** *Lk 13,24*

ist, war hier nicht recht der Ort, daher möchte ich, ohnerachtet dieses bei   *142*
Matthäus auch weder mit dem vorigen noch folgenden recht zusammenzu-
hängen scheint, doch nicht glauben, es sei aus dieser Rede dorthin gekommen, sondern eher daß Jesus sich bei anderer Gelegenheit desselben Bildes
5   etwas anders gewendet bedient habe. Denn hier scheint er doch besonders
andeuten zu wollen, nur den Palästinensischen Juden sei es vorzüglich
schwer diesen engen Eingang zu finden, sonst würden eben nicht wenige,
sondern viele von allen Orten und Enden in das Reich Gottes kommen.
Uebrigens deuten die Ausdrükke in v. 26 ziemlich bestimmt darauf, daß
10   dies in Galiläa geredet worden. Denn da waren die meisten, welche sich
rühmen konnten, daß sie in gastlichen Verhältnissen mit Jesu gestanden,
und daß er auf ihren Straßen und Pläzen gelehrt habe. Dagegen sehe ich gar
keinen Grund, diese Rede mit der Matth. XX, 1-16 in Verbindung zu bringen. Denn wenn auch diese mit derselben Formel anhebt womit die unsrige
15   schließt: so ist doch der Sinn der Formel, die sie übrigens eben wie die, Wer
Ohren hat zu hören der höre, und ähnliche gar oft wiederholen konnte,
auch dort ein anderer. – Hat | nun, wie gesagt, Jesus dieses in Galiläa gere-   *195*
det: so haben wir um so weniger Ursache Verdacht zu hegen gegen die
Formel ἐν αὐτῇ τῇ ἡμέρᾳ oder ὥρᾳ gleichviel, welche das nächste, was
20   nothwendig in Galiläa muß vorgegangen sein, mit dem bisherigen verbindet, so daß unsere Erzählung sicher bis an das Ende des Kapitels geht. Nur
ob v. 34 derselben ursprünglich angehöre, und nicht vielmehr eben wie XII,
39 später eingerükt sei, möchte ich nicht entscheiden. Denn eine solche
Personifikation von Jerusalem während Christus noch in Galiläa reiste, hat
25   etwas unwahrscheinliches, und der Spruch der schwerlich zweimal grade
so gesagt sein kann, steht allerdings Matth. XXIII, 37, in den Tagen wo
Jesu öffentliches Lehren in Jerusalem zu Ende ging, besser an seiner Stelle.
Aber soll der bloße Ausdrukk οὐκ ἐνδέχεται προφήτην ἀπολέσθαι ἔξω
Ἱερουσαλήμ jemanden verleitet haben diese ῥῆσις hier einzuschieben, zumal
30   doch jeder leicht bedenken konnte, daß v. 35 im Zusammenhang mit 34 in   *143*
Galiläa unmöglich konnte gesagt werden? Oder soll uns nicht eben dies ein
Wink sein anzunehmen v. 35 gehöre wenigstens hieher zu der Antwort die
Jesus den Pharisäern für den Herodes giebt, Er müsse noch ein paar Tage
an Ort und Stelle bleiben, und dann noch ein Paar Tage ruhig reisen durch
35   des Herodes Gebiet, dann aber überlasse er ihnen Galiläa gänzlich – so daß
ich mir gern gefallen lasse, daß ἔρημος hier gestrichen wird – und werde sie

---

13 XX, 1-16] XX. 1,-16

---

14 *Nämlich Mt 19,30*   **15** *Lk 13,30*   **16** *Mt 11,15; 13,9.43 – Lk 8,8; 14,35 – Mk
4,9.23; 7,16*   **19** *In Lk 13,31 wechseln die Handschriften zwischen* ἡμέρᾳ *und* ὥρα *(wie
die Apparate bei Griesbach ausweisen).*   **28f** *Lk 13,33*   **36** *V.35* ἔρημος *steht nicht in
allen Hss.*

für ihre Person nicht anders wiedersehn als zum Fest in Jerusalem. Auf

196 diese Art konnte, wenn | man annimmt, das εὐλογημένος κ. τ. λ. sei ein gewöhnlicher Festgruß gewesen, sehr leicht eine große und doch nur zufällige Aehnlichkeit mit Matth. XXIII, 38.39. entstehen, und diese dann vorzüglich die Veranlassung gegeben haben, auch v. 37 hieher zu verpflanzen; so wie vielleicht nur von hier der Ausdrukk ἰδοὺ ἀφίεται ὑμῖν ὁ οἶκος ὑμῶν mit dem Zusaz ἔρημος dorthin gekommen ist. – Der Abschnitt XIV, 1-24 kann auch noch zu derselben ursprünglichen Erzählung gehört haben, jedoch nur wenn man, wie wir auch vermuthet, annimmt, sie habe vor XIII, 23 einen Eingang gehabt, den wir nicht mehr lesen, und der sie bestimmter als eine solche bezeichnete, welche mehrere in sich nicht zusammenhängende Gegenstände vereinigen will. Und man gewinnt wol nichts, wenn man sich dies nicht will gefallen lassen; denn als eigne Erzählung für sich angesehn, vermißt man doch auch am Anfang dieses Abschnittes eine nähere Bestimmung, wenn man nicht annimmt, der Sammler habe sie auch selbst aus einer mündlichen Erzählung gleich für seine Sammlung so aufgesezt. Uebrigens haben wir hier in v. 5 wieder einmal einen für ein Gefühl wie das meinige sehr schlagenden Beweis, daß unser Evangelium nicht von Einem hinter einander geschrieben worden. Oder könnte wirklich irgend jemand so kurz nach XIII, 15 etwas so ganz ähnliches erzählt haben, ohne die Wiederholung wenigstens durch rükweisendes Eingeständniß zu entschuldigen? ich glaube keiner. Dafür aber klingt das Ganze auch

197; 144 wieder recht wie der unmittelbare Be|richt eines Mitanwesenden, der die ausführlicheren Tischreden Christi auf diesem Gastmahl mit ihrer Veranlassung erzählt oder aufzeichnet. Und wie anmuthig ist es, daß er auch die erste dem Anschein nach nur auf kleine Aeußerlichkeiten sich beziehende und auch diese nur von Seiten der Lebensklugheit behandelnde Rede mitzutheilen nicht verschmäht hat. Denn meisterhaft ist sie eben darin, daß sie ohne den Schein von Tiefe und Strenge doch die hinter dem Fehler, den sie rügt, verborgene Gesinnung so klar ins Licht sezt. Der Spruch v. 11 kann aber freilich in diesem Zusammenhang keinen andern unmittelbaren Sinn haben als zu erinnern, es sei ein sehr gewöhnlicher Fall, daß wer sich auf solche Weise hervordränge, auch so gedemüthigt werde. Anders freilich Matth. XXIII, 12; aber ein solcher Spruch kann auch, eben weil er in gar verschiedenem Umfange angewendet werden kann, gar oftmal wiederholt worden sein. Von dem zweiten Spruch v. 12-14 hat uns freilich unser Referent die Veranlassung nicht mitberichtet, wahrscheinlich weil sie weniger

---

19 nicht] hicht

---

2 *Lk 13,35; Mt 23,39*   **6** *Von Mt 23,38 zu Lk 13,35 (vgl. die jeweilige Handschriften-Überlieferung)*

in früheren Reden lag als in unbestimmten Aeußerungen und in dem ganzen Bezeigen des Wirthes. Aus der Verlegenheit indessen, die uns dadurch entsteht mit dieser dem Anschein nach harten Rede, ziehn sich die meisten Ausleger wunderlich genug. Sollte aber nicht jeden aus den Ausdrükken
5 μήποτε καὶ αὐτοί σε ἀντικαλέσωσι v. 12, und ὅτι οὐκ ἔχουσιν ἀνταποδοῦναί σοι eine leise Ironie ansprechen, die selbst in der Art, wie Christus sich in den lezten Worten ἀνταποδοθήσεται γάρ σοι ἐν τῇ ἀνα|στάσει τῶν δικαίων 198
an die gewöhnliche Vorstellung ohne etwas daran zu bessern, ganz genau anschließt, noch durchschimmert. Und so gewinnt es das Ansehn, als habe
10 der Wirth sich aus seiner Gastfreiheit ein Verdienst machen wollen, welches um so wahrscheinlicher ist, wenn Christi Gesellschaft und mehrere jener Festreisenden geladen waren, und er nur zu diesen noch seine übrigen Freunde geladen hatte. Endlich in dem Gleichniß v. 16-24 liegt offenbar der ganze Nachdrukk in der besondern Art der Entschuldigungen, daß es näm- 145
15 lich Geschäfte waren, die sie, wenn sie an das Gastmahl gedacht hätten, auf eine andere Zeit sollten verlegt haben, falls ihnen an dem Gastmahl gelegen war. Und so will er dem, welcher sich v. 15 anstellt, als freue er sich sehr auf die βασιλεία τοῦ θεοῦ, zu Gemüthe führen, er hänge auch an solchen Dingen, über denen er diese große Angelegenheit immer wieder vergesse, und
20 über denen er sie denn auch versäumen werde. Matth. XXII, 1 lesen wir ein Gleichniß, dessen Grund zwar ähnlich ist, aber nicht nur ist es weit zusammengesezter, sondern auch der erste mit dem unsrigen übereinstimmende Theil desselben ist auch schon ganz anders geordnet, indem die Geladenen sich in offenbarer Geringschäzung ohne auch nur scheinbare
25 Entschuldigung von dem König abwenden, bis seine wiederholten Erinnerungen sie zur Gewaltthätigkeit reizen. Dies ist also ein Beispiel, deren wir wenige haben. Unsere Bearbeitung des Gleichnisses ist offenbar die ursprüngliche, Christus hat es aber hernach vielleicht mit anderen zu einem |
größeren beziehungsreicheren Ganzen verarbeitet. 199
30   Da aber diese Reden offenbar auf dem Gastmahl selbst gesprochen worden, und uns hier die Auskunft, deren wir uns oben einmal bedienten, nicht offen steht: so reicht auch unsere Erzählung offenbar nur bis v. 24. Denn das Συνεπορεύοντο δὲ αὐτῷ ὄχλοι πολλοὶ könnte nicht im Zusammenhang mit dem vorigen geschrieben sein, ohne daß das Ende des Mahles
35 und die weitere Reise, wenn auch nur durch eine kurze Formel wie ἐξελθόντος δὲ αὐτοῦ ἐντεῦθεν oder dergleichen angedeutet worden wäre; und dieß würde gelten, selbst wenn wir auf einen frühern gemeinschaftlichen Anfang dieser

---

4 *Paulus schließt auf eine Mahlzeit „auf öffentliche Kosten von gewissen Stiftungsgeldern",* *welche der Pharisäer zu verwalten und für Notleidende und nicht für „Privatvorteil" zu* *nutzen hatte (Kommentar II, S. 427).*   5 *Lk 14,13*   7 *Lk 14,14*   27 *Nämlich Mt* *22,1-14*   33 *Lk 14,25*

Erzählungen, der alles als auf der Reise geschehen darstellte, zurükgehen könnten. Also beginnt hier eine neue ursprüngliche Erzählung, deren ersten Anfang aber, auf welchen sich das συνεπορεύοντο bezieht – und auch dem στραφείς scheint eine solche Beziehung zu fehlen – der Sammler uns wahrscheinlich auch weggeschnitten hat. Das erste v. 26.27 kommt zwar auch bei Matth. X, 37 in der Anweisung an die Zwölf vor. Allein so früh und ehe er noch von seinen eigenen Leiden geredet hatte, war wol Christus nicht veranlaßt seinen Jüngern zu sagen, sie müßten beständig auf die Todesstrafe gefaßt sein, und indem sie ihn in Beharrlichkeit und Treue nachahmten, sie sogar selbst herbeiführen helfen; sie hätten das damals weder verstanden noch ertragen. Hier ist der Spruch, indem er hohe Forderungen aufstellt, abrathend an die leichtsinnigere Menge gerichtet, | und so hängen die folgenden Gleichnisse damit aufs innigste zusammen. Das zweite unter diesen ist auch nicht bedeutungslos hinzugefügt, indem es den Beruf der Jüngerschaft nicht nur wie das vorige als ein gewagtes Unternehmen, sondern bestimmter nämlich als Streit aufstellt, und auf die nur durch geistige Kräfte zu überwindende physische Uebermacht der Gegner aufmerksam macht. Der Schluß v. 34.35 wird von Vielen als nicht hieher gehörig angesehen, weil dasselbe sich auch Matth. V, 13 findet. Mit Unrecht wie ich glaube, denn die Worte passen sehr gut hieher. Wer damals schon Jesu Jünger wurde, der sollte die ganze Masse bearbeiten und erheben helfen; fehlte ihm dazu die eben näher bestimmte eigenthümliche Kraft, so mußte er ganz unbrauchbar sein für das Ganze, und auch selbst in Verwirrung verloren gehen, und dies ist in dem Bilde vom Salz sehr zwekkmäßig ausgedrükt, und auch sehr genau wenn man es näher betrachtet. Auch ist sehr wenig wahrscheinlich wenn diese einzelne ῥῆσις von anderwärts her wäre beigeschrieben worden, daß die Schlußformel ὁ ἔχων ὦτα κ. τ. λ. sich auch sollte dazu gefunden haben. Daß aber dieser Formel Christus sich sehr oft kann bedient haben, bedarf wol keiner Erörterung.

   Ob das folgende von XV, 1 noch zu derselben Erzählung gehört, können wir freilich, wenn dieser der Anfang fehlt, nicht mit Sicherheit entscheiden. Wahrscheinlicher ist wohl, daß hier eine neue Erzählung angeht, von der unser Sammler entweder gewußt hat, | ihr Inhalt sei eine Reisebegebenheit, oder er hat die Formel am Eingang, die dies aussagte, unterdrükt, oder er hat sie ganz willkührlich seiner Sammlung, die doch auf einen Reisebericht angelegt war, einverleibt. Dieses aber ist schwer zu denken, und das zweite bleibt das wahrscheinlichste, da eine einzelne Erzählung weit weniger mit Ἦσαν δὲ ἐγγίζοντες anfangen kann, als etwa, wie wir das schon öfter gehabt haben mit καὶ ἐγένετο ὅτι oder ähnlichem. Soviel ist aber gewiß, daß das abgebrochene εἶπε δὲ XV, 11 und das ähnliche ἔλεγε δὲ καὶ πρὸς τοὺς

---

4 *Lk 14,25*   **13** *Lk 14,31-33*   **15** *Lk 14,28-30*   **27** *Lk 14,35*

μαθητὰς XVI, 1 keine neuen Anfänge sind. Denn nicht nur sind alle diese Gleichnisse nur recht verständlich, wenn man sie auf das Murren der Pharisäer über Jesu Verhältnis zu den Zöllnern bezieht, sondern auch die Worte Ἤκουον δὲ ταῦτα πάντα καὶ οἱ φαρισαῖοι beziehen sich offenbar auf XV, 2
5 zurükk, so daß wir von XV, 1 ein ursprüngliches Ganze bis wenigstens XVI, 31 rechnen können. Von den beiden kürzeren Gleichnissen, durch welche Christus sich zunächst gegen die Pharisäer rechtfertigt, finden wir das erste auch bei Matth. XVIII, 12-14, aber dort anders gewendet und in einer ganz andern Beziehung, so daß sehr füglich beide Stellen von einander
10 ganz unabhängig sein können. Das zweite dieser Gleichnisse ist freilich ganz von derselben Bedeutung und nur eine Instanz mehr; allein die wiewol abgekürzte Wiederholung derselben Schlußformel, wodurch ohnstreitig die ganze Rede nicht wenig verstärkt wird, leistet wol Gewähr genug dafür, daß auch dies Gleichniß nicht etwa der Aehn|lichkeit wegen von ander- 202
15 wärts her angefügt worden, sondern daß es so mit dem ersten zugleich von Christo ist gesprochen worden. Das dritte Gleichniß ist nun in so fern eine Steigerung zu den andern beiden, als in den vorigen Christus den Pharisäern die äußere Gerechtigkeit, auf die sie Anspruch machten, zugab, und von ihnen weiter nichts sagte, hier aber zeigt er, wie mit dieser Gerechtigkeit die
20 liebloseste Härte verbunden sein könne, und stellt dies in einem ganz ähnlichen Fall dar, dessen Anwendung auf sich ihnen unter den gegebenen Umständen gar nicht entgehen konnte. So wird ihnen auch nicht entgangen sein, daß die übertriebenen und unbegründeten Vorwürfe, die der ältere 148
Bruder gegen den jüngern vorbringt, sich auf ihre übertriebene Gering-
25 schätzung der Zöllner bezogen. Denn das ἀσώτως ζῆν was die Erzählung selbst von dem jüngern aussagt, braucht gar nicht etwas so niedriges und verworfenes zu sein als das καταφαγεῖν τὸν βίον μετὰ πορνῶν, dessen der Bruder ihn beschuldigt. – Und so führt schon die Sache selbst dahin, in dem vierten Gleichniß eine Vertheidigung der Zöllner selbst zu suchen, und als
30 eine solche kann es auch am natürlichsten das ἐκμυκτηρίζειν bei den Pharisäern hervorgelokkt haben. Aber freilich wird die rechte Ansicht sehr verschoben, wenn man den Haushalter, der doch für sich selbst nichts veruntreut hatte, auch dessen nicht war beschuldigt worden, durchaus den οἰκονόμος τῆς ἀδικίας nennen und sich nicht entschließen will den οἰκονόμος
35 ohne Beiwort zu lassen, und dies ἀδικίας v. 8 auf ἐπήνεσεν zu | beziehen, und 203
wenn man den Herrn, der doch so willkührlich mit seinem Diener umgeht, und ihn ohne Untersuchung auf eine heimliche Angabe hin entläßt, und auch selbst keinen höhern Maaßstab zeigt, nach dem er menschliche Handlungen beurtheilt, als die Klugheit, wenn man diesen immer als einen unta-

---

4 *Lk 16,14*   8 *Lk 15,1-7*   10 *Lk 15,8-10*   16 *Lk 15,11-32*   25 *Lk 15,13*   27
Lk 15,30   29 *Lk 16,1-13*   30 *Lk 16,14*   34 *Lk 16,8*

deligen Mann ansieht. Dann läßt sich freilich nicht zeigen, wie und wem Christus eine solche Handlungsweise empfehlen kann; und man kann der Anwendung v. 9 immer nur eine solche Auslegung geben, daß die Hauptumstände der Parabel als bloßer Schmukk erscheinen, und sie gar nicht so eng als die vorigen sich an die Lehre anschließt, die Christus geben will; und dies wäre grade unmittelbar nach jenen Gleichnissen ein zu starker methodologischer Antiklimax, als daß ich es leicht annehmen könnte. Wenn man aber jene fast allgemein übersehenen Umstände mehr in Rechnung zieht, und also den Haushalter einigermaßen rechtfertigt, der vielleicht seinem Herrn viel Vortheil verschafft hat, und nun auf eine weit edlere Art, als wenn er unmittelbar etwas unterschlüge, mit einem Theil von dem, worüber der Herr doch keine strenge Rechenschaft fordern konnte, sich Freunde machen will unter denen, die ihm näher stehn, und die der Herr vielleicht eben so willkührlich und hart behandeln könnte: so läßt sich dann auch in dieser Parabel eine genaue Beziehung nachweisen. Der Herr stellt die Römer vor, der Haushalter die Zöllner, die Schuldner das jüdische Volk; und Christus will sagen, wenn | die Zöllner in ihrem Beruf und mit dem was sie in demselben, immer also durch ein aufgedrungenes und unrechtmäßiges Verhältniß, und mit Recht μαμμωνᾶς τῆς ἀδικίας genannt, erwerben, sich milde, erleichternd und wohlthätig gegen ihr Volk beweisen: so werden die Römer, die Feinde des Volkes, selbst sie in ihrem Herzen loben; und so habt auch ihr alle Ursach ihnen im voraus schon für die Zeit, wo dies Verhältniß aufhört, ὅταν ἐκλίπῃ ὁ μαμμωνᾶς τῆς ἀδικίας, und wo der allgemeinen Erwartung gemäß mit dem Ende der Römerherrschaft die βασιλεία τοῦ θεοῦ beginnt, das Bürgerrecht in derselben zuzugestehen und sie also in die αἰωνίους σκηνάς aufzunehmen. So rechtfertigt Christus diejenigen Zöllner, welche seine Jünger waren, und welche handelten wie Zakchaios, sezt aber auch hinzu, daß solche Ansprüche freilich diejenigen nicht zu machen hätten, die sich mit dem irdischen Gut und in dem fremden Dienst nicht zuverläßig und treu gegen ihr Volk bewiesen. Denn so ist wol allein das πιστοὶ ἐγένεσθε zu verstehn, da von der Treue gegen den Herrn in der Parabel nicht die Rede sein kann. Und so steht denn auch v. 13 sehr natürlich hier, und giebt in diesem Zusammenhang einen viel bestimmteren Sinn als Matth. VI, 24, wo man schwer einsieht, warum der μαμμωνᾶς gerade als κύριος bezeichnet wird; so daß ich bei der großen buchstäblichen Uebereinstimmung beider Stellen eher glauben möchte, der Vers sei als eine eigne Gnome auch einzeln behalten und aufgezeichnet worden, und auf diesem Wege an jenen Ort im Matthäus ge|kommen, wo mehrere dunkle und bildliche Stellen ähnlichen Inhalts sich an einander gereiht finden. – Eben deshalb ist mir aber auch höchst unwahrscheinlich, daß der größte

---

19 *Lk 16,9*   **23** *Lk 16,9*   **26** *Lk 16,9*   **28** *Vgl. Lk 19,1-10*   **31** *Lk 16,11f*

Theil von dem was Christus auf das Spotten der Pharisäer antwortet, nicht
hieher gehören soll. Wie sollte denn derselbe Referent, der uns bisher alles *150*
auf das treuste überliefert hat, sich auf einmal so verläugnen? Denn v. 15
allein kann die Antwort Christi nicht gewesen sein. Und wenn gleich an die
5 lezten Worte dieses Verses die Parabel sich leidlich anschließt, so hangen
diese Worte selbst mit dem vorigen ohne weitere Erläuterung nicht gar gut
zusammen. Wenn man also auch zugeben wollte, v. 16-18 sei von einer
fremden Hand eingeschoben worden: so müßte auch so dem Referenten
hier irgend etwas wesentliches entgangen sein. Aber wie sollte nur, wenn
10 man es genauer betrachtet, eine spätere Hand dazu gekommen sein, diesen
Einschub hier zu machen? Denn es ist immer unkritisch dergleichen anzunehmen, wenn man nicht eine Veranlassung mit einiger Wahrscheinlichkeit
nachweisen kann, liegt aber wol in v. 15 die geringste Ursach, um v. 16 aus
Matth. XI, 12. 13 herbeizurufen? und in diesem Vers um den v. 17 aus
15 Matth. V, 18 anzusezen, noch dazu ohne das unmittelbar vorhergehende
mitzunehmen, das eher eine Verbindung würde hergestellt haben? Und was
für ein Grund war denn vorhanden um aus den vielen Beispielen pharisäi-
scher Gesezverdrehung und Beschränkung, die in der Bergrede angeführt
werden, grade das | v. 18 beigebrachte, wo die nachtheilige Verdrehung *206*
20 weit minder in die Augen fällt, aus Matth. V, 32 anzuführen? Ehe man sich
auf eine so unfeine und das kritische Gefühl verlezende Weise der Mühe der
Erklärung überhebt, lohnt es ja wol zu versuchen, ob man nicht in der
schwierigen und auf jeden Fall nicht ohne Absicht verstekten Rede einen
Faden findet, der glüklich hindurch führt. Wenn man nun bedenkt daß
25 Christus nicht leicht zu dem allgemeinen Saz v. 17 grade dieses Beispiel in
v. 18 anführen konnte, wenn er nicht einen bestimmten einzelnen Fall im
Auge hatte, und wie genau eben dieses auf die Geschichte des Herodes
Antipas zutrifft; wenn man sich nicht bergen kann, daß etwas verdektes in
dieser Rede ist, weshalb auch der Referent selbst sie vielleicht treuer berich-
30 tet als genau verstanden hat, und daß dies am leichtesten zu erklären ist, *151*
wenn sie Anspielungen auf diese bestimmte Thatsache enthält, ohnerachtet
nicht grade deshalb, weil Jesus über diesen Gegenstand nur verdekt und mit
halben Worten redet, diese Gespräche brauchen in Galiläa oder Peräa gehalten zu sein; wenn man ferner das ἐν ἀνθρώποις ὑψηλόν v. 15 was von den
35 Pharisäern viel zu hoch klingt, lieber auf die Menschen, vor denen sie gern
Recht behalten mögen, bezieht, und schon hiebei auch an den Herodes
denkt: so wird es leicht den Zusammenhang der Rede in sich selbst und mit

---

20 V, 32] V, 31

---

1 *Lk 16,14*

dem vorigen zu finden. Christus sagt nemlich den Pharisäern, welche spotteten, daß er die den Römern dienenden Zöllner rechtfertigen wollte, sie selbst dien|ten dem Herodes, dessen Herrschaft der βασιλεία τοῦ θεοῦ nicht weniger fremd und entgegen sei als die der Römer, und zwar indem sie gesezwidrige Handlungen beschönigten. Früher sei die strenge Herrschaft des Gesezes und der Profeten allgemein anerkannt gewesen, – denn ein ähnliches Zeitwort wie ἐκυρίευσε, ἴσχυσε muß man als Gegensaz zu εὐαγγελίζεται in dem vorigen Saz ergänzen – seitdem aber die Verkündigung des Gottesreichs laut geworden, und die Hoffnung auf eine neue und bessere Ordnung der Dinge allgemein, glaubten sie auch auf Kosten der Autorität des Gesezes alles – wozu denn nach der Ansicht Vieler auch die Macht des Hauses Herodes gehörte – halten und stüzen zu müssen, was diese Veränderung, so wie sie sich dieselbe dachten, erleichtern könnte; jeder erste beste handle nun gewalttthätig, das heißt gesezwidrig in Beziehung auf das Gottesreich – oder wird nicht so das βιάζεται εἰς αὐτὴν am besten erklärt? – aber auf diesem Wege werde es nicht befördert, sondern nur das gerechtfertigt, was vor Gott ein Gräuel sei. Wenn man nun hiermit vergleicht, wie übel eigentlich was wir v. 17 lesen bei Matth. V, 18 zwischen 17 und 19 eingeschoben ist, so daß die ganze dort dargelegte Ansicht dadurch schwankend und zweideutig wird, und hingegen alles sehr genau sich zusammen schikt und sehr verständlich ist, wenn man bei Matth. v. 17 und 19 unmittelbar mit einander verbindet; und wie wenig was wir v. 16 lesen bei Matth. XI, 12 und 13 umgestellt und anders gewendet einen bestimmten Sinn geben will: so muß man | wol ganz die Meinung aufgeben, daß aus der Bergrede und aus der Rede über den Johannes diese Stellen hieher übergetragen wären; sondern wenn Christus nicht ähnliches bei zwei verschiedenen Veranlassungen gesagt haben soll, muß man wol eher das umgekehrte annehmen. Da nun die hier versuchte Auslegung von 16-18 einen befriedigenden Zusammenhang im allgemeinen nachweiset: so beruhige ich mich über die einzelnen Schwierigkeiten, die auch sie noch übrig läßt eben damit, daß Christus nur andeuten wollte, was den unmittelbaren Hörern auch aufs halbe Wort verständlicher sein mußte als uns, und überzeuge mich nur desto lebhafter von der Zuverläßigkeit und treuen Selbstverläugnung unsers Berichterstatters. – Und in Verbindung mit diesen Reden scheint auch die nächste Abzwekkung der folgenden Geschichte zu stehn, die man unmöglich von dem bisherigen trennen kann, da sie weder besonders eingeleitet ist, noch einen die Anwendung näher bestimmenden oder weiter ausführenden Epilog hat. Auch will es nicht recht gelingen ihr eine allgemeine Deutung, wodurch sie mehr frei für sich zu stehn käme, befriedigend anzupassen. Denn sowol als Erläuterung der Lehre von der

8 *Lk 16,16*   15 *V.16*   35 *Lk 16,19-31*

göttlichen Strafgerechtigkeit unterliegt sie großen Schwierigkeiten; als auch
wenn man sie als Ablehnung geforderter Zeichen und Wunder ansehn
wollte, würde doch die rechte Haltung gar sehr fehlen. Wenn man aber
gelten läßt, daß die ganze Darstellung auf einen fürstlichen Mann hinweiset,
5 und den Reichen als | den Repräsentanten des Herodischen Hauses ansieht,   209
dann aber wie natürlich den lezten Ausspruch des Abraham als die eigentliche Spize des Ganzen betrachtet: so liegt die Anwendung sehr nahe. Auch
Abraham würde solche Menschen, die ohnedies in Gefahr sind, in der irdischen Herrlichkeit sich um das Gottesreich wenig zu bekümmern, auf nichts
10 anderes hinzuweisen wissen als auf Mosen und die Profeten. Wenn ihr
ihnen also durch leichtsinnige Deutungen die Ehrfurcht vor diesen selbst
benehmt: so seid ihr Schuld, daß sie immer tiefer in eine gänzliche Unfähig-
keit versinken, und die göttliche Milde selbst kann nichts herbeiführen,   153
was dem Erfolg eurer gefährlichen Handlungsweise das Gegengewicht hal-
15 ten könnte. Manches in der Parabel hat unstreitig die Tendenz diese sehr
specielle Beziehung mehr herauszuheben, anderes bleibt immer, und es ist
dessen mehr als anderwärts, ohne bestimmte Anwendung, und kann nur
dem Bilde selbst als Vervollständigung und Schmukk angehören. Und daß
Christus so durch einen Reichthum sinnlicher Schilderungen die Aufmerk-
20 samkeit von dem Streitpunkt einigermaßen ablenken wollte, und die Ein-
bildungskraft zur Ruhe bringen, damit der Streit sich nicht aufs neue ent-
zünde, und wie sonst schon von Seiten seiner Gegner in unerwünschte
Heftigkeit ausarte, dies ist wol sehr begreiflich; und sehr natürlich erkenne
ich eben darin auch die Ursache, warum hier das parabolische so ungewöhn-
25 lich vorherrscht, und direkte allgemeine Behauptungen die am leichtesten
den Streit ent|zünden konnten, nur sparsam dazwischen gestreut sind. Im   210
ruhigen Belehren seiner Jünger und des herannahenden Volkes wird Christus schwerlich eben so Gleichniß auf Gleichniß gehäuft haben. Wollte
aber Jemand einwenden, bei dieser ganzen Ansicht der Sache komme her-
30 aus, daß Christus sich mehr des Gesezes annehme, als die nachherige Handlungsweise seiner Jünger uns vermuthen läßt: so möchte ich zuerst sagen,
daß grade wo Christus als Vertheidiger der Zöllner auftritt, ein stärkerer
hierauf gelegter Accent ganz an seiner Stelle war; dann aber auch, daß
Christus gewiß das Gesez in seiner ganzen Strenge wie ja überhaupt seine
35 ganze Behandlungsweise desselben in antipharisäischen Reden und auch
andere hiemit nicht zusammenhängende Aussprüche bezeugen, zum Grunde hat legen wollen bei der ersten Stiftung seiner Kirche, sofern eine bedeutende Masse des jüdischen Volkes den ersten Stamm derselben ausmachen
würde; und gerade auch in diesem Sinne haben hernach die palästinischen
40 Christen gehandelt. – Die unmittelbar folgenden Reden XVII, 1-10 werden

---

4 *Paulus deutet auf Herodes Antipas (vgl. Kommentar II, S. 470. 488-490).*   **6** *V.31*

154 ziemlich allgemein dafür angesehn nicht mehr in diesen Zusammenhang zu gehören, sondern zu andern Zeiten gesprochen worden zu sein, und es wird dabei auf parallele Stellen aus Matthäus verwiesen. Allein ganz unbedingt kann ich dieser Meinung nicht beitreten. Auf der einen Seite ist die Formel εἶπε δὲ πρὸς τοὺς μαθητὰς den Formeln XV, 11 und XVI, 1 zu ähnlich, als daß man schon im Voraus ein Recht haben sollte sie anders anzusehn;

211 sondern dieses erwirbt sich erst, | wenn man nachweiset, das XVII, 1-4 gesagte sei wirklich anders woher, und passe gar nicht in den Zusammenhang. Anderntheils sehe ich nicht ein, warum nicht, wenn das Ganze XVII, 1-10 aus solchen angeflikten Stükken besteht, von der Veranlassung der ersten Sprüche v. 1-4 wenigstens eben so viel gesagt worden als von der der lezten v. 5-10. Nun ist es aber auch gar nicht schwierig eine Verbindung dieser ersten Sprüche mit dem bisherigen zu finden. Das Murren der Pharisäer über Christi Verhältniß mit Zöllnern und Sündern war doch offenbar um die Menschen von ihm abwendig zu machen, besonders τοὺς μικροὺς τούτους, was von den νηπίοις, den einfältigen im Volk, die gewohnt waren der Autorität der Schriftgelehrten zu folgen, in diesem Zusammenhang zu verstehn ist. Und so ist auch das ἁμαρτάνειν τοῦ ἀδελφοῦ εἰς σέ v. 3 dem gemäß vorzüglich von übereilten unrichtigen Auslegungen und Beurtheilungen, die auch wol freundlich und gleichgesinnte machen könnten, gemeint. Beides sezt Jesus, um nicht mißverstanden zu werden, entgegen. Hütet euch vor den Feinden, die durch boshaftes ungerechtes Tadeln die Menschen von euch abwendig machen, und also die Verbreitung des Gottesreiches auf alle Weise zu hindern suchen. Wenn aber Brüdern begegnet auf eine äußerlich ähnliche Weise sich gegen euch zu vergehen, die weiset auf andre Art immer wieder in Liebe zurecht. Zwar Matth. XVIII, 6. 7 stimmt bis auf die umgekehrte Ordnung mit unsern v. 1 und 2 fast wörtlich über-

212 ein, so daß man kaum glauben kann, so | ähnliches sei von demselben zu denselben zu zwei verschiedenen Malen gesprochen. Allein wiewol sich bei Matthäus an diese Stelle noch mehreres die σκάνδαλα betreffendes an-

155 schließt, will sich doch das Ganze nicht recht zu der Frage schikken, wer der größte im Himmelreich ist, und erst v. 10 schließt sich wieder näher an v. 5. So daß man eher glauben möchte, der Ausdrukk ἕνα τῶν μικρῶν τούτων, den einer fälschlich von Kindern verstand, habe die Veranlassung gegeben, dort wo Christus ein Kind vorgestellt hatte, diese Warnung anzubringen, und so habe unsere Stelle die übrigen ähnlichen Inhalts nach sich gezogen. Die Aehnlichkeit hingegen zwischen unserm v. 3. 4 und Matth. XVIII, 15 und 21. 22 ist nicht so groß, daß nicht beides könnte ganz unabhängig von

---

38 21. 22] 20, 21.

---

1 *Vgl. z.B. Paulus: Kommentar II, S. 630-632*   3 *Mt 18,6.7.15.21f; 17,20*   **4f** *Lk 17,1*   **15** *Lk 17,2*   **31** *Mt 18,1*   **33** *Mt 18,6*

einander gedacht werden. Auch als Auszug aus jener Rede wäre unsere
Stelle theils zu dürftig, theils zu künstlich zusammengezogen. Was aber
unsern zweiten Spruch v. 5-10 betrifft: so hängt er wol in sich genau zusammen, und ich bin keinesweges der Meinung v. 7-10 von 5 und 6 zu
5 trennen. Vielmehr nachdem Christus den Jüngern gesagt, das rechte Vertrauen auf die ihnen mitgetheilten Kräfte und auf die Göttlichkeit der ihnen
anvertrauten Sache werde sie in Stand sezen jedesmal im Augenblikk das
nothwendige, wie außerordentlich es auch sei, zu unternehmen und aus-
zurichten, denn mehr darf man wol in die wie es scheint solenn hyperboli-
10 sche Redensart nicht füglich hineinlegen: so war es sehr natürlich, daß er
ihnen zugleich einschärfte, deshalb ja | keine äußerlichen Aufmunterungen   213
und Vorzüge als Belohnung zu erwarten. Ob Christus auch bei Gelegenheit
der Heilung jenes epileptischen, der auf ihn wartete, als er von der Verklärung auf dem Berge zurükkam, als Antwort auf eine ganz andre Frage der
15 Jünger etwas so ähnliches gesagt, wie Matth. XVII, 20 steht, will ich gern
dahin gestellt sein lassen, und beziehe mich nur auf das oben darüber gesagte; aber unsere Stelle ist gewiß nicht von dorther, denn sie läßt sich an
jene Veranlassung gar nicht anknüpfen. Eben so wenig aber möchte ich
behaupten, daß diese Sprüche noch mit unserm bisherigen in Verbindung
20 stehn. Zuviel Zwischenreden müßten ausgefallen sein, und mehr als wir   156
nach der bisher bewährten Weise unseres Referenten erwarten dürfen, wenn
wir von der bisherigen Gedankenreihe und Richtung auf die Bitte προσθὲς
ἡμῖν πίστιν kommen sollten. Auch ist der Ausdrukk καὶ εἶπον οἱ ἀπόστολοι
τῷ κυρίῳ verdächtig, denn diese Benennungen sind den ursprünglichen
25 Berichten, die wir in unserm Evangelium bis jezt angetroffen haben, fast
durchaus fremd, und bringen also sehr natürlich auf den Gedanken, daß
dieses am Ende einer einzelnen Erzählung von einer spätern Hand hinzugefügt sei aus einer andern Quelle.
Wie es zugegangen sein mag, daß die folgende Erzählung XVII, 11-19
30 gegen das bisher bemerkte Verfahren unsers Sammlers ihren ursprünglichen Anfang behalten, ist schon oben angeführt. Viel früher konnte er ihr
in der Voraussezung, sie gehöre in diese nämliche Reise, ihren Plaz nicht
anweisen, | denn noch XIII, 31 flgd. war Jesus in Galiläa und gedachte   214
noch ein Paar Tage auf diesem Gebiet zu bleiben. Ob die Voraussezung
35 selbst aber richtig gewesen, dürfen wir uns wol nicht anmaßen zu entscheiden, und sollten ja eher glauben, daß unser Sammler oder vielleicht
auch der Ordner unseres Ganzen als er auch diese Sammlung prüfte, sich
dessen vergewissert habe. Unwahrscheinlich indeß können wir sie nicht
finden, indem das Reisen zwischen Samaria und Galiläa hindurch, das

---

13 *Lk 9,37-43; Mt 17,14-20*   **16** *S. 95-97*   **24** *„Apostel" nur Lk 6,13*   **31** *Oben*
S. 102. 104. 106

heißt längst der Grenze beider Landschaften hin – denn so nur kann ich
διὰ μέσου Σαμαρείας καὶ Γαλιλαίας, wie schon oben bemerkt, verstehen, –
sich am besten in eine so wenig eilige zu beiden Seiten des Weges sich
ausbreitende Reise schikt, wie diese wo Jesus die Siebzig vorausschikt und
ihnen gemächlich und wol auch ihre Spur zu beiden Seiten verfolgend   5
nachreiset. Es ist aber etwas eigenes an dieser Erzählung, daß sie uns genau
betrachtet in einiger Ungewißheit läßt, ob die Aussäzigen sich bald nach
ihrer Entfernung von Jesu geheilt fanden und also der umkehrende Jesum
noch fast an demselben Orte wiederfand, oder ob sie dem Befehl Jesu
folgend zu den Priestern gingen, und auch der Samariter erst nach dieser   10
gesezlichen Erklärung Jesu nachging, um sich ihm dankbar darzustellen.

157   Das leztere ist, da ein Aussäziger in den wenigsten Fällen im Stande war
selbst zu beurtheilen, ob er rein sei, das natürlichste; auch klingt Jesu Frage
v. 17 wol etwas hiernach; aber man muß befremdet davon sein, daß dieser
215   Umstand nicht in der Erzählung | deutlicher sollte herausgetreten sein.   15
Und dies führt auf den Gedanken, daß die Geschichte, die sich auch hiezu
sehr eignet, mehr ihres lehrreichen Inhaltes wegen also in anderer Hinsicht
etwas nachläßig sei erzählt worden. Eben darum nun glaube ich auch
nicht, daß die Erzählung sich weiter als auf diese einzelne Geschichte
erstrekt. Die Rede Christi v. 17 u. 18 ist die Spize derselben, und sie bedarf   20
daher keiner eigentlichen Schlußformel, doch ließe sich v. 19 so ansehn.
Denn diese Formel kehrt zu oft wieder, als daß man sie immer Christo
selbst zuschreiben könnte, und zu natürlich war es für die Erzähler wunderbarer Heilungen, ihren Bericht damit zu schließen.

Eine neue Erzählung, eben so anfangslos als die meisten bisherigen,   25
und wol auch aus demselben Grunde, hebt also höchst wahrscheinlich an
bei XVII, 20. Ob unsre Sammler einen Ueberlieferungsgrund gehabt ihr
diesen Plaz anzuweisen, können wir nicht entscheiden; es fehlt hier so ganz
an einer sinnlich auffallenden Begebenheit, daß es ein rechtes Glükk gewesen, wenn jemand noch dem Forschenden hat angeben können, wenn und   30
wo diese Gespräche sich zugetragen. Aber am meisten mit Fug und Recht
konnte diese sonst ziemlich zudringliche Frage von einem Fremden an Jesum
gerichtet werden auf eben der Reise, wo er die Siebzig vorangeschikt hatte
um nochmals das Reich Gottes zu verkündigen. Auch in diesem Bericht
spricht übrigens manches dafür, daß er von einem unmittelbaren Jünger   35
216   höchst treu aufgefaßt | ist, wenn auch nicht vollständig. Die Antwort Chri-

---

1 *Die Lesung „längst" ist oberdeutsch, vgl. J.C. Adelung: „Im Oberdeutschen ist auch die*
zweyte Endung üblich. Längst (besser längs) des Landes." (Grammatisch-kritisches Wörter-
buch der Hochdeutschen Mundart II, 2. Aufl., 1796, Sp. 1904) (SW Kj längs)   **30** wenn] *SW*
Kj wann

---

2 *Lk 17,11 (Griesbach)*   **4** *Lk 10,1*   **22** *Lk 7,50; 18,42 par Mk 10,52*   **33** *Lk 10,1-16*

sti an den Pharisäer ist zu sehr in sich gerundet um ein willkührlicher Auszug zu sein; sie ist vielmehr schwerlich viel ausführlicher gewesen, als wir
sie hier lesen. Und wie bedeutend ist diese Kürze und die ganze Richtung
der Antwort im Vergleich mit der folgenden an die Jünger gerichteten Rede.
Gegen den Pharisäer läßt sich Christus so nicht auf Abstufungen, auf verschiedene Momente im Kommen des Reiches Gottes ein, sondern sagt ihm
nur: So wie du darauf zu lauern scheinst, daß es nämlich mit äußerlich
auffallenden Begebenheiten eintreten soll, wird es dir nie kommen; du
brauchst gar nicht in die Weite zu sehn, denn es bildet sich in demselben
Kreise, in dem du auch lebst, in dem der Lehre und Mittheilung, und ist
wirklich schon da. Den Jüngern aber sagt er: Es stehe allerdings noch eine
Offenbarung des Menschensohnes bevor, welcher aber so schwere Zeiten
vorangehen würden, daß sie sehnlich wünschen würden den Anfang jener
Erscheinung nur erst eintreten zu sehn. Auf das Auslegen des einzelnen
mich hier einzulassen, liegt ganz außer den Grenzen meines Vorsazes, aber
ich denke auch ohne dies wird jeder fühlen, daß wir über diesen Reden die
Frage des Pharisäers und die Antwort Christi an ihn gewiß würden verloren
haben, wenn wir nur einen Bericht aus der zweiten und dritten Hand hier
hätten. Nur wenn aus diesen Punkten unserm Berichterstatter ein günstiges
Vorurtheil entstehen soll, darf das ungünstige nicht auf ihm ruhen blei|ben,
daß er manches hieher nicht gehörige aus andern Reden Christi einge-
mischt habe. Es fragt sich also zuerst, wie die Uebereinstimmung mancher
Stellen mit Stellen aus der großen Rede bei Matth. XXIV zu erklären ist.
Wenn wir nicht v. 22-37 ganz aus dem Zusammenhang mit v. 20 u. 21
losreißen wollen, was doch sehr willkührlich und gewaltsam wäre, so können wir nicht beide Reden nur für verschiedene Redactionen von einer und
derselben halten. Denn wenn wir uns auch wollten gefallen lassen von der
unsrigen anzunehmen, sie sei nicht auf der Reise, sondern in Jerusalem
gehalten, wohin Matthäus die seinige offenbar sezt: so giebt auch Matthäus eine ganz andre Veranlassung an, und hält dem gemäß auch im wesentlichen einen ganz anderen Gang. Dennoch sind einzelne Stellen so ähnlich,
daß man nicht leicht glauben kann, sie seien zweimal eben so gesprochen,
sondern Christus würde sich zu denselben Menschen redend, entweder
beim zweiten Mal auf das erste bezogen, oder andere einzelne Züge, die
ihm eben sowohl zu Gebote stehen mußten, an die Stelle gesezt haben.
Meiner Meinung nach findet nun auch hier wieder dasselbe Statt, was wir
schon öfter gefunden haben. Denn man betrachte nur, wie bei Matth. XXIV,
v. 42 sich unmittelbar vortreflich an v. 36 anschließt, und wie wenig eigent-

158

217

159

---

24 20 u. 21] 21 u. 22

---

4 *Lk 17,22-37*   28 *Mt 24,1*

lich zu diesen beiden Säzen das Beispiel von den Tagen Noah, so wie es hier
ausgeführt ist, paßt. Denn da Gott zur rechten Zeit dem Noah den Kasten
zu bauen befahl, so war es ja eben so gut als ob er ihm | Zeit und Stunde
offenbart hätte, und so auch verkündigte Noah den übrigen weiter. Wenn
nun eben diesen Beruf auch die Jünger hatten, so paßt dann in diesen   5
Zusammenhang nicht mehr die Ermahnung an sie hinein, daß sie wachen
sollten, weil sie die Stunde nicht wüßten. In unserer Rede dagegen steht das
Beispiel im Zusammenhang mit dem unmittelbar vorher erwähnten damals
beginnenden und von da an immer troz aller Warnungen und Vorher-
verkündigungen fortgesezten Verwerfung Christi und paßt vortreflich. Eben   10
so auch weiter vorne bei Matth. XXIV, v. 27 gehört diese Darstellung von
der Schnelligkeit und gleichsam Allgegenwärtigkeit seiner παρουσία gar
nicht auf v. 26. Denn dort ist das Ἰδοὺ ἐν τῇ ἐρήμῳ κ. τ. λ. auf Pseudomessiasse
sichtlich bezogen. Wenn man aber gewarnt wird zu diesen nicht hinaus-
zugehn, so kann der Grund hiezu nicht der sein, daß des Menschen Sohn   15
schnell und überall zugleich kommt, sondern daß er gewiß noch gar nicht
da ist, wenn noch Viele sich für ihn ausgeben. Und wie ganz unpassend
steht wieder hinter diesem Bilde das andre v.28! Am deutlichsten aber
erkennt man dies ungehörige v. 29, der durch diesen Einschub das Ansehn
gewinnt, als ob das σημεῖον τοῦ υἱοῦ und er selbst darauf folgend nach jener   20
παρουσία, die dem Bliz gleich wäre, kommen sollte, und als ob also hier
offenbar zwar aber höchst verworren und so wenig geschieden, wie auch
ein Profet nicht sprechen würde, von einer zwiefachen παρουσία die Rede
wäre, zwischen denen Christus eben nur die ganze Neutestamentische
Geschichte | verschwiegen hätte, ohne nur mit einem Wörtchen darauf hin-   25
zudeuten. Wogegen sich v. 29 sehr schön an v. 24 fügt, der nebst v. 23
selbst nur parenthetisch ist, weshalb auch am Schluß der Zusammenhang
mit v. 22 u. 21 wieder aufgenommen wird. Es scheint also fast als ob v. 26
nur eine Wiederholung von v. 22 wäre eben um v. 27 anzubringen, der bei
uns an einem ähnlich klingenden aber ganz anders gemeinten Spruch hängt.   30
Denn bei uns ist von keinen falschen Messiassen auch nur entfernt die
Rede. So daß eigentlich nichts übrig bleibt aus unserer Rede, was in den
Zusammenhang bei Matthäus wirklich paßt, als unser v. 31 bei ihm v. 17
u. 18; allein mitten unter den viel stärkeren und bestimmteren Zügen v. 15.
16. 19. 20 sind diese kleineren auch von weniger Wirkung und werden fast   35
erdrückt, so daß man sie auch leicht missen könnte. Und wo weiter unten
unser Evangelium unstreitig die in Matth. XXIV enthaltene Rede mittheilt,
sezt es auch andere Züge an die Stelle, und gewiß wird da niemand eine
Fuge oder eine künstliche Veränderung entdekken. Daß das Gleichniß

218 *(margin)*
219; 160 *(margin)*

---

20 *Mt 24,30*   **21** *Mt 24,27*   **29f** *Lk 17,23*   **33** *So auch Paulus: Kommentar II, S. 784,*
mit Berufung auf J.D. Michaelis   **36** *Lk 21,5-33*

XVIII, 1-8 noch in eben diesen Zusammenhang gehört, ist wol nicht zu
bezweifeln. Zwischenreden, wahrscheinlich Gespräche, fehlen unstreitig,
und man sieht, von dem bisher gesagten sehr stark ergriffen hat der Berichterstatter nur noch für das so leicht in den Sinn und in das Gedächtniß
fallende parabolische volle Empfänglichkeit gehabt. Die Art aber wie sich
die Veranlassung zu dem Gleichniß, welche er angiebt, an das vorige an-
schließt, | liegt genug zu Tage. Wenn die Tage der Entscheidung einmal
gekommen waren, so konnte keiner etwas anderes thun als auf das schnell-
ste fliehen, wie Jesus v. 31 deutlich genug ausgesprochen hatte. Aber er
hatte v. 22 harte Zeiten, allerdings dieselben Verfolgungen von denen in
der späteren Rede deutlicher gesprochen wird, geweissagt, und da mögen
wol einige Jünger muthlos gefragt haben, wie sie es wol machen sollten um
diese Zeit glüklich und vorwurfsfrei zu überstehen. Diese wies denn der
Erlöser auf unverdrossene Berufsthätigkeit μὴ ἐκκακεῖν und anhaltendes
Gebet πάντοτε προσεύχεσθαι, und fügte um die Ermahnung zu erheitern
die Parabel hinzu, von der man nur wiederum zu leicht den rechten Nerv
verfehlt, wenn man übersieht, daß die Ungerechtigkeit des Richters nur in
der Härte und Willkührlichkeit besteht, mit welcher er den Richterspruch
hinaus schiebt. – Dem zweiten Gleichniß aber v. 9-14 haben Viele nicht
zugestehen wollen noch in diesem Zusammenhang gesprochen zu sein.
Allein die Erzählungsweise ist so gleich, und es ist so leicht auch hier die
Verbindung zu entdekken, daß ich diesen Zweifeln keinen Raum geben
kann, die wol nur daher entstanden sind, weil man die Parabel fälschlich
für antipharisäisch angesehen hat. Wenn einige Jünger sich zaghaft über
jene schweren Zeiten, die der Zerstörung des feindseligen Judenthums
vorangehn sollten, geäußert hatten, können nicht, sei es nun gleichzeitig
oder nach der Belehrung Christi, andere sich zuversichtlich und übermüthig
geäußert haben, daß wenn es nur | darauf ankäme, es ihnen gewiß nicht
fehlen sollte? Kennen wir nicht an dem Petrus ähnliche Vorschnelligkeit?
und wissen wir nicht von Andern, daß sie sich werth hielten die ersten zu
sein im Reiche Gottes? Gegen solche πεποιθότας ἐφ' ἑαυτοῖς, weil sie sich für
gerecht hielten, ist die Parabel gerichtet, um zu zeigen, daß derjenige, dem
lebhafter im Bewußtsein ist, was ihm fehlt, als was er hat, bei Gott besser
angeschrieben steht. Treffend ist die Lehre, und doch die Form schonend:
aber erst auf einen solchen bestimmten und von dem unmittelbaren Inhalt
etwas verschiedenen Fall bezogen, wird die Geschichte eine wahre Parabel,
und verliert alles schielende und unbestimmte. Und so kann ich nicht um-

---

22 daß] dsß   25 Zerstörung] Zerstörug

---

11 *Lk 21*   14f *Lk 18,1*   19 *Paulus spricht von „eine[r] andere[n] Veranlassung",* mit
Verweis auf das häufige Streiten der Pharisäer über Jesu Vorliebe zu Zöllnern (Kommentar II,
S. 797).   29 *Lk 22,33*   30 *Lk 13,30; Mt 19,30; 20,16*   31 *Lk 18,9*

hin von XVII, 20 bis XVIII, 14 zusammenhängende Reden, und so auch
Eine Erzählung anzuerkennen, die aber mit dem vorhergehenden aus den
oben angeführten Gründen wol gewiß nicht zusammengehangen hat, und
von der ich auch keine Ursach habe zu glauben, daß ihr das folgende ursprünglich angehört habe.   5

162   Diejenigen freilich, welche bei IX, 51 eine besondere Schrift anfangen
lassen, welche Lukas seinem übrigens von ihm selbst verfaßten Evangelium
einverleibt habe, scheinen mir ohne hinreichenden Grund diese Schrift hier
zu schließen und das folgende wieder dem Lukas zuzuschreiben. Denn daß
dieses folgende sich auch bei Matthäus und Markus findet, ist doch kein   10
Grund. Oder warum soll eine solche Schrift, da sie doch unmöglich als
eigentliches Supplement zum Matthäus und Markus entstanden sein kann,
222   nicht auch et|was haben enthalten können, was sich im Matthäus ebenfalls
findet? Und wenn man sie einmal eine Gnomologie nennen will, gehören
dann die beiden Abschnitte XVIII, 15-17 und 18-30 nicht eben so gut in   15
eine solche, als das meiste vorhergehende? Auch kann man sich schwerlich
eine Schrift von diesem Umfange, die schon etwas für sich bestehendes sein
wollte, ohne einen förmlichen Schluß denken, zumal sie doch einen solchen
Anfang hat. Eben so wenig zeigt sich die mindeste Spur von dem Wieder-
eintreten des Schriftstellers, die doch schwerlich so ganz verwischt sein   20
könnte. Nicht nur die Schreibart ist in den nächsten Stükken völlig dieselbe, sondern auch die Anknüpfungsweise unterscheidet sich durchaus nicht
von dem unmittelbaren Anfügen ohne Beziehung oder Zeit und Ortbestimmung, wie wir es hier fast überall gehabt haben. Deshalb also könnte sehr
gut dies noch an dem vorigen hängen. Was mich aber für die entgegengesezte   25
Meinung bestimmt, ist folgendes: Hat die vorige Erzählung XVII, 20 ohne
Zeit und Ortbestimmung angefangen, so hat sie sich auch höchst wahrscheinlich nicht weiter erstrecken wollen als auf in sich zusammenhängende
Reden, welche hier geschlossen sind. Hat sie mit solcher Bestimmung angefangen, und ist uns diese nur aus Schuld des Sammlers verloren gegangen: 30
so würde sie auch im Verlauf, wenn sich Ort und Zeit geändert, dies, wenn
auch mit wenigem, bemerkt haben, und daß aus der Mitte heraus der Sammler eine solche Bestimmung sollte weggeschnitten haben, das ist wol höchst
223   unwahrscheinlich, und | durch nichts zu belegen. Nun aber ist schwerlich
das folgende mit dem vorigen in einem so unmittelbaren Zusammenhang,   35
163   daß eine solche Bemerkung nicht natürlich gewesen wäre. Nämlich diese
Darstellung der Kinder auf einmal in Masse und Gedränge, denn sonst
würden die Jünger nicht hindernd dazwischen getreten sein, kann man sich
fast nur denken, wenn Christus im Begriff war von einem Ort abzureisen,

---

6 *Eichhorn spricht für Lk 9,51-18,14 von einer eigenen Schrift, „einem Aufsatze ähnlich", die*
„von einer anderen Hand" in das Urevangelium eingeschaltet worden sei (Einleitung I,
S. 600f). Vgl. zu S. 101.   **14** *Vgl. zu S. 62*   **35** *Lk 18,15-17*

wo er einige Zeit verweilt hatte, weil doch eine gewisse Vertraulichkeit
dazu gehörte, wenn die Leute auf diesen Gedanken kommen sollten, und
wo man nicht hoffte ihn wieder zu sehn, und eben deshalb wünschte den
Kindern ein solches lebendiges und symbolisches Denkzeichen von ihm zu
5 verschaffen. Damit stimmen auch Matthäus und Markus überein, wenn
der erstere XIX, 15 sagt καὶ ἐπιθεὶς αὐτοῖς τὰς χεῖρας, ἐπορεύθη ἐκεῖθεν, καὶ
ἰδοὺ und so das folgende anknüpft, der leztere aber, die Darstellung selbst
buchstäblich wie Lukas erzählend, die folgende Begebenheit mit den Worten anknüpft καὶ ἐκπορευομένου αὐτοῦ εἰς ὁδόν, die offenbar auch einen
10 Aufbruch andeuten. Ein solcher Aufbruchsmoment ist aber mit dem vorhe-
rigen ruhigen Gesprächführen Christi mit den Jüngern nicht dasselbe, und
würde also auch angedeutet worden sein. Also ist überwiegend wahrscheinlich, daß unsere Erzählung eine neue ist. Ob sie einen Anfang gehabt hat,
der diesen Zustand des Aufbruchs bezeichnet und den der Sammler auch
15 wegschnitt, weil er eine theilweise Wiederholung seines allgemeinen Anfan-
ges enthielt, oder ob sie auch ἀκέφαλος | war, weil sie sich auf nichts weiter   224
einlassen wollte, als was in diesem Moment des Aufbruchs vorfiel, das
dürfen wir wol nicht entscheiden. Ueber Ort und Zeit dieser Begebenheit
erheben sich aber mancherlei Zweifel, deren Beseitigung, wenn auch an
20 sich ganz gleichgültig ist, wo dieses vorgefallen, für uns doch von Wichtigkeit ist um zu bestimmen, wo und wie die Berichte von der ersten und die
von der zweiten Reise in unserer Sammlung zusammenstoßen. Die nächste
Ortbestimmung bei Matthäus ist XIX, 1 die wunderliche μετῆρεν ἀπὸ τῆς
Γαλιλαίας καὶ ἦλθεν εἰς τὰ ὅρια τῆς Ἰουδαίας πέραν τοῦ Ἰορδάνου; was Mar-
25 kus X, 1 durch διὰ τοῦ πέραν τοῦ Ἰορδάνου für διὰ τῆς περαίας verbessert.   164
Nehmen wir diese Verbesserung an, so bleibt doch zweifelhaft, ob wir die
Scene nach Peräa oder in die ὅρια τῆς Ἰουδαίας zu versezen haben. Denn die
lezteren freilich werden allein als Ziel hingestellt; aber auf der andern Seite,
wozu wurde berichtet, daß Christus durch Peräa gereiset wäre, wenn nichts
30 von dort her erzählt werden soll? Nehmen wir sie nicht an, wie ich denn
freilich nicht geneigt bin dem Markus hier viel einzuräumen, so müssen wir
uns wol zuerst von der zwiefachen Willkührlichkeit und Abentheuerlichkeit

---

32 Willkührlichkeit] Willkühlichkeit

---

9 Mk 10,17   **25** *Epexegetische Konjektur Schleiermachers (im Anschluß an Paulus: Kom-*
mentar II, S. 724)   **32** *Bezug auf Paulus: „,Da, sagt 19,1., Jesus jene Reden geendigt hatte,*
gieng er aus Galiläa weg.' (Wohin er nicht wieder zurückkam.) Mit diesen Worten schließt
sich eigentlich das 18. Kap. und zugleich das mit demselben sich endigende Partikularganze.
Die nächstfolgenden Worte: ,Er kam hierauf (nach dem kleinen Aufenthalt auf den Enkänien
[=Tempelweihfest] zu Jerusalem) an die Gränzen von Judäa, nehmlich jenseits des Jordans'
d.h. in dem Judäa gegenüberliegenden Theil von Peräa – diese Worte beginnen ein neues
Partikularganzes und sollten von dem 19. Kap. der Anfang seyn." (Kommentar II, S. 723f)
Vgl. ebd. S. 365 und Paulus: Zusätze S. 392.

reinigen, als ob man die Worte μετῆρεν ἀπὸ τῆς Γαλιλαίας als Ende eines Partikularganzen vom denen καὶ ἦλθεν εἰς τὰ ὅρια τῆς Ἰουδαίας als dem Anfang eines andern trennen könne, und dann von der andern als ob ὅρια τῆς Ἰουδαίας einen Theil von Peräa bedeuten könne. Das leztere ist gegen
225 den ganz constanten Gebrauch des Wortes ὅρια | in unseren Büchern, in-   5
dem es überall nur den Genitiv des Ganzen bei sich führt, wovon die ὅρια ein Theil sind, so daß ὅρια τῆς Ἰουδαίας nur ein Theil von Judäa sein kann, nicht von Peräa, und es hilft nicht zu sagen, der Zusaz πέραν τοῦ Ἰορδάνου habe den Ausdrukk für jeden verständlich gemacht, indem jeder gewußt, daß nichts von Judäa jenseit des Jordans läge; denn die Bezeichnung bleibt   10
widersinnig, und konnte deshalb niemanden einfallen; andere Arten aber diese Gegend zu bezeichnen mußten sich jedem genug darbieten. Das erste wird auch wol niemand annehmen. Eher will ich mir gefallen lassen, daß ein so negativer Ausdrukk wie μετῆρεν ἐκεῖθεν eine kleinere oder größere Erzählung schließt, wenn nur von der Abreise von einem einzelnen Ort die   15
Rede ist, nicht aber aus einem Lande, welches der gewöhnliche Aufenthalt Christi war. Und doch versuche jeder sein philologisches Gefühl, ob er auch Matth. XIII, 53. 54 das μετῆρεν ἐκεῖθεν und das καὶ ἐλθὼν εἰς τὴν πατρίδα αὐτοῦ ἐδίδασκεν so von einander zu reißen wagt. Wenn wir uns also dieser Hülfe entschlagen, was bleibt uns übrig, als daß wir ἦλθεν εἰς   20
nicht übersezen, er kam in die ὅρια, sondern er ging in die ὅρια, so daß es statt ἐπορεύετο steht, wie um nur bei demselben Matthäus stehn zu bleiben
165 XV, 29 ἦλθε παρὰ τὴν θάλασσαν τῆς Γαλιλαίας, und daß wir dann πέραν τοῦ Ἰορδάνου als nähere Bestimmung dieses Gehens annehmen, das heißt auf die Verbesserung des Markus zurükkommen, mithin auch auf den oben   25
226 geäußerten Zweifel. Dieser betrifft aber nicht nur den Ort, sondern | auch die Zeit. Denn ist diese Kindersegnung nach Peräa zu sezen: so kann sie geschehen sein entweder auf der Reise zur Tempelweihe, wenn, was ohnedies wahrscheinlich ist, Jesus, nachdem er längst den Grenzen Samarias und Galiläas hingegangen, etwa bei Bethabara über den Jordan ging, um   30
nicht, da er keinesweges schnell reisen wollte, sich der Ungastfreiheit der Samariter auszusezen; es kann aber auch geschehen sein, als er sich nach dem Tempelweihfest in Peräa aufhielt, und lezteres ist dann wahrscheinlicher, weil wol nur um diese Zeit Jesus mit den Seinigen sich länger an Einem Orte Peräas aufgehalten; der Aufbruch wäre dann der zur Auf-   35

---

29 längst] *s. zu S. 132*

---

5 *Mt 2,16; 4,13; 8,34 u.ö.; Mk 5,17; 7,24 u.ö.; Apg 13,50*   **8** *Die Argumentation ist nicht nachweisbar. Wohl Schleiermachers eigene Fortführung der Gedanken von H.E.G. Paulus.* **27** *Lk 18,15-17*   **28** *Das entspräche Joh 10,22f.*   **30** *Bethabara: Varianten-Lesart für Bethanien am Jordan (Joh 1,28) (bei Griesbach: NT 1804 Bethania, 1825 Bethabara im Haupttext)*

erwekkung des Lazarus. Soll aber die Kindersegnung nach Judäa gesezt werden: so kann sie ebenfalls geschehen sein, entweder auf dem Wege zur Tempelweihe, nachdem Jesus wahrscheinlich in der Nähe von Jericho über den Jordan zurükgegangen, oder als er sich nach der Auferwekkung des
5 Lazarus in Judäa nahe der Wüste aufhielt. Und auch für diesen Fall ist das leztere das wahrscheinlichere, theils aus demselben Grunde, theils auch weil noch wol das μετῆρεν ἀπὸ τῆς Γαλιλαίας bei Matthäus ausdrükken soll, daß Jesus seitdem seinen Wohnsiz nicht mehr in Galiläa gehabt und also auch Judäa als Ziel hingestellt wird, weil er dort zulezt gewohnt. Halten
10 wir uns also an das wahrscheinliche: so ist diese Begebenheit nicht mehr in die von Galiläa ausgehende Reise zu sezen; sondern entweder in die Zwischenzeit zwischen beiden Reisen, oder in den Anfang der lezten Reise. Welche aber von diesen beiden Annahmen den Vorzug | verdiene, das kann 227 wol nur der weitere Verlauf der Erzählungen bei beiden Evangelisten ent-
15 scheiden. Erklärt sich dieser mehr für Judäa: so werden wir uns dann müssen gefallen lassen anzunehmen, daß die Erwähnung des Weges durch Peräa bei Matthäus eine bloße Notiz ist, auf die sich nichts weiter bezieht. Der 166 weitere Verlauf aber ist dieser; daß das Gespräch mit dem pharisäischen Jüngling, und was dazu gehört, bei Lukas XVIII, 8-30, bei Matth. XIX, 16-
20 XX, 16 oder wenigstens bis XIX, 29, bei Markus X, 17- 31 noch in denselben Moment des Aufbruchs wie die Kindersegnung fällt, scheint aus allen Umständen hervorzugehn. Wir brauchen uns nicht etwa an das Markus προσδραμὼν καὶ γονυπετήσας allein zu halten, welches recht so klingt, als ob er im Augenblikk, wo Jesus aufbrach, ihm noch eilig und fast gewaltsam
25 in den Weg getreten wäre; aber nicht nur des Matthäus ἐπορεύθη ἐκεῖθεν καὶ ἰδοὺ – denn dazwischen zu intrepungiren ist gar kein Grund – sagt ganz dasselbe, sondern es liegt auch in unserm ἐπηρώτησε v. 18, denn dies knüpft seine Frage an die Aeußerungen Christi über die Art die βασιλεία τοῦ θεοῦ aufzunehmen, wovon unser v. 17 nur den kernhaftesten Spruch aufbe-
30 wahrt hat. Ob, was Matthäus weiteres XIX, 30-XX, 16 einschiebt, in diesen Zusammenhang gehöre, können wir unentschieden lassen. Dann aber lassen alle drei Evangelisten diejenige bestimmte Ankündigung des Christo bevorstehenden Leidens, und zwar als beim Aufbruch nach Jerusalem gesprochen, folgen, welche Lukas XVIII, | 31-34 enthalten ist, und es fragt 228
35 sich nun, ist es wahrscheinlicher, daß diese auch noch in denselben Moment zu sezen ist, und also zu der vorigen Erzählung bei uns gehört, oder nicht. Sehr gut denken läßt es sich, daß Jesus, indem er von seinem bisherigen Aufenthaltsort aufbricht, erst von den Einwohnern mit ihren Kindern

---

1 *Joh 11,1-45* **16** *Mt 19,1* **23** *Mk 10,17* **25** *Mt 19,15f* **26** *intrepungiren: Griesbach trennt V.15 und 16 durch Punkt.* **27** *Lk 18,18* **33** *Mt 20,17-19; Mk 10, 32-34*

zum Abschied umlagert wird, dann noch der Pharisäer ihm in den Weg
tritt, und erst, nachdem dieser beseitiget und der etwas unruhige Eindrukk,
den Christi Rede auf die Jünger gemacht hat, besänftiget ist, die Reise
wirklich angetreten wird, wie auch Markus X, 32 mit dem vorigen verglichen, anzudeuten scheint, und nun erst auf dem Wege Jesus die Zwölf um   5
sich sammelt, um ihnen bestimmt zu sagen, daß jezt seine Stunde gekommen sei. Auch erklärt sich so am leichtesten, und ohne daß man nach einem

167 besonderen Grunde zu suchen braucht, die gleiche Anordnung bei allen
drei Evangelisten. Wogegen, wenn diese Ankündigung in den Anfang der
lezten Reise, die beiden andern Begebenheiten aber entweder vor die   10
Tempelweihe oder doch vor die Auferwekkung des Lazarus gehören, diese
Anordnung sich, auch wenn man ein Urevangelium annimmt, nicht leicht
erklärt. Daß sie in allen dieselbe ist, ohne bedeutendes Dazwischentreten,
schon das wird schwer begreiflich, da dieser Zwischenraum nicht ohne
Merkwürdigkeiten gewesen sein kann. Aber noch weniger läßt sich einse-   15
hen, wie ein Urevangelium, besonders da wir uns so sehr dem lezten Theil

229 der Geschichte nä|hern, nicht durch wenige Worte die Zeiten sollte mehr
gesondert haben, oder wie grade diese sollten verloren gegangen sein, besonders bei unserm, wie man ihm von dieser Ansicht aus nachrühmt, auf
Zeitbestimmungen aufmerksamen Evangelisten. Eben so wenig kann die   20
gleiche Anordnung daraus erklärt werden, daß Markus den Matthäus, und
Lukas auch noch den Markus vor Augen gehabt. Denn Lukas, eben wegen
seiner Aufmerksamkeit auf Ort und Zeitbestimmungen, würde, wenn er
auch Gründe hatte, das Gespräch über die Ehescheidungen auszulassen,
doch diese übereinstimmende Ortsbestimmung aufgenommen haben, zu-   25
mal noch kurz vorher bei ihm eine andere angegeben ist. Die nähere Vergleichung wird vielmehr zeigen, daß von den ersten beiden Begebenheiten
Matthäus und Lukas zwei verschiedene Relationen aufgenommen haben,
und Markus entweder noch eine dritte gehabt, oder die seinige aus jenen
beiden mit Zusäzen von seiner Art zusammengearbeitet hat. Nehmen wir   30
also an, die drei Begebenheiten sind gleichzeitig: so müssen auch die ersten
beiden vorgefallen sein, als Christus zum leztenmal, also höchst wahrscheinlich aus der Gegend von Ephrem, nach Jerusalem aufbrach. Denn als er die
lezte Station auf der Reise zur Tempelweihe antrat, konnte er sein Leiden
nicht auf diese Weise ankündigen, ohne falsch zu weissagen, man müßte   35
denn annehmen, er habe die Absicht gehabt, zwischen der Tempelweihe

168 und dem Pascha in Jerusalem, oder was in dieser Beziehung einerlei wäre, |

---

11 *Joh 10,22f – Joh 11,1-45* **12** *Nach Eichhorn gehören die Leidensankündigungen zum
Urevangelium, „aber nach verschiedenen Uebersetzungen" (Einleitung I, S. 280).* **19** *Vgl.
Eichhorn: Einleitung I, S. 601f* **22** *Das ist die Hypothese von Hug.* **24** *Mt 19,1-12;
Mk 10,1-12* **26** *Lk 17,11* **33** *Joh 11,54 (Griesbach: Ephraim) (s. S. 104)*

in dem nahgelegenen Bethanien zu bleiben, und habe nur hernach diesen 230
Vorsaz aufgegeben, was aber sehr unwahrscheinlich ist. Eben so wenig
kann Jesus diese Ankündigung gemacht haben, als er zur Auferwekkung
des Lazarus aus Peräa aufbrach; denn damals dachte er gar nicht unmittelbar nach Jerusalem zu gehen. Nehmen wir aber auch die Gleichzeitigkeit
aller drei Begebenheiten bei dem lezten Aufbruch nach Jerusalem an: so ist
freilich wol das wahrscheinlichste überall getroffen, aber für die Beschaffenheit unserer Erzählungen noch nicht alles aufgeklärt. Es fragt sich nämlich, ob die demnach ursprünglich zusammenhängende Erzählung von
XVIII, 15-34 hier abgeschlossen ist, oder ob sie mit dem folgenden weiteren Bericht von dieser Reise ursprünglich zusammen gehangen hat? Das
leztere wird man freilich sehr wahrscheinlich finden; denn wie natürlich ist
es, daß was beim Aufbruch geschehen ist, als Einleitung des ganzen Reiseberichts erzählt worden sei! Nur tritt wiederum die Unwahrscheinlichkeit
ein, daß, da im folgenden die Orte so genau angegeben werden, dieses am
Anfang gar nicht geschehen ist, wozu sich noch gesellt, daß, wie schon
oben bemerkt ist, v. 31-34 sich schon allein recht gut als Einleitung zum
weitern Reisebericht ausnehmen, in der man wegen des unmittelbar folgenden Jericho die Angabe der Oertlichkeit weniger vermißt, so daß doch noch
zweifelhaft bleibt, ob vor XVIII, 15 ein eintretender Anfang weggefallen
ist, oder ob v. 15-30 nicht ohnerachtet der Gleichzeitigkeit mit 31-34 doch
hier | eine eigne Erzählung gewesen ist, eines Anfanges für sich weniger 231
bedürfend und von einem herrührend, der dasjenige nicht hören konnte,
was Jesus den Zwölfen allein sagte, in welchem Falle denn v. 31-34 die
Einleitung zum folgenden wäre, wie denn auch Matthäus streng genommen nur dieses, nicht jenes, in genaue Verbindung mit der lezten Reise nach
Jerusalem bringt. Doch kann mir diese Ungewißheit nicht als ein Grund
erscheinen, um den Gesichtspunkt fahren zu lassen, aus welchem ich diese
ganze Masse aufgefaßt habe, ja nicht einmal mich dahin bringen, die bei
der gleichen Anordnung der Evangelisten so höchst wahrscheinliche Gleich- 169
zeitigkeit dieser drei Begebenheiten aufzugeben. Sollte man indeß wegen
der Einrichtung unserer Erzählung lieber annehmen wollen, die Einsegnung der Kinder und das Gespräch seien früher vorgefallen: so erklärt sich
die Gleichheit der Anordnung nur aus dem gemeinschaftlichen Mangel an
Nachrichten über den Aufenthalt auf den Enkänien und in Peräa und Judäa, und auch dieser Mangel ist von unserer Ansicht aus sehr begreiflich.
Manches nämlich was sich auf der Tempelweihe begeben, ist gewiß, bei
Johannes zwar nicht, denn der unterscheidet diesen Aufenthalt von dem

---

10 15-34] 16-24   **19** Angabe der] Angab eder

16f *S. 139*   **19** *Lk 18,35*   **26** *Mt 20,17-19.29-34*   **35** *Enkänien: Tempelweihfest
(Joh 10,22). Schleiermacher übernimmt den Begriff von H.E.G. Paulus.*

folgenden, wol aber bei Matthäus, in den lezten Aufenthalt verlegt. Es wäre auch sonst nicht möglich, was außer den Johanneischen Reden er noch hier anführt in den engen Raum weniger Tage hineinzupressen. Der Aufenthalt aber in Peräa und Judäa war gewiß nicht allgemein bekannt, und diejeni-

232 gen, welche zuerst auf einzelne | Nachrichten ausgingen und schriftliche   5
Aufzeichnungen veranlaßten, waren nicht durch das Gerücht angewiesen in jenen Gegenden Erkundigungen einzuziehen. Nachdem aber Matthäus das μετῆρεν ἀπὸ τῆς Γαλιλαίας einmal und gewiß in dem angegebnen und bestimmteren Sinne ausgesprochen, konnte auch er nun nichts mehr zwischen diese kleine Begebenheit und die lezte Reise nach Jerusalem einschie-   10
ben. – Einiges aber muß noch beigebracht werden zur Bestätigung des oben behaupteten, daß nämlich von der Kindersegnung und dem Gespräch mit dem Pharisäer bei Matthäus ein anderer Bericht zum Grunde liege als bei Lukas. Bei der Kindersegnung übergeht Lukas, als nach der Aeußerung Jesu sich von selbst verstehend, die wirkliche Gewährung der Bitte. Dage-   15
gen fügt er v. 17 hinzu, was Christus gewiß erst nach vollzogener Handlung zu seinen Jüngern und wol ausführlicher sagte, und was also auch auf die Auslegung des τοιούτων v. 16 keinen Einfluß haben darf. Markus vereinigt beide Erzählungen, aber gewiß nicht auf die rechte Weise, und erscheint auch hier nicht als ursprünglich eigne Quelle. Matthäus spricht den Wunsch   20

170 der Eltern bestimmter aus, wie ihn wol nur diejenigen äußern konnten, welche die ersten und nächsten standen; Lukas so wie die entfernteren wol werden gesagt haben, sie wollten froh sein, wenn Jesus ihre Kleinen auch nur berühren könnte. Offenbar also sind hier zwei verschiedene Referenten, und die genaueste Uebereinstimmung wieder nur in den Worten Jesu.   25

233 Dasselbe gilt von dem | folgenden Gespräch, nur daß hier auch in den Worten Jesu Abweichungen vorkommen, die jedoch theils in Abkürzung, wie bei Lukas das Auslassen der Frage ποίας ἐντολάς, theils in verschiedener Auffassung des Aramäischen gegründet sind, so daß wol die Leseart bei Matthäus τί με ἐρωτᾷς περὶ τοῦ ἀγαθοῦ die Worte Christi am richtigsten   30
wiedergiebt. Im folgenden wird die Erzählung bei Matthäus umständlicher, aber dabei auch schwerfälliger. Von da an aber, wo Petrus auftritt, erscheint mir die des Lukas entschieden reiner und richtiger. Die Aeußerung des Petrus bei Lukas enthält nur eine schlichte Vergleichung mit dem pharisäischen Jüngling, und die Ueberzeugung, daß ihnen, die das eine gehabt,   35
was ihm fehlte, die βασιλεία τοῦ θεοῦ nicht entgehen könne. Christus bestätigt dieses, und fügt eine Verheißung hinzu, die sich ausdrüklich nur auf die

---

1 *Joh 12,12-18*   **2** *Joh 13,31-16,33*   **8** *Mt 19,1*   **11** *S. 140*   **14** *Lk 18,15-17*
18 *Mk 10,13-16*   **20** *Mt 19,13-15*   **28** *Mt 19,18 zu Lk 18,20*   **29** *Paulus führt die*
Unterschiede der Evangelisten auf verschiedene Übersetzungen der aramäischen Ausdrucks-
weise des Sprechers zurück (vgl. Kommentar II, S. 757f).   **30** *Mt 19,17*   **32** *Mt 19,27;*
Lk 18,28

abgebrochenen Familien- und Herzensverbindungen bezieht. Dabei unterscheidet Christus zwei Perioden des Gottesreiches, die ἐν τῷ καιρῷ τούτῳ und die ἐν τῷ αἰῶνι τῷ ἐρχομένῳ. Nach dem wenigen was hierüber bei Lukas vorkommt, dessen Referent hier abbricht, mag denn wol Christus von dem Antheil der Jünger auch an seinem Herrscheramt geredet haben. Der Referent bei Matthäus aber ist von diesem prächtigen Bilde überwältigt gewesen, hat es vorangestellt, eben dadurch beide Perioden durcheinander geworfen, und so das Ganze nicht nur verdunkelt, sondern auch durch den bei diesem Verfahren unvermeidlichen Antiklimax dem Eindrukk geschadet. So kann sich ihm | vielleicht auch unvermerkt unter die Herzensverbindungen der irdische Besiz eingeschoben haben, und als Veranlassung dem Petrus die Frage in den Mund gelegt worden sein, deren es, so wie sich die Reden bei Lukas entwikkeln, gar nicht bedurfte. Markus folgt im wesentlichen dem Lukas so genau, daß man seine Erzählung wol nicht füglich als unabhängig ansehn kann. Er nimmt einiges von Matthäus mit, aber was er selbst hergiebt, kann man keinesweges als Berichtigungen aus einer unabhängigen Quelle betrachten. Die Zuversichtlichkeit des Jünglinges konnte Jesu wol keine besondere Zuneigung abgewinnen, und der Ausdrukk οἱ πεποιθότες ἐπὶ τοῖς χρήμασι ist ohne Zweifel eine Beschränkung von späterer Hand. Denn hätte Christus selbst seine Rede so näher bestimmt, so mußte der erste Eindrukk derselben ganz ausgelöscht werden, und weder das περισσῶς ἐξεπλήσσοντο, wodurch das frühere ἐθαμβοῦντο noch soll überboten werden, paßt nach diesen Worten, noch kann man sich nach ihnen die Frage τίς δύναται σωθῆναι erklären, denn alles war schon in einem sehr anschaulichen ja gewöhnlichen Gedanken aufgelöset. Hat nun Markus, wie es scheint, von der Kindersegnung und dem Gespräch mit dem pharisäischen Jüngling neben dem Matthäus auch den Bericht, den wir im Lukas finden, vor sich gehabt: so müßte er ihn gehabt haben, ehe er mit dem vorigen verbunden war, und dies würde dann ein neuer Beweis sein, dafür, daß hier ein neues ursprüngliches Ganze anfängt. Zu bestimmen aber, wie weit es gereicht | habe, dazu liefert uns Markus keinen Beitrag, indem er sich nun gleich wieder zum Matthäus wendet. In der Verkündigung XVIII, 31-34 hat Lukas allein den Zusaz v. 34, der freilich mit der Unumwundenheit und Genauigkeit der Rede Christi auf den ersten Anblikk schlecht zu stimmen scheint, und von vielen gebraucht worden ist, um eben jene Genauigkeit verdächtig zu machen, als sei sie nur auf Rechnung der Jünger zu schreiben, habe aber in den Worten Jesu gar nicht gelegen. Warum bedenkt man aber nicht, daß alle Ausdrükke in diesem Vers, da Jesus ja in einer seinen Jüngern verständlichen Sprache redete, und sie ihn ver-

2f *Lk 18,30*   **7** *Mt 19,28; vgl. Lk 22,30*   **11** *Mt 19,29*   **12** *Mt 19,27*   **13** *Mk 10,17-31*   **19** *Mk 10,24 v.l.*   **22** *Mk 10,26 – Mk 10,24*   **24** *Mk 10,26*

172 nehmen konnten, nur relativ sein können, und die Unvollkommenheit ihres
Verständnisses bezeichnen sollen, im Vergleich mit der Art, wie sie nach
seiner Auferstehung die Nothwendigkeit seiner Leiden und die Beziehung
profetischer Stellen auf ihn einsehen lernten. Und daß, wer von den Zwölf,
die Jesus damals allein nahm, und von denen also alle Berichte hierüber 5
herrühren müssen, einem vielleicht mit Anwesenden den Inhalt dieses Ge-
sprächs erzählte, auch eine solche Aeußerung hinzufügte, ist so höchst
natürlich, daß ich nur um so lieber glaube, unser Berichterstatter, der wahrscheinlich selbst von der Gesellschaft war, habe dieses Stükk aus dem Munde
eines der Zwölf seinem Bericht einverleibt. 10

236 Ohne also bestimmt zu entscheiden, ob XVIII, 35 ein ganz neuer
Anfang ist, oder ob es schon an XVIII, 15 oder erst an XVIII, | 31 hängt,
fragen wir uns, wie weit wir nun von hier an einen ununterbrochenen
Zusammenhang mit Sicherheit verfolgen können. Schon v. 43 klingt freilich ganz wie eine Schlußformel, so daß man glauben könnte, schon hier 15
breche der Erzähler ab; allein das εἰσελθὼν διήρχετο XIX, 1 bezieht sich so
offenbar auf das ἐν τῷ ἐγγίζειν XVIII, 35, daß wir mit Sicherheit annehmen
können, derselbe Erzähler fährt noch fort, bis wir XIX, 28 allerdings wieder eine Schlußformel antreffen, aus der man fast schließen möchte, der
Erzähler bleibe hier, als Christus Jericho verläßt, zurükk, und lasse ihn mit 20
seiner Gesellschaft allein weiter hinaufziehn. Denn im folgenden wird das
vorige nicht wieder eben so bestimmt aufgenommen. Nur daß es auch
wieder mit der Ortsbestimmung und in einer sehr ähnlichen Formel wie
XVIII, 35 beginnt, macht die Identität des Concipienten wahrscheinlich,
und dann ginge dieselbe ursprüngliche Denkschrift wenigstens von XVIII, 25
35 bis XIX, 48. Denn hier, wie schon oben bemerkt worden, wird zu sehr
die ganze folgende Geschichte im Kurzen zusammengefaßt, als daß man
glauben könnte, derselbe Erzähler wolle uns unmittelbar darauf noch einzelne Züge aus dieser Zeit vortragen. – In der ersten Geschichte von der
Heilung des Blinden findet sich zwischen den drei Evangelisten ein doppel- 30
173 ter Widerspruch. Matthäus XX, 29 und Markus X, 46 sezen die Begebenheit beim Auszug aus Jericho, Lukas beim Einzug; Matthäus nimmt zwei
237 Blinde an, Markus und Lukas nur Einen. Der Verlauf | ist übrigens so
genau derselbe, daß an zwei oder drei Geschichten und an drei oder vier
Blinde niemand denken kann. Da nun unser Referent in demselben Zusam- 35
menhang und mit gleicher Anschaulichkeit auch etwas in Jericho selbst
vorgefallenes erzählt: so hat er unstreitig, was die Zeitbestimmung betrifft,
den meisten Glauben; und ich möchte ungern seiner Rede Gewalt anthun,
um herauszubringen, Christus sei schon durch die Stadt durchgegangen
gewesen, als er ihn geheilt. Eben so da Markus den Blinden nennt, und als 40

---

30 *Mt 20,29-34; Mk 10,46-52; Lk 18,35-43*　　**36** *Lk 19,1-10*　　**40** *Mk 10,46*

eine bekannte Person aufführt: so muß man ihm wol vorzüglich darin glauben, daß es nur Einer gewesen, und nicht Zwei. Vielleicht daß der Blinde erst am folgenden Morgen, als Jesus aus Jericho weiter zog, sich recht eigentlich Jesu anschloß, und erst da die Sache dem Referenten des Matthäus zur Kunde kam, vielleicht daß der Referent des Markus, denn etwas eigenthümliches hat Markus hier unläugbar, ein Bewohner von Jericho war, welcher nur wußte oder sagte, es sei vor der Stadt geschehen, und daß Markus in der nähern Bestimmung dem Matthäus gefolgt ist, die Zahl aber berichtigt hat. Wie aber Matthäus, der etwas ähnliches schon bei den
Gadarenischen Dämonischen gemacht hat, zu zwei Blinden gekommen ist, ob mit dem Blinden zugleich noch ein Angehöriger desselben sich an Jesum angeschlossen hat, und die Geschichte aus Irrthum auf diesen auch übertragen worden, oder wie es sonst zugegangen, wage ich nicht zu bestimmen. –
An die zweite Begebenheit, das beim Oberzöllner Zakchaios genommene
Nachtla|ger, reiht sich XIX, 11 die Parabel durch die Formel ἀκουόντων δὲ   238
αὐτῶν ταῦτα so unmittelbar an, und am Ende derselben v. 28 sagt die
Formel καὶ εἰπὼν ταῦτα ἐπορεύετο ἔμπροσθεν so bestimmt, daß dieses gesprochen worden, ehe Christus vom Zakchaios wieder aufgebrochen, daß
man auch die früheren nur ihrem wesentlichen Inhalt nach angeführten
Reden und Gespräche v. 7-10 nicht anders als an dem Morgen als Christus   *174*
aufbrechen wollte, denken kann, und daß v. 6 die Worte ὑπεδέξατο αὐτὸν
χαίρων die ganze Aufnahme beim Zakchaios in sich schließen. Es mußte
zwar schon am Abend, wenn der Oberzöllner, wie man doch annehmen
muß, wenn man nicht unser διήρχετο mit Gewalt ins plusquamperfectum
zwingen will, in der Stadt wohnte, und nicht schon weiter ab am Wege,
vielen bekannt werden und manchen aufgefallen sein, daß Christus zu diesem Manne einging. Aber recht um sie versammeln konnten sich doch die
διαγογγύζοντες erst am Morgen, als Christus, wahrscheinlich nicht zeitig,
weil sich die Gesellschaft erst sammeln mußte und weil der Weg ohnedies
nicht mehr groß war, wieder aufbrechen wollte. Da wurde von pharisäisch
gesinnten gemurrt, da that der redliche Zakchaios aus Freude und Dank-
barkeit wohlthätige Gelübde, da vertheidigte sich Jesus, wiewol mehr zum
Zakchaios Abschied nehmend gewendet als zu dessen Gegnern, und da
ließen sich die Stimmen hören, Nun würde wol die βασιλεία τοῦ θεοῦ der
ganzen Welt offenbar werden, eine Erwartung, welche Jesus durch die
Parabel dämpfen und ihr eine andere Gestalt | geben wollte. Was nun diese   239
Parabel selbst betrifft: so ist sie ihrem einen Element nach, welches aber
hier offenbar mehr Nebensache ist, mit der bei Matth. XXV, 14-30 verwandt; aber ich kann doch nicht die bei Matth. vorgetragene nur für eine

---

10 *Mt 8,28-34*   **14** *Lk 19,1-10*   **24** *Lk 19,1*   **28** *Lk 19,7*   **34** *Lk 19,11*   **35** *Lk
19,11-27*

unvollkommene Auffassung von dem halten, was Christus hier gesprochen. Theils nämlich mußte ein jeder Hörer hier nach der Veranlassung, die
uns Lukas mittheilt, eher die Hauptsache, nämlich von den feindseligen
Bürgern, die nicht wollten, daß der εὐγενὴς über sie herrschen solle, und
desfalls bei seiner Rükkunft würden verderbt werden, im Gedächtniß be-   5
halten, und die Nebensache von den zehn Knechten vergessen. Theils wenn
jemanden diese dennoch als das wichtigste für ihn wenigstens erschienen
wäre, würde er sie ja nicht in der Aufzeichnung oder Wiedererzählung ganz
umgestaltet haben. Denn hier bei Lukas erhalten alle Diener gleiches, und

175 auch die treuen erwerben mit dem gleichen ungleiches; hingegen bei Mat-   10
thäus erhalten sie ungleiches, und erwerben damit verhältnißmäßig gleiches, wodurch die Anwendung dieses parabolischen Elementes eine ganz
andre wird. Eben so wenig aber glaube ich, daß Christus bei einer späteren
Veranlassung aus unserer zusammengesetzten Parabel den einen Theil für
sich und so umgestaltet sollte vorgetragen haben; vielmehr ist der umge-   15
kehrte Gang offenbar der natürlichere. Auch paßt die Parabel bei Matthäus
da, wo sie steht, sehr wenig in den Zusammenhang. Denn wenn sie als
Belag zu der Ermahnung γρηγορεῖτε οὖν Matth. XXV, 13 wäre vorge-

240 tragen | worden: so müßte wenigstens der faule Knecht sich damit entschul-
digen, er hätte nun erst recht anfangen wollen zu erwerben, der Herr wäre   20
ihm aber unerwartet über den Hals gekommen; hingegen schließt sich v. 31
sehr gut an v. 13 an. Da sie also doch an diese Stelle bei Matth. nicht
gehört: so glaube ich lieber, daß Christus sie in jener einfachen Gestalt bei
einer uns unbekannten Veranlassung, wobei aber wol die ungleiche Begabung der Menschen etwas wesentliches war, früher vorgetragen, und sie   25
dann hier wieder aufgenommen, jedoch mit der bemerkten Veränderung,
da es ihm hier auf jene Ungleichheit nicht ankam, vielmehr die Diener,
wenn sie geprüft werden sollten, wieviel ihnen in der erweiterten Herrschaft könne anvertraut werden, besser gleiches empfingen. – Die Beschreibung des lezten Theiles der Reise XIX, 29-48 ist also höchst wahrscheinlich   30
noch von demselben Referenten, und selbst die Schlußformel v. 47 und 48
möchte ich nur ihm zuschreiben, und nicht dem angenommenen Sammler
dieser Erzählungen, ohnerachtet die Worte zugleich das Ende dieser ganzen
Sammlung sind. Ich möchte nur sagen, daß dieser Umstand, daß ein auf die
Geschichte dieser Reise gestellter Sammler eine Erzählung mit einem so   35
feierlichen Anfang wie IX, 51 und eine mit einem so bestimmten Schluß wie

---

18 Belag] *Vgl. Grimm: „Belag [...] schreiben einige, namentlich Lessing, Herder statt des*
besseren Beleg" (Deutsches Wörterbuch I, 1854, Sp. 1435)   **18** XXV, 13] XXV, 12

---

1 *Nach Paulus hat Mt eine nicht so vollständige Aufzeichnung besessen wie Lk (vgl. Kom-*
mentar über das neue Testament. Dritter Theil. Der drey ersten Evangelien Fortsetzung und
Beschluß, Lübeck 1802, S. 62).   **4** *Lk 19,12*

dieser hier vorfand, gar sehr mitgewirkt haben kann zu dem Entschluß die
einzelnen Erzählungen auf eine solche Weise zusammenzureihen. Aber als
gänzlichen Schluß einer ursprünglichen Erzählung muß ich nach meinem
Gefühl diese | Worte auf das bestimmteste ansehn, und nicht als Uebergang
5 eines und desselben Schriftstellers von einem Gegenstande, der Reise Christi zu einem andern, seinem Aufenthalt in Jerusalem. Man sehe nur, wie
ganz ähnliche XXI, 37. 38 wiederkommen, da wo sie doch als Uebergang
ganz unnüz wären, ja vielleicht an dieser Stelle sogar falsch. Auch müßte,
wenn diese allgemeine Schilderung Uebergang sein sollte, das nächst fol-
10 gende offenbar als Beispiel an dieses allgemeine angeknüpft sein; statt dessen aber fängt es so an, wie eine einzelne Erzählung für einen der von den
lezten Tempeltagen Christi etwas erfahren wollte, und der also schon wußte, was er unter den ἡμέραις ἐκείναις zu verstehen habe. So daß der Gedanke
diese Verse nur als ein Bindungsmittel anzusehen bei mir gar nicht Wurzel
15 fassen will. Eben so wenig aber kann ich bergen, daß auch die nächst
vorhergehenden Worte v. 45. 46 mir schon gewissermaßen in der Mitte zu
stehen scheinen zwischen der Schlußformel und der bisherigen Erzählung.
Sie nähern sich jener an Allgemeinheit, es fehlt ihnen schon ganz die bisherige Ausführlichkeit und sinnliche Anschaulichkeit; und ich möchte schlie-
20 ßen unser Berichterstatter habe Christum nur bis zum Eingang in die Stadt
begleitet; von da an habe ihn sein Weg gleich von Christo abgeführt, und
er habe deshalb auch nur bis hieher mit der Lebendigkeit eines Augenzeugen gesprochen. Was hingegen im Tempel, wohin er freilich sehen konnte,
daß Christus seinen Weg nahm, noch vorgefallen, das füge er nur vom
25 Hörensagen und | also auch nur in den allgemeinsten Zügen hinzu. Dann
aber kann er auch sehr leicht mit Unrecht das, was erst einen Tag später
geschah, auf diesen Tag der ersten Ankunft übertragen haben; und wer jene
Vermuthung mit mir theilt, der wird nicht mehr wollen unser Evangelium
neben dem Matthäus als Zeugen aufstellen gegen Markus, welcher sehr
30 bestimmt diese Begebenheit erst auf den folgenden Tag sezt; sondern wird
sagen Matthäus und Markus hätten dies mit einander auszumachen. Und
gewiß der Bericht des Markus XI, 11 ist hierüber zu bestimmt, daß nämlich
Jesus sich damals, weil es schon spät gewesen, im Tempel gar nicht aufgehalten, sondern nach Bethanien zurükkgegangen sei, und zu genau erzählt
35 er die Sache hernach XI, 15-19, als er vom folgenden Tage spricht, als daß
man glauben sollte, er hole nur etwas versäumtes nach, oder was er früher
nicht Lust hatte zu erzählen, denn im lezten Falle würde er v. 11 das
περιβλεψάμενος πάντα nicht geschrieben haben. Dagegen zeigen sich manche Schwierigkeiten, wenn man des Matthäus Bericht XXI, 1-17 betrach-

176
241

242

177

---

13 *Gemäß Lk 20,1 (Griesbach)*   **28** *Gegen Paulus: Kommentar III, S. 150f*   **28f** *Lk*
19,45f; Mt 21,12f – Mk 11,14f

tet. Nicht nur klingt v. 10 als ob Christus um in den Tempel zu kommen
durch einen großen Theil der Stadt hätte gehen müssen, was sich doch
anders verhält, sondern es wird auch wirklich zuviel, daß Christus, angenommen die Richtigkeit unsers Berichtes darin, daß er am Vormittag von
Jericho aufgebrochen ist, diesen Weg zurüklegt mit der Langsamkeit, mit   5
welcher eine große Gesellschaft nur gehen kann, auf dem lezten Theile des
243   Weges offenbar noch auf|gehalten durch zunehmendes Gedränge und durch
die Bewillkommungen, daß er dann im Tempel die schwierige Austreibung
der Käufer und Verkäufer unternimmt, und dann noch so lange da bleibt,
daß, nachdem dieses ganze Gewühl sich verlaufen, die Blinden und Lah-   10
men sich um ihn sammeln können und er sie heilen, und daß dann noch
Hohepriester und Schriftgelehrte im Tempel sind, gegen die er sich verant-
worten muß, und so erst endlich nach Bethanien hinausgeht. So daß, was
Markus meldet, sich auch ungleich wahrscheinlicher zeigt, und Matthäus
in den Verdacht kommt auch hier in Einen geschichtlichen Bericht zusam-   15
mengefaßt zu haben, was nicht zusammengehört, wie er mit Reden wol
öfter gethan hat. Allein gegen die aus unserm Bericht so natürlich hervor-
gehende Annahme, daß Jesus an demselben Tage, wo er von Jericho aufgebrochen war, doch wenigstens in die Stadt und den Tempel gekommen ist,
erhebt sich noch ein anderer Zweifel aus der Erzählung des Johannes, der   20
uns Jesum zuerst in Bethania zeigt, wo ihm ein großes Mahl bereitet ist, und
178   ihn erst am folgenden Tage von dort aus in die Stadt gehen läßt, und zwar
eben so auf dem Esel reitend, eben so bewillkommt und begrüßt. Wenn wir
glauben im Lukas, wenn auch nur von XVIII, 35, eine fortlaufende und
zwar von einem Reisegefährten herrührende Erzählung zu haben bis XIX,   25
48, so ist damit unmöglich zu vereinigen, daß Jesus zwischen Jericho und
jenem Einzug in die Stadt eine Nacht sollte in Bethanien zugebracht haben.
244   Dies könnte uns | also anrathen jene Annahme aufzugeben, der Schlußfor-
mel die wir XIX, 28 antrafen ihr volles Recht wiederfahren zu lassen, und
anzunehmen, als Christus nach Endigung jener Parabel von Jericho aufge-   30
brochen, habe er zwar, wie v. 28 sagt, seinen Weg nach Jerusalem fortgesezt,
sei aber desselben Tages nur bis Bethanien gegangen, und was uns von
v. 29 an weiter erzählt wird, sei die Begebenheit des folgenden Tages. Allein nicht zu gedenken, daß wir zu einer ähnlichen Trennung dann auch bei
Matthäus und Markus uns entschließen müßten, wo sie aber durch keine   35
scheinbare Schlußformel begünstigt wird: so können wir doch bei unserer
Erzählung, welche auch von v. 29 bis 44 so sehr das Gepräge an sich trägt
den Bericht eines Augenzeugen zu enthalten, nicht begreifen, wie sie so

---

4 Vormittag] Vomittag   **18** Jesus] Jessus

---

20 *Joh 12,1f.12-18*

könnte abgefaßt sein, wenn Christus denselben Morgen von Bethanien
aufgebrochen wäre. Denn theils könnte auf keine Weise gesagt werden εἰς
Βηθφαγὴ καὶ Βηθανίαν; theils läßt sich auch nicht begreifen, warum er den
Esel sich nicht sollte in Bethanien haben geben lassen, wo es zwischen
5 Abend und Morgen an Gelegenheit einen zu verschaffen nicht gefehlt haben konnte. Also bleibt doch schwerlich eine andere Auskunft übrig als
anzunehmen, die Ankunft Jesu in Bethanien, welche Johannes XII, 1 beschreibt, sei dieselbe, die Markus XI, 11 beschreibt, nach dem von den drei
Evangelisten beschriebenen Einzug, und nachdem Jesus bereits aber nur
10 kurz im Tempel gewesen war. Der Einzug aber, den Johannes beschreibt,
sei nicht der unsrige; sondern den | unsrigen verschweige er, was sich am   245
leichtesten wol erklärt, wenn man annimmt, daß er selbst nicht mit zur
Stadt hineinging, weil er etwa vorauf nach Bethanien geschikt wurde, um   179
die Ankunft Christi anzumelden. Am folgenden Morgen aber, nachdem
15 recht bekannt geworden, Jesus sei bereits in der Stadt und im Tempel gewesen, und werde nun wieder und von nun an täglich hereinkommen, da sei
eine noch größere Menge Volks von den Zweifeln, deren Johannes erwähnt, befreit, ihm freudig entgegen gegangen, und habe in einem noch
größern Maßstabe die festlichen Bewillkommungen des vorigen Abends
20 wiederholt. Dies muß wol jeder sehr natürlich finden, und gar nicht ähnlich
manchen andern Fällen, wo die Ausleger, und die Evangelisten in Einstimmung mit einander zu bringen, eine Handlung doppelt annehmen. Denn
hier ist eine Wiederholung derselben an sich so sehr wahrscheinlich. Und
eben so natürlich wird auch wol jeder finden, daß die drei ersten Evange-
25 listen, gesezt auch sie hätten alle in zusammenhängender Erzählung geschrieben, und des zweiten Eintritts Christi in die Stadt erwähnt, doch diese
Bewillkommung nicht wiederholt beschrieben haben würden. Und eben so
leicht kann man sich denken, daß Christus den zweiten Tag wie den ersten
das Reiten dem Gehn vorgezogen hat, um so mehr als er ein noch größeres
30 Gedränge erwarten mußte. – Doch kommt man, wenn man recht betrachtet, wie Johannes dieser Sache erwähnt, eben so leicht auf den Gedanken,
er thue es mehr in polemischer Absicht, um von dieser | Handlung Christi,   246
gleichviel ob sie demselben Tage oder einem früheren angehöre, allen Schein
des absichtlichen zu entfernen, welchen ihr vielleicht das Gerücht, vielleicht
35 schriftliche Erzählungen, die Johannes kannte, geliehen hatte. Denn darum
gewiß sagt er so ausdrücklich, die Beziehung dieser ganz zufälligen Handlung auf die profetische Stelle sei von den Jüngern erst später gemacht
worden. Was aber bei Matthäus von zwei Thieren und sogar ziemlich
wunderlich gesagt wird, das weiß ich doch nur aus dem Bestreben zu erklä-

---

2f *Lk 19,29*   **23** *Auch Paulus rechnet mit einer Wiederholung des festlichen Einzugs (vgl.*
Kommentar III, S. 80ff. 89f. 99).   **37** *Joh 12,16*   **38** *Mt 21,2*

ren, die Beziehung der Thatsache auf die Stelle bei Sacharja recht genau zu
machen. Alles andere scheint mir vergebliche Mühe. Denn sollte Matthäus
180 mit den andern in Uebereinstimmung gebracht werden: so müßte doch der
πῶλος es gewesen sein, den Christus sich eigentlich bestellt hätte; aber
neben einem πῶλος, auf dem man wenigstens schon reiten kann, wenn er   5
auch noch nicht geritten ist, läuft die Eselin nicht mehr her, sondern hat ihn
längst sich selbst überlassen. Und so bestätigt auch dieser Umstand, daß die
Erzählung des Matthäus an Ursprünglichkeit der unsrigen und der bei
Markus nicht gleich kommt.

    Indem wir nun an dem Punkt angekommen sind, den ich als den Schluß   10
dieser dritten Masse des Ganzen ansehe: so scheint mir nicht undienlich die
Ansicht derer, welche nur den größeren Theil derselben bis XVIII, 14 als
eine frühere Schrift gelten lassen, welche Lukas seinem Evangelium einver-
247 leibt, noch einmal mit den anderen beiden Hypothesen vom Ur|evangelium
und von der Benuzung des Matthäus und Markus zusammenzustellen.   15
Wenn die besondere Schrift vor der Erzählung von Segnung der Kinder zu
Ende war, so hatte sie gar keinen Schluß; sie war eine vielleicht noch unbe-
endigte auf jeden Fall noch ungestaltete Sammlung, die eben so wenig ein
Reisebericht als eine Gnomologie heißen konnte, und bei der gar kein Plan
ersichtlich ist, so daß man es als ganz zufällig ansehn müßte, daß sie grade   20
mit Ankündigung einer Reise nach Jerusalem anfing. Wenn nun Lukas vor
dem Urevangelium eine besondere Achtung hatte, und das liegt doch in
dem Begriffe, auch schon in so fern dieses diejenige Schrift war unter seinen
Hülfsmitteln, die es am vollständigsten auf ein καθεξῆς angelegt hatte: sollten wir ihm dann nicht den Vorsaz zutrauen die Ordnung dieser Schrift   25
grade am wenigsten zu unterbrechen? und was konnte ihm denn erwünsch-
ter sein, als, wenn er doch eine so ungestalte Sammlung einrükken wollte,
alles was er sonst von Bereicherungen des Evangeliums aus der Zeit vor der
lezten Abwesenheit Christi in Jerusalem in Händen hatte an diese Sammlung anzureihen, damit er die Ordnung des Urevangeliums nur einmal für   30
181 immer unterbrechen dürfe? Die Sammlung gab sich hiezu um so leichter
her, als sie sichtlich in Galiläa anfängt, noch eine Zeitlang dort verweilt,
und zulezt ohne alle bestimmte Oertlichkeit aufhört. Ging aber die Sammlung bis dahin, wo wir sie schließen, dann mußte Lukas sie aus einem ganz
248 andern Gesichtspunkt | und höchst wahrscheinlich als ein genau zusam-   35
menhängendes Ganze ansehen, dem es Unrecht gewesen wäre dies und
jenes auf Gerathewohl ein und an zu schieben. Und, was uns noch näher
liegt, was für einen Grund kann er wol gehabt haben, dieser Sammlung ihre

---

1 *Sach 9,9*   **2** *Paulus beseitigt die Probleme durch Textkritik (vgl. Kommentar III, S. 100.*
136-138).   **4** *Mt 21,2*   **12** *Vgl. oben S. 101*   **14** *Nämlich von Eichhorn und Hug*
16 *Lk 18,15-17*   **21** *Lk 9,51*   **24** *Lk 1,3*

Stelle vor dem Abschnitt von der Einsegnung der Kinder anzuweisen, und
nicht vielmehr nach dieser und der Frage des ἄρχων, so daß er das
παραλαβὼν δὲ τοὺς δώδεκα mit der Ankündigung der Reise IX, 51 in Verbindung gesezt hätte? So daß auch von hier aus wahrscheinlich wird, die
5 Schrift sei weiter gegangen, und ihr Ende sei das von uns angenommene.
Auf der andern Seite, wenn diese Schrift XVIII, 14 zu Ende ging, und den
auf Ort und Zeitbestimmungen aufmerksamen Lukas hier sehr ungelegen
mit einer ganz unbestimmten Oertlichkeit im Stiche ließe, er aber hatte den
Matthäus und Markus vor sich: sollen wir glauben er habe sie so unauf-
10 merksam verglichen und benuzt, daß er zwar hier wieder zu ihnen zurükgekehrt sei, sich aber gar nicht nach der Stelle umgesehn habe, wo er sie
verlassen? Denn wenn er dies gethan, wie würde er sich, gesezt auch er habe
Ursachen gehabt die Frage von der Ehescheidung auszulassen, die ihm hier
so höchst nothwendige Ortsbestimmung haben entgehen lassen, die ihm
15 Matthäus und Markus darboten? Weshalb denn von allen Seiten her am
wahrscheinlichsten werden will, unsere Sammlung sei bis zur Ankunft in
Jerusalem gegangen und schließe erst hier. Daß die Uebereinstimmung mit
Matthäus | schon bei dem Abschnitt von den Kindern wieder anfängt, er-   249
klärt sich freilich am leichtesten, wenn man annimmt, dieser und die beiden
20 folgenden Abschnitte beziehn sich auf den Aufbruch zu einer und derselben
nämlich der lezten Reise. Die ganze Sammlung kann aber entstanden sein
auf eine mehr oder weniger absichtliche Art. Es kann ein ohne bestimmten   *182*
Zwekk sammelnder, weil ihm grade mehreres was sich offenbar auf Reisen
Christi nach Jerusalem bezog, zu Händen gekommen war, auch das übrige
25 dazwischen gefügt haben. Es kann aber auch einer ausdrüklich darauf
ausgegangen sein Erzählungen von der lezten Reise Jesu nach Jerusalem zu
sammeln. Wie man annehmen kann, daß die Geschichten der lezten Tage
und des Leidens zuerst sind von entfernteren Christen erfragt und theils
zusammenhängend erzählt, theils aus einzelnen Nachrichten aneinander-
30 gefügt worden; so schließt sich jener Wunsch diesem unmittelbar an. Alsdann wird noch wahrscheinlicher, daß alles was unsre Sammlung giebt,
sich auf Reisen Jesu ereignet hat, nur auf welcher, dies bleibt ungewiß.
Nimmt man indeß die einzelnen Anzeigen zusammen, auf welche ich habe
aufmerksam zu machen gesucht: so scheint doch im Ganzen alles ziemlich
35 so zusammen zu gehören, wie es hier gegeben ist, so daß wir dem Ordner
unseres Ganzen auch hier Glükk wünschen müssen, daß er an eine so gute
Quelle gerathen, und sein Urtheil loben müssen, wenn er vielleicht diese

---

35 Ordner] Redner *Kj (auch SW; engl. Übersetzung 261: our evangelist)*

---

3 *Lk 18,18.31*   **14** *Mt 19,1; Mk 10,1*   **18** *Lk 18,15-17; Mt 19,13-15*

250 Sammlung manchen andern Materilien, die sich ihm darboten, vorgezo-
gen hat. Auch der Schein, als ob darin mehr|mals Ansäze vorkämen, die
Jesus genommen zu einer Reise nach Jerusalem, ohne daß eine zu Stande
gekommen, dieser verschwindet bei unserer Ansicht gänzlich. Ist der Sammler ausdrükklich von dieser Absicht ausgegangen, so ist auch wol möglich, 5
daß er vieles nach mündlichen Erzählungen selbst concipirt; und dann hat
er natürlich, weil er sie gleich für die Sammlung bestimmte, den einzelnen
Abschnitten weder Einleitung noch Schluß gegeben, und die Ortbestim-
mungen, weil er sie doch nicht überall geben konnte, lieber überall weggelassen. 10

Vierte Masse XX, 1 bis zu Ende.

183 Wenn wir nun auch diesen lezten Theil des Evangeliums darauf ansehn, ob
es sich mit ihm eben so verhält wie mit dem bisherigen, daß wir weniger
Einen Schriftsteller anerkennen müssen, als eine Mehrheit von Concipienten, deren Aufzeichnungen nur von Einem sind geordnet worden: so 15
stoßen wir zuerst auf die schon angeführten Worte XXI, 37. 38 welche
zumal, wenn wir noch XXII, 1. 2 mit in Betrachtung ziehn, die beiden
Kapitel XX und XXI aus dem Zusammenhange mit dem früheren und
späteren bestimmt ausscheiden, und als ein ursprüngliches Ganze für sich
darstellen, dessen ganz natürlicher Schluß sie sind. Denn wenn wir uns 20
auch nur von XVIII, 14 an den Lukas wieder als Schriftsteller, sei es auch
nur vergleichenden und überarbeitenden denken: dürfen wir glauben, daß
251 er zwei so ähnliche Formeln wie XIX, 47. 48 und | XXI, 37. 38 so kurz
hinter einander habe folgen lassen, und sie nicht vielmehr in Eine zusammengezogen? Wollte er an jener Stelle eine solche allgemeine Schilderung 25
einrükken, wie sollte es zugegangen sein, daß er dem καὶ ἦν διδάσκων τὸ
καθ' ἡμέραν ἐν τῷ ἱερῷ nicht gleich das τὰς δὲ νύκτας ἐξερχόμενος ηὐλίζετο εἰς
τὸ ὄρος τὸ καλούμενον ἐλαιῶν hinzufügte? und eben so gehörte das πᾶς ὁ
λαὸς ὤρθριζε πρὸς αὐτὸν zu dem ἐξεκρέματο αὐτοῦ ἀκούειν ganz natürlich.
Und nachdem er in eben jener Stelle allgemein gesagt καὶ ἐζήτουν αὐτὸν 30
ἀπολέσαι, καὶ οὐχ εὕρισκον τὸ τί ποιήσωσιν, und hernach einen einzelnen
Fall XX, 19 angeführt, wo sie sich kaum aus Furcht vor dem Volk enthielten sogleich Hand an ihn zu legen: wie kann er, ohne sich hierauf im mindesten zurükk zu beziehen, dasselbe XXII, 1 ganz im allgemeinen wiederholen? Und wenn von XVIII, 14 Lukas im Zusammenhange schrieb, war 35
XXII, 1 der rechte Ort zuerst des Osterfestes, auf welches sich ja die ganze

---

29 αὐτοῦ] αὐτόν   **36** XXII, 1] XXII, 2

---

26 *Lk 19,47*   **27** *Lk 21,37*   **28** *Lk 21,38*   **29** *Lk 19,48*   **30** *Lk 19,47f*

Reise bezog, zu erwähnen? Hätte es nicht schon im achtzehnten oder neunzehnten Kapitel oder spätestens am Anfang des zwanzigsten geschehen müssen? Vielmehr verrathen diese Worte ganz bestimmt, daß hier eine neue Denkschrift angeht, die von dem vorigen nichts weiß, und auch von dem Ordner des Ganzen nicht mit dem bisherigen in Eins verarbeitet ist; denn dieser Uebelstand hätte ihm unmöglich entgehen können. Also kann weder XXI, 37. 38 im Zusammenhang mit XIX, 47. 48 geschrieben sein, noch XXII, 1. 2. im Zusammenhange mit XX, 19, so daß sich XX und XXI ganz isoliren. |

Beleuchten wir also diese für sich als eine ursprüngliche Erzählung: so macht sie gar keinen Anspruch auf genaue Zeitbestimmung oder auf strenge Zeiteinheit. Daß der Ausdrukk ἐν μιᾷ τῶν ἡμερῶν ἐκείνων dieselbe nur scheinbar mit dem vorigen verbindet, ist schon erwähnt; aber anstatt des unbestimmten ἐν μιᾷ könnte doch bei derselben Entstehungsart des Anfangs ein bestimmter Tag vor dem Fest angegeben sein, wenn hierauf die Absicht des Erzählers wäre gerichtet gewesen. Eben so unbestimmt schließt sie auch, als habe sie nur einen oder mehrere Tage dieser Zeit ohne zu wissen welche herausgegriffen. Auch ist gar keine Ursach zu glauben, daß alles hier erzählte an demselben Tage vorgegangen sei, vielmehr liegt auch in unserer Erzählung, wenngleich sie es nicht ausdrüklich sagt, die Voraussezung, daß nach dem mißlungenen ersten Versuch dem zweiten von XX, 20 an erzählten eine neue Berathung vorangegangen ist, und mancherlei Anstalten, da die ἐγκάθετοι doch erst mußten herbeigeschafft und gehörig unterrichtet werden, so daß höchstwahrscheinlich hier von einem Tage auf einen andern übergesprungen ist ohne dessen zu erwähnen. Daher müssen wir mehr eine innere Einheit aufsuchen, ein Thema, welches dem Erzähler aufgegeben war, und das ist auch sehr leicht zu finden, es sind nämlich die dem lezten mit Hülfe des Judas gelungenen Streich vorangegangenen und von ihm unabhängigen Anschläge der feindseligen priesterlichen Partei. Diese finden wir hier im Zusammenhange, und also wahrscheinlich auch, | so weit etwas davon zur Erscheinung kam, vollständig berichtet, aber von einem der keine Gelegenheit hatte sich auch von dem innern der Sache, von den Berathungen und Vorbereitungen der Feinde Christi, zu unterrichten. Daher treten, so weit dieses Thema reicht, nemlich bis XX, 47 alle anderen Verhältnisse zurükk; weder von dem was Christus gelehrt noch von Heilungen, an denen es ja auch in diesen Tagen nicht wird gefehlt haben, ist irgend die Rede. Man könnte hiegegen einwenden, dann würde auch wol von der Frage der Sadducäer, die offenbar nichts für Christi Person verfängliches enthält, nichts hier vorgekommen sein. Allein damit scheint es die Bewandniß gehabt zu haben, daß diese Frage die zweite Verhandlung

---

Christi mit seinen Gegnern unterbrach, und daß die allgemeine Warnung, mit welcher er seine Antwort schloß, sich doch zugleich auf das Zwischeneintreten der Sadducäer bezog, und ohne dessen Erwähnung nicht verständlich gewesen wäre. Nämlich der erste und zweite Versuch stehen in einem bestimmten Gegensaz, der erste hatte einen officiellen Charakter, es waren Abgeordnete des hohen Rathes, die Christo gradezu eine Rechenschaft abforderten, die Andern waren ἐγκάθετοι, welche sich ganz unschuldig anstellten, als ob sie gar keine Absicht auf Christum hätten; der erste ging darauf aus ihn vor die jüdische geistliche Gerichtsbarkeit zu ziehen, der andere etwas hervorzulokken weshalb sie gegen ihn die römische weltliche aufrufen könnten. Christus weiset diesen auf eine solche Art ab, daß kein Widerspruch ent|steht gegen seine Aufforderungen sich in eine βασιλεία τοῦ θεοῦ zu sammeln, die von dem bürgerlichen Zustand ganz unabhängig wäre. Zu dieser Antwort ist offenbar die Frage XX, 41-44 der zweite Theil. Verfängliche Fragen, sagt Christus gleichsam, will ich euch auch wol vorlegen, die ihr nicht beantworten könnt ohne eure Theorie zu verläugnen oder etwas zu sagen, weshalb ich die Römer gegen euch aufhezen könnte. Denn da sie den Psalm messianisch auslegten, konnten sie wol nicht anders antworten, als, David könne deshalb den Messias zugleich seinen Herrn nennen, weil dieser ein weit mächtigerer König sein solle, als er selbst gewesen, und vorzüglich mußte wol darin liegen, daß er nicht ein den Römern untergeordneter nach Art der Herodianischen selbst ein Knecht, sein könne. Und wer weiß, ob sie nicht in gegen Christum gehaltenen Vorträgen, an denen sie es gewiß in den Synagogen und Tempelhallen nicht fehlen ließen, sich dieser Auslegung bedient hatten, um zu beweisen, Jesus von Nazaret könne der Messias nicht sein. In diesem genauen Zusammenhang mit dem vorigen ist dies Verfahren Christi vollkommen verständlich und vollkommen seiner würdig, verliert aber an beidem nach meinem Gefühl, wenn man es abtrennt und Christum in einem solchen Sinne offensiv verfahren läßt. Angedeutet aber ist dieser Zusammenhang in unserer Erzählung deutlich genug. Sie erzählt nicht, daß die angestifteten Frager und die pharisäisch gesinnten Schriftgelehrten, welche sich gewiß scheinbar zufällig um den Erfolg | abzuwarten umher versammelt hatten, schon weggegangen wären, sondern nur, daß sie schwiegen, und mit diesem ἐσίγησαν v. 26 kann man das προσελθόντες δέ τινες so genau man will in Verbindung bringen; die γραμματεῖς v. 39, welche um desto unbefangener und gar nicht im Zusammenhang mit jenen ἐγκαθέτοις sich zu zeigen, Christo beistimmen in seiner antisadducäischen Antwort,

---

6 Rathes] Rahtes   10 weshalb] weshelb

---

7 *Lk* 20,20   35 *Lk* 20,27   37 *Lk* 20,20

gehörten offenbar zu den Mitwissenden, und Jesus, dem dies nicht entging,
richtet nun seine vergeltende Frage an sie, und fügt, weil sie doch, wenngleich vielleicht diesmal nur mit halbem Herzen, sich über die Beschämung
der Sadducäer gefreut, seiner allgemeinen Warnung gegen die Pharisäer
5   auch noch die vergleichende hinzu, daß er sie für weit gefährlicher und
strafbarer halte als die Sadducäer. Bis hieher also ist alles in unserer
Erzählung durch das angegebene Thema ausschließend bestimmt; die noch
übrigen beiden Stükke aber XXI,1-4 und 5-38 haben mit demselben nichts
mehr zu thun, und diese sind gewiß wegen ihres unmittelbaren Zeit-
10 zusammenhanges mit dem lezten Theil der bisherigen Erzählung hinzugefügt, eine unter diesen Umständen von Seiten des Berichterstatters sehr
natürliche und für seine unmittelbaren Leser höchst schäzbare Zugabe.
Schon lehrend hatten die ἐγκάθετοι gewiß Jesum im Tempel gefunden, und
wir müssen glauben, daß über diesen Verhandlungen die Zeit, wo man den
15 Tempel allmählig zu verlassen pflegte, herangekommen sei, ohne daß
Christus noch eine lang|gedehnte antipharisäische Rede, wie sie Matth.   256
XXIII giebt, hätte halten können, wenn wir auch nicht schon anderwärts   187
her wüßten, daß diese Rede ein zusammengeseztes Werk ist. Indem nun
Christus das größte Gedränge sich erst verlieren läßt, und dem Hinausgehn
20 zusieht, beobachtete er die Wittwe, und nachdem er zulezt selbst mit den
seinigen den Tempel verlassen, fielen die Gespräche und Reden vor, die uns
XXI, 5-36 erzählt werden. So erscheint unsere Erzählung gestaltet und
entstanden, wenn man sie unbefangen für sich betrachtet; vergleichen wir
sie nun auch mit den Berichten bei Matthäus, um zu sehen ob die Art der
25 Uebereinstimmung zwischen beiden sich aus der Benuzung eines gemeinschaftlichen Urevangeliums und verschiedener Hülfsschriften wirklich begreifen läßt, und eben so ob wahrscheinlich werden will, Lukas habe den
Matthäus und Markus vor sich gehabt. Die bloße Gleichheit der Anordnung in diesen Abschnitten, zumal Markus und Matthäus noch mehr und
30 weniger dazwischenschieben, und Matthäus auch einen von den unsrigen
ausläßt, kann uns wol nicht nöthigen hier Eine gemeinschaftliche Quelle
anzunehmen. Wir können wahrscheinlicherweise die Begebenheiten die in
unserer Erzählung zusammengefaßt sind nur auf zwei Tage vertheilen;
wenn nun an diesen beiden Tagen, das Lehren, wie es unsre Erzählung mit
35 dem Ausdrukk εὐαγγελίζεσθαι bezeichnet, und das etwanige Heilen, was
für diese Tage immer nicht merkwürdig genug war, abgerechnet | in dem   257
Tempelleben Jesu nichts weiter auffallendes vorgekommen ist: wie höchst

---

8 XXI, 1-4] XX, 1-4

---

16 *Mt 23,1-39*   **20** *Lk 21,1-4*   **24** *Mt 24,1-36*   **26** *Hypothese Eichhorns (s. zu*
S. 11)   **27** *Hypothese Hugs (s. zu S. 11)*   **31** *Nämlich Mk 12,41-44; Lk 21,1-4*   **35** *Lk*
20,1

natürlich wird es dann, daß in mehreren ursprünglichen Erzählungen, wenn sie auch nicht dieselbe Absicht hatten, welche der unsrigen zum Grunde zu liegen scheint, doch die Begebenheiten in derselben Ordnung einander folgen! Daß aber zwischen dem Einzuge Christi und der Verrätherei des Judas in allen drei Evangelien uns im wesentlichen nichts als 5
dieses erzählt wird, das kann doch auf keinen Fall aus einem gemeinschaftlich zum Grunde liegenden Urevangelium erklärt werden; sondern nur daraus, daß keinem von allen dreien hier Erweiterungen und Hülfsschriften zu Gute gekommen sind. Dieser gemeinschaftliche Mangel kann also auch
188 das Dasein eines Urevangeliums nicht wahrscheinlicher machen. Vielmehr 10
wenn wir uns ein solches denken mit dem Zwekk zur Grundlage der Verkündigung zu dienen, und von einem wohlunterrichteten Gefährten der Apostel verfaßt: so müßten wir uns billig wundern, in demselben weder von jenen Griechen etwas erwähnt zu finden, die Jesum zu sehen begehrten, und die gleichsam als die Erstlinge der Kirche aus den Heiden angesehn 15
werden können, noch von jener Stimme vom Himmel, von der doch auch nicht Johannes allein kann gewußt haben. Fragen wir aber, wie genau die Erzählung dieser Begebenheiten in den drei Evangelien übereinstimmt, und ob hieraus eine gemeinschaftliche Quelle wahrscheinlich wird: so stoßen wir, wenn wir auf das Ganze unserer Erzählung sehen, sogleich auf einen 20
258 Um|stand, der gar sehr gegen eine solche Voraussezung spricht. Nemlich die Begebenheiten, deren Zusammenhang durch unsere Erzählung sehr deutlich hindurchschimmert, erscheinen beim Matthäus gänzlich und an sehr bestimmte Weise getrennt. Nachdem Jesus der Deputation geantwortet, heißt es freilich Matth. XXI, 45. 46 die Hohenpriester und Pharisäer 25
hatten gemerkt, daß seine Gleichnisse auf sie gingen und gesucht ihn zu greifen, hätten aber die Menge gefürchtet. Aber damit hängt nicht zusammen, daß sie eine neue Berathung gehalten, sondern dies folgt erst nach einer andern Gleichnißrede Christi XXII, 1-15; die sie gar nicht eben so unmittelbar auf sich zu beziehen Ursache hatten. Auch sind es nicht, wie 30
bei uns, dieselben, sondern hier nur die Pharisäer; so daß man die Beziehung dieser Berathung auf das Mißlingen des vorigen Versuchs ganz aus den Augen verliert. Doch dies, könnte man sagen, sei nur die Folge eben von dem zwischen eingeschobenen Gleichniß. Aber auch hernach als Jesus die Frage wegen des Census beantwortet hat, läßt Matthäus diese Angestif- 35
teten XXII, 22 sich entfernen, und die Sadducäer kommen zwar an demselben Tage, aber man weiß nicht wie spät hernach. Die Pharisäer versammeln sich erst nachher wieder, aber sie schikken nur einen mit einer ganz
189 unverfänglichen Frage ab, und darauf richtet Christus an die versammelten seine Frage aus dem CXten Psalm. Bei Markus ist es zwar der hohe Rath, 40

---

14 *Joh 12,20f* **16** *Joh 12,28* **31** *Lk 20,20 – Mt 22,15* **36** *Mt 22,23-33* **37** *Mt 22,34-40* **40** *Mt 22,44: Ps 110,1 – Mk 12,13*

welcher auch die Pharisäer und Herodianer mit der Frage wegen des
Census abschickt, aber Christus legt seine | Frage, wie der Messias Davids   259
Herr sei, nicht diesen und überhaupt niemanden vor, sie erscheint nur wie
eine Stelle aus einer im Tempel man weiß gar nicht ob an demselben Tage
5   gehaltenen Lehrrede; und eben so abgerissen wie aus einer andern Rede
erscheint auch die Warnung gegen die pharisäischen Schriftgelehrten, wenngleich sie sonst demjenigen vollkommen gleich ist, was wir bei Lukas lesen.
Wie muß nun, frage ich, das Urevangelium beschaffen gewesen sein, daß
Erzählungen, die so verschiedene Ansichten geben, daraus haben entstehen
10 können? Eine Frage zu der man freilich sich nicht veranlaßt sieht, wenn
man sich die drei Evangelien in die möglichst kleinsten Abschnitte zerlegt,
und nur diese unter sich vergleicht; aber zur Entscheidung der Sache gehört
doch diese Frage sehr wesentlich. Denn wenn uns das Urevangelium wahrscheinlich werden soll, müssen wir es uns auch zusammendenken können
15 aus unsern Evangelien. Dazu gehört aber nicht nur, daß wir uns müssen
denken können, wie es die einzelnen Begebenheiten erzählt hat, denn
hierauf hat der Erfinder desselben ohnstreitig einen erstaunenswürdigen
Fleiß und Scharfsinn gewendet, sondern auch ob und wie es sie in Verbindung gebracht hat. Da die Prüfung dieser Hypothese hier nicht mein
20 eigentlicher Zwekk ist: so genügt es mir bei dieser Gelegenheit aufmerksam
darauf zu machen, daß man jene Frage aufwerfen müsse bei allen Begebenheiten, die aus dem Urevangelium herübergenommen, der eine oder andere
unserer Evangelisten in unmittelbare Verbindung mit | einander bringt, der   260
andere durch anderes dazwischengeschobenes trennt oder wenigstens be-
25 stimmt absezt! Was nun unsern Fall betrifft: so bleibt schwerlich etwas
anderes übrig als zu sagen, das Urevangelium habe die Auftritte aufeinan-
derfolgen lassen ohne bestimmt zu verbinden oder bestimmt zu trennen, in
der Ueberarbeitung aber habe der eine bestimmt verbunden, der andre   190
bestimmt getrennt. Werden wir dann aber nicht viele Veranlassung bekom-
30 men, wenn wir diese Untersuchung fortsezen, uns das Urevangelium zu
denken als ein Aggregat von einzelnen völlig abgerissenen Erzählungen,
welches ganz gleichförmig hintereinander gestellt habe dasjenige, was in
einem nähern Zusammenhange unter sich stand und das was nicht? und
kann man sich ein solches wol denken als die ursprüngliche schriftliche
35 Abfassung wohlunterrichteter Männer, welche die unmittelbaren Augenzeugen befragen konnten, oder wol gar von ihnen beaufsichtet und geleitet
wurden? Und wenn diese ein so wunderliches Ding stehen ließen, woraus
mit ganz gleichem Recht die verschiedensten Bilder konnten gemacht werden: so war auf diese Weise die Folge der Begebenheiten im Urevangelium

---

2 *Mk 12,35-37*   **6** *Mk 12,38-40*   **7** *Lk 20,45-47*   **8** *Vgl. die Aufstellung des entsprechenden Umfangs des Urevangeliums bei Eichhorn: Einleitung I, § 37, hier S. 152f.*

etwas ganz zufälliges. Und nehmen wir hiezu die Dürftigkeit desselben in vielen einzelnen Abschnitten: so gerathen wir wieder, wenn wir uns den Zwekk desselben denken wollen, in die auffallendste Verwirrung. Wollen wir aber auch annehmen, die einzelnen Begebenheiten hätten im Urevangelium nur so hinter einander gestanden, daß aus demselben nicht hätte | abgenommen werden können, ob sie in näherer Verbindung standen oder nicht, wiewol sich eine solche Unbestimmtheit kaum anders als höchst absichtlich denken läßt; und eben deshalb hätte nun der eine Ueberarbeiter bei Matthäus angenommen, sie gehörten nicht zusammen, und sie daher bestimmt getrennt, der andere beim Lukas hätte das Gegentheil angenommen und sie daher in Verbindung gesezt: so ist doch auch dieses nicht durchzuführen. Denn um eine gemachte zu sein, ist die Verbindung der einzelnen Bestandtheile in unserer Erzählung viel zu leise angedeutet, und gewiß würde sie weit schärfer gezeichnet sein und weit bestimmter hervortreten, wenn sie so entstanden wäre. Wie sie jezt ist, sieht sie keineswges aus wie das Werk einer zweiten Hand, welche eine unbestimmte Erzählung verbessern und ergänzen will; sondern rein wie die Erzählung eines solchen, dem der Hergang in seinem natürlichen Zusammenhange gegenwärtig ist, der es sich aber gar nicht zur besondern Aufgabe macht, diesen Zusammenhang aufzudekken; also nicht wie etwas abgeleitetes, sondern wie etwas ursprüngliches. Eben so wenig ist aber wahrscheinlich, daß Lukas den Matthäus und Markus vor sich gehabt hat. Denn wie hätte er sich können XX, 20 des wunderlich undeutlichen Ausdrukkes bedienen ἀπέστειλαν ἐγκαθέτους ὑποκρινομένους ἑαυτοὺς δικαίους εἶναι, wenn er bei Matthäus das weit bestimmtere vor sich fand, daß sie von ihren Schülern gemeinschaftlich mit einigen Herodianern unterrichtet und abgeschikt hatten? Und eben so, wie hätte | er nicht weiter hin XXI, 5 sein unbestimmtes καί τινων λεγόντων gewiß vertauscht mit der bestimmteren und sich fortschreitend entwikkelnden Nachricht bei Matthäus und Markus? Offenbar spricht ein solches Nichtbenuzen um Mängel, die wenigstens bei der Vergleichung sofort fühlbar werden müssen, hinweg zu schaffen, weit bestimmter gegen diese Annahme, als die Uebereinstimmung im einzelnen dafür spricht. Da aber diese Uebereinstimmung unläugbar sehr groß ist: so können wir die Frage nicht umgehn, ob dieselbe Denkschrift, welche Lukas eingerükt, auch dem auf mancherlei Weise vermehrten Bericht des Matthäus zum Grunde gelegen. Dieses gewinnt auf der einen Seite nicht wenig Wahrscheinlichkeit, wenn wir gleich im ersten Abschnitt der Erzählung in beiden Evangelisten auch dasjenige übereinstimmend finden, was nur Urtheil und Ansicht des Erzählers ist, nämlich wie sich die Deputirten die

---

22 *Zur Perikope der Kaisersteuer äußert sich Hug, dessen Hypothese hier im Hintergrund steht, nicht.* **25** *Mt 22,15f* **29** *Mt 24,1; Mk 13,1* **34** *Lk 20,1-21,38* **35** *Mt 22,23-25,46* **38** *Lk 20,5f; Mt 22,25f*

zweischneidige Frage Christi erklärt haben sollen, zumal sich mehrere
Arten denken lassen, wie Christus jede Antwort, die sie darauf geben
konnten, würde gewendet haben. Wenn man zwei von einander unabhängige Erzählungen annehmen will, die dennoch hierin übereinstimmen: so
mußte entweder Christus selbst sich hernach über seine Absicht gegen die
Jünger erklärt, oder sie wenigstens müßten die Sache häufig unter einander
besprochen haben, und alle in dieser Erklärung einig geworden sein. In
beiden Fällen bleibt immer gleich sonderbar, daß beide Erzähler dies in
derselben Form als die Gedanken der Ho|henpriester vortragen, und keiner
von beiden als Meinung der Jünger oder als Erklärungen Christi. Waren es
aber wirklich die Gedanken der Deputirten: so konnten die Erzähler diese
nur aus einer besondern Quelle wissen, und es wäre wieder unwahrscheinlich, daß eine solche zweien von einander unabhängigen Erzählern offen
gestanden. Wenn man nun annimmt, daß Matthäus die Parabel von den
beiden Söhnen, welche ohnedies nicht genau hieher paßt, nach seiner
Weise hier eingetragen, daß er nun einmal im Verändern war, und daher
auch Kleinigkeiten in der Parabel vom Weinberg geändert, wenn wir
entweder auch die freilich sehr ungeschickte, daß den Deputirten selbst die
Antwort auf die Frage, was wol der Herr mit jenen Winzern machen
werde, in den Mund gelegt wird, als eine solche ansehn, oder diese mit
Eichhorn als unrichtige Auffassung des Aramäischen erklären: so reichen
wir mit dieser Voraussetzung wol durch den ersten Abschnitt aber nicht viel
weiter, sondern die zunehmenden Abweichungen machen doch eine ziemlich hochliegende Verschiedenheit wahrscheinlich; und ich möchte wenigstens sagen, was dem Matthäus ursprünglich und vor seinen eigenthümlichen Erweiterungen zum Grunde gelegen, sei wol eine andere schriftliche
Auffassung derselben mündlichen Erzählung gewesen, welche einige Umstände besser wiedergeben als die unsrige, andere auch mangelhafter, und
ich halte dies, wenn man sich erkünstelter Hypothesen enthalten will, für
die annehmlichste Erklärung. Auf diese Weise begreift sich auch | das
getrenntere Hervortreten der einzelnen Abschnitte bei Matthäus, welches
wiederum die Einführung manches ähnlichen erleichterte. Denn daß weder
die Parabel von den beiden Söhnen, noch die Frage nach dem vornehmsten
Gebot hieher gehört, ist wol so gut als gewiß, und auch von der Parabel
vom Gastmahl ist dasselbe wahrscheinlich genug. Vor allen aber ist auch
wol die lange antipharisäische Rede nur auf Veranlassung einer kurzen
Warnung, wie Lukas und Markus sie hier mittheilen, aus mehreren Aus-

---

14 *Mt 21,28-32* **17** *Mt 21,33-46* **19** *Mt 21,41* **21** *Vgl. Einleitung I, S. 168, wo es*
heißt: „*Durch Zurückübersetzen in den hebräischen [!] Urtext lassen sich auch anderwärts*
Misverständnisse heben, wie [...] Matth. 21,41. vergl. mit Mark. 12,9 Luk. 20,16." **33** *Mt*
21,28-32 **34** *Mt 22,34-40* **35** *Mt 22,1-14* **36** *Mt 23,1-36* **37** *Lk 20,46f; Mk*
12,38-40

zügen anderer Reden aus verschiedenen Zeiten zusammengesezt, wie wir
193 dies von mehreren Stükken schon nachgewiesen haben; und daher scheint
sich auch von dieser Seite die Schlußformel unserer Erzählung zu rechtfertigen, welche nichts davon weiß, daß dieses grade das lezte Mal war, daß
Christus im Tempel gelehrt, welches man nur aus dem wahrscheinlich 5
nicht hieher gehörigen aber gewiß sehr kunstreich hieher versezten Ende
der Rede bei Matthäus geschlossen hat; so daß auch wol die Bestimmung,
was an jedem Tage von den sechs etwa seit Christus Ankunft in der Nähe
von Jerusalem geschehen sei, keine große Sicherheit haben kann. – Die
nächste kleine Begebenheit kann, wenn sie sich nicht als Lehrstükk fortge- 10
pflanzt hat, wol schwerlich für sich allein, sondern nur als Anhang einer
größeren Erzählung sein aufgezeichnet worden. Im ersten Fall konnte der
Ordner des Ganzen, oder ein früherer Besizer unserer Erzählung, wenn er
265 sie einzeln besaß, ihr wol kaum einen andern Plaz | als diesen anweisen;
und in dieser erweiterten Gestalt hätte dann unsere Erzählung dem Markus 15
vorgelegen. – Doch sei nun dieses wirklich damals vorgefallen und deshalb
ursprünglich mit erzählt worden, oder sei es von anderwärts her später
eingeschoben, soviel steht bei mir fest, daß der lezte Abschnitt unserer
Erzählung, die Rede Jesu auf Veranlassung der Tempelbetrachtung, XXI,
5-38, mit den drei ersten ursprünglich zusammengehangen hat. Schon aus 20
der Schlußformel steht dieses fest, welche sich unmöglich auf diesen Abschnitt allein beziehen kann, indem ja von keinem Lehren im Tempel
bestimmt die Rede ist, ja nicht einmal die Zeit des lezten Aufenthaltes
Christi in Jerusalem ist darin irgend deutlich bezeichnet. Auch finde ich in
der unbestimmten und ungenügenden Erwähnung der Veranlassung, καί 25
τινων λεγόντων περὶ τοῦ ἱεροῦ eine unverkennbare Uebereinstimmung mit
der Nachläßigkeit der früheren Abschnitte in eben dieser Hinsicht; man
vergleiche nur XX, 20. 27. und 39, und erinnere sich des darüber schon
gesagten. Was nun diesen lezten Abschnitt an sich betrifft, so ist unsere
Denkschrift von dieser Rede Christi völlig zusammenhängend und aus sich 30
194 allein verständlich. Wie die veranlassenden ersten Worte Christi nur auf die
Zerstörung des Tempels gehn, und auf die Einnahme der Stadt die damit
natürlich zusammenhängt: so hat auch die Hauptfrage der Jünger keinen
andern Gegenstand, und die ausführliche Antwort Christi geht, wenn man
266 alles in seiner gegenseitigen Beziehung be|trachtet, über die vorgelegte 35

---

8 sechs] Sechs

---

3 *Lk 21,37f*   6f *Mt 23,37-39. Dieser Schluß bei Paulus: Kommentar III, S. 365*   7 *Vgl.*
Paulus: Kommentar III, S. 77-99, wo in der Übersicht über die Passionswoche die Rede Jesu
auf Dienstag gelegt wird.   10 *Lk 21,5*   15 *Mk 12,41-44*   20 *Lk 20,1-40; 20,41-47;*
21,1-4   25 *Lk 21,5*   28f *S. 158*

Frage auch gar nicht hinaus. Die geweissagten Verfolgungen sind offenbar
nur jüdische; die Belagerung und Zerstörung Jerusalems ist offenbar der
Mittelpunkt der ganzen Rede, wie man aus der Ausführlichkeit, mit der sie
behandelt ist, deutlich sieht; das könnte aber nicht sein, sondern sie hätte
5 müssen ein untergeordneter Gegenstand werden, wenn Christus damals
zugleich von einem späteren und weit größeren Ereigniß, von der Vollendung aller irdischen Dinge geredet hätte. Auch der Ausdrukk τὸ τέλος v. 9
deutet sichtlich nur auf die buchstäbliche Erfüllung der Worte, daß dort
kein Stein auf dem andern bleiben werde. Die Ermahnungen endlich an die
10 Apostel, die theils in der Rede selbst zerstreut, theils am Ende zusammengefaßt sind, tragen ganz dasselbe Gepräge, und sind gleich unmittelbar an
sie gerichtet; so daß man nicht ohne die größte Gewaltthätigkeit, die eine
auf den jüdischen Krieg und die Zerstörung Jerusalems, die andere auf das
Ende der Welt beziehen könnte. Und wie soll man ohne die härteste
15 Verzerrung die Schlußworte v. 32 gleichmäßig auf zwei ganz getrennte und
weit auseinanderliegende Gegenstände der Rede beziehen? Was sich hiegegen aus unserer Rede allein sagen ließe, wäre nur, daß der Anfang der
Rede Christi sich doch mehr auf die Frage nach seiner παρουσία, wie wir
sie bei Matthäus lesen, zu beziehen scheine, daß himmlische und sonstige
20 Schrekkenszeichen an zwei verschiedenen Stellen v. 11 und v. 25. 26
geweissagt werden, was also auf zwei verschiedene Zeiten deute, | und daß   267
endlich doch auch bei uns, wenngleich nur sehr abgekürzt von einer
sichtbaren Wiederkunft des Menschensohnes die Rede ist. Allein dies sind
untergeordnete Umstände, welche, wenn wir die Rede des Matthäus XXIV,
25 4-XXV, 46 nicht neben der unsrigen hätten, niemand auf diese Art deuten
würde, welche aber eben deshalb lediglich nach der Ansicht, welche die   195
Betrachtung unserer Rede natürlich hervorbringt, erklärt werden müssen,
und sich auch sehr leicht unter der Voraussezung begreifen lassen, daß hier
nur von der Zerstörung Jerusalems die Rede ist. Denn was den Anfang der
30 Rede betrifft, so ist der Hauptpunkt das λέγοντες ὅτι ὁ καιρὸς ἤγγικε, und
sehr natürlich mußte Christus damit anfangen zu sagen, sie sollten sich
nicht durch falsche Verkündigungen blenden lassen, die doch immer
Verkündigungen des Messianischen Reichs waren, so daß dieses ὁ καιρὸς
ἤγγικε nur von solchen gerufen werden konnte, die unter seinem Namen
35 kamen. Diese Warnung also mußte vorangehn, wenn die Jünger auch nicht
unmittelbar nach Jesu Wiederkunft gefragt hatten, und so schließen sich an
dieselbe ganz natürlich die wirklichen Anfänge, innere Unruhen und krie-
gerische Bewegungen, die aber auch von der gänzlichen Erfüllung noch
ziemlich weit entfernt sind. Daß aber von den himmlischen Zeichen an

---

1 *Lk 21,12-19*   **2** *Lk 21,20-24*   **12** *Lk 21,20-24*   **13** *Lk 21,25-28*   **19** *Mt 24,3*
23 *Lk 21,27*   **30** *Lk 21,8 (gekürzt)*

zwei Stellen die Rede ist, hängt damit zusammen, daß offenbar die genauere Beschreibung, welche v. 10 beginnt, unterbrochen wird, um nachzuholen, was in näherer Beziehung auf die Jünger vorher geschehen sollte. Die
nä|here Beschreibung dessen, was zur Katastrophe selbst gehört, tritt erst
v. 20 wieder ein, und zu dieser gehören v. 23 und 26 offenbar mit, indem
das καὶ πεσοῦνται v. 24, καὶ ἔσται σημεῖα v. 25 und καὶ τότε ὄψονται v. 27
offenbar einander beigeordnete Glieder der Beschreibung sind, das erste
der geschichtlichen Seite, das zweite der physischen, das dritte der höheren
religiösen Beleuchtung der Begebenheiten, welche eben durch das Zusammentreffen dieser beiden Glieder zu Tage kommt. Daher stehen auch v. 27
und 28 unverkennbar in dem Zusammenhange, daß die Gegner an der
Vollendung dieser Dinge den Menschensohn in seiner Herrlichkeit erkennen werden, die Jünger aber schon am Anfange dessen, was mit der
Katastrophe genau zusammenhängt, merken sollten, daß ihre Befreiung
von den bisherigen Verfolgungen herannahe. So gehen demnach Ende und
Anfang genau in einander auf, und unsere Denkschrift giebt uns ein bestimmtes Bild von dem ganzen Zusammenhang der Rede Christi, in dem
wir nichts wesentliches vermissen. Und doch ist diese Denkschrift keinesweges ein künstliches Werk, wie wenn einer absichtlich alles, was sich auf
das spätere und größere Ereigniß bezog, ausgelassen, und nur das der
Zerstörung von Jerusalem angehörige zusammengestellt hätte; und wer
dies behaupten wollte, würde seine Meinung schwerlich im mindesten
wahrscheinlich darzustellen im Stande sein. Vielmehr erscheint unsere
Denkschrift dem unbefangenen Betrachter als das kunstlose Werk eines
aufmerksamen Zuhörers, der Inhalt und Zusammenhang richtig gefaßt |
hat, dem auch die glänzenden eindrüklichsten Stellen gegenwärtig geblieben, aber der manches einzelne wissentlich oder unwissentlich übergangen
hat, und hie und da vielleicht auch zu Umstellungen ist hingerissen worden.
Für eine Lükke zum Beispiel zeugt sehr deutlich das τότε ἔλεγεν αὐτοῖς v.
10, sei es daß Zwischengedanken ausgelassen sind, oder daß Christus hier
durch die Jünger unterbrochen Gespräch mit ihnen geführt, und so die
zusammenhängende Rede wieder aufgenommen habe. Eben so verräth v.
18 eine Lükke oder eine Umstellung; denn schwerlich wird Christus so
unmittelbar hinter einander gesagt haben, erst καὶ θανατώσουσιν ἐξ ὑμῶν
und dann καὶ θρὶξ ἐκ τῆς κεφαλῆς ὑμῶν οὐ μὴ ἀπόληται; und anderwärts her
eingeschoben kann man doch auch keines von beiden halten. Vergleichen
wir nun die Rede, wie sie bei uns ist, mit der Aufzeichnung bei Matthäus
XXIV, 4-XXV, 46, wie man dort unmöglich alles auf dieselbe Einheit des

---

28 hingerissen] hingerisen   **35** ἀπόληται] ἀπώληται

---

34 *Lk* 21,16.18

Gegenstandes, wie hier, zurükführen kann, und wie man doch auf der
andern Seite auch mit der Anwendung aller gekünstelten und erzwungenen
Hülfen es nicht dahin bringt, was sich auf die beiden so sehr verschiedenen
Gegenstände beziehen soll, gehörig und klar auseinander zu halten, und
5 nimmt dazu, wie doch diese Rede warlich zu groß, zu zusammengesezt, zu
bilderreich ist für Christum, der sich von den Beschwerden eines durch
allerlei Streit und schwierige Händel mühvollen Lehrtages am Oelberge   *197*
ausruht: so muß man doch wol darauf zurükkommen, daß unsere Aufzeich-
nung die treuere | ist, und daß bei Matthäus alles, was sich nicht auf die   *270*
10 Zerstörung Jerusalems und des Tempels bezieht, von anderwärts herrührt,
und nur deswegen hier zusammengetragen ist, weil nur Rede und Gleichniß
ohne alle geschichtliche Veranlassung aufgezeichnet vorhanden war, und
diese Bestandtheile also nicht selbständig auftreten konnten, sich aber
dieser Rede besser und leichter als irgend einer früher mitgetheilten an-
15 schlossen. Auch hier also trägt Matthäus mehr das Gepräge einer späteren
Ueberarbeitung, und Markus scheint nicht anders als, wie er pflegt, wo
eine Fülle von Reden ihn überströmt, einen Auszug aus Matthäus zu
geben. – Haben wir nun den Grad und die Art der Uebereinstimmung
zwischen Matthäus und Lukas in den drei ersten Abschnitten unserer
20 Erzählung am besten daraus erklärt, daß dem Matthäus zum Grunde gelegen eine andere flüchtiger und unzusammenhängender gerathene schriftliche Abfassung derselben mündlichen Mittheilung, und daß eben der
geringere Zusammenhang es einer späteren Hand erleichtert fremdes einzuschieben, und dadurch das zusammengehörige mehr von einander zu
25 trennen: so reicht auch eben dieses hin, um das Verhältniß beider Evangelisten in den beiden lezten Abschnitten zu erklären. Nämlich der ursprüngliche Concipient bei Matthäus überging die miterzählte kleine Begebenheit
am Gotteskasten, und faßte die folgende Rede auch, wogegen er ein paar
äußere Umstände genauer aufbewahrt hat, abgebrochen auf, und erleich-
30 terte dadurch einer zweiten Hand das | Einschieben jener andern Rede-   *271*
theile und Gleichnisse. Daß Markus mit Lukas die Geschichte am Geld-
kasten gemeint hat, erklärt sich aber auch am besten daraus, daß er unsere
Erzählung und zwar auch griechisch, so wie wir sie haben, vor sich gehabt.
Denn die große Uebereinstimmung erklärt sich nicht aus einer gemein-
35 schaftlichen aramäischen Hülfsschrift, indem das Zusammentreffen zweier
verschiedenen Uebersezungen in Ausdrükken wie ἐκ τοῦ περισσεύοντος und *198*
βίος in dieser Bedeutung, fast unbegreiflich wäre.

---

9 daß] dsß

---

7 *Mt* 24,3   11 *Mt* 24,23-28 – *Mt* 25,1-13.31-46   28 *Lk* 21,1-4   31 *Mk* 12,41-
44   35 *Vgl. Eichhorn: Einleitung I, S. 330, S. 338-340, wo aber die Stelle nur angeführt,
nicht einzeln behandelt wird. Die wörtliche Übereinstimmung bleibe ein unauflösbares Rätsel
für die Kritik.*   36f *Mk* 12,44; *Lk* 21,4

Geht nun bei XXII, 1 eine neue ursprüngliche Denkschrift an, und wir
fragen nach dem Umfang von dieser: so treffen wir bis zum Ende nur noch
auf eine kenntliche Fuge, nämlich XXIII, 49. Sie hat freilich nicht das gewöhnliche Gepräge der Schlußformeln, verräth sich aber doch als eine solche bei näherer Betrachtung. Nämlich v. 48 beschreibt uns freilich das   5
Ende der ganzen Todesscene Christi, wie es jeder beschreiben mußte, der
auch weiter erzählen wollte, daß nämlich, nachdem Jesus seinen Geist aus-
gehaucht, zumal nun auch die Stunde des Abendgebetes nahte, das Volk,
welches Schauens wegen gekommen war, sich zu verlaufen anfing: der
herrschende Eindrukk ist nur sehr allgemein und leise bezeichnet. Aber   10
warum knüpft die folgende Erzählung gar nicht hier an, wenn sie Fortsezung
der bisherigen ist? Warum wird nicht gesagt, daß Joseph – wir erfahren
nicht einmal ob er zugegen gewesen oder nicht, was doch eben so gut
erwähnt zu werden verdient hätte als die Anwesenheit der | Frauen – so-
bald er gesehn oder von andern unter den v. 49 erwähnten Bekannten   15
erfahren, daß Jesus wirklich todt und also seine, wenngleich nur eilige und
vorläufige Bestattung, noch vor Anbruch des Sabbaths möglich sei, zu Pilatus gegangen, und daß er Abends, nachdem es völlig ruhig geworden von
dem bisherigen Getümmel, gekommen und den Leichnam abgenommen
habe? Den Umstand, daß erst v. 54, sehr spät offenbar wenn alles Eine   20
Erzählung ist, erwähnt wird, es sei παρασκευή gewesen, will ich nicht sehr
in Anschlag bringen; aber warum wird auch die nähere Zeitbestimmung
σάββατον ἐπέφωσκε gar nicht mit der vorigen ὥρα ἐννάτη auch nur in die
geringste Verbindung gebracht? Hierdurch schon wird der Zusammenhang mit dem vorigen von v. 50 an sehr zweifelhaft. Fragen wir nun aber   25
weiter, was hat es denn mit der Erwähnung der Bekannten Christi und der
galiläischen Frauen v. 49 eigentlich auf sich? War hier der Ort dazu, wenn
nur ihre Anwesenheit angezeigt werden sollte, und nicht vielmehr v. 35 mit
Beziehung auf v. 27? Gewinnt es nicht ganz das Ansehn, daß sich der
Referent auf das Zeugniß dieser Anwesenden berufen will? Dies aber konn-   30
te er nur thun entweder am Anfang dieses lezten Auftritts, oder bei dem
merkwürdigsten und unglaublichsten Punkt v. 45. 46, oder am Ende seiner
ganzen Erzählung, und dies muß also wol hier sein. Aber noch weiter,
wenn wir v. 49 in seiner Verbindung mit v. 48 betrachten, müssen wir nicht
schließen, die Bekannten Jesu und die Frauen seien mit dem übrigen Volk   35
weg|gegangen? stimmt dies nun recht mit v. 55? Gewiß nicht! sondern wäre
beides in Verbindung mit einander erzählt worden: so hätte entweder v. 49
gesagt werden müssen, diese seien da geblieben, um zu sehen was mit dem
Leichnam Jesu weiter werden würde, und so hätte dann die Erzählung des
Begräbnisses müssen angeknüpft werden; oder v. 55 mußte gesagt werden,   40

---

12 *Lk 23,50*   23 *Lk 23,44*

sie seien mit Joseph zurükgekommen. Und derselbe Erzähler der v. 49 außer den Frauen auch die γνωστοὶ erwähnt, mußte dem nicht einfallen, seine
Leser würden fragen, ob denn von diesen γνωστοῖς keiner dageblieben oder
mit zurükgekommen um dem Joseph bei der Bestattung behülflich zu sein?

5   Würde er nicht hierüber allerdings uns ein Wort gesagt, gewiß aber nicht
die ganze Formel γυναῖκες αἵ τινες ἦσαν συνεληλυθυῖαι αὐτῷ ἐκ τῆς Γαλιλαίας
wiederholt haben, als ob von ihnen noch nicht wäre die Rede gewesen, und
als ob er nicht mit Bezug auf v. 49 hier ganz einfach hätte sagen können αἱ
δὲ γυναῖκες κατακολουθήσασαι κ. τ. λ.? Dieses zusammengenommen glaube

10 ich wird jeden, der sich in die Stelle eines natürlichen Erzählers versezen
will, überzeugen, daß unsere Erzählung des Todes Jesu von der folgenden
Erzählung des Begräbnisses nichts weiß, und umgekehrt, und daß auch hier
der Ordner des Ganzen dem schönen Verfahren, nichts in seinen Urschriften
um besserer Verbindung willen zu ändern, vollkommen treu geblieben ist.

15   Betrachten wir nun dies so abgegränzte Stükk XXII, 1 bis XXIII, 49   *200*
genauer, so wird es ziemlich ungleichartig erscheinen. Zwei | Erzählungen   *274*
heben sich hervor, dem Umfange nach zwar einander ziemlich ungleich,
sonst aber sehr ähnlich, weil beide in ihrem Umfange umständlich sind,
genau und zusammenhängend, nämlich XXII, 7-23 und XXII, 39-XXIII,

20 49. Was zwischen beiden steht und vor der ersten, ist zusammengedrängt,
unklar, abgebrochen, durch einander geworfen. Die Verschiedenheit deutet offenbar auf eine verschiedene Entstehungsweise; aber sie hängt nicht
damit zusammen, daß etwa das eine aus dem Urevangelium sei, das andere
nicht, denn die Bestechung des Judas gehört ja auch zum Urevangelium.

25 Vielmehr möchte man jene beiden Erzählungen als den eigentlichen Kern
ansehn, um welchen herum sich das übrige angesezt, weil jene kleineren
Stükke unter sich in keinem Zusammenhange stehn, aber auf eine von
jenen beiden Erzählungen bezieht sich jedes. Ich finde daher als das wahrscheinlichste, daß den beiden Haupterzählungen die kleineren Stükke als

30 Erläuterungen und Zusäze sind an der gehörigen Stelle zwischen geordnet
worden, und daraus dieses Partikularganze, um mich eines Ausdruks von
Paulus zu bedienen, entstanden ist, welches der Ordner unseres Evangeliums schon so vorgefunden zu haben scheint. Zur Erläuterung der Art, wie
der Concipient der Gerichts- und Todesgeschichte den Judas aufführt,

35 mußte eine Nachricht darüber hinzugefügt werden, wie doch Judas an die
Spize der von dem hohen Rath ausgesendeten Schaar gekommen war. Aber
diese konnte nicht unmittelbar vor die Erzählung des Verraths | selbst ge-   *275*

---

4 zu] za   6 Γαλιλαίας] Γαλλιλαίας

---

6 *Lk 23,55*   24 *Lk 22,3-6. Vgl. Eichhorn: Einleitung I, S. 153*   32 *Vgl. Paulus zu Lk*
21,37: „Nahm Er [Lukas] etwa das dazwischen liegende K. 20,1-36. aus einem andern
Particularganzen?" (Kommentar III, S. 507)

stellt werden, sondern nur vor die von dem Paschamahl, weil notorisch war, daß Jesus unmittelbar nach diesem ergriffen wurde, und also die Verabredung früher mußte getroffen sein, daher das Ἥγγιζε δὲ ἡ ἑορτὴ τῶν ἀζύμων, welches die Sache auf eine ganz unbestimmte Art nur vor das Pascha selbst stellt. In der Haupterzählung selbst würde gewiß nicht Judas ohne alle Beziehung auf das vorige ὁ λεγόμενος Ἰούδας εἷς τῶν δώδεκα genannt sein, wenn jene Nachricht und diese Erzählung eines wären. Daß aber diese Nachricht auch nicht von der Hand des Lukas ist, sondern er sie schon so vorgefunden, sieht man aus v. 2, den Lukas, da dieses in früheren Abschnitten schon öfter erwähnt war, so nicht könnte geschrieben haben. Eben so wenig aber kann diese Nachricht ursprünglich ein unabhängiges Ganzes für sich gewesen sein; dann müßte sie wol etwas umständlicher sein, Zeit, Veranlassung, Bewegungsgründe genauer angeben. Die Erwähnung des hauenden Petrus in der Haupterzählung mußte sehr natürlich die Frage erregen, wie denn Petrus zu dem Schwerdt gekommen; und der Besizer unserer beiden Erzählungen, der sie zu diesem kleinen Ganzen vereinigte, war zum Lohn für seine Aufmerksamkeit auf solche einzelne Züge so glükklich von einem der Zwölf mittelbar oder unmittelbar die Auskunft zu erhalten, wie Christus nach dem lezten Mahle, als man aufbrechen wollte, von Schwerdtern die sie brauchen würden, geredet habe, und darauf zwei Schwerdter gebracht worden wären. Eben so erfuhr er, | vielleicht bei derselben Gelegenheit, vielleicht abgesondert, daß Jesus dem Petrus seine in der Erzählung gleichfalls erwähnte Verläugnung vorhergesagt, und daß er die so leicht versprengten Jünger noch denselben Abend beim Mahle ihrer bisherigen Standhaftigkeit wegen gelobt, und ihnen große Verheißungen gegeben habe. Beides ließ er sich in der Kürze nur mit Andeutung der nächsten Veranlassung erzählen, und gab es so wieder, und auf diese Art sind die drei Abschnitte XXII, 24 bis 30, 31 bis 34, 35 bis 38, ich weiß nicht ob gleichzeitig oder nicht entstanden, als zusammengesuchte oder gefundene Ergänzungen der Haupterzählung, denen ihre Stelle nur hinter dem Paschamahl angewiesen werden konnte, deren Folge unter sich aber hier völlig zufällig ist. Ich glaube, daß diese Ansicht einem aufmerksamen Leser, der vorgefaßte Meinungen auf einen Augenblikk bei Seite stellen kann, sehr einleuchten, und daß sie hernach auch die Vergleichung mit jeder andern Hypothese sehr leicht aushalten wird. Daher gehe ich gleich zur nähern Betrachtung der einzelnen Abschnitte.

Wenn man unsern ersten Abschnitt XXII, 1-6 mit dem dazu gehörigen bei Matthäus XXVI, 1-6 vergleicht: so muß man den Unterschied noth-

---

37 XXII, 1-6] XXIII, 1-6

---

3 *Lk 22,1*   **6** *Lk 22,47*   **14** *Lk 22,50*   **20** *Lk 22,36-38*   **23** *Lk 22,34*

wendig fühlen zwischen einer Erzählung, welche die Thatsache an und für
sich darstellen will, und einer, welche sie nur beiläufig beibringt um eine
andere Erzählung zu erläutern. Man darf allerdings wol auf ein solches
τότε wie v. 14, bei Matthäus an sich nicht sehr viel geben, um so mehr | da   277
5 auch das τότε v. 3 nicht genau zu nehmen ist. Denn wenn die Hohenpriester erst zwei Tage vor Ostern den Beschluß gefaßt hätten Jesum mit
List aus dem Wege zu räumen; so hätten sie nicht beschließen können,
nicht auf das Fest. Denn die zwei Tage konnten sie noch reichlich brauchen
zu ihren Anstalten, und nach dem Fest mußten sie erwarten, daß Jesus sehr
10 bald abreisen würde. Darum glaube ich auch nicht, daß das τότε v. 14 so
zu verstehen ist, als sei Judas unmittelbar von jenem Mahle zu den Priestern
gegangen um sich ihnen als Verräther anzubieten, weil sie ja sonst auch vier
Tage später nicht erst eine solche Zusammenkunft nöthig gehabt hätten.
Allein wenn man sieht, wie Matthäus hier des Mahles erwähnt, von dem
15 wir aus Johannes wissen, daß es das Bewillkommungsmahl gewesen: so
wird man doch fast unwiderstehlich darauf getrieben, daß es die Absicht
der Erzählung gewesen beides in Verbindung zu bringen, und die Sicherheit
mit welcher Jesus von seinem nahe bevorstehenden Begräbniß gesprochen,
als die Veranlassung darzustellen, von welcher die Handlung des Judas
20 ausgegangen ist. Hat freilich das Urevangelium nur die Nachricht vom
Verrath des Judas gehabt in Verbindung mit dem sogenannten Uebergang
zur Leidensgeschichte, und Matthäus das Bethanische Gastmahl aus einer
Hülfsschrift, von deren Gesichtszügen und Charakter uns nur leid thut
nicht mehr zu erfahren, eingerükkt: so ist dieses ein bloßer Schein. Kann
25 man aber das wahrscheinlich finden? Was für einen Grund | hätte Matthä-   278
us das Gastmahl grade hier einzurükken? Lag dieser in seiner Hülfsschrift,
nun so muß auch sie eben diesen Zusammenhang aufgestellt haben, und   203
dann ist sie eigentlich die einzige Quelle für diese Abschnitte, und es wird
wieder etwas ganz überflüssiges, auf ein Urevangelium zurükzugehn. Um
30 so mehr als von einem gemeinschaftlichen Text zwischen Matthäus und
Lukas eigentlich hier gar nicht die Rede sein kann, indem Lukas XXII, 1.
2 mit Matth. XXVI, 1-5 genau betrachtet gar nichts gemein hat, und wenn
man Lukas v. 3 bis 6 mit Matth, XXVI, 14-16 vergleicht: so kommt die
ganze Aehnlichkeit auf den Ausdrukk ἐζήτει εὐκαιρίαν zurükk, der doch
35 gewiß nicht eben leichter in zwei verschiedenen Uebersezungen aus derselben aramäischen Urschrift, als in zwei ursprünglich verschiedenen Erzäh-

---

8 *Vgl. Mt 26,5; Mk 14,2*   11 *Mt 26,6-13. Vgl. Paulus: Kommentar III, S. 491-499, 517,
der Mt mit Joh 13,21-30 verbindet.*   12 *Mt 26,14-16*   13 *Mt 26,59f*   14 *Mt 26,7*
15 *Joh 12,1f*   18 *Mt 26,12*   20 *Anspielung auf Eichhorn: Einleitung I, S. 295f.*   29
*Eichhorn spricht für Mt 26,6-13 von „gemeinschaftliche[r] Hülfsschrift" (Einleitung I, S. 295),
später von „Vermehrung des Urevangeliums" (S. 326).*   34 *Lk 22,6; Mt 26,16*   36 *Vgl.
Eichhorn: Einleitung I, S. 296 (hier auch der Begriff „Urschrift")*

lungen derselben Thatsache, sich wiederholen konnte. Sieht man nun beide
als ursprüngliche unabhängige Erzählungen an, und fragt welche ist die
treuere: so muß man antworten, die unsrige hält sich genügsam an das, was
unter den Jüngern Jesu allgemein bekannt war. Auch Petrus scheint nicht
mehr von der Sache gewußt zu haben, denn er bezeichnet in seiner Rede vor   5
der Wahl eines neuen Apostels die That des Judas mit keinem bestimmteren
Namen, der eine nähere Kentniß seiner Bewegungsgründe und des eigentlichen Hergangs der Sache verriethe. Auch Johannes scheint nicht mehr
gewußt zu haben; denn wiewol er die Unzufriedenheit über die Salbung in
Bethania dem Judas ausschließlich zuschreibt, legt er doch dieser Be|ge-   10
benheit keinen solchen Einfluß bei, sondern sagt auch wie unsere Erzählung, der Teufel habe dem Judas ins Herz gegeben, daß er ihn verrieth,
welches deutlich genug ausspricht, daß die Sache den Jüngern unerklärlich,
also auch in ihren näheren Umständen unbekannt war. Können wir also
anders als diese Andeutung bei Matthäus für eine bloße Vermuthung hal-   15
ten? und gebührt nicht wieder unserer Erzählung der Vorzug, weil sie sich
von allem willkührlichen der Art frei gehalten hat? Hat aber Matthäus
diese Andeutung nicht machen gewollt: so hat er durch Zwischenein-
schiebung eines frühern Ereignisses die Sache nur verdunkelt, so daß auch
hier Lukas gewiß nicht hinter ihm zurükgeblieben ist. – Die erste Haupter- 20
zählung nun XXII, 7-23 könnte zweifelhaft lassen, was ihr eigentlicher
Zwekk und Gegenstand gewesen sei. Indeß da wir anderwärts her so viel
davon wissen, was an diesem Abend sonst geschehen und was geredet
worden: so kann man wol nicht leicht glauben, daß dies eine Beschreibung
des ganzen Abends sein solle; sondern ich denke die nähere Betrachtung   25
wird immer darauf ruhen, daß dieses Stükk ursprünglich als ein Bericht von
der Einsetzung des Abendmahls ist aufgeschrieben worden. Dazu gehörten
nothwendig die Aeußerungen Christi, daß dies wissentlich seine lezte Mahlzeit sei; eben so auch daß von der Absicht einer solchen Einsezung niemand
zuvor etwas gewußt, sondern Christus nur den Auftrag gegeben das Pascha- 30
mahl zu bereiten. Nur diese Punkte sind berührt, alles andere ist | gänzlich
übergangen. Die unverhältnißmäßige Ausführlichkeit am Anfang ist wol
zwiefach zu erklären. Einmal begegnet es jedem ungeübten Schreiber und
Erzähler leicht am Anfang ausführlicher zu reden, als er hernach durchführen will oder kann. Dann aber scheint unser Concipient, der mittelbar oder 35
im günstigsten Fall unmittelbar die Sache von einem Apostel hatte, in der
Art wie Jesus den Auftrag gegeben etwas wunderbares oder wenigstens
sehr auffallendes und merkwürdiges gefunden zu haben, was wol eigentlich

---

20 ist.] ist,

---

4 *Apg 1,16-22*   **9** *Joh 12,4-6*   **11f** *Lk 22,3; Joh 13,26f*   **28f** *Lk 22,15f*   **30** *Lk 22,7-13*

nicht darin liegt, und dadurch ward er veranlaßt dieses ausführlicher wiederzugeben als das übrige. Ist nun dieser Gesichtspunkt festgestellt: so
spricht meinem Gefühle nach noch gar manches sehr deutlich für die Un-
verfälschtheit und Ursprünglichkeit unseres Berichtes. Der Umstand, daß
5   es Petrus und Johannes gewesen, welche Jesus zur Stadt geschikkt, der in
der sonst weit ausführlicheren Erzählung bei Matthäus fehlt, konnte leicht,
wenn die Ueberlieferung erst durch mehrere Hände gegangen war, verloren
gehen, nicht leicht aber durch eine spätere Hand hinzukommen, außer er
müßte rein sein erdichtet worden; wozu aber das? und müßten sich dann
10 auch nicht mehrere Spuren verschönender Erdichtung finden? Vorzüglich
aber möchte ich darauf einen Nachdrukk legen, daß die zusammengehöri-
gen Theile der Erzählung einander gar nicht so genau entsprechen, wie es,   205
da sie sich so leicht dazu hergeben, gewiß der Fall sein würde, wenn irgend
eine spätere Hand den Bericht überarbeitet hätte, oder wenn er aus | zer-   281
15 streuten Mittheilungen und Erinnerungen zusammengesezt wäre. Läßt der
Referent Christum bei Ergreifung des Bechers sagen, er werde nicht mehr
davon trinken: warum bestimmt er nicht eben so vorher genau den Moment, ob als das Paschalamm aufgetragen ward, Christus in bestimmter
Beziehung auf das Pascha gesagt, er werde nicht mehr von demselben essen,
20 oder bei erster Austheilung des Brodtes und mehr in Bezug auf das Brodt?
Das ist offenbar die natürliche Treue eines solchen, der aus einer mündlichen Erzählung, die ihm geworden, einfach wie er sich erinnert, nieder-
schreibt; jeder der mehr schriftstellern wollte, würde hier nachgeholfen
haben. Eben so merkwürdig und beweisend nach meinem Gefühl ist bei der
25 Einsezung des Abendmahls das ähnliche, daß die beim Becher gesprochene
Formel der beim Brodte nicht genau entspricht, nicht τοῦτό ἐστι τὸ αἷμα,
sondern τοῦτ ἐστιν ἡ καινὴ διαθήκη. Darum kann ich auch denen durchaus
nicht beistimmen, die unsere Erzählung der bei Matthäus nachsezen, und
auch in dem, was sie wirklich sagt, sie aus jener berichtigen wollen. Warum
30 soll denn Christus nicht am Anfang des Mahles gesagt haben, er werde nun
nicht mehr Brot essen und Wein trinken? mußte nicht doch nothwendig
jeder das Brod und den Wein, die Christus eben vor sich stehn hatte, und
zu essen und zu trinken sich unmittelbar anschikte, von selbst ausnehmen?
Soll man nie sagen können, dies ist meine lezte Mahlzeit, sondern immer
35 nur, dies ist sie gewesen? Daß Christus auch Worte bei dieser | Gelegenheit   282
wirklich kann gesprochen haben, die Matthäus verzeichnet und die unser
Referent ausgelassen, wie das εἰς ἄφεσιν ἁμαρτιῶν, das will ich unmittelbar
nicht bestreiten; aber wo beide wirklich im Widerspruch mit einander sind,
da möchte ich abermals unserer Erzählung den Vorzug geben. Nur v. 21-

---

5 *Lk 22,8*   **6** *Vgl. Mt 26,17*   **17** *Lk 22,18*   **26** *Lk 22,19f*   **27** *Vgl. Paulus: Kom-*
mentar III, S. 547.552   **37** *Mt 26,28*

206   23 machen mich bedenklich, nicht sowol weil daraus folgen würde, Judas
wäre noch bei der Einsezung des Abendmahls zugegen gewesen, sondern
weil doch schwerlich so unmittelbar von diesen Stiftungsworten Christus
hiezu würde übergegangen sein. Darum bin ich nun geneigt zu glauben, die
ursprüngliche Erzählung schließe mit v. 20, und das folgende gehöre schon   5
zu den zwischen beide Haupterzählungen von dem Sammler eingetragenen
Erläuterungen und Zusäzen. Wenn er auf Befragen erfahren hatte, bei demselben Mahle sei Judas noch gewesen, und Jesus habe sich ausdrüklich in
Judas Gegenwart so geäußert, so war es sehr natürlich diese Notiz in einen
solchen Zusaz zu verarbeiten. Und einigermaßen bestätigt diese Ver-   10
muthung jenes wunderliche v. 23. τὸ τίς ἄρα εἴη, welches wir eben so oben
v. 2 und 4 und so auch in dem nächsten Zusaz v. 24 antreffen. – Eben so
unmittelbar nun wie der Sammler diese Notiz an seine Haupterzählung
anknüpfte, fährt er nun fort. Denn das ἐγένετο δὲ καὶ φιλονεικία bezieht sich
unmittelbar auf das ἤρξαντο συζητεῖν πρὸς ἑαυτούς. Bei dieser Entstehung   15
nun begreift man, wie allerdings die Ordnung, in welcher diese Reden vor-
283   gefallen sind, aus unserem Evangelium nicht kann entschieden wer|den,
ohne daß dieses jedoch der Ordnung und Genauigkeit der Haupterzählung
Eintrag thun dürfte. Gewiß eben so wenig als Christus unmittelbar nach
der Einsezung des Abendmahls vom Judas wird geredet haben, eben so   20
wenig auch ist in dem Augenblikk wo sich die Jünger unter einander befragen, wer wol unter ihnen der schlechteste oder unglüklichste sein könnte,
auch der entgegengesezte Streit entstanden, wer wol der größere wäre.
Vielmehr wenn wir die Nachrichten des Johannes XIII, 4-17 vergleichen,
mit denen unsere Stelle offenbar parallel ist, müssen wir glauben, ein sol-   25
cher Streit habe an diesem Abend unter den Jüngern gar nicht stattgefunden, sondern es sei nur eine allerdings auch richtige Auslegung unsers Referenten, daß Christus diese Reden, welche zu der symbolischen Handlung
der Fußwaschung gehören, in Bezug auf die früheren Streitigkeiten der
207   Jünger gesprochen, was leicht so ausgedrükkt sein konnte, daß unser Samm-   30
ler verstand, auch der Streit sei an demselben Abend gewesen. Wenn man
sich aber die Frage vorlegt, wie sind aber diese Reden hier aufgezeichnet
worden, ohne daß von der symbolischen Handlung selbst das mindeste
erwähnt wird: so wird man schwerlich eine befriedigende Antwort anders
finden, als wenn man sich die hier angenommene Entstehungsart unseres   35
Particularganzen gefallen läßt. Sind dieses nur Zusäze zu der Haupterzählung in Bezug auf bestimmte Stellen derselben: so läßt sich ein solches
284   Erwähnen der Reden ohne die begleitende Handlung wol den|ken: ist dage-

---

12 24] 25   **30** ausgedrükkt] ausgedrukkt

---

14 *Lk* 22,24   **15** *Lk* 22,23   **23** *Lk* 22,24-27   **36** *Zum Begriff s. oben S. 165*

gen das ganze Eine ursprünglich zusammenhängende nur aus Gedächtnißfehler falsch geordnete Beschreibung des Abends, so wäre damit und
mit der Umständlichkeit, die im vorigen herrscht, eine solche Abgerissenheit
schwer zu vereinigen. Und eben so wenig wüßte ich mir zu denken, was für
5 Zwekk und Gestalt die Hülfsschrift sollte gehabt haben, welche diese Reden so enthalten hätte. Doch hievon könnte wol nur die Rede sein, wenn in
diesen Abschnitten die Annahme des Urevangeliums sich besser bestätigte,
und man bei der ersten Haupterzählung einen beiden gemeinschaftlichen
Text nur irgend nachweisen könnte. Aber ein solcher ist gewiß nicht aufzu-
10 finden. Nur wo Worte Jesu mitgetheilt werden, ist die Aehnlichkeit hie und
da so groß, daß man denken könnte, zwei verschiedene Uebersezungen
derselben Erzählung vor sich zu haben; doch auch das muß man bald aufgeben, wenn man an die splitterige Kleinheit der Zusäze denkt, die der eine
von hier der andere von dort müßte genommen haben, von deren Entste-
15 hung auf einem solchen Wege man sich aber unmöglich eine anschauliche
Vorstellung machen kann. Daher ich hier nichts anders als zwei ursprünglich verschiedene Erzählungen von derselben Begebenheit zu erkennen
weiß. – Der nächste Zusaz v. 31-34 hat ganz denselben Charakter. Auch
hier geht unsere Erzählung nur auf das nächste zurükk. Gewiß war die
20 Vorhersagung Christi von dem, was sich in der Nacht zutragen würde, die
erste Veranlassung auch zu dem, was er bei | uns sagt; der Referent unseres
Sammlers, der diesem nur erzählen wollte, wie Jesus dem Petrus seine
Verläugnung vorhergesagt, steigt nicht so weit hinauf. Wie hier ein gemeinschaftlicher Text müßte ausgesehn haben, und wie die Erweiterungen des
25 einen oder des andern, das möchte ich ebenfalls nicht entwirren. Dieser
Mühe überhebt sich freilich Eichhorn auch, indem er annimmt, Lukas habe
dieses nicht aus dem Urevangelium genommen, ohnerachtet es ein ihm mit
Matthäus und Markus gemeinschaftlicher Abschnitt ist; sondern mit dem
vorigen, mit dem es aber doch sichtlich gar nicht zusammenhängt, aus einer
30 andern Quelle. Eine solche Annahme that freilich Noth um zu erklären,
wie Matthäus und Markus dieses sagen lassen, als man schon vom Mahle
aufgebrochen war unterwegens, Lukas aber den Aufbruch erst später folgen läßt. Allein eben wenn es erst da gesagt ist, und recht soll hierin das
Urevangelium doch haben, wie wären diese Reden in der andern Quelle
35 des Lukas in unmittelbare Verbindung gekommen mit denen bei der

285
208

1f Gedächtnißfehler] Gedächnißfehler   16f ursprünglich] urspsünglich

---

1f *Der Begriff „Gedächtnisfehler" ist nicht nachweisbar. Paulus: Kommentar III, S. 547. 552*
spricht bei Lk 22,15-38 von „mehreren Fragmenten" aus Jesu letzten Tischreden und fügt sie
wie Mt 26 in Joh 13-16 ein.   5 *Eichhorn bucht Lk 22,24-38 unter „Nachträge aus andern*
Denkschriften" (Einleitung I, S. 373). Vgl. S. 297: „[...] aus einer andern Quelle".   26 *Vgl.*
zu Zeile 5.   28 *Mt 26,30-35; Mk 14,26-31*

Fußwäsche? und wie wenig überlegend müßte Lukas zu Werke gegangen
sein, wenn er es nicht hier gestrichen und aus dem Urevangelium an der
rechten Stelle eingerükt hätte? Der ergänzende Erzähler, den ich annehme,
hatte keine Veranlassung die Zeit genau zu bestimmen, und der eintragen-
de Sammler, der aber seine Hauptdenkschriften nicht zerstükkeln und zer-   5
stören wollte, konnte der Ergänzung keinen andern Ort anweisen, als vor
286   der zweiten Erzählung, | und wir haben nicht einmal Ursach bestimmt anzu-
nehmen, daß er geglaubt habe, dies sei noch beim Mahle gesagt worden. Ist
nun gleich in einiger Hinsicht der Bericht bei Matthäus hierüber vollständiger: so glaube ich doch nicht, daß er ganz frei ist von späteren Erweite-   10
rungen. Denn es hat etwas sehr unwahrscheinliches, daß Jesus, wenn er so
genau in die Tage seiner Auferstehung hinein sah, und also auch wissen
mußte, daß er seine Jünger noch mehr als einmal in Jerusalem sehen würde,
hier bei dieser Gelegenheit sollte gesagt haben, er werde sie nach Galiläa
führen. Eben so wenig sehe ich, da Christus es hier so entschieden allein mit   15
209   Petrus zu thun hat, – was noch deutlicher wird, wenn wir den Matthäus
aus unserer Relation ergänzen, – wie die andern Jünger dazu kommen,
dasselbe von sich zu versichern. – Der lezte Zusaz v. 35-38 ist unserm
Evangelium ganz eigenthümlich, eben so unvollständig wie das bisherige
erzählt. Man ergänzt sich sehr leicht den Zusammenhang, wenn man, was   20
Jesus v. 35 sagt, an v. 31 anknüpft, und das Ganze zwischen diesen und das
folgende einschiebt. Dort überging es der Erzähler, eben weil es nicht zum
Petrus sondern zu allen gesagt war, und es fällt ihm nur ein bei der Frage
nach den Schwerdtern. Will man sich das Gespräch hinter der Verkündigung von Petri Fall denken, so müßten gar viel Mittelglieder fehlen, oder   25
eben auch eine neue Veranlassung, so daß doch die Erzählung nicht zusammenhängend wäre. Daher auch hier die angenommene Entstehungsart alle
287   Erscheinungen am besten er|klärt. Uebrigens giebt eben das räthselhafte
darin meinem Gefühle nach diesem Zusatz das sicherste Zeugniß der
Aechtheit und Ursprünglichkeit. Denn es drängt sich gar zu deutlich auf,   30
daß es nicht die Absicht Christi gewesen nach Schwerdtern zu fragen, um
sich bei dem bevorstehenden Angriff zur Wehre zu sezen; wie wären sonst
zwei wol genug gewesen? Gewiß also wäre hier, wenn die Erzählung durch
mehrere Hände gegangen wäre, eine, wenn auch nur selbst gemachte, Erläuterung eingeschlichen, so wie in einer zusammenhängenderen Erzäh-   35
lung das räthselhafte wahrscheinlich von selbst verschwinden würde. – Die
Hauptsache ist uns nun noch übrig, nämlich zu erfahren, wie sich die zweite Haupterzählung XXII,39-XXIII,49 zu den verwandten bei Matthäus
verhält, und ob auch sie aus einer guten Quelle geflossen. Vorläufig ist hier
gleich zu bemerken, daß wenn unsere Erzählung nicht geradezu von Petrus   40

---

1 *Joh 13,36-38. Vgl. Paulus: Kommentar III, S. 549*   **14** *Mt 26,32*   **17** *Mt 26,35*

oder Johannes herrührt, dann der Referent offenbar wenigstens nur einiges
als Augenzeuge, anderes aber nur aus der zweiten oder dritten Hand oder
vom Hörensagen erzählt, ohne jedoch diese beiden Elemente bemerklich zu
scheiden, sondern alles in eins verarbeitend. Denn schon von dem Gebete   *210*
5 Jesu konnte nur Petrus oder einer von den Söhnen Zebedäi ursprünglich
etwas wissen, wie der Bericht des Matthäus bestimmt sagt. Und von der
Verläugnung des Petrus scheint auch nach Johannes niemand anders unter
den Jüngern als er ein Zeuge gewesen zu sein. Daß nun der Bericht von
keinem von diesen | herrührt, geht daraus deutlich genug hervor, daß eben,   *288*
10 was nur einer von diesen wissen konnte, am meisten oberflächlich erzählt
ist. Denn Petrus, Jakobus und Johannes werden gewiß diese Geschichte
nicht erzählt haben ohne dessen zu erwähnen, daß Christus sie allein mit
sich genommen. Unser Referent also hat dieses nur aus der dritten Hand
summarisch erfahren, daher er auch von dem öfteren Zurükkehren Christi
15 zu den Jüngern nichts weiß. Hierhin rechne ich auch die eigenthümliche
Notiz, die v. 43 und 44 eingerükt ist, denn ächt in unserm Text sind doch
diese Worte gewiß. Kann wol einer von den dreien dieses erzählt haben, da
doch Jesus sie jedesmal, wenn er zurükkam, schlafend fand? Können die
Schlafenden den Engel gesehn haben? und wenn dieser Jesum gestärkt hatte,
20 können sie dann noch den Blutschweiß gesehn haben, noch dazu in der
Dunkelheit der Nacht? Hier hat also offenbar genug unser Berichterstatter
etwas weit weniger authentisches aufgenommen, und aus verschiedenen
nicht gleich lautern Quellen zusammengetragen. Das wahrscheinlichste aber
ist mir, daß er etwas poetisches für geschichtlich genommen, und es so an
25 dieser Stelle eingeschaltet hat. Denn daß man hymnisch diese von Christo
selbst als schwer bezeichneten Momente durch Engelerscheinungen sehr
zeitig verherrlicht habe, ist nicht unwahrscheinlich. Dann würde freilich
folgen, was aber auch wohl an sich nicht unglaublich ist, daß die Erzählung
nicht sehr bald nach der Begebenheit selbst ist aufgesezt worden; wenige |
30 Jahre indeß reichen wol hin um so etwas möglich zu machen. Eben so ist   *289*
auch die Verläugnung des Petrus scheinbar sehr ausführlich und genau
erzählt; aber daß wir hier dennoch nicht den Bericht eines Augenzeugen
haben, verräth sich durch v. 61. Ohnmöglich nämlich hat Christus die
ganze Zeit über so gestanden, daß er Petrum sehn konnte; denn warum   *211*
35 sollte er ihn auch nicht eher warnend angesehn haben? Sondern während
dieser Stunde ist Christus aus dem Hofe hineingeführt worden vor Hannas;
und wenn er Petrum hierauf ansehn konnte, so ist dies allerdings höchst
wahrscheinlich geschehen, indem er abgeführt wurde zu Kaiphas, und in
das durch einander laufende Gewühl wieder etwas Ordnung kam. Ein

---

4 *Lk 22,41-44; Mt 26,39*   **6** *Mt 26,37*   **7** *Joh 18,15f*   **14** *Vgl. Mt 26,40-46*   **16**
Die textkritisch schwierige Überlieferung von Lk 22,43f deutet Schleiermacher hier nur an.

Augenzeuge würde diesen Umstand nicht leicht verschwiegen haben; der
abgeleitete Erzähler bemerkte nicht wieviel Anschaulichkeit dadurch verloren ging, da er sein Augenmerk nur darauf gerichtet hatte, die buchstäbliche Erfüllung der Worte Christi recht genau herauszubringen. Redet nun
unser Erzähler nicht überall als Augenzeuge: so fragt sich, ob er überhaupt   5
und wo er in diesem Falle ist. Ist er von einigem Augenzeuge gewesen, so
denke ich ihn mir doch nicht als einen der Zwölf, weil diese wol nicht leicht
dazu kamen ausführliche Erzählungen aufzuschreiben, sondern eher als
einen andern Schüler Jesu. Demohnerachtet kann er auch schon der Gefangennehmung beigewohnt haben. Denn warum sollen nicht noch manche   10
290   Freunde sich zu der Gesellschaft gehalten, und | die Nächte in demselben
Garten zugebracht haben, um am Morgen gleich wieder bei Christ zu sein?
Diese nun erwekte der Lärm der andringenden Schaar, und so konnten sie
näher oder ferner Zeugen dessen sein, was geschah. Und in der That scheint
mir die Erzählung von v. 47 bis 53 einen solchen Ton zu haben. Natürlich   15
aber sah dennoch nicht jeder alles, ergänzte sich aber auf der Stelle das
fehlende theils durch Muthmaßung, theils indem er andere Anwesende
befragte. So waren wahrscheinlich hier keine ἀρχιρεῖς und πρεσβύτεροι,
auch gewiß nicht der στρατηγὸς τοῦ ἱεροῦ selbst zugegen, sondern dies
schließt unser mit den Verhältnissen vielleicht nicht sehr bekannter Bericht-   20
erstatter nur aus den Worten Christi, die er hörte. Auch scheint er vorher
nur die Worte des Petrus gehört zu haben, hat sich aber über den Erfolg
durch den hyperbolischen Ausdrukk eines andern täuschen lassen. Viel-
212   leicht nun folgte unser Mann von fern; als aber Christus in den hohen-
priesterlichen Pallast gebracht wurde, blieb er mit den meisten übrigen   25
ausgeschlossen, und alles zerstreute sich bis an den Morgen. Daher nun die
Verläugnung Petri zwar ausführlich aber doch nicht augenscheinlich erzählt wird, wovon es außer dem angeführten noch mehrere Spuren giebt.
Auch die Verspottung Christi von der Tempelwache ist nur vom Hörensagen erzählt, und eben so die Vernehmung Christi vor dem hohen Rath, so   30
daß unser Erzähler nicht eher als vor dem Prätorium scheint wieder erschie-
291   nen zu sein. Ob schon von Anfang an, das | möchte ich auch nicht behaup-
ten, vielmehr ist das erste auch sehr summarisch und etwas verworren
erzählt. Natürlich indeß konnte auch hier nicht jeder alles hören, und namentlich was Pilatus innerhalb mit Christo sprach nur auf einem andern   35
Wege in Erfahrung gebracht werden. Vielleicht könnte man auch noch
einen Zweifel dagegen, ob überhaupt unsere Erzählung eine solche ursprüngliche sei, aus dem erregen, was ihr ganz eigenthümlich ist, nämlich
der Abführung Christi zum Herodes, da ja Johannes der so zusammenhän-

---

18 *Lk 22,52 diff Mt 26,55/Mk 14,48*   **29** *Lk 22,63-65*   **30** *Lk 22,66-71*   **31** *Lk 23,1-5*
39 *Lk 23,6-16*

gend, und dieses, wie es scheint, ganz von Anfang an erzählt, davon nicht die geringste Meldung thut. Allein die Sache ist zu speciell erzählt, als daß man sie bezweifeln könnte, und unser Referent scheint eben so eine Bekanntschaft im Hause des Herodes gehabt zu haben, die ihm dieses ergänzte, wie Johannes im Hause des Hannas. Theils kann die ganze Sache doch vielleicht dem Johannes entgangen sein, wenn Christus eben wie ihn Pilatus zu sich hineingezogen hatte, von einer andern Seite abgeführt wurde; theils kann er sie auch als einen wenig erheblichen Umstand übergangen haben, da doch gewiß die Absicht des Pilatus nicht war dem Herodes die Kenntniß über die Sache zu überlassen, sondern nur zu hören, was dieser von Galiläa her von Jesu wisse. Am ungezweifeltsten ist mir aus den Einzelheiten sowol, als aus dem ganzen Ton, daß von der Ausführung Christi an bis zu Ende dieses Stükks der Concipient als Augenzeuge redet. Nur | wird er gewiß auch nicht die ganze Zeit in der Nähe des Kreuzes gewesen sein, sondern wie es scheint mehr anfangs als hernach. Denn auch das Gespräch zwischen Christo und den Mitgekreuzigten muß doch bald am Anfang vorgefallen sein. Nur etwas ist hier mit in die Erzählung eingewoben, was auch von den Umstehenden keiner kann ergänzt haben, nämlich das Zerreißen des Vorhanges im Tempel. Und woher soll überhaupt diese Nachricht gekommen sein? und wie kann man sich die Thatsache denken? War es der Vorhang vor dem Heiligen: so mußte freilich von einer großen Menge Volkes wahrgenommen werden, daß er zerrissen sei. War es der vor dem Allerheiligsten: so konnten nur die Priester es wahrnehmen, und wie sollten sie nicht alles mögliche gethan haben, um die Thatsache, deren Deutung noch aus den in den lezten Tagen von Christo vorgetragenen Parabeln so nahe lag, auf alle Weise zu verheimlichen? Geschah aber dies, wie sollte die Nachricht davon an unsere Erzähler bei Matthäus und Lukas gekommen sein? Und gesezt dies sei durch gläubige Priester geschehen, warum bedienen sich die Apostel nirgends in ihren Reden dieses Umstandes, der als Zeichen von so großer Wirkung sein mußte? Warum auch nicht die leiseste Spur einer Anspielung darauf in dem Brief an die Hebräer? Ganz dasselbe gilt auch von dem äußeren Vorhang, nur daß hier die Deutung schwächer ist, eben deshalb aber auch die Begebenheit als Zeichen schwä|cher, also auch unwahrscheinlicher, wie denn auch die Ausleger alle den innern Vorhang zu verstehen pflegen. Durch diese gänzliche Nichtbenuzung nun wäre die Wirkung des Zeichens verloren gegangen, und also die göttliche Absicht dabei völlig verfehlt worden. Ich glaube daher weder, daß irgend eine Rüksicht die Apostel zurükgehalten haben würde, dieses bedeutenden Ereignisses zu erwähnen, noch auch, daß wenn dieses geschehen, jede Spur

292
213

293

5 *Joh 18,13-16*   **15** *Lk 23,39-43*   **18** *Lk 23,45*   **27** *Mt 27,51; Mk 15,38*   **34** *Vgl.*
Paulus: Kommentar III, S. 806f.

hievon im Neuen Testament fehlen würde, und schließe also weiter, daß es
hiemit dieselbe Bewandniß habe, wie mit dem Engel in Gethsemane. Sobald
214   man anfing das Verdienst Christi und die Vorzüge des Christenthums unter
den im Brief an die Hebräer herrschenden Bildern darzustellen, ja schon bei
den ersten leisesten Uebergängen zu dieser Lehrweise, bei der ersten Auf-   5
nahme der Heiden, die man zum jüdischen Kultus nicht verpflichtete, und
die also auch ohne Antheil an den jüdischen Sühnungen blieben, konnten,
ja mußten fast solche Darstellungen in die christlichen Hymnen kommen.
Bedenkt man nun noch wie bei Matthäus mit diesem Zerreißen des Vor-
hangs in Verbindung gesezt ist das Aufthun der Gräber, deren Todte aber   10
doch erst bei der Auferstehung sich zeigen, und wie dies vollends als eine
Thatsache noch weniger construirt werden kann: so wird man wol auch
hier denselben poetischen Ursprung lieber anerkennen als zu andern
erkünstelten und immer höchst ungenügenden Erklärungen seine Zuflucht
294   nehmen wollen. Daß aber | dergleichen poetisches vereinzelt und aus dem   15
Zusammenhang herausgerissen, da die Finsterniß und das Erdbeben einen
so leichten Uebergang darboten, von einigen für geschichtlich konnte genommen werden, zumal wo die Grenzen zwischen Poesie und Prosa so
schwankend sind, das ist wol sehr begreiflich. Auch besorge ich nicht, daß
jemand hier die Absicht finden werde ein Wunder, was die Sache ohnedies   20
nicht einmal zu sein brauchte, wegzuerklären; sondern wenn nur nicht das
wirklich erfolgte mit der Voraussezung dieser Thatsache in Widerspruch
stände, wollte ich sie wol stehen lassen, und den Streit, ob sie natürlich sei
oder übernatürlich, Anderen überlassen. Zunächst aber kommt es mir nur
darauf an, den Charakter unserer Erzählung zu bestimmen, und festzustel-   25
len, daß wenn auch, da nicht alles erzählte selbst gesehen sein konnte,
etwas in dieselbe mit Unrecht als factisch aufgenommen ist, was zu derselben Zeit im Tempel geschehen sein sollte, da unser Erzähler sich am Orte
der Kreuzigung befand, daraus nicht geschlossen werden könne, daß er
auch hier nicht als Augenzeuge rede, sondern überall nur aus abgeleiteten   30
und zum Theil unsichern Quellen berichte. Der Unterschied in der ganzen
Darstellung zwischen dem, was er unmittelbar gesehen haben kann, und
215   dem was er nothwendig anderwärts her haben mußte, tritt durch größere
Anschaulichkeit und Ausführlichkeit zu bestimmt hervor, als daß ich zwei-
295   feln könnte, er habe jenes wirklich | auch aus eigener Anschauung erzählt.   35
Eine Vergleichung mit dem Bericht bei Matthäus wird dies noch klarer
machen. Bei Matthäus nämlich ist ein solcher Unterschied nicht zu finden;
alles ist gleich ausführlich aber auch gleich unklar, und wo unsere Erzählung aus den Nachrichten bei Johannes nur ergänzt zu werden braucht,
da muß Matthäus berichtigt werden. Er läßt Jesum sogleich vor den hohen   40

---

9 *Mt 27,51f*   **36** *Mt 26,57-27,56*   **39** *Joh 18,12-19,37*

Rath führen, der also wol schon im voraus versammelt war, aber er weiß
allerdings mehr von dem was bei dem Verhör wirklich vorgefallen; er versezt die Verläugnung des Petrus bestimmt in den Pallast des Kaiphas, erzählt sie aber eben so genau. Daß er aber die Hohenpriester selbst Christo
5 ins Angesicht speien und ihn schlagen läßt, und daß er, nachdem er uns das
ganze Verhör erzählt, hernach noch sagt XXVII, 1 πρωΐας δὲ γενομένης
συμβούλιον ἔλαβον, das ist die Verwirrung, die daraus natürlich entsteht,
daß der Erzähler nirgends Augenzeuge war. Eben so hernach vor Pilatus ist
die besondere Notiz von der Botschaft der Frau mitten zwischen die drau-
10 ßen vorgehenden Verhandlungen auf die störendste Art eingeklemmt, wie
es gewiß keiner gethan hätte, der jenen Verhandlungen selbst beigewohnt.
Auch von der Kreuzigung giebt das καὶ καθήμενοι ἐτήρουν αὐτὸν ἐκεῖ XXVII,
36 verglichen mit dem erst v. 38 nachkommenden τότε σταυροῦνται σὺν
αὐτῷ δύο λῃσταὶ ein ganz falsches Bild. Diese wenigen Züge reichen hin,
15 und ich glaube | wer sich von ihnen leiten läßt, und weiter beide Erzählun-   296
gen unter sich und mit Johannes vergleicht, wird darin einstimmen, unsere
Erzählung sei die eines Augenzeugen, der, was er nicht selbst gesehen, nur
flüchtig ergänzt, die des Matthäus aber sei ganz ohne eigene Anschauung
aus gesammelten Notizen von einer späteren Hand zusammengesezt. Nichts
20 aber scheint offenbarer zu sein, als daß beides von vorn herein zwei verschiedene Erzählungen sind; und warlich man muß die Augen schon ganz
müde haben vom Aufsuchen des Urevangeliums in andern gleichhaltigen   216
Abschnitten, und nur in solchem Zustande, wenn alles schwimmt und man
nichts festhalten kann, und den Unterschied verloren hat zwischen der
25 Einerleiheit des Gegenstandes und der der Erzählung, ist es möglich auch
hier einen gemeinschaftlichen Text durchschimmern zu sehn.

Mit dem lezten Theil von XXIII, 50 bis zu Ende hat es eine ganz
ähnliche Bewandniß. Wenn man betrachtet wie der erste Auferstehungs-
bericht XXIII, 55 anfangend bei XXIV, 12 abbricht ohne zu irgend einem
30 Resultat zu führen, sondern den Leser in der Ungewißheit lassend über die
eigentliche Bewandniß der Sache: so fragt man sich natürlich, hat dieses so
und weiter nicht im Urevangelium gestanden? oder war es dort freilich
weiter fortgesezt, wie es Matthäus und Markus jeder auf seine Weise haben, aber Lukas hatte nur solche Eile zu der Geschichte von den zwei
35 Emmauntischen Jün|gern zu kommen, daß er verschmähte jenes zu Ende zu   297
bringen? Und man wundert sich bei dem oft so genau und bis auf einzelne
Redensarten den Text des Urevangeliums bestimmenden und von den
Zusäzen unterscheidenden Eichhorn keine genauere Auskunft hierüber zu

---

1 *Mt 26,57-75*   **3** *Mt 26,57.69-75*   **5** *Mt 26,67*   **9** *Mt 27,19*   **22** *Das ist gegen
Eichhorn: Einleitung I, S. 300-302 gesagt.*   **35** *Lk 24,13-35*   **38** *Eichhorn handelt die
Auferstehungsberichte auf knapp zwei Druckseiten ab (Einleitung I, S. 302-304).*

finden, und bedauert, daß er auch schon müde gewesen, ehe er hieher gekommen. Wenn man aber weiter liest, und diesen Bericht mit XXIV, 22. 23 vergleicht: so sieht man deutlich genug, er ist nichts anders als eine Erweiterung dieser beiden Verse oder ein Commentar über sie, und das frühere wird nur grade so weit erzählt, als die Emmauntischen Jünger es 5
wußten, ehe sie den Weg antraten auf dem ihnen Jesus begegnete. Kann man sich unter diesen Umständen wol der Ueberzeugung erwehren, der erste Bericht sei nur in Bezug auf die zweite Erzählung entstanden? Diese ist offenbar der Kern des Ganzen; und da sie in dieser Ausführlichkeit nur kann nach der ursprünglichen mündlichen Erzählung eines der beiden, und 10
also am wahrscheinlichsten des Kleopas der darin genannt wird, schriftlich aufgenommen sein, so liegt wol am nächsten zu glauben, daß auch der erste
217 Bericht nach dieses Mannes weiteren Erläuterung über das in der Erzählung selbst vorkommende abgefaßt ist, wahrscheinlich also von demselben, der die Haupterzählung schriftlich verfaßt hat. Daß dieses aber Lukas selbst 15
298 gewesen, ist mir nach dem oben bereits erwähnten unwahr|scheinlich wegen der Art wie sich XXIII, 55 zu 49 verhält. Nun ist aber auf der andern Seite v. 55 wegen des δὲ καὶ als ganz neuer Anfang nicht anzusehn; auch ist die vorhergehende Nachricht von dem Begräbniß Christi nur summarisch und offenbar in Bezug auf das folgende erzählt; denn das καὶ σάββατον 20
ἐπέφωσκε v. 54 und καὶ τὸ μὲν σάββατον ἡσύχασαν κατὰ τὴν ἐντολὴν v. 56 stehn offenbar in Verbindung miteinander. Also ist auch gewiß v. 50 der eigentliche Anfang der ergänzenden Erzählung, welche eben so mit καὶ ἰδοὺ eintritt wie die Haupterzählung. Dieses also hätte meiner Meinung nach Lukas schon so gefunden, und seiner vorigen Denkschrift über die Kreuzi- 25
gung ganz einfach angehängt, ohne beide näher mit einander zu verbinden, was gar leicht durch einige Worte hätte geschehen können. Man sehe nur das ὀψίας δὲ γενομένης bei Matthäus und das ganz ähnliche bei Markus. Denn soviel hätte wol Lukas auch zusammenbringen können, wenn er gewollt hätte, so gut als jene beiden, gesezt auch das Urevangelium hätte 30
eine solche Verbindung nicht gehabt, sondern wiewol das wunderbar genug wäre, so abgebrochen wie Lukas selbst das Begräbniß erzählt. So wie aber aus allem diesen ganz unwahrscheinlich werden muß, daß wir hier auf ein Urevangelium zurükzugehen haben: eben so macht schon v. 54 allein unglaublich, daß Lukas nach Anleitung des Matthäus und Markus zusam- 35
299 menhängend geschrieben habe. Denn | dann hätte er nicht hier erst gesagt καὶ ἡμέρα ἦν παρασκευή; man sehe nur wie Markus der sich des Zusammenhanges befleißigt XV, 42 dasselbe beibringt; und das σάββατον ἐπέφωσκε

---

21 54] 45

---

11 *Lk 24,18*   **19** *Lk 23,53*   **28** *Mt 27,57; Mk 15,42*   **35** *Das ist gegen die Hypothese Hugs gesagt.*   **37** *Lk 23,54*

war auch ganz überflüssig, da oben schon die Neunte Stunde angegeben
war. Diese ursprüngliche Haupterzählung aber muß wol mit v. 43 oder 44
geschlossen haben. Denn wenn man bedenkt, daß die beiden Jünger erst   *218*
nach der Abendmahlzeit, und nachdem sie sich von dem ersten Erstaunen
erholt hatten, wieder aus Emmaus aufbrachen, daß sie in Jerusalem erst
sich erzählen ließen und selbst erzählten, daß über dem erst Christus erschien und neue Zeit verging über dem Erstaunen der Jünger und den
Beweisen von der Körperlichkeit seines Daseins: so kann man nicht glauben, daß noch Zeit übrig gewesen, zu solchen ausführlichen Erörterungen,
wie von denen v. 45-47 gesprochen wird; Christus müßte denn die Reden
bis tief in die Nacht hinein gedehnt haben, und das würde ein unmittelbarer
Berichterstatter wol mit erwähnt haben, eben wie es uns in der Apostelgeschichte gelegentlich von Paulus erzählt wird. Dazu kommt noch, daß
Christus an diesem Tage wol schwerlich den Jüngern aufgetragen haben
kann, ruhig in der Stadt zu bleiben bis zur Ausgießung des Geistes, denn er
hat sie ja nach Galiläa beschieden; sondern dieses kann er erst kurz vor der
Himmelfahrt gesagt haben. Daher beginnt wol mit v. 44 ein späterer zu-
sammenfassender Nachtrag, der von Ort und | Zeit nichts genaues wissend   *300*
nur das wesentliche von den Gesprächen des Erlösers mit den Jüngern
wiedergiebt, und eben so eine sehr summarische Notiz von dem Abschiede
und der Himmelfahrt Christi hinzufügt. Diesem Nachtrage aber sieht man
es wohl sehr an, wie unrichtig die Vorstellung ist, als seien die Nachrichten
von einzelnen Ereignissen in mündlicher Ueberlieferung sehr unverkürzt
durch vielerlei Hände gegangen; sondern man sieht deutlich, sie schrumpf-
ten allerdings zusammen. Denn so kurz kann wol eine ursprüngliche Erzählung von dem Abschiede Christi gewiß nicht gewesen sein. Wenn nun
von diesem Schluß, da er ja doch späterer Abkunft sein muß, jemand annehmen will, dieser rühre endlich von dem Sammler und Ordner des Ganzen
her, der für nöthig hielt, wenngleich nur aus den allgemeinen Notizen, die
er verbreitet fand, dem Ganzen eine Krone aufzusezen, die ihm noch fehlte:
so weiß ich dagegen nichts bestimmtes einzuwenden, und finde es artig,   *219*
daß so wie wir den Anfang ihm selbst zuschreiben mußten, nun auch das
Ende auf seine Rechnung kommt. Nur verbürgen mag ich es auch nicht;
denn eben so gut kann schon ein früherer Besizer unserer Haupterzählung,
dem auch grade nicht mehrere ins einzelne gehende Nachrichten von den
Tagen der Auferstehung zu Händen kamen, diese Ergänzung angefügt haben, und Lukas eben dadurch, daß er nun alles abgerundet und völlig

---

1 *Lk 23,44*   **2** *Lk 24,43.44*   **5** *Lk 24,33*   **6f** *Lk 24,36-49*   **12f** *Vgl. Apg 20,7*   **15**
Lk 24,49; Apg 1,4   **16** *Gemäß Mk 15,7; Mt 28,7. Lk (24,6) hat diese Notiz gestrichen.*
20 *Lk 24,50-53*   **23** *Das ist gegen die Hauptthese von Gieseler: Ueber die Entstehung und
die frühesten Schicksale der schriftlichen Evangelien (s.o. S. 9) gesagt.*

301 geschlossen fand, abgehalten worden sein, | genauere Nachforschungen
über diese Zeit anzustellen, die doch einem so fleißigen und glücklichen
Forscher gewiß eine oder die andere von denen Geschichten, die uns anderwärts her schon bekannt, oder die hier angedeutet aber nicht ausgeführt
sind, würden eingetragen haben.   5

Sehe ich nun zurükk auf die stükweise durchgeführte Untersuchung,
und fasse alles zusammen: so scheint mir, wenn auch gegen manches einzelne mehr oder weniger sollte auszustellen sein, doch die Hauptsache fest zu
stehen, daß Lukas in diesem Theile seines Werkes weder unabhängiger
Schriftsteller ist, noch aus mehreren auch über das Ganze des Lebens Jesu 10
sich verbreitenden Schriften zusammengearbeitet hat. Denn zu oft wiederholt sich die Wahrnehmung abgesonderter mit dem übrigen in keiner Beziehung stehenden Stükke, und zu verschieden ist der Charakter der einzelnen Theile, als daß eines von beiden könnte der Fall sein. Sondern er ist
von Anfang bis zu Ende nur Sammler und Ordner schon vorhandener Schrif- 15
ten, die er unverändert durch seine Hand gehen läßt. Sein Verdienst als
solcher aber ist zwiefach, theils das der Anordnung, doch ist dieses das
geringere. Denn da er vieles schon verbunden fand, so ist theils die Richtigkeit seiner Anordnung bedingt durch seine Vorgänger, und manches kann
an unrechter Stelle stehen ohne seine Schuld; theils aber war auch die An- 20
ordnung nun viel leichter, als wenn er alles einzeln gefunden hätte. Das |
302; 220 weit größere Verdienst aber ist dieses, daß er fast lauter vorzüglich ächte
und gute Stükke aufgenommen hat. Denn dies ist gewiß nicht das Werk des
Zufalls, sondern die Frucht einer zwekkmäßig angestellten Forschung und
einer wohl überlegten Wahl. Und so liegt uns zunächst ob zu sehen, ob er 25
sich eben so oder vielmehr ganz anders in dem zweiten Theile seines Werkes zeigt.

———— |

---

26 *Der zweite Teil zur Apostelgeschichte ist nicht erschienen.*

Einleitung in den geplanten zweiten Teil
über die Schriften des Lukas
(Über die Apostelgeschichte)

Wem nun durch eine genauere Betrachtung wahrscheinlich geworden ist
das Evangelium des Lukas sei nur aus kleineren Sammlungen und einzelnen
Erzählungen zusammengefügt: kann der leicht im voraus und ohne nähere
Untersuchung glauben, die Apostelgeschichte sei eine einzige ursprünglich
zusammen hängende Geschichtschreibung? Freilich nicht, als ob wer einmal Sammler gewesen deshalb nicht ein andermal könnte als ursprünglicher Schriftsteller auftreten; aber ob auch in einem Werke ganz ähnlichen
Inhaltes welches sich an das vorige auf das genaueste anschließt und von
dem Schriftsteller selbst als der zweite Theil von jenem anerkannt und so
demselben Manne zugeschrieben wird? Da sollte man eine so durchaus
verschiedene Beschaffenheit vermuthen, ohne daß von dieser Verschiedenheit der Verfasser sich auch nur ein Wörtchen merken ließe? Er sollte seinem Theophilos nicht sagen, den ersten Theil meiner Geschichte habe ich
aus Erzählungen Anderer, welche ich schon vorfand, nach genauer Nachforschung der Ordnung nach zusammengestellt, diesen aber schreibe ich
nun mehr aus unmittelbarer Bekanntschaft theils als Augenzeuge theils
nach den mündlichen Berichten derer welche an den Begebenheiten unmittelbaren Antheil gehabt. Dieses, gestehe ich gern, kann ich mir nicht denken; und wenn ich endlich durch die stärksten Beweise davon überzeugt
würde: so würde ein solcher Schriftsteller bei mir alle Glaubwürdigkeit
verlieren. Wie kann einer dem man | schriftstellerischen Werth von irgend   2
einer Seite zuschreiben soll so gleichgültig sein gegen sein eignes Verfahren,
daß er vom bloßen Zusammenschreiben zur freiesten Composition übergehen sollte ohne sich hievon ein Wörtchen merken zu lassen? Dies ist ein
Stumpfsinn, der nothwendig auch mit der größten Gleichgültigkeit gegen
seine Materialien mit der größten Sorglosigkeit in der eignen Erzählung
verbunden sein müßte, und gar kein Vertrauen verdienen könnte. Selbst
wenn die Apostelgeschichte sich ganz ohne Absaz und Unterscheidung an
das Evangelium hätte anschließen sollen: so müßte entweder in dem Eingang zum Ganzen ein Wink gegeben sein über diesen Umstand oder wenn
er es dort versäumt müßte der Schriftsteller von dem veränderten Zustande
sein überwältigt worden und wider seinen ursprünglichen Willen sich selbst

---

24 Dies] *über* ⟨Selb⟩

---

1 *Bezug auf: Ueber die Schriften des Lukas [,] ein kritischer Versuch*   **8** *Vgl. Apg 1,1*

unterbrechen, und dem ganz anders gestalteten Werk doch einen eignen
Anfang gegeben haben, der seinen Unterschied von dem bisherigen bestimmt bezeichnete. Nun verhält es sich gar ganz entgegengesezt: die Apostelgeschichte hat einen eignen Eingang der auf den ersten Theil zurükweiset,
den Unterschied beider aber nur in das Ausscheiden Jesu sezt, und von   5
keinem andern etwas sagt, also offenbar sich auch auf den Eingang zum
ersten Theile beruft und uns zu verstehen giebt auch hier werde der Verfasser nach den Erzählungen vieler Anderen in guter Ordnung ein Ganzes
zusammenstellen. Und doch wäre ein solcher besonderer Eingang nicht
einmal nöthig gewesen, da man mit großer Wahrscheinlichkeit behaupten   10
kann, daß schon der Eingang zum Evangelium auch die Apostelgeschichte
mit umfaßt. Denn in dem Ausdrukk πεπληροφορημένων πραγμάτων scheint
doch schon das spätere der zur Reife gebrachten Begebenheiten, die sicht-
liche Erfüllung in der Gestalt einer aus|gebreiteten christlichen Kirche mit
eingeschlossen zu sein. Wozu also der besondere Eingang, wenn er uns das   15
erste und wichtigste nicht sagt was uns zu wissen noth ist, sondern uns
vielmehr durch seine Beziehung auf den ersten irre führt? Mir wenigstens
scheint das Verhältniß, welches der Schriftsteller hiedurch zwischen beiden
Werken feststellt, so entscheidend, daß wenn überzeugend dargethan werden könnte die Apostelgeschichte sei wirklich das zusammenhängende Werk   20
eines frei und ununterbrochen erzählenden Verfassers, ich mich gedrungen
fühlen würde meine Ansicht von dem ersten Buch aufzugeben und auch
dieses für eine Arbeit von der selben Art zu erklären; oder wenn mir auch
das unmöglich wäre müßte ich das Zusammenstimmen beider Eingänge für
eine Täuschung ansehn und die Einheit des Urhebers aufgeben. Aber eben   25
so müßten nach meinem Gefühl auch diejenigen handeln, welche das Evangelium des Lukas aus dem Urevangelium und mehreren abgeleiteten Schriften erklären. Denn warlich der Uebergang vom Zusammenschreiben aus

---

9 *Vgl. Lk 1,1-4*   **12** *Lk 1,1*   **20f** *Das ist die These von Johann Gottfried Eichhorn: Einleitung in das Neue Testament. Zweyter Band, Leipzig 1810, §§ 146-154, S. 1-98.* **25** *Bezug
auf Eichhorn: „Nun sollte zur Vollendung des Beweises für die Aechtheit der Apostelgeschichte noch hinzukommen, daß beyde Theile auch in Schreibart und Darstellungsweise sich
als die Arbeit eines und desselben Schriftstellers bewährten: aber diesen Beweis läßt die
Verschiedenheit des Ursprungs beyder Theile nicht mehr gehörig führen. Das Evangelium ist
aus der wörtlichen Zusammensetzung schriftlicher Erzählungen von Jesus Lehren und Thaten
erwachsen; von dem daher dem Lukas nicht Manier und Schreibart, sondern blos das Verdienst des Zusammenordnens nebst einzelnen Zusätzen angehört; die Apostelgeschichte hingegen ist eine von ihm frey niedergeschriebene, von schriftlichen Quellen unabhängige Schrift,
in der sich Lukas Geist und Gabe der Einkleidung ausgedrückt hat: wie läßt sich nun bey
dieser Verschiedenheit des Ursprungs noch die Identität des Verfassers aus der innern Beschaffenheit erweisen? Doch wird auch die kirchliche Tradition, die beyde Werke Einem
Verfasser beylegt, durch die Verschiedenheit der Schreibart nicht umgestoßen, da sie in der
Verschiedenheit des Ursprungs eine hinreichende Erklärung findet." (Einleitung II, S. 71)*
27 *Zur Urevangeliumshypothese vgl. oben S. 11*

mehreren schon vorhandenen Schriften zur freien historischen Composition
ist nicht minder groß als der vom schlichten Sammeln verschiedener Erzählungen und Lukas würde gewiß dem Theophilos auch gesagt haben „Mein
erstes Buch lieber Theophilos habe ich mühsam und ängstlich aus mehre-
5 ren Büchern zusammensuchend ausschneidend und einsezend geschrieben
jezt aber biete ich als freier Geschicht[-] und Redenschreiber auch in meiner
eignen Behandlungsweise und meinem eignen Styl", dies müßte er ihm
gesagt haben um ihn nicht zu sehr zu überraschen, wenn er nun die vollkommen construirte Composition und die reinere Sprache entfaltet welche
10 Eichhorn der Apostelgeschichte so vorzüglich nachrühmt; und ich habe
niemals begreifen können wie der berühmte Mann glauben konnte, Lukas
habe diesen großen Unterschied, dessen er sich so bestimmt bewußt sein
und den er bei jeder Zeile fühlen mußte in dem Eingange seines Werkes so
ganz mit Stillschweigen übergehen können. Und so scheint mir aus demsel-
15 ben Grunde auch die Hypothese daß Lukas bei dem Evangelium den Matthäus und Markus vor sich gehabt und ihnen nur hie und da ergänzend und
umbildend nachgeschrieben habe mit | der Ansicht der Apostelgeschichte   4
nicht vereinbar daß diese ein ganz aus sich selbst erzeugtes Werk sei; so daß
billig fast alle die jezt geltenden Ansichten vom Evangelium sich gegen die
20 fast einzig geltende von der Apostelgeschichte vereinigen müßten.[1]
Und dies sollte um so mehr schon längst geschehen sein als dieser
Annahme von allen Seiten fast Schwierigkeiten entgegenstehen, welche noch
niemand nur einigermaßen befriedigend aus dem Wege geräumt hat. -
Zuerst denkt sich niemand die Apostelgeschichte als eine eigentliche
25 Geschichtschreibung, der sie nicht als ein Werk des Lukas ansähe von dem
sie den Namen führt, und diesen selbst als einen treuen und ausgezeichne-

---

[1] Herr Heinrichs zwar in seinem Commentar hat wieder aufgenommen daß mehreres in den früheren Kapiteln aus den Actis Petri oder sonst her genommen sey,
was wir am besten einzeln an Ort und Stelle werden beleuchten können. Allein
30 auch er sieht doch bei weitem für den größten Theil des Werkes den Lukas als
selbständigen Schriftsteller an.

---

6 biete] *zeitgenössisch in der Bedeutung* anbieten, darbieten *(vgl. Grimm: Deutsches Wörter-*
buch II, Leipzig 1860, Sp. 4-7)   **18** diese] *korr. aus* sie   **27-31** Herr ... an] *am Rand*
als Anmerkung   **28** in den früheren] in den früh *über* ⟨im ersten⟩   **30** als] *folgt* ⟨den⟩

---

9 *Vgl. Eichhorn: Einleitung II, S. 98*   **15** *Zur Hug'schen Hypothese vgl. oben S. 11*
28 *Vgl. Novum Testamentum Graece perpetua annotatione illustratum. Editionis Koppianae*
Vol. III. Partic.I. Complectens Acta Apostolorum Cap. I-XII. Continuavit Ioannes Henricus
Heinrichs. Göttingen 1809: Partic. II. Complectens Cap. XIII-Fin. Göttingen 1812. Hein-
richs unterscheidet in einer Tabelle zur Quellenlage die Augenzeugenschaft des Autors, ande-
re Augenzeugen, andere Schriften und eigene Hinzutat (I, S. 30f). Quae ex Actis Petri: 1,16
– 2,41; 3,1– 4,31; 5,1-11; 5,17 – fin; 8,9-25; 9,32 – 11,18; 12,1-17: Forte et V. 23.

ten Gefährten des Paulus zumal in den lezten Zeiten welche die Apostelgeschichte berichtet und bei seiner Reise nach Rom; auch ist nicht zu läugnen
wenngleich die Ueberlieferung über diesen Gegenstand manche Lükken
hat, daß man sich in irgend einem Sinne an sie halten muß, wenn man nicht
ganz ohne Steuer und Nadel in dem weiten Meer der Ungewißheit umtrei- 5
ben will. Aber welche Schwierigkeiten hat nicht schon dieses. Ein theil-
nehmender Gehülfe des Paulus in dieser Zeit konnte doch unmöglich unbekannt sein mit dessen merkwürdigen zum Theil schwierigen zum Theil
erfreulichen persönlichen Verhältnissen zu den größten Gemeinen Korinth,
Thessalonich und andern, und zu einzelnen Partheien und Personen und er 10
sollte uns das so ganz verschwiegen haben wovon das Gemüth des Apostels
zu der Zeit wo er ihn begleitete so sehr bewegt war? Wenn er an den lezten
Reisen Pauli Theil genommen hatte und in Rom anfing die Apostelgeschichte zu schreiben, wie mußten ihm da manche kleine Begebenheiten, die aber
bloß persönlich waren zurüktreten, und wie manches ihm wesentlich er- 15
scheinen wovon sich in der Geschichte nichts findet? Konnte ein solcher
den lezten Aufenthalt des Paulus in Makedonien und Achaja, wo sich so
manches Mißverständniß völlig lösen, wo wichtige Verhältnisse in den
Gemeinden durch den Apostel mußten geordnet werden, die damals eben
so wichtig für die Sache waren wie früherhin jene Beschlüsse der Apostel 20
und der Gemeine zu Jerusalem, ganz mit Stillschweigen übergangen haben?
Kurz, wer sich lebendig in jene Zeit versezt muß wol fühlen, daß Plan und
Ausführung des Werkes von solchem Manne zu solcher Zeit entworfen
ganz anders müßte ausgefallen sein. – Betrachtet man nun ferner Plan und
Ausführung wie sie wirklich sind so sind aber auch hier wenn man von der 25
5 Vorstellung einer überdachten und zusammenhängenden Geschicht|schrei-
bung ausgeht die Räthsel bis jezt ungelöset indem eine Menge von Ansichten gegen einander auftreten und eine die andere treflich widerlegt so daß
ich mich hier bei den Sachkundigen auf alles berufen kann was sie wissen
und etwa nur nöthig habe über die neuesten Meinungen etwas selbst hin- 30
zuzufügen. Nur ist es immer ein wunderlicher Ausdrukk, dessen ich mich
nicht gern möchte theilhaftig machen wenn in diesem Sinne nach dem
Zwekk der Apostelgeschichte gefragt wird. Denn wenn ein geschichtliches
Werk einen Zwekk hat außer der Darstellung: so ist es eben nicht rein
geschichtlich sondern zugleich etwas anderes. Allein dies hat man wol nicht 35
gemeint, sondern immer nur gefragt nach dem Umfang, in welchem sich
der Geschichtschreiber seinen Gegenstand abgestekt und nach der Be-

---

5 dem] *korr. aus* das   17 in] *korr. aus* wo

---

1 *Vgl. Phlm 24; Kol 4,14; 2 Tim 4,11*   5 *Nadel = Magnetnadel. Die Phrase „Steuer und Nadel"*
ist zeitgenössisch belegt (Grimm: Deutsches Wörterbuch VII, Leipzig 1889, Sp. 252 mit Zitat
von J. H. Voss).   17 *Apg 20,1f*   20f *Apg 15,23-29*   33 *Vgl. Eichhorn: Einleitung II, S. 19*

handlungsweise welche er sich zum Gesez gemacht habe. Wenn man sich
nun hierüber niemals vereinigen konnte, weil welche Hypothese man auf
den einen Theil mit Glükk anwendete, den andern gar nicht erklären wollte: sollte dies denn nicht langsam selbst darauf geführt haben, daß das
5 Werk gar nicht nach einer Idee und von Einem geschrieben sei? Und gewiß
die Neuesten sind in ihren Versuchen nicht glüklicher gewesen als die
Aelteren. Hug am meisten sich darauf stüzend, und mit Recht, daß die
Apostelgeschichte nur Fortsezung des Evangeliums sei, will dem gemäß den
Gegenstand wieder ganz allgemein fassen, es sei die Nachricht von den
10 Folgen und Wirkungen des Lebens Jesu nach seinem Hintritt. Allein hatte
Lukas als er das Evangelium beschloß den Plan der Apostelgeschichte bereits ergriffen und schrieb er sie nachdem er mit Paulus in Rom angekommen, wissend wie weit das Christenthum damals schon verbreitet sei: so
mußte er freilich die Ausgießung des Geistes erzählen und des Paulus Be-
15 kehrung und Reisen und vieles andere was er wirklich erzählt. Aber mußte
er nicht auch sagen wo sonst noch das Christenthum verkündet worden
und auf welche Weise, mochte er nun viel oder wenig davon wissen? Und
nachdem er uns die Zwölf hingestellt als die Häupter der christlichen Gesellschaft, mußte er nicht etwas im Allgemeinen darüber sagen was doch
20 die übrigen für dieselbe gethan? etwas mehr doch als jenes wunderliche,
daß sie erst in Jerusalem geblieben als jedermann floh, und daß sie bei der
Versammlung gewesen die Paulus von Antiochien kommend veranlaßte?
Durfte er so ganz unvollständig sein über die allmählige innere Einrichtung
der christlichen Gemeinen? Ist es nicht unnatürlich daß nachdem er an-
25 fangs ziemlich genau die stoßweisen Vermehrungen derselben in Jerusalem
in Zahlen angegeben, hernach durchaus keine Zahlen mehr vorkommen,
und wir gar kein Bild bekommen von der Stärke der bedeutendsten Gemeinen der in Antiochia die eine so große Rolle spielt, der in Korinth und in
Ephesus, und der in Rom? Und dagegen wieviel kleine Geschichtchen fin-
30 den sich nicht hier, die dem um diese Zeit schreibenden schon ganz unbe-
deutend erscheinen mußten. Und wenn Hug alles was wir in der Apostel-

---

31-11 Und wenn ... Anwesenheit] *am Rand mit Einfügungszeichen*

---

7 Vgl. Joh. Leonhard Hug: Einleitung in die Schriften des Neuen Testaments. Zweyter Theil.
Tübingen 1808, S. 201 **11** *Vgl. Hug: „Wenn man den Anfang der Apostelgeschichte mit*
dem Ende des Evangeliums zusammenhält, sieht man deutlich, daß er die ausführliche Be-
handlung der Auffahrt hier verschiebt, um sie dem kommenden Werke vorzubehalten, und
daß er den Plan zur Fortsetzung, die er in der Apostelgeschichte gab, schon ergriffen hatte, als
er mit der Vollendung des Evangeliums beschäftigt war." (Einleitung II, S. 201) **14f** *Vgl.*
Apg 2,1-13; 9,1-19 **18** *Vgl. Apg 1,13.26* **21** *Apg 8,1* **22** *Apg 15,4.6.22f* **26** *Vgl.*
Apg 1,15; 2,41; 4,4; 6,1.7. Diesen Aspekt betont Eichhorn: Einleitung II, S. 2f. **31** *Vgl.*
Hug: „Das Ziel und der Umfang, den Lukas zum Gebrauche seines Freundes der Geschichte
ausgesteckt hatte, setzt einen, mit den Vorfällen zu Rom vertrauten Mann, und eben deßwegen
einen nahen Zuschauer voraus." (Einleitung II, S. 204)

geschichte vermissen, wie die genauere Nachricht von dem Aufenthalt des
Paulus in Rom daraus erklären will daß dies Dinge waren die Theophilus
selbst wissen konnte so wird uns dieser Theophilus ein viel wunderbarerer
Mann werden als ein süditalischer Ducenar und wir müßten einen suchen,
der eben so leicht in Geschäften nach Kilikien Arabien Aethiopien und wo		5
noch sonst hin kommen konnte. Und eben so wenig erklärt sich die Ungleichheit in der Ausführung aus der Anwesenheit oder Abwesenheit des
Lukas: denn wie vieles ist zwischen XVI,19 und XX,5 und vor XVI,10 eben
so ausführlich als was von XVI,10-19 steht; denn schon von hier ab ver-
schwindet mit der ersten Person zugleich diese Spur von des Geschicht-		10
schreibers Anwesenheit.

    Jenes vorzüglich daß über den inneren Zustand der Kirche so wenig
6 und dieses so unzusammenhängend vorkommt, hat | Eichhorn bewogen
dem Ganzen wieder einen beschränkteren Gegenstand unterzulegen, die
innere Geschichte der Kirche davon auszuschließen, und so auch was der		15
Titel sonst am ersten vermuthen ließe die besondere Berüksichtigung der
Gesellschaft der zwölf, und das ganze Werk mehr als eine Geschichte der
Missionen anzusehen. Allein warum denn gar keine Nachrichten über Pau-
lus Wirken in Arabien und seinem Vaterlande Kilikien, wovon doch ein
langer und treuer Gefährte des Apostels wissen müßte und in Cäsarea oder		20
Rom Zeit genug hatte es ihm genauer abzufragen, wenn Lukas doch dort
erst wie man allgemein glaubt geschrieben hat? Warum erzählt er uns eine

---

12 Jenes] *davor das Hinweiszeichen zur Randnotiz* NB Absaz

---

4 *Vgl. Hug:* „*Wenn man etwas weiteres vermuthen darf, so deutet sein Name, der nicht
römisch ist, auf das südliche Italien, magna Graecia. Seinye Würde, gemäß dem Titel* κρατιστος
[*Lk 1,3*]*, war wenigstens die eines Ducenars, welche Claudius neuerlich durch neue Begün-
stigungen emporgebracht hatte: Ornamenta consularia etiam Procuratoribus ducenariis
indulsit, Sueton. in Claud. C. 24.* [*Svetonivs II Vitae Caesarvm II. Liber V. Divvs Clavdivs
XXIV,1 - Ausgabe Pisa 1990, S. 414*]*. In dieser Eigenschaft konnte er oft wegen Geschäften
in Rom seyn.*" (*Einleitung II, S. 204 Anmerkung*) *Ducenarius: Rangstufe der Procuratores,
nach Gehaltshöhe ausgedrückt; auch an der Spitze kleinerer Provinzen (Lexikon der Alten
Welt, Zürich/Stuttgart 1965, Sp. 779.2439)*		**7** *Vgl. Hug:* „*Von einem Theile der Thatsachen
war der Verfasser selbst Augenzeuge und mithandelnde Person. Als er Apg. XVI. 10. den
Aufenthalt von Paulus zu Troas erzählt, schließt er so fortan auch sich mit ein, und spricht in
vielfacher Zahl gemeinschaftlicher Person: Wir suchten, wir giengen u.s.w.* [...]. *Der Zug war
nach Macedonien gerichtet; zu Philippi hört er auf, sich so auszudrücken* [16,16-18]*, und
deutet uns seine Gegenwart nimmermehr an bis Apg. XX.5.* [...] *In diesen letzten Jahren, die
er an Paulus angeschlossen war, von Apg. XX.5. ist er sehr ausführlich, und sie nehmen
beynahe so vielen Raum in seiner Geschichte ein als die vorhergehende ganze Erzählung, die
doch einen ungleich grössern Zeitabschnitt begreift. Wir sehen daraus, daß es unser Vortheil
gar nicht ist, daß er nicht früher ein Zeuge dieser Begebenheiten wurde.*" (*Einleitung II,
S. 202f*) *Schleiermacher bezieht sich genau auf die angeführten Schriftstellen und deren Ab-
grenzung.*		**9** *Apg 16,10-19 gibt die Grenze an, d.h. die Wir-Partie geht bis V. 18 (Absatz
in den Textausgaben); das Wir wird erst in 20,5 wieder aufgenommen.*		**13** *Vgl. Eichhorn:
Einleitung II, S. 19-23*		**19** *Vgl. Gal 1,17.21; Apg 15,41*

Veranlassung, wie das Christenthum hat nach Afrika kommen können,
aber ohne ein Wort darüber zu verlieren, ob diese Begebenheit wirklich
einige Frucht getragen hat oder nicht? Warum hat er sich gar nicht darum
bekümmert wohin denn Petrus von Jerusalem aus sich begeben, und was
5 für einen Thätigkeitskreis er sich eröfnet? Warum erwähnt welches wenige
Seiten früher noch ohne alle Spuren des Christenthums vorkommt, er einer
Gemeine zu Troas, deren Geschichte er doch auch in sieben Tagen konnte
kennen lernen ohne uns ein Wort darüber zu sagen ob diese von Ephesos
aus oder von Makedonien und Achaja her oder wie sonst und durch wen
10 gestiftet worden, wenn er doch eine Geschichte der Missionen schreiben
wollte? Und vor allen Dingen, warum hat er nicht einen großen Streit ver-
hütet und uns einen richtigen Aufschluß gegeben durch eine kleine Nachricht von der Stiftung der Gemeine zu Rom, wenn er doch den Paulus
dorthin begleitet und wenigstens einige Zeit dort mit ihm gelebt hat? Dies
15 alles liegt den wirklich in dem Buch erzählten Begebenheiten so nahe, daß
es kaum fehlen könnte, wäre das Buch wirklich als eine Geschichte der
Missionen geschrieben worden? Und wie unbegreiflich sind bei diesen
wesentlichen Fehlern und Lükken auf der andern Seite die gehäuften Einzelheiten und die sorgsame Genauigkeit in der Beschreibung mehrerer Rei-
20 sen, und derjenigen am meisten, die grade auf Mission am wenigsten Beziehung haben. Warum erzählt er uns diese und schweigt dagegen ganz von
den weiteren Reisen und Verrichtungen des Barnabas? Diese Mängel zu
erklären und zugleich wo möglich begreiflich zu machen wie dasjenige in
das Buch gekommen, was mit dem Hauptthema in keiner unmittelbaren
25 Verbindung steht, hat Eichhorn noch engere Grenzen gezogen, und meint
nur diejenigen Missionen seien der Gegenstand des Buches welche von
Jerusalem und von Antiocheia als den beiden Hauptpunkten des Buches
ausgegangen wären, und nimmt an der erste Theil behandle die Missionen
von Jerusalem, der zweite die von Antiocheia, und der dritte habe die Ge-
30 fangenschaft des Paulus zum Gegenstand. Allein ist nicht dadurch das Bestreben eine Einheit in dem Buch zu finden eigentlich wieder aufgegeben?
Was hat eine Gefangenschaft des Paulus mit der Geschichte der Missionen
zu thun in der Ausführlichkeit wie sie hier erzählt ist, zumal nicht einmal
gesagt ist, was für ein Ende sie genommen, ob dadurch alle Wirksamkeit
35 des Paulus für das Christenthum abgebrochen worden, oder wo sie wieder

---

5 erwähnt] *darunter korrigiertes Einfügungszeichen*   **5f** welches … vorkommt] *am Rand*
13 den] *über der Zeile mit Einfügungszeichen*   **16** als] *über der Zeile mit Einfügungszeichen*

---

1 Apg 8,26-39. Vgl. Eichhorn: „*Durch diesen Proselyten [sc. aus dem heutigen Nubien] wäre
also das Christenthum in das tiefere Afrika getragen worden.*" (Einleitung II, S. 5)   **4** Vgl.
Apg 12,17   **7** Vgl. Apg 16,8; 20,6   **22** Vgl. Apg 15,39   **25** Vgl. Eichhorn: Einleitung
II, S. 1f

angefangen habe. Soll diese Erzählung einen Anfang bilden, warum ist sie nicht bestimmter von dem Kern des Werkes getrennt? Will man sagen daß mit Paulus Gefangenschaft alle Missionen sowol von Antiochien als von Jerusalem aus aufgehört: so ist das ja so wenig vorauszusezen, daß es nothwendig müßte gesagt worden sein. Und um nur noch eines zu erwäh- 5
nen, sind eben die Galatischen Gemeinen nicht auch von Antiocheia aus gestiftet? und mußten sie nicht einem genauen Begleiter des Paulus so merk- würdig sein, daß er wol ihrer Stiftung, wenn er eine Geschichte der Missio- nen schreiben wollte, auf einer bestimmtern Weise erwähnt hätte als leider geschehen ist? Ueberhaupt aber wird niemand sagen können, daß das Werk 10
nach diesen drei von Eichhorn angenommenen Hauptpunkten eigentlich gegliedert sei, wie es doch natürlich wäre wenn sie dem Verfasser selbst als Hauptpunkte vorgeschwebt hätten. Von keinem nimmt der Verfasser Ab- schied und keinen führt er auch ordentlich ein, sondern unmerklich wie jedes andere verschwindet auch von diesen jeder und der andere tritt dann 15
so in die Stelle. Ist die Ausgießung des Geistes in Jerusalem so ausführlich beschrieben, weil sie der Anfang aller Thätigkeit in Jerusalem und von da aus war: so vermißt man eine entsprechende Ausführlichkeit bei dem zwei- ten Hauptpunkt gänzlich. Gar nichts näheres über die Art wie die entflohe- nen Christen bewogen wurden sich mit dem Evangelium auch an die Hei- 20
den zu wenden und von der Art wie sie dabei zu Werke gingen; eben so wenig näheres über die Art, wie der Geist dort sich der Lehrer bemächtigte um den Missionstrieb zu wekken und was für merkwürdige Erscheinun-
7 gen | sich hiebei ereigneten. Denn die Parallele mit dem Pfingsttage mußte sich bei einer solchen Anordnung des Werkes aufdringen. Und wenn die 25
Verkündigung in und um Jerusalem der erste Hauptpunkt des Werkes war, wie kann der Verfasser, ein solcher zumal dem eine Vorzüglichkeit in der Composition zugeschrieben wird, den Paulus zulezt nach Jerusalem füh- ren, ohne auf diese Veranlaßung auch nur den flüchtigsten Ueberblick des- sen was sodann dort und von dort aus geschehen war, seinen Lesern zu 30
vergönnen. Dieser Plan will also nicht recht einleuchten aber noch weniger begreife ich wie man dieses als den Plan ansehen und dabei der Composition ein so ausgezeichnetes Lob beilegen kann; man darf auch in der That das wohlgemeinte Lob nicht zu nahe betrachten. Denn den Mangel alles dessen was man vermißt damit entschuldigen daß der Verfasser sich mit dem be- 35
sonderen nicht hätte verweilen wollen, das will nicht recht Stich halten bei

---

5-10 Und ... aber] *am Rand mit Einfügungszeichen*   10 wird] *davor* ⟨Und überhaupt⟩
11 von Eichhorn angenommenen] *am Rand mit Einfügungszeichen*   35 der Verfasser] *am Rand mit Einfügungszeichen statt* ⟨er⟩

---

16 *Vgl. Apg 2*   19f *Vgl. Apg 11,19f*   22 *Vgl. Apg 13,1-4*   28 *Vgl. Eichhorn: Einleitung II, S. 43-46*   35f *So Eichhorn: Einleitung II, S. 22*

der großen Menge von für den Hauptgegenstand in der That unwichtigen
Einzelheiten bei der Verhaftung und Erledigung des Paulus, bei den Unfäl-
len des Paulus in Lystra und Philippi, und wovon dergleichen noch sonst
das Werk voll ist. Und soll man wiederum bei diesem Grundsaz das Ausführliche was vorkommt damit entschuldigen daß Lukas von allen eine
Probe aber auch nur Eine habe geben wollt: so muß man, die mehrfachen
Erzählungen von des Petrus Gesicht und des Paulus Bekehrung, die man
schwerlich durch die neuen jedes mal hinzukommenden Umstände rechtfertigen kann, ganz abgerechnet, gleich bei den Reden so sehr ins Einzelne
verschiedener Gattungen gehn, daß man mit demselben Recht auch Proben
von mehreren Arten von Schiffbrüchen und Gefangenschaften fordern
könnte, und recht gern auch die Probe apostolischen Streites mit nähme,
welche wir aus dem Galaterbriefe kennen.

Wenn also auch von dieser Ansicht aus das Buch nicht als ein wohlgeordnetes erscheinen will, sondern die Unverhältnißmäßigkeit der einzelnen
Theile zu der Idee die man sich von dem Ganzen machen will auch diese
widerlegt; wenn man sich erinnert wie treflich auf dieselbe Weise Eichhorn
die Michaelis Griesbachische Ansicht beleuchtet und abfertigt: muß man
nicht endlich die Frage aufwerfen, giebt es nicht etwas gemeinschaftliches
in dieser Unverhältnißmäßigkeit die sich bei jeder Ansicht zeigt, von der
man bis jezt ausgegangen ist? Denn giebt es so etwas, und man findet es: so
kann man sich doch hüten nicht wieder eine neue Ansicht aufzustellen,
welche auf gleiche Weise könnte abgewiesen werden. Und mir scheint, die
Antwort auf diese Frage könnte gar nicht sehr schwer fallen. Oder sollte
nicht aus allen diesen Untersuchungen dies herausgekommen sein, daß
überhaupt ein eigentlicher geschichtlicher Zusammenhang in der Apostel-

---

5 eine] *korr. aus* Eine   **16** will] *über* ⟨muß⟩   **18** abfertigt:] *korr. aus* abfertigt;   **19** die]
korr. aus diese

---

3 *Vgl.* Apg 14,19f; 16,22-39   **6** *So Eichhorn: Einleitung II, S. 22f*   **6f** *Vgl.* Apg 10,10-
16; 11,5-10 – 9,3-19; (9,27); 22,6-16; 26,13-18   **13** *Vgl.* Gal 2,11-16   **17f** *Eichhorn
referiert die Meinung, Lk habe „Paulus Betragen in Hinsicht auf die Aufnahme der Heiden
zum Christenthum und dessen Lehre von der Abschaffung der mosaischen Religion rechtfertigen wollen" (Einleitung II, S. 24), was sich aber nicht auf alle Teile der Apg anwenden lasse
(S. 24-30). Als Quelle gibt er an: „J.D. Michaelis Einleitung in die Schriften des neuen Bundes
(3te Ausg.) S. 1177 trägt schon diese Vermuthung vor. Weiter ist sie ausgeschmückt in J.J.
Griesbach's Programm: de consilio quo scriptor in Actibus apostolicis concinnandis ductus
fuerit. Jenae 1798.4." (S. 24 Anm.) Vgl. Johann David Michaelis: Einleitung in die göttlichen
Schriften des Neuen Bundes. Erster Theil. Dritte Ausgabe. Göttingen 1777. Schleiermacher
hat sich auf die Angaben Eichhorns verlassen. Das Jenaer (anonyme) Programm stammt aber
von H.E.G. Paulus (vgl. Wilhelm Martin Leberecht de Wette: Lehrbuch der historisch kritischen Einleitung in die Bibel Alten und Neuen Testaments. Zweiter Theil. Die Einleitung in
das N.T. enthaltend. Zweite verb. Aufl. Berlin 1830, S. 204), was Schleiermacher in dessen
Sammelband Introductionis in Novum Testamentum. Capita selectiora, Jena 1799, p. 281-
308 hätte nachschlagen können, den er besaß.*

geschichte nicht anzutreffen ist, der Verfasser uns einen Faden nicht in die |
8 Hand giebt und auch keiner gefunden werden kann, den man von Anfang
bis zu Ende verfolgen könnte, wieviel Abschweifungen man auch dem
Verfasser zu gute halten wollte. Auch die großen Begebenheiten stehen
vereinzelt ohne ineinander zu greifen ohne die kleineren sich gehörig unter-   5
zuordnen und sie zu beherrschen. Kein geschichtlicher Gegenstand wird
beharrlich verfolgt und ordentlich zu Ende geführt, sondern alles nur in
dem Maaß ausführlich behandelt als es einzelne Begebenheit ist oder sich
an einzelne Personen haftet. Und eben deshalb kommt man nie aus, wenn
man von der Meinung ausgeht, daß ein geschichtlicher Gedanke in dem   10
Buche durchgeführt sei. Eben so wenig aber auch wenn man sich einen
Helden wählt welcher der Gegenstand des Buches wäre, denn anfangs kann
es eben so gut Petrus scheinen als es hernach Paulus ist: Ist nun sowol von
den gemeinsamen Angelegenheiten, wie der Gütergemeinschaft[,] der
Einsezung der Aeltesten, der aufgehobenen Beschränkung auf die Juden,   15
nie die Rede an und für sich um die wachsende Kirche uns recht vor Augen
zu bringen, sondern immer nur in Beziehung auf einzelne Begebenheiten
und eben so von den Personen ohne eigentliche Schilderung zusammenhängende Lebensbeschreibung Vergleichung des einen mit dem andern ohne
Darlegung und Berechnung ihres Einflusses auf das Ganze sondern immer   20
nur in Beziehung auf einzelne Thaten Schiksale höchstens Reisen, über die
man ja aber auch von jeher Tagebücher geführt hat an und für sich, wie
man Erzählungen einzelner Begebenheiten niedergeschrieben hat an und
für sich: sind wir dann noch so weit entfernt von dem Gedanken daß die
Apostelgeschichte dem Evangelium wol ähnlicher sein mag als man bisher   25
geglaubt hat nämlich gar nicht ein zusammenhängendes Geschichtsbuch,
denn als solches fehlt ihr Bestimmtheit Zusammenhang Haltung in einem
Grad der auch hinter den gewöhnlichsten und geringsten Forderungen
zurükbleibt, und man braucht warlich nicht zu sagen ein strenger und
geistreicher Kritiker kann sie nur deswegen für kein eigentliches Geschichts-   30
buch halten weil er wiederum in seiner höheren und wissenschaftlichern
Bildung und Ansicht beschränkt sei deren Ansprüche sie freilich nicht be-
friedige, sondern man bringe den schlechtesten Geschichts[-] oder Chronik-
schreiber, und es wird keine solche Verschiedenheit der Meinungen entstehen über das was er eigentlich habe beschreiben wollen. Ist sie aber dasselbe   35
nicht, was auch das Evangelium nicht ist, bleibt etwas anderes übrig, als sie
sei auch dasselbe was jenes ist nämlich eine Sammlung von ursprünglich für

---

3 könnte] *korr. aus* kann   **16** nie] *korr. aus* immer; *folgt* ⟨als⟩   **26** nämlich] *am Rand
vor der Zeile*

---

12 *Von „Helden“ spricht Hug: Einleitung II, S. 201.*   **14f** *Vgl. Apg 4,32-35; 6,1-6; 10,1-
48; 11,1-18*

sich vorhandenen einzelnen Erzählungen, die auch nur an einander gereiht sind? Ich wenigstens sehe kein drittes; aus diesem aber erklärt sich alles, wenn man nur annimmt, daß der Sammler und Ordner beschränkt gewesen durch seine Lage, daß er nicht auch über alles das ausführliche und
5 völlig authentische Nachrichten erhalten können worauf in einzelnen seiner Erzählungen angespielt und hingewiesen wurde, und daß er die Absicht nicht gehabt seine Materialien zu einem eigentlichen Geschichtsbuch umzuarbeiten, sondern daß er mit ihnen so weit es die Verschiedenheit der Sache zuließ eben so gewissenhaft umgegangen als mit denen die er bei der
10 Zusammenstellung des Evangeliums vor sich hatte, daß er aber eben so wenig irgend eine merkwürdige und authentische Erzählung verschmäht habe, und dann alles nach seiner besten Ueberzeugung und Einsicht geordnet. Daß ein solches Buch nun grade so habe gerathen können, daß muß jeder um so wahrscheinlicher finden, da wir schon gewohnt sind einen
15 ausgezeichneten Gehülfen des Paulus als Verfasser zu denken; wenn aber ein solches Buch unglüklicherweise für ein eigentliches Ganzes genommen wird, das seine Einheit in sich haben soll, so kommt man freilich weit mehr in Verlegenheit wann man den Plan herausbringen will nach welchem es gearbeitet sein soll als bei dem Evangelium, wo doch alle einzelne Bestand-
20 theile das Leben einer und derselben Person betreffen. Und um wenigstens soviel an mir ist | da es nun einmal an solchen Erklärungsarten kritischer 9 Versuche, wie die Erfahrung lehrt, nicht fehlt, dem Verdacht entgegenzuarbeiten, als hätte ich dieses über die Apostelgeschichte nur ausgesonnen um jenen Fund über das Evangelium desto besser geltend zu machen will
25 ich nicht nur zur Steuer der Wahrheit bekennen, daß ich im Gegentheil zuerst an der Apostelgeschichte gemerkt habe, daß sie aus mehreren Theilen, die nichts von einander wissen, zusammengesezt sei, und hernach erst auch auf das Evangelium in dieser Hinsicht meine Aufmerksamkeit gerichtet habe; sondern ich will mich auch gar nicht weiter auf das Evangelium
30 berufen, vielmehr jedem über diesen Theil des Werkes seine Meinung lassen, mag ihm das Urevangelium zum Grunde liegen, oder mag es dem Matthäus und Markus nachgearbeitet sein, oder mag es Lukas frei und unabhängig hingeschrieben haben, und verlange nur daß man vorläufig einige Stellen der Apostelgeschichte mit mir genau betrachte, ob man nicht
35 wird gestehen müssen, daß diese Ansicht ganz natürlich aus derselben hervorgeht.

---

1 einzelnen] *über der Zeile mit Einfügungszeichen*   **16** ein] *folgt* ⟨noch⟩

---

25 *Vgl. Grimm:* „zur steuer der wahrheit etwas tun, eigentlich ‚zur unterstützung, stärkung', *doch auch verstanden als ‚um zur wahrheit beizutragen'* [...]. *seit dem 16. jh. bis heute lebendig."* (Deutsches Wörterbuch, Bd. 10, II. Abt., II. Teil, Leipzig 1941, Sp. 2590f)

Über Kolosser 1, 15-20

*(Theologische Studien und Kritiken.
Eine Zeitschrift für das gesammte Gebiet der Theologie,
hg. v. C. Ullmann/F.W.C. Umbreit,
Jahrgang 1832, 3. Heft, Hamburg 1832, S. 497-537)*

Ueber Koloss. 1, 15-20.

Von

Dr. Friedrich Schleiermacher.

Es kann freilich sonderbar und genau genommen ganz unthunlich scheinen, ausschließend über eine Stelle reden zu wollen, welche mit einem Relativ, also als Zusatz zu dem Vorhergehenden, anfängt und mit einem
Komma aufhört, also erst im Folgenden ihren Schluß findet, mithin weder
Anfang noch Ende hat. Aber in den angezeichneten Grenzen sind doch die
merkwürdigen Aussagen von Christo eingeschlossen, mit denen es die folgende Erörterung allein zu thun haben will. Allerdings also werde ich, um
einen Grund für die Interpretation zu gewinnen, auf das Folgende hin-
schauen und auf das Frühere zurückgehen müssen; aber ich mache mich
nicht anheischig, über das eine oder das andere mehr zu sagen, als die
Beziehung auf unsere Stelle selbst nothwendig erfordert.

Der Brief an die Kolosser gehört offenbar zu denen, bei welchen Paulus nicht von irgend einem oder mehreren besonderen Anknüpfungspunk-
ten ausgehn konnte. Meine Ueberzeugung ist noch immer, daß es zwischen

---

1 Ueber] *Dem Titel steht in der Zeile darüber ein „1.“ voran, das anzeigt, daß es sich bei
Schleiermachers Aufsatz um die erste der »Abhandlungen« des Dritten Heftes der ›Theologischen Studien und Kritiken‹ von 1832 handelt.*

6f *Von den Textausgaben des Neuen Testamentes, die Schleiermacher besessen hat, lassen
weder Bengel (Novum Testamentum Graecum, ed. J. A. Bengel, Tübingen 1753) noch Wetstein
(Novum Testamentum Graecum, ed. J. J. Wetstein, Bd. 1-2, Amsterdam 1751-1752) noch
Matthaei (Novum Testamentum XII tomis distinctum, ed. C. F. Matthaei, Riga 1782-1788,
hier Bd. 5, 1784: Epistolae ad Hebraeos et Colossenses), Koppe (Novum Testamentum
Graece perpetua annotatione illustratum, ed. J. B. Koppe, 2. Aufl., ed. J. H. Heinrichs [u.a.],
Bd. 2-10, Göttingen 1809-1821), Knapp (Novum Testamentum Graece, ed. G. C. Knapp, 2.
Aufl., Bd. 1-2, Halle/Berlin 1813) Griesbach (Novum Testamentum Graece, ed. J. J.
Griesbach, Bd. 1-4 [in 2], Halle/London 1796-1807) oder Göschen (Novum Testamentum
Graece et Latine, ex recensione Knappiana ed. A. Göschen, Leipzig 1832) Kol 1, 20 mit
einem Komma enden; dies geschieht indes in der Ausgabe von Lachmann (Novum Testament-
um Graece, ed. C. Lachmann, Berlin 1831).*

498 ihm und | dieser Gemeine keine solche gab¹, und daß er wahrscheinlich nie
324 an dieselbe würde geschrieben haben, wenn er nicht in Rom die Bekannt-

---

¹ Ich finde mich hier zwar im Widerspruch mit dem, was Herr D. S c h u l z in
dieser Zeitschrift (1829. S. 535.) gesagt hat, allein mich zwingt noch immer die
Stelle Kol. 2, 1. dazu, zu glauben, daß Paulus nicht in Kolossä gewesen sey. 5
Dreierlei Menschen konnte er nun schon gewiß nicht unterscheiden wollen. War
er in Laodicea auch gewesen, nun so waren die Laodiceer insofern nicht von den
324 Kolossern unterschieden, und anderweitig unterscheidendes kommt gar nicht
von ihnen vor, sie gehörten also zu den Kolossern; im entgegengesetzten Fall
müßten sie zu den ὅσοις gehören. Aber sieht wohl der Satz so aus, als wenn zwei 10
Glieder zusammengehören sollten und das dritte beiden entgegengesetzt seyn?
Und wenn nun das αὐτῶν nur auf die ὅσοι geht und nicht auf die Kolosser mit,
warum erzählt er diesen von seinem Kampf um Christen, die in allerlei Gegenden
von Asien und Europa zerstreut waren, die Kolosser aber gar nicht besonders
angingen? und hatte er, wenn er doch so ganz allgemein von seinem Kampf 15
reden will, gar keinen ähnlichen um andere Gemeinen, die ihn kannten, als allein
um die Kolosser und Laodiceer? Daß Paulus hier von denen, die er nicht kennt,
zu den Kolossern in der dritten Person redet, scheint nur ein geringer Einwand,
da die kolossische Gemeine gegen die Menge der übrigen, die sich in demselben
Falle befanden, beinahe verschwand. Und die Rede wendet sich auch noch in 20
demselben Zusammenhange zurück in die zweite Person. Oder wie kann Paulus,
wenn die Kolosser nicht zu den αὐτοῖς gehören, ihnen sagen, er erzähle ihnen
dieses, damit sie nicht verführt würden? Daher kann ich nicht anders, als noch
immer glauben, die Kolosser gehören mit zu denen, die ihn persönlich nicht
kannten, und ich glaube, derselbe Eindruck hat eben so unabweisbar die meisten 25
Theologen so beherrscht, daß sie keine Predigt Pauli zu Kolossä annehmen
konnten. Und steht dieß einmal fest, so fügen sich auch die übrigen Umstände
danach. Nur bin ich eben so wenig in Bezug auf diese der Meinung des Hrn.
Prof. B ö h m e r (Isagoge in Ep. ad Col. p. 131 sqq.), daß Epaphras wegen der
bedenklichen Zustände der Gemeinen in Kol. und Laod. dem Apostel ausdrück- 30
499 lich nach Rom nachgereist sey. Schwerlich | kann ein Mann, wie uns dieser
beschrieben wird, mit diesen Mittheilungen hinter dem Rücken der Gemeine
haben bleiben wollen; und sollen wir uns dieß nicht denken, so mußte irgendwo
von seiner wohlmeinenden Absicht eine bestimmte Meldung gemacht seyn, und
Paulus würde die Punkte, um derentwillen Jener eine so große Anstrengung 35
gemacht, auch besonders hervorgehoben und mit einer hierauf bezüglichen Wichtigkeit behandelt haben! Mir will sich aber auch nicht die leiseste Spur dieser Art
irgendwo verrathen.

---

30 Kol.] *Abk. für* Kolossä   **30** Laod.] *Abk. für* Laodicea

---

3f *Vgl. David Schulz: Sollte der Apostel Paulus wirklich nicht in Colossä und Laodicea
gewesen seyn?, Theologische Studien und Kritiken. Eine Zeitschrift für das gesammte Gebiet
der Theologie, in Verbindung mit D. Gieseler, D. Lücke und D. Nitzsch, hg. v. D. C. Ullmann
und D. F.W.C. Umbreit, Jahrgang 1829, Heft 3, Hamburg 1829, S. 535-538, hier: bes. S.
535f* **29** *Vgl. [Georg Rudolf] Wilhelm Böhmer: Isagoge in Epistolam a Paulo Apostolo ad
Colossenses datam, theologica, historica, critica, Berlin 1829, S. 131f, bes. Anm. 97*

schaft des Epaphras und des Onesimus gemacht hätte, und wenn nicht mit
letzterem | Tychicus in jene Gegenden gereist wäre. Daher konnte auch   499
Paulus, da jeder Brief doch ein thatsächliches Fundament erfordert, nur
theils von dem, wie es scheint, ganz allgemeinen ausgehen, was ihm
5   Epaphras über dort gesagt (1, 7. 8.), theils von seinen eignen Zuständen,   325
über welche Tychicus ihnen näheren Bescheid geben konnte; daher sind
auch alle Belehrungen und Ermahnungen des Briefes nur sehr allgemeinen
Inhaltes, und berücksichtigen nur solche Mängel und Bedürfnisse, wie sie
bei allen außerpalästinensischen gemischten Gemeinen, nur mit etwas an-
10 derer Färbung in Asien und in Europa, vorauszusetzen waren; zumal sich
Paulus ein kürzeres Maaß gesteckt hatte, und nicht aufgefordert seyn konnte, eine Auseinandersetzung von der Art des Briefes an die Römer an diese
Gemeine zu senden. Dieses Sachverhältniß, verglichen mit der Lage des
Apostels, als er an die Korinther schrieb, wobei ihm eine Fülle von Einzel-
15 heiten mit der höchsten Lebendigkeit vorschwebte, erklärt den Contrast,
der zwischen beiden in Absicht der Composition und der Schreibart
obzuwalten scheint; was ich eben nur andeuten kann, wenn ich mich nicht
zu weit von meinem Zweck entfernen will. Denken wir uns beide Methoden etwas weiter getrieben, so würde dort ein unruhiges Umherspringen,
20 hier ein schleppendes Auseinanderziehen zu tadeln seyn. Aber gewiß findet
Jeder, wenn er diese Vergleichung anstellt, nur um so mehr da, wo sich alles
so | aus dem allgemeinen herausspinnen muß, eine solche Gedanken-   500
entwickelung, wie wir sie in unserer Stelle antreffen, höchst erklärlich.
In dem ganzen Abschnitt nämlich von V. 3-23. kann man nur zwei
25 Punkte setzen, nach 8 und nach 23[2]. Die beiden Hauptsätze, grammatisch
betrachtet, sind nur die, wir danken Gott euretwegen V. 3., und wir hören
nicht auf, Gott für euch zu bitten V. 9., welches die bei Paulus fast solennen
Eingangssätze sind, und aus diesen entwickeln sich gehaltreichere Sätze auf
eine aus Einfachheit fast verwirrende Weise, indem durch relative Fürwör-   326
30 ter und Partikeln angeknüpft wird. Bei dieser scheinbaren Nachlässigkeit
aber, die einmal über das andere die Subjecte wechselt, so daß eines sich
hinter dem andern verbergen muß, herrscht doch zugleich ein strenger cy-
clischer Charakter. Denn nach den Ergießungen über Christum in den näher zu betrachtenden Versen kommt Paulus in V. 22. genau auf den Inhalt
35 der in V. 9. vorangegangenen Bitte zurück; ja ganz am Ende des Abschnittes sogar auf die Erwähnung seines Amtes, womit er angefangen hatte,

---

[2] Allerdings kann auch ein Punkt gesetzt werden in V.16. hinter ἐξουσίαι; allein da
das folgende τὰ πάντα offenbar die vorhergehenden Nominative aufnimmt: so
ist diese Interpunction, logisch betrachtet, höchst untergeordnet.

1f *Zu Epaphra vgl. Kol 1, 7; 4, 12; Phm 23; zu Onesimus vgl. Kol 4, 9; Phm 10; zu Tychicus
vgl. Kol 4, 7; Eph 6, 21; Apg 20, 4; 2 Tim 4, 12; Tit 3, 12*

indem er nun an denselben Anfang noch eine andere Gedankenreihe anknüpfen will.

Beide Hauptsätze V. 3. und V. 9. gaben sich gleich gut dazu her auf
Gott überzugehen; Paulus aber benutzt erst den zweiten dazu, und so wird
V. 13. von Gott ausgesagt, daß er uns in das Reich seines Sohnes versetzt 5
habe, durch welchen wir die Vergebung erlangt haben. Und nun geht mit
V. 15. die Rede auf Christum über, und die Stelle beginnt, mit welcher wir
uns zu beschäftigen haben. Sie berührt so sehr die viel besprochene und |

501 bestrittene Frage über die höhere Natur und Würde Christi und über sein
Verhältniß zu Gott und zur Welt, daß es mir nicht überflüssig erscheint, 10
gleich hier zu bevorworten, daß dieser Versuch von gar keinem dogmatischen Interesse ausgeht, sondern von einem rein hermeneutischen. In allen
schwierigen Stellen nämlich, je unbestimmter und vieldeutiger, auch nicht

327 leicht durch Parallelen festzustellen[3] die einzelnen Ausdrücke sind: um desto mehr sieht sich der Ausleger an die Form verwiesen, um durch sie des 15
schwierigen Stoffs wo möglich Herr zu werden. Nun ist jenes unläugbar
hier in solchem Grade der Fall, daß man der Aufforderung nicht auswei-
chen kann, zu versuchen, in wie fern sich der Sinn der Formeln durch das
logische und grammatische Verhältniß der Sätze, in denen sie vorkommen,
bestimmen läßt; und dieß ist die Aufgabe, die ich mir gestellt habe[4]. | 20

---

[3] Man könnte zwar denken, bei der großen Verwandtschaft des Briefes an die
Epheser mit dem unsrigen könne es an Parallelstellen nicht fehlen. Allein dies
kommt wohl mehr jenem Briefe zu gute, als dem unsrigen. Denn vergleicht man
beide in Umriß und Ausführung, so erscheint der unsrige bei weitem richtiger
gehalten und strenger zusammenhängend, so daß, wenn bei Abfassung des einen 25
der andere vorgeschwebt haben soll, der ephesische Brief es ist, der eine minder
günstige Stimmung verräth, bei der ein solches Hülfsmittel besonders willkommen seyn muß, und nicht der unsrige. Ich wundere mich daher, so oft die
Meinung vorgetragen wird, der Brief an die Ephesier habe bei dem unsrigen zum

327 Grunde gelegen; man müßte denn meinen, Paulus habe an unserm Briefe eine 30
verbesserte Umarbeitung von jenem geben wollen.

[4] Nur im Allgemeinen will ich hier an des würdigen Storr bekannte Interpretation
unseres Briefes, Opusc. II. p. 120-220., erinnern. Unsere Methoden sind aber
hier so durchaus verschieden, daß eine Uebereinstimmung nur zufällig seyn
kann, und daß eine fortwährende Vergleichung mir völlig unthunlich erscheint, 35
da wir gleich von Anfang an auseinandergehen. Ich behalte mir indessen vor, im
Einzelnen hie und da auf diese Arbeit zurückzukommen.

---

14 sind:] sind;

32f *Gottlob Christian Storr: Interpretatio partis prioris Epistolae ad Colossenses, Opuscula academica ad interpretationem librorum sacrorum pertinantia, Bd. 1-3, Tübingen 1796-1803, Bd. 2 (1797), S. 120-220*

Bei der näheren Betrachtung dieser von Christo handelnden Stelle zeig-   502
ten sich mir nun darin zwei, wenn man sich nur den reinen Text und nichts
weiter vor Augen hält, meines Erachtens unverkennbare Parallelen, nämlich die Sätze V. 15. 16. ὅς ἐστιν εἰκὼν ... ὅτι ἐν αὐτῷ ἐκτίσθη τὰ πάντα κ. τ.
5   λ. und V. 18. 19. ὅς ἐστιν ἀρχὴ ... ὅτι ἐν αὐτῷ εὐδόκησε κ. τ. λ. In dem
zweiten Satz scheint zwar der Zusammenhang zwischen dem ὅς und dem
ὅτι durch das ἵνα unterbrochen; allein dieses ἵνα ist rein parenthetisch. Man
denke sich nur, Paulus habe statt dessen geschrieben εἰς τὸ γενέσθαι ἐν πᾶσιν
αὐτὸν πρωτεύοντα, welches ja ganz dasselbe sagen will: so wird man sich
10   durch diesen Einschub nicht irren lassen; wie denn überhaupt nicht leicht
möglich ist, dem ganzen Zusammenhange nach, das ὅτι auf das ἵνα γένηται
beziehen zu wollen und nicht auf das ὅς ἐστιν. Da nun der erste Satz die
Aussage über Christum beginnt: so muß jeder, welcher der Parallele ihr
Recht anthun will, auch zugeben, daß, wie unser zweiter Satz durch die
15   Aehnlichkeit der Form den ersten zurückruft, er ihm auch will dem Range
nach coordinirt seyn, mithin daß dieses die beiden Hauptsätze sind, von   328
welchen die anderen abhängen. Denn ein dritter von gleicher Geltung folgt
nicht, da V. 20. noch an dem ὅτι hängt, und mit V. 21. schon die Zurück-
führung auf das V. 9-11. gesagte beginnt. Hieraus ergibt sich schon von
20   selbst, nicht nur, daß das ὅτι im zweiten Hauptsatz zu seinem ὅς ἐστιν sich
eben so verhält, wie das in dem ersten zu dem seinigen, sondern auch, daß
V. 20. sich zu dem zweiten Hauptsatz eben so verhält, wie die Sätze von τὰ
πάντα V. 16. bis τῆς ἐκκλησίας V. 18. sich zu dem ersten Hauptsatz verhalten. Daß sich zwischen diesen Fortsetzungen oder Erläuterungen kein so
25   genauer Parallelismus in der Structur zeigt, rechtfertigt sich schon dadurch,
daß es nur Nebensätze sind, und daß gerade auf diese Weise der Paral-
lelismus der Hauptsätze | desto stärker ins Auge fällt. Es hat aber auch   503
darin seinen Grund, daß der letzte Satz darauf eingerichtet werden mußte,
von diesem Gegenstand den Uebergang zu machen zu dem folgenden, was
30   sich wieder an die Sätze in V. 9-11. anschließt. Und doch ist auch hier
dasselbe Verhältniß nicht zu verkennen. In dem ersten Zusatz finden wir
die beiden verwandten Zeitwörter ἔκτισται und συνέστηκεν und in dem
zweiten die eben so verwandten ἀποκαταλλάξαι und εἰρηνοποιῆσαι und in
beiden die Dinge ἐπὶ τῆς γῆς καὶ ἐν τοῖς οὐρανοῖς, endlich wenn wir in V. 20.
35   statt des καί das εὐδόκησε unverbunden wiederholen, so haben wir auch
dieselbe Anknüpfung wie bei τὰ πάντα in V. 16.

Wir verweilen einen Augenblick bei diesem allgemeinen Umriß, um
die entschiedene Zweigliedrigkeit unserer Stelle in Schutz zu nehmen gegen
die Auslegung des Chrysostomus. Denn ich gestehe gern, ich halte es immer
40   der Mühe werth, bei schwierigen Stellen zuerst die Exegeten unter den
griechischen Vätern zu befragen, weil sie, so vieler Vorzüge wir uns auch
vor ihnen erfreuen mögen, doch den höchst bedeutenden Vortheil voraus
haben, daß sie in derselben Sprache redeten und schrieben, und zwar in

einem Idiom, das sich aus dem neutestamentischen Sprachgebrauch gebildet hatte. Nur freilich wegen der vorherrschenden Gewöhnung, jene Schriften in ihren Homilien zerstückelt zu behandeln, mithin mehr auf das einzelne zu sehen, sind sie gerade, wo es auf die Betrachtung des Zusammenhanges ankommt, von weit weniger Autorität. Chrysostomus also[5] unterscheidet eine dreifache πρωτεία Christi, von welcher hier die Rede wäre, er sey der erste oben, der erste in der Kirche, der erste in der Auferstehung. Eine Absicht des Apostels, diese Vorzüge sämmtlich aufzuführen, läßt sich sehr leicht in dem eingeschobenen Satz | finden ἵνα γένηται ἐν πᾶσιν αὐτὸς πρωτεύων; und so wird diese Erklärung alle diejenigen ansprechen, welche überall eine Triplicität suchen; wir aber vermissen drei gleich gestellte Sätze für diese drei Glieder. Denn den Primat oben findet Chrysostomus in unserm ersten Hauptsatz und den Primat der Auferstehung in unserm zweiten; den Primat in der Kirche hingegen finden wir nur in dem letzten von den dem ersten Hauptsatz untergeordneten Sätzen, und könnten ihm also auch nur eine untergeordnete Stelle anweisen. Nehmen wir aber noch dazu, daß wir eine gemeinschaftliche Beziehung Christi auf das, was im Himmel, und das, was auf Erden ist, nicht nur unter dem ersten, sondern auch unter dem zweiten Hauptsatz finden: so verschwinden uns die Spuren einer solchen Triplicität immer mehr, so elegant sie sich auch ausdrücken läßt, wenn wir etwa sagten, der Primat oben, der Primat unten, und der in dem Uebergang von unten nach oben. – Aber wenn wir nun nach der Gliederung der Sätze nur zwei Hauptaussagen von Christo annehmen können, welches sind nun diese?

Um diese Frage zu beantworten, müssen wir zuvörderst unsere Sätze noch genauer in ihren Verhältnissen zu einander betrachten. Ich stelle zuerst fest, daß da in V. 13. unser Versetztseyn in das Königreich des Sohnes vorangeht, und eben darauf auch – nur in genauer Beziehung auf Heidenchristen, wie das ἀπηλλοτριωμένους bezeugt - in V. 21. wieder zurückgegangen wird, gewiß auch unsere beiden Hauptsätze in Beziehung hierauf stehen müssen; indem sonst unsere Stelle nicht einmal als eine Digression motivirt wäre, mithin aller Zusammenhang fehlte. Und über eine so räthselhafte Rede ließe sich denn natürlich gar nichts sagen, sondern man könnte sie nur der subjectiven Behandlung eines Jeden überlassen. Aber freilich kann die Beziehung enger seyn oder weiter, und beide Sätze hierin

---

[5] Homil. III, 2. über unsern Brief.

---

36 *Johannes Chrysostomos: In epistolam ad Colossenses commentarius, Homilia III 2, Opera omnia, ed. B. de Montfaucon, Bd. 1-13, Paris 1718-1738, Bd. 11 (1734), S. 345:* παντᾰχοῦ γάρ πρῶτος. ἄνω πρῶτος, ἐν τῇ ἐκκλησίᾳ πρῶτος· κεφαλὴ γάρ ἐστιν, ἐν τῇ ἀναστάσει πρῶτος.; *Opera omnia quae exstant, Bd. 11, MPG 62, Paris 1862, S. 320*

gleich oder ungleich. Betrachten wir die bei|den Hauptsätze, ohne noch   *505*
ihren Inhalt genauer bestimmen zu wollen, im allgemeinen, Christus ist
Bild Gottes, weil alles in ihm geschaffen ist, und Christus ist der erste aus
den Todten, weil die ganze Fülle in ihm wohnen sollte: so führt uns die am
5   nächsten liegende Erklärung des ersten ganz aus dem moralischen Gebiet,
welches wir uns bei dem Reiche des Sohnes denken, in das Gebiet der
Natur; der letzte hingegen hält uns innerhalb des moralischen Gebietes fest,
da das καὶ ὑμᾶς V. 21. unmittelbar aus dem τὰ πάντα V. 20. herausgenommen wird, welches doch in der genauesten Verbindung mit dem πᾶν τὸ
10   πλήρωμα steht. Wenn also hier eine Ungleichheit ist: so ist sie wenigstens in
so weit regelmäßig gestellt, daß die genaueste Beziehung zuletzt steht. Denn
sonst wäre nicht nur das Ganze ein Antiklimax, sondern der Rückgang zu
dem, wovon ausgegangen ist, könnte nicht unmittelbar erfolgen. Aber ist
auch wirklich die Ungleichheit so groß, als sie zu seyn scheint? Wenn es uns
15   so leicht wird, zu sagen von Christo, daß alles durch ihn geschaffen ist –
mag man nun dieses durch ihn schon in dem ἐν αὐτῷ oder erst in dem δι'
αὐτοῦ (V. 16.) finden: so können wir doch dabei nicht an den ganzen Christus denken, sondern nur an seine göttliche Natur, um nach unserer spätern Weise zu reden, oder an die zweite Person der Dreieinigkeit. Hingegen
20   wenn wir sagen, er sey der erste aus den Todten: so müssen wir gerade diese
göttliche Person ausdrücklich ausnehmen, als welche an dem Tode keinen
Theil gehabt haben darf, und also auch nicht aus den Todten erstgeboren
πρωτότοκος ἐκ νεκρῶν seyn kann. Mithin wäre doch genau genommen das
Subject in unserm ersten Hauptsatz nicht dasselbe wie in dem letzten; und   *331*
25   diese Identität gebietet doch der Parallelismus beider Sätze auf das schla-
gendste. Unser erstes ὅς in V. 15. geht offenbar auf υἱός zurück, und dassel-
be gilt nothwendig von dem zweiten. Wo nun Christus sich Sohn Gottes |
nennt oder Gott seinen Vater, da unterscheidet er nicht dieses in sich von   *506*
jenem, sondern er meint sich den Redenden ganz, den ganzen Jesus von
30   Nazareth, wie er zugleich der Christ war. Und eben so gibt es keine neutestamentische Stelle, wo dieser Ausdruck nur dieß oder jenes in Christo
bedeutete, sondern immer den ganzen ungetheilten Christus. Hätte daher
Paulus, der hier nur auf υἱός zurückgehen konnte, in der einen Stelle nur
von der einen, in der andern nur von der andern Natur in Christo reden
35   wollen: so mußte er in beiden Stellen eine Nebenbestimmung hinzufügen,
wodurch der untergeordnete Gegensatz zwischen beiden klar geworden
wäre. Ich weiß nicht, ob ich darauf rechnen muß, auch hier wieder den
gewöhnlichen Einwurf zu hören, daß dieß Forderungen wären, die viel zu
viel Kunst voraussetzten, als daß man sie an neutestamentische Schriftstel-

---

9f *Kol 1, 19*   **23** *Kol 1, 18*   **26** *Kol 1, 13*

ler machen dürfte; wenigstens hoffe ich immer einen Freibrief gegen solche Entschuldigungen doch für den Apostel Paulus zu erhalten! Zumal hier, wo es ihm so leicht war, zu sagen ὃς κατὰ μὲν πνεῦμα ἁγιωσύνης oder irgend ähnliches εἰκών ἐστι θεοῦ κ. τ. λ. und dann κατὰ δὲ σάρκα ἀρχὴ κ. τ. λ. Da sich nun aber von etwas ähnlichem auch nicht die mindeste Spur findet: so haben wir auch kein Recht, den Satz, Christus ist das Ebenbild Gottes, weil alles in ihm geschaffen ist, so zu verstehen, wie er nur von der zweiten Person in der Gottheit vor der Menschwerdung derselben wahr sein kann; sondern Paulus kann nur an den ganzen Christus gedacht haben, und wir dürfen uns also auch nur mit einem solchen Sinne des Satzes begnügen, der von dem ganzen Christus gelten kann[6]. Und wohl nur | wenn die Trinitätslehre schon ganz fertig und bekannt gewesen wäre, oder wenn wir wenigstens behaupten könnten, wozu es aber an allen Beweisen fehlt, daß Paulus die Lehre vom Logos nicht nur gekannt, sondern auch sich angeeignet habe, und nicht nur das, sondern auch gewußt, sie wäre den Kolossern und Laodiceern ebenfalls ganz geläufig, nur in diesem Fall würden wir annehmen dürfen, Paulus möchte sich eine solche Breviloquenz erlaubt haben, von dem ganzen Christus auf eine frühere Wirksamkeit der ihm hernach einwohnenden göttlichen Person ohne eine genauere Andeutung überzugehen.

Halten wir hieran fest: so müssen wir freilich die gewöhnliche Auslegung ganz ablehnen, welche hier einen Antheil Christi an der Schöpfung im eigentlichen Sinne findet, und was noch mehr ist an der Schöpfung geistiger Wesen, von deren Entstehung weder die Schöpfungsgeschichte etwas meldet, noch sonst in alttestamentischen Schriften etwas überliefert ist. Allein diese Erklärung scheint doch auch sonst so viel gegen sich zu haben, daß ich sie selbst nur zu erklären weiß aus dem Wunsch, Spuren dieser Vorstellung zu finden und aus der Ungeduld, welche möglichst schnell den Sinn ermitteln will, ohne den Zusammenhang zu Rathe zu ziehen. Wo jener Same der Entdeckungssucht in diesen Boden der Rathlosigkeit fällt, da pflegt hermeneutisches Unkraut reichlich aufzugehen. Zuerst ist ja aber κτίζειν gar nicht das gebräuchliche Wort für erschaffen; an keiner Stelle in

---

[6] Dieß gibt auch Storr zu: „Ceterum Dei filius, cui liberationem referimus acceptam, est ὁ θεάνθρωπος" p. 131., aber freilich macht er hernach eben den Gegensatz, den Paulus hier gar nicht aufstellt, geltend, um von dem gesagten einiges auf die göttliche | anderes auf die menschliche Natur beziehen zu können, und zwar aus beiden Sätzen ohne Unterschied.

33f *Storr: Interpretatio Epistolae ad Colossenses, Opuscula academica Bd. 2, S. 131 Anm. 23 (Q: [...] liberationem e tenebrarum potestate [...])*

507; 332

332

507

der Schöpfungsgeschichte haben es die Lxx., und in der athenischen Rede
bedient sich Paulus für die Schöpfung desselben ποιῆσαι, womit sich auch
jene begnügen; ja in allen Stellen der Lxx., wo sich κτίζειν findet, sey es nun
für das hebräische ברא oder für andere Wörter, ist nirgends von dem
5 ursprüng|lichen Hervorbringen mit Bezug auf das vorher nicht gewesen
seyn die Rede, sondern nur von dem Begründen und Einrichten in Bezug
auf das künftige Fortbestehen und Sichfortentwickeln[7]; die Stellen zu
geschweigen, wo der Gebrauch sich ganz dem griechischen nähert. Dasselbe gilt von allen paulinischen Stellen[8]. Gesetzt also auch, es wäre hier von
10 verschiedenen Abstufungen der Engel die Rede: so würden doch unsere
Worte weniger von der Erschaffung dieser verschiedenen Persönlichkeiten,
von ihrem ins Daseyn gerufen werden, zu verstehen seyn, als vielmehr von
ihrer Einsetzung in diese bestimmten Würden oder überhaupt von der Einrichtung einer solchen Stufenleiter unter ihnen. Aber dürfen wir denn das
15 Gesetzte auch wirklich zugeben? Dazu reicht doch keinesweges hin, daß
man beweisen könne, Paulus habe solche Verschiedenheiten angenommen;
sondern entweder muß die Unmöglichkeit einer anderen Erklärung zu Tage
liegen, oder der Ausleger ist gehalten, wenigstens durch Analogien nachzuweisen, daß die Abstufungen der Engel durch solche Benennungen bezeich-

20 [7] Ich kann die Leser getrost einladen, sämmtliche Stellen bei T r o m m i u s
und B i e l nachzusehen; denn S c h l e u s n e r ist hier sehr unvollständig, und
durch Druckfehler in den Zahlen entstellt.
[8] Wo es auf κόσμος bezogen wird, da ist schon um dieses Wortes willen das
Begründen einer festen Ordnung und Zusammenstimmung der Hauptbegriff.
25 Eben diese Beziehung liegt auch zum Grunde wo ὁ κτίσας und ἡ κτίσις zusammengestellt werden; und eben so wenig tritt das eigentliche Erschaffen hervor in
den Stellen 1 Kor. 11, 9. 1 Tim. 4, 3. und Kol. 3, 10.

---

1 *Schleiermacher hat vermutlich folgende Textausgabe der Septuaginta (LXX) benutzt: Vetus
Testamentum ex versione Septuaginta interpretum [gr.], ed. L. Bos, Franeker 1709.* **1f** *Vgl.
Apg 17, 22-31 (bes. 17, 24)* **20–22** *Vgl. Abraham Trommius: Concordantiae graecae
versionis vulgo dictae LXX interpretum, ed. B. de Montfaucon, Bd. 1-2, Amsterdam/Utrecht
1718, Bd. 1, S. 933f (nennt außer apokryphen Stellen Gen 14,19; Ex 9,19; Lev 16,16; Dt
4,32; Ps 32,9; 50,11; 88,12.46; 101,19; 103,31; 148,5; Prov 8,22; Koh 12,1; Jes 22,11; 44,2;
45,7f; 46,11; 54,16; Jer 31,22; Ez 28,13.15; Am 4,13; Mal 2,10); Johann Christian Biel:
Novus thesaurus philologicus, sive Lexicon in LXX et alios interpretes et scriptores apocryphos
Veteris Testamenti, ed. E.H. Mutzenbecher, Bd. 1-3, Den Haag 1779-1780, Bd. 2, S. 252
(nennt außer apokryphen Stellen Gen 14,19; Lev 16,16; Dt 4,32; Ps 32,9; 50,11; Prov 8,22;
Jes 22,11; 44,2; 46,11); Johann Friedrich Schleusner: Novus thesaurus philologico-criticus,
sive Lexicon in LXX et reliquos interpretes graecos ac scriptores apocryphos Veteris
Testamenti, Bd. 1-5, Leipzig 1820-1821, Bd. 3, S. 402 (nennt außer apokryphen Stellen Gen
14,19.22; Ex 9,19; Lev 16,16; Dt 4,32; 32,6; Ps 32,9; 50,11; 139,13; Prov 8,22; Sap 10,1;
Jes 22,11; 44,2; 45,7; 46,11; Esr 4,53; Eph 3,9)* **25f** *Vgl. Röm 1, 25*

net werden konnten. Was wir von den Essenern wissen, reicht gar nicht bis dahin; aber gesetzt auch, so gibt doch Paulus zu, es gebe solche θρόνους und κυριότητας, und würde er sich wohl Essenisches auf solche Weise angeeignet haben? Beides gilt eben so, wenn man an Gnostisches denken wollte. Daß nun diese Kenntnisse aus Belehrungen Christi hergenommen seyn sollten, hat | meines Wissens noch niemand behauptet, noch etwa die Stelle Matth. 18, 10. soweit ausspinnen wollen. Und eben so wenig kann es eine pharisäische Vorstellung gewesen seyn, einige Engel gleichsam als Mitregenten oder Gesellschafter des Allerhöchsten auf Thronen sitzend zu denken, und andere in bestimmten Verwaltungs- und Regierungsverhältnissen, die den Ausdruck ἀρχή rechtfertigen könnten[9]. Aber alle diese Annahmen schweben ganz haltungslos in der Luft. Das andere aber, daß eine andere Erklärung nicht möglich sey, ist so wenig der Fall, daß uns vielmehr gerade diese in die größte Verlegenheit bringt mit dem Zusammenhang. Denn was hätte doch die Erschaffung der Engel durch den nun Christo einwohnenden λόγος mit unserm Versetztseyn in das Reich des Sohnes zu thun? Ja wenn wir irgend etwas wüßten von einer solchen Lehrweise des Apostels, die den Engeln eine Geschäftsführung in dem Reiche Gottes zuschreibt[10]; aber um eine solche zu behaupten, müßte man wohl erst dem Briefe an die Ebräer alle Verwandtschaft mit der paulinischen Schule absprechen[11]. Und hätte Paulus doch diese Lehre überliefert, ohne daß wir es sonst woher wüßten: so könnten wir wohl dergleichen zuerst erfahren aus einem Briefe an eine Gemeine, die er selbst gegründet, und in der er lange

---

[9] Kaum bedarf es wohl einer Erwähnung, daß die spätere Vorstellung, welche die Engel den Elementen und den einzelnen Weltkörpern vorsetzt, bei Paulus nicht vorausgesetzt werden kann. Vgl. Origenes in Ierem. Hom. X, 6.

[10] Sogar die Stelle Ephes. 3, 10. spricht eher hiergegen.

[11] Denn eine διακονία ist sehr weit davon entfernt, eine ἀρχή oder ἐξουσία zu seyn; und wer von dem Sohn behauptet, daß er höher sey und trefflicher der Sache und dem Namen nach als die Engel, dem steht der Satz gewiß nicht zu Gebot, daß der Sohn derjenige sey, durch den oder zu dem die Engel geschaffen worden. Vgl. Hebr. 1, 4-14.

---

1 *Repräsentativ für die zeitgenössischen Kenntnisse über die Essener ist z. B. August Neander:* Allgemeine Geschichte der christlichen Religion und Kirche, *Bd. 1-5, Berlin 1826, Bd. 1/1, S. 56-60.* **4** *An Gnostisches denkt Henry Hammond; vgl.* Epistolae sanctorum Apostolorum et Apocalypsis S. Joannis, ex versione Vulgata cum paraphrasi et adnotationibus Henrici Hammondi, ex anglica lingua in Latinam transtulit, suisque animadversionibus illustravit, castigavit, auxit J. Clericus, Editio secunda, *Frankfurt a. M. 1714, S. 328 (Anm. zu V. 16, Lemma thrónoi).* **26** *Vgl. Origenes:* Homiliae in Jeremiam X 6, Opera omnia, *ed. C. Delarue, Bd. 1-4, Paris 1733-1759, Bd. 3 (1740), S. 186;* Homélies sur Jérémie, *Bd. 1, ed. P. Nautin, SC 232, Paris 1976, S. 408/410*

genug gelehrt, um auch solche Gegenstände be|rührt zu haben, so daß sie   510
sich aus seinen mündlichen Vorträgen den fehlenden Zusammenhang ergänzen konnten; aber wie konnte er von den Kolossern erwarten, daß sie
dergleichen verstehen sollten? Ja auch das wollte ich mir noch gefallen   *335*
5 lassen, wenn Paulus irgendwo abschweifte in eine den Zusammenhang nicht
weiter beachtende Lobpreisung Christi, in der dieß unter mehrerem stände,
was auch über sein Verhältniß zu uns weit hinausgeht: aber nur nicht hier,
wo dieser Gedanke selbst sogleich wieder aufgenommen wird, um in die
genaueste Verbindung gebracht zu werden mit dem, was Christus für uns
10 gethan, und was uns durch ihn zu Theil geworden.

Doch um uns von diesem Sachverhältniß noch bestimmter zu überzeugen, müssen wir den Zusatz zu unserm Hauptsatz und seiner Begründung
genau betrachten. Derselbe besteht ebenfalls aus zwei, wie mir scheint,
unverkennbar parallelen Doppelsätzen; der eine τὰ πάντα δι' αὐτοῦ καὶ εἰς
15 αὐτὸν ἔκτισται, καὶ αὐτός ἐστι πρὸ πάντων, der andere καὶ τὰ πάντα ἐν
αὐτῷ συνέστηκεν, καὶ αὐτός ἐστιν ἡ κεφαλὴ τοῦ σώματος τῆς ἐκκλησίας. Die
Correspondenz ist hier so genau, daß man auch den Parallelismus aufs
genaueste durchführen kann. Nur durch beide zusammen wird also, wie
das ungebundene Eintreten es erfordert, der unmittelbar vorhergegangene
20 Satz, daß alles in ihm geschaffen ist, wieder aufgenommen; ἔκτισται und
συνέστηκε müssen daher so zusammengehören, daß genau genommen das
letzte schon in dem ersten liegt. Die Veränderung der Zeitform ist darin
hinreichend begründet, daß das vergangene nun mit einem gegenwärtigen
ἐστὶ πρὸ πάντων, ἐστὶ κεφαλή in Verbindung gebracht wird, und ἐστὶ κεφαλή
25 muß sich zu ἐστὶ πρὸ πάντων gerade so verhalten, wie συνέστηκε zu ἔκτισται.
Was nun das letztere betrifft, so erklären demgemäß auch ganz natürlich
diejenigen, welche bei ἔκτισται durchaus an das Erschaffenseyn denken,
das συνέστηκε | von dem Erhaltenwerden. Dadurch bestätigen sie auf der   511
einen Seite allerdings, daß sie das Verhältniß zwischen beiden Ausdrücken
30 an dieser Stelle ebenso auffassen, wie wir, auf der andern Seite aber entfernen sie sich weit genug aus dem Kreise des Wortes, wenn συνέστηκε geradezu soviel heißen soll als erhalten werden; die intransitiven Formen müssen doch in der Verwandschaft mit den transitiven bleiben. Wenn nun für
letztere das bekannte, einen mit einem andern zusammen bringen, die lei-   *336*
35 tende Formel ist: so suche ich sie für jene in solchen Zusammenstellungen
wie γάλα συνέστηκε, χιὼν συνέστηκε[12], wo also auch ein Zusammen-
getretenseyn einzelner Elemente der Hauptbegriff ist, und so ist συνέστηκε
die natürliche Folge des ἐκτίσθη, sehr richtig gebraucht von dem fest werden, sich consolidiren der Verhältnisse und Einrichtungen, aber gar nicht

---

[12] Aehnlich ist auch 2 Petr. 3,5. γῆ ἐξ ὕδατος συνεστῶσα.

von der Fortdauer des Daseins[13]. In der richtigen Bedeutung aber genommen, hängt es genau zusammen mit dem ἐκτίσθη, wie es oben ist erklärt worden. Aber wenn τὰ πάντα in V. 16. vorzüglich von den himmlischen Geistern gemeint ist, und derselbe Ausdruck hier also offenbar auch dasselbe bedeuten muß: so wäre dieses beides als unmittelbar zusammengehörig dargestellt, daß die Ordnungen der himmlischen Geister durch Christum zusammengehalten werden, und daß Christus das Haupt | der Kirche ist. Hierzu nun fehlen uns alle Mittelglieder; und die Lage der Sache wird wahrlich nicht besser, wenn man daran erinnert, daß jedenfalls jene vier himmlischen Ordnungen nur ein Theil des τὰ πάντα sind, daß sie ganz dem Himmel und dem Unsichtbaren angehören, jenes aber auch noch das sichtbare himmlische und das gesammte irdische umfasse. In der That, wenn wir dies hier finden wollen: so sehe ich nicht ein, wie wir unsere kirchliche Lehre noch aus einander halten wollen von der Lehre des neuen Jerusalems, und unsere ganze kirchliche Praxis von der Methode derjenigen, welche, indem sie alle ihre Gebete an Christum richten, und alle Weltbegebenheiten und alle Umstände, die in das Leben der Christen eingreifen, auf seine Regierung zurückführen, den Gott, als dessen Ebenbild Christus hier dargestellt wird, ganz in den Hintergrund stellen. Doch werden wir uns hiezu entschließen müssen, wenn Paulus seine Worte in diesem Umfang gedacht hat. Aber wenn sich doch dieses alles so genau auf die Stellung Christi zur Kirche bezieht, wie zu Tage liegt: wie unangemessen hätte Paulus geschrieben, wenn er aus diesem Umfang gerade das herausgehoben hätte, nämlich die himmlische Hierarchie, dessen Zusammenhang mit dem Reich Christi auf Erden am wenigsten ersichtlich ist; was aber auch die Christen, an die er zunächst schrieb, am meisten interessiren mußte, nämlich, wie auch alle irdischen Verhältnisse in Bezug auf sein Reich geordnet sind und bestehen,

---

[13] Man führt für diese Bedeutung gewöhnlich auch zwei außerbiblische Stellen an Pseudo-Aristoteles de mundo 6. ὡς ἐκ θεοῦ τὰ πάντα, καὶ διὰ θεοῦ ἡμῖν συνέστηκε, wo man sich nur des vorangegangenen Ausdrucks ἡ τῶν ὅλων συνεκτικὴ αἰτία zu erinnern braucht, um den von mir angegebenen Sinn ganz deutlich hervortreten zu sehen. Die andere ist Herodian I, 9. (Bekk. p. 13, 29.) θαρρῶν τῇ τοῦ πατρὸς ὡς ἔτι συνεστώσῃ δυνάμει; aber auch hier ist ganz deutlich derselbe Sinn, als ob sie noch nicht zerstreut und auseinander gegangen wäre, sondern noch alle ihre Bestandtheile fest zusammen hielten.

29f *Aristoteles: De mundo 6, Opera [gr./lat.], [ed. I. Casaubon], Bd. 1-2, Leiden 1590, Bd. 1, S. 375; ed. W.L. Lorimer, Paris 1933, S. 381 (397 b) – Περὶ κόσμου ist ein pseudo-aristotelisches Werk, das erstmals von Apuleius im 2. Jh. n. Chr. für ein Werk des Aristoteles gehalten worden ist.* **32f** *Herodianos: Historiarum libri VIII [gr.], ed. I. Bekker, Berlin 1826, S. 13, Z. 29; Herodian in two volumes, ed. C.R. Whittaker, Bd. 1-2, The Loeb Classical Library, London/Cambridge (Mass.) 1969-1970, Bd. 1, S. 58*

das hätte er mit Stillschweigen übergangen! Bedenken wir dieses und zugleich, wie wenig wir behaupten können, daß die Ausdrücke θρόνοι,
κυριότητες, ἀρχαί, ἐξουσίαι als Bezeichnungen für verschiedene Stufen übermenschlichen Daseyns bekannt und geläufig gewesen wären[14]: so müssen
wir | uns wohl fragen, was denn die Leser des Apostels dabei werden ge-
dacht haben. Nimmt man an, sie wären zu so luftigen Speculationen geneigt gewesen, oder hätten eine Theorie überirdischer Geister gehabt, und
Paulus habe hierauf Rücksicht genommen: so scheinen mir nur zwei Fälle
möglich. Entweder dies sind die dort geläufigen Kunstausdrücke; aber dann,
wenn ich auch zugeben wollte, daß Paulus nicht nöthig gefunden, etwas
gegen diese Theorie zu sagen, kann ich doch unmöglich glauben, daß der
Apostel sie sich so angeeignet haben sollte, ohne irgend eine Andeutung
davon zu geben, daß die Ausdrücke ihm selbst fremd seyen. Oder diese
Ausdrücke sind die ihrigen nicht: aber wie könnte er ihnen dann fremde,
woher er sie auch haben mochte, entgegenbringen, ohne auch nur den
leisesten Wink darüber, wie sie sich zu den ihrigen verhielten? Waren also
die Kolosser auf diese Gegenstände gestellt: so waren die Aeußerungen des
Apostels, sofern sie sich hierauf beziehen sollten, nicht angemessen, und
konnten daher auch keine seiner würdige, belehrende oder reinigende Wirkung hervorbringen. Waren hingegen die Kolosser nicht in diesen Dingen
bewandert: so konnten ihnen auch bei diesen Ausdrücken nicht leicht hö-

---

[14] Theodoret zu unserer Stelle erklärt zwar so, aber man sieht es der Erklärung
deutlich an, daß sie auf keiner bekannten Ue|berlieferung ruht. Daß unter den
Thronen die Cherubim zu verstehen seyen, trägt er nur als seine Hypothese vor
(ἡγοῦμαι) und eben so auch, daß die Andern die Engel der Völker seyen. Aber
die Stellen aus Daniel 10, 13. 20. 21. würden nur darauf führen, daß die andern
Völker böse Engel hätten, da sie dem, welcher an Daniel gesendet ist, widerste-
hen, und von solchen kann doch hier nicht die Rede seyn. Auch wird früher, wo
diese Vorstellung vorkommt, gesagt, daß die Engel bei der Ankunft des Erlösers
diese Herrschaft verloren hätten (vergl. Origenes in Genes. Hom. IX, 3. und in
Ioann. Tom. XIII, 49.) und dann war wiederum keine Ursache, hier von der
Sache zu reden.

---

22 *Theodoretos: Interpretatio epistolae ad Colossenses, Opera omnia, ed. J.L. Schulze, Bd. 1-
5, Halle 1769-1774, Bd. 3 (1771), S. 478:* Θρόνους ἡγοῦμαι τὰ Χερουβὶμ αὐτὸν λέγειν. τούτοις
γὰρ εἶδε τὸν θεῖον ἐπικείμενον θρόνον ὁ προφήτης Ἰεσκιήλ. κυριότητας δὲ, καὶ ἀρχάς, καὶ ἐξουσίας,
τοῦς τῶν ἐθνῶν πεπιστευμένους τὴν ἐπιμέλειαν. καὶ γὰρ Μιχαὴλ ἦρχε τῶν Ἰουδαίων, καὶ ὁ
μακάριος Δανιὴλ ἄρχοντα λέγει Περσῶν, καὶ ἄρχοντα Ἑλλήνων.; *Opera omnia, Bd. 3, MPG 82,
Paris 1854, S. 600* **30f** *Origenes: In Genesin Homilia IX, 3, Opera ed. Delarue, Bd. 2
(1733), S. 86; Homélies sur la Genèse, nouvelle édition, edd. H. de Lubac/L. Doutreleau, SC
7, Paris 1976, S. 248; Origenes: Commentariorum in Evangelium Joannis Tomus XIII, 49,
Opera ed. Delarue, Bd. 4 (1759), S. 262; Opera omnia, ed. C.H.E. Lommatzsch, Bd. 1-2:
Commentariorum in Evangelium Joannis pars prima et secunda, Berlin 1831, Bd. 2, S. 99;
Commentaire sur Saint Jean, Bd. 3, ed. C. Blanc, SC 222, Paris 1975, S. 216/218*

here Wesen einfallen; und auch wir werden bei so bewandten Umständen
514 am besten thun, dahin zu fol|gen, wohin uns die Frage führt, was die
Kolosser, wenn sie eben so wenig von Engeln wußten und wissen wollten,
aber auf alles begierig waren, was sich auf das Reich des Sohnes beziehen
sollte, wie wir, bei diesen Ausdrücken gedacht haben können. Ἀρχαί und
ἐξουσίαι waren ihnen wohl bekannt als Bezeichnungen obrigkeitlicher
Aemter und anderer Verrichtungen gewalthabender Personen; θρόνος war
der bekannte Name königlicher Sitze, aber auch von andern Ausgezeichneten gebraucht, auch dieses erste Wort also konnte sie nicht auf eine andere
Spur bringen; höchstens hätten sie können ungewiß seyn, ob es nicht vielleicht von dem Lehrstuhl und Amt zu verstehen sey, wenn anders dieser
spätere Sprachgebrauch schon so frühe Wurzeln hat, und die den Aposteln
verheißenen Throne eben so zu deuten sind. Nun waren freilich noch
κυριότητες übrig und dieses Wort ist uns außerhalb des neuen Testaments
339 ganz fremd[15]; aber mag es nun erst auf unserm Gebiet entstanden oder
schon im Gebrauch gewesen seyn, verständlich war es seiner Abstammung
und seiner Form nach, und konnte sich der Erklärung von θρόνος, von der
Würde des bürgerlichen Regiments oder dem Ansehn der Lehrer, gleich gut
bequemen. Aus diesen Ausdrücken selbst konnten sie also die Veranlassung nicht nehmen, an überirdisches zu denken; aber in wie weit und in
welchem Sinne mußte der Gegensatz zwischen Himmel und Erde, sichtba-
rem und unsichtbarem, darauf führen? Zuerst sehe ich keine Nothwendigkeit, diese Gegensätze für völlig gleichbedeutend und also den einen nur für
eine überflüssige Wiederholung des anderen zu halten. Vielmehr ist ja auch
515 auf Erden überall | nur das Aeußere sichtbar, die Wirkung, die That; das
Innere aber, die Willensbewegung, die Kraft, ist unsichtbar[16]. Um aber zu
entscheiden, ob beide Gegensätze einander schneiden sollen, wie ich es
oben angenommen, aber ohne dadurch etwas für unsere Stelle entscheiden
zu wollen, oder ob nur die eine Seite des einen durch den andern getheilt
werden soll und welche, und wie sich dann hiezu unsere vier Hauptwörter
verhalten; um dieß zu entscheiden, müssen wir uns erst über das, was im
Himmel und was auf Erden ist, verständigen. Hier indeß wollen wir ja nicht
die ganze Untersuchung noch einmal aufrühren, sondern als ausgemacht
und zugestanden voraussetzen, daß derjenige Sprachgebrauch, nach wel-

---

339 [15] Es findet sich bekanntlich auch nicht bei den Lxx; wohl aber kommt, zumal im
Daniel, öfter κυρεία vor, auch im Zusammenhang mit König und Königthum,
und so mag vielleicht jene Form an die Stelle von dieser getreten seyn.
[16] Auch die Art, wie Paulus selbst Röm. 1, 20. τὰ ἀόρατα von Gott braucht, führt
hierauf.

35f Vgl. den Septuagintatext von Jes 40, 10; Dan 11, 3.4; 1 Makk 8, 24

chem Himmel und Erde das Universum bedeutet, mithin der Himmel alles
überirdische in sich schließt, nicht der einzige ist, sondern daß in einem
andern Sinne Juden und Judengenossen gewöhnlich war, ein Himmelreich
zu denken, und es ist natürlich und versteht sich von selbst, daß was zu
diesem Himmelreich gehörte, auch τὰ ἐν τοῖς οὐρανοῖς heißen konnte, so
wie, daß in diesem Sprachgebrauch alles, was außerhalb dieses Himmel-
reichs ist, eben so gut konnte irdisches genannt werden, wie nach jenem
alles außer- und überirdische auch Himmel hieß. Die Juden nun verstanden
unter diesem Himmelreich nicht nur das erwartete messianische; sondern
dieses war zwar dessen höchste Vollendung, aber doch gehörte dazu auch
schon die Gesetzgebung und der Tempeldienst. Die christliche Sprache
begrenzte natürlich den Ausdruck auf jenes engere Gebiet; aber doch haben
wir deshalb kein Recht, zu behaupten, Paulus hätte sich desselben nicht
auch in jenem weiteren Sinn bedienen können, daß er auch die Vorberei-
tungen zum messianischen Reich mit darunter gerech|net hätte. Und noch
etwas will ich als zugestanden annehmen, was mehr den Styl unseres Apostels betrifft, daß er nämlich eine große Hinneigung hat zu Gegensätzen,
und daß er gewisse solenne Gegensätze vorzüglich liebt, so daß, wenn sich
ihm irgend ein Gegenstand unter der einen Seite eines solchen Gegensatzes
darstellt, dann auch das, was jenem in irgend einer Beziehung entgegengesetzt ist, unter die andere Seite desselben Gegensatzes gebracht wird, wenn
er sich auch hier nicht eben so genau anschließt wie dort. Hieß also alles,
was zum Himmelreich gehört, τὰ ἐν τοῖς οὐρανοῖς: so konnte alles, was zu
irdischen Reichen, zu bürgerlicher Ordnung und rechtlichen Zuständen
gehört, auch durch τὰ ἐπὶ τῆς γῆς bezeichnet werden. Und hieraus scheint
sich sehr natürlich zu ergeben, daß wie sich τὰ ἐν τοῖς οὐρανοῖς auf Christum beziehe, als bekannt keiner weiteren Ausführung bedurfte. Anders
war es mit dem andern Gliede, und so folgt weiter, daß der Gegensatz τὰ
ὁρατὰ καὶ τὰ ἀόρατα sich nur auf das letzte Glied bezieht, daß aber hier im
Gegentheil das sichtbare materielle, als das entfernter liegende, nur angedeutet bleibt, das unsichtbare aber einzeln vor Augen gestellt wird. Mithin
führen uns die Gegensätze, die der Apostel aufstellt, zu derselben Bedeutung unserer vier Hauptwörter, wie unsere bisherige Betrachtung; und
Paulus sagt also nicht das unangemessene, sondern gerade das, wovon wir
wünschen mußten, daß er es ausführe, nämlich daß und wie auch die irdischen Verhältnisse der Menschen sich auf Christum beziehen. Nur daß
leider hier alles auf der grammatisch schwierigen Auffassung der Präpositionen beruht, welcher sich Paulus bedient! Zuerst also entsteht die Frage,
wenn doch der erste Satz τὰ πάντα ἐν αὐτῷ ἐκτίσθη gleich nach der näheren
Bestimmung, was zu diesem πάντα zu rechnen sey, durch den folgenden τὰ
πάντα δι᾿ αὐτοῦ καὶ εἰς αὐτὸν ἔκτισται wieder aufgenommen wird, ob dieser
zweite jenem ersten | ganz gleich seyn, oder ob er uns doch zugleich weiter
führen soll? Ganz gleich ist er, wenn die beiden Partikeln zusammen dem

ἐν in dem ersten entsprechen; weiter führt er, wenn nur eine ihm entspricht
und die andere etwas neues enthält. Aber welche? Die bisherige[17] Be|hand-
lungsweise dieser Dinge läßt auf eben so unbestimmte Weise ἐν und διά mit

518; 342

[17] Wenn ich sage bisherig, so meine ich bis auf Winers neutest. Grammatik, der
diesen Gegenstand auf eine so entschiedene Weise gefördert hat, daß es nicht
mehr möglich seyn wird, sich in der früheren Willkührlichkeit und Unbestimmtheit zusammengestoppelter und auseinander rinnender Bedeutungen zu erhalten.
Auch wüßte ich nicht, in irgend einem Stück von seiner Methode auf diesem
Gebiet abweichen zu wollen; aber eben so natürlich ist es, daß nicht gleich Alle
in allen Anwendungen einig sind, und so geht es mir auch an dieser Stelle. Winer
nämlich, (§. 54, 6.) entscheidet sich hier dafür, das δι' αὐτοῦ dem ἐν αὐτῷ gleich
zu stellen, und rechtfertigt dies dadurch, daß es erst nach Zwischensätzen ge-
schehe; denn alsdann kommt die Stelle mit Recht unter den §. 54, 3. aufgestellten Kanon, daß in parallelen Stellen sinnverwandte Präpositionen für einander
stehen, welches er in einem und demselben Zusammenhange mit Recht nicht
gerne zugeben würde. Allein ich kann hier keine Zwischensätze zugeben, da alles
zwischenliegende nur nähere Bestimmung von πάντα war, sondern dieß würde
für uns eben so viel seyn, als ob beides, ἐν αὐτῷ, und δι' αὐτοῦ, unmittelbar
neben einander stände und doch dasselbe bedeuten sollte; und so betrachtet,
würde dies Winer eben so wenig zugeben, als er es mit Recht bei Röm. 11, 36.
zugibt. Allein die Triplicität an dieser Stelle ist offenbar eine andere, als die in
der unsrigen. Dort nämlich sind die drei Präpositionen einander coordinirt in
genauer Beziehung auf die vorhergehenden Fragen, die ich auch als drei betrachte und nicht, wie auch Lachmann interpungirt, als zwei. Denn das ἤ in V. 34.
verhält sich nicht zu dem dortigen τίς wie das καί in V. 35. zu dem dortigen
ersten Satze. Sonst würde Paulus auch dort gesagt haben καὶ σύμβουλος αὐτοῦ
ἐγένετο. Der zweite Satz in V. 35. ist auch eine nähere Bestimmung des προέδωκεν,
gerade als ob ὥστε stände, so daß ihm wiedergegeben werden müßte. Und so
bezieht sich das ἐξ αὐτοῦ auf den ausschließlichen Ursprung der Idee, das δι'
αὐτοῦ auf den ausschließlichen Ursprung der Methode der Ausführung und das
εἰς αὐτόν auf die Ausschließlichkeit der endlichen Beziehung.

342

4 *Georg Benedikt Winer: Grammatik des neutestamentlichen Sprachidioms als sichere Grund-*
lage der neutestamentlichen Exegese, 3. Auflage, Leipzig 1830   **11** *Winer: Grammatik §*
54, 6, S. 353 Anm.: »ἐν *und* διά *möchte ich hier nicht mit Bengel auf ein doppeltes Verhältniss*
beziehen. Der Apostel nimmt das ἐν αὐτῷ, *das seiner Metaphysik allerdings das Angemesse-*
nere ist, nach Zwischensätzen in δι' αὐτοῦ *wieder auf [...].«*   **13** *Winer: Grammatik § 54,*
3, S. 347   **20f** *Winer: Grammatik § 54, 6, S. 353:* »Röm [...] 11,36. ἐξ αὐτοῦ καὶ δι' αὐτοῦ
καὶ εἰς αὐτὸν τὰ πάντα, *d.h. die Welt steht nach allen Beziehungen in Verhältniss zu Gott, sie*
ist **a u s** **i h m**, *sofern er sie geschaffen hat,* **d u r c h** **i h n**, *sofern er sie fortdauern lässt,*
z u **i h m**, *sofern er der Mittelpunct ist, auf den Alles in der Welt sich zurückbezieht*
[...].« *Unmittelbar dazu die Anm.:* »Mit Unrecht nimmt Böhme hier ἐκ *und* διά *für syno-*
nym.«   **24** *Carl Lachmann setzt in Röm 11, 34f lediglich zwei Semikola:* τίς γὰρ ἔγνω νοῦν
κυρίου, ἢ τίς σύμβουλος αὐτοῦ ἐγένετο; ἢ τίς προέδωκεν αὐτῷ, καὶ ἀνταποδοθήσεται αὐτῷ;
(Novum Testamentum Graece, ed. C. Lachmann, Berlin 1831, S. 320)

dem Genitiv einerlei seyn, wie sie auch ἐν und εἰς einerlei seyn läßt. Nehme ich nun dazu, daß der parallele Satz τὰ πάντα ἐν αὐτῷ συνέστηκε wieder bei dem ἐν stehn bleibt: so bestimmt mich dieses vollends zu der Annahme, daß auch der erste nicht weiter gegangen ist, und daß mithin nur die beiden
5 Partikeln δι' αὐτοῦ und εἰς αὐτόν zusammen das ἐν aufnehmen, natürlich aber auseinanderlegend und erklärend. Nun konnte Paulus, denke ich, ohne aus seinem auf das geistige Reich des Sohnes gerichteten Gedankengang heraus zu gehen, von allem, was in irgend einer Beziehung zu der geistigen Menschenwelt steht, also auch von der Körperwelt in sofern, ja auch von
10 der übermenschlichen Geisterwelt in sofern, sagen, daß es in Christo ge-schaffen ist. In sofern nämlich, als die Erlösung durch Christum, und man kann eben so richtig auch sagen Er selbst, der Schlüssel ist für alle auf das menschliche Geschlecht bezüglichen göttlichen Einrichtungen, mithin alles in ihm gegründet ist; und dies ist die Weise, das Verhältniß auszudrücken,
15 welche immer sich selbst gleich bleibt. Im folgenden aber wird dasselbe Verhältniß in seine zeitlichen Elemente zerlegt. Alles nämlich fängt damit an, d u r c h   i h n vermittelt zu seyn, indem es anders würde eingerichtet worden seyn, wenn Er nicht, als die Zeit erfüllt war, hätte eintreten sollen; und alles endet damit, f ü r   i h n zu seyn, auf diese oder jene Weise sein
20 Reich zu fördern. Daß nun Paulus, indem er dieses, wie es in V. 21. unver-kennbar geschieht, den Kolossern in Beziehung auf sie selbst ans Herz legen will, ganz vorzüglich der öffentlichen Macht in ihren verschiedenen Abstu-fungen erwähnt, das hat eines Theils wahrscheinlich seinen Grund schon in dem, was ihm von der Entstehung und den bisherigen Führungen jener
25 phrygischen Gemeinen bekannt geworden war, theils auch war seine Auf-merksamkeit viel zu sehr auf den Gang | des Christenthums im großen gerichtet, als daß er an eine ihm gleichsam neue Provinz desselben hätte schreiben können, ohne von dergleichen Gedanken erfüllt zu seyn. Ja viel-leicht ist beides in unsern vier Hauptwörtern selbst bestimmter gesondert
30 und zusammengestellt, als wir es gerade wissen. Denn da θρόνος offenbar mehr auf das damals vorherrschende monarchische hinweiset, ἀρχή hinge-gen ein anerkannt republikanischer Ausdruck ist, diese Formen aber da-mals schon sehr zurückgetreten und größtentheils auf die Municipal-Ange-legenheiten beschränkt waren: so folgt natürlich, da die vier in zwei Paare
35 zerfallen, κυριότης dem θρόνος, und ἐξουσία der ἀρχή. Nur darf man nicht übersehen, daß dieses einzeln aufgeführte nach dem Ende unserer Stelle, nämlich der unmittelbaren Anwendung auf die Kolosser hinsieht; aber nur

343

519

---

3 vollends] vol-/lends

---

18 *Vgl. Gal 4, 4; Eph 1, 10*

insgesammt durch das in dem τὰ πάντα enthaltene hängt dieses ἐν αὐτῷ
ἐκτίσθη mit unserm ersten Hauptsatz als dessen Begründung zusammen.
  Und nun müssen wir uns die Frage vorlegen, was wird denn in unserm
ersten Hauptsatz von Christo ausgesagt, eben deshalb, weil in dem aufgestellten Sinn alles mit der menschlichen Welt in Beziehung stehende in ihm   5
begründet ist? Nun ist zwar meines Wissens allgemein angenommen, daß
in unserm Satz zweierlei von Christo ausgesagt wird, nämlich, daß εἰκὼν
τοῦ θεοῦ etwas besonderes für sich ist, und πρωτότοκος mit seiner Nebenbestimmung auch etwas besonderes; allein hiegegen stoßen mir bedeutende
Schwierigkeiten auf, welche vielleicht nicht genug beachtet worden, und   10
deshalb, meine ich, sollte man doch auf der andern Seite die Möglichkeit
wenigstens in Betrachtung ziehen, daß die Aussage auch eine einfache seyn
344   könne, wenn nämlich πρωτότοκος mit seiner Nebenbestimmung zu εἰκὼν
gehörte. Denn was soll das für sich eigentlich sagen, daß er der Erstgebo-
520   rene aller Krea|tur ist? Die eine grammatisch mögliche Erklärung, daß die   15
πᾶσα κτίσις als die Mutter Christi dargestellt würde, leidet die Sache nicht.
Daraus nun folgt, daß πάσης κτίσεως sich nur auf das in dem Wort
πρωτότοκος mit enthaltene πρῶτος beziehen kann; aber dann auch gleich,
daß wie er πρωτότοκος, eben so die κτίσις die nachgeborene δευτερότοκος
ist. Was Chrysostomus aufstellt, um einer solchen Folgerung, daß der Sohn   20
ὁμοούσιος τῶν κτισμάτων sey, zu entgehen, nämlich daß πρωτότοκος eben
so viel sey als θεμέλιος, das ist doch zu willkührlich und liegt zu fern; und
was Theodoret sagt, dem seitdem wohl fast Alle gefolgt sind, daß man
nämlich πρὸ πάσης κτίσεως ergänzen müsse, und daß eben, um der κτίσις
nicht gleichartig zu scheinen, Christus nicht πρωτόκτιστος heiße, sondern   25
πρωτότοκος, dieß scheint der Sache wenig zu helfen. Denn auch so muß
sich Jeder die Kreatur als die nachgeborene denken, sonst wäre gar keine
Beziehung zwischen dem Nominativ und dem Genitiv oder der Präpositi-
on, und das wäre selbst wieder zweierlei, daß er der Erstgeborene ist ohne
Nachgeborene, und daß er aller Kreatur vorangeht; und wenn dadurch   30
nichts günstigeres als dieses bewirkt wird, so lohnt es wohl kaum, das πρό
einzuschieben. Aber so ist es mit den polemischen Erklärungen! Steuert
man nur darauf, zu zeigen, daß dieser oder jener Gedanke nicht in einer
Stelle liege: so ist man immer in Gefahr, den rechten Sinn auch nicht zu

---

20–22 *Johannes Chrysostomos: In epistolam ad Colossenses commentarius, Homilia III 2,
Opera ed. Montfaucon, Bd. 11, S. 344f* (οὕτω καὶ τὸ πρωτότοκος, ὡς θεμέλιος λέγεται.[/]
τοῦτο δὲ οὐ τὸ ὁμοούσιον τῶν κτισμάτων, ἀλλὰ τὸ δι᾽ αὐτοῦ πάντα εἶναι, καὶ ἐν αὐτῷ δηλοῖ.);
MPG 62, S. 319   **23f** *Theodoretos: Interpretatio epistolae ad Colossenses, Opera ed.
Schulze, Bd. 3, S. 477; MPG 82, S. 597, führt den Kolossertext so an, wie Schleiermacher
angibt:* Πρωτότοκος πάσης κτισεως [...].   **25f** *Theodoretos: Interpretatio epistolae ad
Colossenses, Opera ed. Schulze, Bd. 3, S. 477:* ἄλλως τε οὐδὲ πρωτόκτιστον αὐτὸν εἶπεν ὁ θεῖος
ἀπόστολος, ἀλλὰ πρωτότοκον, τουτέστι πρῶτον.; *MPG 82, S. 597*

finden. Wenn indessen auch dieß alles nicht wäre: so könnten wir uns doch diese Erklärungen nicht aneignen, weil sie beide auf die ewige Zeugung gehen, und also den Sohn nicht in dem Sinne des ganzen Christus nehmen, sondern für die zweite Person in der Trinität. Wollen wir nun hierin unserm aufgestellten Grundsatz treu bleiben, und doch πρωτότοκος πάσης κτίσεως für sich nehmen, so würden wir dem bisherigen gemäß κτίσις nur fassen können als die Einrichtung | und Anordnung der menschlichen Dinge[18], und der Erstgeborene dieser zu seyn, hieße also das erste Glied derselben seyn, von welchem alle andern abhängen; welches allerdings mit unsern bisherigen Erläuterungen über den folgenden begründenden Satz vollkommen übereinstimmt. Und gewiß läßt sich auch die erste Aussage, daß Christus das Bild des unsichtbaren Gottes ist, sehr gut für sich verstehen; denn mit Recht erinnern wir uns dabei an die eignen Worte Christi selbst, daß er den Vater sichtbar macht[19] und vergegenwärtigt. Nur geht mir dieses, für sich gesagt, einerseits doch schon über den Zusammenhang, der ganz in der βασιλεία τοῦ υἱοῦ beschlossen ist, hinaus; und dann wird auch das zweite, von diesem getrennt, ein Antiklimax. Denn selbst der Mittelpunkt aller Einrichtungen auch der geistigen Welt seyn, und sie dominiren, ist doch ungleich weniger, als ein solches Bild Gottes seyn. Dieses nun wird verhütet, wenn man beides zusammennimmt, was mir allerdings möglich erscheint. Bilder werden freilich im eigentlichen Sinn nicht geboren, aber im eigentlichen Sinn gibt es auch kein Bild Gottes. Und wenn Paulus sagte, Christus sey in dem gesammten Umfang der geistigen Menschenwelt das – in der weitesten Bedeutung, welche diesem Wort immer zusteht – erstgeborne Bild Gottes, so war das ein dunkler Ausdruck, der aber durch die folgende Erläuterung ins Licht gesetzt wird. Nämlich, indem von Christo in diesem durch πᾶσα κτίσις, wie dieser Ausdruck hernach | weiter bestimmt wird, bezeichneten Gebiet dasselbe gilt, daß alles durch ihn und zu ihm ist, was für alles Seyende von Gott gilt, – und hier ist der rechte Ort, um Röm. 11, 36. zu vergleichen –: so ist er das Bild Gottes. Das ἐξ οὗ hätte auch in diesem Maaßstab, doch nur für das Reich Gottes im engsten Sinne, von Christo gesagt werden können, und alles frühere hätte müssen davon ausgeschlossen werden. Und daß die Beziehung der κτίσις auf Gott, daß sie ἐξ αὐτοῦ und δι᾽ αὐτοῦ und εἰς αὐτόν ist, durch dieses Verhältniß derselben zu

521; 345

522

346

---

[18] Es ist nicht zu übersehen, daß wenn man κτίσις hier für Geschöpf nimmt, man auch πᾶσα κτίσις nur für j e d e s Geschöpf nehmen kann, wogegen in dem angegebenen Sinne, da es für sich eine Gesammtheit bildet, πᾶσα κτίσις eben so gut heißen muß die g a n z e Einrichtung, wie πᾶς οἶκος Ἰσραήλ das ganze Haus Israel.

[19] Joh. 14, 9.

---

30 36.] 36,

Christo nicht aufgehoben wird[20], versteht sich wol von selbst, da ja auch hier Gott nicht nur als der κτίσας alles dessen, was ἐν τῷ υἱῷ ἐκτίσθη, mit verstanden ist, sondern auch das Versetzen in das Reich des Sohnes ihm zugeschrieben wird. Gewinnt man nur erst diese Ansicht, und vergißt dabei nicht, daß von dem ganzen Christus die Rede ist: so wird wohl auch von selbst deutlich, daß, was durch das folgende ὅτι erläutert wird, der Begriff des Bildes ist, aber nicht der des erstgebornen Sohnes. Denn niemand kann doch irgend eine Congruenz in dem Satze finden, daß derjenige, durch welchen und für welchen anderes geschaffen ist, sich zu diesem verhalte wie der Erstgeborne zu dem Nachgebornen, mithin bliebe das πρωτότοκος als ein müßiger Zusatz ganz unberücksichtigt, wenn es für sich allein steht. Doch vielleicht wendet man ein, dieß wenigstens sey bei der hier aufgestellten Erklärung nicht besser, wenn doch das folgende nur den Begriff des Ebenbildes erläutere. Allein selbst in unserem Briefe (3, 10.) finden wir ja, daß auch der neue Mensch sich κατ᾽ εἰκόνα τοῦ κτίσαντος αὐτόν verhält; und daß alle Gläubigen in | das Bild Christi gestaltet werden sollen, woraus ja also ebenfalls das Ebenbild Gottes in ihnen entstehen muß, ja daß auch die Gemeine, wenn sie doch der Leib Christi ist, auch sein Bild seyn muß, und mithin auch ein solches Bild Gottes der zweiten Ordnung, das alles konnte den Kolossern unmöglich unbekannt seyn. Wir also sind das Ebenbild Gottes mittelbar, und dieß mußte den Lesern des Apostels von selbst einfallen, wenn ihnen Christus als εἰκὼν πρωτότοκος vorgestellt wurde. Und daß er dieses sey, mußten sie nun sehr gut erläutert finden dadurch, daß nicht nur alles, was unmittelbar zum Himmelreich gehört, sondern auch was nur mittelbar einen Einfluß darauf ausübt, in ihm begründet sey, und durch die Beziehung auf ihn seine feste Gestalt gewonnen habe, so wie die ganze Welt in Gott und in der Beziehung auf ihn. Darum ist und bleibt er auch für immer das Haupt der ἐκκλησία. Daß in dem parallelen vorhergehenden Satz das πρὸ πάντων, wie anderwärts, vom Vorzug zu verstehen sey, ergibt sich schon aus der Parallele mit diesem. So wie Chrysostomus, wenn er behauptet, ἐκκλησία stehe hier für das ganze menschliche Geschlecht, nur insofern Recht hat, als ebenfalls durch Christum vermittelt ist, daß das ganze menschliche Geschlecht zu derselben gehören soll. Was mich aber noch letzlich bestimmt, πρωτότοκος und εἰκών zusammen zu nehmen, ist die Beschaffen-

523

347

---

[20] In ein sonderbares Labyrinth hat sich hier Chrysostomus verwickelt, der eine wirkliche Theilung veranstaltet, und von den himmlischen Dingen das sichtbare den Vater erschaffen läßt, das unsichtbar aber den Sohn.

30f *Johannes Chrysostomos: In epistolam ad Colossenses commentarius, Homilia III 3, Opera ed. Montfaucon, Bd. 11, S. 345* (ἀλλὰ τὴν ἐκκλησίαν ἔλαβεν ἀντὶ τοῦ παντὸς ἀνθρώπων γένους.)*; MPG 62, S. 320* **35–37** *Johannes Chrysostomos: In epistolam ad Colossenses commentarius, Homilia III 3, Opera ed. Montfaucon, Bd. 11, S. 344f; MPG 62, S. 320*

heit unseres zweiten Hauptsatzes ὅς ἐστιν ἀρχὴ πρωτότοκος ἐκ τῶν νεκρῶν. Ich will keineswegs dadurch bestechen, daß ich nach ἀρχή nicht inter-pungire, sondern nur die Vorentscheidung aufheben, damit wir uns ganz dem Eindruck überlassen können, den die Rede macht, ob die beiden Worte
5 eine Neigung haben zusammenzugehen oder auseinander. Und hier scheint allerdings die Sache so zu liegen, daß, wenn man beides zusammennimmt, wir doch dasselbe würden verstanden haben, sowohl wenn Paulus nur geschrieben hätte ὅς ἐστιν ἀρχὴ ἐκ τῶν νεκρῶν, als wenn nur | ὅς ἐστι 524 πρωτότοκος ἐκ τῶν νεκρῶν, und daß also alsdann eines von beiden überflüs-
10 sig erscheint, und zwar auch insofern, als in jedem von beiden schon die Voraussetzung liegt, daß auch Andere dem, der der Anfang ist oder der Erstgeborne, nachfolgen sollen. Aber wie ist es, wenn man beide von ein-ander trennte[21], kann ἀρχή auf etwas anderes bezogen werden, als auf die 348 Auferstehung von den Todten? und dennoch sollte sich etwas ganz neues
15 unverbunden daran knüpfen? Und worauf sonst soll man es beziehen? zurück auf ἐκκλησία? so daß es schon besser hieße ἧς ἐστι καὶ ἀρχή, und daß wir auf einen Unterschied zwischen ἀρχή und κεφαλή sinnen müßten? Oder sollte es allgemein zu fassen seyn, so daß τοῦ κόσμου oder τῆς γενέσεως zu ergänzen wäre, und Paulus, da dieß doch nicht mehr auf den ganzen Chri-
20 stus gehn könnte, ohne diesen Uebergang bemerklich zu machen, hier arianisirte? Kurz es bleibt nichts anderes übrig, wenn man auch trennen will, ἀρχή zieht doch das ἐκ τῶν νεκρῶν gewaltsam an sich. Und nur so weit kann irgend eine Trennung stattfinden innerhalb des Satzes, als πρωτότοκος nicht geradezu kann als Adjectiv zu ἀρχή gezogen werden[22], sondern gleich-

---

25 [21] Storr's Paraphrase der Worte ὅς ἐστιν ἀρχή, qui inquam regnat, wird wohl niemand mehr vertheidigen wollen. Soll auf diese Bedeutung von ἀρχή zurück- 348 gegangen werden: so könnte es höchstens heißen, welcher eine obrigkeitliche Person ist. Aber auch das nicht einmal, sondern nur ἐν ἀρχῇ εἶναι kann so vorkommen. Denn auch im neuen Testament ist nirgend etwas ähnliches; auch
30 Apok. 3, 14. kann man ἡ ἀρχὴ τῆς κτίσεως nicht durch Regent übersetzen, und noch weniger leuchtet irgend eine Stelle hierzu vor.
[22] Auch Chrysostomus hat diesen Satz nicht zweigliedrig behandelt. Seine ἀπαρχή aber geht mit πρωτότοκος auch nicht genauer zusammen, und ist wahrscheinlich nur eine alte Glosse, welche beides in eines zusammenfassen wollte, wodurch der
35 Gedanke des Apostels aber auch nicht erreicht wird.

---

25 *Storr: Interpretatio Epistolae ad Colossenses, Opuscula academica Bd. 2, S. 133 [zu Kol 1,18] (Q: qui, inquam, regnat [...])* **32** *Johannes Chrysostomos: In epistolam ad Colos-senses commentarius, Homilia III 2, Opera ed. Montfaucon, Bd. 11, S. 345:* τί ἐστιν ἐνταῦθα ὁ πρωτότοκος; ὁ πρῶτος κτισθείς, ἢ πρὸ πάντων ἀναστάς, ὥσπερ καὶ ἐκεῖ ὁ πρὸ πάντων ὤν. καὶ ἐνταῦθα μὲν ἀπαρχὴν τέθεικεν εἰπών· ὅς ἐστιν ἀπαρχή, πρωτότοκος ἐκ τῶν νεκρῶν [...]. ἐκεῖ δὲ οὐκ ἀπαρχὴ τῆς κτίσεως. καὶ ἐκεῖ μὲν Εἰκὼν τοῦ Θεοῦ ἀοράτου, καὶ τότε τό, πρωτότοκος.; *vgl.* MPG 62, S. 320

525 sam unterbrechend und erklärend | es wieder aufnimmt. Denn ἀρχὴ ἐκ τῶν
νεκρῶν, wenn es gleich nur dasselbe bedeuten könnte, würde doch Paulus
nicht leicht geschrieben haben; aber indem er vielleicht ἀρχὴ τῆς ἀναστάσεως
oder ähnliches schreiben wollte, brachte ihm die Gewalt des vorhergehenden parallelen Hauptsatzes den Ausdruck πρωτότοκος zu. Wäre nun jener   5
Satz zweigliedrig gewesen: so würde er auch hier das angefangene vollendet, und πρωτότοκος ἐκ νεκρῶν hinzugefügt haben; nun aber wollte er diesen Satz nicht eigentlich zweigliedrig machen, weil jener es nicht war. Damit aber seine Leser das Verhältniß zwischen diesem πρωτότοκος und jenem
349 nicht übersehen möchten, schob er noch den Satz ein ἵνα γένηται ἐ ν   10
π ᾶ σ ι ν αὐτὸς πρωτεύων. Also Christus ist in dem ganzen Lebensgebiet
des menschlichen Geistes das ursprüngliche[23] Abbild Gottes – nicht etwa
Adam ist es, durch den zwar in leiblichem Sinne alles vermittelt, in dem
aber im geistigen Sinne nichts gegründet und nichts auf ihn bezogen ist; und
diese Vergleichung, die so leicht, ja fast nothwendig mitgedacht wird, macht   15
erst das πρωτότοκος hier recht prägnant. Und Christus wird hier in dem
Sinne und deshalb, wie das ὅτι besagt, so genannt, weil er sich zu diesem
Mikrokosmos gerade so verhält, wie Gott zur Welt überhaupt, weswegen
er auch seine Stelle hat vor allem dazugehörigen, und das Haupt ist der
Gemeinschaft, durch welche erst alles andere in seinem wahren Werth fixirt   20
wird, und welche die Vollendung des menschlichen Geistes bedingt.

Diese Erklärung also scheint der oben aufgestellten Forderung, daß
die ganze Stelle sich auf die Fortschritte des Christenthums und auf die
Ordnung in der Aufnahme der Heiden in dasselbe beziehen müsse, voll-
526 kommen zu ent|sprechen. Nun fragt sich nur noch, ob unser zweiter Haupt-   25
satz mit seiner Begründung sich zu dem ersten und der seinigen auch dem
Inhalte nach so verhält, daß sie von Christo ein zweites, eben so hieher
gehöriges, von dem ersten auf bestimmte Weise unterschiedenes, aber doch
genau damit verwandtes aussagen. Allein ehe dies ermittelt werden kann,
muß zuerst das grammatische, so gut es sich thun läßt, bestimmt werden.   30
Denn ganz sicher ist schwerlich zwischen diesen gehäuften δι' αὐτοῦ und εἰς
αὐτόν durchzufinden, ohne bei einem oder dem anderen anzustoßen; nur
sicher erinnern sie Jeden an die ähnlichen aber minder schwierigen Formeln
in V. 16. Die erste Frage bleibt immer, welches das Subject ist, von dem
350 εὐδόκησε ausgesagt wird. Die Möglichkeit, welche allerdings vorhanden ist,   35

---

[23] Πρωτότοκος eben als hätte er πρωτότυπος gesagt, wenn das in seiner Sprach-
weise gewesen wäre, denn das τυποῦσθαι ist doch das Geborenwerden für ein
Abbild.

12f *Vgl. Gen 1, 27*

πλήρωμα dafür anzusehen, beseitigt der Zusammenhang von selbst; auch hat meines Wissens kein Ausleger diesen Weg eingeschlagen. Wohl aber ist es natürlich zu schwanken, ob es Gott seyn soll, oder Christus. Wenn ich nun gleich auf keine Weise vertheidigen möchte, was Storr behauptet, daß
5 εὐδόκησε auf τῷ πατρί V. 12. zu beziehen sey: so bleibe ich doch insoweit bei seiner Meinung, daß Gott das Subject seyn muß. Zunächst weil unser ὅτι dem in V. 16. entspricht, und auch dort Gott als Subject latitirt; denn ἐν αὐτῷ ἐκτίσθη τὰ πάντα ist nur ein anderer Ausdruck für ὁ θεὸς τὰ πάντα ἔκτισεν ἐν αὐτῷ. Sollte gegen diese deutliche Indication dennoch Christus
10 Subject seyn: so müßte sich das Subject bald wieder ändern ohne alle Indication. Denn der Satz 21 und 22 kann, wenn man ihn in das Activ umsetzt, auch nur auf Gott zurückgehn, als welchem oben das μεταστῆσαι εἰς τὴν βασιλείαν τοῦ υἱοῦ zugeschrieben worden war. Hierzu kommt noch, daß εὐδόκησαι so überwiegend in unsern Büchern von Gott gebraucht wird,
15 daß kaum ein Paar Beispiele als Ausnahmen vorkommen, wo auch Paulus das Wort in einer etwas anderen Wen|dung – doch würde ich daraus nicht   *527* eine besondere Bedeutung machen – von sich und Andern gebraucht. Sonach ist kein Grund vorhanden, die Genauigkeit der Parallele zu verletzen; Christus ist εἰκὼν τοῦ θεοῦ πρωτότοκος, weil Gott alles in Bezug auf ihn
20 geschaffen hat, und Christus ist ἀρχὴ ἐκ νεκρῶν πρωτότοκος, weil Gott gewollt hat, daß das πλήρωμα in ihm wohne. Eben so wenig scheint es mir nothwendig, oder auch nur gerathen, mit Storr u. A. anzunehmen, daß εἰρηνοποιήσας statt εἰρηνοποιήσαντα stehe. Fälle dieser Art gibt es freilich genug; aber sie sind anders gestaltet. Wenn die Rede sich zu lange in einer
25 durch eine Reihe von casus obliqui schwerfälligen Form fortwälzen müßte, oder sonst verwickelt zu werden droht, so erklärt sich eine solche Willkühr. Hier findet dies nicht statt; vielmehr verbindet sich unmittelbar und leicht εὐδόκησεν ὁ θεός ... κατοικῆσαι ... καὶ εἰρηνοποιήσας ἀποκαταλλάξαι u. s. w.   *351* Denn dagegen, daß hier als der Friedensstifter Gott zu denken ist und nicht
30 Christus, möchte ich die, wenn auch noch so genaue, Parallele Ephes. 2, 12-16. nicht anführen, weil beides sehr gut zusammen bestehen kann. Christus ist unser Friede geworden durch Vernichtung des alten Gesetzes, und Gott hat diesen Frieden gestiftet, indem er Christum sendete; Gott will alles

---

5 12.] 12   **7** 16.] 16   **22** u. A.] *Abk. für* und Anderen   **31** 16.] 16

4f *Storr: Interpretatio Epistolae ad Colossenses, Opuscula academica Bd. 2, S. 136 Anm. 35 [zu Kol 1,19]: Verbum* εὐδόκησεν *ad vocem* πατρι *(v. 12), quamvis longinquam, tanto rectius trahi potest, quod, si rem dialectica metiaris, nomen illud in propinquo est.* **12f** *Kol. 1,13; s.o. 202,26-31 u. 215,33-216,4* **22f** *Storr: Interpretatio Epistolae ad Colossenses, Opuscula academica Bd. 2, S. 138f Anm. 38 [zu Kol 1,20]*

unter sich vereinigen, und hat auch die Entfremdeten und Feindseligen ausgesöhnt, und Christus ist das Ende des Gesetzes geworden, um sie zu versöhnen. Fragen wir nun aber weiter, zwischen wem Gott Frieden gestiftet, oder wen er friedlich gestimmt gegen wen: so ist es sehr schwierig, das zwiefache εἴτε auf εἰρηνοποιήσας zu beziehn. Denn auf keinen Fall könnte 5
das so verstanden werden, daß er Friede gestiftet zwischen den Dingen auf Erden und den Dingen im Himmel; sondern unter den irdischen Dingen unter sich, oder mit einem Dritten müßte Zwiespalt gewesen seyn, und
528 zwischen den himmlischen Dingen auch mit ei|nem Dritten oder unter sich. Sehen wir aber, ehe wir dieß weiter versuchen, hier wo es Noth thut einmal 10
auf das nächste außerhalb unseres Kreises, wo wir doch dem Sinne nach zusammennehmen müssen ὑμεῖς ποτε ὄντες ἐχθροὶ νυνὶ ἀποκαταλλάγητε, mithin das Zusammengebrachtwordenseyn dem Feindlichgewesenseyn entgegengestellt wird. Da doch dem letzteren eben so gut auch das Feindlichgewordenseyn entgegensteht: so sehen wir daraus, wie genau auch in 15
unserem Satz εἰρηνοποιήσας ἀποκαταλλάξαι zu verbinden, mithin auch das εἴτε τά etc. zunächst auf ἀποκαταλλάξαι zu beziehen ist, so daß für εἰρηνοποιήσας besonders nur höchstens das διὰ τοῦ σταυροῦ übrig bleibt. Wiewol auch letzteres geradezu mit ἀποκαταλλάξαι verbunden werden kann, so wie auch im folgenden ἀποκαταλλάγητε διὰ τοῦ θανάτου zusam- 20
men gehört, und dann bleibt εἰρηνοποιήσας ganz ohne Beisatz, und wächst desto inniger mit ἀποκαταλλάξαι zusammen, so daß im wesentlichen die zweite εὐδοκία darin besteht, befriedigend alles unter sich zusammenzubringen, das auf Erden und das im Himmel; und so, geht es hernach weiter,
352 wären auch die Kolosser ehemals feindlich jetzt zusammengebracht wor- 25
den. Und nun wäre grammatisch nur noch zu ordnen, wohin das sich so oft wiederholende δι᾽ αὐτοῦ und ἐν αὐτῷ und εἰς αὐτόν gehöre. Ist nun zu εὐδόκησε Gott das Subject, so ist offenbar das ἐν αὐτῷ auf Christum zu beziehen, und eben so das völlig parallele δι᾽ αὐτοῦ; wogegen, ob das εἰς αὐτόν dann auch auf Christum bezogen werden kann, oder ob es vielmehr 30
auf Gott zu beziehen ist, davon abhängen muß, ob der Sinn von ἀποκαταλλάξαι zuläßt, daß es derselbe sey, durch welchen und zu welchem es geschieht, oder ob er jedenfalls erfordert, daß es ein Anderer sey, durch welchen, und ein Anderer, in Beziehung auf welchen geeiniget wird. Am schwierigsten ist das zweite δι᾽ αὐτοῦ vor εἴτε; und die latinisirenden Auto- 35
529 ritäten, welche die Worte auslassen, reichen nicht hin, um | sie zu ächten.

---

12 ποτε] ποτὲ

---

12 *Kol 1, 21f*   **35f** *Gemeint sind die Handschriften der alten lateinischen Übersetzungen des Neuen Testamentes, vielleicht auch der griechischsprachige Codex Vaticanus, der die von Schleiermacher angegebenen Worte ebenfalls nicht aufweist.*

Allein wenn man bedenkt, daß auf jeden Fall doch διὰ τοῦ αἵματος mehr zu dem ersten Moment, dem Friedenstiften, gehört, das εἴτε aber unmittelbar mit ἀποκαταλλάξαι zu verbinden ist: so kann man sich allenfalls dieses zweite δι᾽ αὐτοῦ als eine Wiederholung des ersten erklären, wiewohl es
5 immer sehr unwillkommen bleibt.

Was besagen nun aber eigentlich beide Sätze sowohl an und für sich, als in ihrer Eigenschaft als Begründung des zweiten Hauptsatzes betrachtet? Hier tritt uns zuerst das schwierige πλήρωμα entgegen. Chrysostomus versteht es auch hier, indem er auf Cap. 2, 9. hinsieht, von der Gottheit;
10 und viele Ausleger sind ihm gefolgt. Theodoret weicht von ihm ab, und versteht es von der Kirche; aber sein Grund, weil nämlich diese erfüllt sey mit den göttlichen Gnadengaben, ist wenig haltbar. Unter allen Paulinischen Stellen, worin das Wort vorkommt, ist der unsrigen dem ganzen Inhalt nach keine so nahe verwandt, als Röm. 11, 12 und 25. Denn daß bei uns
15 ebenfalls die Rede ist von der Vereinigung von Juden und Heiden in dem Reich und unter der Herrschaft des Sohnes, daran kann niemand zweifeln. Wenn nun dort erst von dem Zurückbleiben Israels die Rede ist, und von   *353* der Fülle der Heiden, und dann auch von dem ganzen Israel: so ist hier die ganze Fülle beides zusammengenommen die Fülle der Heiden und die
20 Gesammtheit Israels. Der Sache nach hat also Theodoret freilich recht, daß πᾶν τὸ πλήρωμα auf das vorhergegangene ἐκκλησία zurückweiset; und wie dieses, daß die Fülle in Christo wohnen soll, damit zusammenhängt, daß er das Haupt der Gemeine ist, bedarf keiner Erläuterung, so wenig es einer Entschuldigung bedarf, daß Paulus nicht lieber κατοικίσαι geschrieben hat,
25 was allerdings eine genauere Parallele gegeben hätte. Schwieriger ist, wobei aber meines Wissens niemand angestoßen hat, daß ein Hellenist soll das ἐν αὐτῷ mit κατοικῆσαι verbunden, und es doch neben | εὐδόκησε gestellt   *530* haben, da doch diese Zusammenstellung eine solenne Redensart ist für: Gott hatte Wohlgefallen an ihm. Will man nun hierauf bestehen: so muß
30 das εἰς αὐτόν nicht nur zu ἀποκαταλλάξαι, sondern auch zu κατοικῆσαι gezogen werden; aber man vermißt dann eine mehr hervortretende Anknüpfung entweder durch τοῦ oder ὥστε und ähnliches, so daß sich beides wieder gleich stellt. Ueber καταλλάξαι und ἀποκαταλλάξαι im neutestamentischen Sprachgebiet reicht es hin auf die Lexikographen zu verweisen, und

---

8f *Johannes Chrysostomos: In epistolam ad Colossenses commentarius, Homilia III 3, Opera ed. Montfaucon, Bd. 11, S. 346:* τὸ πλήρωμα περὶ τῆς θεότητος εἴρηκε [...].; *MPG 62, S. 320f* **10–12** *Theodoretos: Interpretatio epistolae ad Colossenses, Opera ed. Schulze, Bd. 3, S. 479:* Πλήρωμα τὴν ἐκκλησίαν ἐν τῇ πρὸς Ἐφεσίους ἐκάλεσεν, ὡς τῶν θείων χαρισμάτων πεπληρωμένων.; *MPG 82, S. 601* **24** *Diese Konjektur des Textes, vermutlich durch den reformierten Theologen Hermann Venema (1697-1787), konnte nicht nachgewiesen werden.*
34 *Vgl. z.B. Johann Friedrich Schleusner: Novum lexicon Graeco-Latinum in Novum Testamentum, 4. Aufl., Bd. 1-2, Leipzig 1819; Karl Gottlieb Bretschneider: Lexicon manuale Graeco-Latinum in libros Novi Testamenti, Bd. 1-2, Leipzig 1824; beide Lexika hat Schleiermacher besessen.*

sichtlich bewegt sich hier die Rede rückwärts. Denn das Wohnen dieser
Gesammtheit in Christo ist der definitive beharrliche Zustand, die gänzliche Vereinigung ist das, was nothwendig vorangehen muß und jenen Zustand bedingt; eben so ist aber diese Vereinigung dadurch bedingt, daß
beide Theile müssen friedlich geworden seyn. Nur das möchte ich nicht   5
schlechthin behaupten, daß εἰς αὐτόν hier ganz die Stelle des einfachen
Dativs vertreten soll, der bei diesem Zeitwort Ephes. 2, 16. und dem einfachen καταλλαγῆναι überall vorkommt, wo Paulus dieses Wort gebraucht.
Wenigstens wenn auch in jener Stelle, wo nur entschieden Christus das
Subject ist, statt τῷ θεῷ stände καὶ ἀποκαταλλάξῃ ἀμφοτέρους ἐν ἑνὶ σώματι   10
354 εἰς τὸν θεόν: so würde ich dieß nicht so verstehen, damit er beide mit Gott
wieder zusammenbrächte, sondern damit er beide zusammenbrächte unter
sich in Beziehung auf Gott, so wie es vorher heißt, er hat beide zu einem
gemacht, und so auch hernach, er hat Frieden verkündigt den Fernen und
Frieden den Nahen, welches ich auch verstehe beiden gegen einander –   15
denn hier gibt es kein trennendes εἴτε εἴτε – weil nämlich nun beide den
gleichen Zugang zu Gott haben, mithin alle Ursache zur Zwietracht weg-
fällt. Ja ich möchte behaupten, es würde eher angehen, an dieser Stelle den
Dativ nach Art des εἰς αὐτόν in der unsrigen, als umgekehrt unser εἰς als den
531 Dativ vertretend zu erklären. Indessen würde | ich für εἰς hier eher den   20
Begriff des Zieles zur Verdeutlichung gebrauchen, als den der Richtung[24].
Zwei einander entfremdete können vereinigt werden, indem ihnen eine
gleichmäßige Beziehung zu einem dritten entsteht; und dieß ist unser Fall.
Eben dieses kann auch durch den Dativ ausgedrückt werden. Beide, Juden
und Heiden, sind zu Einem neuen Menschen worden, mit einander ver-   25
söhnt, Gotte zu gut, als dessen Rathschluß dadurch erfüllt wird; eben so bei
uns. Es ist Gottes Wohlgefallen gewesen, alles, was unter sich entzweit
gewesen ist, zu versöhnen, in Beziehung zu sich selbst[25]. So sehr nun aber
alle grammatischen Momente unserer Stelle nöthigen, das einigende und
versöhnende Verfahren, welches durch ἀποκαταλλάξαι bezeichnet ist, nur   30
so zu verstehen: so wenig will ich leugnen, daß in dem, schon außerhalb

---

[24] Vgl. Winer §. 53. p. 338.
[25] Oder auch zu versöhnen für Christum, so wie durch ihn; ein Spiel mit den
     Formen, welches ich ganz für paulinisch halten würde, wenn nicht noch die
     beiden διά folgten, die es wieder zerstören.   35

---

7 16.] 16,

---

32 *Winer: Grammatik § 53, a, S. 338; Winer subsumiert das* εἰς *aus Kol 1,20 unter die
Bedeutung »von der Richtung des Gemüths«.*

unseres eigentlichen Gebietes liegenden, V. 21. auch von einer Entfrem-
dung von Gott, von einer feindlichen Stimmung gegen Gott die Rede sey.
Allein dieß kann um so weniger für unsere Stelle beweisen, als eben dieses
nicht nur auch dort nur in einem Zusatz vorkommt und den Hauptsatz
nicht afficirt, sondern auch nur die Heidenchristen betrifft, hier hingegen
von beiden die Rede ist. Der Polytheismus der Heiden wurde natürlich, wo
sie dem jüdischen Monotheismus gegenüber standen, zur Feindschaft gegen den Einen Gott; so wie auch ihre Verachtung der Juden einen Wider-
willen gegen ihren Monotheismus nach sich zog. – Das τὰ πάντα V. 20. ist
nothwendig dasselbe wie V. 16., und zerfällt auch eben so in τὰ ἐπὶ τῆς γῆς
und τὰ ἐν τοῖς οὐρανοῖς. Wenn daher unsere dort gegebene Erklärung hier
gar nicht annehmbar wäre: so müßte | sie uns allerdings auch dort wieder
zweifelhaft werden. Diejenigen freilich nehmen es weniger genau, welche
an beiden Stellen Himmel und Erde buchstäblich auffassen, in der ersten
aber das Neutrum nicht nur von den persönlichen Wesen, sondern auch
von allen Dingen, himmlischen und irdischen, hier hingegen nur von Personen verstehen wollen. Aber warum sollte Paulus, die Bewohner von Himmel und Erde meinend, das Neutrum gebraucht und dadurch seine Leser
irregeführt haben? Und was für eine Versöhnung war denn für die Himmlischen nöthig, da doch die Structur nicht erlaubt an eine Versöhnung derselben mit den Irdischen zu denken? Oder wie sollten wir uns denken, daß
eine solche Versöhnung bedingt sey durch eine Friedestiftung vermöge des
Kreuzes? Daher ist gar kein hinreichender Grund vorhanden, das Neutrum
hier anders zu verstehen als dort. Aber die Buchstäblichkeit des Sinnes ist
auch hier eben so wenig durchzuführen als dort. Denn es läßt sich gar nicht
denken, was für himmlische Dinge in Zwiespalt unter sich gerathen seyn
sollten, daß sie einer ἀποκατάλλαξις bedürften; und noch weniger wie Paulus in diesem Zusammenhange, wo so unmittelbar das καὶ ὑμᾶς aus dem τὰ
πάντα herausgenommen wird, darauf gekommen seyn sollte, solcher Gegenstände zu erwähnen. Knüpfen wir aber an unsere oben schon aufgestellte Erklärung dieser Ausdrücke an, denen auch die Adjectiven τὰ ἐπίγεια
und τὰ ἐπουράνια hätten substituirt werden können: so werden auch diejenigen Elemente des heidnischen Lebens als himmlische Dinge bezeichnet
werden dürfen, welche ihrem Gegenstande nach sich auf das Himmelreich
beziehen. Also alle ihre gottesdienstlichen Verhältnisse und die darauf sich
beziehenden Gemüthsrichtungen, kurz alle ihre θεῖα, konnte Paulus auch
ἐπουράνια nennen oder τὰ ἐν τοῖς οὐρανοῖς[26], so | daß wir gar nicht nöthig

---

[26] In diesem weiteren Sinn scheiden die beiden Ausdrücke nur die | beiden theokra-
tischen Elemente, die nun nicht mehr verbunden werden sollten. Alles gehört zu

---

1 *Vgl. oben* 220,12

haben das eine Glied τὰ ἐπὶ τῆς γῆς allein auf die Heiden und das andere τὰ ἐν τοῖς οὐρανοῖς auf die Juden zu beziehen, als wodurch wiederum das εἴτε in seinem Recht verletzt würde. Ueber beides nun, über die himmlischen Dinge und über die irdischen Dinge, waren Juden und Heiden verfeindet, und sollten nun in Beziehung auf Gott (εἰς αὐτόν), nachdem er Frieden gestiftet hatte durch das Kreuz des Sohnes, zusammengebracht werden. Dieses sind also die beiden Theile, aus welchen das gesammte in Christo wohnende πλήρωμα bestehen sollte. Die bürgerliche Feindschaft war thätig in den Hellenen; denn auf den Juden ruhte das odium generis humani, weil sie sich von Allen absonderten; die religiöse Feindschaft war in den Juden thätig, weil ihnen die Abgötterei ein Gräuel war, und die Heiden daher Unreine. Sollten nun beide Theile Christen werden: so mußte sowohl das Irdische versöhnt werden, als auch das Himmlische. Und so seyd auch ihr, fährt hernach Paulus fort, die ihr ebenfalls in dieser Feindschaft begriffen waret, jetzt mit in die Versöhnung hineingezogen worden, so daß ihr als Unbefleckte dargestellt werden könnt, die nichts unreines mehr an sich haben, und auf denen keine solche allgemeine Beschuldigung mehr ruht. Wie leicht dieser Uebergang oder vielmehr diese | Rückkehr zum vorigen nun ist bei unserer Auslegung, im Vergleich mit derjenigen, welche hier einen nirgends sonsther bekannten und gar nicht näher beschriebenen oder irgendwie zu ermittelnden Vortheil, den höhere Wesen von der durch Christum gestifteten Versöhnung hätten, doch mit Sicherheit annimmt, das leuchtet wohl von selbst ein; und dieses kommt noch hinzu zu den Vorzügen, welche sie schon hat durch die größere grammatische Richtigkeit, so wie durch die größere Angemessenheit des Inhaltes der Sätze zu dem Werth,

den ἐπουρανίοις, dem πολίτευμα ἐν οὐρανοῖς, was Gotte gegeben werden soll; alles, was dem Kaiser, und hieran hängt nun alles den äußeren Menschen betreffende, gehört zu den ἐπιγείοις. Daher denn in diesem Sinn ἐπουράνια auch können etwas falsches seyn, und hingegen Ausdrücke wie οἱ τὰ ἐπίγεια φρονοῦντες oder τὰ μέλη ὑμῶν τὰ ἐπὶ τῆς γῆς etwas ganz löbliches bedeuten, nur nichts was zum Himmelreich in Beziehung steht. Aber mit einer Erklärung, nach welcher auch die Wiedergeburt zu den ἐπιγείοις gehören kann, weiß ich mich – ohnerachtet auch Lücke sie angenommen hat – nicht zu befreunden.

9 *Anspielung auf die bekannte Formulierung bei Publius Cornelius Tacitus: Annales XV 44, 4, Quae exstant, ed. J. F. Gronovius, Bd. 1-2, Amsterdam 1685, Bd. 1, S. 1060: [...] haud perinde in crimine incendii, quam odio humani generis convicti sunt.; vgl. Annalium ab excessu divi Augusti libri, ed. C. D. Fisher, Scriptorum Classicorum Bibliotheca Oxoniensis, Oxford 1956, o.S.*   **26** *Phil 3, 20*   **27** *Vgl. Mt 22, 21; Mk 12, 17; Lk 20, 25*   **29** *Phil 3, 19*   **30** *Kol 3, 5*   **31–33** *Die Erwägung Lückes findet sich in seiner Auslegung zu Joh 3,12; vgl. Friedrich Lücke: Commentar über die Schriften des Evangelisten Johannes, Bd. 1-3, Bonn 1820-1825, Bd. 1, S. 587-589, bes. die Aussage S. 588f: »Jesus hatte bis dahin von der Wiedergeburt gesprochen; worauf anders soll man das ἐπίγεια beziehen?«*

der ihnen ihrer Stellung nach zukommt. Es bleibt also nur noch übrig, den Zusammenhang deutlich zu machen zwischen dem Satz, daß Christus der Erstling aus den Todten ist, und den beiden ihm untergeordneten, daß in Christo die Fülle wohnt, und daß durch ihn jenes irdische und himmlische beider Theile versöhnt ist.

Auch dieses aber scheint mir viel leichter nachzuweisen, als ich begreifen könnte, wie Paulus überhaupt dazu gekommen seyn sollte, eine Versöhnung der himmlischen Geister mit den irdischen – denn so wird es doch gegen alle Grammatik verstanden – überhaupt anzunehmen, und nun gar diese mit der Auferstehung Christi in Verbindung zu bringen! Man vergesse nur nicht, daß Paulus selbst vor seiner Bekehrung ein eifrig gesetzlicher Mann war, und in diese Feindschaft als solcher tief verflochten. Er konnte aber auch nicht, wie vielleicht Petrus, durch eine Vision bewogen werden zu heidnischen Leuten einzugehen; sondern es bedurfte für ihn einer Theorie, um sich bei sich selbst zu rechtfertigen, und den Satz zu begründen, daß in dem messianischen Zeitalter auch schon hier auf Erden das Gesetz sein Ende erreicht habe, ungeachtet Jesus selbst, wenn er auch die pharisäische Ueberlieferung nicht annahm, doch unter das Gesetz gestellt war. An der Spitze dieser Theorie steht nun der Satz, das | Gesetz habe Gewalt über den Menschen nur so lange er lebe[27]; mithin sey das Ansehn des Gesetzes über Christum um so mehr erloschen, als das Gesetz selbst seinen Tod verursacht habe[28]. Hieraus folgt nun zuerst, daß alle diejenigen auch für das Gesetz gestorben sind, welche sich durch den Glauben an Christum in denselben Fall setzen. Zweitens folgt aber auch, daß Christus nun nach seiner Auferstehung einen Befehl geben konnte, nämlich unter die Heiden zu gehen, und sie als solche, gelöset vom Gesetz, zu Jüngern zu machen[29], den er vorher, als ein selbst dem Gesetz Verpflichteter, nicht in diesem Sinn hätte geben können, den er aber geben mußte, wenn er noch der Grundstein dieser Kirche bleiben sollte, und seine Jünger nicht sollten nöthig haben, auf eigne Autorität zu handeln und also willkührlich einen andern Grund zu legen. Vermöge des ersten nun konnte gesagt werden, daß durch den Tod Christi der Friede schon geschlossen sey; vermöge des anderen aber, daß Christus habe müssen der Erstling aus den Todten seyn, um beide Theile wirklich durch das neu entstandene Verhältniß zu Gott, als Theilhaber des Himmelreichs, so in Absicht auf das irdische und das himmlische zu versöhnen.

[27] Röm. 7, 1.
[28] Gal. 2, 19. 3, 13.
[29] Gal. 3, 14. 22.

13 *Vgl. Apg 10, 9-48*   **18** *Vgl. Gal 4, 4*

So deutlich nun auch alle Glieder dieser Demonstration in andern paulinischen Stellen ausgesprochen sind, und so natürlich sich auch alle hier vorkommenden Ausdrücke auf dieselbe zurückführen lassen: so kann es doch vielleicht nöthig scheinen, auch diese Erklärung gegen den Vorwurf zu rechtfertigen, den ich gegen die gewöhnliche geltend gemacht habe, nämlich ob auch irgend wahrscheinlich sey, daß die Kolosser, wenn doch Paulus nie bei ihnen gewesen, von dieser Lehre irgend etwas gewußt ha|ben, so daß er mit Recht erwarten konnte, sie würden seinen Worten auch diesen Sinn beilegen. Indessen ist erstlich schon aus des Apostels Maxime, nicht in das Werk eines Andern einzugreifen, dann aber auch ihrer Lage nach höchst wahrscheinlich, daß diese Gemeinen wenigstens mittelbar paulinischen Ursprungs, und also auch auf seinen Lehrtypus gegründet waren. Er konnte auch wohl eine solche Sorge, wie er sie hier beschreibt, nicht haben um alle christlichen Gemeinen in der Welt, die ihn noch nicht gesehen hatten, sondern nur um die, welche doch gewissermaßen auf seinem Gewissen lagen, weil ihre Stifter oder ersten Lehrer von ihm ausgegangen waren. Dieses nun angenommen, wofür auch die persönlichen Verhältnisse sprechen, welche hier und in dem Briefe an den Philemon berührt werden, dürfen wir wohl nicht zweifeln, daß diese Lehren, auf welchen wesentlich das Verhältniß zwischen Judenchristen und Heidenchristen beruht, welches Paulus überall einzurichten suchte, nicht sollten den Kolossern so geläufig gewesen seyn, daß sie den Sinn dieser Ausdrücke nicht verfehlen konnten. Die Art, wie er sie hier im Eingang fast nur andeutend in Erinnerung bringt, ehe er auf die Berufung der Kolosser, die sich unmittelbar an unsere Stelle knüpft, wieder zurückkommt, ist auch ganz natürlich; da die Ermahnungen, die er ihnen in Folge der Darstellungen, die ihm Epaphras gemacht, weiter unten in diesem Briefe ertheilt[30], doch zum Theil darauf hinausgehn, daß sie sich nicht möchten zu nachtheiligen Concessionen verleiten lassen, indem sie sich gegen alle solche Anmuthungen nur auf diesen Frieden berufen könnten. Wogegen alles, was hier von höheren Geistern gesagt seyn soll, sey nun von ihrem Geschaffenseyn oder von ihrem Versöhntseyn durch den Sohn die Rede, ebenso ohne | allen Einfluß auf den weiteren Inhalt des Briefes wäre, wie es an und für sich den Lesern völlig unverständlich hätte seyn müssen.

---

[30] Kap. 2, 8–3, 15.

Über die Zeugnisse des Papias von unsern beiden ersten Evangelien

(Theologische Studien und Kritiken.
Eine Zeitschrift für das gesammte Gebiet der Theologie,
hg. v. C. Ullmann/F.W.C. Umbreit,
Jahrgang 1832, 4. Heft, Hamburg 1832, S. 735-768)

Ueber die Zeugnisse des Papias von unsern beiden ersten Evangelien.

Von

Dr. Friedrich Schleiermacher.

---

5 Es hat mir immer leid gethan, so oft ich fand, daß diese Zeugnisse mit einer   *363*
gewissen Geringschätzung behandelt wurden. Denn gesetzt auch, die Lobpreisung des Mannes, die wir jetzt in einer Stelle des Eusebius[1] lesen, sey
eingeschoben, wie ich nicht in Abrede stellen will, und dieser Geschichts-
schreiber hätte nur das spätere nachtheilige Urtheil über ihn aus Ansicht

---

10   [1] H. E. III. cap. 36. ἀνὴρ τὰ πάντα ὅτι μάλιστα λογιώτατος καὶ τῆς γραφῆς
εἰδήμων. Conf. Vales. ad h. l.

---

1 Ueber] *Dem Titel steht in der Zeile darüber ein „1." voran, das anzeigt, daß es sich bei*
Schleiermachers Aufsatz um die erste der »Abhandlungen« des Vierten Heftes der ›Theologi-
schen Studien und Kritiken‹ von 1832 handelt.   **11** h. l.] *Abk. für* hunc locum

1 *Vom Leben des Papias, dessen bei altkirchlichen Schriftstellern aufbewahrte Fragmente,*
soweit sie das Matthäus- und das Markusevangelium betreffen, Schleiermacher im folgenden
zitiert und auswertet, ist nur soviel bekannt und hinreichend gesichert, daß er Bischof von
Hierapolis im kleinasiatischen Phrygien und ein Freund und Gefährte des Bischofs von Smyr-
na, Polykarpos, war und ein Werk unter dem von Schleiermacher unten (230,23) zitierten
Titel Λογίων κυριακῶν ἐξηγήσεις *geschrieben hat, dem die erhaltenen Fragmente zugehören*
und dessen Entstehungszeit in der Forschung strittig ist; die Ansetzungen reichen von 90 bis
140 n. Chr.   **10f** *Eusebios von Kaisareia: Historica ecclesiastica III 36, 2, ed. H. de Valois*
(Valesius), Mainz 1672, S. 106; Histoire ecclésiastique, Livres I-IV, ed. G. Bardy, SC 31,
Paris 1952, S. 147. Auf S. 55 der mit eigener Seitenzählung angebundenen »Henrici Valesii
Annotationes« zu den einzelnen Büchern der »Historica ecclesiastica« des Eusebios gibt
Henri de Valois zu der zitierten Stelle (»ad hunc locum«) folgende Erläuterung: Totum hoc
elogium Papiae deest in nostris codicibus Maz. Med. et Fuk. Sed neque Rusinus haec verba in
suis exemplaribus legerat, ut ex eius Interpretatione colligitur. Quare non dubito, quin haec
verba ab imperito quodam Scholiaste adjecta sint, praeter Eusebii mentem atque sententiam.
Quomodo enim fieri potest, ut Eusebius Papiam hic appellet virum doctissimum, & scriptu-
rarum peritissimum; cùm ipsemet in fine hujus libri diserte affirmet, Papiam fuisse mediocri
ingenio praeditum, planeque rudem ac simplicem.

seiner Schrift gefällt[2]: so mag er immer von beschränktem Geiste gewesen seyn, seine Zeugnisse scheinen mir dadurch nichts zu verlieren, da hiebei auf sein Urtheil wenig ankommt. Und wie große Lust er gehabt, mündliche Erkundigungen einzuziehen, so wie, daß er in der Lage gewesen solche Männer zu befragen, welche die Apostel des Herrn selbst gehört hatten, das erzählt er uns selbst auf so naive und | unbefangene Weise[3], daß wir eben so wenig Verdacht gegen diese Aussage schöpfen können, als Eusebius selbst. Aber freilich so unverwerflich mir diese Zeugnisse erscheinen: so wenig sehe ich das darin, was man gewöhnlich daraus zu folgern pflegt, wenn man den Papias doch immer als eine Autorität dafür anführt, daß unser Matthäusevangelium ursprünglich hebräisch geschrieben worden sey. Freilich sagt er, daß Matthäus hebräisch geschrieben: aber ob er auch sagt, daß dieses hebräisch geschriebene von andern sey übersetzt worden, und ob er auch unser Matthäusevangelium meint? Dies möchte wol das eine sehr in Zweifel zu ziehen seyn, das andere auf das bestimmteste zu verneinen. Ja es ist kaum zu begreifen, wie man auf den Einfall habe kommen können, die Ausdrücke des Papias, den uns Eusebius hier offenbar wörtlich aufführt, auf unser Evangelium wörtlich zu beziehen[4]. Der Irrthum ist freilich sehr alt; ja ich möchte behaupten, daß auch Eusebius zu dieser Annahme[5] keinen andern Grund gehabt. Aber woher? Doch gewiß nicht, weil τὰ λόγια συνεγράψατο soviel heißen könnte, als, er hat die Erzählungen von den Begebenheiten Christi zusammengestellt, oder er hat sein Leben beschrieben! Unseres Papias eigenes und einziges Werk hieß bekanntlich λογίων κυριακῶν ἐξηγήσεις[6] und |

736

364

5

10

15

20

---

[2] Ebend. Kap. 39. σφόδρα γὰρ σμικρὸς ὢν τὸν νοῦν, ὡς ἂν ἐκ τῶν αὐτοῦ λόγων τεκμηράμενον εἰπεῖν, φαίνεται.
[3] Ebend. Kap. 39.
364 [4] Ebend. Kap. 39. Περὶ δὲ τοῦ Ματθαίου ταῦτ' εἴρηται. Ματθαῖος μὲν οὖν ἑβραΐδι διαλέκτῳ τὰ λόγια συνεγράψατο.
[5] Ebend. Kap. 24.
[6] Theophylakt zwar schreibt (zu Apgesch. 1, 18.) Κυριακῶν λόγων; allein weit eher kann dieses aus λογίων, wie die Handschriften des Eusebius einstimmig zu

25

30

---

26 Kap. 39] Kap. 38

24f *Eusebios: Historica ecclesiastica III 39, 13, ed. Valois, S. 112 (Q: σφόδρα γάρ τοι [...]); SC 31, S. 156* **26** *Eusebios: Historica ecclesiastica III 39, 3-4, ed. Valois, S. 111; SC 31, S. 154 – Den Beginn des Textes führt Schleiermacher unten 235,29f wörtlich an.* **27f** *Eusebios: Historica ecclesiastica III 39, 16, ed. Valois, S. 113; SC 31, S. 157* **29** *Eusebios: Historica ecclesiastica III 24, 6-8, ed. Valois, S. 95:* Ματθαῖος μὲν γὰρ πρότερον Ἑβραίοις κηρύξας, ὡς ἔμελλε καὶ ἐφ' ἑτέρους ἰέναι, πατρίῳ γλώττῃ γραφῇ παραδοὺς τὸ κατ' αὐτὸν Εὐαγγέλιον, τὸ λεῖπον τῇ αὐτοῦ παρουσίᾳ, τούτοις ἀφ' ὧν ἐστέλλετο, διὰ τῆς γραφῆς ἀπεπλήρου.; *SC 31, S. 130f* **30** *Theophylaktos Simokates: [zu Apg 1, 18], Opera omnia, Bd. 1-4, Venedig 1754-1763, Bd. 3 (1758), S. 16*

Hieronymus[7] übersetzt es gewiß sehr richtig, sermonum domini explanatio. 737
Würde er also wol τὰ λόγια συνεγράψατο anders haben übersetzen können,
als sermones domini conscripsit? So hätte denn freilich auch er, da er glaubte, das noch zu seiner Zeit hebräisch existirende Matthäusevangelium sey
5 die Urschrift, annehmen müssen, Matthäus habe außer dem Evangelium,
also wahrscheinlich früher, eine Sammlung von Aussprüchen Christi geschrieben. Das thut er nun freilich nicht! Da er aber die Bücher des Papias
und also auch diese Stelle gekannt hat[8]: so haben er sowol als Eusebius, und 365
hinter ihnen alle, die ein hebräisches Original unseres Matthäus annahmen,
10 folgendermaßen geschlossen. Weil wir ein Evangelium κατὰ Ματθαῖον haben, und nicht anderwärts her schon wissen, daß Matthäus noch etwas
anderes geschrieben: so kann auch Papias nichts anderes gemeint haben, als
unser Evangelium. Als ob das so felsenfest stände, daß κατὰ Ματθαῖον nichts
anderes heißen könne, als vom Matthäus verfaßt! und als ob nicht, vom
15 Papias erfahren, daß Matthäus etwas anderes geschrieben, eben so gut wäre,
als es anderwärts her schon wissen! Gewiß, auf jedem andern Gebiet würde
ein solcher Schluß schon lange nicht mehr durchgelassen worden seyn! Und
diejenigen, die ein hebräisches Original unseres Matthäusevangelium nicht
annehmen? sie haben es, wie es scheint, nicht der Mühe werth gehalten,
20 nachzusehen, ob nicht Papias vielleicht etwas anderes sage, sondern sie haben
den σμικρὸς τὸν νοῦν übersehen, als| ob er deshalb immer nichts sagen müsse! 738
Aber hier kommt es gar nicht auf sein Urtheil an, sondern es ist eine einfache
Thatsache; er hat das Buch gekannt, denn er hat gewußt, was Andere damit
weiter gethan, er hat die Nachricht über den Urheber aus den besten Hän-
25 den, und seine Nachricht verdient also, daß wir ihr volles Recht widerfahren

---

haben scheinen, entstanden seyn als umgekehrt. – Maximus zu Dionys. de cael.
hier. II. citirt Παπίας βιβλίῳ πρώτῳ τῶν κυριακῶν ἐξηγήσεων; allein dies ist
offenbar dasselbe Buch und nur eine abgekürzte Formel.

[7] Catal. script. Edit. Frcof. T. I. p. 177.
30 [8] E p i s t. a d L u c i n i u m T. I. p. 125. Porro Iosephi libros et Sanctorum
Papiae et Polycarpi volumina falsus ad te rumor pertulit a me esse translata, quia
nec otii mei nec virium est tantas res eadem in alteram linguam exprimere
venustate.

---

26 Maximus] Morinus

26f *[Maximus Confessor:] Scholia S. Maximi [zu Dionysios Areopagites: De caelesti hierarchia,
caput II], Dionysios Areopagites (Dionysius Aeropagita): Opera, ed. B. Cordier, Bd. 1-2,
Antwerpen 1634, Bd. 1, S. 32*   **29** *Hieronymus: Catalogus scriptorum ecclesiasticorum,
Opera omnia, Bd. 1-11, Frankfurt am Main/Leipzig 1684, Bd. 1, S. 177 (Q: Explanatio
sermonum Domini)*   **30–33** *Hieronymus: Epistola ad Lucinium, Opera Bd. 1, S. 125f (Q:
[...] ocii [...]); Epistula ad Lucinum Baeticum, Epistulae, Bd. 2, ed. I. Hilberg, CSEL 55,
Leipzig 1912, S. 6*

lassen. Dann aber müssen wir – vorläufig unbekümmert um unser Evangelium, welches hier noch ganz außer dem Spiel bleibt, von welchem wir aber so alte Nachrichten gar nicht haben – ihm nachsagen, Matthäus hat eine Sammlung von Aussprüchen Christi geschrieben, das mögen nun einzelne Sprüche gewesen seyn, oder längere Reden, oder beides, wie es wol am wahrscheinlichsten ist. Denn etwas anderes kann einmal der Ausdruck des Papias nicht bedeuten. Das Wort λόγιον ist überall, wo es vorkommt, aus seiner gewöhnlichen Bedeutung Götterspruch, worauf das Wort immer mehr beschränkt worden ist, zu erklären. So die Lxx. von den einzelnen Geboten, die Gott gab, von allen göttlichen Aussprüchen, mochten sie durch was immer für Theophanien oder durch prophetischen Mund bekannt gemacht werden; nur einige Male wird natürlich auch etwas, woraus man einen Gottesspruch hervorlocken zu können glaubt, λόγιον genannt. Mit demselben Recht können auch diejenigen, welche die Bibel dazu brauchen, sich Sprüche als Entscheidung aufzuschlagen, sie ihr λόγιον nennen; aber wie würde man doch in diesem Sinne von den Verfassern sagen können τὰ λόγια συνεγράψατο! Im N. Test. kommt das Wort zweimal vor vom Gesetz Mosis[9], eben weil jedes einzelne Gebot desselben ein Gottesspruch war. Von christlichem heißt es einmal[10] | ganz allgemein gehalten, was der Christ redet, das sey wie Gottessprüche. Bestimmter von der uns in Christo gewordenen Offenbarung Gottes, wenn gesagt wird[11], den Hebräern thäte immer noch noth, daß man sie die Elemente lehre vom Anfang der Gottessprüche; denn von den ersten Grundwahrheiten des Christenthums wird hernach[12] die ganze Redensart erklärt. In diesem Sinne nun könnte man freilich von einem, der ein Compendium der geoffenbarten Lehren geschrieben hätte, um so mehr sagen τὰ λόγια συνεγράψατο, je mehr er der ursprünglichen Form getreu geblieben wäre. So werden auch jene ersten Lehren, durch deren Vortrag

---

[9] Ap. Gesch. 7, 38 u. Röm. 3, 2.
[10] 1 Petr. 4, 11. εἴ τις λαλεῖ, ὡς λόγια τοῦ θεοῦ.
[11] Hebr. 5, 12.
[12] Kap. 6, 1. 2.

9–12 Vgl. Abraham Trommius: Concordantiae graecae versionis vulgo dictae LXX interpretum, ed. B. de Montfaucon, Bd. 1-2, Amsterdam/Utrecht 1718, Bd. 1, S. 996 (führt u.a. an Num 24,15; Ps 11,7; 17,33; 104,19; 106,11; 118, 38. 50. 58. 67. 76. 82. 102. 115. 122. 132. 139. 147. 157. 161. 168f. 171; 147,4.8; Jes 5,24; 28,13; 30,11.27) ; Johann Christian Biel: Novus thesaurus philologicus, sive Lexicon in LXX et alios interpretes et scriptores apocryphos Veteris Testamenti, ed. E.H. Mutzenbecher, Bd. 1-3, Den Haag 1779-1780, Bd. 2, S. 292f (führt an: Num 24,15; Ps 11,7; 17,33; 18,15; 104,19; 118, 38. 50. 58. 67. 147. 157. 161. 171; 147,4; Jes 5,24; Röm 3,2; 1 Petr 4,11); Johann Friedrich Schleusner: Novus thesaurus philologico-criticus, sive Lexicon in LXX et reliquos interpretes graecos ac scriptores apocryphos Veteris Testamenti, Bd. 1-5, Leipzig 1820-1821, Bd. 3, S. 464 (führt an: Ex 28,15; 29,5; Lev 8,8; Num 24,4; Ps 11,7; 17,33; 18,15; 106,11; 118,147.157.161.168; 147,8; Jes 30,27.11; 38,13; Röm 3,2; 1 Petr 4,11)

Buße und Glaube erst hervorgelockt werden sollen, μαιευτικὰ λόγια[13] genannt, und natürlich konnte man, als der Kanon schon ganz fest stand, und
diese Bücher angesehen wurden als alle Gottessprüche in sich schließend, die
Sammlung der heiligen Schriften selbst τὰ λόγια nennen[14]. Aber nichts von 367
5 alle diesem führt darauf, daß die Abfassung eines Evangelienbuches so könne bezeichnet werden. Eine einzige Stelle ist mir aufgestoßen, wo es so scheinen könnte, wo nämlich Photius[15] von Ephräm sagt, αἱ δὲ γραφαί εἰσιν αὐτῷ
ἥ τε παλαιὰ διαθήκη καὶ τὰ κυριακὰ λόγια, καὶ τὰ ἀποστολικὰ κηρύγματα.
Allein offenbar heißen auch hier λόγια eben so wenig die Evangelien, als
10 κηρύγματα die Episteln, sondern Ephräm sollte dem Perser, an den sein Brief
gerichtet ist, den Beweis der Trinität füh|ren aus der Schrift. Nun konnte 740
dieser aus den Episteln nur geführt werden, insofern in denselben die allgemeine Lehre der Apostel, ihr κήρυγμα, enthalten war; alle andern Verhandlungen, die in diesem Sendschreiben vorkommen, konnten nichts dazu bei-
15 tragen. So konnten auch die Erzählungen in den Evangelien nicht dazu
gebraucht werden, sondern vornehmlich nur die Aussprüche Christi. Mithin
sind die κυριακὰ λόγια hier dasselbe wie bei Papias; und dieser ganze Gang
führt uns nur wieder auf das vorige als auf den einzig möglichen Sinn zurück,
Matthäus hat die Aussprüche Christi zusammengeschrieben. Denn daß
20 Papias hier nicht auch κυριακά sagt, sondern λόγια schlechthin, kann wol
niemanden irren. Späterhin konnte man auch Lehren, Anweisungen, ander-
weitige Aussprüche der Apostel, sofern der heilige Geist durch sie redete,
λόγια nennen; aber Matthäus konnte solche noch nicht zusammenschreiben, sondern neutestamentische λόγια, und andere waren es doch wol nicht,
25 die er sammelte, konnten nur Aussprüche Christi seyn.

---

[13] Dion. Areop. de eccl. hier. cap. VI, 1.
[14] Früher findet sich wol dieser Gebrauch nicht; denn niemand wird doch die
  Ἔκθεσις πίστεως κ.τ.λ. dem Justinus Martyr zuschreiben, wo allerdings τὸ θεῖον
  λόγιον collectiv für die heil. Schrift zu stehen scheint.
30 [15] Cod. 228. p. 248. Bekk.

---

29 heil.] *Abk. für* heilige

26 *Dionysios Areopagites (Dionysius Aeropagita): De ecclesiastica hierarchia VI, 1, Opera,
ed. B. Cordier, Bd. 1-2, Antwerpen 1634, Bd. 1, S. 385; Corpus Dionysiacum Bd. 2, PTS 36,
Berlin/New York 1991, S. 115* **27–29** *Bei der Schrift* Ἔκθεσις τῆς ὀρθῆς πίστεως *(Expositio
fidei de recta confessione) handelt es sich um ein dem Justinus Martyr zugeschriebenes
pseudepigraphisches Werk; in ihm kommt die Formulierung* τὸ θεῖον λόγιον *einmal sowie ein
weiteres Mal im Plural vor: vgl. Justinus Martyr: Opera omnia, Mauriner-Ausgabe, Paris
1742, S. 424 B (* τὸ θεῖον [...] λόγιον *). 432 D (* τοῦς λόγους τοῦς θείους *).* **30** *Photios:
Bibliotheca, [Codex = Abschnitt] 228, ed. I. Bekker, Bd. 1-2, Berlin 1824-1825, Bd. 1, S. 248;
Bibliothèque, Bd. 1-8, ed. R. Henry, Paris 1959-1977, Bd. 4, S. 122*

Setzen wir nun dieses nach unserem Schriftsteller fest, und fragen uns
368 selbst, ob es wol wahrscheinlich ist, daß derselbe Matthäus späterhin nach
dieser Sammlung von Reden noch unser Evangelium geschrieben habe: so
kann ich nur ganz verneinend antworten. Denn gewiß mußte er in einer
solchen das ganze Leben Christi umfassenden Schrift, in welcher er sich   5
wohl zu merken nirgends auf jene Sammlung bezieht, auch die vorigen
Reden wieder mit aufnehmen, gesetzt auch, er that noch andere hinzu, da
er ja doch zuerst diejenigen wird aufgezeichnet haben, die ihm als die bedeutendsten erschienen. Wie unglaublich aber, daß dem Papias diese zweite
Schrift sollte unbekannt geblieben seyn! Wie noch unglaublicher, daß er   10
dann nicht mit wenigen Worten in eben dieser Stelle noch sollte bemerkt
haben: Später aber hat er auch noch das geschichtliche hinzugefügt nebst
741 ei|nigen anderen Reden! Und nicht minder unglaublich gewiß, daß Eusebius
uns diesen Zusatz sollte mißgönnt haben, des Buches erwähnend, was nicht
neutestamentisch geworden, das erste neutestamentische hingegen überge-   15
hend, da er doch die ganze Stelle offenbar nur mittheilt, um – wie das seine
Weise ist – zu zeigen, was für neutestamentische Bücher dem Papias schon
bekannt gewesen. Nein, Eusebius hat in seinem Papias nichts von zwei
Schriften des Matthäus gefunden; mithin ist auch wol nur diese eine vorhanden gewesen, und die war nicht unser Evangelium. Soviel ergiebt sich   20
leicht und gewiß genug; aber wie nun jene Schrift des Matthäus so ganz
und gar verschollen ist, und auf welche Weise unser Evangelium sich nun
grade den Namen des Matthäus hat aneignen können, das sind die schwierigen fast unlösbaren Fragen, welche sich uns mit jener Gewißheit zugleich
aufdrängen, eben so unabweisbar leider als sie schwierig sind. Ueber die   25
erste sagt uns freilich unser Autor noch etwas, das aber wenig geeignet
scheint, uns unserm Ziele näher zu führen. Er sagt uns nämlich: Wie Matthäus die Reden Christi schriftlich zusammengestellt, so habe hernach Jeder sie, so gut er vermochte – ja was? übersetzt, sagt man allgemein! Die
369 Worte[16] können das freilich bedeuten; aber von je mehreren übersetzt, wahr-   30
scheinlich doch von allen in dieselbe Sprache, griechisch, um desto weniger
kann es sich ja verloren haben. Und doch findet sich von allen diesen Uebersetzungen weder bei den nächst spätern Kirchenschriftstellern die mindeste
Spur, noch ist es dem Eusebius, dem Hieronymus so gut geworden, etwas
davon zu Gesicht zu bekommen! Und muß denn ἡρμήνευσε nothwendig   35

---

[16] ἡρμήνευσε δ᾽ αὐτὰ ὡς ἠδύνατο ἕκαστος. Euseb. l. c.

---

22 Evangelium] *folgt Fußnotenindex ohne dazugehörige Fußnote*

---

36 *Eusebios: Historica ecclesiastica III 39, 16, ed. Valois, S. 113; SC 31, S. 157*

übersetzen bedeuten? Das Wort hat einen sehr weitläufigen Umfang, und heißt gewiß nur übersetzen, wo von zwei | Sprachen schon die Rede war, oder wo der ganze Zusammenhang es nothwendig so mit sich bringt. Aber weder jenes noch dieses ist hier der Fall. Offenbar ist durch die Structur des Satzes ἡρμήνευσε nicht in Verbindung mit τῇ Ἑβραΐδι διαλέκτῳ gesetzt, sondern mit συνεγράψατο. Matthäus hat die Reden zusammengeschrieben, und zwar in hebräischer Sprache, und Andere haben sie – – hier wird „übersetzt" gar nicht nothwendig erfordert. Wenn es also viel Schwierigkeit verursacht, weil wir nicht wissen, wie wir alle diese Uebersetzungen vertilgen wollen: warum sagen wir nicht lieber, Andere haben sie, so gut jeder konnte, erklärt, erläutert, angewendet? Großer Schwierigkeit entgehen wir dadurch. Denn von so vielen Uebersetzungen müßte sich doch wol eine wenigstens, wenn auch nur so lange erhalten haben, daß das Werk auch später noch bekannt und in Umlauf blieb; aber durch Erläuterungen, welche die Substanz desselben mit in sich aufnahmen, konnte es grade am leichtesten untergehen, indem diese übrigblieben. Unser Autor nennt seine Erläuterungen auch ἑρμηνείας[17], und wie nützlich könnte es uns seyn, wenn noch mehr von seinem Werk vorhanden wäre, um zu wissen, wie viel oder wenig er unter diesem Ausdruck befaßt, damit wir mit unsern Erklärungsversuchen doch gewiß innerhalb seines Sprachgebrauches blieben! Indeß einiges ist da, woraus wir sehen können, daß er das Wort in einem sehr weiten Sinne nimmt. Andreas von Cäsarea[18] | führt aus ihm an, daß einigen Engeln auch anvertraut gewesen sey über die Anordnung und Verwaltung der Erde zu herrschen. Auf welche von den uns bekannten Aeußerungen Christi über die Engel man dies auch beziehen möge, keine derselben wird hiedurch irgend näher erläutert; ja es läßt sich kaum denken, daß eine solche von Christo sollte in Umlauf gewesen seyn. Man kann also nur sagen, daß Papias die Gelegenheit, die ihm eine Aeußerung Christi darbot, benutzt

742

370

743

---

[17] Bei Euseb. III. Kap. 39. οὐκ ὀκνήσω δέ σοι καὶ ὅσα ποτὲ παρὰ τῶν πρεσβυτέρων καλῶς ἔμαθον καὶ καλῶς ἐμνημόνευσα, συγκατατάξαι, ταῖς ἑρμηνείαις.

[18] Comment. in Apocalyps. cap. 34. Καὶ Παπίας δὲ οὕτως ἐπὶ λέξεως· ἐνίοις δὲ αὐτῶν, δηλαδὴ τῶν πάλαι θείων ἀγγέλων, καὶ τῆς περὶ τὴν γῆν διακοσμήσεως ἔδωκεν ἄρχειν, καὶ καλῶς ἄρχειν παρηγγύησε. Was das folgende καὶ ἑξῆς φησιν·| εἰς οὐδὲν συνέβη τελευτῆσαι τὴν τάξιν αὐτῶν eigentlich heißen soll, wage ich nicht genau zu bestimmen.

743

29f *Eusebios: Historica ecclesiastica III 39, 3, ed. Valois, S. 111; SC 31, S. 154* **31–34** *Andreas von Kaisareia (Caesarensis): In D. Ioannis Apostoli et Evangelistae Apocalypsin commentarius, ed. F. Sylburg, o. O. 1596, caput 34 [zu Apk 12, 7-8], S. 52; vgl. Der Apokalypse-Kommentar des Andreas von Kaisareia, in: Josef Schmid: Studien zur Geschichte des griechischen Apokalypse-Textes, 1. Teil, Münchener Theologische Studien Ergänzungsband 1, München 1955, S. 129f*

habe, um diese Notiz anzubringen. Irenäus[19] führt eben so an die Beschreibung eines gigantischen Weinstocks im Reiche Gottes. Diese gehört nun wol deutlich genug zu Aussprüchen Christi wie wir sie lesen Matth. 26, 29. Mark. 14, 25. Luk. 22, 18. Diese so sehr gleichförmigen Abfassungen lassen kaum vermuthen, daß noch andere im Umlauf gewesen: aber wenn auch, die Worte des Erlösers werden doch durch diese Beschreibung gewiß nicht in helleres Licht gesetzt. Am ausführlichsten aber haben wir eine von unsern neutestamentischen ganz abweichende Erzählung von dem Ende des Judas[20]. Diese, da Papias | nur Reden des Herrn commentirt hat, nicht

744; 371

___

[19] V. 33. Diese Nachricht aus dem Reiche Gottes, die Christus gegeben haben soll, klingt freilich höchst fabelhaft, und wir müssen es dem Eusebius wol glauben, daß Papias dergleichen einfach und buchstäblich genommen hat. Aber verwerfen wir deshalb alle Nachrichten des Irenäus, weil er dieses ganz ernsthaft und eben so nacherzählt?

[20] Sie kommt dreimal vor, einmal bei Oecumenius zu Act. 1, 18. T. I. p. 11. Ed. Frcof. und zweimal bei Theophyl. zuerst kürzer zu Matth. 27, 5. Ed. Venet. T. I. p. 154. hier jedoch ohne den Papias zu nennen, und dann sehr ausführlich zu Act, 1, 18. T. III. p. 16. Die Vergleichung derselben würde hier zu weit führen. Nur so viel ist mir gewiß, daß der Ref. bei Oecum. die Angabe, Judas sey von einem Wagen zu Tode gequetscht wor|den, nur geschlossen hat, daß aber der Widerspruch gegen die Erzählung unseres Matth., wie Theophyl. ihn in der ersten Stelle ausspricht, daß nämlich Judas an dem Erhängen nicht gestorben, sondern damals ins Leben zurückgekehrt sey, auch nicht dem Papias angehört. Nach der zweiten Stelle Theophylakts, und nach Oecumen. muß man glauben, diese Erzählung habe bei Papias mit den Worten angefangen: Μέγα δὲ ἀσεβείας ὑπόδειγμα, und dann folgt von selbst, daß er die unsrige vom Erhenken gar nicht gekannt habe. Sollte ihm demohnerachtet unser Matthäusevangelium bekannt gewesen seyn? Das würde ich dann lieber verneinen. Aber freilich möglich bleibt es, daß jener bestimmte Widerspruch auch bei Papias vorangegangen, und nur nicht wörtlich in die Berichte mit aufgenommen ist.

371

744

5

10

15

20

25

30

___

19 Ref.] *Abk. für* Referent

___

10 *Irenaeus (Eirenaios): Adversus haereses V 33, Detectionis et eversionis falso cognominatae agnitiones, seu Contra haereses libri V, ed. R. Massuet, Paris 1710, S. 333: Venient dies, in quibus vineae nascentur singulae decem millia palmitum habentes, et in una palmite dena millia brachiorum, et in uno verò palmite dena millia flagellorum, et in unoquoque flagello dena millia botruum, et in unoquoque botro dena millia acinorum, et unumquodque acinum expressum dabit vigintiquinque metretas vini.; vgl. Contre les Hérésies, Livre V, Bd. 2, ed. A. Rousseau/L. Doutreleau/C. Mercier, SC 153, Paris 1969, S. 414* **15f** *Oecumenius de Tricca (Oikomenios Trikkes): Commentaria in hosce Novi Testamenti tractatus. In Acta Apostolorum, in omnes Pauli Epistolas, in Epistolas catholicas, Bd. 1-2, Paris 1630-1631, Bd. 1, S. 11f; MPG 18, Paris 1864, S. 60 – Eine Frankfurter Ausgabe, die den Kommentar zur Apostelgeschichte enthält und bei der Band- und Seitenangabe mit Schleiermachers Angaben übereinstimmen, konnte nicht nachgewiesen werden.* **16f** *Theophylaktos: Opera omnia, Bd. 1 (1754), S. 154; In Evangelium S. Matthaei commentarius, ed. W. G. Humphry, Cambridge 1854, S. 458* **18** *Theophylaktos: Opera omnia, Bd. 3 (1758), S. 16*

aber evangelische Erzählungen, kann er nur vorgetragen haben zu solchen
Aeußerungen wie Matth. 26, 24. und Luk 22, 21. 22. Aber aufgehellt wird
auch dieser Ausspruch nicht weiter, Judas mag so gestorben seyn oder so.
Rechnet also Papias auch dergleichen Beschreibungen und Erzählungen,
die mit einem Ausspruch Christi in irgend einer Verbindung stehen, mit zur
ἑρμηνεία desselben: was für ganz verschiedenartige, gleichviel ob hebräisch
oder griechisch verfaßte, Benutzungen und Bearbeitungen der Sammlung
des Matthäus können dann nicht unter jener Formel ἡρμήνευσε δ' αὐτὰ ὡς
ἠδύνατο ἕκαστος zusammengefaßt seyn? Benutzungen einzelner Theile, wenn
sie homiletisch auseinandergelegt und auf gegebene Verhältnisse angewendet wurden; Bearbeitungen, theils rein erklärende, wenn jemand die Schwierigkeiten, die sich beim Verständniß darbieten, möglichst zu lösen suchte,
theils so gemischte und durch mancherlei Abschweifungen bunte wie die
Arbeit des Papias auch gewesen seyn würde, wenn er die Sammlung des
Matthäus zum Grunde gelegt hätte. Aber waren nicht auch nach seinem
Sprachgebrauch solche, wenn einer zu den Reden und Aeußerungen Christi
die örtlichen und zeitlichen Verhältnisse hin|zufügte, unter denen sie ge-
sprochen werden? Denn das trägt ja offenbar weit mehr zum Verständniß
bei, ist weit mehr hermeneutisch als jene beiläufigen abschweifenden Erzählungen!
  Und diese Arbeiten Anderer über die Sammlung des Matthäus scheinen uns ja nicht ganz verloren gegangen zu seyn, ja sie haben uns wol die
Sammlung selbst mit erhalten. Denn eine solche Arbeit ist unser Matthäusevangelium; es verhält sich zu der apostolischen Redensammlung genauer
betrachtet gerade so, wie ich eben beschrieben. Es schließt diese Sammlung
in sich, und fügt die örtlichen und zeitlichen Verhältnisse hinzu, an Stellen,
wo nicht zu fehlen war, aus der mündlichen Ueberlieferung der ursprünglichen und eigentlichen Evangelisten; oft aber auch so, daß man dem Bearbeiter seine Unsicherheit anmerkt. Dann hat er nur allgemeine Oertlich-
keiten, den Berg, den See und allgemeine Zeitlichkeiten, wie sie immer
wiederkehren mußten, Christus zieht in den Städten umher und lehrt in den
Schulen, oder er reist und das Volk sammelt sich um ihn her, er leidet unter
dem Gedränge, er heilt und thut Wunder, oder er kehrt zurück in die Stadt,
wo er seinen gewöhnlichen Wohnsitz hat. Meine Absicht ist hier keinesweges, eine genaue Analyse des Evangeliums zu geben, noch auch diese

745
372

8f *S.o.* 234,36 *(Eusebios: Historica ecclesiastica III 39, 16, ed. Valois, S. 113; SC 31, S. 157)*   **30** *Zum Berg vgl. Mt 4, 8; 5, 1; 14, 23; 15,29; 17,1*   **30** *Zum See vgl. Mt 4, 18*
31 *Zum Umherziehen in den Städten vgl. Mt 9, 35; auch 4, 23; 11, 1. 20*   **31f** *Zum Lehren in den Schulen, d. h. Synagogen, vgl. Mt 4, 23; 9, 35; 13, 54*   **32** *Zum Versammeln des Volkes auf den Reisen vgl. Mt 4, 25; 8, 1. 18; 13, 2; 14, 19 u. ö.*   **32f** *Zum Gedränge vgl. Mt 5, 1*   **33** *Zum Heilen und Wundertun vgl. Mt 4, 23; 9, 35; 10, 1; 14, 14; 21, 15; möglicherweise auch 15, 29-31*   **33f** *Zur Rückkehr in die Stadt, in der Jesus wohnte, vgl. Mt 9, 1*

Ansicht von demselben mit der herrschenden nach allen Seiten zu vergleichen, oder die bereits mehrmals gegen den apostolischen Ursprung dieses
Evangeliums erhobenen Zweifel hierauf zurückzuführen, sondern nur vorläufig diese beiden Punkte aufzustellen, einmal daß wir keine Ursache haben zu läugnen, was uns ein so alter und hiezu wohl befähigter Berichter-   5
statter erzählt, hat der Apostel Matthäus in palästinensischer Mundart eine
Zusammenstellung von Reden und Aussprüchen Christi verfaßt habe, über
welche hernach viele Andere, jeder auf seine Weise, gearbeitet haben, und

746   dann daß unser Matthäusevangelium | eine solche Arbeit ist, und eben
davon seinen Namen κατὰ Ματθ. führt, weil es auf jener Schrift des Mat-   10
thäus beruht. Das erste halte ich schon für hinlänglich beglaubigt, indem
der Sprache die größte Gewalt anthun muß, wer die Worte des Papias

373   anders erklären will. Das andere möchte ich gern noch etwas deutlicher
machen, um die Aufmerksamkeit der Sachkundigen darauf zu lenken, aber
ich kann jetzt nur der Probe wegen versuchen, aus dem jetzigen Buch die   15
Grundschrift auszuscheiden, und hie und da bemerklich machen, wie gut
oder schlecht die spätere Arbeit sich anschließt.

Lassen wir vorläufig alles frühere, und fangen da an, wo wir erst λόγια
suchen können, nämlich wo Christus öffentlich auftritt. Hier tritt uns nun
als erster Abschnitt der Sammlung entgegen Kap. 5-7. Ich nenne die Berg-   20
predigt eine Gnomologie, ohne bestreiten zu wollen, daß nicht größere
Stücke zusammengehören, aber sehr gewiß, daß sie nicht so als Eines von
Christo ist gesprochen worden. Der Schein ihrer Einheit kommt auf die
Rechnung dessen, der den historischen Rahmen um das erste Werk anfer-
tigte; dieser Schein entsteht dadurch daß dieser Christum, nach einer sol-   25
chen allgemeinen Darstellung, die wir Kap. 4, 23-25. lesen, auf einen Berg,
den wir nur im ganzen galiläischen Lande zu suchen haben, hinauf, und wo
dieser wahrscheinlich erste Abschnitt der Sammlung zu Ende ging, von
dem Berge wieder herabsteigen läßt, um nach Kapernaum zu gehen. Freilich wird dieser Schein noch verstärkt durch die Formel 7, 28. Καὶ ἐγένετο,   30
ὅτε ἐτέλεσεν ὁ Ἰησοῦς τοὺς λόγους τούτους. Allein diese wird keinen, der
einmal den rechten Gesichtspunkt gefaßt hat, irren: wir finden ähnliche,
wo Christus eben so wenig das so umrahmte hinter einander gesprochen
hat. Ein zweiter Abschnitt der Sammlung ist Kap. 10. Vorschriften für die

747   Apostel. Auch für diese folgt mithin aus der Formel Kap. 11, 1. Καὶ ἐγέ|νετο   35
ὅτε ἐτέλεσεν ὁ Ἰησοῦς διατάσσων κ. τ. λ. nicht, daß dieses hinter einander als
Eine Rede gesprochen worden. Hoffentlich wird die Formel schon hier
beim zweiten Male jedem geläufig als Schluß für einen Abschnitt der Redensammlung und Uebergang zu anderem. Die Einleitung mußte hier natürlich
das Namensverzeichniß der Apostel geben und ihre beglaubigenden Vor-   40

---

10 Ματθ.] *Abk. für* Ματθαῖον   **26** 25.] 25

rechte anführen; aber das unmittelbar vorhergehende Wort[21] steht in einer   374
so genauen Verbindung mit dieser Ausrüstung der Apostel, daß ich nicht
zweifle, dieses habe auch bei dem Apostel an der Spitze der folgenden
Vorschriften gestanden, und daher sehe ich schon 9, 35. 36. als die ge-
5 wöhnliche Einleitung unsers Evangelisten zu diesem Abschnitt an. Ein dritter Abschnitt aus dem Werk des Matthäus ist die Sammlung von Gleichnissen Kap. 13,1-52. Daß diese nicht können so hinter einander gesprochen
seyn, liegt nicht nur in der Natur der Sache, sondern es läßt sich auch aus
der Erzählung selbst auf das deutlichste nachweisen. Aber sie standen mit
10 großem Recht ihrer Gleichartigkeit wegen in den λογίοις neben einander,
und darum sind sie auch eben so eingerahmt; vorne die allgemeine Oertlichkeit, der See und der so häufige Zustand des Gedränges, und zum Schluß
V. 53. das gewöhnliche Καὶ ἐγένετο ὅτε ἐτέλεσεν ὁ Ἰησοῦς τὰς παραβολὰς
ταύτας und die allgemeine Oertlichkeit μετῆρεν ἐκεῖθεν; man kann aber hier,
15 wie ich schon anderwärts bemerklich gemacht habe, nicht einmal wissen
wo das ἐκεῖ ist. Wenn ich nun springe bis zum 18. Kap.: so will ich damit
keinesweges behaupten, daß in dem zwischenliegenden nichts aus der apostolischen Sammlung sey, sondern nur keine so zusammenhängende Masse. Aber Kap. 18. sind wieder sehr verwandte Sprüche, die unter sich
20 keinesweges genau zusammenhängen, aber sie drehen | sich alle um die   748
Vorstellung von Abstufungen und Werthdifferenzen im Himmelreich; und
ich denke sie haben als solche auch in der Sammlung einen abgesonderten
Abschnitt gebildet. Die Einleitung konnte hier, wo Christus es mit den
Aposteln allein zu thun hat, nicht füglich viel anders seyn, als wir sie 18, 2.
25 lesen und der Schluß und Uebergang 19, 1. ist der gewöhnliche καὶ ἐγένετο
ὅτε ἐτέλεσεν ὁ Ἰησοῦς τοὺς λόγους τούτους, μετῆρε κ. τ. λ. Daß 23. Kap.
sondert sich zwar nicht auf eben so bestimmte Weise von dem vorhergehenden und folgenden: aber ich bin doch geneigt, es für eine besondere   375
Abtheilung des Grundwerkes zu halten, wenn gleich das Ende des Kapitels
30 sich mit seinem Inhalt gewissermaßen zum folgenden hinneigt. Denn die
Einleitung desselben hängt doch gar nicht so mit dem vorhergehenden
zusammen, daß es aus Einem Stück damit zu seyn scheinen könnte. Damals, als niemand ihn mehr zu fragen wagte, redete er mit der Menge und
seinen Jüngern, und das folgende hat wieder an dem ἐξελθὼν ἐπορεύετο, καὶ
35 προσῆλθον οἱ μαθηταὶ αὐτοῦ ἐπιδεῖξαι αὐτῷ τὰς οἰκοδομὰς τοῦ ἱεροῦ seine
besondere dem bisherigen ganz verwandte Einleitung. Dieser Abschnitt hat
zwar dem Inhalt nach eine gewisse Aehnlichkeit mit dem antipharisäischen
in der Bergpredigt; allein die Stimmung und die Combinationsweise fühlt

---

[21] 9, 37. ὁ μὲν θερισμὸς πολὺς, οἱ δὲ ἐργάται ὀλίγοι κ. τ. λ.   374

---

15 *S.o.* 237,26-30   **33** *Mt* 22, 46   **33f** *Mt* 23, 1   **34f** *Mt* 24, 1

sich doch so verschieden heraus, daß Matthäus, wenn er auch auf die Zeiten gar keine Rücksicht genommen hätte bei der Anordnung seines Stoffs, dennoch Grund genug gehabt hat, diese Sprüche von jenen zu sondern. Diese Vergleichung also der Disciplin, daß ich so sage, seiner Schule mit der pharisäischen, und die Weissagung des Kampfes, der sich aus dieser Differenz entwickeln werde, bildete mit Recht einen eigenen kleinen Abschnitt. Wiewol es daher abweichend erscheint, daß zwischen diesem Abschnitt aus

749   der Sammlung und dem folgenden nichts anderes | eingetragen ist: so kann ich mich doch nicht überwinden beide als ursprünglich eines anzusehn, und die den andern Einleitungsformeln unsers ἑρμηνευτής so ähnliche 24, 1.   10 dem Apostel zuzuschreiben. Daß nun Kap. 24 und 25. in der Sammlung so zusammengestellt waren, muß Jeder eben so natürlich finden als unwahrscheinlich ist, daß Christus dieses so hintereinander sollte gesprochen haben. Von den Gleichnissen in diesem Abschnitt gilt in Beziehung auf die im 13. Kapitel übrigens dasselbe, was von Kap. 18. in Vergleich mit Kap. 5.   15 gesagt worden ist. Das Ende ist wie immer bezeichnet, denn es wird auch von diesem Redeabschnitt zu den folgenden Erzählungen der Uebergang ganz auf die gewohnte Weise gemacht durch καὶ ἐγένετο ὅτε ἐτέλεσεν ὁ

376   Ἰησοῦς τοὺς λόγους τούτους; so daß sich in der That behaupten läßt, wo nur diese an sich betrachtet sonderbare hieraus aber sich ganz leicht erklärende   20 Formel bei unserm Evangelisten vorkommt, da bezeichnet sie auch das Ende eines Abschnittes der apostolischen Sammlung.

Wenn wir nun diese neun Kapitel unseres Evangeliums κατὰ Ματθαῖον unbedenklich auf den Apostel, der die Reden Christi zusammenstellte, zurückführen können, uns aber nun, abgesehen von unserm Evangelium, sei-   25 ne Arbeit im ganzen vergegenwärtigen wollen: so müssen wir gestehen, er hätte doch gar vieles und zwar dem hier vorliegenden ganz gleichartiges, mithin offenbar auf seinem Wege liegendes übergehen müssen in den Aussprüchen Christi, wenn er nur solche hätte zusammenstellen wollen, für die es nur einer gemeinsamen Ueberschrift bedurfte wie Gleichnisse, oder Ge-   30 gen die Pharisäer oder Regeln für die Apostel etc. und alle ausschließen, zu deren Verständniß doch einige Kenntniß der veranlassenden Umstände gehörte. Wenn diese nur möglichst kurz mitgetheilt wurden ohne irgend einige Ausmalung lediglich um der Rede willen: so blieb das Buch ganz

750   seinem Charak|ter getreu, und konnte immer noch ohne weiteren Zusatz   35 durch τὰ λόγια συνεγράψατο auf das passendste beschrieben werden. Von dieser Art giebt es nun viel in unserm Evangelio, aber es ist nicht mehr so leicht zu bestimmen, was davon jener Quelle angehören mag und was unser

---

4 *Anspielung auf die klassisch-lateinische Bedeutung von* disciplina *im Sinne der philosophischen Schule; vgl. z. B. Cicero:* De natura deorum *I 7, 16:* trium disciplinarum principes *(nämlich der Akademie, Epikurs und der Stoa)*

Evangelist aus anderweitigen besonderen Quellen oder gemeiner Ueberlieferung geschöpft haben mag. Denn da solche Reden, die eigentliche
Antworten waren oder Entgegnungen, auch in der apostolischen Sammlung, wenn sie auch durch eine gemeinsame Ueberschrift verbunden waren,
5 doch der Natur der Sache nach sich mehr vereinzelten: so konnte auch der
Evangelist leichter Veranlassung finden sie zu zerstreuen und anderes dazwischen zu schieben. Daher ist hier wol jede Sonderung sehr mißlich, und
ich will nur einer einzigen Anzeige nachgehn. Die Formel Kap. 22, 46. καὶ
οὐδεὶς ἐδύνατο ἀποκριθῆναι αὐτῷ λόγον, οὐδὲ ἐτόλμησέ τις ἀπ' ἐκείνης τῆς
10 ἡμέρας ἐπερωτῆσαι αὐτὸν οὐκέτι in Verbindung mit dem folgenden τότε ὁ   *377*
Ἰησοῦς ἐλάλησε κ. τ. λ. hat so viel Verwandtschaft mit den bisher aufgezeig-
ten Uebergangsformeln des Bearbeiters, und setzt sich so leicht in die um,
Und es geschah, nachdem Jesus vollendet hatte ihnen Allen zu antworten,
redete er zu dem Volk und seinen Jüngern, daß sich die Vermuthung fast
15 unwiderstehlich aufdringt, hier ende ein solcher Abschnitt aus der Matthä-
ischen Sammlung, welcher Antworten Christi enthielt. Nun finden wir dergleichen von der angezeigten Stelle rückwärtsgehend zunächst 22, 35-45.
Die Anknüpfung V. 34. ist auch hier nur eine nicht sehr glückliche Ueber-
gangsformel; denn daß Christus die Sadducäer zum Schweigen gebracht
20 hatte, konnte für die Pharisäer kein besonderer Grund seyn ihn zu versuchen, sondern hätte sie eher günstig für ihn stimmen müssen. Ferner Frage
und Antwort 22, 23-33. Beide Stellen zeigen eine so große Analogie in der
Behandlung, daß sie in dem apostolischen σύγ|γραμμα sehr natürlich ihre   *751*
Stelle neben einander fanden. Der eigentliche Anfang dieses Abschnittes
25 scheint aber 21, 23. zu seyn; und ich glaube, daß das zweite Gleichniß
22, 1. unmittelbar hinter dem ersten, wie es 21, 44. schließt, gefolgt ist,
und nur der Evangelist hat, um besser zusammen zu ketten, V. 45. 46.
eingeschoben. Allein freilich auch 20, 20-28. ist Antwort auf eine Frage
und 19, 27–20,16. ebenfalls, und dann noch weiter rückwärts 19, 16-26.
30 und 19, 3-12. So daß alle diese Stücke könnten zu derselben Abtheilung der
Sammlung gehört haben. Der Grund, wider seine sonstige Gewohnheit
einen Abschnitt der Sammlung zu unterbrechen und anderes zwischen einzuschieben, läge dann für den Evangelisten in der Andeutung, daß die Frage 21, 23. sich auf Christi Verkehr im Tempel bezog, weshalb er denn
35 Christum allmählig mußte nach Jerusalem bringen. Und in der That die
Andeutung 19,1. μετῆρεν ἀπὸ τῆς Γαλιλαίας κ. τ. λ. und alles, was er von
hier an aus andern Quellen eingeschoben hat 19, 13-15; 20, 17-19 u. 30-
34. endlich 21, 1-22., hat offenbar diese Richtung. Will aber jemand auch   *378*
das 18. Kap. schon lieber zu diesem Abschnitt rechnen, um es nicht als
40 einen besonderen betrachten zu dürfen: so wüßte ich nicht viel dagegen

---

38 endlich] eudlich

einzuwenden. Aus diesem ganzen Körper des Evangeliums, der das öffentliche Lehren und Leben Christi umfaßt, blieben also zunächst nur Kap. 8.
und 9. übrig, ferner Kap. 11. und 12., wenn anders nicht Kap. 11. auch der
Sammlung angehört. Denn es enthält auch fast lauter Rede Christi in vier
verschiedenen Absätzen, die unverbunden auf einander folgen, zuerst Aus- 5
einandersetzung der Differenz zwischen dem Täufer und ihm, dann über
das Verhalten des Volkes zu beiden, Drohung gegen die, unter denen er sich
vergeblich mühe, und neue allgemeine Einladung unter Bezeugung seines
752 Einverständnisses mit der göttlichen Ordnung. Eben so möchte | ich auch
noch den ersten Theil des 15. und den Anfang des 16. Kapitels gern der 10
Sammlung vindiciren: allein diese Stellen heben sich zu wenig heraus und
sind zu nahe mit dem, was mehr Erzählung ist, verbunden, als daß sich über
sie etwas mit gleicher Sicherheit behaupten ließe. Und wie leicht konnte
auch in eine Zusammensetzung wie unser Evangelium manches aus anderen Quellen kommen, was sehr gut in der Sammlung hätte Platz haben 15
können, was aber doch nicht aus ihr genommen ist und nicht in ihr gestanden hat. Es schien mir aber gerathen bis an diese Grenze zu gehen, damit
sich desto deutlicher zeige, wie die Sicherheit des Urtheils abnimmt, wenn
die Beschaffenheit des Stoffs und die Art, wie er eingereiht ist, nicht mehr
die gleiche Indication geben. Was nun noch übrig ist aus jenem Hauptstück 20
des Evangeliums, das sind solche Elemente der evangelistischen Ueberlieferung, wie einige Heilungen, die Speisung, die Verklärung, der Einzug,
die in keiner zusammenhangenden Relation, wie der Verfasser doch eine
geben wollte, fehlen durften. Doch hiemit haben wir es für jetzt nicht zu
thun. Außer diesem Hauptstück aber, vor Kap. 5. und nach Kap. 25., 25
379 erwarten haben. In den Tischreden Kap. 26, 17-35. ist zuviel dialogisches,
und noch weniger konnte die Leidensgeschichte, wieviel herrliche Aussprüche Christi auch darin vorkommen, in einer Schrift Platz finden, die nur
Reden Christi zusammenstellen wollte, vielmehr konnte diese sehr schick- 30
lich mit den letzten Reden Christi von seiner Wiederkunft schließen.

Uebrigens will ich keinesweges behaupten, daß unser Evangelium die
ganze Sammlung des Apostels in sich aufgenommen habe. Vielmehr ist mir
dieses eher unwahrscheinlich. Denn es wäre zu wunderbar, wenn alle einzelnen Theile sich gleich gut auf solche Weise, wie hier geschehen ist, hätten 35
753 behandeln lassen, zu wunderbar, wenn | nicht auch die Vorliebe für einige
Theile des Ganzen andern sollte geschadet haben. Daher können wol ande-

---

23 ›Relation‹ hier – in Anlehnung an das lateinische *referre (berichten)* – in der Bedeutung von
›Bericht‹

re ähnliche Bearbeiter anderes aufgenommen haben[22], und manches, was
wir in dem unsrigen finden, ausgelassen. Denn es scheint deren mehrere
gegeben zu haben, welche die apostolische Sammlung in demselben Sinne
behandelten wie unser Evangelium, so daß man den Namen εὐαγγέλιον
5 κατὰ Ματθαῖον gewissermaßen als einen Familiennamen ansehen muß.
Nachrichten haben wir von zweien dergleichen, nämlich dem εὐαγγέλιον
καθ᾽ Ἑβραίους und dem Evangelium, dessen sich die Ebioniten bedienen. Ja
ich möchte sagen wenigstens von zweien; denn unter den Erwähnungen,
die uns übrig geblieben, latitiren wahrscheinlich noch mehrere von einan-
10 der verschiedene Recensionen, ohnerachtet der einen Stelle des Hieronymus, wo er auch diese beiden als eines ansieht[23]. Denn da er sonst nirgends
des besonderen Evangeliums der Ebioniten erwähnt: so scheinen sie hieher
nur der Verwandtschaft wegen aus Versehen gekommen zu seyn, wogegen
die Unterscheidung, die sich bei Epiphanius findet, zu bestimmt ist, um sie   *380*
15 zu übersehen. Denn dieser nennt das Evangelium, dessen sich die Nazaräer
bedienen, ein vollständigstes Matthäusevangelium, das der Ebioniten aber
ein verfälschtes und beschnittenes[24]; und einen andern Maß|stab als den   *754*
kanonischen Matthäus kann er hier nicht angelegt haben. Wenn sich also
beide zu diesem entgegengesetzt verhalten: so können sie nicht dasselbe
20 gewesen seyn. Nun will ich freilich nicht behaupten, der Ausdruck πληρέσ-
τατον sey im Vergleich mit dem kanonischen Matthäus gemeint, als ob der
Nazarenische Matthäus vollständiger gewesen wäre als der unsrige; sondern nur im voraus als Gegensatz gegen das Ebionitische gestellt, oder
bezüglich auf die vorher abgehandelten Cerinthianer, welche ebenfalls ei-

---

25 [22] Nur so viel mag wol mit ziemlicher Gewißheit behauptet werden können, daß
von den Reden, welche Johannes uns aufbewahrt hat, in der Sammlung des
Matthäus nichts enthalten gewesen ist, was auch damit zusammenstimmt, daß er
von einem überwiegend palästinensischen Standpunkt ausging.
[23] Comment. in Matth. cap. XII, 13. In evangelio, quo utuntur Nazareni et
30 Hebionitae, quod nuper in graecum de hebraeo sermone transtulimus, et quod
vocatur a plerisque Matthaei authenticum.
[24] Haeres. 29, 9 u. 30, 13.

---

31 a plerisque] plerisque

20f *Vgl. Epiphanios: Adversus haereses (Panárion) 29, 9, Opera ed. Petau, Bd. 1, S. 124; hg.
Holl, Bd. 1, S. 332* **24** *Vgl. Epiphanios: Adversus haereses (Panárion) 28, Opera ed.
Petau, Bd. 1, S. 110-116; hg. Holl, Bd. 1, S. 313-321* **29–31** *Hieronymus: Commentarii
in Matthaeum [zu Mt 12, 13], Opera Bd. 9, S. 30 (Q: [...] a plerisque [...]); vgl. Commentaire
sur Saint Matthieu, Livres I-II, ed. E. Bonnard, SC 242, Paris 1977, S. 240* **32** *Epiphanios: Adversus haereses (Panárion) 29, 9; 30, 13, Opera omnia, ed. D. Petau (Petavius),
2. Auflage, Bd. 1-2, Köln 1682, Bd. 1, S. 124. 137; Ancoratus und Panarion, hg. v. K. Holl,
Bd. 1 (Die griechischen christlichen Schriftsteller der ersten drei Jahrhunderte: Epiphanius
Bd. 1), Leipzig 1915, S. 332. 349*

nen unvollständigen Matthäus hatten; aber auch so bliebe doch immer der Unterschied zwischen dem Nazarenischen und dem Ebionitischen, wenn jenes auch, nur in hebräischer Sprache, genau unser Matthäusevangelium war. Das v e r s t ü m m e l t e läßt sich auch keinesweges auf die Genealogie ausschließlich beziehen; denn Epiphanius ist über die Nazaräer unge-   5 wiß, ob sie die Genealogien abgeschnitten haben, und nennt ihr Evangelium doch das vollständige. Auch sagt er von den Cerinthianern bestimmt, daß sie die Genealogien gebraucht, und wir hätten dann doch zwei auf verschiedene Weise verstümmelte Matthäusevangelien. Nun aber kann ich auch dieses keinesweges so verstehen, als ob sie unsern gegenwärtigen   10 Matthäus vor sich gehabt und daraus beliebig dies und jenes weggelassen hätten. Dagegen sprechen zu bestimmt die angeführten Verfälschungen, die zum Theil von solcher Art sind, daß man sie nur als ursprünglich verschiedene Erzählungen derselben Begebenheit ansehen kann[25]; andere sind so,
381   daß wir ihnen in unserm Matthäus gar keinen Platz anweisen könnten[26]. Ja   15

---

[25] Z. B. die Erwählung der Apostel aus dem Ebionitischen Evangelium bei Epiphanius; ingleichen ebendas. die Erzählung von der Taufe Christi, die zugleich bedeutend abweicht von dem, was nach Hieronym. (zu Jes. 11, 2.) in dem Evang. der Nazaräer stand.

381   [26] Wie das Verbot der Opfer bei Epiph. 30, 16.   20

---

20 30, 16] 39, 16

4–7 Vgl. Epiphanios: Adversus haereses (Panárion) 29, 9, Opera ed. Petau, Bd. 1, S. 124; hg. Holl, Bd. 1, S. 331f   7f Vgl. Epiphanios: Adversus haereses (Panárion) 30, 14, Opera ed. Petau, Bd. 1, S. 138; hg. Holl, Bd. 1, S. 351   16f Epiphanios: Adversus haereses (Panárion) 30, 13, Opera ed. Petau, Bd. 1, S. 137; hg. Holl, Bd. 1, S. 349   17 Epiphanios: Adversus haereses (Panárion) 30, 13, Opera ed. Petau, Bd. 1, S. 138: [...] τοῦ λαοῦ βαπτισθέντος ἦλθε καὶ Ἰησοῦς, καὶ ἐβαπτίσθη ὑπὸ τοῦ Ἰωάννου. καὶ ὡς ἀνῆλθεν ἀπὸ τοῦ ὕδατος, ἀνοίγησεν οἱ οὐρανοί, καὶ εἶδε τὸ πνεῦμα τοῦ θεοῦ τὸ ἅγιον ἐν εἴδει περιστερᾶς κατελθούσης καὶ εἰσελθούσης εἰς αὐτόν. καὶ φωνὴ ἐγένετο ἐκ τοῦ οὐρανοῦ, λέγουσα· σύ μου εἶ ὁ υἱός ὁ ἀγαπητός, ἐν σοὶ ηὐδόκησα. καὶ πάλιν, ἐγὼ σήμερον γεγέννηκά σε. καὶ εὐθὺς περιέλαμψε τὸν τόπον φῶς μέγα. ὃν ἰδών, φησεν, ὁ Ἰωάννης λέγει αὐτῷ· σὺ τίς εἶ Κύριε; καὶ πάλιν φωνὴ ἐξ οὐρανοῦ πρὸς αὐτόν. οὗτός ἐστιν ὁ υἱός μου ὁ ἀγαπητός, ἐφ’ ὃν ηὐδόκησα. καὶ τότε, φησὶν, ὁ Ἰωάννης προσπεσὼν αὐτῷ ἔλεγε· δέομαί σου Κύριε, σύ με βάπτισον. ὁ δὲ ἐκώλυεν αὐτῷ, λέγων· ἄφες, ὅτι οὕτως ἐστὶ πρέπον πληρωθῆναι πάντα.; vgl. hg. Holl, Bd. 1, S. 350f   18f Hieronymus: Commentariorum in Esaiam Prophetam liber quartus [zu Jes. 11, 2], Opera Bd. 5, S. 42: [...] Joannis Baptistae testimonium [...], qui ait: Vidi Spiritum descendentem quasi columbam de coelo et manentem in eo, et ego nesciebam illum: Sed qui misit me baptizare in aqua, ille mihi dixit: Super quem videris Spiritum descendentem et manentem in eo, ipse est qui baptizat in Spiritu Sancto. [...] Factum est autem cum ascendisset Dominus de aqua, descendit fons omnis Spiritus Sancti et requievit super illum et dixit illi: Fili mei, in omnibus Prophetis exspectabam te, ut venires et requiescerem in te. Tu es enim requies mea: tu iternum.; vgl. Opera, Pars I: Opera exegetica, Bd. 2: Commentariorum in Esaiam libri I-XI, Corpus Christianorum Series Latina 73, Turnhout 1963, S. 148   20 Epiphanios: Adversus haereses (Panárion) 30, 16, Opera ed. Petau, Bd. 1, S. 140; hg. Holl, Bd. 1, S. 354

ich möchte behaup|ten, aus dem, was uns Epiphanius aus diesem Evange- 755
lium mittheilt, ließe sich mit ziemlicher Sicherheit schließen, wenn es irgend
nur Einheit des Charakters und des Styls gehabt hat, muß das erzählende
fast durchaus abweichend von unserm Matthäus gewesen seyn. Da nun
5   auch der Anfang, wie man deutlich sieht, gefehlt hat: wie ist man dazu
gekommen, es einen Matthäus zu nennen, wenn es nicht wenigstens eine
eben so durchgehende Aehnlichkeit gab zwischen beiden als die Verschiedenheit offenbar durch das ganze durchgegangen seyn muß? Und diese
Aehnlichkeit wird dann wol in nichts anderem zu suchen seyn, als in der
10 beiden gemeinschaftlichen Grundlage, der apostolischen Redesammlung,
durch welche eine Gleichheit der Anordnung auch in den dazwischen ge-
schobenen Erzählungen schon mit bedingt war. Hiegegen wird wol niemand aus dem Grunde Einspruch thun, daß in diesen Evangelien nicht nur
Erzählungen sondern auch einzelne Aussprüche Christi gestanden haben,
15 die unserm Matthäus fremd sind. Denn einestheils können ja diese auch
grade in Erzählungen vorgekommen seyn, anderntheils ist es wol höchst
natürlich, daß auch von der apostolischen Sammlung selbst Abschriften
entstanden, welche durch Glossen aus der gemeinsamen Quelle der evangelischen Ueberlieferung bald mehr bald weniger sachgemäß und authentisch
20 vermehrt wurden. Allein ich bin nicht nur genöthiget, das Nazaräische und
das Ebionitische Evangelium als nicht nur von unserm Matthäus, sondern
auch unter sich verschieden anzusehen, sondern auch, wenn ich alle hieher
gehörigen Stellen des Hieronymus zusammennehme, kann ich mich nicht
überzeugen, daß er überall von derselben Abfassung rede. Auch abgesehen
25 von der schwerlich unverdorbenen Stelle[27], wo er selbst jenes hebräische
Buch, von welchem er wußte, | daß es in Cäsarea war, und welches er in   756; 382
Beröa zum Abschreiben erhielt, als die Urschrift unseres kanonischen
Matthäus darstellt, da er dies sonst[28] nur als eine weitverbreitete Meinung
ausspricht, läßt sich schwerlich begreifen, wie er diese Vorstellung, die ihm
30 aus jenem Exemplar, welches er abgeschrieben, und – denn dieses wird
doch dasselbe gewesen seyn – aus welchem er seine griechische und lateinische Uebersetzung des Evangeliums καθ᾽ Ἑβραίους angefertigt hat, als völlig
unzulässig und grundlos erscheinen mußte, nicht offener und stärker widerlegt hat, sondern sie mehrere Male unter verschiedenen Formeln wie-
35 derholt, eben indem er Stellen anführt, welche von unserm Matthäus ganz

---

[27] Catalog. script. s. v. Matthaeus.
[28] Vergl. die oben angeführte Stelle Comment. in Matth. zu 12, 13.

---

36 Hieronymus: *Catalogus scriptorum ecclesiasticorum, sub voce* »*Matthaeus*«, Opera Bd. 1,
S. 171   **37** *S.o. 243,29-31; Hieronymus: Commentarii in Matthaeum [zu Mt 12, 13],
Opera Bd. 9, S. 30; SC 242, S. 240*

fremdartig abstechen. Ich weiß dies nur entweder dadurch zu erklären, daß
er wirklich insgeheim jenes Evangelium für das ursprüngliche Werk des
Apostels gehalten hat, und den kanonischen Matthäus für eine Umarbeitung mehr als eigentliche Uebersetzung, weshalb er denn auch jenes sogar
ins Griechische übersetzt hatte, um es auch unter den griechisch redenden   5
Christen neben dem kanonischen in Umlauf zu bringen. Oder er müßte
doch, außer jenem, welches er übersetzt, noch andere Exemplare unter
demselben Titel gekannt haben, welche unserm Matthäus bedeutend näher
standen, es habe aber nicht auf seinem Wege gelegen, das Verhältniß zwischen beiden genau zu ermitteln, und darum habe er auf der einen Seite die   10
Meinung ebenfalls nicht ohne eine gewisse stillschweigende Beistimmung
vorgetragen, welche das Evangelium der Ebräer mit unserm Matthäus
identificirt, auf der andern Seite aber es sich zum besonderen Geschäfte
gemacht, Stellen mitzuteilen, aus welchen jedem die große Verschiedenheit zwischen beiden recht mußte in die Augen springen. Beides erklärt   15
757   einigermaßen, beides hat auch seine gro|ßen Unwahrscheinlichkeiten; aber
ich sehe kein drittes, und einer Erklärung bedürfen doch diese übel zusam-
menklingenden Angaben allemal. Nur so viel scheint mir festzustehen, daß
383   mehrere Evangelienbücher ohnerachtet sehr bedeutender Verschiedenheiten doch so mit einander verwandt waren, daß sie insgesammt auf den   20
Matthäus zurückgeführt wurden, daß einige[29] von diesen in aramäischer
Sprache vorhanden waren und deshalb auch den gemeinsamen Namen καθ'
Ἑβραίους führten, daß der Apostel Matthäus keines von allen diesen verfaßt hat, sondern nur in aramäischer Sprache diejenige Sammlung von
Reden und Aussprüchen Christi, welche Papias ihm zuschreibt, daß diese   25
jener ganzen Familie von Evangelienbüchern zum Grunde gelegen hat, daß
auch von unserm kanonischen Matthäusevangelium der eigentliche Verfas-

---

[29] Denn der auch unvollständige Matthäus der Cerinthianer war wol schwerlich
aramäisch. Irenäus freilich scheint L. III. 11, 7. von diesem zu sagen, sie hätten
das Evangelium des Markus gebraucht; allein dies kann, wenn er wirklich diese   30
Secte meint, nur ein Mißverständniß seyn, da Epiphanius ausdrücklich sagt, daß
sie den Matthäus wegen der ἔνσαρκος γενεαλογία gebrauchten.

---

28 *Vgl. oben 243,24-244,1* **29f** *Irenaeus: Adversus haereses III 11, 7, ed. Massuet S. 189f:
Ebionei etenim eo Evangelio, quod est secundum Matthaeum, solo utentes, ex illo ipso
convincuntur, non recte praesumentes de Domino. Marcion autem id quod est secundùm
Lucam circumcidens, ex his quae adhuc servantur penes eum, blasphemus in solum exsistentem
Deum ostenditur. Qui autem Jesum separant à Christo et impassibilem perseverasse Christum,
passum verò Jesum dicunt, id quod secundùm Marcum est praeferentes Evangelium; cum
amore veritatis legentes illud corrigi possunt.; vgl. Contre les Hérésies, Livre III, Bd. 2, ed. A.
Rousseau/L. Doutreleau, SC 211, Paris 1974, S. 158f* **31f** *Epiphanios: Adversus haereses
(Panárion) 28, 5, Opera ed. Petau, Bd. 1, S. 113 (Q: [...] τὴν γενεαλογίαν [...]); hg. Holl, Bd.
1, S. 317*

ser unbekannt ist, und nicht bewiesen werden kann, es sey ebenfalls ursprünglich aramäisch abgefaßt worden, endlich daß Papias Schriften aus
dieser Familie gekannt und sie unter der Formel ἡρμήνευσε δ᾽ αὐτὰ ὡς
ἠδύνατο ἕκαστος mit zusammengefaßt hat.

5   Eben so wenig aber, glaube ich, dürfen wir uns bedenken zu behaupten, daß die Schrift des Matthäus auf die übrigen kanonischen Evangelien
keinen ähnlichen Einfluß ausgeübt hat. Denn von Johannes ist nicht nöthig
etwas zu sagen; der Verfasser unseres Lukas aber, von dem wir nicht einmal wissen, ob er des Aramäischen kundig gewesen, hat die Reden-
10 sammlung, wenn auch gekannt, doch augenscheinlich nicht gebraucht, auch
nicht | brauchen können, da er viele Aussprüche Christi, welche Matthäus   758
gleich in seinem ersten Abschnitt von ihrem geschichtlichen Zusammenhang abgerissen mit ähnlichen vereinigt gab, in seinen Materialien in ihrem
wirklichen Zusammenhange fand. Sein Verhältniß zu unserm Matthäus-
15 evangelium aber, vornehmlich in den mehr erzählenden Theilen, ist eine
hieher gar nicht gehörige Frage. Näher unserm Gegenstand verwandt wäre
es zu erforschen, ob die im Lukas vorkommenden Gleichnisse und ander-   384
weitigen Reden Christi, welche unser Matthäusevangelium nicht kennt,
nur von dem Verfasser des letzteren übergangen worden, oder ob und
20 warum sie auch in der Sammlung des Apostels gefehlt haben. Was endlich
den Markus betrifft: so führt das Zeugniß unseres Papias uns gänzlich von
Matthäus ab auf eine andere Quelle hin.

    Dieses Zeugniß ist nun ausführlich genug, aber auch nicht minder
schwierig, und theils wol deshalb, theils auch weil man unser Markus-
25 evangelium fast immer nur in Bezug auf die beiden andern zu betrachten
pflegt, weniger, als es mir zu verdienen scheint, berücksichtiget worden.
Papias nämlich handelt von einer Schrift eines Markus, deren Entstehung
er ziemlich genau beschreibt, und von der er mit einem solchen Interesse
spricht, wie er schwerlich würde gethan haben, wenn er sie nicht selbst
30 gekannt hätte. Ob aber diese Schrift unser gegenwärtiges Markusevangelium ist, das ist mir wenigstens im höchsten Grade zweifelhaft; und muß
die Frage verneint werden, so entsteht dann die zweite Frage, wie sich unser
Evangelium zu jener Schrift verhält; eine Frage, mit deren Beantwortung
wir schwerlich so weit kommen werden als beim Matthäus möglich war.
35 Die Entstehung der Schrift beschreibt er folgendermaßen. Ein Markus – ob
das neue Testament dieses Namens nur Einen erwähnt oder mehrere und
ob der unsrige dieser oder ei|ner von diesen ist, das kann vor der Hand   759
ganz gleichgültig seyn, aber Einer dieses Namens, sagt Papias, sey der
ἑρμηνευτής des Petrus gewesen; und hier trage ich allerdings kein Bedenken

---

35 *Schleiermachers folgende Paraphrase nach Eusebios: Historia ecclesiastica III 39, 15, ed.*
Valois S. 112f; SC 31, S. 156f

das Wort durch Dolmetscher zu übertragen. Denn es folgt hernach ausdrücklich, er habe den Petrus begleitet, also ist auch ἑρμηνευτής so zu verstehen wie es sich hiezu schickt. Einen Erklärer oder Commentator brauchte Petrus nicht, wo er selbst war, und schwerlich läßt sich ein anderes Verhältniß denken, als daß er der Sprache wegen einen brauchte, der ihn verständlich machte, und auch wol keine andere Sprache als die griechische, deren deshalb Petrus nicht ganz unkundig gewesen zu seyn braucht, um doch eines zu bedürfen, der dasjenige dolmetschte, was er geläufig nur in seiner Muttersprache auszudrücken wußte, und der ihm einhalf, wenn ihm irgendwo ein Ausdruck abging. Nun habe Petrus, wie es das Bedürfniß seiner Belehrungen mit sich brachte, in denselben auch Reden und Thaten Christi angeführt; und was hievon Markus mit seinem Gedächtniß aufgefaßt, das habe er genau niedergeschrieben, ἀκριβῶς ἔγραψε sagt Papias οὐ μέντοι τάξει[30]. Der Sinn dieser letzten Worte muß vorzüglich festgestellt werden; aber ich glaube, wenn man alles zusammennimmt, können sie unmöglich etwas anderes heißen als nur vereinzelt ohne Zusammenhang[31]. Es könnte zwar an und für sich betrachtet auch heißen, nicht in der gehörigen Ordnung, und dann wäre der Sinn, daß Markus die | richtige Zeitordnung oft verfehlt oder eine sachliche Ordnung, die er eingeleitet, nicht festgehalten habe. Allein was Petrus oder vielmehr der πρεσβύτερος, aus dessen Munde jener referirt, zur Entschuldigung des Markus sagt, führt offenbar auf jenes, wie auch der ganze Zusammenhang der Rede. Petrus kann doch in seinen Lehrvorträgen, die er nach dem Bedürfniß einrichtete, und bei denen es gar nicht auf eine geschichtliche Zusammenstellung der Reden des Herrn abgesehen war[32], aus dem Leben Christi immer nur einzelnes als Beispiel oder des Beweises halber anführen; und wenn nun Markus keine andere Quelle hatte, wie sollte er auch nur auf den Gedanken kommen, aus solchen Bruchstücken eine zusammenhängende Geschichte

---

[30] Daß das Punkt hinter ἔγραψε gelöscht werden muß, bedarf keiner Erwähnung.
[31] Das wesentliche in der militärischen Bedeutung von τάξει scheint überall das geschlossene Glied zu seyn. So kommt auch τάξει vor dem σποράδην entgegengesetzt (Polyb. 10, 30. 9.); was also οὐ τάξει ist, das ist σποράδην, vereinzelt, zerstreut, jedes für sich.
[32] ὃς πρὸς τὰς χρείας ἐποιεῖτο τὰς διδασκαλίας, ἀλλ᾽ οὐχ ὥσπερ σύνταξιν ποιούμενος τῶν κυριακῶν λόγων.

---

32 Polybios: Historiae X 30, 9, Historiarum quidquid superest, ed. J. Schweighäuser, Bd. 1-8, Leipzig 1789-1795, Bd. 3, S. 258; Historiae, Bd. 1-5, ed. Th. Buettner-Wobst, Bibliotheca Scriptorum Graecorum Et Romanorum Teubneriana, [stereotyper Nachdruck der Ausgabe Leipzig 1889-1905] Stuttgart 1964-1967, Bd. 3, S. 96f **34f** Eusebios: Historia ecclesiastica III 39, 15, ed. Valois S. 113 (Q: [...] σύνταξιν τῶν κυριακῶν ποιούμενος λόγων.); SC 31, S. 157

zu machen? Eben dieser gänzliche Mangel einer andern Quelle für seine   *386*
Aufzeichnung wird hier auf das bestimmteste vorausgesetzt, und nur um
jeden Gedanken an das Gegentheil abzuweisen, sagt der Referent ausdrücklich, Markus habe Jesum selbst niemals gehört, sey ihm auch niemals nach-
5 gefolgt, sondern nur späterhin dem Petrus.[33] Nicht minder deutlich zielt
eben darauf das Folgende. Denn wenn gesagt wird, Markus habe seine
Achtsamkeit ganz darauf verwendet, nichts was er gehört hatte zu | über-   *761*
gehen und nichts darin zu fälschen[34]: so hat er auf jenes andere, das, was er
einzeln und in die Belehrungen des Apostels verflochten gehört hatte, unter
10 sich in Verbindung zu bringen, gar nicht Bedacht genommen. Offenbar
liegt auch in dieser Erzählung des Papias, daß Petrus an dieser Schrift-
stellung des Markus gar keinen Theil weiter genommen; ganz gegen das,
was die Spätern nach der gewöhnlichen Art, in die Quellen noch von ihrem
Wasser zuzugießen, auch hieraus gemacht haben. Denn alles, was zu Gun-
15 sten des Markus gesagt wird, könnte ihn auch nicht im geringsten wegen
des Mangels an τάξις entschuldigen, wenn Petrus mit Hand angelegt hätte.
Darum muß man eher glauben, Markus habe nur hinter dem Rücken des
Petrus, oder vielleicht erst als er nicht mehr mit ihm in dieser Verbindung
stand, das Gehörte niedergeschrieben.
20   Was war also diese Schrift des Markus, welche Papias uns beschreibt?
Eben so wenig unser Markusevangelium, wie die andere unser Matthäus-   *387*
evangelium; sondern auch eine Sammlung, eine Sammlung von einzelnen
Zügen aus dem Leben Christi, gesprochenes und gethanes[35], genau so wiedergegeben wie Petrus sie in seine Lehrvorträge eingestreut hatte, weder zu
25 einem fortlaufenden Ganzen verbunden, noch auch in bestimmten Abschnitten sey es nach der Zeitfolge oder nach einer sachlichen Ordnung gestellt,

---

[33] οὔτε γὰρ ἤκουσε τοῦ κυρίου, οὔτε παρηκολούθησεν αὐτῷ ὕστερον δὲ, ὡς ἔφην,
Πέτρῳ. – Uebrigens ist schwer zu glauben, daß ein Bekannter und Zeitgenosse
der Apostel, und auf einen solchen sagt doch Papias hier aus, von dem Johannes
30   Markus, dessen Mutter ein Haus in Jerusalem hatte, und mit den ersten Jüngern
so befreundet war, daß diese sich bei ihr versammelten und Petrus nach seiner
Befreiung die Brüder gleich dort aufsuchte, so bestimmt sollte behauptet haben,
er habe den Herrn selbst nie gehört. Also dieser Johannes mit dem Beinamen
Markus ist wahrscheinlich nicht der, von dem die Rede ist.
35 [34] ἑνὸς γὰρ ἐποιήσατο πρόνοιαν τοῦ μηδὲν ὧν ἤκουσε παραλιπεῖν, ἢ ψεύσασθαί τι ἐν   *387*
αὐτοῖς.
[35] ἢ λεχθέντα ἢ πραχθέντα.

27f *Eusebios: Historia ecclesiastica III 39, 15, ed. Valois S. 113; SC 31, S. 156f*   **35f** *Euse-bios: Historia ecclesiastica III 39, 15, ed. Valois S. 113; SC 31, S. 157*   **37** *Eusebios: Historia ecclesiastica III 39, 15, ed. Valois S. 113; SC 31, S. 156*

sondern aufgeschrieben, wie sie einzeln in der Erinnerung hervortraten[36].
762 Und aufgezeich|net hat er sie wahrscheinlich griechisch, theils weil des
aramäischen als des seltneren wol ausdrücklich würde gedacht worden
seyn, theils auch weil wir schon deshalb, weil Markus dem Apostel als
Dolmetscher diente, voraussezen müssen, daß ihm das griechische das 5
gewohntere war.

So wäre denn diese Aussage des Papias freilich, wenigstens unmittelbar, keine Bewährung für unser Markusevangelium; allein sie muß uns
mehr werth seyn, als wenn sie nur jenes wäre. Denn wir können nunmehro
nachweisen, was wir sonst nur als eine in hohem Grade wahrscheinliche 10
Vermuthung aufstellen dürften, daß nämlich solche Sammlungen wie diese
beiden Sammlungen von Reden und Sprüchen und Sammlungen von einzelnen Zügen und Thaten der zusammenhangenden Evangelienschreibung
nach Art unserer synoptischen natürlich vorangegangen sind, weil in diesen
Zeiten überwiegender Verkündigungsthätigkeit die schriftliche Auffassung 15
nur auf eine sehr beschränkte Weise des Bedürfnisses wegen Raum fand.
Aber nicht nur dieses, sondern auch daß die apostolische Predigt selbst eine
Hauptquelle war für die überall die Verkündigung des Christenthums be-
388 gleitende und vornämlich da, wo nur erst ein unbestimmter Ruf von Christo
hingedrungen war, sie wesentlich unterstüzende evangelistische Erzählung 20
und dann auch allmählig Geschichtschreibung. Wenn Markus, wie doch
das wahrscheinlichste ist, noch als Dolmetscher des Petrus schrieb: so konnte
er auch nicht anders als die Zeit dazu sich gleichsam abstehlen, und es wäre
das unwahrscheinlichste von der Welt, daß er aus den Materialien, die er
von Petrus auffing, sollte eine solche Schrift wie unser Evangelium gemacht 25
haben; vielmehr ist das natürlichste grade das, was uns Papias erzählt, daß
763 er sich gern begnügte, | nur was ihm grade erinnerlich wurde, wenn er
Muße gewann, möglichst genau niederzuschreiben. Auch dachte er dabei
gewiß nicht an ein eigentliches Publicum, an eine öffentliche Bekanntma-
chung, sondern beabsichtigte, außerdem daß er das gehörte für sich selbst
festhalten wollte, zunächst nur Mittheilung an diejenigen, welche sich dem
Geschäft der Evangelisten widmeten. Und auch für diese war die vereinzel- 30
te Aufzeichnung das angenehmste; denn so konnte jeder jedes nach seiner
besonderen Vortragsweise und seinen Zwecken gemäß sich selbst einrei-

---

[36] ὥστε οὐδὲν ἥμαρτε Μάρκος, οὕτως ἔνια γράψας ὡς ἀπεμνημόνευσεν. Auch dieses
762 ἔνια kann ja offenbar nicht so verstanden werden, als ob er anderes auch wol
anders geschrieben | als er sich erinnerte; sondern alles zwar schrieb er so, aber 35
er schrieb überhaupt nur ἔνια.

---

33 *Eusebios: Historia ecclesiastica III 39, 15, ed. Valois S. 113; SC 31, S. 157*

hen, wie ich denn solche nach verschiedenen Gesichtspunkten gemachte Zusammenstellungen einzelner Züge von der Art, wie Markus sie lieferte, in unserm Lukasevangelium nachgewiesen zu haben hoffe. Wenn nun aber jemand diese Aufzeichnungen von Markus erhielt mit der Nachricht, es sey
5 alles aus dem Munde des Petrus, und ein solcher schrieb nun eine zusammenhängende Geschichte Christi, welche aber vorzüglich diese Sammlung enthielt und nur soviel als nöthig anderes aufnahm: so konnte eine solche Schrift mit vollem Recht ein εὐαγγέλιον κατὰ Πέτρον heißen. Schwerlich hat man Grund genug gehabt, von der Schrift, welche unter diesem Titel
10 vorhanden gewesen ist, zu behaupten, daß sie auch unserm Matthäus verwandt gewesen; ich würde ihr lieber den eben bezeichneten Ursprung zuweisen. Und eben so wie Markus werden es auch wol die Gehülfen anderer Apostel gemacht haben. Kamen nun dergleichen Sammlungen solchen in die Hände, die ächtes und unächtes nicht gehörig zu unterscheiden wußten,
15 oder die gar selbst von irrigen Meinungen über Christus befangen waren: so konnten unter apostolischen Namen Evangelien erscheinen, wie κατὰ Θωμᾶν oder κατὰ Βαρθολομαῖον, welche die Kirche als apokryphisch verwerfen mußte, ohne daß man dennoch streng genommen sagen konnte, daß sie jenen Aposteln wären untergeschoben worden. |

389

20 Es soll mir zwar gar nicht unerwartet seyn, wenn diejenigen, die sich von gewohnten Vorstellungen nicht losmachen können, hierüber nicht anders urtheilen, als daß ich mittelst eigner Erfindungen aus unbedeutenden Zeilen eines unzuverlässigen Schriftstellers einen ganzen Roman gebildet hätte: allein mich will es bedünken, daß in allem, was sonst seit geraumer
25 mer Zeit über unsere Evangelien gesagt worden, mehr erfundenes ist als in dieser Darstellung, und was den Papias betrifft, so sind diese Aussagen nicht von der Art, daß jemand könnte eine Absicht gehabt haben, ihm etwas hierüber aufzubinden, das rechte wissen konnten aber seine Abnehmer allerdings. Soll aber nun die Frage beantwortet werden, ob auch unser
30 Markusevangelium wegen seiner Verwandtschaft mit der von Papias beschriebenen Schrift zu diesem Namen gelangt sey, oder ganz unabhängig hievon: so ist freilich große Behutsamkeit nöthig. Ist es nämlich so entstanden aus dieser Sammlung wie das Matthäusevangelium aus jener: so konnte es eben so gut von dem Verfasser der Sammlung ein Εὐαγγέλιον
35 κατὰ Μάρκον heißen als von deren Gewährsmann und erstem Autor eines κατὰ Πέτρον. Es müßte dann, um die Frage zu beantworten, zunächst untersucht werden, was für Elemente unseres Markus sich wol dafür ansehen lassen, daß sie auf diese Weise aus den Reden des Petrus könnten genommen seyn. Ohnstreitig ist diese Frage weit schwieriger als die verwandte

764

1–3 *Anspielung auf Ueber die Schriften des Lukas. Ein kritischer Versuch, Bd. 1 [einziger], Berlin 1817, oben 1-180*

beim Matthäusevangelium; und indem ich sie hier nur aufstelle, da meine
Absicht nur dahin ging, zu zeigen, daß die Aussage des Papias sich nicht auf
unser Evangelium unmittelbar beziehen könne, begnüge ich mich schließlich, nur auf ein Paar dahin gehörige Punkte aufmerksam zu machen.

Zuerst nämlich scheint der Umstand, daß unser Evangelium wenig   5
längere Reden Christi enthält, für seine Entstehung aus der Sammlung des
Markus zu sprechen. | Denn dergleichen sich über mehrerlei Gegenstände
verbreitende Discurse konnte Petrus nicht füglich in seinen Didaskalien
mitgetheilt haben; und wo wir dennoch in unserm Evangelium dergleichen
finden, würden wir sie vorläufig als hinzugekommene Bestandtheile anzu-   10
sehen haben. Bei den Erzählungen, an welchen es bei weitem reicher ist,
würde zunächst nicht sowol darauf zu sehen seyn, ob sie vieles enthielten,
was die Persönlichkeit des Petrus betrifft, oder was er allein wissen konnte,
sondern vielmehr nur darauf, ob Petrus sie konnte als Vorbilder, um zur
Nachahmung Christi aufzufordern, gebraucht haben, oder ob sie solche   15
Aussprüche Christi enthalten, durch welche Petrus seine Einrichtungen,
Vorschriften und Lehren konnte begründen wollen. Kommt dann noch
dazu, daß die Darstellung das freilich nicht leicht zu beschreibende, aber
doch bei einiger Uebung sehr leicht zu unterscheidende Gepräge trägt,
woran wir erkennen, was von einem Ohren- und Augenzeugen berichtet   20
wird: so würden solche Erzählungen ganz vorzüglich der ursprünglichen
Sammlung des Markus zuzuweisen seyn. Und fände sich dann, daß der
Verbindung solcher Stücke mit andern auch die Anschaulichkeit und Sicherheit fehlt, durch welche sich das Evangelium des Johannes in dieser
Hinsicht so gänzlich von den andern unterscheidet: so würde dieses dann   25
noch einen neuen Beweis dafür liefern, daß das Evangelium in der That auf
diese Art zusammengesetzt ist. So wie hingegen, je mehr alles schiene aus
Einem Guß zu seyn, um desto eher würden wir uns genöthigt finden, zu der
entgegengesetzten Voraussetzung unsere Zuflucht zu nehmen, daß die von
Papias beschriebene Schrift mit unserm Markusevangelium gar nichts zu   30
schaffen habe, und daß die Gleichheit des Namens nur einer von jenen
sonderbaren Zufällen sey, dem wir es übrigens doch allein zu verdanken
hätten, daß Eusebius uns jene Stelle des Papias aufbehalten. Allein das
kritische Gefühl ist über | dergleichen Gegenstände noch immer so wenig
übereinstimmend ausgebildet unter uns, daß leicht, wenngleich dieselbe   35
Regel anerkennend, der Eine zu diesem der Andere zu dem entgegengesetzten Resultat kommen wird. Nur dieses möchte ich, damit die Untersuchung
desto unbefangener geführt werden könne, noch bevorworten, daß nämlich die Frage, welche überall als das wichtigste angesehen zu werden pflegt
in dieser Sache, wie sich nämlich das Evangelium des Markus gegen die   40
andern beiden verhalte, in gar keinem Zusammenhang mit derselben steht.
Denn auf keinen Fall kann wol der Verfasser unsers Markus im ausschlie-
ßenden Besitz jener Sammlung des Dolmetschers Petri gewesen seyn. Sey er

der erste gewesen, der sie zu einem vollständigen Evangelium benutzt hat:
so kann unser Matthäusevangelium sich aus diesem ergänzt haben, aber
eben so gut auch kann es unabhängig von demselben zu Elementen der ihm
zum Grunde liegenden Sammlung gekommen seyn. Und eben so kann der
Autor unseres Lukas den Verfasser unseres Markus schon zu denen zählen,
welche vor ihm versucht haben, eine Erzählung der christlichen Begebenheiten aufzustellen, ohne daß er vielleicht von dessen unmittelbarer Quelle
etwas erfahren; aber es ist auch möglich, daß er in seiner Forschung nach
den ursprünglichen Quellen auf die aus Petri Reden gemachte Sammlung
gestoßen ist, ohne unser Markusevangelium zu kennen. Unser Markusevangelium kann aber auch später geschrieben seyn, als die beiden andern;
der Verfasser kann mit diesen bekannt gewesen seyn und sich aus ihnen
ergänzt haben, ohne vielleicht zu beachten, wie sich diese zu seiner Quelle
verhalten, und doch kann, ohnerachtet er diese Quelle immer zum Grund
legte, der Schein entstanden seyn, als ob er nur bald dem einen bald dem
andern von jenen beiden gefolgt sey. Und so ergibt sich denn, daß, auch
wenn man von der Voraussetzung ausgeht, unserm Matthäus|evangelium   767
liege die Redensammlung des Apostel Matthäus, unserm Markusevangelium die Geschichtssammlung des Dolmetschers Markus zu Grunde, und
beiden sey ihr Name aus diesem Verhältniß entstanden, dennoch zwischen
unsern drei Evangelien in ihrem dermaligen Zustande alle verschiedenen
Verhältnisse möglich sind, welche man ohne jene Voraussetzung entdeckt   392
haben will. Da nun aber die Aussage des Papias uns mit zwei ursprünglichen Schriften bekannt macht: so wird dieses offenbar die erste Untersuchung, wie sich die gegenwärtigen gleichnamigen Schriften zu jenen verhalten. Gelingt es nun, mit einiger Gewißheit in unsern beiden Evangelien, was
ihren eigenthümlichen Quellen angehört, herauszusondern: dann tritt die
vergleichende Betrachtung ein, und gewinnt vorzüglich die Tendenz auszumitteln, ob und in wiefern unser Matthäus sich aus der Quelle unseres
Markus und umgekehrt, oder beide sich aus der von unserem Lukas vorzüglich repräsentirten evangelistischen Ueberlieferung insgemein ergänzt
haben. Dann endlich muß die Gegeneinanderhaltung dieser mit dem Johannes ergeben, weshalb jenen fast alles fehlt, was dieser uns mittheilt. Auf
jeden Fall aber zeigt uns die Nachricht des Papias, wenn wir die Voraussetzung annehmen, auf welche sie so natürlich führt, erst recht deutlich, wie
trefflich unser evangelistischer Schatz organisirt ist. Denn auf der einen
Seite giebt uns die Schrift des Johannes das wichtigste aus den zusammenhängenden Erinnerungen eines solchen, der in dem engsten persönlichen
Verhältniß zu Christo stand, auf der andern die des Lukas die Resultate
einer prüfenden Forschung nach dem zuverlässigsten von dem, was über

---

38f *Vgl. Joh 13, 23. 25; 21, 20. 24*   **39f** *Vgl. Lk 1, 1-3 (bes. 3)*

Christum in dem Gesammtgedächtniß, daß ich so sage, der apostolischen Kirche niedergelegt war; und in der Mitte zwischen diesen beiden stehen dann die beiden Evangelien, deren Kern aus gesammelten einzelnen aposto-lischen Erinnerungen be|steht, die aber erst durch Ergänzung aus dem Gesammtgebiet der Ueberlieferung zu einem Ganzen werden konnten.

Zeichen und Abkürzungen

Das Abkürzungsverzeichnis bietet die Auflösung der Zeichen und Abkürzungen, die von Schleiermacher, den Bandherausgebern oder in der zitierten Literatur benutzt werden, soweit die Auflösung nicht in den Apparaten
erfolgt oder es sich um allgemein übliche Abkürzungen oder solche, die für
Vornamen stehen, handelt; ferner werden nicht eigens angeführt die Abkürzungen, die sich von den angegebenen nur durch das Fehlen eine Abkürzungspunktes oder durch Klein- bzw. Großschreibung unterscheiden.

| | Seitenwechsel
/ | Zeilenumbruch
] | Lemmazeichen
⟨ ⟩ | Streichung
⌊⌉ | unsichere Lesart

Act.	Acta Apostolorum (Apostelgeschichte)
ALZ	Allgemeine Literatur-Zeitung
Am	Amosbuch
Apg /	Apostelgeschichte
Ap.Gesch. /	
Apgesch.	
Cap.	Caput, Kapitel
CG	Schleiermacher: Der christliche Glaube
CSEL	Corpus Scriptorum Ecclesiasticorum Latinorum
Dan	Danielbuch
Dt	Deuteronomium (5. Buch Mose)
diff	differens (verschieden)
ebend.	ebenda / ebendort
Edit.	Editio (Ausgabe)
ed.	edidit / ediderunt (herausgegeben von)
Eph	Epheserbrief
Ex	Exodus (2. Buch Mose)
Ez	Ezechielbuch (Hesekiel)
Gal	Galaterbrief
Gen	Genesis (1. Buch Mose)

gr.	*griechisch*
Hebr	*Hebräerbrief*
Jer	*Jeremiabuch*
Jes	*Jesajabuch*
Joh	*Johannesevangelium*
KGA	*Kritische Gesamtausgabe*
Kj	*Konjektur*
Koh	*Kohelet (Prediger Salomo)*
Kol/Koloss.	*Kolosserbrief*
1 Kor	*1. Korintherbrief*
2 Kor	*2. Korintherbrief*
L.	*Liber (Buch)*
LA	*Lesart*
lat.	*lateinisch*
Lev	*Leviticus (3. Buch Mose)*
Lk/Luk.	*Lukasevangelium*
LLZ	*Leipziger Literatur-Zeitung*
LXX/Lxx	*Septuaginta*
Mal	*Maleachibuch*
Mark./Mk	*Markusevangelium*
Matth./Mt	*Matthäusevangelium*
MPG	*Migne: Patrologia Graeca*
neutest.	*neutestamentisch*
Num	*Numeri (4. Buch Mose)*
OD	*Originaldruck*
Offb	*Offenbarung des Johannes (Apokalypse)*
o.D.	*ohne Datum*
o.S.	*ohne Seitenangabe*
p.	*perge, page*
par	*Parallele*
1 Petr	*1. Petrusbrief*
2 Petr	*2. Petrusbrief*
Phil	*Philipperbrief*
Phm	*Philemonbrief*
PTS	*Patristische Texte und Studien, edd. K. Aland/E. Mühlenberg*
Ps	*Psalmen*
Q	*Quelle (von Zitaten Schleiermachers)*

RE³	*Realencyklopädie für protestantische Theologie und Kirche, 3. Auflage, Bd. 1-21, Leipzig 1896-1908*
Ri	*Richterbuch*
Röm	*Römerbrief*
Sap	*Sapientia Salomonis (Weisheit Salomos)*
SB	*Schleiermachers Bibliothek ed. Meckenstock*
SC	*Sources Chrétiennes*
SchlA	*Schleiermacher-Archiv*
SN	*Schleiermacher-Nachlaß*
SW	*Sämtliche Werke*
1 Tim	*1. Timotheusbrief*
2 Tim	*2. Timotheusbreif*
Tit	*Titusbrief*
T./Tom.	*Tomus (Band/Buch)*
V.	*Versus*
Venet.	*Venetiae (Venedig)*
vergl.	*vergleiche*
v.l.	*varia lectio*

Literaturverzeichnis

Das Literaturverzeichnis führt die Druckschriften auf, die in Schleiermachers Text, in den Apparaten oder in der Einleitung der Bandherausgeber genannt sind. Die bibliographischen Angaben beachten folgende Grundsätze:

1. Verfasser- und Ortsnamen werden in einer heute üblichen Schreibweise angegeben. Bei anonym erschienenen Werken wird der Verfasser in eckige Klammern gesetzt.

2. Die Titel werden nicht diplomatisch getreu wiedergegeben; insbesondere können ausführliche Titel in einer sinnvollen Kurzfassung erscheinen, die nicht als solche kenntlichgemacht ist.

3. Werden zu einem Verfasser mehrere Titel genannt, so bestimmt sich deren Abfolge nach Gesammelten Werken, Teilsammlungen und Einzelwerken; dabei werden Sammelausgaben chronologisch, Einzelausgaben alphabetisch angeordnet.

4. Für die Einordnung von Sachtiteln ist die gegebene Wortfolge unter Übergehung des Artikels maßgebend. In Ausnahme dieser Regel werden die verschiedenen Ausgaben des Novum Testamentum Graece nicht alphabetisch gemäß ihrem genauen Titel, sondern chronologisch geordnet.

5. Diejenigen Literaturtitel, die im Rauchschen Auktionskatalog der Bibliothek Schleiermachers oder in den Hauptbüchern des Verlages Georg Reimer aufgeführt sind, werden durch das Sigle SB und der nachfolgenden Listennummer gekennzeichnet.

Adelung, Johann Christoph: Grammatisch-kritisches Wörterbuch der Hochdeutschen Mundart, mit beständiger Vergleichung der übrigen Mundarten, besonders aber der Oberdeutschen, Bd. 1-5, 2. Aufl., Leipzig 1796-1808 [Nachdruck 1990]   [vgl. SB 8]
Andreas Caesariensis: In D. Ioannis Apostoli [et] Evangelistae Apocalypsin commentarius, ed. F. Sylburg, o. O. 1596
: Der Apokalypse-Kommentar des Andreas von Kaisareia, in: Josef Schmid: Studien zur Geschichte des griechischen Apokalypse-Textes, 1. Teil, Münchener Theologische Studien, Ergänzungsband 1, München 1955
Andresen, Carl/Erbse, Hartmut [u.a.]: Lexikon der Alten Welt, Zürich/Stuttgart 1965
Aristoteles: Opera [gr./lat.], [ed. I. Casaubon], Bd. 1-2, Leiden 1590   [SB 74]
: De mundo, ed. W. L. Lorimer, Paris 1933

Arndt, Andreas/Virmond, Wolfgang: Friedrich Schleiermacher zum 150. Todestag. Handschriften und Drucke, Berlin 1984
: Schleiermachers Briefwechsel (Verzeichnis) nebst einer Liste seiner Vorlesungen, Schleiermacher-Archiv 11, Berlin/New York 1992

Bengel, Johann Albrecht: s. Novum Testamentum
Bertholdt, Leonhard: Vertheidigung der Aechtheit der drei paulinischen Pastoralbriefe gegen Eichhorn und Schleiermacher, in: Kritisches Journal der neuesten theologischen Literatur, Bd. VIII, 1819, S. 113-128. 225-263. 337-378, Bd. IX, 1819, S. 1-26 [SB 1088]
Beyschlag, Willibald: Ullmann, Karl, in: Realencyclopädie für protestantische Theologie und Kirche, 3. Auflage, Bd. 20, S. 204-211
Biel, Johann Christian: Novus thesaurus philologicus, sive Lexicon in LXX et alios interpretes et scriptores apocryphos Veteris Testamenti, ed. E. H. Mutzenbecher, Bd. 1-3, Den Haag 1779-1780 [SB 287]
Birkner, Hans-Joachim: Schleiermacher-Studien, ed. H. Fischer, Schleiermacher-Archiv 16, Berlin/New York 1996
Böhmer, [Georg Rudolf] Wilhelm: Isagoge in Epistolam a Paulo Apostolo ad Colossenses datam theologica, historica, critica, Berlin 1829 [SB 309]
: Theologische Auslegung des paulinischen Sendschreibens an die Colosser, Breslau 1835
Bonwetsch, Gottlieb Nathanael: Gieseler, Johann Karl Ludwig, in: Realencyclopädie für protestantische Theologie und Kirche, 3. Aufl., Bd. 6, S. 663f
Bretschneider, Karl Gottlieb: Lexicon manuale Graeco-Latinum in libros Novi Testamenti, Bd. 1-2, Leipzig 1824 [SB 345]
[Bunsen, Frances:] Christian Carl Josias Freiherr von Bunsen. Aus seinen Briefen und nach eigener Erinnerung geschildert von seiner Witwe [Frances Bunsen], dt. Ausg. durch neue Mittheilungen vermehrt von Friedrich Nippold, Bd. 1-3, Leipzig 1868-1871
Burchard, Christoph: H. E. G. Paulus in Heidelberg 1811-1851, in: Semper apertus. Sechshundert Jahre Ruprecht-Karls-Universität Heidelberg 1386-1986, Band II: Das neunzehnte Jahrhundert 1793-1918, edd. W. Doerr u.a., Berlin/Heidelberg/New York/Tokyo 1985, S. 222-297

Christophersen, Alf: Friedrich Lücke (1791-1855). Teil 1: Neutestamentliche Hermeneutik und Exegese im Zusammenhang mit seinem Leben und Werk. Teil 2: Dokumente und Briefe, Theologische Bibliothek Töpelmann 94/1-2, Berlin/New York 1999
Conradi, Johannes: Schleiermachers Arbeit auf dem Gebiete der neutestamentlichen Einleitungswissenschaft, Diss. theol. Leipzig, Niederlößnitz-Dresden 1907

De Wette, Wilhelm Martin Leberecht: Lehrbuch der christlichen Dogmatik, in ihrer historischen Entwickelung dargestellt, Bd. 1-2, 2. Aufl., Berlin 1818-1821 [SB 524]
: Lehrbuch der historisch kritischen Einleitung in die Bibel Alten und Neuen Testaments, Bd. 1-2, Berlin 1817-1826 [SB 527]

: *Lehrbuch der historisch kritischen Einleitung in die Bibel Alten und Neuen Testaments, Bd. 1-2, 2. Aufl., Berlin 1822-1830* [SB 528]

Dilthey, Wilhelm: *Leben Schleiermachers, Bd. 1, 2. Aufl., ed. H. Mulert, Berlin/ Leipzig 1922*

Dionysios Areopagita: *Opera [gr./lat.], ed. B. Cordier, Bd. 1-2, Antwerpen 1634* [SB 544]

: *Corpus dionysiacum. Teil 2: De coelesti hierarchia, ed. B. R. Suchla, Patristische Texte und Studien 36, Berlin/New York 1991*

Eichhorn, Johann Gottfried: *Einleitung in das neue Testament, Bd. 1-3, Kritische Schriften 5-7, Leipzig 1804-1814* [SB 582]
: *Einleitung in das Neue Testament, Bd. 1, 2. Ausg., Leipzig 1820*
: *Ueber die drey ersten Evangelien. Einige Beyträge zu ihrer künftigen kritischen Behandlung, in: Eichhorn's Allgemeine Bibliothek der biblischen Litteratur, Bd. 5, 5./6. Stück, Leipzig 1794, S. 761-934. 937-996*

Ellis, Ieuan: *Schleiermacher in Britain, in: Scottish Journal of Theology 33, 1980, S. 417-452*

Epiphanius Constantiensis: *Opera omnia, ed. D. Petau (Petavius), Bd. 1-2, 2. Aufl., Köln 1682* [SB 603]
: *Ancoratus und Panarion, Bd. 1, ed. K. Holl, Die griechischen christlichen Schriftsteller der ersten drei Jahrhunderte 25, Leipzig 1915*

Epistolae sanctorum Apostolorum et Apocalypsis S. Joannis, *ex versione Vulgata cum paraphrasi et adnotationibus Henrici Hammondi, ex anglica lingua in Latinam transtulit, suisque animadversionibus illustravit, castigavit, auxit J. Clericus, Editio secunda, Frankfurt a. M. 1714*

Eusebius Caesariensis: *Historica ecclesiastica, ed. H. de Valois [Valesius], Mainz 1672* [SB 637]
: *Histoire ecclésiastique, Livres I-IV, ed. G. Bardy, Sources chrétiennes 31, Paris 1952*

Fuhrmann, Wilhelm David: *Handbuch der theologischen Literatur oder Anleitung zur theologischen Bücherkenntniß für Studirende, Candidaten des Predigtamts und für Stadt- und Landprediger in der protestantischen Kirche, abgefaßt und bis auf die neuesten Zeiten fortgeführt, Bd. 1-2 in 3, Leipzig 1818-1821*

Gabathuler, Hans Jakob: *Jesus Christus Haupt der Kirche – Haupt der Welt. Der Christushymnus Colosser 1, 15-20 in der theologischen Forschung der letzten 130 Jahre, Abhandlungen zur Theologie des Alten und Neuen Testaments Bd. 45, Zürich 1965*

Gersdorf, Christoph Gotthelf: *Beiträge zur Sprach-Characteristik der Schriftsteller des Neuen Testaments. Eine Sammlung meist neuer Bemerkungen, Bd. 1 [einziger], Leipzig 1816* [SB 753]

Gieseler, Johann Carl Ludwig: *Historisch-kritischer Versuch über die Entstehung und die frühesten Schicksale der schriftlichen Evangelien, Leipzig 1818* [SB 784]

: Lehrbuch der Kirchengeschichte, Bd. 1, Darmstadt 1824; Bd. 2,1-2, Bonn 1826 [SB 785]
: Ueber die Entstehung und die frühesten Schicksale der schriftlichen Evangelien, in: Analekten für das Studium der exegetischen und systematischen Theologie, edd. C. A. Gottlieb Keil/H. G. Tzschirner, Bd. III/1, Leipzig 1816, S. 31-87
Gratz, Alois: Neuer Versuch, die Entstehung der drey ersten Evangelien zu erklären, Kritische Schriften, Erstes Heft, Tübingen 1812 [SB 797]
Griesbach, Johann Jakob: Marci Evangelium totum e Matthaei et Lucae commentariis decerptum esse monstratur, in: Pentecostes solemnia pie celebranda civibus indicit Academia Jenensis, Jena 1789
[:] Absolvitur commentatio, qua Marci Evangelium totum e Matthaei et Lucae commentariis decerptum esse monstratur, in: Pentecostes solemnia pie celebranda civibus indicit Academia Jenensis, Jena 1790
: Commentatio qua Marci Evangelium totum e Matthaei et Lucae commentariis decerptum esse monstratur, scripta nomine Academiae Jenensis, (1789. 1790.) jam recognita multisque augmentis locupletata, in: Commentationes theologicae, edd. I. C. Velthusen/C. T. Kuinoel/G. A. Ruperti, Bd. 1, Leipzig 1794, S. 360-434 [SB 457]
: A demonstration that Mark was written after Matthew and Luke (A translation [by Bernhard Orchard], of J.J. Griesbach's Commentatio qua Marci Evangelium totum e Matthaei et Lucae commentariis decerptum esse monstrantur), in: Synoptic and text-critical studies 1776-1976. Edited by Bernard Orchard and Thomas R.W. Longstaff, Society for New Testament Studies. Monograph Series 34, Cambridge/London/New York/Melbourne 1978, S. 103-135.
: s. Novum Testamentum Graece
: s. Synopsis
Grimm, Jacob und Wilhelm: Deutsches Wörterbuch, Bd 1-16, Leipzig 1854-1971 (Fotomechanischer Nachdruck München 1999)

Haenlein, Heinrich Karl Alexander: Handbuch der Einleitung in die Schriften des Neuen Testamentes, Bd. 1-3, 2. Aufl., Erlangen 1801-1809 [SB 821]
Heinrichs, Johannes Heinrich: s. Novum Testamentum
Heinrici, Carl Friedrich Georg: Briefe von Henriette Herz an August Twesten (1814-1827), in: Zeitschrift für Bücherfreunde N.F. 4, 1914, S. 301-316. 333-347
: s. Twesten, August Detlev Christian
Henke, Ernst Ludwig Theodor: Jakob Friedrich Fries. Aus seinem handschriftlichen Nachlasse dargestellt, Leipzig 1867
Herodianus: Historiarum libri VIII [gr.], ed. I. Bekker, Berlin 1826 [SB 887]
: Herodian in two volumes, ed. C. R. Whittaker, Bd. 1-2, The Loeb Classical Library, London/Cambridge (Mass.) 1969-1970
Hieronymus: Opera omnia, Bd. 1-11, Frankfurt a.M./Leipzig 1684 [SB 911]
: Opera, Pars I: Opera exegetica, Bd. 1-7 in 9, Corpus Christianorum Series Latina 72-77, Turnhout 1959-1969

: *Opera, Sect. I: Epistulae, Bd. 1-3, ed. I. Hilberg, Corpus Scriptorum Ecclesiasticorum Latinorum 54-56, Leipzig 1910-1996; Bd. 4, Index und Nachträge, ed. M. Kamptner, Wien 1996]*
: *Commentaire sur Saint Matthieu, Livres I-II, ed. E. Bonnard, Sources chrétiennes 242, Paris 1977*
Hirsch, Emanuel: Geschichte der neuern evangelischen Theologie, 3. Aufl., Bd. 1-5, Gütersloh 1964
Holzhausen, Friedrich August: Beurtheilung der von dem Herrn Dr. Schleiermacher in den theologischen Studien und Kritiken Jahrgang 1832, Heft 3. S. 497. ff. aufgestellten Erklärung von Kolosser 1, 15-20., in: Tübinger Zeitschrift für Theologie 1832, 4. Heft, S. 236-243
Hug, Johann Leonhard: Einleitung in die Schriften des Neuen Testaments, Bd. 1-2, Tübingen 1808 [SB 951]
: *Einleitung in die Schriften des neuen Testaments, Bd. 1-2, 3. Aufl., Stuttgart/Tübingen 1826* [SB 952]

Irenaeus: [Adversus haereses] Detectionis et eversionis falso cognominatae agnitiones, seu Contra haereses libri V, ed. R. Massuet, Paris 1710 [SB 963]
: *Contre les Hérésies, Bd. 1-5 in 10, edd. A. Rousseau/L. Doutreleau, Sources chrétiennes, Paris 1965-1982*

Johannes Chrysostomos: Opera omnia [gr./lat.], ed. B. de Montfaucon, Bd. 1-13, Paris 1718-1738 [SB 992]
: *Opera omnia quae exstant, Bd. 1-13, MPG 47-64, Paris 1862*
Justinus Martyr: Opera omnia, Mauriner-Ausgabe, Paris 1742 [SB 1007]

Kamphausen, Adolf: Umbreit, Friedrich Wilhelm Karl, in: Realencyclopädie für protestantische Theologie und Kirche, 3. Auflage, Bd. 20, S. 225-228
Kümmel, Werner Georg: Einleitung in das Neue Testament, 21. Auflage, Heidelberg 1983
: *Das Neue Testament. Geschichte der Erforschung seiner Probleme, Orbis Academicus III/3, Freiburg/München 1958*
: *Das Neue Testament. Geschichte der Erforschung seiner Probleme, Orbis Academicus III/3, 2. Aufl., Freiburg/München 1970*

Lachmann, Carl: s. Novum Testamentum
Landsberg, Hans: Henriette Herz. Ihr Leben und ihre Zeit, Weimar 1913
Lenz, Max: Zur Entlassung de Wettes, in: Philotesia. Paul Kleinert zum LXX. Geburtstag. Dargebracht von Adolf Harnack [u.a.], Berlin 1907, S. 337-388
Lücke, Friedrich: Akademische Einleitungsrede über das Studium der Hermeneutik des N. T. und ihrer Geschichte zu unserer Zeit, gehalten den 2ten November 1815, o.O. [Göttingen] o.J. [1815] [SB 1184]
: *Commentar über die Schriften des Evangelisten Johannes, Bd. 1-3, Bonn 1820-1825* [SB 1179]
: *Dr. Gottlieb Jacob Planck. Ein biographischer Versuch. Nebst einem erneuerten, hie und da verbesserten Abdruck einer biographischen Mittheilung über Dr. Heinrich Ludwig Planck, Göttingen 1835*

: *Erinnerungen an Dr. Fr. Schleiermacher, in: Theologische Studien und Kritiken 7, 1834, S.* 745-813

: *Grundriß der neutestamentlichen Hermeneutik und ihrer Geschichte, Göttingen 1817* [SB 1181]

: *Ueber den neutestamentlichen Canon des Eusebius von Caesarea, Berlin 1816* [SB 1182]

: *Uebersicht der neutestamentlich exegetischen Litteratur von Neujahr 1831 bis Ende 1832, in: Theologische Studien und Kritiken 6, 1833, S.* 479-544

: *Versuch einer vollständigen Einleitung in die Offenbarung Johannis und die gesammte apokalyptische Litteratur, Bd. 1, Bonn 1832*

[SB 1183]

: *Zur freundschaftlichen Erinnerung an D. Wilhelm Martin Leberecht de Wette, in: Theologische Studien und Kritiken 23, 1850, S.* 497-535

: *s. Sack, Karl Heinrich*

Marsh, Herbert: Anmerkungen und Zusätze zu Joh. David Michaelis Einleitung in die Göttlichen Schriften des Neuen Bundes. Aus dem Englischen ins Deutsche übersetzt von Ernst Friedrich Karl Rosenmüller, Theil 1-2, Göttingen 1795-1803

Matthaei, Christian Friedrich von: s. Novum Testamentum

Meckenstock, Günter: Schleiermachers Bibliothek. Bearbeitung des faksimilierten Rauchschen Auktionskatalogs und der Hauptbücher des Verlages G. Reimer. Im Anhang eine Liste der nichtliterarischen Rechnungsnotizen der Hauptbücher Reimer, Schleiermacher-Archiv 10, Berlin/New York 1993

Meding, Wichmann von: Bibliographie der Schriften Schleiermachers nebst einer Zusammenstellung und Datierung seiner gedruckten Predigten, Schleiermacher-Archiv 9, Berlin/New York 1992

Michaelis, Johann David: Einleitung in die göttlichen Schriften des Neuen Bundes, Bd. 1-2, 3. Ausg., Göttingen 1777 [SB 1277]

: *Einleitung in die göttlichen Schriften des Neuen Bundes, Bd. 1-2, 4. Ausg., Göttingen 1788* [SB 1278]

Müller, Gerald: Johann Leonhard Hug (1765-1846). Seine Zeit, sein Leben und seine Bedeutung für die neutestamentliche Wissenschaft, Erlanger Studien 85, Erlangen 1990

Neander, August: Allgemeine Geschichte der christlichen Religion und Kirche, Bd. 1-5, Berlin 1826 [SB 1348]

Nitzsch, Friedrich: Nitzsch, Karl Immanuel, in: Realencyclopädie für protestantische Theologie und Kirche, 3. Aufl., Bd. 14, S. 128-136

Nitzsch, Karl Immanuel: System der christlichen Lehre für academische Vorlesungen, Bonn 1829 [SB 1381]

: *s. Sack, Karl Heinrich*

Novum Testamentum Graecum, ed. J. J. Wetstein, Bd. 1-2, Amsterdam 1751-1752 [SB 254]

Novum Testamentum Graecum, ed. J. A. Bengel, Tübingen 1753 [SB 255]

Novum Testamentum Graece. Textum ad fidem codicum, versionum et patrum

recensuit et lectionis varietatum adjecit D. Jo. Jac. Griesbach. Editio secunda emendatior multoque locupletior, Tomus I-II, Halle/London 1796-1806
[SB 258]

Novum Testamentum Graece. *Ad codices Mosquenses [...] edidit Christianus Fridericus de Matthaei, Tomus Primus, Wittenberg 1803*

Novum Testamentum Graece. *Ex recensione Jo. Jac. Griesbachii. Selecta lectionum varietate, Bd. 1-2, Leipzig 1803-1804*

Novum Testamentum Graece *perpetua annotatione illustratum. Editionis Koppianae Vol. III, ed. J. H. Heinrichs, Partic. I-II, Göttingen 1809-1812*
[SB 260]

Novum Testamentum Graece. *Textui ante Griesbachium vulgo Recepto Additur Lectionum Variantium Earum Praecipue Quae a Griesbachio Potiores Censentur Delectus, Tom. I-II, Basel 1825*

Novum Testamentum Graece, *ed. C. Lachmann, Berlin 1831*   [SB 266]

Novum Testamentum Graece *[Nestle-Aland] post Eberhard Nestle et Erwin Nestle communiter ediderunt Kurt Aland, Matthew Black, Carlo M. Martini, Bruce M. Metzger, Allen Wikgren, 26. Aufl., Stuttgart 1988*

Novum Testamentum XII *tomis distinctum, ed. C. F. Matthaei, Riga 1782-1788*
[SB 198]

Oecumenius de Tricca: *Commentaria in hosce Novi Testamenti tractatus. In Acta Apostolorum, in omnes Pauli Epistolas, in Epistolas catholicas, Bd. 1-2, Paris 1630-1631*
: *Opera omnia quae exstant, Bd. 1-2, MPG 118-119, Paris 1864*

Orchard, Bernhard: s. Griesbach, Johann Jakob

Origenes: *Opera omnia, ed. C. Delarue, Bd. 1-4, Paris 1733-1759*   [SB 1413]
: *Opera omnia, ed. C. H. E. Lommatzsch, Bd. 1-2: Commentariorum in Evangelium Joannis pars prima et secunda, Berlin 1831-1832*   [SB 1414]
: *Commentaire sur Saint Jean, ed. C. Blanc, Bd. 1-5, Sources chrétiennes 120.157.222.290.385, Paris 1966-1992*
: *Homélies sur Jérémie, ed. P. Nautin, Bd. 1-2, Sources chrétiennes 232.238, Paris 1976*
: *Homélies sur la Genèse, nouvelle édition, edd. H. de Lubac/L. Doutreleau, Sources chrétiennes 7, Paris 1976*

Osiander, Johann Ernst: *Ueber Col. 1, 15-20. mit Rücksicht auf die Abhandlung v. D. Schleiermacher; ein exegetisch-dogmatischer Versuch, in: Tübinger Zeitschrift für Theologie 1833, Heft 1, S. 104-125 [Teil 1]; Ueber Col. 1, 15-20. Ein exegetisch-dogmatischer Versuch, in: Tübinger Zeitschrift für Theologie 1833, Heft 2, S. 129-167 [Teil 2]*

Pältz, Eberhard Hermann: *Perthes, Friedrich Christoph, in: Die Religion in Geschichte und Gegenwart, 3. Aufl., Bd. 5, Sp. 236*

Patsch, Hermann: *Die Angst vor dem Deuteropaulinismus. Die Rezeption des „kritischen Sendschreibens" Friedrich Schleiermachers über den 1. Timotheusbrief im ersten Jahrfünft, in: Zeitschrift für Theologie und Kirche 88, 1991, S. 451-477*

: *Schleiermachers Briefwechsel mit Eichstädt, in: Zeitschrift für Neuere Theologiegeschichte/Journal for the History of Modern Theology 2, 1995,* S. 255-302

Paulus, Heinrich Eberhard Gottlob: *Introductionis in Novum Testamentum capita selectiora, Jena 1799* [SB 1437]
: *Philologisch-kritischer und historischer Kommentar über die drey Evangelien, in welchem der griechische Text, nach einer Recognition der Varianten, Interpunctionen und Abschnitte, durch Einleitungen, Inhaltsanzeigen und ununterbrochene Scholien als Grundlage der Geschichte des Urchristentums synoptisch und chronologisch bearbeitet ist, Theil 1-3, Lübeck 1800-1802* [*Zweite Titelseite: Philologischkritischer und historischer Kommentar über das neue Testament. Die drey ersten Evangelien*] [SB 1439]
: *Philologisch-kritischer und historischer Kommentar über die drey Evangelien, in welchem der griechische Text, nach einer Recognition der Varianten, Interpunctionen und Abschnitte, durch Einleitungen, Inhaltsanzeigen und ununterbrochene Scholien als Grundlage der Geschichte des Urchristentums synoptisch und chronologisch bearbeitet ist, Theil 1-3, 2. Ausg., Leipzig 1812*
: *Philologisch-kritischer und historischer Commentar über das Evangelium des Johannes. Erste Hälfte [Vierten Theils Erste Abtheilung. Die erste Hälfte von dem Evangelium des Johannes enthaltend.], Lübeck 1804 (auch Leipzig 1812)* [SB 1439]
: *Zusätze und verbessernde Änderungen aus der zweyten, durchaus verbesserten, Ausgabe der drey ersten Theile des philologisch-kritischen und historischen Commentars über das neue Testament für die Besitzer der ersten Ausgabe zum besonderen Abdruck befördert, Lübeck 1808 (auch Leipzig 1812)*
: *Theologisch-Exegetisches Conservatorium oder Auswahl aufbewahrungswerther Aufsätze und zerstreuter Bemerkungen über die alt- und neutestamentlichen Religionsurkunden, revidirt und mit ungedruckten Zugaben vermehrt. Erste Lieferung. Eine Reihenfolge von Erörterungen über den Ursprung der drei ersten kanonischen und mehrerer apokryphischen Evangelien, Heidelberg 1822* [SB 1440]
[:] *Commentatio de consilio quo scriptor in Actibus apostolicis concinnandis ductus fuerit, deque loco et tempore scriptionis, Programmschrift Jena 1798*

Photius: *Bibliotheca [gr.], ed. I. Bekker, Bd. 1-2, Berlin 1824-1825* [SB 1469]
: *Bibliothèque, ed. R. Henry, Bd. 1-8, Paris 1959-1977*

Plank [Planck], Heinrich [Ludwig]: *Ueber Offenbarung und Inspiration mit Beziehung auf Herrn Doktor Schleiermacher's neue Ansichten über Inspiration. Als Ankündigung seiner Vorlesungen über Dogmatik für nächsten Winter, Göttingen 1817*
[:] *Academiae Georgiae Augustae prorector cum senatu solemnia resurrectionis domini pie celebranda indicunt. Insunt quaedam de recentissima Lucae Evangelii analysi critica, quam Venerabilis Schleiermacher proposuit, Göttingen 1819*

: *Observationes quaedam de Lucae Evangelii analysi critica, ab Venerabili Schleiermachero proposita, in: Commentationes Theologicae, edd. E. F. C. Rosenmueller/G. H. L. Fuldner/J. V. D. Maurer, Bd. 1-2 in 4, Leipzig 1825-1827*

Polybius: Historiarum quidquid superest, ed. J. Schweighäuser, Bd. 1-8, Leipzig 1789-1795   [SB 1528]

: *Historiae, Bd. 1-5, ed. Th. Buettner-Wobst, Bibliotheca Scriptorum Graecorum Et Romanorum Teubneriana, Stuttgart 1964-1967 [stereotyper Nachdruck der Ausgabe Leipzig 1889-1905]*

Rezension von: Schleiermacher, Ueber die Schriften des Lukas, in: Allgemeine Literatur-Zeitung (Halle) 1817, Nr. 283, Sp. 593-600

: *Leipziger Literatur-Zeitung 1817, Bd. 2, [Nr.] 284 [7. November], Sp. 2265-2272*

: *Neue Theologische Annalen 1817, S. 927-985*   [SB 1359]

: *Magazin für christliche Prediger, ed. C. F. v. Ammon, Bd. 2, St. 1, Hannover/Leipzig 1817, S. 259*

: *Neueste Predigerliteratur, ed. J. F. Röhr, Bd. 1, Quartalheft 1, Zeitz 1818, S. 61-69*

Rezension von: Schleiermacher, Über die Zeugnisse des Papias von unsern beiden ersten Evangelien, in: Allgemeines Repertorium für die theologische Literatur und kirchliche Statistik 1833, Bd. 2, Nr. 14 [6. September], S. 209-212

Rieger, Julius: Schleiermachers Englandreise, in: Jahrbuch für Berlin-Brandenburgische Kirchengeschichte 49, 1974, S. 67-90

Sack, Karl Heinrich/Nitzsch, Carl Immanuel/Lücke, Friedrich: Ueber das Ansehen der heiligen Schrift und ihr Verhältniß zur Glaubensregel in der protestantischen und in der alten Kirche. Drei theologische Sendschreiben an Herrn Professor D. Delbrück in Beziehung auf dessen Streitschrift: Phil. Melanchthon, der Glaubenslehrer, von D. K. H. Sack, D. C. I. Nitzsch und D. F. Lücke. Nebst einer brieflichen Zugabe des Herrn D. Schleiermacher über die ihn betreffenden Stellen der Streitschrift, Bonn 1827

Sander, Ferdinand: Lücke, Gottfried Christan Friedrich, in: Realencyclopädie für protestantische Theologie und Kirche, 3. Auflage, Bd. 11, S. 674-679

Schleiermacher, Friedrich Daniel Ernst: Sämmtliche Werke, 3 Abteilungen, 30 erschienene Bände in 31, Berlin 1834-1864

: *Kritische Gesamtausgabe, edd. H.-J. Birkner/H. Fischer u.a., bisher 3 Abteilungen, bisher 15 Bände in 17, Berlin/New York 1980ff*

: *[Briefe] Aus Schleiermacher's Leben. In Briefen, Bd. 1-4 (Bd. 1.2 in 2.Aufl.; Bd. 3.4 vorbereitet von Ludwig Jonas, ed. Wilhelm Dilthey), Berlin 1860-1863 (ND Berlin/New York 1974)*

: *[Briefe ed. Meisner] Schleiermacher als Mensch. Sein Werden und Wirken. Familien- und Freundesbriefe. In neuer Form mit einer Einleitung und Anmerkungen hg. von Heinrich Meisner, Bd. 1: Sein Werden. Familien- und Freundesbriefe 1783 bis 1804, Gotha 1922; Bd. 2: Sein Wirken. Familien- und Freundesbriefe 1804 bis 1834, Gotha 1923*

: *Briefwechsel mit J. Chr. Gaß. Mit einer biographischen Vorrede hg. von Dr. W[ilhelm] Gaß, Berlin 1852*

: *Briefwechsel Friedrich Schleiermachers mit August Boeckh und Immanuel Bekker. 1806-1820, in: Mitteilungen aus dem Litteraturarchive in Berlin NF 11, Berlin 1916*

: *A Critical Essay on the Gospel of St. Luke, with an introduction by the translator [Connop Thirlwall] containing an account of the controversy respecting the origin of the three first gospels since Bishop Marsh's dissertation, London 1825*   [SB 1705]

: *Hermeneutik, ed. H. Kimmerle, Abhandlungen der Heidelberger Akademie der Wissenschaften, Philosophisch-Historische Klasse 1959, 2. Abh., Heidelberg 1959*

: *Hermeneutik, ed. H. Kimmerle, Abhandlungen der Heidelberger Akademie ..., 2. Aufl., Heidelberg 1974*

: *Luke. A Critical Study. Translation, with an Introduction by Connop Thirlwall. With Further Essays, Emendations und Other Apparatus by Terrence N. Tice, Schleiermacher: Studies and Translations 13, Lewiston/ Queenston/Lampeter 1993*

: *On Colossians 1:15-20, in: Schleiermacher on Workings of the Knowing Mind. New Translations, Resources, and Understandings, ed. by R.D. Richardson, in: New Athenaeum/Neues Athenaeum 5, Lewiston/Queenston/Lampeter 1998, S. 48-80*

: *Ueber die Schriften des Lukas [,] ein kritischer Versuch, Theil 1, Berlin 1817*   [SB 1716]

: *Ueber die Schriften des Lukas [,] ein kritischer Versuch, Theil 1, Berlin 1817, Bibliothek der Deutschen Literatur. Mikrofiche-Gesamtausgabe nach den Angaben des Taschengoedeke, München o.J. [1990ff]*

: *Zwei ungedruckte Briefe Schleiermachers, ed. H. Stephan, in: Theologische Studien und Kritiken 92, 1919, S. 168-171*

Schleusner, Johann Friedrich: Novum lexicon Graeco-Latinum in Novum Testamentum, 4. Aufl., Bd. 1-2, Leipzig 1819   [SB 1721]

: *Novus thesaurus philologico-criticus, sive Lexicon in LXX et reliquos interpretes graecos ac scriptores apocryphos Veteris Testamenti, Bd. 1-5, Leipzig 1820-1821*   [SB 1722]

Schneckenburger, Matthias: Bemerkungen über die Irrlehrer zu Colossä, in: Theologische Studien und Kritiken 5, 1832, S. 840-850

: *Ueber den Ursprung des ersten kanonischen Evangeliums, Studien der evangelischen Geistlichkeit Wirtembergs 6, Heft 1, Stuttgart 1834, S. 3-171*

Schulz, David: Sollte der Apostel Paulus wirklich nicht in Colossä und Laodicea gewesen seyn?, in: Theologische Studien und Kritiken 2, 1829, S. 535-538 [SB 1982]

Schwanbeck, Eugen Alexis: Ueber die Quellen der Schriften des Lukas. Ein kritischer Versuch, Erster Band. Ueber die Quellen der Apostelgeschichte, Darmstadt 1847

Staehelin, Ernst: Dewettiana. Forschungen und Texte zu Wilhelm Martin Lebe-recht de Wettes Leben und Werk, Basel 1956

Stephan, Horst: s. Schleiermacher

Storr, Gottlob Christian: Interpretatio partis prioris Epistolae ad Colossenses,
Opuscula academica ad interpretationem librorum sacrorum pertinantia,
Bd. 1-3, Tübingen 1796-1803   *[SB 1915]*
   : Ueber den Zwek der evangelischen Geschichte und der Briefe Johannis, 2.
Aufl., Tübingen 1810   *[SB 1917]*

Suetonius Tranquillus, Gaius: Vitae Caesarum, Bd. 1-2, Scriptorum Romanorum
quae extant omnia, Pisa 1990

Synopsis Evangeliorum Matthaei, Marci et Lucae una cum iis Joannis pericopis
quae omnino cum caeterorum evangelistarum narrationibus conferendae
sunt. Textum recensuit et selectam lectionis varietatem adjecit D. Io. Iac.
Griesbach. Editio tertia emendatior et auctior, Halle 1809

Tacitus, Publius Cornelius: Opera quae exstant, ed. J. F. Gronovius, Bd. 1-2,
Amsterdam 1685   *[SB 1954]*
   : Annalium ab excessu divi Augusti libri, ed. C. D. Fisher, Scriptorum
Classicorum Bibliotheca Oxoniensis, Oxford 1956

Theodoretus: Opera omnia, ed. J. L. Schulze, Bd. 1-5, Halle 1769-1774
                            [SB 1973]
   : Opera omnia, ed. J. L. Schulze, Bd. 1-5, MPG 80-84, Paris 1864

Theologische Zeitschrift, edd. F. Schleiermacher/W.M.L. de Wette/F. Lücke, H.
1-3, Berlin 1819-1822   *[SB 1983]*

Theophylaktus: Opera omnia, Bd. 1-4, Venedig 1754-1763
   : In Evangelium S. Matthaei commentarius [gr./lat.], ed. W. G. Humphry,
Cambridge 1854

Thirlwall, Connop: s. Schleiermacher

Tice, Terrence N.: s. Schleiermacher: Luke

Traulsen, Hans-Friedrich: Aus Schleiermachers letzten Tagen (25. Januar bis 12.
Februar 1834), in: Zeitschrift für Kirchengeschichte 102, 1991, S. 372-385

Trommius, Abraham: Concordantiae graecae versionis vulgo dictae LXX inter-
pretum, ed. B. de Montfaucon, Bd. 1-2, Amsterdam/Utrecht 1718
                            [SB 2018]

Twesten, August Detlev Christian: D. August Twesten nach Tagebüchern und
Briefen, ed. C. F. G. Heinrici, Berlin 1889

Ullmann, Karl: Gregorius von Nazianz, der Theologe. Ein Beitrag zur Kirchen-
und Dogmengeschichte des vierten Jahrhunderts, Darmstadt 1825 [SB 2041]
   : Theologisches Bedenken aus Veranlassung des Angriffs der Evangelischen
Kirchenzeitung auf den hallischen Rationalismus, Halle 1830   [SB 2042]
   : Ueber die Sündlosigkeit Jesu. Eine apologetische Betrachtung, 2. Aufl.,
Hamburg 1833   *[SB 2043]*
   : Der zweite Brief Petri kritisch untersucht, Heidelberg 1821   [SB 2044]

Virmond, Wolfgang: Schleiermachers Vorlesungen in thematischer Folge, in: New
Athenaeum/Neues Athenaeum 3, 1992, S. 127-151
   : s. Arndt, Andreas

Weisweiler, Hilger: Schleiermachers Arbeiten zum Neuen Testament, Diss. theol. Bonn 1972

Wetstein s. Novum Testamentum

Wette s. De Wette

Winer, Georg Benedikt: Grammatik des neutestamentlichen Sprachidioms als sichere Grundlage der neutestamentlichen Exegese, 3. Aufl., Leipzig 1830 [SB 2150]

Namen

Das Namensregister verzeichnet alle historischen Personen, die im vorliegenden Band genannt sind. Die Namen werden in einer heute gebräuchlichen Schreibweise angegeben. Nicht angeführt werden die Namen literarischer Personen, die Namen von Herausgebern und Übersetzern, die nur in bibliographischen Angaben vorkommen, sowie die Namen der an der vorliegenden Ausgabe Beteiligten. Biblische Namen, die in den Schriften Schleiermachers vorkommen, werden nicht gebucht.

Recte gesetzte Seitenzahlen beziehen sich auf Personen, die im Schleiermacherschen Text bzw. die sowohl im Text als auch im Apparat der Bandherausgeber genannt sind. Kursiv gesetzte Seitenzahlen beziehen sich auf Personen, die in der Einleitung oder im Apparat der Bandherausgeber genannt sind.

Bibelstellen

Recte gesetzte Seitenzahlen geben zitierte oder herangezogene Bibelstellen an, die im Text Schleiermachers vorkommen. Kursiv gesetzte Seitenzahlen nennen Bibelstellen, die im Sachapparat oder in der Einleitung der Bandherausgeber angeführt sind.

Gen 1,27	218	106,11	232
14,19.22	205	110,1	156
17,17	26	118	205
		139,13	205
Ex 9,19	205	147,4.8	232
28,15	232	148,5	205
29,5	232		
		Sprüche 8,22	205
Lev 8,8	232		
16,16	205	Koh 12,1	205
Num 24,4.15	232	Jes 5,24	232
		11,2	244
Dt 4,32	205	22,11	205
32,6	205	28,13	232
		29,18	72
Ri 13,2f	26	30,11.27	232
		38,13	232
1 Sam 1,2.20	26	40,10	210
		44,2	205
Esr 4,53	205	45,7f	205
		46,11	205
Ps 11,7	232	54,16	205
17,33	232	61,1	72
18,15	232		
32,9	205	Jer 31,22	205
50,11	205		
88,12.46	205	Ez 28,13.15	205
77,2	79		
101,19	205	Dan 10,13.20f	209
103,31	205	11,3f	210
104,19	232		

8,1-3	67.78.99	9,38	106
8,1	99.112	9,41	96
8,4-8	77	9,45	86
8,4	67.76	9,46-50	67.97f
8,8	121	9,48f	98.106
8,11-15	77	9,50	22
8,14	101.151	9,51-10,24	120
8,16	111	9,51-18,14	62.99.101.136
8,19-21	100.111	9,51-19,48	XXII.101-152
8,21	67	9,51	67.101.104.106.
8,22-56	80.98f		136.146.150f
8,22	67.81	9,52	102.106
8,22-56	81	9,54	106
8,24	106	9,57-62	106.114
8,25	83	9,57	106
8,26-39	100	10,1-16	132
8,26	81	10,1-12	92
8,27f.29	83f	10,1	102.106f.132
8,37-40	81f	10,13.15	107
8,40-56	100	10,17.18-24	105f
8,41f	81.85	10,21-24	107
8,45	106	10,24	105f
8,49-56	69.81	10,25-37	120
8,49	85	10,25	107
8,51.54	84	10,25-37	105
8,56	86	10,28.30-37	108
9,1-45	67.98f	10,38-42	105.108.120
9,1	81.86	10,38	106
9,1-6	100	11,1-13	108.120
9,5-8	109	11,9	109
9,6	86	11,14-13,9	120
9,7-10	87.90.100	11,14-16	77.110
9,9-13	109	11,14	110.112.114.119
9,10-17	87	11,21-23.24-26	110f
9,10	86f	11,27-29	111f
9,11f	88	11,33-36	110
9,12-17	92	11,37-52	115
9,16	88	11,37f	112.114
9,18-27	93	11,38f	114
9,18	87f.90	11,42-44.46f.52	114-116
9,23	94	11,53f	112f.116
9,28-36	91	12,1-12	113.115
9,28	81.94f	12,1	112-114
9,33	95.106	12,5	114
9,37-43	91f.95.97.131	12,10	116
9,37	67.81	12,12	113